국제정치학총서

유엔과 국제기구

박 재 영

法 文 社

머 리 말

1991년에 국제연합에 가입한 한국은 짧은 가입의 역사를 가지고 있음에도 불구하고 총회의 의장을 배출한 데 이어, 급기야는 제8대 사무총장을 배출하기에 이르렀다. 임기 중 급작스러운 서거로 한국인들에게 많은 슬픔을 안겨주었지만 전문기구의 하나인 세계보건기구(WHO)의 수장에 한국인이 선출되기도 했으며, 국제연합의 산하기구의 하나인 아시아・태평양경제사회위원회(ESCAP)의 수장 역시 한국인이 역임한 바 있다.

한국인이 국제기구의 고위직에 진출하면서 국제기구에 대한 관심을 고조시켜 많은 젊은이들이 국제기구의 문을 두드리고 있다. 다행스럽게도 한국이 부담하는 국제기구 정규예산 분담금의 비율이 증가하면서 국제기구에 진출할 수 있는 한국인의 수가 늘어났고, 실제로 국제기구에 진출한 한국인의 수가 부쩍 늘어나고 있다.

한국의 국적을 가진 국제기구의 공무원의 수가 늘어나는 것은 바람직한 일이지만, 이러한 국제기구 진출 붐은 유감스럽게도 국제기구를 연구의 대상이라기보다는 진출의 대상으로만 바라보도록 하는 우려도 자아내고 있다.

냉전의 종식과 세계화의 진전 속에서 일국의 노력만으로는 해결할 수 없는 많은 문제들이 대거 국제기구에 맡겨지면서, 다양한 분야에 걸쳐 국제기구의 역할과 기능이 강화되고 있다. 특히 국가들의 행위와 국제관계에 영향을 미치는 규칙과 규범이 국제기구를 중심으로 활발하게 창출되면서 국제기구에 대한 연구의 필요성이 어느 때보다 커지고 있다.

이러한 필요에 부응하기 위한 노력의 일환으로서 2006년부터 저자를 중심으로 하여 소수의 국제기구 전문가로서 구성된 「국제기구포럼」이라는 국제기구 연구학회가 「국제기구저널」이라는 국제기구 전문 학술지를 발간하고 있다. 국제기구 연구에 있어서 작은 발자국을 내딛었다고 평가할 수 있을 것이다.

그러나 전반적으로 평가할 때 한국에 있어서 국제기구 연구는 아직 걸음마 단계이다. 가장 우려스러운 것이 전문적인 연구자의 수가 적다는 사실이다. 국제기구 일반에 대한 연구의 축적 속에서 국제기구 하나하나를 전문적으로 연구하는 연구자가 많아야 하는데, 우리의 경우 아직 국제기구 전반을 다루는 전문가마저도 손에 꼽을 정도이다. 국제기구 현상을 연구하는 데 있어서도 이론에 바탕을 둔 분석적인 접근을 하기보다는 서술적인 접근을 하는 경우가 많다.

본 저서는 이러한 점을 고려하여 국제기구 연구의 기초가 되는 개념의 정의부터 철저하게 하고자 했다. 그리고 특히 국제기구 연구에 초석이 될 수 있는 다양한 이론들과 이들 이론들이 제시하고 있는 가설이나 명제들을 비교적 소상하게 소개하고자 했다. 비교적 최근에 국제기구 분석에 많이 적용되고 있는 당사자-대리인 모델(P-A Model), 관료조직 이론, 조직사회론 등과 같은 이론에 많은 지면을 할애했다.

국제기구 연구는 왜 국제기구를 창설하고 가입하려고 하는가의 문제와 이러한 국제기구가 국가행위와 국제관계에 어떠한 영향을 미치는가의 문제에 중점을 두어 왔다. 따라서 이러한 주제에 대한 설명에 충실을 기하기 위해 많은 노력을 기울였다.

한국인의 국제연합 사무총장 진출과 더불어 국제연합 사무총장직에 대한 많은 이해가 필요하다고 판단하여, 이에 대해 자세한 설명을 제시하고자 했다. 국제연합의 개혁이 한국의 국익과 관련하여 많은 관심을 받아온 주제이기 때문에, 이에 대한 설명 역시 자세하게 하고자 했다. 또한 국제사회에서 지방자치단체들의 역할이 활발하게 전개되는 것을 고려하여 국제기구와 지방자치단체의 관계와 같은 새로운 연구분야를 소개하고자 했다.

여러 가지 노력에도 불구하고 시간적인 제약으로 인해 많은 부분을 담지 못한 아쉬움이 있다. 가장 아쉬운 것은 국제기구라는 틀 속에서 주요 이슈들이 실제적으로 어떻게 다루어지고 있는가를 이론적인 시각에서 분석하는 작업을 포함시키지 못했다. 이 부분은 추후의 과제로 남겨두기는 했으나 조만간 시간이 허락하는 대로 작업을 시작하고자 한다.

부족한 점이 있지만 국제기구를 연구하고자 하는 학도들에게 이 책이 연구의 밑거름이 되기를 바란다. 특히 사무총장을 배출한 국가로서 국제연합을 포함한 국제기구를 잘 이해하는 것은 어쩌면 선택이 아니라 의무가 아닌가 싶다.

2007년 12월 15일

박 재 영 교수

차 례

약 어 표

A

ACABQ Advisory Committee on Administrative and Budgetary Questions
국제연합 행정 · 예산문제자문위원회

ACC Administrative Committee on Coordination
국제연합 행정조정위원회

ADB Asian Development Bank
아시아개발은행

ADF Asian Development Fund
아시아개발기금

AfDB African Development Bank
아프리카개발은행

AfDF African Development Fund
아프리카개발기금

AI Amnesty International
국제사면위원회

APEC[1)] Asia Pacific Economic Cooperation
아시아 · 태평양경제협력체

ASEAN Association of South-East Asian Nations
동남아국가연합

AU African Union
아프리카연합

---

1) 영어를 그대로 번역하면 「아시아 · 태평양경제협력」이나 이를 「아시아 · 태평양경제협력체」 혹은 「아시아 · 태평양경제협력회의」라고 부른다. 마찬가지로 「NAM(Non-Aligned Movement)」을 그대로 번역하면 「비동맹운동」이지만 「비동맹운동조직체」라고도 부를 수 있다. 대체적으로 「비동맹회의」라고 일컫는 경우가 많다.

B

BINGO Business International Nongovernmental Organization
국제비정부적사업기구

BIS Bank for International Settlements
국제결제은행

C

CARICOM Caribbean Community
카리브공동체

CCAQ Consultative Committee on Administrative Questions
행정문제자문위원회

CHR Commission on Human Rights
인권위원회

CIDIE Committee of International Development Institutions on the Environment
환경에관한국제개발기구위원회

CoE Council of Europe
유럽심의회

COMECON Council for Mutual Economic Assistance
상호경제원조회의

COPUOS Committee on the Peaceful Uses of Outer Space
외기권평화적이용위원회

CPC Committee for Programme and Co-ordination
국제연합 계획조정위원회

CSD Commission on Sustainable Development
국제연합 지속개발위원회

CSW Commission on the Status of Women
여성지위위원회

D

DAC Development Assistance Committee
개발원조위원회

E

EBRD European Bank for Reconstruction and Development
유럽부흥개발은행

EC European Community
유럽공동체

ECA Economic Commission for Africa
국제연합 아프리카경제위원회

ECE Economic Commission for Europe
국제연합 유럽경제위원회

ECLAC Economic Commission for Latin America and the Caribbean
국제연합 중남미 · 카리브경제위원회

ECM European Common Market
유럽공동시장

ECOSOC Economic and Social Council
국제연합 경제사회이사회

ECSC European Coal and Steel Community
유럽석탄강철공동체

EEC European Economic Community
유럽경제공동체

EFTA European Free Trade Association
유럽자유무역연합

EIB European Investment Bank
유럽투자은행

ESCAP Economic and Social Commission for Asia and the Pacific
국제연합 아시아 · 태평양경제사회위원회

ESCWA Economic and Social Commission for Western Asia
국제연합 서아시아경제사회위원회

EU European Union
유럽연합

EURATOM European Atomic Energy Community
유럽원자력공동체

F

FAO Food and Agricultural Organization
식량농업기구

G

G-7 Group of 7
선진7개국정상회의

G-77 Group of 77
77개국그룹

GATT General Agreement on Tariffs and Trade
관세및무역에관한일반협정

GEF Global Environment Fund
지구환경금융

L

IAEA International Atomic Energy Agency
국제원자력기구

IATA International Air Transport Association
국제항공운송연합

I

IBRD International Bank for Reconstruction and Development
국제부흥개발은행[2)]

ICAO International Civil Aviation Organization
국제민간항공기구

ICC International Criminal Court
국제형사재판소

ICFTU International Confederation of Free Trade Unions
국제자유노조연맹

ICJ International Court of Justice
국제사법재판소

ICPO[3)] International Criminal Policy Organization
국제형사경찰기구

ICRC International Committee of the Red Cross
국제적십자사위원회

ICSID International Center for Settlement of Investment Disputes
투자분쟁해결국제센터

IDA International Development Association
국제개발협회

IDB Inter-American Development Bank
미주개발은행

IEA International Energy Agency
국제에너지기구

---

2) 「세계은행(World Bank)」이라고 흔히 부른다.
3) 「INTERPOL」이라고도 불린다.

IFAD International Fund for Agricultural Development
국제농업개발기금

IFC International Finance Corporation
국제금융공사

IFRC International Federation of Red Cross
국제적십자사연맹

IGO Intergovernmental Organization
정부간기구

IIC Inter-American Investment Corporation
미주투자공사

ILC International Law Commission
국제법위원회

ILO International Labor Organization
국제노동기구

IMF International Monetary Fund
국제통화기금

IMO International Maritime Organization
국제해사기구

INGO International Non-Governmental Organization
비정부간국제기구

INMARSAT International Maritime Satellite Organization
국제해사위성기구

INTELSAT International Telecommunications Satellite Organization
국제전기통신위성기구

IPCC Intergovernmental Panel for Climate Change
기후변화에관한정부간패널

IRO International Refugee Organization
국제난민기구

ISA International Sea-Bed Authority
국제해저기구

ISO International Organization for Standardization
국제표준화기구

ITC International Trade Center
국제무역센터

ITU International Telecommunications Union
국제전기통신연합

IUCN International Union for the Conservation of Nature
국제자연보호연맹

IVI International Vaccine Institute
국제백신연구소

J

JIU Joint Inspection Unit
합동감사단

JPO Junior Professional Officer
초급전문가

K

KEDO Korean Energy Development Organization
한반도에너지개발기구

L

LAS League of Arab States
아랍국가연맹

LDC Least Developed Country
최저개발국(최빈국)

LN League of Nations
국제연맹

M

MIGA Multilateral Investment Guarantee Agency
다변적투자보증기관

N

NAM Non-Aligned Movement
비동맹운동조직체

NATO North Atlantic Treaty Organization
북대서양조약기구

NGO Nongovernmental Organization
비정부기구

NIEO New International Economic Order
신국제경제질서

NNGO National Nongovernmental Organization
국내비정부기구

O

OAS Organization of American States
미주국가기구

OAU Organization of African Unity
아프리카단결기구

ODA Official Development Assistance
공적개발원조

OECD Organization for Economic Co-operation and Development
경제협력개발기구

OIC Organization of the Islamic Conference
이슬람회의기구

OIE Office International des Epizooties
국제수역사무국

OPEC Organization of Petroleum Exporting Countries
석유수출국기구

OSCE Organization for Security and Co-operation in Europe
유럽안전보장협력기구

P

PKO Peace Keeping Operation
평화유지활동

PLO Palestine Liberation Organization
팔레스타인해방기구

T

TGO Transgovernmental Organization
초정부기구

U

UNAIDS United Nations AIDS
국제연합에이즈계획

UNCDF United Nations Capital Development Fund
국제연합자본개발기금

UNCHS[4] United Nations Center for Human Settlement
국제연합인간거주센터

---

4) 「HABITAT」라고도 불린다.

UNCTAD United Nations Conference on Trade and Development
국제연합무역개발회의

UNDC United Nations Disarmament Commission
국제연합군축위원회

UNDCP United Nations International Drug Control Programme
국제연합국제마약통제계획

UNDEF United Nations Democracy Fund
국제연합민주기금

UNDP United Nations Development Programme
국제연합개발계획

UNEP United Nations Environment Programme
국제연합환경계획

UNESCO United Nations Educational, Scientific and Cultural Organization
국제연합교육과학문화기구

UNFPA United Nations Population Fund
국제연합인구기금

UNGA United Nations General Assembly
국제연합 총회

UNHCR United Nations High Commissioner for Refugees
국제연합난민고등판무관실[5)]

UNHCHR United Nations High Commissioner for Human Rights
국제연합인권고등판무관실[6)]

UNICEF United Nations Children's Fund
국제연합아동기금

---

5) UNHCR은 「United Nations High Commissioner for Refugees」의 약어로서 「국제연합난민고등판무관」이라고 번역되며, 이것은 하나의 직책을 나타낸다. 그러나 때때로 이 말을 직책이 아닌 기구, 즉 국제연합난민고등판무관실 혹은 국제연합난민고등판무관사무실을 의미하는 것으로도 사용한다. 직책이 아닌 기구의 의미를 명백히 하기 위해 「Office of the UNHCR」라고 표기하기도 한다.

6) 「UNHCR」과 마찬가지로 「UNHCHR」이라는 말 자체는 기구가 아닌 직책을 나타낸다. 따라서 기구라는 의미를 명백히 하기 위해 「Office of the High Commissioner for Human Rights」라는 말을 사용하며 줄여서 「OHCHR」라는 용어를 종종 사용한다.

UNIDO United Nations Industrial Development Organization
국제연합공업개발기구

UNIFEM United Nations Development Fund for Women
국제연합여성기발기금

UNITAR United Nations Institute for Training and Research
국제연합훈련조사연구소

UNO United Nations Organization
국제연합기구

UNODC The United Nations Office on Drugs and Crime
국제연합범죄기구

UNRWA United Nations Relief and Works Agency for Palestine Refugees in the Near East
국제연합팔레스타인난민구호사업기관

UNU United Nations University
국제연합대학

UNV United Nations Volunteers
국제연합봉사단

UPU Universal Postal Union
만국우편연합

W

WCED World Commission on Environment and Development
세계환경개발위원회

WFP World Food Programme
세계식량계획

WHO World Health Organization
세계보건기구

WIPO World Intellectual Property Organization
세계지적재산권기구

WMO World Meteorological Organization
세계기상기구

WTO World Trade Organization
세계무역기구

WTO World Tourism Organization
세계관광기구

WTO World Toilet Organization
세계화장실기구

WWF World Wide Fund for Nature
세계자연보호기금

제1부

총 론

제 1 장 국제기구의 정의

1. 국제기구의 정의

국제기구를 어떻게 정의하는가에 따라 국제기구로서 살펴보아야 할 대상이 정해지기 때문에, 본격적인 국제기구에 대한 논의에 앞서 우선적으로 국제기구란 무엇을 의미하는가를 살펴보아야 한다.

그러나 국제기구의 정의를 내리는 것이 그리 간단하지가 않다. 이러한 어려움은 시대의 변화에 따라 국가 이외의 다양한 행위자들이 국제정치의 행위자로서 등장하고 있는 객관적인 사실과 무관하지 않으며, 동일한 용어가 학자들에 의해 주관적으로 상이하게 사용되고 있는 것과도 밀접한 관련이 있다.

우리말의 국제기구가 무엇을 의미하는가를 제대로 이해하기 위해서는 우리말로 국제기구라고 번역되는 영어의 「international organization」라는 말이 구체적으로 무엇을 가리키는가를 살펴보는 것이 필요하다.

(1) 「international」의 의미

우선 「international organization」의 「international」이라는 말의 뜻을 살펴보자. 이는 국제사회가 현재와 같은 모습을 지니기 오래 전부터 사용해온 용어로서 원래 「interstate(국가간)」 혹은 「intergovernmental(정부간)」이라는 의미를 지녔다. 이러한 의미의 국제기구에 국제연합(UN)이나 국제연합아동기금(UNICEF)과 같은 「정부간기구(intergovernmental organization: IGO)」가 포함되는데, 이러한 국제기구만을 가리켜 협의의 국제기구라고 한다.

그러나 현재 우리가 「international」이라고 할 경우, 이러한 「국가간」 혹은 「정부간」이라는 의미 이외에 「국경을 넘어 비국가적 행위자인 개인이나 집단간의」라는 의미 역시 포함된다. 즉, 「international」이라는 용어에 「inter-nongovernmental(비정부간)」이라는 의미도 포함된다. 냉전 종식 후 양적·질적으로 급속하게 성장하고 있는 비정부간국제기구(inter-nongovernmental organization: INGO)가 바로 이런 의미의 국제기구이며, 국제사면위원회(Amnesty International)나 그린피스(Greenpeace International)와 같은 국제적인 민간단체가 이러한 종류의 국제기구에 속한다.1)

이처럼 「international」이란 말은 「국가간」 혹은 「정부간」을 의미하기도 하고, 때대로 「국경을 넘은 비정부적 행위자간」이라는 것을 의미하기도 한다. 이러한 의미 이외에 「international」이란 말은 「transgovernmental(초정부적)」이라는 의미로도 사용되는데, 구체적으로 이는 중앙 대외정책 기관의 통제를 받지 않고 정부 부서들 사이에 국경을 넘어 이루어지는 관계를 의미한다.

이런 초정부적 관계에 기초하여 설립된 국제기구를 「초정부기구(transgovernmental organizations: TGOs)」라고 부른다. 이러한 중앙 대외정책 기관의 채널을 거치지 않고 정부 부서들 사이에 만들어진 초정부기구의 예로서 「국제형사경찰기구(INTERPOL)」와 같은 국제기구를 들 수 있다.

마지막으로 「international」이라는 말은 「inter-local-governmental」을 의미하기도 한다. 지방화(localization)와 세계화(Globalization)의 진전 속에서 일국 내의 지방정부나 지방정부의 연합체가 국경을 넘어 국제적으로 조직화되고 있다. 이러한 국제기구를 「지방정부간기구(inter-local-governmental organization: ILGO)」라고 부르는데, 중앙정부를 구성요소로 하는 정부간기구(IGO)와 구별을 요한다. 이러한 국제기구에는 세계지방정부연합(UCLG)과 지방정부국제환경연합회(ICLEI) 등이 속한다.

---

1) 비정부간국제기구를 가리키는 영어에는 「inter-nongovernmental organization」이라는 말과 더불어 「international nongovernmental organizations」이라는 말도 있다.

정부간국제기구(IGO)라는 협의의 국제기구에 위에서 언급한 비정부간국제기구(INGO), 초정부기구(TGO), 지방정부간기구(ILGO)를 더하여 광의의 국제기구라고 부른다. 국제결제은행(BIS)과 같은 국제공동기업 그리고 제너널모터즈(GM)와 같은 다국적기업(MNC)도 간혹 광의의 국제기구 개념에 포함시키는 경우도 없지는 않으나, 일반적으로는 국제기구 개념으로부터 배제한다.

(2) 「organization」의 의미

이제 「international organization」의 「organization」라는 말의 뜻을 살펴보자. 「organization」라는 말이 구체적으로 무엇을 의미하는가에 대해서도 이견이 존재하는데, 구체적으로 이 용어는 두 가지 상이하면서도 서로 관련이 있는 용어로 사용되어 오고 있다.

1) 「organization」의 두 의미

(가) 기구: 전통적으로 「organization」라는 말은 우리말로 「기구」라고 번역되어 「명확하게 발전된 공식적 구조를 갖고 있는 고도로 제도화된 실체」라는 의미로 사용되어 왔다. 구체적으로 「기구」란 「정부대표든 그렇지 않든 간에, 최소한 2개 주권국의 회원들이 공동의 이익을 추구할 목적으로 그들 사이의 협정에 의해 설립한 공식적이고 지속적인 조직체」로 정의되어 왔다.

이처럼 전통적으로 국제기구는 구체적인 구조물로서 「안보, 경제, 사회, 혹은 관련 분야에서 회원들 사이의 협력을 촉진하기 위해 제도적인 조직을 제공하는 초국경의 공식적인 장치(a formal arrangement transcending national boundaries that provides for the establishment of institutional machinery to facilitate cooperation among members in the security, economic, social, or related fields)」로 정의되어 왔다.[2)]

아처(Cliver Archer)와 같은 국제기구 학자도 기구란 말을 이러한 의미로

2) Jack C. Plano and Roy Olton, *The International Relations Dictionary,* 2nd ed. (Kalamazoo: New Issues, 1979), p. 288.

사용하며, 구체적으로 국제기구를 「구성원의 공동이익을 추구할 목적으로 둘 또는 그 이상의 주권국가의 정부들 그리고/또는 비정부 회원들 사이의 동의에 의해 설립된 공식적·지속적 구조」라고 정의하고 있다.[3)]

모든 국제기구를 찾아내어 명부를 작성하고 있는 「국제기구연감(Yearbook of International Organization)」은 정부간기구를 다음 세 가지 요소를 포함한 조직으로 정의하고 있다. 첫째 요소로서 국가 정부간의 협정이라는 공식적인 수단에 기초를 두어야 한다. 이러한 협정의 당사자는 3개국 이상의 국가여야 한다. 마지막 요소로서 정부간기구는 진행 중인 과업(ongoing task)을 수행하는 항구적인 사무국을 두고 있어야 한다.

(나) 조직화: 「organization」이라는 명사는 「조직화하다」는 동사인 「organize」의 명사형이다. 따라서「organization」이라는 말은 추상적인 의미의 「조직화」를 의미하는 말로도 쓰인다. 이러한 추상명사가 보통명사가 되는 경우가 종종 있는데, 「조직화」라는 추상명사가 보통명사가 되어 「조직화된 것」을 가리키는 「기구(조직체)」를 의미하는 것도 같은 맥락에서이다.

국제체제는 종종 무정부적이라고 묘사되곤 한다. 그러나 이 말은 곧 국제체제가 질서가 전혀 존재하지 않는 무질서한 체제임을 의미하는 것은 아니다. 단지 세계정부(world government)가 없다는 의미에서 맞는 말이다. 사실상, 국제체제는 상당한 정도로 조직화되어 있기 때문이다. 이러한 조직화는 비공식적인 규범, 국제법, 공식적인 조직체 등의 여러 형태를 띤다. 용어상의 혼란이 없는 것은 아니나 이러한 의미에서 「조직화(organization)」라는 말은 「제도화(institutionalization)」라는 말과 혼용하여 쓰기도 한다.[4)]

2) 두 의미의 구별

「organization」라는 말은 이처럼 경우에 따라 「기구」 혹은 「조직화」라는

3) Cliver Archer, *International Organizations* (London: George Allen and Unwin, 1983), p. 35.
4) 국제제도를 다루는 학자들 가운데 국제제도화의 한 형태로서 「국제 법제화(international legalization)」가 활발하게 논의되고 있다.

두 가지 의미로 사용되며, 각기 별도의 중요한 의미를 내포한다. 따라서 막연히 「organization」이라고 할 때 이 두 의미 중에서 어떤 것을 의미하는가의 혼란에 빠지게 된다. 클로드(Inis L. Claude, Jr.)의 정의는 이러한 혼란을 방지할 수 있는 해결책을 우리에게 제시하고 있다.[5)]

클로드는 1960년대에 이미 단수형인 「organization」과 복수형인 「organizations」를 구별하여 각기 다른 의미를 부여했으며, 다른 학자들도 이런 그의 구별을 많이 따르고 있다. 구체적으로 그는 단수형인 「international organization」을 「국가들이 국제관계 행위를 보다 효율적으로 수행하기 위해 공식적이고 지속적인 제도적 구조를 수립하고 발전시키는 과정(process)」을 의미하는 「조직화의 과정(organizational process)」으로 정의했다. 다시 말해 국제사회의 조직화, 즉 국가와 국민의 목적을 집중·통합시키는 과정을 총체적으로 지칭하는 데 단수형인 「organization」을 사용했다.

클로드는 이와는 달리 복수형인 「organizations」를 「조직화의 과정에 있어, 특정 시점에 도달된 과정의 단계가 보이고 있는 면모(representative aspects of the phase of that process which has been reached at a given time)」로 정의했다.

클로드는 이처럼 단수로서의 「organization」을 「조직화」를 의미하는 추상명사로, 복수로서의 「organizations」를 「조직화된 것」으로서의 「기구」를 의미하는 보통명사로서 사용하고자 했다.

좀 더 구체적으로 말해, 클로드는 다변적 외교(multilateral diplomacy)를 하나의 피라미드로 보고, 피라미드의 가장 하부에 협상에 적절한 이슈가 존재하고 그 위에 국가들이 규범과 규칙에 합의하는 협상의 과정이 있다고 보았다. 이러한 협상의 과정 전체를 「조직화의 과정」, 즉 단수형 「international organization」으로 보았다.

그러나 이러한 협상의 과정이 반드시 적절한 조직화의 구체적인 성과물을 창출하는 것은 아니라는 전제하에, 복수로서의 「international organizations」를 「다자외교의 단계에 있어서 가장 정점을 나타내는 조직체(organizations

---

5) Inis L. Claude Jr., *Swords into Plowshares: The Problems and Progress of International Organization*, 3rd. ed. (New York: Random House, 1964), p. 4.

representing the apex of a pyramid of multilateral diplomacy)」로서, 구체적으로 말해 조직화 과정의 구체적인 성과물인 조직체로 보고자 했다. 그가 말하는 국제관계의 조직화의 궁극적인 단계의 조직체는 구체적인 구조물로서의 국제기구인 것이다.

윌레츠(Peter Willetts)도 「international organization」과 「international organizations」를 구별하고 사용하고 있다. 그는 구체적으로 직원, 예산, 그리고 시설 등을 지니고 있는 구체적인 구조를 지니고 있는 물질적인 실체로서의 국제기구는 영어로 「international organizations」라 하여 복수형을 쓴다. 단수형일 경우, 즉 「international organization」은 공식적으로 제도화되어 있는지 아닌지에 관계없이 상호작용의 규칙적인 구조로 본다.[6)]

갤라로티(Giulio M. Gallarotti)도 「international organization」을 「공식적 및 비공식적 관리의 과정(both the informal and formal processes of management)」으로, 「international organizations」를 「공식적 관리의 과정에 관여하는 제도(institutions engaged in the formal processes of management)」로서 구별하여 사용하며, 후자를 전자의 하위셀(subset)으로 간주한다.[7)]

이러한 구분에 기초하여 「international organization」을 우리말로 「국제조직화」로, 「international organizations」를 우리말로 「국제기구」로 구분하여 사용하는 것이 바람직하다고 본다. 이러한 구분은 특히 우리가 영어로 된 국제기구 관련 서적을 읽을 경우에 특히 필요하다. 이 책에서는 후자의 의미로서의 「국제기구」를 주로 다루고자 하나, 전자의 의미로서의 「국제조직화」와의 관련을 무시하지 않고 이들 사이의 관계 역시 살펴보고자 한다.

---

6) Peter Willetts, "Transaction, networks and systems," in A. J. R. Groom and Paul Taylor, eds., *Frameworks for International Co-operation* (New York: St. Martin's Press, 1990), p. 255.

7) Giulio M. Gallarotti, "The Limits of International Organization: Systematic Failure in the Management of International Relations," *International Organization*, Vol. 45, No. 2 (Spring 1991), pp. 183-220; J. Martin Rochester, "The Rise and Fall of International Organization as a Field of Study," *International Organization*, Vol. 40, No. 4 (Autumn 1986), pp. 753-775; Friedrich Kratochwil and John Gerard Ruggie, "International Organization: A State of the Art on an Art of the State," *International Organization*, Vol. 40, No. 4 (Autumn 1986), pp. 777-813; Inis Claude, *Swords into Plowshares*, 4th. ed. (Random House: New York, 1984).

2. 정부간기구의 정의

(1) 정부간기구의 개념과 기준

1) 정부간기구의 개념

국제기구 중에서 정부간기구(IGO)가 주된 논의의 대상이다. 위에서 「국가간」 혹은 「정부간」 기구를 정부간기구라고 간단하게 언급했는데, 이러한 간단한 정의를 가지고는 다양한 국제조직들 가운데 어떤 것이 정부간기구인가를 찾아내어, 이를 바탕으로 경험적이고 계량적인 연구를 하는 것이 어렵다.

정부간기구란 좀 더 구체적으로 정의하자면 「국가들 사이에 공식적이고 지속적인 다자적인 의사결정 과정을 제공하고, 회원들의 집단적인 의지를 집행하기 위한 역량(capacity)을 제공하기 위해 창설된 실체」이다.[8] 이러한 추상적인 정의에 기초하여 정부간기구를 경험적으로 정의하기 위한 노력들을 살펴보고자 한다.

2) 정부간기구의 기준

월러스와 싱어(Michael Wallace and J. D. Singer)는 다음 네 가지의 경험적인 기준(empirical criteria)을 충족하는 국제기구를 정부간기구로 보고자 한다.[9] 1) 최소한 둘 이상의 자격을 갖춘 국제체제의 구성요소로 구성되어야 한다.[10] 2) 10년에 1회보다 간격이 더 벌어지지 않은 가운데 어느 정도 정기

8) Stuart Rodgers, *Stuart-Solutions Regarding Globalization?: The Potential Global Solution* (Right Brained's Free Thought Association) (http://rightbrained-fta.blogspot.com/2006/12/stuart-solutions-regarding.html)

9) Michael Wallace and J. D. Singer, "Intergovernmental Organizations in the Global System, 1816-1964: A Quantitative Description," *International Organization*, Vol. 24, No. 2 (Spring, 1970), pp. 239-287.

10) 「자격을 갖춘 국제체제의 구성요소」란 구체적으로 주요 강대국의 어느 한 쪽으로부터 승인된 국가주권을 가진 단위이거나 국제연맹이나 국제연합의 회원국을 의미한다.

적인 총회를 개최해야 한다. 3) 지속적인 본부와 지속적인 본부시설의 일종(permanent headquarters and some sort of permanent headquarters arrangement)을 가지고 있어야 한다. 4) 다른 정부간기구로부터 독립적이어야 한다.[11)]

제이콥슨 등(Harold K. Jacobson, William R. Reisinger, and Todd Mathers)과 생크스 등(Cheryl Shanks, Harold K. Jacobson, Jeffrey H. Kaplan)은 「정부나 정부대표들에 의해 설립된 조직체로서 정기적인 회합, 의사결정을 규율하는 규칙, 항구적인 스탭과 본부를 지니도록 충분히 제도화되어 있는 국제기구」를 정부간기구로 정의한다.[12)]

이들은 국가들 사이에 조약에 의해 창설된 국제기구를 「전통적인 정부간기구(traditional IGO)」라고 칭하고, 이들에 의해 설립된 조직을 「파생조직(emanated organization)」으로서 「부차적인 정부간기구(second-order IGO)」로 분류하고 있다.

페베하우스 등(Jon Pevehouse, Timothy Nordstrom, Kevin Warnke)은 가장 최근에 다음과 같은 특징을 지닌 조직을 정부간기구로 정의하고 있다.[13)] 1) 공식적인 실체(formal entity)이어야 한다.[14)] 2) 3개 이상의 주권국가를 구성요소로 한다.[15)] 3) 지속적인 사무국을 보유하여야 한다. 지속적인 사무국이 아닐 경우, 본부 및/혹은 지속적인 스탭과 같은 제도화의 다른 형태를 지녀야 한다.[16)]

---

11) 구성요소가 다른 정부간기구에 의해 전적이거나 부분적으로 선발되지 않고, 조직이 총회의 권위하에서 기능하는 행정적으로 구별되는 사무국 직원에 의해 관리되는 경우 독립적이어야 한다는 조건을 충족한 것으로 여긴다.

12) Harold K. Jacobson, William R. Reisinger, and Todd Mathers, "National Entanglements in International Governmental Organizations," *American Political Science Review* Vol. 80, No. 1 (March, 1986), pp. 141-159; Cheryl Shanks, Harold K. Jacobson, Jeffrey H. Kaplan, "Inertia and Change in the Constellation of International Governmental Organizations, 1981-1992," *International Organization*, Vol. 50, No. 4 (Autumn, 1996), pp. 593-627.

13) Jon Pevehouse, Timothy Nordstrom, Kevin Warnke, "Intergovernmental Organizations," In Paul F. Diehl, ed., *The Politics of Global Governance* (Boulder: Lynne Rienner, 2005).

14) 이는 정부간기구가 국제적으로 인정된 조약에 의해 만들어진다는 것을 가정한 것이다.

15) 이 요소는 비정부기구와 구별하기 위한 것이다.

16) 사무국이나 항구적인 관료조직(permanent bureaucracy)의 존재란 임시회의(ad-hoc conference)와 정부간기구를 구별하기 위한 것이다

이들은 국가간의 조약에 의해 창설되지 않고 기존의 정부간기구에 의해 창설된 「파생조직」이 「모조직(parent organization)」으로부터 독립성을 가지지 않을 경우, 정부간기구의 부류에서 배제하고 있다.

볼지 등(Thomas J. Volgy, Elizabeth Fausett, Keith Grant, and Stuart Rodgers)은 정부간기구를 정의하고자 하는 다양한 시도들이 다음과 같은 경험적인 기준들은 공유하고 있다고 본다.[17] 1) 구성요소인 국가들에 의한 관례화된 상호작용(routinized interaction), 2) 조직 내의 명시적인 의사결정 방식, 3) 지속적인 관료/사무국 구조, 4) 다른 정부간기구로부터의 조직의 독립(organizational independence)이 이러한 기준에 속한다.[18]

볼지 등은 이러한 선행연구에 기초하여 「공식적인 정부간기구(formal intergovernmental organization: FIGO)」라는 새로운 개념을 만들어 이를 「회원(국)의 집단적인 의지를 집행하기 위한 능력과 더불어, 공식적이고 지속적이며 다자적인 국가간 의사결정 과정을 제공하기 위해 충분한 조직의 구조와 자율성을 가지고 창설된 실체(entities created with sufficient organizational structure and autonomy to provide formal, ongoing, multilateral processes of decision making between states, along with the capacity to execute the collective will of their member (states))」라고 정의하고 있다.

구체적으로 볼지 등은 다음과 같은 세 가지의 경험적으로 관찰이 가능한 특성을 지닌 국제기구를 「공식적인 정부간기구(FIGO)」로 분류하고 있다. 1) 국가들의 의사결정을 제도화하고 또한 관리(governance)에 있어서의 감시(oversight)를 제도화해야 한다. 2) 관료조직을 통해 관리(management)에 있어서의 안정성을 제공하여야 한다. 3) 조직의 운용과 회원국의 집단적인 의지를 집행하는 데 있어서 (회원국의 압력에 취약하지 않은) 자율성을 가져야

---

17) Thomas J. Volgy, Elizabeth Fausett, Keith Grant, and Stuart Rodgers, *Ergo FIGO: Identifying Formal Intergovernmental Organizations*, Working Papers Series in International Relations, 2006.

18) 이러한 기준들은 임시협정(ad-hoc agreements), G-7 회합이나 조직의 구조 없이 국가들로 구성된 위원회(committee)처럼 제도화되지 않은 채 지속되고 있는 국가들의 협력회합(cooperative meeting), 다른 정부간기구의 하위단위, 국가가 아닌 다른 정부간기구에 의해 통제되는 제도(institutions), 비정부 회원에 의해 지배되는 조직(즉, NGO)이라는 다른 형태의 지속적인 다자관계의 제도화와 정부간기구를 구별하고자 하는 것이다.

한다.

이와 관련하여 이러한 특성들을 과연 어느 정도 충족해야 하는가의 문제가 발생한다. 예컨대 자율성과 관련하여, 분권화된 국제체제에서 국제기구의 절대적 자율성(absolute autonomy)을 요구한다면, 이러한 경험적인 사례는 발견할 수 없기 때문이다.

따라서 이들은 이러한 기준들을 현실적으로 다음과 같이 완화하고 있다. 1) 집단적인 의사결정과 더불어 기구의 활동에 대한 회원(국)의 감시가 충분히 제도화되어야 하고, 2) 집단적인 의사결정을 효율화하기 위해 충분한 관료조직을 가져야 하며, 3) 조직을 유지하고 회원에 의해 위임된 과업을 수행할 수 있도록 충분한 자율성을 가져야 한다.[19] 이들은 이들을 보다 구체화하기 위해 11개의 구체적인 지표를 설정하고 있다.

볼지 등은 「파생조직」이 다른 정부간기구에 의해 창설되었다는 점만으로 정부간기구에서 배제하지 않고, 이들이 공식적인 정부간기구의 기준으로 제시하고 있는 요건을 충족하고 있는가에 따라 포함여부를 판단하고 있다.[20]

(2) 정부간기구의 파생조직에 대한 다양한 견해

정부간기구의 정의와 관련하여 주의하여 살펴보아야 할 점 가운데 하나는, 국가간에 조약을 통해 설립된 정부간기구에 의해 창설된 기구를 의미하는 「파생조직(emanated organization)」을 어떻게 보아야 할 것인가의 문제이다.

위에서 살펴보았듯이 일부 학자들은 일정한 조건을 충족시키는 한에 있어서 정부간기구로 간주하기도 한다. 구체적으로 독립성을 기준으로 하여 「파생조직」이 독립성을 가질 경우에 한해 정부간기구로 간주하는가 하면, 「파생조직」이 공식적인 정부간기구의 기준 모두를 충족할 경우 정부간기구에 포

---

19) 집단적인 의사결정, 관료조직, 자율성이라는 세 가지 요소를 기준으로 할 경우, 「G-8」은 공식적인 정부간기구의 범주에 속하지 않는다. 참고로 G-8은 미국, 영국, 프랑스, 독일, 이탈리아, 캐나다, 일본 등 서방 선진 7개국(G-7)과 러시아로 이루어져 있다. 이들 국가들의 재무장관과 중앙은행 총재는 1년에 두세 차례씩 회동해 세계 경제 방향과 정책 협조 등을 논의하며 1년에 한 차례씩 각국 대통령과 총리가 참가하는 G-8 정상회담도 개최하고 있다.

20) 이와 관련하여 제일 중요한 기준은 창설한 정부간기구로부터의 독립성이다. 이러한 독립성은 일반적으로 스탭과 재원에 있어서의 독립성이라는 두 측면을 가진다.

함하고자 한다. 일부 학자는「파생조직」을「부차적인 정부간기구」로서 전통적인 정부간기구와 구별을 하고는 있으나, 광의의 정부간기구의 부류에 포함시키고 있다.

이들과는 달리「파생조직」이 다른 정부간기구에 의해 창설되었다는 점만으로 정부간기구에서 배제하는 경우도 있다. 이들의 견해에 따르면, 정부간기구는 오로지 주권국가간의 조약을 통해서만 창설되지 정부간기구의 일방적인 행위에 의해 창설되지 않는다. 즉, 정부간기구의 일방적인 행위에 의해 정부간기구가 설립될 정도로 국제체제가 국제공동체로 발전되지 않았다고 본다. 따라서 이 견해는 예컨대 국제연합 총회의 결의에 의해 설립된 국제연합개발계획(UNDP)과 국제연합무역개발회의(UNCTAD)와 같은 국제기구를 정부간기구로 보지 않고, 국제연합의 단순한「보조기관(subsidiary organ)」으로 보는 등「보조기관」과「정부간기구」를 엄격히 구분하고자 한다.

「파생조직」은 통상적으로 모조직인 정부간기구의 하부기관이거나 하부단위체(sub-unit)이다. 따라서 이들을 우리가 흔히 사용하는 용어인「보조기관」으로 불러도 무리가 없다. 따라서 이러한 보조기관을 정부간기구로 볼 것인가의 논의를 하고자 한다.

(3) 보조기관의 지위

1) 보조기관의 설립근거

정부간기구는 자신에 부과된 임무나 목적을 수행하기 위해 필요한 경우 보조기관을 설립한다. 보조기관이란 설립헌장에 의해 직접적으로 창설된 헌장상의 기관(constitutional organs)이 그 기능을 원활하게 수행하기 위해 헌장규정에 따라 일방적 행위로 결의(resolution)를 통해 창설하는 기관이다. 이런 점에서 보조기관은 조약에 의해서 창설되고 독립된 예산체제를 갖는 등 독립된 법인격을 누리는 전문기구와도 구별된다.[21)]

---

21) 전문기구의 경우 예산과 인사를 독자적으로 결정할 수 있고 국제연합 본부와 대등한 지위에 있으며 전문기구의 수장은 국제연합 사무총장과 동격이다. 국제연합 총회 산하의 상설적인

일반적으로 설립헌장은 헌장상의 기관이 보조기관을 창설할 권한을 명시적으로 규정한다. 예컨대 국제연합헌장 제7조 제2항은 필요하다면 헌장에 따라 보조기관을 창설할 수 있다고 규정하고 있다. 헌장 제22조와 제29조는 각각 총회와 안전보장이사회의 보조기관 창설을 규정하고 있다. 그러나 이러한 명시적인 규정이 없어도 보조기관 창설능력은 정부간기구의 묵시적인 권한에 속한다고 본다.

2) 보조기관의 증가 이유

정부간기구가 보조기관을 필요로 하고 그 수가 증가하고 있는 데는 다음과 같은 이유가 있다. 우선 정부간기구가 취급하는 이슈가 매년 증가하여 총회나 이사회만으로는 처리할 수 없는 일이 생기거나 전문성을 필요로 하는 토의가 필요한 일들이 많이 발생하기 때문이다. 이런 의미에서 보조기관은 실질적으로 정부간기구의 수족의 역할이 주어진다고 볼 수 있다.

또한 정부간기구의 회원국의 수가 증가할 경우 집행기관으로서의 이사회 구성국의 수를 변경해야 하는데 이를 위해서는 기본문서의 개정이 필요하다. 그러나 이러한 기본문서의 개정은 그리 쉽지 이루어지지 않는다. 위원회 등과 같은 보조기관의 구성국 수를 변경하거나 폐지하는 것은 이사회의 결의만으로도 가능하기 때문에 변화하는 상황에 유연하게 대처할 수 있다는 이러한 이유로도 보조기관이 설립된다.

3) 보조기관의 종류

보조기관들은 회원국의 대표로 구성되는 것이 일반적이나 일부 보조기관은 개인의 자격으로 선출된 구성원을 두고 있는 경우도 있다. 이러한 보조기관에는 예컨대 국제연합의 국제법위원회(International Law Commission: ILC)와 국제

보조기관에도 집행기관으로서 이사회가 존재하나 이사회는 예산과 인사에 관한 독자적인 권한을 갖지 못하고 국제연합 총회의 승인을 필요로 한다. 이러한 총회 산하의 보조기관의 수장은 국제연합 사무총장의 지휘하에 놓이며 국제연합 사무차장급에 해당한다. 이런 점에서 국제연합 총회의 보조기관은 전문기구와 대단히 다르다.

노동기구(ILO)의 행정불복 심사기관인 행정재판소(Administrative Tribunal) 등이 있다.

보조기관 가운데는 국제연합의 국제법위원회처럼 상설적인 보조기관이 있는가 하면, 국제연합의 평화유지군(PKF)처럼 수시로 설치되는 것도 있다. 보조기관은 (상설)위원회라든가 특별위원회와 같은 위원회의 형식을 취하는 경우가 보통이지만, 때에 따라 지역회의(regional conference)의 형태를 띠기도 하고, 기구의 형태를 지니기도 한다.

(가) 위원회 형식의 보조기관: 위원회의 형식을 지니고 있는 보조기관으로는 국제연합 총회의 6개 주요 위원회(main committees), 운영위원회나 신임장위원회와 같은 절차위원회(procedural committees), 분담금위원회나 행정·예산문제자문위원회(ACABQ)와 같은 상설위원회(standing committees)가 있으며 그 밖에 국제연합군축위원회(UNDC) 등이 있다. 특별위원회의 예로서 평화유지활동에 대한 전반적인 문제를 다루기 위해 1965년에 조직되어 현재까지 활동 중인 평화유지활동특별위원회(Special Committee on Peacekeeping Operations)를 들 수 있다.

(나) 지역회의 형식의 보조기관: 지역회의의 형식을 지니고 있는 예로서 국제노동기구(ILO)의 보조기관을 들 수 있다. ILO는 헌장 제38조에 따라 미주지역회의(Conference of American States Members), 아시아지역회의(Asian Regional Conference), 아프리카지역회의(African Regional Conference), 유럽지역회의(European Regional Conference) 등 4개 지역회의(Regional Conference)를 두고 있다.[22] 식량농업기구(FAO) 역시 헌장 제6조에 의거하여 아시아·태평양, 유럽, 라틴아메리카, 근동의 5개 지역회의를 설치하고 있다.

(다) 기구 형식의 보조기관: 기구의 형태를 취하고 있는 예로는 국제연합 총회가 결의로서 설립한 자립적인 보조기관인 국제연합개발계획(UNDP), 국제연

22) 이들은 각 지역별 노동·사회 상황 등을 평가하고 국가별 조치를 검토하여 국제노동기구에 권고하는 것을 주된 임무로 한다.

합환경계획(UNEP), 국제연합아동기금(UNICEF), 국제연합인구기금(UNFPA), 국제연합대학(UNU), 국제연합무역개발회의(UNCTAD), 국제연합난민고등판무관실(UNHCR) 등이 있다.

4) 보조기관의 위상

위에서 살펴보았듯이, 보조기관에도 여러 형태가 존재한다. 보조기관의 여러 형태 가운데, 기구 형태를 취하고 있는 보조기관의 경우는 정부간기구로 간주하여야 한다고 본다.

이는 오늘날 국제연합무역개발회의(UNCTAD)이나 국제연합개발계획(UNDP)과 같은 국제조직을 정부간기구가 아닌 보조기관으로 분류하지 않는 현실과 일치한다. 또한 결의에 근거하여 창설된 이러한 보조기관은 설립조약에 근거하여 설립된 정부간기구와 그 지위와 권능 면에서 별 차이를 가지고 있지도 않기 때문이다. 이러한 점을 고려하여 이러한 보조기관을 특정 정부간기구의 「산하기구」라고 부르면서 광의의 정부간기구에 일단 포함시키는 것이 필요하다고 본다.

결의에 의해 설립된 이러한 국제기구 가운데는 위에서 언급한 바 있는 정부간기구의 요소들을 모두 충족시키는 경우도 존재할 수 있다. 이러한 국제기구는 엄격한 의미의 정부간기구로서 간주하면 될 것이다. 즉, 정부간기구를 협의의 정부간기구와 광의의 정부간기구로 구분하여 기구 형태의 보조기관이 이 두 부류의 어느 하나에 속하도록 함으로써 여하간 정부간기구로서의 위상을 가지도록 하고자 한다.

3. 타 개념과의 관계

요즈음 「국제기구(international organizations)」라는 말과 더불어 「국제제도(international institution)」와 「국제레짐(international regimes)」이라는 말들이 빈번하게 사용되고 있다. 그런데 과연 이들 용어가 구체적으로 무엇을 가리키며, 이러한 용어 사이에 어떠한 차이가 존재하는가에 대해 일치된 견해가 존재하지 않는다. 따라서 여기에서는 이러한 용어들이 과연 무엇을 의미하며, 이러한 용어들이 상호 어떠한 관계를 가지는가를 살펴보고자 한다.

영미인들 사이에 있어서 「제도(institution)」라는 용어는 일반적으로 「사회적인 상호작용을 구조화하는 확립된, 널리 퍼져있는 사회규칙의 체제(system of established and prevalent social rules that structure social interactions)」라고 정의된다.[23] 그리고 일반적으로 국제레짐과 국제기구를 이러한 제도의 형태로 간주한다.

코헤인(Robert O. Keohane)의 경우도 제도(institution)를 이러한 방식으로 정의하고 국제레짐, 관습, 국제기구를 이러한 제도의 다양한 형태로 본다. 구체적으로 그는 국제제도를 「역할을 규정하고 활동을 제약하며 기대를 구체화시키는 지속적이고 연계된 공식적 혹은 비공식적 규칙의 집합(persistent and connected sets of formal or informal rules that prescribe behavioral roles, constrain activity, and shape expectations)」으로 정의한다.[24]

이러한 국제제도에 국제관계의 특정 쟁역에 있어서 국가들에 의해 합의된 명시적인 규칙을 지닌 제도인 국제레짐, 행위자들의 기대하는 바를 규정짓는 묵시적인 규칙들과 이해(understanding)를 지닌 비공식적인 제도로서 관습, 그리고 공식적이고 지속적인 구조물을 지니고 있는 제도인 국제기구가 포함된다고 본다.[25] 국제기구에 대해 좀 더 구체적으로 코헤인은 「명시적인 규칙, 개인과 집단으로의 역할의 구체적인 할당, 그리고 행동역량을 지닌 목적지향적인 제도(purposive institutions with explicit rules, specific assignments of roles to individuals and groups, and the capacity for action)」라고 정의하고 있다.[26] 코헤인은 이처럼 국제제도를 가장 포괄적인 개념으로 보고 이를 구성

23) Geoffrey M. Hodgson, "What Are Institutions?" *Journal of Economic Issues*, Vol. 40, No. 1 (2006), pp. 1-25.

24) Robert O. Keohane, "International Institutions: Two Approaches," *International Studies Quarterly*, Vol. 32, No. 4 (December, 1988), pp. 379-396.

25) Robert O. Keohane, *International Institutions and State Power: Essays in International Relations Theory* (Boulder, San Francisco, and London: Westview Press, 1989), pp. 4-5.

26) Robert O. Keohane, "International Institutions: Two Approaches," *International Studies Quarterly*, Vol. 32, No. 4 (December, 1988), pp. 379-396.

하는 다양한 형태의 제도로서 국제레짐과 관습 그리고 국제기구를 들고 있다.[27)]

영(Oran R. Young)과 같은 학자는 「제도(institution)」를 「역할 수행자들 사이의 관계를 규정하는 일단의 규칙이나 협정으로 함께 연계된 쉽게 인지할 수 있는 역할들로 구성된 사회적 관행(social practices consisting of easily recognized roles coupled with clusters of rules or conventions governing relations among the occupants of these roles)」으로 정의하여 위에서 언급한 일반적인 제도의 정의를 따르고 있다. 그러나 영은 이러한 제도에 국제레짐만을 포함시키고, 국제기구는 포함시키지 않고 있다.

구체적으로 영은 국제레짐(international regime)을 「구체적인 활동에 관여하고 있는 행위자들의 행동을 규정하는 제도(social institutions governing the actions of those involved in specifiable activities or set of activities)」로 정의하고 있다. 예를 들어 자유국제경제질서란 하나의 포괄적인 경제제도(economic institution)로서 국제사회에서 판매자와 구매자가 국제시장에 자유로이 참여하는 교환관계의 체제를 의미하며, 이러한 제도는 좀 더 구체적인 제도로서 국제무역 레짐, 국제금융 레짐, 그리고 국가간의 직접투자를 규정하는 국제레짐을 포함한다고 본다. 다시 말해 국제레짐이란 명확하게 정의된 활동, 자원, 지역과 관련되고 경우에 따라서는 국제사회의 구성원 중 일부만을 포함하는 좀 더 전문화된 제도를 의미한다고 본다.

영은 국제기구(international organizations)를 「직원, 예산, 그리고 시설 등을 지니고 있는 구체적인 구조를 지니고 있는 물적인 실체(material entities possessing physical locations, offices, personnel, equipment, and budgets)」로서, 국제통화기금(IMF)이나 세계은행(IBRD)과 같은 조직이 이에 해당한다고 본다. 그는 모든 국제레짐이 이러한 공식적인 기구 혹은 조직을 필요로 하는 것은 아님을 강조하면서, 국제레짐을 포함한 국제제도와 국제기구를 구별하고 있다. 즉, 국제제도가 국제레짐을 포함하는 상위 개념이지만 국제기구라는 개념을 포괄하지 않는다고 본다.[28)]

---

27) 국제레짐은 일반적으로 「국제관계의 특정 쟁역에 있어서 국가들에 의해 합의가 된 명시적 혹은 묵시적인 규칙을 지닌 제도」로 정의되어 코헤인이 국제레짐과 구별하고 있는 관습이라는 개념 역시 포함하는 의미로 사용되는 것이 일반적이다.

28) Oran R. Young, *International Cooperation: Building Regimes for Natural Resources and*

러기(John G. Ruggie)와 같은 학자는 국제레짐을 가장 상위의 포괄적인 개념으로 간주하고 여기에 국제제도(international institution)와 국제기구(international organization)가 포함된다고 본다.[29)]

영영사전에 따르면, 제도(institution)란 「사회에 있어서 확립된 법, 관습, 관행(any established law, custom, practice in a society)」이라는 의미와 「특정 목적의 촉진을 위한 조직(an organization devoted to the promotion of a particular object)」이라는 의미를 모두 포함한다.

본 저서에서는 이러한 사전적인 정의에 충실하여 제도를 코헤인이나 영처럼 하나의 의미로 정의하지 않고, 규칙과 조직이라는 개별적인 두 의미를 동시에 포함하는 있는 개념으로서 보고자 한다. 코그리아니즈(Cary Coglianese)도 국제제도(international institutions)를 국제적인 규칙(international rules)과 국제기구(international organizations) 모두를 의미하는 용어로 사용하고자 한다.[30)] 이러한 맥락에서 국제레짐을 국제적인 규칙과 같은 의미로 사용하고자 한다.

이러한 정의하에 국제기구와 국제레짐은 일정한 관계를 가질 수 있다는 것에 주의하고자 한다. 때때로 국제기구는 국제레짐의 탄생에 중요한 역할을 수행하기도 하고, 이미 탄생한 국제레짐을 유지하고 변화시키는 데도 중요한 역할을 하기도 한다.[31)] 모든 국제레짐이 국제기구에 의해 생성되고 유지되는 것은 아니다. 때때로 국제기구 없이 생성되고 유지되는 국제레짐도 존재한다.

---

the Environment (Ithaca and London: Cornell University Press, 1989).

29) John G. Ruggie, "International Responses to Technology: Concepts and Trends," *International Organization*, Vol. 29, No. 3 (Summer 1975), p. 568.

30) Cary Coglianese, "Globalization and the Design of International Institutions," in Joseph S. Nye Jr. and John D. Donahue, eds., *Governance in a Globalizing World*(Washington D. C.: Brookings Institution Press, 2000), pp. 297-318.

31) 일반적으로 국제기구는 국제레짐을 집행하고 감시하는 등의 역할을 수행한다.

제 2 장 국제기구의 분류

국제기구는 어떠한 기준을 적용하는가에 따라 여러 가지로 분류될 수 있다. 이러한 분류를 통한 국제기구의 유형화 작업은 대단히 중요하다. 왜냐하면 국제기구의 연구에 있어서도 다른 분야와 마찬가지로, 훌륭한 이론화의 작업이란 적절한 기준을 가지고 복잡한 현상을 분류하여 유형화하는 것으로부터 시작되기 때문이다.

이렇게 하여 유형화한 것을 독립변수로 하여 어떤 현상을 설명하기도 하고, 종속변수로 하여 설명을 가하기도 한다. 이러한 시도의 일환으로 몇 가지 기준을 가지고 다양한 국제기구들을 분류해보고자 한다.

1. 회원자격

우선 회원자격을 기준으로 하여 국제기구를 분류할 경우, 국가 혹은 정부의 대표들을 회원으로 하는 정부간기구(IGO), 국가 혹은 정부의 대표가 아닌 국가 내의 개인 또는 집단을 회원으로 하는 비정부간국제기구(INGO), 그리고 자신들이 소속되어 있는 정부의 중앙 대외정책 기관의 통제를 받지 않는 정부 행위자를 회원으로 하는 초정부기구(TGO)가 있다.

국제기구에 따라서는 여러 종류의 회원으로 구성되어 있는 혼합적인 국제기구(hybrid international organization)도 있다. 대표적인 경우로서 정부대표,

사용자 대표, 노동자 대표를 회원으로 하는 국제노동기구(ILO)를 들 수 있다. 그 밖에 비정부기구 대표, 정부대표, 그리고 정부기관을 회원으로 하는 국제자연보호연맹(IUCN-The World Conservation Union)이 있다.[32)]

정부간기구(IGO)라고 할 때, 통상적으로 각국의 중앙정부로 구성된 중앙정부간기구를 일컫는다. 그런데 최근에 이러한 정부간기구와는 별도로 개개의 지방정부 혹은 이러한 지방정부들의 연합체를 구성요소로 하여 국제적으로 조직된 기구들이 많이 등장하면서 국제기구의 또 다른 한 부류를 형성하고 있다. 이러한 조직들을 「정부간기구」와 구별하여 「지방정부간기구(inter-local-governmental organization)」 혹은 「국제지방정부기구(international local government organization)」라고 부른다.[33)] 정부간기구나 지방정부간기구 모두 국경을 가로질러 조직된 국제기구라는 공통점을 가지고 있으나, 구성요소가 중앙정부인가 아니면 지방정부인가에 있어서 현격한 차이가 존재한다.

2. 정치적 목적여부

정치적 목적을 갖느냐 비정치적 목적, 즉 기능적 목적을 갖느냐에 따라 국제기구를 분류할 수 있다. 이럴 경우, 국제연합(UN)과 같은 국제기구는 정치적 국제기구로 분류되고, 국제연합교육과학문화기구(UNESCO)와 같은 전문기구들은 비정치적 국제기구로 분류된다.

3. 목적의 단일성 여부

활동의 목적이 단일한가 아니면 복합적인가에 따라 국제기구를 구분할 수

32) 구체적으로 IUCN은 현재 미국을 위시한 74개국 정부, 미국의 환경보호국(US Environmental Protection Agency)과 같은 105개의 정부기관(government agencies), 그리고 지구의 친구들(Friends of the Earth)과 같은 700개의 NGO로 구성되어 있다.

33) 여기에서는 편의상 「지방정부간기구」라는 용어를 사용하고자 한다.

도 있다. 지역적 집단방위를 목적으로 하는 북대서양조약기구(NATO), 보건문제만을 다루는 세계보건기구(WHO), 석유수출국간의 협력을 도모하는 석유수출국기구(OPEC)와 같은 국제기구들이 단일목적의 국제기구에 해당한다.

다목적 국제기구의 대표적인 예로는 국제평화와 안전을 위시하여 경제·사회·문화·인권 등 다면적인 목적을 추구하는 국제연합(UN)을 들 수 있으며, 그 밖에 유럽연합(EU), 아프리카연합(AU), 미주국가기구(OAS)와 같은 국제기구들이 있다.

4. 주권의 제약정도

국제기구들은 회원국들의 독립을 전제로 하여 일정한 정도의 주권제약을 통해 국가 상호간의 협력을 추구하기 위해 설립되는 협력기구와 일정한 지역을 단위로 하여 국가들의 독립을 점차적으로 제한하면서 궁극적으로 통합을 목적으로 하는 통합기구로 분류할 수 있다. 국제사회의 거의 모든 국제기구가 전자에 해당되며, 후자에 속하는 대표적인 국제기구로는 유럽연합(EU)을 들 수 있다.

5. 지정학적인 조직의 범위

지정학적인 조직의 범위(geopolitical organizational scope)를 기준으로 삼을 경우, 국제기구들은 전지구적 기구, 지역간 기구, 지역기구, 지역하부 기구라는 네 가지 유형으로 분류될 수 있다.

일부 국제기구는 지리적인 제약 없이 모든 국가에게 개방이 되어 있는데, 이러한 국제기구는 「전지구적 기구(global organization)」로 분류된다.[34] 이러한 국제기구에는 국제연합(UN), 17개의 전문기구, 세계무역기구(WTO), 국제

34) 「전지구적 기구(global organization)」는 「보편적 기구(universal organization)」라고도 불린다.

원자력기구(IAEA) 등이 존재한다.

두 지역 이상을 가로질러 국가들에게 개방되어 있는 국제기구는 「지역간 기구(interregional organization)」로 분류된다. 이 경우 지리적인 요인, 문화적이거나 인종적인 요인, 혹은 정치적인 요인이 조직구성의 동인이 된다. 이러한 국제기구의 대표적인 예로서 아셈(Asia-Europe Meeting: ASEM)을 들 수 있는데, 이 국제기구는 아시아와 유럽이라는 두 지역을 포함한다. 동아시아 중남미협력포럼(Forum for East Asia-Latin America Cooperation: FEALAC)도 이러한 기구의 하나이다.

단일 지역에 속하는 국가들에게 개방되어 있는 국제기구를 「지역기구(regional organization)」라고 분류하는데, 이러한 국제기구에는 유럽연합(EU), 미주국가기구(OAS), 아프리카연합(AU), 동남아국가연합(ASEAN), 유럽안전보장협력기구(OSCE) 등이 속한다.[35)]

특정 지역 내에서 지리적이거나 다른 기준에 의해 제한된 국가들에게 개방된 국제기구를 「지역하부 기구(sub-regional organization)」로 분류한다. 대표적인 예로서 1981년에 설립된 걸프협력회의(Gulf Cooperaton Council: GCC)를 들 수 있다. 이 기구는 걸프만 연안 6개국인 쿠웨이트, 사우디아라비아, 바레인, 카타르, 오만, 아랍에미리트를 회원국으로 하는 지역협력 기구로서, 이들 국가들 사이의 군사와 치안 면에서의 협력강화와 경제적·문화적 통합 촉진을 목적으로 하고 있다.

6. 국제연합과의 연관성

규모가 가장 큰 보편적인 국제기구인 국제연합(UN)과의 연관성을 가지고 국제기구를 분류하기도 한다. 이 경우 국제연합기구(UNO)를 중심으로 하여, 국제연합헌장의 규정에 따라 국제연합과 특별협정을 체결하여 협력관계를

35) 한국은 아시아개발은행(ADB) 이외에도 유럽부흥개발은행(EBRD), 아프리카개발은행(AfDB), 미주개발은행(IDB)에도 가입하고 있다. 이들 기구들은 특정지역의 개발을 목표로 설립된 은행이지만, 회원은 해당 지역의 국가에게만 한정되어 있지 않다.

유지하고 있는 17개의 전문기구, 국제연합 관련기구, 그리고 여타의 다른 국제기구로 분류된다. 우리나라 외교통상부의 경우, 국제기구의 분류방식으로서 이 방식을 채택하고 있다. 이 기준에 따른 국제기구 분류를 자세히 살펴보면 다음과 같다.

(1) 국제연합기구

국제연합은 헌장에 기초하여 설립된 6개의 주요기관(major organs)과 결의(resolution)를 통해 설립된 다수의 보조기관(subsidiary organ)으로 구성되는데, 이들 기관들을 총괄하여 통상적으로 「국제연합」이라고 부르나 여러 기관으로 구성되었다는 것을 강조하기 위해 때때로 「국제연합기구(United Nations Organization: UNO)」라고도 부른다.

국제연합의 주요기관은 총회(General Assembly: GA), 안전보장이사회(Security Council: SC), 경제사회이사회(Economic and Social Council: ECOSOC), 신탁통치이사회(Trusteeship Council: TC), 국제사법재판소(International Court of Justice: ICJ), 그리고 사무국(Secretariat)이다.

보조기관은 총회의 결의를 통해 설립되기도 하고, 경제사회이사회의 결의를 통해 설립되기도 한다. 국제연합개발계획(UNDP)이나 국제연합난민고등판무관실(UNHCHR)과 같은 기구가 국제연합 총회의 결의에 의해 설립된 대표적인 보조기관이다. 국제연합 경제사회이사회의 결의에 의해 설립된 대표적인 보조기관에는 여성지위위원회(Commission on the Status of Women: CSW)와 아시아·태평양경제사회위원회(Economic and Social Commission for Asia and the Pacific: ESCAP)와 같은 기구가 있다.

(2) 전문기구

두 번째 유형으로서 국제연합헌장 제57조와 제63조에 근거하여, 국제연합과 특별협정을 체결하여 특별한 협력관계를 구축하고 있는 17개의 전문기구들(Specialized Agencies: SAs)이 있다.

이러한 전문기구에는 구체적으로 국제노동기구(ILO), 식량농업기구(FAO), 국제연합교육과학문화기구(UNESCO), 세계보건기구(WHO), 세계은행(IBRD), 국제개발협회(IDA), 국제금융공사(IFC), 국제통화기금(IMF), 국제민간항공기구(ICAO), 국제해사기구(IMO), 국제전기통신연합(ITU), 만국우편연합(UPU), 세계기상기구(WMO), 세계지적재산권기구(WIPO), 국제농업개발기금(IFAD), 국제연합공업개발기구(UNIDO), 세계관광기구(WTO)가 있다.[36]

이러한 전문기구들과 국제연합기구들을 합하여 「국제연합체제(United Nations System)」라고 부르기도 하고 경우에 따라서는 「국제연합가족(United Nations Family)」이라고도 부른다. 이들을 국제연합체제 혹은 국제연합가족이라고 부르는 것은 이들이 국제연합헌장에 기초를 둔 특별협정을 통해 긴밀한 협력관계를 맺고 있기 때문이다.[37] 구체적으로 특별협정은 국제연합의 경제사회이사회와 각 전문기구 사이에 체결되며 국제연합 총회의 승인을 받는다. 국제연합헌장 제64조에 따라 매년 경제사회이사회에 보고서를 제출하며, 경제사회이사회의 조정기구를 통해 국제연합 또는 각 전문기구와 협력한다.

그러나 이들 전문기구들이 국제연합체제 혹은 국제연합가족에 속한다고 해서 이들을 국제연합의 하부적인 구성요소로서 인식하여서는 안 된다. 왜냐 하면 이들은 국제연합과는 별도의 헌장(charter), 별도의 본부, 별도의 독립된 예산체제, 별도의 회원국을 가지고 있는 독립된 기구이기 때문이다. 이러한 의미에서 전문기구를 「국제연합 전문기구」라고 하여 「전문기구」라는 말 앞에 「국제연합」이라는 말을 덧붙이는 것은 적절하지 않다.

(3) 국제연합 관련기구

세 번째로 전문기구처럼 국제연합헌장 제57조와 제63조에 근거하여 국제

---

36) 2004년에 3월에 세계관광기구(WTO)가 국제연합과 관계협정(relationship agreement)에 서명을 함으로써 전문기구의 하나가 되었다. 같은 약칭을 쓰는 세계무역기구(WTO)와의 혼동을 피하기 위해 2005년 12월 1일에 국제연합을 의미하는 「UN」이라는 말을 앞에 붙여 「UNWTO (United Nations World Tourism Organization)」이라는 약칭을 쓰기로 결정했다.

37) 국제연합과 17개의 전문기구의 관계가 일률적인 것은 아니다. 이러한 차이에 대해서는 제12부 제2장 「국제연합과 전문기구의 관계」 부분에서 상론하고 있다.

연합과 특별협정을 체결한 관계는 아니나, 국제연합과 특별한 협력관계를 형성하고 있는 일단의 국제기구가 있다. 이러한 국제기구들은 국제연합을 중심으로 살펴볼 때 「관련기구(Related Organizations)」라고 불린다.[38]

이러한 유형에 속하는 국제기구에는 세계무역기구(WTO)와 국제원자력기구(IAEA)가 있다.[39] 이들 기구는 두 번째 그룹에 속하는 전문기구는 아니지만 원자력 문제와 무역문제를 전문적으로 다룬다는 의미에 있어서 전문기구임에는 틀림없다.

(4) 기타 국제기구

네 번째 유형의 국제기구는 위에서 언급한 바 있는 국제기구들을 제외한 나머지 국제기구를 일컫는다. 우리에게 익숙한 기구 중 이러한 국제기구에 속하는 국제기구로는 경제협력개발기구(OECD), 아시아・태평양경제공동체

---

38) 우리나라 외교통상부는 홈페이지에서 이들 기구들을 「국제연합 독립기구」라고 부르는데, 「국제연합 관련기구」라고 부르는 것이 적절하다고 본다. 왜냐 하면 국제연합 독립기구라고 할 경우 「기타 국제기구」라고 불리는 또 다른 그룹의 국제기구 역시 국제연합과 독립적인 지위에 있는 국제기구이기 때문에 차이점을 찾을 수 없기 때문이다.

39) IAEA와 국제연합간의 관계협정(relationship agreement)은 1957년 11월에 국제연합 총회의 결의 1145(XII)에 포함되어 있다. 엄격한 법률적인 면에서 IAEA는 전문기구가 아니지만, 사실상에 있어서 IAEA는 전문기구의 하나처럼 활동한다. IAEA가 전문기구와 다른 독특한 점이 있다면, IAEA가 총회에 보고를 하고, 적절할 경우 안전보장이사회와 경제사회이사회에 보고한다는 점이다. 전문기구들은 국제연합 경제사회이사회에 보고하도록 되어 있다(IAEA규정은 여러 곳에서 국제연합과의 관계를 언급하고 있는데, 가장 대표적인 규정이 제3조 B의 제4조와 제5조이다. 제4조에 따르면 IAEA는 국제연합 총회에 IAEA의 활동에 관한 연차보고서를 제출하며, 적절한 경우 안전보장이사회에 대해서도 보고서를 제출하도록 되어 있다. 제5조는 IAEA가 국제연합 경제사회이사회와 기타 국제연합 기관에 이들 기관의 권능에 속하는 문제에 관해서 보고서를 제출할 것 역시 규정하고 있다). WTO의 지위는 IAEA에 비해 좀 더 복잡하다. WTO의 전신인 GATT나 WTO 모두 국제연합과 공식적인 협정을 가진 바 없다. 이들 기구의 국제연합과의 관계는 GATT의 초대 사무총장과 트리그브 리 국제연합 사무총장이 서한을 교환한 1952년으로 거슬러 올라간다. 이 서한은 국제연합 사무국과 GATT의 임시위원회 사무국(Secretariat of Interim Commission) 사이에 존재하는 비공개적인 사실상의 실무협정(close de-facto working arrangements)에 주목한다. 1995년에 WTO가 창설되면서, WTO 사무총장과 국제연합 사무총장 사이에 이 기구의 관계의 협력적 성격을 강조하는 서한의 교환이 있었다. IAEA의 사무총장과 WTO의 사무총장 모두는 전문기구의 사무총장과 마찬가지로 국제연합체제의 고위조정이사회(UN System's Chief Executives Board For Coordination, CEB)의 회합에 초청된다.

(APEC), 국제이주기구(IOM), 아시아·태평양전기통신협의체(APT), 국제열대목재기구(ITTO), 국제백신연구소(IVI), 화학무기금지기구(OPCW), 포괄적핵실험금지기구(CTBTO), 아시아생산성기구(APO), 아시아개발은행(ADB)·아프리카개발은행(AfDB)·유럽부흥개발은행(EBRD)과 같은 지역개발은행(Regional Development Bank)들이 있다.

7. 복합적인 기준

위에서 살펴본 것처럼 어떤 하나의 기준을 가지고 국제기구를 분류할 수도 있지만 복수의 기준을 가지고 보다 복합적인 분류를 하는 경우도 있다.

제이콥슨(Harold K. Jacobson)은 회원자격의 범위라는 기준과 국제기구가 추구하는 목적의 구체성 여부라는 두 기준을 가지고 국제기구를 분류하고 있다. 회원자격이라는 변인은 「제한적(limited)」과 「보편적(universal)」이라는 두 종류로 구분했으며, 목적이라는 변인은 「특정적(specific)」과 「일반적(general)」의 두 종류로 구분하고 있다. 이러한 두 변인에 따라 다음과 같은 네 가지의 국제기구 유형을 만들고 있다.

회원자격이 제한적이고 국제기구의 목적이 특정적인 경우에 해당하는 국제기구에 범미보건기구(Pan American Health Organization)와 아시아방송연합(Asian Broadcasting Union) 등이 속한다. 회원자격이 제한적이고 일반적인 목적을 추구하는 국제기구에는 아프리카연합(AU)이나 유럽운동(European Movement)과 같은 국제기구가 속한다. 보편적인 회원자격을 가지면서 특정의 목적을 추구하는 국제기구에는 세계보건기구(WHO)나 국제방송가협회(International Broadcasters Society)와 같은 국제기구들이 있으며, 회원자격이 보편적이고 일반적인 목적을 추구하는 국제기구로 국제연합(UN)과 국제연합협회세계연맹(World Federation of United Nations Associations: WFUNA) 등을 예로 들 수 있다.

제 3 장 국제기구의 역사

1. 초창기

국제기구에 대한 구상이나 계획은 중세 말부터 근대 초기에 걸쳐 많은 사람들에 의해 논의되었다. 그러나 초기 단계이기는 하지만 실제적으로 국제기구가 그 모습을 국제사회에 드러내기 시작한 것은 19세기부터였다.

중세의 종교적 권위를 무너뜨리고 등장한 근대 국제체제는 어떠한 권위에도 종속되지 않는 전제군주에 의해 지배되는 주권국가(sovereign states)를 그 구성요소로 했다. 국가가 자신의 국경 내에서 배타적인 지배권위(governing authority)를 갖는다는 「국가주권(state sovereignty)」이라는 아이디어는 1648년 웨스트팔리아 조약(Treaty of Westphalia)으로 구체화되었으며, 그로부터 유럽정치의 초석이 되었다.

이렇게 하여 발생한 근대 국제체제는 주권국가를 유일한 행위의 주체로 하는 분권적 구조를 지속시켜 왔다. 이 당시 이러한 주권국가를 기본단위로 하는 국제체제가 가능했던 것은 국제적 교류가 빈번하지 않는 가운데 국가가 대체적으로 정치적·경제적·문화적으로 자기 충족적인 단위로서 기능할 수 있었기 때문이다. 이 시대에 있어 국가와 국가 사이의 관계는 쌍무외교(bilateral diplomacy)를 그 특징으로 하고 있었다.

이러한 국제사회의 기본적인 구조와 특징들이 19세기에 이르러 변화의 모습을 구체적으로 드러내기 시작했다. 이러한 변화의 하나로서 현대의 국제기구의 뿌리가 형성되기 시작했다. 구체적으로 다음과 같은 세 방향에서 국제기구는 뿌리를 내리기 시작했다.[40]

첫째, 그 당시 서유럽의 강대국들인 영국, 프랑스, 러시아, 프러시아, 오스트리아는 나폴레옹 전쟁을 마무리하기 위해 소집된 1815년의 비인회의(Congress of Vienna)를 시작으로, 그들 사이의 공통의 문제를 해결하고 그들 사이에 있어서의 행동을 조정하기 위해 전통적인 쌍무외교의 틀에서 벗어나 국제회의를 통한 다변외교(multilateral diplomacy)를 갖기 시작했다. 비록 이러한 국제회의는 제도화되지는 않았으나 후일 국제기구가 따를 다변적인 협의, 집단적 외교, 강대국에의 특별한 지위의 부여와 같은 중요한 관례(practices)를 구축하도록 했다.

회의외교를 통한 문제의 해결이라는 특징을 지닌 당시의 유럽의 국제체제를 「구주협조체제」라고 불렀으며, 이 체제는 상호의존과 이해공동체에 대한 초보적이기는 하나 점증하는 인식이 구체화된 것이었다. 이와 같은 이해공동체는 현대 국제기구에게 있어 없어서는 안 될 필수적인 요건인 것이다.

둘째, 러시아의 니콜라스 황제는 1899년과 1907년 2회에 걸쳐 네덜란드의 헤이그에서 국제평화회의를 개최했다. 이들 회의는 전쟁방지를 위해 방책을 논의하고 중재(arbitration)·협상(negotiation)·법적 해결(legal recourse)을 위한 조건을 고안하기 위한 국제회의로서 국제분쟁의 평화적 해결을 위한 의정서(Convention for the Pacific Settlement of International Disputes), 임시 국제심사위원회(International Commissions of Inquiry), 그리고 상설중재재판소(Permanent Court of Arbitration)의 수립을 가져왔다.

동 회의는 소국들(small states)과 비유럽국가들까지도 참여한 최초의 국제회의로서 중남미 국가들에게도 동등한 역할을 부여함으로써 보편성의 원칙을 수립하고 법의 평등을 강화했다. 또한 다변적 외교를 통해 처음으로 의장이 선출되고, 위원회가 조직되었으며, 호명투표(roll-call votes)가 행해졌다. 이러한 모든 특징들이 후일 20세기에 등장하는 국제기구의 지속적인 특징의 일부가 되었다.

---

40) Inis L. Claude Jr., *Swords into Plowshares: The Problems and Progress of International Organization*, 3rd rev. ed. (New York: Random House, 1964), pp. 21-40.

셋째, 현대의 국제기구의 탄생에 보다 직접적인 영향을 미친 것은 바로 국제하천위원회(international river commissions)와 국제행정연합(international administrative union)의 수립이었다. 18세기부터 19세기에 걸쳐 영국과 프랑스를 중심으로 산업혁명과 시민혁명이 진행되어 다른 국가에 급속히 파급되면서, 유럽국가들 사이의 인적·물적 교류는 물론 유럽국가들과 비유럽국가들 사이의 교류가 비약적으로 확대되었다. 그 결과 국경선으로 둘러싸인 종래의 주권국가라는 것이 개개인의 정치적·경제적·문화적 욕구를 충족시켜 줄 수 있는 단위로서 적합한가에 대해 의문이 제기되었다.

19세기 전반부터 유럽의 국가들은 국경을 초월한 인적·물적 자원의 이동이 활발해지고 통신과 기술의 혁신이 이루어지면서 파생되는 공통의 문제들을 해결하려는 방편으로서, 국가와 국가 사이의 조약에 의해 위원회나 사무국을 설치했다. 이러한 초기 단계의 국제기구는 국가간의 이해관계가 첨예하게 대립되지 않는 비정치적인 분야로부터 출발했으며, 가장 최초의 것으로서 국제하천위원회가 수립되었고 각종 국제행정연합이라는 것이 그 뒤를 이었다.

변화의 세 방향 중 처음 두 방향은 여전히 종래의 주권국가를 기본단위로 한다는 점에서 공통점을 지녔다. 그러나 세 번째 방향은 국가간의 합의를 기초로 하여 국가와는 별개의 조직체를 창출해서 이것을 통해 국가의 행동에 일정한 정도의 제약을 가하고자 했다는 점에서 전통적인 국제체제의 구조에 하나의 커다란 변화였다. 이러한 세 번째 방향을 좀 더 상론하도록 하자.

2. 국제하천위원회와 국제행정연합

(1) 국제하천위원회

국가간의 조약에 의해 설립된 상설적인 기관을 통해 공통의 관심사항을 처리하려는 움직임이 최초로 현실화한 것이 바로 유럽에 있어서의 국제하천을 관리하기 위해 설치된 국제하천위원회였다.

구체적으로 1815년 비인회의에서 모든 국가의 선박에게 라인강에 있어서 항행의 자유를 평등하게 보장하고, 항행상의 장애를 제거하며, 규칙에 따른 항행을 감시하기 위해 「라인강 항해를 위한 중앙위원회(Central Commission for Navigation of the Rhine)」라는 근대적인 국제기구가 창설되었다.

그 후 크리미아 전쟁을 마무리하기 위해 소집된 1856년 파리회의에서 체결된 파리조약은 다뉴브강의 국제화를 의미하는 자유항행과 평등한 대우를 규정하였으며, 그 관리와 감시를 위해 2개의 국제위원회를 설치했다. 그 중 하나는 「유럽·다뉴브위원회」로서 다뉴브강 하류지역의 항행상태를 유지하는 것을 임무로 했으며, 유역국 이외에 비유역국인 유럽의 대국이 참가했다.

다른 하나는 다뉴브강 전체의 항행감시를 임무로 하는 「유역국위원회」였다. 이 위원회는 「유럽·다뉴브위원회」의 직무를 계승하도록 예정되어 있었으나, 오히려 「유역국위원회」가 활동을 정지하고 실제에 있어서 잠정적인 기관으로 예정되었던 「유럽·다뉴브위원회」쪽의 권한이 확대되면서 항구적인 기관이 되었다.

이 「유럽·다뉴브위원회」는 스스로 항행에 있어서의 장애를 제거하거나 항만건설을 위한 토목건설을 행했으며, 통행세를 징수하고, 위반하는 선박에 대한 벌금을 부과했다. 이 위원회는 이러한 행정적·경찰적 기능 외에 항행규칙제정 등의 입법적 권한을 가졌으며, 일정한 사법적 권한도 행사했다. 또 고유의 재산을 소유했으며 특권과 면책을 향유했고 스스로의 기를 게양했으며 전시에 있어서는 중립의 지위가 보장되었다.

이러한 국제하천위원회는 그리 발달한 국제기구라고는 할 수 없으나, 조약을 기초로 해서 창출된 국가와는 별도의 기관으로서, 이를 통해 국가들에 공통적인 문제를 처리한다고 하는 새로운 국가간 협력의 방식을 현실화한 최초의 조직으로서의 큰 의의를 지녔다.

이러한 국제하천위원회의 조직은 회원국 정부의 대표로서 구성되어 정기적으로 회합을 갖는 위원회(commission)와 작은 규모의 사무국(secretariat)으로 구성되었다. 국제하천위원회들은 지리적·정치적·경제적·시대적으로 특수한 상황을 전제로 했기 때문에, 그 임무나 권한은 위원회에 따라 상이했으며 정형이라고 하는 것을 형성하지는 못했다. 따라서 안전보장, 농업, 노동

문제 등 여러 가지 분야에서 그 후에 발달했던 국제기구의 직접적인 모델이 되지는 못했다.

(2) 국제행정연합

국제하천위원회에 뒤이어 19세기 후반 이래 유럽의 국가들을 중심으로 통신·우편·교통·기술 등의 전문적, 행정적인 분야의 공통문제를 국제회의를 개최해서 토의하고 처리하는 움직임이 활발하게 전개되었다.

국제회의를 개최하여 처리할 이러한 행정사항 중에는 1회만의 회의로는 충분히 다룰 수 없는 계속성이 요구되는 문제들도 있었기 때문에 개개의 문제에 대해 정기적인 회합의 필요성이 대두되었다. 그리하여 회의와 회의 사이를 연결하는 기관으로서 소규모의 상설적인 사무국(permanent international secretariats)이 설립되었다.

이처럼 특정의 문제를 다루기 위해 정기적으로 개최되는 국제회의와 이것을 돕는 사무국을 총칭해서 국제행정연합(international administrative union) 또는 공공국제연합(public international union)이라고 부르게 되었으며, 이러한 국제행정연합이 지닌 가장 혁신적인 면은 국제적인 사무국을 제도화했다는 사실이다.[41]

국제행정연합으로서 최초로 설립된 것은 1865년에 설립된 국제전신연합(International Telegraphic Union)이다. 그 후 1874년에는 만국우편연합(Universal Postal Union), 1875년에는 국제도량형연합, 1883년에는 공업소유권보호연합(International Union for the Protection of Industrial Property), 1886년에는 국제저작권연합(International Union for the Protection of Works of Art and Literature), 1890년에는 국제철도화물운송연합이 수립되는 등 19세기 후반에 다양한 국제행정연합이 설립되었다. 이러한 국제행정연합은 후일 전문기구(specialized agencies) 출현의 씨를 뿌려놓았다고 볼 수 있다.

이러한 국제행정연합은 국가들에 공통된 관심사를 조약에 의해 설치된 상

41) 학자들에 따라서는 국제하천위원회도 국제행정연합에 속하는 것으로서 같이 설명하기도 한다.

설적인 기관을 통해 처리하고자 했던 기구라는 점에서 국제하천위원회와 더불어 종래의 국제사회의 구조를 기본적으로 변혁하는 것이었다. 그럼에도 불구하고 전통적 국제사회의 기본 구조로부터 오는 다음과 같은 제약을 여전히 지니고 있었다.

첫째, 국제행정연합은 정기적으로 개최되는 회의에서 행정연합을 설치한 조약이나 부속문서를 검토하여 필요할 경우 이것을 개정하는 형식으로 새로운 사태에 대처했다. 새롭게 조약이 개정될 경우 이를 비준한 국가만이 구속될 뿐 비준하지 않은 국가는 구속되지 않았으며, 의사결정은 절차적인 문제를 제외하고는 전통적인 주권평등에 기초한 만장일치제에 의해 이루어졌다.

둘째, 국제행정연합의 회의는 정기적으로 개최된다고 하는 것을 제외하고는 종래의 외교회의와 크게 다르지 않았으며, 그 자체가 계속성을 가졌다든가 독립의 의사를 갖고 행동하는 것으로 생각할 수 없었다. 사무국은 조약에 의해 설치된 독립된 기관으로서의 면모를 지니고 있었지만, 그 직무는 자료의 수집·배포와 회의의 준비·운영 등의 보조적인 범위에 한정되고 실질적인 권한을 지니지 않았다.

결론적으로 말하자면 국제행정연합은 종래의 1회에 그치는 외교회의와는 달리, 참가국이 일정했고, 공통된 관심사항에 대한 정기적 심의가 가능했으며, 상설적인 사무국을 운영하는 것과 같은 정도의 계속성을 확보할 수 있게 되었다는 점에서 획기적이었다.

그러나 고유의 권한과 임무를 전제로 하는 독립기구라고 하기에는 아직 불충분했으며, 전통적인 외교회의의 특징이 다분히 남아 있었다. 이런 의미에서 국제행정연합은 금일의 국제기구의 맹아적 존재였던 것은 틀림없지만, 그 자체를 국제기구라고 부르기에는 미진한 요소들을 많이 지니고 있었다.

3. 국제연맹과 국제노동기구

제1차세계대전 후 국제기구의 성립 역사 중에서 주목할 두 개의 조직체가 설립되었는데, 국제연맹(LN)과 국제노동기구(ILO)가 바로 이들이다. 이들 두 국제기구를 출발점으로 해서 금일의 국제기구의 다양화와 일층 진전된 조직화의 움직임이 시작되었다.

이들 두 국제기구와 같은 보편적인 국제기구와 더불어 미주지역을 중심으로 지역적인 국제기구가 발달되기 시작되었으며, 이러한 움직임과 더불어 제2차세계대전 후 국제연합(UN)이 수립되고 이것을 중심으로 다양한 전문기구와 지역기구가 본격적으로 설립되게 되었다.

(1) 국제연맹(LN)

제1차세계대전의 발발은 위에서 언급한 19세기의 제도적 장치들(institutional arrangements)이 전쟁의 발발을 방지하기에 부적절하다는 등, 이들이 지니고 있는 한계를 드러내는 계기가 되었다.

구주협조체제에 있어서 가장 중요했던 강대국 사이의 권력의 균형이 2개의 경쟁적인 군사동맹체제로 전환되어 전쟁을 야기하자, 국가안보가 위태로울 경우 비정치적 분야에 있어서의 국가간의 협력이라는 것이 전쟁방지에 불충분하다고 인식하게 되었다. 이러한 인식에 기초하여 처음으로 정치적 문제의 처리를 주요한 임무로 하는 정치적 국제기구로서 국제연맹이 탄생하게 되었다.[42]

국제행정연합이 주로 행정적·전문적·기술적 분야를 취급한 조직이었던 것과는 대조적으로, 국제연맹은 국제평화의 유지를 주목적으로 하는 최초의 조직이었다고 하는 점이 우선적으로 주목할 만한 사실이었다. 또한 특정의 전문적인 문제만을 처리하기 위한 국제기구가 아닌, 국제사회의 전반적인 문제들을 다루는 포괄적인 국제기구였다는 사실 역시 주목할 만했다.

국제행정연합과 비교할 때 기구적으로 훨씬 정비되었으며, 회원국과는 별개의 분리된 고유의 단체로서의 성격을 강하게 가지고 있었다는 점에서 대단히 주목할 만했다. 이러한 특징은 특히 다음과 같은 점에서 현저하게 나타

42) Karen A. Mingst and Margaret P. Karns, *The United Nations in the Post-Cold War Era: Dilemmas in World Politics* (Boulder, Colorado: Westview Press, 1995), P. 18.

났다.

첫째, 국제행정연합에서 외교회의로서의 성격을 강하게 갖고 있었던, 각국의 대표가 모인 국제회의가 국제연맹에 있어서는 총회라고 하는 국제연맹의 하나의 기관으로서의 위치가 부여되었다. 그 결과 예컨대 과반수의 의결로 사무총장이 선출되는 등 국제연맹의 총회는 국제연맹의 기관으로서 독자적으로 의사를 형성하는 것이 가능해졌다. 또한 국제연맹의 총회는 연 1회의 정기총회 이외에 필요에 따라 수시로 개최되었으며, 연맹의 권한 내에 있는 모든 문제에 대해 심의할 수 있게 되었다.

둘째, 국제연맹에서는 전 회원국의 대표자에 의해 구성된 총회 외에 일부의 회원국의 대표자에 의해 구성된 이사회가 설치되었다. 이사국의 수는 처음에는 4개 상임이사국을 포함하여 8개 국가였으나, 그 후 확대되어 1926년에는 15개 국가가 되었다. 국제연맹의 이사회는 소수의 회원국의 대표자에 의해 구성된 기관이었음에도 불구하고, 총회와 전적으로 동일한 권한과 임무를 가지고 이사국에 속하지 않는 국제연맹 회원국에 대해서도 영향을 미치는 내용의 결의를 내릴 수 있었다. 이처럼 소수의 회원국에 의해 구성된 이사회에 실질적인 권능을 부여했다고 하는 것은 국제행정연합에 있어서는 생각할 수 없는 조직상의 큰 발전이었다.[43]

셋째, 국제연맹은 사무총장을 수장으로 하는 사무국에 국제행정연합의 사무국과는 달리 실질적인 역할을 부여했다. 예컨대 국제연맹의 사무국은 총회나 이사회와 나란히 연맹의 기관으로서의 위치가 부여되었다. 사무국의 수장인 사무총장은 평화유지에 관해 이사회를 소집하고, 이사회에 부탁된 분쟁의 심리에 필요한 모든 준비를 하며, 총회와 이사회 등의 회의에서 사무총장의 자격으로 행동하는 권한이 부여되었다. 이것은 자료의 수집・배포와 국제회의의 준비・운영이라고 하는 보조적인 임무가 부여되었던 국제행정연합의 사무국에 비하면 커다란 사무국 지위의 변화였다. 또 국제연맹의 사무국은 이와 같은 임무와 권한의 강화에 대응해 규모도 확대되었으며, 또한 그 직원은 회원국으로부터 대폭적으로 채용되었다.

43) 일반적으로 총회를 이사회의 상위기관으로 규정하나 국제연맹의 경우 이사회는 총회와 동일한 권한을 가졌다.

(2) 국제노동기구(ILO)

제1차세계대전 후에 설립된 국제기구인 국제노동기구도 국제연맹과 마찬가지의 조직적 특성을 지니고 있었다. 국제노동기구도 내부에 총회, 이사회, 그리고 사무국이라는 주요한 기관을 두고 종래의 국제행정연합을 뛰어넘는 독립된 조직체로서의 성격을 강하게 가졌다. 이러한 국제노동기구는 국제연맹과 비교해서 다음과 같은 발전된 특징을 지녔다.

국제노동기구의 총회나 이사회에 있어서 회원국의 정부대표(2인)만이 아니라 사용자 대표(1인)와 노동자 대표(1인)도 구성원으로서 심의에 참가하여 투표권을 행사할 수 있게 되었다. 표결방법으로는 국제연맹의 만장일치제와는 다른 단순 다수결 또는 2/3의 특별 다수결제가 채택되었다.

4. 국제연합과 각종 국제기구의 등장

제2차세계대전의 발발은 국제연맹의 제도적 미비점을 보강하는 계기를 부여했고, 이러한 맥락에서 국제연합(UN)이 탄생되었다. 국제연합은 국제연맹과 비교할 때 정치적인 면에서 군사행동을 위시한 무력제재 수단까지도 포함하는 등 국제기구로서의 독자적인 기능이 강화되었다. 이러한 것들이 강대국 사이의 갈등으로 인해 비록 헌장상의 규정에 그치고 실제에 있어서 제대로 실현되지는 못했으나, 큰 변화의 하나로 간주할 수 있다.

국제연합은 각종 보조기관(subsidiary organ)을 탄생시켰으며, 특별협정을 통해 다양한 전문기구들(specialized agencies)을 국제연합과 연결시켰다. 또한 국제연합은 국제원자력기구(IAEA)와 관세 및 무역에 관한 일반협정(GATT) 등과 같은 국제기구를 그 영향권 안에 둠으로써 각종 국제기구를 포괄하는 국제연합체제(United Nations System)를 구축하였다.

전세계 대다수의 국가들을 회원국으로 하는 이러한 보편적인 국제기구들(universal organizations)과 함께 바르샤바조약기구(WTO), 석유수출국기구(OPEC), 북대서양조약기구(NATO), 경제협력개발기구(OECD) 등과 같은 각종 지역기구들(regional organizations)이 탄생했으며, 유럽공동체(EC)와 같이 국가간 통합을 목적으로 하는 초국가적 통합기구도 등장했다.

1838년에 영국반노예사회(The British Anti-Slavery Society)가 설립되면서 비정부기구(NGO)의 수가 점차적으로 증가하기 시작했지만, 제2차세계대전 전까지 그 수는 아직 미미했고 활동분야도 주로 인도적 원조분야에 국한되었다. 그러던 것이 제2차세계대전의 발발로 고통 받는 사람들이 대거 발생하면서 이들을 돕기 위해 많은 비정부기구들이 설립되었다. 이러한 비정부기구들은 일정한 요건을 충족시킬 경우, 국제연합의 경제사회이사회(ECOSOC)로부터 협의지위(consultative status)를 획득하여 국제연합체제에서 제한적이기는 하나 일정한 발언권을 갖게 되었다.[44] 1960년대에 들어서 비정부기구들의 활동이 다양한 분야로 확대되기 시작했으며, 탈냉전의 도래와 더불어 비정부기구들의 수가 급증하고 그 역할 또한 강화되면서 국제정치에 있어서 중요한 행위자로 부상하고 있다.

44) 때때로 「협의지위(consultative status)」라는 말 대신에 「자문적 지위(advisory status)」라는 말을 쓰기도 한다.

제2부

국제기구의 연구동향과 이론

제1장 국제기구의 연구동향

여기에서는 시대적 상황에 따라 국제기구에 대한 연구경향이 거시적으로 어떻게 변화되었는가를 개략적으로 살펴보고자 한다. 개개의 특정 연구경향에 대한 상세한 논의는 다음 장에서 국제기구와 관련한 이론을 설명하면서 집중적으로 전개하고자 한다.

1. 제2차세계대전 전: 이상주의(idealism)의 지배

제1차세계대전 이후 제2차세계대전 전까지 이상주의 학파가 국제기구 연구를 비롯한 국제정치 연구의 전반에 걸쳐 중심을 이루었다. 제1차세계대전의 발발과 더불어 이제까지의 동맹관계를 기초로 한 세력균형 원리에 의한 국제사회의 평화유지 방식에 일대 비판이 가해지면서, 대안으로서 국제연맹(LN)이라는 국제기구가 설립되었고, 이와 더불어 이상주의적 경향이 국제기구 연구의 중심을 이루게 되었다.

이상주의자들은 민족국가를 극복할 수 있는 공식적인 조직체로서의 국제기구의 발전에 중점을 두었으며, 세계평화와 질서는 국제기구를 통한 상호작용을 통해 가능하다는 기본적인 시각을 지니고 있었다. 이러한 경향은 국제법 학자들이 중심이 되어 전개되었으며 세계법(world law)과 세계정부(world government)에 관심이 집중되었다.

이들의 연구는 서술적이고, 규범적이며, 또한 법률적인 특징을 지녔다. 국제기구의 연구에 있어서도 국제기구의 비공식적인 과정(informal process)에 관심을 두기보다는, 이들 국제기구의 설립헌장과 같은 공식적인 제도(formal institution)와 조직의 구조(organizational structure)에 관심을 집중했다. 이러한 경향을 1980년대에 등장한 「신제도주의(new institutionalism)」와 구별하여 「구제도주의(old institutionalism)」라고 부르기도 한다.

2. 제2차세계대전 중: 기능주의의 등장

제2차세계대전에 이르는 일련의 사태와 국제연맹이라는 국제기구의 무기력함 그리고 종국적인 제2차세계대전의 발발은 이상주의자들로 하여금 국제기구에 대한 환상을 버리고 현실을 직시하도록 했으며, 국제기구에 대한 현실주의적 시각의 설득력을 더해가도록 했다.

이처럼 제2차세계대전의 발발로 국제기구를 바라보는 현실주의 시각이 강화되고 있었으나, 국제기구를 통한 국제사회의 평화구축이라는 아이디어 자체가 소멸한 것은 결코 아니었다. 즉, 이상주의자들은 국제기구를 통한 평화의 확보라는 처방은 여전히 유효한 것으로 보고. 국제연맹의 미비점을 보완한 국제기구로서 국제연합(UN)의 설립을 계획하기에 이르렀다. 제2차세계대전 중에도 국제기구의 연구는 여전히 서술적이고 규범적인 성격을 보유하고 있었다.

이 기간 중인 1943년에 미트라니(David Mitrany)는 「작동하는 평화체제(Working Peace System)」라는 저술을 통해 평화에 이르는 기능주의적 방법을 제시함으로써 기능주의(functionalism)의 효시가 되었다. 미트라니는 세계질서의 지름길은 국가주권에 대한 반격을 통해서가 아니라 기술적 분야에 있어서의 점진적인 국가간 협력의 증대를 통해 가능하다고 보았으며, 점진적인 국가간 협력이란 국제기구를 통해 가능하다고 보았다. 이러한 기능주의 이론은 1950년대 초에 신기능주의(neofunctionalism) 이론이 등장하기 전까지 통합이론의 주류를 이루었다.

3. 제2차세계대전 후-1960년대: 현실주의의 지배와 지역통합론의 태동과 활성화

국제연합(UN)의 설립으로 인해 제2차세계대전 이후 잠시 동안인 1945년-1950년 사이에 국제기구에 대한 연구가 새로운 활력을 찾았다. 그러나 연구는 여전히 국제연합의 규칙, 절차, 각종 기관 등 여전히 공식적인 국제기구의 조직의 구조(organizational structure)에 치중되었다.

그러나 곧 이어 전개된 냉전의 격화로 인해 1950년대와 1960년대에 걸쳐 국제기구 연구는 현실주의 연구경향에 의해 지배되었다. 다른 한편 1950년대 초에 유럽에서 지역통합기구가 등장하면서 이러한 지역통합 현상을 이론적으로 설명하기 위한 노력도 시작되었으며, 그 후 1960년대 중반까지 통합이 진전되면서 이러한 노력도 활성화되었다. 이러한 노력의 중심에 신기능주의(neofunctionalism)가 있어 1950년대와 1960년대의 통합이론의 주류를 이루었다. 우선 현실주의 연구경향에 대해 살펴보도록 하자.

국제연맹과 국제연합의 실상을 경험한 현실주의자들은 국제기구에 대해 반감을 가지고, 국제평화는 국제기구를 매개로 한 국가간 상호작용을 통해 가능하다고 생각하는 이상주의자들을 비판했다. 현실주의자들은 보다 나은 세계의 창조를 위한 국제기구의 적극적인 역할을 인정하지 않았다.

현실주의자들은 국제기구를 국가간의 권력투쟁 속에서 주변적인 역할만을 수행하는 국가를 위한 정책수단에 불과한 것으로 간주했다. 따라서 이들은 국가마다의 이기적인 이익의 추구본성으로 인해 중앙집권적 권위(central authority)를 수립할 목적의 국제기구 설립을 무모한 것으로 보았으며, 주권국가가 안보를 위협받고 국가이익이 보전되지 않을 때 국제기구는 작동하지 않는다고 보았다. 이러한 관점에서 현실주의자들은 국제연합을 낡은 외교방식을 위한 새로운 장치에 불과한 것으로 간주했다.

그렇다고 현실주의가 현실적으로 존재하는 국제기구를 완전히 무시한 것은 아니었다. 현실주의가 그나마 관심을 가졌던 국제기구는 정부간기구(IGO)

이었으며, 정부간기구 중에서도 세력균형과 관련된 국제기구에 한정되었다. 따라서 비정부간국제기구(INGO)라든가 안보문제가 아닌 다른 문제를 다루는 정부간기구는 관심의 대상이 아니었다.

앞서 언급했듯이 제1차세계대전 후의 이상주의 경향의 국제기구 연구와 제2차세계대전 직후 잠시 동안의 국제기구 연구는 공식적인 실체로서의 국제기구의 구조(organizational structure)에 연구의 초점을 두었으며, 이에 따라 국제기구의 공식적인 규칙과 절차 그리고 조직상의 특징 등이 주된 연구의 대상이 되었다. 이러한 국제기구 연구방법을 일컬어 국제기구에 대한 「법적·제도적 접근」이라고 한다.

그러나 현실주의 시각의 영향으로 인해 국제기구의 연구는 공식적인 기구(formal organization)의 연구로부터 국제기구의 정치적인 측면에 대한 연구로 연구의 중점이 옮겨갔다. 안전보장이사회의 거부권(veto power)에 대한 연구와 총회에 있어서의 블록투표(bloc voting)에 대한 연구가 이러한 예에 속한다. 국제기구의 연구가 현실주의자들에 의해 평가가 절하되기는 했으나, 국제기구의 구조적인 특징을 위시한 공식적인 제도(formal institution)에 대한 연구로부터 제도적인 과정(institutional processes)으로 연구의 중점이 옮겨졌다고 볼 수 있다.

이처럼 현실주의가 국제기구 연구의 주류를 이루는 가운데 1952년과 1957년에 유럽석탄철강공동체(ECSC)와 유럽공동시장(ECM)이라는 지역통합 기구가 각각 설립되면서 지역통합에 대한 이론적 관심이 태동했고, 1960년대 중반까지 통합의 진전과 더불어 지역통합에 관한 연구 역시 활발하게 전개되었으며, 이러한 중심에 신기능주의가 있었다.

이러한 지역통합 이론에 대한 관심은 우선 학자들의 관심을 세계적인 현상으로부터 멀어져 지역적인 수준(regional level)으로 이동하도록 했다. 이에 따라 자연스럽게 국제연합과 같은 보편적인 국제기구로부터 유럽공동체(EC)와 같은 지역통합 기구로 관심이 이동하였다.

또한 지역통합 이론에 대한 관심으로 인해 국가 중심적 견해로부터 탈피하여 비국가적 관계가 강조되기 시작했으며, 그 결과 정부간기구뿐만 아니라 비정부기구(NGO), 비정부간국제기구(INGO), 초정부기구(TGO), 정치집단, 그리고 개인적 시민의 중요성을 인정하는 견해로 이동했다.

4. 1970년대: 상호의존론의 등장과 현실주의 · 지역통합론의 퇴조

1960년대 말부터 시작된 동서간의 냉전구조의 퇴조와 데탕트의 도래, 월남전에서의 미국의 군사적인 패배, 유럽과 일본의 경제적 도약 등에 의한 미국 패권의 상대적 퇴조 등은 국제정치에서의 현실주의의 적실성에 커다란 도전을 가했다.

또한 국제무역량의 급격한 증가와 다국적기업(MNC)의 활발한 정치적 역할 등은 군사·안보문제가 아닌 경제문제의 중요성을 부각시켰고, 이와 더불어 비국가적 행위자(non-state actor)의 역할의 중요성을 일깨웠다. 1960년대에 신생 독립국들이 국제사회에 대거 진입하고 선진국들이 고도성장을 경험하면서, 국제사회 전체가 시급하게 대응하여야 할 문제로서 환경오염, 인구과잉, 식량부족, 자원고갈 문제 등이 거론되었다.

이러한 일련의 상황변화는 세계는 상호의존적이고 거미줄처럼 복잡하게 얽혀 있다는 인식을 가져다주었다. 이러한 인식과 더불어 코헤인과 나이는 1977년에 출간된 「권력과 상호의존: 전환기의 세계정치(Power and Interdependence: World Politics in Transition)」라는 책을 통해 국가 중심적인 현실주의 패러다임의 불충분성을 지적하면서, 자유주의 국제정치이론의 하나로서 상호의존론 (interdependence theory)을 제시했다.

국제기구 연구와 관련하여 상호의존론은 이제까지 국제기구 연구에 있어서 지배적인 위치를 점해온 현실주의 경향의 쇠퇴를 가져왔으며, 이와 더불어 지역통합론의 쇠퇴 역시 가져왔다. 이러한 상호의존론의 영향을 좀 더 구체적으로 살펴보면 다음과 같다.

첫째, 상호의존론은 국가 중심적인 현실주의에서 벗어나 국제기구를 비롯한 비국가적 행위자(non-state actor)에 관심을 두었으며, 국제기구라는 개념을 새롭게 정의하고자 했다. 구체적으로 이들은 이제까지 통합이론에 의해 통합을 위한 매개자와 궁극적인 국제질서의 창출자로서 간주되어 온 공식적이고 지속적인 구조를 갖고 있는 물적 실체라는 국제기구 정의로부터 탈피하여, 국제기구를 「공식적인 제도와 관계있는 정부간 그리고 초정부간 연계망의 군집」이라고 정의했다.[1)]

둘째, 상호의존론은 국제기구에 대한 새로운 정의와 더불어 국제레짐(international regimes)이라는 개념을 새롭게 소개하였다. 구체적으로 상호의존론은 국제체제의 특징을 복합적 상호의존(complex interdependence)으로 규정하고, 이러한 상호의존 속에서 국가들은 상호이익을 위해 다양한 쟁역에 걸쳐 협력을 하게 되며, 이러한 협력의 증대는 이를 유지할 제도를 필요로 한다는 인식을 하고 이러한 상호의존의 제도화(institutionalization)의 측면에 주목하였다.

이러한 상호의존의 제도화의 측면에 대한 분석을 위해 「제도화된 집단적인 행태」 혹은 「명시적인 조직을 수반할 수도 그렇지 않을 수도 있는 기대하는 바가 수렴하는 인정된 패턴」이라고 정의되는 국제레짐이라는 개념을 도입했다.

이러한 점에서 상호의존론은 뒤이어 등장한 국제레짐론에 토양을 제공한 셈이나, 국제기구에 대한 논의로부터 멀어진 국제레짐론과는 달리 여전히 국제기구의 역할과 기능에 대해 관심을 두고 있었다는 점에서 이들은 구분이 된다. 이런 의미에서 상호의존론은 국제기구라는 국제제도에 중점을 둔 통합이론과 국제레짐이라는 국제제도에 중점을 둔 국제레짐론의 중간점에 있었다고 볼 수 있다.

상호의존론에서 언급된 국제레짐이라는 개념은 국가행동에 영향을 미치는 독립변수로서의 위상을 차지하기보다는 어떻게 형성되고 변화되는가의 설명을 요하는 종속변수였던 것을 특징으로 한다. 이러한 점이 국제레짐을 독립변수이자 종속변수로서 취급한 국제레짐론과 구별되는 점이다.

셋째, 상호의존론은 지역 규모의 통합이론과 통합에 대한 관심을 퇴조시켰다. 1960년대의 지역통합론으로 인해 우리들의 관심이 국제연합의 연구와 같은 세계수준의 연구로부터 지역수준으로 이동한 것에 대한 반전이 이루어졌다.

1970년대 중반 하스(Ernst Haas)는 지역통합의 이론화는 더 이상 하나의

---

1) Keohane and Nye, *Power and Interdependence: World Politics in Transition* (Boston: Little Brown, 1977), p. 240.

독특한 지적인 추구로서 이득이 없다는 선언을 하기까지 했다. 하스는 지역통합론이 더 이상 현실에 적합하지 않게 된 이유로서 지역통합론이 시급한 해결을 요하는 전지구적 의제(global agenda)를 다루고 있지 않으며, 복합적인 상호의존으로 인해 역외의 힘(extraregional forces)이 지역수준에 있어서의 제도의 수립을 어렵게 한다는 것을 지적했다.

5. 1980년대: 신현실주의 이론과 국제레짐론 · 신자유주의론의 대립

1970년대 말과 1980년대 초의 이란의 미국대사관 점거, 소련의 아프가니스탄 침공, 레이건 행정부에 들어와서 본격화된 동서간의 대립과 방위예산의 증가 및 핵무기의 현대화 등과 같은 일련의 상황변화는 현실주의 이론의 적실성을 다시 부각시키면서 신현실주의의 전면 부상을 가져왔다. 신현실주의는 국제기구에 대해 앞서 언급한 현실주의와 견해를 같이 한다.

그러나 신현실주의 이론의 분석과는 달리 1980년대의 국제정세는 1950년대의 냉전시대로의 복귀나 나아가 1930년대와 같은 국제체제의 붕괴로 이어지지 않고 국가간의 협력이 일정한 정도 유지되었다. 이러한 상황은 국가간의 대결과 갈등을 강조하는 신현실주의 이론의 적실성에 의문을 던지고 국제레짐론과 신자유주의론의 등장을 가져왔다.

이로써 1980년대는 미소간의 대립으로 새롭게 등장한 신현실주의 국제정치이론과 이에 대한 도전으로 등장한 국제레짐론과 신자유주의론 사이의 격렬한 논쟁을 그 특징으로 한다. 여기에서는 후자인 국제레짐론과 신자유주의론이 국제기구 연구에 미친 영향을 중심으로 살펴보고자 한다.[2)]

일단의 국제기구 연구자들은 국제연합과 같은 공식적인 국제기구(formal

---

2) 국제레짐론을 신자유주의론과 구별하지 않고 동일한 것으로 부르는 경우가 많으나, 신자유주의론이 국제레짐 이외의 국제제도에 대해서도 관심을 두고 있는 데 반해 국제레짐론의 경우 국제레짐에 집중한다는 점을 고려하여 구별하기도 한다. 여기에서는 두 논의를 구별하고자 한다. 이와 관련하여 주의할 것은 신자유주의론이 국제레짐 이외의 국제제도에도 관심을 두고 있는 것은 사실이지만, 다른 제도에 비해 국제레짐에 보다 많은 비중을 두고 있음을 간과하여서는 안 된다.

international organization)가 지속적인 다자간 상호작용을 가장 잘 드러내는 것이기는 하나, 중앙정부가 부재한 국제체제에서 질서와 협력의 패턴을 창출하는 「국제적 관리(international governance)」의 과정이란 이러한 공식적인 구조를 가지고 있는 국제기구에 한정되어 있지 않다는 생각을 하게 되었다. 그 결과 국제기구 연구분야가 이제까지의 국제연합과 같은 정부간기구를 넘어 확장되어야 한다는 주장이 제기되었다.

이러한 맥락에서 상호의존론에 의해 소개된 국제레짐에 관한 논의가 1980년대에 본격적으로 전개되었다. 앞서 언급했듯이 상호의존론에 있어서 국제레짐은 국가의 행동에 영향을 미치는 독립변수로 취급되지 않고 어떻게 하여 생성되는가와 같은 설명을 요하는 종속변수로서 간주되었으나, 국제레짐론에 있어서 국제레짐은 종속변수이자 독립변수로서 간주되었다.

국제레짐론의 본격적인 전개로 국제기구의 연구는 공식적인 조직체로서의 연구에서 벗어나 국가간의 협력과 갈등의 패턴에 대한 연구로 광범위하게 정의되었으며, 그 결과 국제정치의 연구와 구별할 수 없게 되었다. 앞서 「international organization(s)」을 「국제기구」와 「국제조직화」라는 두 의미로 구분한 것을 적용하자면, 국제레짐론은 공식적인 조직체인 국제기구(international organizations)가 아닌 보다 포괄적인 개념인 국제조직화(international organization)에 연구의 초점을 두었으며, 그 결과 전통적인 국제기구에 대한 관심으로부터 멀어져 갔다.

국제레짐론은 구체적으로 다음과 같은 논의를 불러일으켰다. 우선 공식적인 기구(formal organizations)가 합리적인 경영을 위한 효율성을 증진시킴으로써 다른 형태의 조직화를 대체할 것이라는 입장에 대항하여 공식적인 구조가 사회질서를 창출하는 가장 효율적인 조직화의 형태일 필요는 없다는 입장의 강화를 가져왔다.

둘째는 국제레짐 연구의 중요성을 인정하는 한편, 국제레짐론이 경시하는 국제레짐이 갖는 조직적인 특징(organizational features)에 대한 연구를 할 필요가 있다는 주장을 제기시켰다. 즉, 모든 국제레짐이 공식적인 기구나 조직을 필요로 하는 것은 아니라는 전제하에 국제레짐과 국제기구간의 관계를 연구할 필요성이 제기되었다.

코헤인은 이러한 국제레짐론에서 나아가 1984년에 출간된 「패권 이후(After Hegemony)」라는 책을 통해 신자유주의 제도주의론(neo-liberal institutionalism)을 성립시켰다. 신자유주의 제도주의론(간단히 줄여 신자유주의론)은 국제레짐 이외의 정부간기구(IGO)와 비정부간국제기구(INGO)를 포함하는 국제기구, 상호주의(reciprocity)처럼 국제레짐과 같은 기능을 하는 비공식적 국제규범을 국제제도로 총칭하면서, 이들이 국제적인 결과에 미치는 영향과 이들의 형성에 중대한 영향을 미치는 요인들에 대한 연구를 활발하게 전개했다.

6. 1990년대-현재: 다양한 이론의 공존

1980년대는 앞서 살펴보았듯이 중앙정부가 부재한 국제체제에서 질서와 협력의 패턴을 창출하는 「국제관리(international governance)」에 연구가 집중되면서, 공식적인 구조를 가진 국제기구에 대한 관심이 약화된 시기였다.

냉전이 종식된 후 비정부기구(NGO)를 비롯한 비국가적 행위자들의 역할이 강화되는 가운데 「전지구적 관리(global governance)」라는 관점에서 국제사회의 문제를 바라보고자 하는 시각이 등장했다.[3] 이러한 관점은 공식적인 조직체로서의 국제기구를 전지구적 관리에 관여하는 다양한 행위자 중 하나로 간주하고 있다.

탈냉전기에 접어들어 이념적인 논쟁이 쇠퇴하고 일국의 노력만으로는 해결될 수 없는 국제적 이슈들이 대거 등장하면서, 국제기구의 수가 증가하고 그 역할이 강화되었다. 이러한 국제기구의 수의 증가와 역할의 강화는 과거에 국제제도 중 국제레짐에 상대적으로 많이 쏠려있던 관심을 국제기구에 불러들이는 역할을 했다. 이러한 변화는 이 시기에 새롭게 탄생한 국제기구 연구분야의 저널인 「Global Governance」에 게재된 글들의 내용에서 찾아볼 수 있다.

같은 맥락에서 국가들은 왜 국제기구를 통해 행동하려고 하는가와 같은 연구

3) 「전지구적 관리」란 중앙정부가 부재한 국제체제에서 국경을 넘어 정부 행위자와 비정부적 행위자들이 세계의 일을 다루어나가는데 있어서 상충하거나 다양한 이해관계가 조정되기도 하고 협력이 행해지기도 하는 방식 혹은 과정을 의미한다.

주제에 관심을 쏟기 시작했으며, 국제제도(international institutions)의 조직적인 구조(organizational structure)에 대한 관심 역시 증대하였다. 국제제도의 조직적인 구조가 국제제도에 미치는 영향에 대한 연구가 증가하고, 국제제도의 조직의 설계(organizational design)를 어떻게 할 것인가가 중요한 연구주제가 되었다.

그러나 이러한 국제기구에 대한 관심은 과거와는 달리, 고립되고 폐쇄된 개체로서 국제기구를 바라보는 시각에서 벗어나 다른 국제기구를 포함한 환경과 상호작용하는 유기물과 같은 존재로의 국제기구를 바라보는 조직사회학적인 시각을 특징으로 했다. 국내조직을 위시한 다양한 조직들에 대한 연구를 통해 일반화된 이론들을 적용하여 국제기구를 분석하고자 하는 경향이 강하게 드러났으며, 이러한 예로서 조직사회론, 당사자-대리인 모델, 그리고 관료조직 이론을 들 수 있다.

이러한 이론들은 공통적으로 국제기구를 국가로부터 일정한 자율성을 지니고 있는 존재로 바라보면서, 국제기구의 이러한 자율성이 어디로부터 유래되며 이러한 자율성을 가지고 국제기구가 어떤 일을 하는가를 밝히는 데에 관심을 가진다. 나아가 국제기구를 반드시 순기능만 하는 존재가 아니라 역기능을 할 수도 있는 존재로 바라보고, 조직의 창설자에 의해 의도되지 않은 조직의 변화에 주목한다는 점에서도 공통적이다.

이러한 조직의 특징에 뿌리를 두고 일반화된 이론들의 등장과 활성화는 국제기구가 면하고 있는 환경의 변화와 밀접한 관계를 가진다고 볼 수 있다. 구체적으로 이러한 이론의 등장과 활성화는 냉전이 종식한 후 다자협력의 틀로서 국제기구의 수의 빠른 증가와 더불어 동일한 분야에서 활동하는 국제기구의 수가 증대되면서 이들 사이의 경쟁과 조정이 큰 문제로 등장하고 있는 것과 그 맥을 같이한다고 볼 수 있다.

국제기구가 적지 않은 문제영역에서 과거에 비해 좀 더 많은 권위를 행사하게 된 것과도 무관하지 않다. 우선 일국의 노력만으로는 해결될 수 없으면서 해결에 오랜 기간의 지속적인 노력을 요하는 전지구적 문제의 대거 등장은 문제해결의 장으로서 국제기구의 권위의 상승을 가져오고, 이러한 권위의 상승은 국제기구를 국가의 종속물이 아닌 일정한 정도의 자율성을 가진 존재로 바라보도록 했다.

이처럼 국제기구를 좀 더 자율적인 존재로 바라보게 된 것은 국제기구의 권위의 상승에 의한 실질적인 자율성의 제고 이외에 자율성이라는 개념의 재정의가 전제되어 있다는 것에 주목해야 한다. 과거 국제기구가 국제기구 내의 강한 국가의 이해관계를 거슬러 행동하는 경우에 한해 국제기구의 자율성의 존재를 인정해 온 것과는 달리, 이들 이론들은 국제기구가 국가에 의해 지시되지 않은 방향으로 행동할 수 있을 경우 자율성이 존재한다고 보고 자율성이 여러 형태와 수준에서 존재할 수 있다고 본다.

조직사회론, 당사자-대리인 모델, 그리고 관료조직 이론 이외에 구성주의 이론 역시 냉전이 종식된 후 국제기구 연구에 활발하게 적용되기 시작했다. 구성주의 이론은 국제제도 연구에 있어서 양대 이론이라고 할 수 있는 (신)현실주의 이론과 신자유주의론이 공통적으로 전제하고 있는 합리주의를 비판하면서 국제기구의 생성, 국제기구의 확대, 국제기구의 영향 등에 있어서 대안적인 설명을 제시하고 있다. 구성주의 이론은 유럽연합의 연구에 특히 많이 적용되고 있다.

탈냉전기에 접어들어 국제기구의 역할이 증대되면서 고도의 전문성을 필요로 하는 이슈들이 대거 떠맡겨지게 되자, 국제기구의 의도하지 않은 실패가 증가하고 있다. 이에 따라 국제기구의 실패와 한계를 설명할 필요성 역시 증대하고 있다.

또한 냉전의 종식은 상당한 정도로 국제기구를 정치적인 논리가 아닌 효율성의 관점에서 바라보도록 했으며. 따라서 이러한 효율성에 기초한 국제기구 사무국의 개혁이 커다란 이슈로 부각되고 있다. 국제연합 사무국의 개혁의 경우에서 보듯이 이러한 개혁의 움직임과 더불어 이에 대한 저항은 국제기구 연구자들로 하여금 국제기구의 변화(change)라는 큰 주제에 눈을 돌리도록 하고 있다. 이러한 현상들은 국제기구의 국가 종속성과 국제기구의 순기능성 등을 전제로 하는 전통적인 이론들로서는 설명하기 힘든 현상들이다.

이 시기는 또한 국제기구 연구에 있어서 계량적인 분석이 눈에 띄게 증가한 시기이기도 하다. 새롭게 정부간기구의 데이터베이스가 작성되면서 국가들의 국제기구에의 가입패턴과 이러한 개입패턴에 영향을 주는 요인 등과 같은 분석들이 통계학을 활용하여 활발하게 전개되고 있다.

제2장 국제기구 이론

1. 서 론

냉전의 종식과 더불어 대부분의 다자협력이 국제기구의 틀 속에서 전개되고 있으며, 국제기구의 수도 빠르게 증가하고 있다. 또한 국제기구는 과거 어느 때에 비해 좀 더 많은 권위를 행사하고 있다. 이처럼 다자외교와 다자제도가 국제사회의 행위자들의 상호작용의 지배적인 형태가 되고 있음에 따라 국제기구에 대한 연구의 필요성이 증대하고 있다.

이러한 환경적인 변화에도 불구하고 한국에 있어서 다자외교와 국제기구에 대한 연구는 활발한 편이 아니고 국제기구 연구를 위한 이론에 대한 관심 역시 크지 않다. 그 결과 국제기구의 현상을 설명하고 예측하는 데 있어서 이론을 적용하고자 하는 많지 않은 경우에 있어서 마저 다양한 이론에 대한 검토 없이 국제관계 전반을 설명하고 예측하려는 국제관계이론들을 원용하는 데 그치는 경우가 많다.

따라서 여기에서는 국제기구 연구에 보다 밀접한 관련이 있는 이론들을 선택하여 소개하고자 한다. 이러한 이론들을 살펴보는 데 있어서 이러한 이론들의 특징과 더불어 이러한 이론들의 중점 연구주제가 무엇인가를 제시하고자 한다.

국제기구의 분류에서 살펴보았듯이, 국제기구에는 여러 종류의 것들이 존재한다. 예컨대 정부간기구라고 해도 보편적인 국제기구인가 아니면 지역적 국제기구인가에 따라 이들이 추구하는 목적과 특징이 다르다. 또한 회원국들 사이에 주권평등의 원칙이 비교적 잘 적용되고 있는 국제기구가 있는가 하면, 국가간의 차이를 인정하는 계서적인 구조를 가지고 있는 국제기구도 있다. 또한 주권국가의 단순한 집합체적 성격을 다분히 보유하고 있는 국제기구가 있는가 하면, 국제기구의 초국가성이 어느 정도 발달되어 있는 국제기구도 있다. 동일한 국제기구라고 해도 국제정치체제의 변화에 따라 그 성격이 변화하는 경우도 흔히 존재한다.

이러한 다양한 국제기구의 면모에 대해 어떤 단일한 이론도 포괄적이고 체계적인 설명을 제공하기란 불가능하다. 다음에서 살펴볼 다양한 국제기구에 대한 이론들도 역시 국제기구에 대한 부분적인 설명만을 제공할 뿐이라는 사실을 먼저 염두에 두어야 할 것이다.

국제기구의 분석에 도움이 되는 이론들 가운데는 다른 이론들의 뿌리를 제공하고 있는 보다 본질적인 이론들이 존재한다. 대표적인 경우로서 합리적 선택이론과 공공재 이론을 들 수 있다. 따라서 이러한 이론부터 먼저 설명하고자 한다.

이어서 (신)현실주의 이론, 정치체제론, 통합이론, 상호의존론, 국제레짐론, 신자유주의 제도주의론(신자유주의론), 전지구적 관리론, 조직사회론, 당사자-대리인 모델, 관료조직 이론, 구조주의 이론, 구성주의 이론을 살펴보고자 한다.[4]

2. 합리적 선택이론(rational choice theory)[5]

(1) 특 징

합리적 선택이론은 일반적으로 국가나 개인을 기본적인 분석단위(basic

---

4) 구체적인 이론에 대한 설명은 다음 논문의 내용을 보완한 것임: 박재영, "국제기구 연구이론들의 특징과 연구중점," 『국제기구저널』, 제1집(1)호 (2006), pp. 5-42.

5) Roland Vaubel, "A Public Choice Approach to International Organization," *Public Choice*, Vol. 51, No. 1 (1986), pp. 39-57.

unit of analysis)로 하며, 이러한 행위자들의 합리성을 가정하여 이들이 자신의 이득을 극대화하는 것에 관심이 있다고 가정한다. 신현실주의 이론과 신자유주의 제도주의 이론을 비롯한 대부분의 이론들이 행위자의 합리성을 전제로 하고 있어 이들 모두를 광의의 합리적 선택이론이라고 볼 수 있다.[6)]

이러한 합리적 선택이론은 국가만을 유일한 행위자로 간주하면서 이들의 합리성을 전제로 하고 있는 이론들과 개인과 같은 행위자를 국제사회의 행위자로 인정하면서 이들의 합리성을 전제로 하는 이론으로 양분할 수 있다. 여기에서는 국가가 아닌 개인을 분석단위로 하는 합리적 선택이론을 소개하고자 한다.

개인을 분석단위로 하는 합리적 선택이론은 국가의 대외정책 결정자인 정치가나 관료의 합리성을 가정한다. 구체적으로 이들은 유권자(voters)와는 다른 개인적인 목표를 추구할 수 있고, 자신이 선호하는 정책을 실행하기 위해 권력(power)의 형태로 그들의 효용을 극대화하려 한다고 가정된다.

이러한 이론에 따르면 대외정책 결정자는 권력에 그대로 머물기 위해 다수 유권자들에 의해 선출되어야 한다는 제약 속에서 활동을 한다. 국제적인 합의나 약속 같은 것은 이러한 대외정책 결정자에게 또 다른 제약을 가져다 줄 수 있다. 따라서 대외정책 결정자는 그 자신을 개인적으로 만족시켜주는 합의, 그에게 표를 얻도록 도와주는 합의, 혹은 그 자신이 선호하는 국내정책을 집행하는 데 소요되는 비용을 감소시켜 주는 합의를 얻을 수 없는 한, 국제적인 의사결정에 참여하려 하지 않는다고 간주된다.

이 이론에서 유권자는 개개인의 표의 비중이 너무나 작아 선거의 결과에 영향을 미칠 것 같지 않아 일정한 정도 합리적으로 무지하다(rationally ignorant)고 가정된다. 이러한 맥락에서 대외정책 결정자는 인기 있는 정책에 주목하도록 하기 위해, 인기 없는 정책을 감추기 위해, 또는 그릇된 정보를 전파하기 위해 국제회의나 국제기구를 이용할 수 있다고 가정한다.

---

6) 이와는 대조적으로 구성주의(constructivism) 이론이 이러한 합리성에 도전을 가하고 있다.

(2) 연구의 중점

이러한 가정하에 합리적 선택이론은 합리적인 행위자로서의 대외정책 결정자가 국제기구를 어떻게 활용하는가에 연구의 중점을 둔다. 구체적으로 공모적 행태(collusive behavior)로서의 국제적인 조정(international coordination)이나 국제기구와 회원국간의 노동의 분화(division of labor)와 같은 문제에 연구를 집중한다. 이들을 좀 더 구체적으로 살펴보면 다음과 같다.

1) 공모적 행태로서의 국제적인 조정

우선 합리적 선택이론은 많은 경우에 있어서 국가간의 공동의 의사결정을 다수 유권자를 희생한 음모(collusion)로 바라보고자 한다. 통상적으로 정치가의 권위는 국제회의(특히 정상회의)에의 참여로 인해 매스미디어의 주목을 받을 경우 상승하며, 정치가가 이러한 국제회의의 주최자이거나 국제회의를 이끌어 가는 지도자일 경우 이들의 권위는 더욱 상승한다. 이러한 과정을 통해 정치가는 정부 내의 경쟁자, 그리고 반대편에 서 있는 다른 정치가와의 경쟁에서 앞설 수 있게 된다고 본다.

또한 국제기구나 국제회의에서 회원국의 국가에 영향을 미칠 수 있는 정책을 상호 승인함으로써 경쟁적인 국내의 정치가로부터의 비판을 억제할 수 있다고 본다. 구체적으로 말해, 참여하는 정치가들은 국가간의 집단적인 의사결정을 통해 자국 내에서 인기가 없거나 인기가 없을 정책을 국제적인 협상의 일부로서 반아들이게 함으로써 국내적인 책임을 회피할 수 있다는 것이다.

2) 국제기구와 회원국간의 노동의 분화

합리적 선택이론은 국제기구와 회원국간의 노동의 분화에도 관심을 보인다. 이와 관련하여 국가의 정책결정자의 합리성과 더불어 국제기구 직원의 합리성이 가정된다. 즉, 국제기구의 직원은 그들의 권력(power)의 극대화를 추구하며, 추가적인 권력과 자원에 대해 무제한적인 욕구를 지닌다고 본다.[7]

이로부터 국제기구는 그 일이 불쾌한 것인가 혹은 중요하지 않은 것인가 등에 개의치 않고, 획득할 수 있는 일이라면 어떠한 일이라도 얻고자 할 것이라는 가설을 도출한다.[8] 이처럼 국제기구는 국가들로부터 불쾌하고 지저분한 일을 떠맡으려 하고, 국가의 정책결정자는 이러한 일을 국제기구에 떠넘기려 함으로써 국제기구와 회원국간에 노동의 분화가 이루어진다고 본다.

국제통화기금(IMF)을 예로 들면, IMF는 회원국 정부로부터 불쾌한 일을 떠맡아 회원국의 짐을 덜어주는 역할을 한다. 즉, IMF는 구제금융을 제공할 때 구제금융 수용국에게 국내적으로 인기 없는 가혹한 이행조건(conditionality)을 부과하곤 한다. 이러한 불쾌한 조치의 책임을 피하기를 원하는 구제금융 수용국 정부의 정책결정자는 국내적으로 인기 없는 이러한 이행조건상의 정책을 실시함에 있어서, 이러한 정책이 정부가 원해서 실시하는 정책이 아니고 IMF가 부과한 정책이라 어쩔 수 없이 실시하여야만 한다고 발뺌을 할 수 있다는 것이다.

구제금융을 IMF가 아닌 재정적인 여력이 있는 국가가 개별적으로 제공한다고 할 때, 이러한 구제금융의 제공과 더불어 부과되는 이행조건 때문에 구제금융 제공국은 구제금융 수용국의 국민들로부터 분노를 사게 된다. IMF가 구제금융을 제공할 경우, 구제금융 대여에 수반되는 조건으로 인해 야기되는 구제금융 수용국으로부터의 민족적인 분노가 그렇지 않으면 이러한 역할을 떠맡아야만 했을 국가가 아닌 IMF에게 향하도록 하는 희생양의 역할을 수행한다.

또 다른 예로서 세계보건기구(WHO)를 들면, WHO는 산아제한과 같은 예민한 문제를 국가로부터 넘겨받게 된다. WHO의 회원국이 WHO를 통하지 않고 개별적으로 개도국에게 인적·물적 자원을 제공하면서 산아제한 정책을 시행하고자 할 경우, 도덕적이고 윤리적인 비난의 대상이 될 수 있다. WHO가 이러한 비난의 가능성이 있는 역할을 회원국을 대신하여 해준다는 것이다.

---

7) 뒤에서 탈냉전기의 국제기구 연구이론의 하나로 살펴볼 「관료조직 이론」이 이러한 관점을 체계화하여 국제기구 관련 현상을 일관된 틀 속에서 바라보고자 한다.

8) 이를 일명 「지저분한 일 가설(dirty work hypothesis)」이라고 부른다.

(3) 결 어

위에서 살펴보았듯이 합리적 선택이론은 전통적인 국제기구에 관한 이론들과는 달리, 국제기구를 헌장에 규정된 숭고한 목표를 추구하는 존재로만 바라보지 않을 뿐 아니라 정책 결정자를 공공의 이익(public interest)을 추구하는 존재로만 바라보지 않는다.[9] 그렇다고 이 이론이 국제기구를 바람직하지 않은 존재로만 바라보는 것은 물론 아니다. 이 이론은 합의된 내용과 관계없이 국제적인 합의를 그 자체로서 환영하는 순진한 국제주의(naive internationalism)에 대한 경고를 발하는 데 의미를 가진다.

이 이론이 보여주듯이 국제기구는 오용될 수 있으며 실제로 오용된다. 이는 어쩌다가 있는 정치가들의 부덕의 소치가 아니라 국민들을 희생으로 한 공모의 경향이 체계적으로 내재해 있기 때문이다. 이러한 공모는 그 자체로서 바람직하지 않을 뿐 아니라 바람직한 형태의 국가간 협력을 불신하고 배제시킬 위험성 역시 갖는다.

3. 공공재 이론(public goods theory)

(1) 특 징

공공재 이론 역시 합리적 선택이론과 마찬가지로 신현실주의의 패권안정론과 같은 이론의 기본을 형성하고 있는 이론으로서의 성격을 갖는다.[10] 여기에서는 공공재 이론이 국제기구 연구와 관련하여 제시하고 있는 연구의 중점이 무엇인가를 중심으로 살펴보고자 한다. 공공재 이론에 뿌리를 두고 있는 패권안정이론은 신현실주의 이론 부분에서 별도로 살펴보고자 한다.

하딘(Garrett Hardin)은 「공유자산의 비극(Tragedy of the Commons)」이라는

9) 뒤에서 살펴볼, 조직의 특성으로부터 일반화를 추구하고 있는 이론들이 이러한 특성을 공유하고 있다.
10) 공공재 이론의 뿌리에는 합리적 선택이 전제되어 있다.

논문을 통해 무임승차(free-riding)의 유인에 의한 공공재(public goods)의 비극적인 결말을 소개한 바 있다.[11] 공유자산의 비극 논리는 오존층과 같은 자연적인 공유자산, 보편적인 지식과 같은 인위적인 전지구적 공유자산, 평화와 같은 전지구적인 조건과 같은 국제공공재(international public goods)가 자유시장적인 기제를 통해 공급되고 유지되기 어렵기 때문에 다른 형태의 기제의 필요성을 강조한다.

공공재가 야기하는 문제를 크게 두 가지이다. 그 중 하나는 공공재의 중앙집중적 공급이 부재한 상황에서 어떤 단일한 나라도 공공재로부터 오는 이익 가운데 상당한 부분을 얻지 못하거나 사적인 혜택(private benefit)을 받지 못한다면, 이러한 공공재를 공급할 동기를 갖지 못한다는 점이다. 공공재가 야기하는 또 다른 중요한 문제는, 공공재란 생산비용을 부담하는 자에게만 국한되어 공급되는 것이 아니기 때문에 무임승차(free-riding)의 가능성이 존재한다는 것이다.

국제기구 연구와 관련하여 공공재 이론은 이러한 공공재의 문제를 해결할 수 있는 존재로서 국제기구를 바라보고자 한다. 구체적으로 공공재 이론은 국가들이 국제기구에게 공공재의 생산과 공급에 필요한 권한을 위임하고 재정적으로 지원하여 이러한 문제를 해결하고자 한다고 본다.

이처럼 공공재 이론은 공공재와 공공 서비스의 생산자이자 분배자로서의 국제기구의 역할에 중점을 두는 한편, 국제기구를 구성하고 있는 국가들을 국제기구가 제공하는 공공재에 대해 무임승차를 꾀하는 합리적인 행위자로 바라보고자 한다.

(2) 연구의 중점

앞서 언급한 바와 같이, 공공재가 제기하는 문제 가운데 하나는 공공재가 중앙집중적으로 공급되지 않는 상황에서 공공재로부터 오는 이익 가운데 상당한 부분이 제공되지 않거나 사적인 혜택이 부여되지 않을 경우 공공재 공

11) Garrett Hardin, "The Tragedy of the Commons," *Science*, Vol. 162, No. 3859 (1968): pp. 1243- 1248.

급의 동기가 없어진다는 점이다.

공공재 이론에 기반을 두고 있는 패권안정론은 패권국이 자국에게 이익이 되기 때문에 국제기구를 창설하여 이를 통해 공공재를 공급한다고 본다. 패권안정론은 패권이 쇠퇴하거나 국가이익이 변화할 경우 공공재를 공급하는 국제기구에 발생하는 현상에 연구의 중점을 둔다.

패권안정론은 기본적으로 이러한 상황은 패권국으로 하여금 국제기구를 통한 공공재의 제공을 주저하게 만든다고 본다. 구체적으로 미국이 국제연합과 기타의 국제기구에서 지도력을 잃게 되자 분담금을 체납하거나 분담금의 감액을 꾀하는 한편, 국제노동기구(ILO)와 국제연합교육과학문화기구(UNESCO)로부터 탈퇴를 결행한 것과 같은 현상이 발생된다고 본다.

국제기구는 국제통화협정(international monetary agreement), 국제관세협정(international tariff conventions), 국제법(international law)과 같은 공공재를 생산하고 공급한다. 위에서 언급했듯이 이러한 공공재는 일반적인 공공재와 마찬가지로 공공재의 공급이 생산비용을 부담하는 자에게만 국한되어 공급되는 것이 아니기 때문에 무임승차(free riding)의 가능성이 존재한다고 본다.

따라서 국제기구에 적용하려는 공공재 이론은 무임승차를 방지하거나 약화시키는 것이 국제기구의 효율성에 중요한 영향을 미친다고 보고, 공공재를 둘러싼 무임승차를 어떻게 방지하거나 약화시킬 것인가에 연구의 중점을 둔다. 구체적으로 공공재 이론은 이를 위한 전략으로서 다음과 같이 보상(reward)과 처벌(punishment)을 통해 행위자의 선호(preference)를 바꾸어 놓을 것을 제시한다.

첫째, 공공재 이론은 국제기구가 무임승차에 대해 높은 비용을 부과할 수 있을 때 효율적일 수 있다고 본다. 따라서 국제기구가 국제적 규칙과 규제(international rules and regulations)를 설정하고, 국가들로 하여금 이를 준수하도록 하는 전략을 사용할 수 있다.

둘째, 국제기구는 무임승차에 대한 또 다른 효율적인 수단으로서 국제기구에 의해 수립된 규칙을 따르는 국가에게 기구 내의 직책, 의사결정력(decision-making power), 양도성 원조(concessional aid), 그리고 수익성이 있는 사업계약과 같은 사적인 재화(private goods)를 제공하는 전략을 구사할 수 있다.

셋째, 무임승차를 하는 국가에게 제재를 가하고 무임승차를 하지 않고 규칙을 잘 따르는 국가에게 인센티브를 제공하는 외에, 교육과 선전을 통해 국제기구는 이러한 무임승차 경향을 약화시키는 전략을 사용할 수 있다.

이러한 공공재 이론은 적용의 범위가 확대되어 공공재를 공급하는 국제기구의 조직의 설계(organizational design)라는 좀 더 포괄적인 연구주제로까지 이어지고 있다. 공공재를 공급하는 국제환경기구의 설립과 관련하여 공공재 이론은 다음과 같은 조직의 설계를 제시한다.

공공재 이론은 환경문제와 관련하여 중요한 행위자의 이탈(defection)을 방지하고 다양한 목표와 이해관계를 가지고 있는 주권국가들의 지지를 확보하기 위해, 최소한 초기에는 느슨한 조직의 체제를 가져야 한다고 제안한다. 또한 의사결정 방식과 관련하여 공공재 이론은 국제환경기구가 합의제(consensus)와 같은 방식을 채택하여, 주권국가들에게 자신의 이익을 침해할 수 있는 결정을 방지할 수 있다는 것을 확실하게 해주어야 한다고 본다. 이와 더불어 논의의 대상이 되는 환경문제의 범주는 초기에는 한정적이어야 한다고 본다. 구체적으로 말해 시간이 지나면서 논의의 범주가 확대될 수 있다는 기대와 더불어 초기에는 가장 중요한 환경문제에만 우선적으로 집중하여야 한다고 본다.

4. 현실주의 이론

(1) 특 징

현실주의 이론은 국제기구란 주권국가들로서 수평적으로 조직된 국제정치체제 속에 존재하며, 이러한 체제의 본질적인 특성으로 인해 주권국가들은 국제기구를 포함한 초국가적 권위에 의한 결정에 그들의 동의 없이 구속되지 않는다는 점을 강조한다.

이 견해에 따르자면 많은 국제문제가 국제기구 밖에서 국가 대 국가의 관계를 통해 결정된다. 국제기구란 단지 국가의 정책결정자들에게 있어서 참여함으로써 치러야하는 비용과 이로 인해 얻게 되는 이득을 신중하게 고려한 후 참여의 여부를 결정하는 정책의 도구(instrument) 이상의 것이 아니다. 그 결과 현실주의에 있어서 국제기구는 국가들의 주권을 약화시키기보다는 강화시킨다.

현실주의 이론가들에 있어서 국제기구는 근본적으로 창설자의 수중하에 놓여 있으며, 어느 한 시점에서 과반수를 형성하고 있거나 기타의 다른 방법으로 국제기구를 통제할 수 있는 회원국(들)의 이익에 봉사하도록 이용되는 국가의 종속물이다.[12)]

국제적인 결과(international outcome)가 국력과 국가이익에 의해 결정된다고 보는 현실주의 이론은 국제기구에 있어서의 의사결정의 결정물이나 정책이란 자기중심적인 국가이익을 추구하는 국가들의 투쟁의 결과물로서 특정이슈에 있어서 지배적인 위치에 있는 국가(군)의 이익의 반영으로 본다. 각국의 대표들은 자신의 이익을 관철시키기 위한 수단으로서 국제기구를 지배하려 노력하고, 국제기구 속에서 타국을 자신의 편으로 만들려는 부단한 노력을 경주한다고 본다.

이처럼 국제기구는 국제기구의 과업수행에 커다란 영향력을 행사할 수 있는 강대국에 의하거나 연합 등의 방법으로 정책목표를 달성하려는 약소국들에 의해 좌지우지되기 쉬우며, 이로 인해 국제기구가 독립적인 행동을 취할 가능성이란 매우 제한적이라고 본다.

이처럼 국제기구가 독립적인 행위자가 아니기 때문에, 현실주의 이론은 국제정치에 있어서의 결과는 국제기구와 함께 하는지 안하는지 별 차이가 없을 것이라고 본다. 현실주의 이론은 국가와 국제기구의 관계에서 국제기구가 주권국가의 종속물로서 국익추구의 수단이 되고 있음을 보여 주는 사실로서 다음과 같은 것들을 예로 들고 있다.

첫째, 주권국가가 국제기구에 자발적으로 가입함으로써 그들 스스로 국제기구의 법규나 결정에 구속될 것을 사전에 동의했을 때를 제외하고는 주권

12) Kim R. Holmes, "New World Disorder: A Critique of the United Nations," *Journal of International Affairs*, Vol. 46, No. 2 (Winter 1993), p. 340.

국가는 국제기구의 결정에 구속을 받지 않는다.

둘째, 국제기구의 회원국들은 자신의 정책에 대한 통제력을 굳게 견지하려하기 때문에 국제기구는 단지 온건한 제도만을 가진 기구들이다. 국제기구들이 국가정책의 목표를 실현하기 위한 수단으로서 이용되고 있다는 것은 국제기구의 사무국의 제한된 권한과 사무국에 대한 주권국가들의 정치적 간섭에서 드러난다.[13)]

셋째, 국제기구에서 구속력 있는 결정의 기초로서 개개 국가의 동의를 필요로 하는 많은 경우가 존재한다. 국제연맹규약은 총회와 이사회에서의 의사결정 방식으로 만장일치제를 채택하고 있었다. 현재에도 한정된 수의 회원국을 대상으로 하는 국제기구, 예컨대 유럽자유무역연합(EFTA), 북대서양조약기구(NATO), 아랍연맹(LAS) 등이 회원의 자율성을 확보해주고 이들의 요구를 최대한 반영하게 해주는 의사결정 방식으로서 만장일치제를 택하고 있다.

국제기구에서 명시적으로 법에 의해 주어지는 거부권은 만장일치에 미달하는 결정과 모든 회원국들의 명시적 동의 없이 행동할 수도 있는 국제기구의 사무국 또는 이사회의 결정을 효율적으로 배제하여 회원국들이 원하지 않는 결정을 제지할 권한을 준다. 국제연합헌장은 안전보장이사회의 상임이사국에게 이러한 거부권을 부여하고 있다.

거부권이 명시적으로 법에 의해 주어지지 않은 경우라도 실제에 있어서 묵시적인 거부권을 보유한 것으로 볼 수 있는 경우들이 존재한다. 즉, 다수 국가의 목적을 실현시키기 위하여 일국 또는 일단의 국가들의 협력이 필수적일 경우, 이들 국가들이 협력을 하지 않겠다고 위협함으로써 원하지 않는 결정을 저지할 수 있는 능력에 거부권이 내재해 있다고 볼 수 있다. 예컨대 경제프로그램의 경우처럼 제안된 프로그램을 이행하는 데 특정 국가(군)의 경제협력이 필수적인 경우, 이들은 협력을 하지 않겠다는 위협을 통해 원하지 않는 결정을 사전에 혹은 사후에 저지할 수 있다.[14)]

---

13) 주권국가들의 정치적 간섭이란 예컨대 국제연합헌장 제100조 규정에 반하는 것으로서, 사무국 직원들이 본국의 요구를 추진하는 경우를 들 수 있다.

14) Robert E. Riggs and Jack C. Plano, *The United Nations: International Organization and*

국제기구에서 탈퇴하겠다는 위협 역시 묵시적인 거부권으로서, 원하지 않는 결정이 이루어지는 것을 막는 역할을 한다. 주권국가는 그들의 가입해 있는 국제기구로부터 실제로 탈퇴하거나 탈퇴할 것이라는 위협을 가함으로써 그들이 원하지 않는 국제기구의 결정을 궁극적으로 저지할 수 있는 능력 또한 보유하고 있다고 본다.

과거 소련이 아프가니스탄에서 지속적으로 군대를 주둔시킨 것이라든가 남아프리카공화국의 지속적인 인종차별정책은 그들의 이익에 반하는 국제기구의 결정을 이행하길 거절했던 예로서, 분권적인 국제체제에서 국가들은 원하지 않는 것을 끝내 하지 않을 수 있는 묵시적인 거부권을 지니고 있다는 것을 보여준다.

넷째, 각종 국제기구에 있어서 다수결제에 의해 의사결정이 이루어지는데, 이러한 결정은 법적 구속력이 있는 명령(command)이 아닌 권고(recommendation)인 경우가 훨씬 많다. 국제연합의 경우 안전보장이사회(SC)를 제외하고는 어떠한 기관에 의해서도 구속력 있는 의사결정이 내려지지 않는다. 국제연합 총회의 결의는 단지 권고의 효력만 지니며, 이는 경제사회이사회(ECOSOC)와 신탁통치이사회에 있어서도 마찬가지이다.

국제기구에서 법적 구속력이 있는 결정이 내려진다고 해도, 회원국들 사이에 상당한 정도의 합의가 존재하거나 국가들의 중요한 이익이 침해되지 않는 것에 한정되어 있다. 또한 다수결에 의해 법적 구속력이 있는 결정이 이루어지나 탈퇴가 인정되는 경우, 반대투표를 한 국가나 결정에 참석하지 않은 국가는 탈퇴를 통해 원하지 않는 결정에의 구속을 피할 수 있다.

다섯째, 역사적 경험을 통해 볼 때 국제기구가 주권국가에 의해 의도되지 않은 독립성을 지나치게 추구할 경우 주권국가는 이를 단순히 방치하지 않았음을 보여준다. 예컨대, 함마슐트(Dag Hammarskjöld) 제2대 국제연합 사무총장은, 국제연합 사무총장이란 주권국가들의 견해나 바라는 바와는 상관없이 평화를 유지할 책임이 있다는 주장하에 독자적인 이니셔티브를 쥐고 의욕적인 활동들을 전개하였으나, 이로 인해 주권국가로부터 공격의 대상이 되

World Politics (Chicago: The Dorsey Press, 1988), pp. 85-87.

었고 그 결과 후임 사무총장의 권한이 약화되었다.

캡테인과 씨마트(P. J. G. Kapteyn and P. Verloren van Themaat)는 일반적인 국제기구가 기초하고 있는 다음과 같은 3가지 원칙을 제시하면서 국제기구의 주권국가에의 수단성을 간접적으로 지적하고 있다.[15]

첫째, 의사결정은 국제기구 내의 정부의 대표로 구성된 기관(organs)에 의해 이루어진다. 둘째, 구속력 있는 결정에 이르기 위해서는 만장일치를 필요로 한다. 셋째, 결정의 집행이 참여하고 있는 국가들 자신에게 맡겨진다. 이들에 따르면 이러한 원칙 개개의 것에 대한 예외들은 존재하기는 하나, 이러한 원칙의 포기는 국제기구의 초국가성을 보여주는 것이라고 설명하고 있다.

(2) 연구의 중점

현실주의에 있어서 국제기구는 국제정치와 강력한 국제적 행위자가 허용하는 것 이상으로 성공적일 수 없다. 탈냉전시대에도 국제기구는 주권국가의 단순한 도구로서 남아 있을 것이며, 그들의 성공이나 실패는 항상 그래왔듯이 주로 국제기구에 달려있지 않고 주권국가들이 국제적인 협력이 그들 자신의 국가이익에 적합하다고 믿는 정도에 달려있다고 본다.[16]

따라서 국제기구를 중심으로 전개되는 현상을 분석함에 있어서 국제기구 자체의 연구보다는 이들을 구성하고 있는 국가들의 연구에 중점을 둔다. 이러한 맥락에서 국제기구 내에서의 구성국들 사이의 권력의 배분(distribution of power) 등에 관심을 집중한다.

현실주의가 아주 드물게 국제기구의 행태(behavior), 지속성(persistence), 개혁(reform)을 설명하려고 시도하기도 하나, 제대로 된 설명을 제공하지 못하는 한계를 보인다. 예컨대, 미어샤이머(John J. Mearsheimer)는 1990년에 북대서양조약기구(NATO)와 유럽연합(EU)의 즉각적인 붕괴를 예측한 바 있으

15) P. J. G. Kapteyn and P. Verloren van Themaat, in L. W. Gormley, ed., *Introduction to the Law of the European Communities: After the Coming into Force of the Single European Act, 2nd ed.* (Denver, Neth.: Kluwer, 1989), p. 2.

16) Kim R. Holmes, "New World Disorder: A Critique of the United Nations," *Journal of International Affairs*, Vol. 46, No. 2 (Winter 1993), p. 324.

며, 길핀(Robert Gilpin)과 크라즈너(Stephen D. Krasner)는 관세 및 무역에 관한 일반협정(GATT)이 세계무역기구(WTO)의 형태로 제도화되기보다는 쇠락될 것을 예측한 바 있다.[17)]

국제기구에 대한 현실주의 인식은 냉전시대 미국과 소련이라는 강대국의 경쟁과 갈등으로 인해 국제연합 특히 안전보장이사회의 기능이 마비되고 국제연합 자체가 독자적인 존재로서의 역할을 제대로 하지 못한 현상 등에 적절한 설명을 제시한다. 그러나 냉전시대에 있어서 개도국에 대한 개발원조와 인도주의적 원조의 제공과 같은 국제기구의 역할을 설명하고, 탈냉전기의 강화된 국제기구의 역할을 설명하는 데에 일정한 한계를 갖고 있다.[18)]

5. 정치체제론

(1) 특 징

휜켈스타인(Lawrence S. Finkelstein)은 국제연합을 가치의 권위적 배분을 도모하는 정치체제(political system)로 개념화하여 분석할 것을 제안하고 있다.[19)] 그는 이러한 개념을 국제연합체제에 한정하여 적용시키고 있으나 다른 국제기구들에게도 적용될 수 있다고 보인다. 이러한 분석의 틀은 국제기구를 좀 더 동태적으로 이해하는 것을 도울 뿐 아니라 국제기구들이나 국제기구 내의 기관들을 비교하여 연구할 수 있는 틀을 제공한다.

정치체제론은 국제기구를 정치체제로 개념화하기 위해 「사회를 위한 가치의 권위적 배분(authoritative allocation of values for the society)」이라는 이스턴(David Easton)의 정치에 관한 정의를 다음과 같이 수정하여 확대하고 있다.

17) Daniel L. Nielson and Michael J. Tierney, "Delegation to International Organizations: Agency Theory and World Bank Environmental Reform," *International Organization*, Vol. 57, No. 2 (Spring, 2003), pp. 241-276.

18) 국제기구에 대한 현실주의 시각이 잘 드러나 있는 저서로서 Geoff Simons, *UN Malaise: Power, Problems and Realpolitik* (New York: St. Martin's Press, 1995)이 있다.

19) Lawrence S. Finkelstein, ed. *Politics in the UN System* (Durham and London: Duke University Press, 1988).

첫째, 이스턴에 있어서 어떤 행위가 정치적인 것이 되기 위한 요건으로서 성공적인 가치의 권위적 배분을 전제로 하고 있으나, 정치체제론의 경우, 성공여부에 관계없이 가치의 권위적 배분과 관련된 모든 행위, 즉 이를 둘러싼 갈등 및 투쟁을 정치의 정의에 포함시키고 있다.

둘째, 가치란 이스턴의 경우 사회가 추구하는 보다 높은 열망을 지칭하나. 정치체제론은 관련된 행위자가 추구하는 모든 것이라고 보다 광범위하게 정의하고 있다. 관련된 행위자가 추구하는 가치라는 것은 궁극적으로 얻고자 하는 것일 수도 있고 이러한 궁극적인 것을 얻기 위한 수단이 될 수도 있다.

셋째, 이스턴에 있어서 「권위적」이란 말은 「강제적」이란 의미를 가지나, 휜켈스타인에게 있어 이 말은 「정당한(legitimate)」, 다시 말해 그것의 적용대상으로부터 「적절한(appropriate)」 것으로 받아들여지는 것을 의미하고 있다.

정치체제론은 국제기구에서 의사결정력이 다수의 행위자에 분산되어 있어 가치의 배분이 개개 국가의 동의에 의해 이루어지는 경우가 많다는 점을 지적하고, 이러한 국제기구의 가치배분 구조를 카플란(Morton Kaplan)의 단위거부권체제(unit veto system)와 동일시하며, 이를 「분권화된 체제(decentralized system)」로 개념화하고 있다.

정치체제론은 제한된 일부 국제기구의 현상이기는 하나 가치의 배분이 위계적으로 조직된 국내 정치체제에 있어서의 가치의 배분방식과 유사한 면을 지니고 있다는 점에도 주목하며, 이러한 국제기구체제를 분권화된 체제와 구별하여 「중앙집중화된 체제(centralized system)」라고 개념화하고 있다.

구체적으로 국제기구에서 가치의 권위적 배분이 회원국의 표결 없이 국제기구의 행정수반(예컨대 사무총장)이나 스탭들에 의해 이루어지는 경우와 다수결에 의해 법적 구속력이 있는 의사결정이 이루어지는 경우를 전형적인 중앙집중화된 체제로 보고자 한다.[20]

정치체제론은 이러한 두 종류의 국제기구체제가 공존하고 있다는 인식하

20) 어떤 의사결정 방식을 중앙집중식 의사결정 방식으로 보아야 할 것인가에 대해 논란의 여지가 많다. 참고로 휜켈스타인의 경우는 비록 다수결에 의해 법적 구속력을 지니지 않는 의사결정이 이루어진 경우라 하더라도 실질적으로 이러한 결정에 대한 광범위한 복종이 있을 경우까지도 가치배분이 권위적으로 일어나는 것으로 보고자 한다.

에 이들을 연장선상의 양 극단에 설정하고, 이러한 양 극단의 사이에 의사결정이 중앙집중적으로 이루어져야 할지 아니면 모든 회원국의 동의를 필요로 하는 분권적인 방식으로 이루어져야 할 것인지에 대한 심각한 갈등과 긴장이 존재하는 중간지대(intermediate zone)를 설정하고 있다. 국제기구들의 실질적인 가치의 배분양식은 이러한 연장선상의 어느 지점인가에 놓여 있다고 본다.

(2) 연구의 중점

1) 행위자들이 추구하는 가치

정치체제론은 국제기구에 이처럼 두 종류의 가치의 배분 방식이 존재한다고 보고, 주권국가들이 국제기구에서 무엇을 가치 있는 것으로서 얻고자 하는가에 관심을 둔다. 이들 주권국가들이 추구하는 목표(objective)는 다양한데, 이러한 목표에는 민족자결, 경제적 평등, 인권, 정보의 자유, 안보, 영토적인 통합, 권력, 물질적 이익, 분배의 권위, 특정한 규칙, 정당성(legitimacy) 등이 포함된다고 본다.

이러한 목표는 목적(ends)과 이러한 목적을 달성하는 데 필요한 수단(means) 모두를 포함한다. 주권국가들은 어떤 특정의 목적을 그 자체로서 추구하기도 하고 혹은 다른 목적을 위한 수단으로 추구하기도 한다. 국제기구에서 정당성(legitimacy)이라는 것은 목적으로서 때로는 특정 목적을 위한 수단으로서 주권국가들에 의해 추구되는 가치의 전형적인 예로 본다. 즉, 정당성은 국제기구에서 행위자들이 추구하는 목적이 되기도 하고, 과거의 규칙을 바꾸고 새로운 규칙을 만드는 데 활용될 수 있어 이러한 목표달성을 위한 수단으로 추구되기도 한다. 원칙(principles)과 규칙(rules)도 목적이 될 수 있는 동시에 주권국가들이 목적으로서 추구하는 가치를 배분하는 수단이 되기도 한다.

2) 가치의 배분과정

정치체제론은 주권국가들이 국제기구에서 추구하는 가치 있는 것이 무엇인가에 이어 이러한 가치 있는 것이 구체적으로 어떻게 배분되는가의 배분과정(allocative process)에 연구의 중점을 둔다.

구체적으로 정치체제론은 국제기구에서 행위자들이 추구하는 목표에 있어서의 차이가 국제기구의 가치의 배분과정(즉, 정치과정)과 정치적 결과에 가져오는 차이, 추구하는 가치의 중요성(salience)에 있어서의 차이가 의사결정방식에 가져오는 차이와 같은 문제에 연구의 중점을 둔다.[21)]

정치체제론은 가치의 배분에 영향을 미치기 위한 주권국가들의 집단적인 노력에도 연구의 중점을 둔다. 이와 관련하여 국가들이 이념, 이익, 그리고 지역 등에 따른 블록(bloc)의 형성과 이에 기초한 집단투표(collective voting) 등에 관심을 둔다.

정치체제론은 약소국들이 집단적 블록투표를 통해 국제연합체제 내에서 다수의 힘을 발휘하는 것에 대응하여 소수파인 선진국(들)이 개별적이거나 집단적으로 어떠한 조치를 취하는가에 관심을 둔다. 이러한 조치의 일부로서 국제기구로부터의 탈퇴, 분담금 지불의 거절, 새로운 의사결정제도의 도입 등의 방식을 통한 대응에 연구력을 집중한다.

정치체제론은 국제기구의 행정수반과 스탭들 그리고 비정부간국제기구(INGO)를 국제기구 정치에 있어서 중요한 비국가적 행위자(non-state actors)로 보고, 이들이 가치의 권위적인 배분과정에 어떻게 관여하고 영향을 미치는가에 주목한다. 특히 INGO가 인권이나 환경과 같은 문제에 있어서 정부간기구의 의제설정에 주도적인 역할을 함을 강조하고, 이들 INGO가 국제기구의 중앙집중식 의사결정 방식을 지지하고 회원국에 의한 의사결정의 통제나 거부권을 감소시킬 것으로 본다.

정치체제론은 가치가 어떻게 배분되고 있는가는 국제기구마다 다를 수 있고, 동일한 국제기구라고 해도 기관에 따라 다르며, 동일한 기관이라고 해도

21) 휜켈스타인에 따르면 추구하는 목표가 주권국가에게 중요할 경우 주권국가들은 결정에 대한 통제력을 잃지 않으려고 문제를 국제기구에 부탁하지 않거나, 부탁한다 해도 거부권이나 가중표제와 같은 방식을 통해 의사결정을 하기를 원한다. 따라서 국제기구는 분권화된 체제의 성격을 지니게 된다. 그러나 1956년 스웨즈 운하 사건의 발생과 이의 해결을 위한 평화유지군(UNEF I)의 창설 과정에서 보듯이, 주권국가들이 자신들만으로 해결할 수 없는, 그러나 해결하여야만 하는 중요하고 시급한 문제에 당면할 경우, 중요한 문제임에도 불구하고 중앙집중적인 방식에 의한 의사결정에 의존하게 된다고 본다.

이슈에 따라 달라질 수 있고, 동일한 이슈라고 해도 시간에 따라 달라질 수 있다고 보고 이에 대한 연구에 주력하고자 한다.

이와 더불어 국제기구의 가치의 배분과정을 총체적으로 살펴볼 때, 일정한 진화의 방향이 있는가에 대해 관심을 가진다. 휜켈스타인은, 일관된 경향을 나타내고 있지 않으며 또한 해석하기 힘든 경우가 많고 심지어 국제기구의 위상변화 방향이 진행 중이던 방향과는 정반대로 바뀔 가능성도 있다는 조심스러운 전제하에, 국제기구체제가 국가의 주권을 존중하는 분권화된 체제로부터 좀 더 중앙집중화된 체제로 점진적으로 진화해오고 있다고 주장하고 있다.

6. 통합이론: 기능주의와 신기능주의

(1) 특 징

통합이론의 특징을 기능주의와 신기능주의 이론으로 구분하여 살펴보면 다음과 같다.

1) 기능주의 이론

기능주의(functionalism) 이론은 1940년대와 1950년대 초에 통합이론(integration theory)의 주류를 이루고 있었던 이론으로서 미트라니(David Mitrany)의 「작동하는 평화체제(A Working Peace System)」라는 책이 효시를 이루었다.[22] 기능주의라는 명칭은 이 이론이 인간이나 국가의 기능적인 필요로부터 제도적인 장치가 발생한다는 아이디어에 기본을 두고 있는 것으로부터 유래된 것이다.

미트라니는 국가간의 통합현상을 설명하기 위한 이론 가운데 하나인 연방주의(federalism) 이론의 비현실성을 지적하면서 대안으로서 기능주의 이론을

22) David Mitrany, *A Working Peace System* (Chicago: Quadrangle Books, 1966).

제시했다. 연방주의 이론은 기존의 여러 국가들이 국가주권의 전부 혹은 일부를 내놓아 기존의 국가를 대치하는 초국가적 조직체로서의 연방을 수립하는 데에 관심을 둔 이론이다. 즉, 연방주의 이론은 주권국가의 존재 자체를 평화를 저해하는 요인으로 보고, 정치적인 방식을 통해 주권국가를 제거하여 주로 지역적인 차원에서 단일의 지역국가(연방)를 수립하는 것이 평화를 확보하는 길이라고 보았다.

그러나 미트라니는 주권에 대한 국가들의 강한 집착으로 인하여 국가들이 연방의 수립을 실질적으로 수용하지 않을 뿐 아니라, 설혹 수용이 되어 연방이 많이 구축된다고 해도 세계는 여전히 이러한 연방간의 경쟁을 통해 분리된 상태에 놓인다고 보아 새로운 국제질서를 위해 가장 좋은 선택이 될 수 없다고 보았다.[23)]

이러한 인식하에 미트라니는 주권국가라는 존재의 폐기를 목표로 하지 않는 가운데, 연방주의 이론의 지역성을 벗어나 세계적인 차원에서, 정치적인 방식이 아닌 비정치적인 방식을 통해, 기술적인 분야에 있어서의 협력을 통해 정치적인 통합을 가져오는 것이 좀 더 실질적인 평화에 이를 수 있는 길이라고 생각했다. 즉, 이것이야말로 「작동하는 평화체제(working peace system)」로 보았다.

통합이론으로서의 기능주의 이론은 다음과 같은 논리에 기반을 두고 있다. 현대의 사회란 복잡성이 증대하면서 기본적으로 기술적·기능적 사회화하며, 이러한 사회에서 중요한 것은 국가의 안보가 아닌 국민의 복지이다. 이를 위해 많은 기술적인 문제가 해결되어야 하며, 그 결과 기술자와 전문가의 역할이 중요시된다. 점증하는 문제영역에서 개개의 정부가 그들 국민의 필요(needs)를 충분히 충족시켜줄 수 없다는 것이 점점 명백해지고 상호의존이 증가함에 따라, 국가들은 기술적인 문제에 있어서의 국가간 협력이 국가이익에 부합되는 가치 있는 것으로 바라보게 된다.[24)] 따라서 국가간의 기술적 영

23) 연방에는 세계적인 규모로서의 연방이 있고 지역적 규모로서의 연방이 있는데, 연방화 움직임의 대다수는 지역적인 규모에서의 것이었다.

24) 연방주의가 헌법적 수단에 의한 정치적 방법인데 반하여 기능주의는 비정치적 분야에서의 협력을 강조하는 비정치적 방법이다. 기능주의 이론은 이처럼 국제관계에 있어서의 관심의 초점을 논쟁적인 정치적인 이슈로부터 비논쟁적인 기술상의 문제로 이전시킨다.

역에서의 교류가 확대되고, 이들 사이에 다양한 문제들을 조정하기 위해 국제기구가 등장하게 된다. 독립적인 국가들의 통합이란 이처럼 특정의 기술적 분야에 권한을 가진 국제기구의 창설과 더불어 시작된다.

회원국들이 이러한 국제기구의 활동으로부터 이득을 얻게 됨에 따라 국제기구의 권한을 강화함과 동시에 하나의 기술 부문으로부터 다른 관련된 부문으로 협력을 확대하고자 하며, 이로 인해 시간이 지남에 따라 국제기구의 힘이 증가한다고 본다. 예컨대 철과 석탄으로부터 망간과 같은 관련된 부문으로까지 이러한 국제기구의 권한을 확대시킬 것이며 더불어 권한 자체를 강화시킬 것이다.

하나의 기술 부문에 있어서의 협력이 또 다른 부문에서의 협력으로 확산되고 점차적으로 좀 더 많은 결정들이 국제기구에 이양되어 이루어지게 되면서 개개 국가의 정부들은 좀 더 큰 정치 공동체로의 통합을 추구하게 된다고 본다. 한 마디로 전쟁을 방지하고 적극적인 평화장치를 마련하기 위해서는 국제기구가 필요하며 가장 적합한 담당자는 국제적 기술전문가라는 것이다. 여기서 말하는 국제기구는 지역을 단위로 하는 국제기구가 아니라 세계적으로 조직될 수 있는 국제기구를 의미한다.

비정치적 기술적인 부문에서의 협력이 정치적인 부문에서의 통합을 가져올 것이라는 기능주의의 주장에는 다음과 같은 것들이 전제되어 있다. 첫째, 정치적 문제와 비정치적 문제는 분리될 수 있다. 둘째, 통합에 있어서 중요한 것은 무엇보다도 비정치적 영역에 있어서의 인간의 필요와 욕구다. 셋째, 구조적 변화가 태도나 행태의 변화를 가져온다. 넷째, 협력은 부과되는 것이 아니라 학습되는 것이다. 다섯째, 기술적이고 비정치적인 부분에서의 협력은 점차적으로 분기(ramification)를 일으켜 나간다.

이처럼 국가의 정치적 이익과 기능적 이익이 분리될 수 있고 정치적 분쟁에 관계없이 국제기구는 만들어지며 이를 통해 평화가 달성될 수 있다고 보는 기능주의 이론에 대해, 거꾸로 상대방에 대한 높은 정치적 신뢰가 기능적 협력의 전제조건이라고 반론이 제기되곤 한다. 즉, 평화는 기능주의의 결과가 아니라 사전조건이라는 것이다.

2) 신기능주의 이론

신기능주의(neofunctionalism)는 1950년대와 1960년대에 있어서의 통합이론의 주류를 형성하고 있던 이론으로서, 기능적인 협력이 정치통합으로 자동적으로 이어질 것이라는 기능주의의 예측이 실현되지 않자 이러한 현실을 설명하기 위한 필요성에 의해 등장했다.

신기능주의는 기본적으로 기능주의의 논리를 그대로 받아들인다. 그러나 기능주의가 파급효과를 학습을 통해 무의식적이고 자동적으로 이루어지는 것으로 보는데 반해, 신기능주의는 이러한 학습에 의한 파급이란 정치적인 의지(political will)를 필요로 한다고 본다는 데 큰 차이가 있다.

신기능주의는 우선 기술적인 분야에 있어서의 협력의 경험이 학습을 통해 좀 더 큰 정치연합으로 귀결되기 위해서는 기능주의가 소홀히 한 정치의 역할이 회복되어야 한다고 보아, 기술적 요소에 정치적 요소를 더해 기능주의를 보완하고자 했다. 신기능주의에 있어서 통합이란 본질적으로 정치적인 현상인 것이다.

이처럼 신기능주의는 확산이 자동적으로 이루어지는 것이 아니라 정치적인 행위자들의 욕구(desire)라는 의도성이 있어야 한다고 보았다. 기술적·비정치적인 부문에 있어서의 통합을 경험하고 관찰하였던 사람들이 또 다른 분야에서의 통합을 의도적으로 시도함으로써 통합이 확산될 수 있으며, 궁극적으로 새로운 초국가적 제도에 의해 새로운 중심체가 형성되어 충성심의 전이로 인해 통합이 가능하다고 본다.

연방주의 이론은 정부의 지지를 통합의 결정적인 기초로 본다. 기능주의 이론은 사적이고 자발적인 비정치적 그룹을 통합의 주요한 행위자로 바라보나, 신기능주의는 공적이고 정치적인 집단과 관료집단을 통합의 주된 행위자로 본다. 즉, 신기능주의는 기술적 통합과 정치적 통합 사이에 매개변수로서 단순한 전문기술자가 아닌 통합에 의해 그들의 이익이 영향을 받게 되는 압력단체, 정당, 정부기관 등의 민간 엘리트와 관료 엘리트들의 명분 아닌 실리에 기초한 의도적인 정치적 선택(political choice)이 개재된다는 것이다. 신기능주의는 이처럼 이들 행위자들이 의사결정에 참여하여 논의하는 소위 정치화 과정(politicization process)을 강조한다.

신기능주의의 서유럽에 있어서의 통합전략은 기술적인 문제를 다루기 위한 국제기구의 창설과 더불어 시작된다. 이러한 국제기구는 자기중심적 이익에 의해 움직이며 사적·비정치적 부문이 아닌 공적·정치적인 부문을 대표하는 유로크래트(Eurocrats)를 국제적으로 조직화하고 이들을 점차적으로 관여시켜 더 이상의 통합에 대한 지지를 이끌어냄으로써 궁극적으로 정치적인 통합으로 이어지도록 한다.[25] 이처럼 신기능주의에 있어서 통합이란 유로크래트의 확신을 갖는 욕구(convinced desire)에 의존한다고 보아, 신기능주의적 국제기구는 유로크래트의 관심과 공감을 얻을 수 있는 프로그램을 가지고 있어야 한다.

미트라니의 기능주의는 세계적 규모로 조직된 국제기구와 회원국의 보편성을 강조하나, 하스(Ernst Haas)의 신기능주의는 지역적 규모로 조직된 국제기구와 회원국의 지역성을 강조한다는 점에서 차이가 존재한다. 신기능주의의 특징을 간단히 요약하면 다음과 같다.

첫째, 정치로부터 기술적인 업무를 그리고 권력으로부터 복지를 분리할 수 없다고 본다. 둘째, 통합을 위해 정치 엘리트의 역할을 부각시키며 엘리트의 의식적 통합 노력을 강조한다. 셋째, 정부를 거치지 않고 기술을 통한 통합을 주장하는 기능주의 입장과 대조를 이룬다. 넷째, 국제기구의 창설을 의도적으로 조장하여 통합수단으로 사용한다. 즉, 통합은 국가간에 사전에 어떤 제한된 분야에서나마 초국가적인 기구의 설치에 의해 시작되어야 한다.

(2) 연구의 중점

기능주의와 신기능주의는 왜 주권국가가 국제기구를 창설하고 이에 가입하며 그 결과는 무엇인가에 주요한 연구의 중점을 둔다. 따라서 이들 이론들은 모든 국제기구는 아니지만 많은 국제기구가 왜 창설되며 어떻게 성장하는가에 대한 부분적인 설명을 제공한다.

---

25) 유로크래트(Eurocrats)란 유럽의 정치 엘리트와 이익단체들을 의미한다.

기능주의 이론은 왜 정부간기구(IGO)가 창설되고 국가들이 이에 가입하는가에 대해, 국가 내부에 있어서의 정치참여의 확대와 심화 그리고 지속적인 기술의 발달을 그 이유로 제시하고 있다.

생활수준의 향상에 주된 관심을 두는 대중들이 정치에 참여함으로써 정부는 경제복지(economic welfare)의 향상을 주된 과제로서 다루어야 한다. 기술이 이러한 경제적인 복지를 향상시킬 수 있는 강력한 수단이 되며, 국가간 협력이 이러한 기술이 제공하는 기회를 국가들로 하여금 최대한 이용할 수 있도록 한다. 국제기구란 바로 이러한 국가간 협력을 위해 창설된다고 본다.

제이콥슨 등은 기능주의가 정부간기구의 창설과 성장에 대해 일반적인 설명을 제공하는 것은 사실이나, 인류의 대량학살을 초래한 전쟁과 탈식민지화(decolonization)의 여파 속에서 새로운 질서를 창출하기 위한 노력 역시 국제기구의 창설과 성장에 중요한 역할을 했다고 본다. 또한 국가 내부에 있어서의 발전, 즉 사회문제에의 정부의 주목 역시 중요한 요인으로 보고자 한다.[26]

기능주의 이론은 국제기구 가운데 국제연맹(LN)과 국제연합(UN)처럼 안보가 동인이 되어 창설된 국제기구들에 대해서는 적절한 설명을 제공하지 못하는 한계를 가진다. 또한 유럽 이외의 지역에서 통합의 진전이 제대로 이루어지고 있지 않은 현상 등을 적절하게 설명하지 못하여, 정치적 신뢰가 기능적 협력의 전제조건이라는 반론에 직면하기도 한다.

7. 상호의존론

(1) 특 징

상호의존론은 현대의 국제체제의 특징을 복합적 상호의존(complex interdependence)으로 보고, 이러한 상호의존 속에서 개개 국가들은 다양한 쟁역

---

26) Harold K. Jacobson, William M. Reisinger and Todd Mathers, "National Entanglements in International Governmental Organizations," *American Political Science Review*, Vol. 80, No. 1 (March, 1986), pp. 141-159.

에 걸쳐 정책협조를 하는 것이 상호 이익이 되며, 이러한 정책협조의 증대는 이것을 유지할 제도를 필요로 한다고 본다.

상호의존론은 이러한 상호의존의 제도화에 주목하여 이의 분석을 위해 「제도화된 집단적인 행태(institutionalized collective behavior)」 혹은 「명시적인 조직을 수반할 수도 그렇지 않을 수도 있는 기대하는 바가 수렴하는 인정된 패턴(recognized patterns around which expectations converge, which may or may not be accompanied by explicit organizational arrangements)」이라고 정의되는 「국제레짐(international regime)」이라는 개념을 도입했다. 이 개념이 나중에 국제레짐론에 의해 본격적으로 논의되면서 연구의 중심이 국제기구에서 국제레짐으로 기우는 계기가 되었다.

상호의존론은 복합적인 상호의존을 특징으로 하는 국제체제에서 이러한 국제레짐의 형성에 국가 이외의 행위자로서 국제기구의 역할이 중요해진다고 본다. 구체적으로 상호의존론은 국가간 그리고 국제사회간에 상호의존이 심화되면 이들 사이에 군사력을 사용할 가능성이 적어지고, 이에 따라 군사력이 아닌 다른 영향력의 수단으로서 국제기구가 중요한 역할을 한다고 인식한다. 또한 국가간 그리고 국가사회간의 상호의존이 심화되면, 이러한 상호의존 관계에 질서를 부여할 필요가 커지며 이를 위해 국제기구가 중요한 역할을 한다고 인식한다.

상호의존론을 제시한 코헤인과 나이는 전통적으로 정의되어 온 공식적이고 지속적인 구조를 갖고 있는 물적 실체라는 국제기구 정의로부터 탈피하여, 국제기구를 「공식적인 제도와 관계있는 정부간 그리고 초정부간 연계망의 군집(clusters of intergovernmental and transgovernmental networks associated with the formal institutions)」이라고 정의하고자 했다.[27]

(2) 연구의 중점

상호의존론은 상호의존을 특징으로 하는 국제체제에서 국제적인 결과와

27) Robert O. Keohane and Joseph S. Nye, *Power and Interdependence: World Politics in Transition* (Boston: Little Brown, 1977), p. 240.

국제레짐의 형성에 국제기구가 어떠한 영향을 미치는가에 기본적인 관심을 둔다.

이러한 관심하에 상호의존론은 국제기구에서 강대국의 이익이 약소국의 이익을 유린하는 것이 아니라, 오히려 국제기구는 협력을 유도하며 약소국의 정치적 행동의 무대가 됨으로써 약소국이 이익을 얻는다는 주장을 제기했다. 즉, 군사적인 힘이 차지하는 비중이 작아짐에 따라 강대국에 있어서 이슈간의 연계가 더 어렵게 되는 반면에, 약소국들은 제휴하고 표를 동원하는 등의 방법을 통해 국제기구를 자신들을 위한 정치활동의 무대로 이용할 수 있다고 보았다.

상호의존론은 비정부기구(NGO)와 비정부간국제기구(INGO)를 위시한 비국가적 행위자(non-state actors)가 중앙정부로부터 통제를 받지 않고 국경을 넘어 정부간기구(IGO)의 의사결정에 영향력을 미치고 있는 것에 주목하고, 구체적으로 어떠한 영향을 미치는가에 연구의 중점을 둔다.

구체적으로 주권국가와 독립적인 관계에 있는 비정부기구와 비정부간국제기구가 정부간기구의 의사결정 과정에 독립된 역할을 행하며 영향력을 행사한다. 이들 비국가적 행위자들이 정부간기구와 직접 상호작용하거나 나아가 이들과 연합을 형성함으로써 자신의 자율성을 행사하고, 이로써 주권국가의 자율성을 제한하는 비국가적 행위자로서의 역할을 하는 것에 연구의 중점을 둔다. 이처럼 상호의존론이 비국가적 행위자의 국제정치에 있어서의 역할에 주목함으로써 국가만이 유일한 지배적인 행위자라는 현실주의의 가설을 완화시켰다.

상호의존론은 국가간 상호의존의 증가에 따라 전통적으로 국내 일에 주된 관심을 갖고 있던 일국 내의 개개 정부기관이 점차적으로 국제기구를 비롯하여 상응하는 외국의 정부기관 등을 포함한 다양한 국제적인 행위자(international actors)와 직접적인 접촉, 상호작용, 연합 등을 통해 중앙정부의 통제에서 일정한 정도 벗어나 자율성을 행사하는 것에도 주목한다.

이러한 주목하에 상호의존론은 이들 정부기관들이 중앙정부의 대외기관을 거치지 않고 유관한 국제기구와 직접 접촉하거나 상호작용을 하고 연합을 형성함으로써 국가이익의 일관된 추구를 제한하는 현상에 연구의 중점을 둔다.

상호의존론은 동일한 국가에 속해 있는 정부기관의 대표들이, 자신들이 소속되어 있는 정부기관의 이해관계에 따라, 단일의 국제기구에서 동일한 이슈에 대해 제각기 다른 의견을 제시하는 현상과 국제기구 내에서 이해관계를 같이하는 각국의 정부기관들 사이에 전개되는 초정부적 연합의 수립(transgovernmental coalition-building) 등에 연구의 중점을 둔다.[28)]

이처럼 상호의존론은 중앙정부의 통제에서 어느 정도 벗어나 자율성을 행사하는 정부기관을 국제정치에 있어서 중요한 행위자로 간주함으로써, 국가란 더 이상 하나의 통일된 목소리를 내는 통합된 행위자(unified actor)가 아닌 분절된 행위자(fragmented actor)로 구성되어 있다고 인식한다. 이러한 인식은 국가란 통합된 행위자라는 현실주의 가정을 완화한 것이다.

상호의존론은 국제기구를 단순히 국가에 의해 설립된 국가에 순종하는 도구로 보지 않고 정부의 통제를 벗어나 제한적 의미이긴 하나 자율성을 갖는 행위자로 본다. 이러한 자율성을 국가 관료조직의 분절화의 맥락에서 이해하고자 한다.

구체적으로 상호의존론은 국내 관료조직의 분절화가 국제기구로 하여금 관련된 개개 정부 관료부서와 명시적 혹은 묵시적인 연합을 형성하기에 좋은 상황을 제공함으로써 국제기구의 자율성을 증가시킴을 지적하고 있다.[29)] 자율적인 혹은 준자율적인 국제기구란 국제적인 수준에서의 개개 정부의 부서이익의 투영의 결과물로 보고 있다.[30)] 국내 관료조직의 분절화 현상은 또한 국제연합체제를 중앙집중화시키려는 다양한 시도에 국제기구들이 저항할 수 있게 해준다고 본다.[31)]

---

28) 예를 들어 유럽연합(EU)에서 각국으로부터 온 모든 농무장관들이 연합하여 모든 재무장관들의 연합과 대응하는 등의 현상에서 보듯이, 개개 국가에서 특정 문제의 책임을 맡고 있는 각기 다른 국가로부터의 정부 관료들이 다른 문제의 책임을 맡고 있는 그들과 동일한 정부의 동료들에 대항하여 연합을 결성하는 것에 주목한다 (Peter Willetts, “Transaction, Networks and Systems,” in A. J. R. Groom and Paul Taylor, eds., *Frameworks for International Co-operation* (New York: St. Martin's Press, 1990), p. 265).

29) Robert O. Keohane and Joseph S. Nye, “Transgovernmental Relations and International Organizations,” *World Politics*, Vol. 27, No. 1 (October 1974), pp. 42, 52.

30) Brian Urquhart, “The U.N.'s Crucial Choice,” *Foreign Policy*, No. 84 (Fall 1991), p. 161.

31) Lawrence S. Finkelstein, “The Struggle to Control UNESCO,” in David P. Forsythe, ed., *The United Nations in the World Political Economy* (London: Macmillan, 1992), p. 8.

8. 국제레짐론

(1) 특 징

상호의존의 시대에는 문제영역마다 국제적 결과(international outcome)로서 국가들 사이에 제도화된 상호작용의 패턴, 즉 국제레짐(international regime)이 존재한다는 인식이 1970년대 후반 상호의존론(interdependence theory)에 의해 제기된 이래, 국제레짐론이 활성화되기 시작했다.

국제레짐에 대한 상호의존론의 이러한 인식은 1980년대에 들어서 국제레짐이란 무정부성을 특징으로 하는 국제체제에서 국제공동체로 하여금 질서를 유지하도록 하고 다양한 문제를 극복하도록 돕는 존재로서 그 인식이 확대되었다. 또한 「국제관계의 특정 영역에 있어서 행위자들의 기대하는 바가 수렴하는 일련의 묵시적 혹은 명시적인 원칙, 규범, 규칙, 의사결정절차」라고 하는 국제레짐에 대한 크라즈너(Stephen D. Krasner)의 정의가 일반화된 가운데 각종 비안보 문제영역(non-security issue area)에 적용되기에 이르렀으며 이로써 국제질서에 대한 분권적인 접근이 본격화되었다.

국제레짐 가운데 어떤 것은 공식적인 국제기구를 가지고 있고 어떤 것은 공식적인 국제기구 없이 운용된다. 그러나 이러한 국제레짐으로의 관심의 이동은 전통적으로 있어 왔던 국제기구에 대한 관심과 이해를 「국제적 관리(international governance)」라고 하는 보다 광범위한 것에 대한 관심과 이해로 대체시킴으로써, 이제까지 행해져 온 국제기구 연구를 약화시키고 나아가 국제기구의 정체성의 위기(identity crisis)까지 야기하기에 이르렀다.[32]

32) 국제기구의 중요성 일반과 국제기구의 중요성의 쇠퇴에 관한 글은 다음을 참조하시오 (Jon McLin, "Surrogate International Organization and the Case of World Food Security, 1949-1969" *International Organization*, Vol. 33, No. 1 (Winter, 1979), pp. 35-55).

(2) 연구의 중점

전통적으로 국제기구 연구는 국제기구의 설립헌장과 조직에 대한 법적·제도적 연구라는 정태적인 연구로부터 시작하여 국제기구에 있어서의 의사결정 과정과 같은 동태적인 연구로 방향을 옮겨가면서, 연구의 주된 초점을 국제기구의 성과(performance), 즉 주어진 과업을 얼마나 효율적으로 수행했는가에 두었다.

국제레짐론이 등장하면서 연구의 중점이 국제기구가 아닌 국제레짐과 같은 국제제도(international institution)가 어떻게 창출되고 유지되며, 왜 그리고 어떻게 변화하고, 그리고 이러한 국제레짐이 국제적인 결과(international outcome)에 어떠한 영향을 미치는가로 전환되었다.[33] 국제레짐론에 의한 연구중심의 이동은 국제기구 연구의 필요성에 대한 논쟁을 유발했다.

우선 국제기구에 대한 전통적인 연구의 중요성을 강조하는 입장은 계서적이고 관료적인 구조(hierarchical and bureaucratic structures)가 합리적 경영을 위한 효율성을 증진시킨다고 보고, 공식적인 구조를 갖는 기구(formal organizations)가 조직화의 다른 형태(other organizational forms)를 대체할 것이라는 것을 강조했다. 유사한 맥락에서 국제질서를 국제관계의 계서적인 조직화의 결과로 보면서, 국제체제에서 계서적이고 중앙집권화된 제도(hierarchical and centralized institutions)가 국제협력과 평화를 촉진할 것이라고 기대했다.

국제레짐론에 동조하는 입장은 계서적인 기구(hierarchical organizations)가 사회질서를 창출하는 가장 효율적인 조직의 형태(organizational form)일 필요는 없다고 주장했다. 예컨대 코니베어(John Conybeare)는 국제체제의 문제들

33) 그렇다고 초기 국제레짐 이론가들이 국제기구를 완전히 무시한 것은 결코 아니다. 이들은 비록 국제기구와 국제레짐의 존재를 동일시하지는 않았지만 국제레짐의 창출과 유지에 있어서의 국제기구의 역할에도 관심을 두었다. 국제기구 자체가 국제레짐을 구성하고 있는 요소는 아니지만 국제기구의 헌장은 국제레짐(원칙, 규범, 규칙, 의사결정과정)을 포함하고 있으며 국제기구의 의사결정 과정은 새로운 규범과 규칙의 창출, 규칙의 집행과 분쟁의 해결, 공공재의 공급, 운용활동의 지원을 위해 회원국들에 의해 이용될 수 있다는 사실을 무시하지 않았다 (Margaret P. Karns and Karen A Mingst, *International Organizations: The politics and Processes of Global Governance* (Boulder and London: Lynne Rienner Publishers, 2004), pp. 42-43)

에 대한 몇몇 분권적인 해결방식을 초국가적인 관료조직의 형성을 통한 문제해결 방식과 구별하고, 마약문제로부터 공해문제에 이르는 많은 국제문제들이 계서적인 국제기구의 형태를 창출하지 않고도 만족스럽게 해결될 수 있다고 주장했다.[34]

이러한 상반된 주장에 대한 절충적인 입장으로서 국제레짐 연구의 중요성을 인정함과 동시에 국제레짐론이 경시하는 국제레짐이 갖는 조직의 특징(organizational features)에 대한 연구의 필요성이 제시되었다. 이를 통해 명시적 혹은 묵시적인 규범으로 구성된 국제레짐과 공식적인 관료적 구조를 가지고 있는 국제기구와의 연관이 중요하다는 인식이 강화되었다. 이러한 인식의 강화는 국제연합과 같은 다목적 기구(multi-purpose)와 국제노동기구(ILO)나 세계보건기구(WHO)와 같은 기능적 국제기구의 수가 크게 증가하고 있는 것을 무시하기 어려운 현실의 반영이라고 볼 수 있다.

이러한 입장은 어떠한 조직의 형태(organizational form)가 국제레짐을 가장 잘 지탱할 수 있을까에 관한 중요한 이슈들을 제기함으로써, 국제레짐의 효율성을 확보하기 위한 조직 디자인(organizational design)에 관한 연구에 관심을 돌리도록 했다.

9. 신자유주의 제도주의론(신자유주의론)[35]

(1) 특 징

코헤인(Robert O. Keohane)은 1984년에 출간된 「패권 이후(After Hegemony)」

---

34) John A. Conybeare, "International Organization and the Theory of Property Rights,"in Friedrich Kratochwil and Edward D. Mansfield, eds., *International Organization: A Reader* (New York: Harper Collins College Publishers, 1994), pp. 159-174. 조직사회론과 같은 조직에 관한 사회학적 접근은 계서적인 조직이 효율성을 증대시킬 수 있는가의 여부는 조직이 면하고 있는 환경과 조직이 지니고 있는 구조가 어느 정도 적절한가에 달려 있다고 보았다.

35) 국제레짐론과 신자유주의론을 구별하지 않는 경우가 많으나 여기에서는 이들을 구별하고자 한다. 국제레짐론이 국제제도 중 국제레짐에 집중하는 것과는 달리, 신자유주의론은 국제레짐뿐만 아니라 국제기구까지도 포함하는 포괄적인 국제제도에 관심을 가지는 차이점이 존재하기 때문이다

라는 책에서 패권 이후의 국가간 협력문제에 관심을 두고, 앞서 언급한 국제레짐 개념과 더불어 정부간기구(IGO)와 비정부간국제기구(INGO)를 포함하는 국제기구, 상호주의(reciprocity)처럼 국제레짐과 같은 기능을 하는 비공식적 국제규범을 국제제도(international institutions)로 총칭하면서 신자유주의 제도주의론(간단히 신자유주의론)을 성립시켰다.[36]

1980년대 말 독일의 통일과 더불어 시작되고 소련의 붕괴로 본격화된 냉전의 종식과 유럽통합의 진전은 신자유주의론에 대한 관심을 증대시켰고, 과거 비안보적 문제영역(non-security issue area)에 국한되었던 신자유주의론의 분석대상을 안보 문제영역(security issue area)으로까지 확장시키는 중요한 계기가 되었다. 이러한 경향은 탈냉전기에 접어들어 민주주의라는 제도와 평화의 상관관계를 밝히고자 활발하게 논의를 전개하고 있는 민주평화론(Democratic Peace Theory: DPT)에서도 잘 드러난다.

신자유주의론은 국제기구를 포함한 국제제도가 거래비용(transaction cost)을 줄이고, 정보의 비대칭성을 완화시키며, 준법률적인 틀(quasi-legal framework)을 제공함으로써 국가간 협력에 중요한 역할을 한다고 본다. 신자유주의론에 있어서 국제기구를 포함한 국제제도가 중요한 역할을 하지만, 국가로부터의 자율적인 행위자로서 이러한 역할을 한다고 보는 것이 아니라 국가의 행태에 대한 구조적인 제약(structural constraints)으로서만 중요한 역할을 한다고 본다. 즉, 국가가 항상 국제기구를 포함한 국제제도에 의해 고도로 구속을 받는 것이 아니라, 국가의 행동이 상당한 정도로 현재의 지배적인 제도에 의존한다는 의미이다.

(2) 연구의 중점

무정부 상태가 비록 국가들로 하여금 기꺼이 협력하려는 것을 제약하기는 하나 국제제도의 도움으로 국가 사이의 협력이 가능하다는 신자유주의론의

36) 이는 코헤인이 국제제도를 정의함에 있어서 국제레짐, 국제기구, 관습을 모두 포함하는 것으로 정의한 것과 일치한다: Robert O. Keohane, *After Hegemony: Cooperation and Discord in the World Political Economy* (Princeton, NJ.: Princeton University Press, 1984).

핵심 주장에서 잘 알 수 있듯이, 신자유주의론은 국제제도가 국제적인 결과에 미치는 영향에 연구의 중점을 둔다. 구체적으로 말해, 신자유주의론은 국가들이 서로간에 의사소통을 하고 협력을 할 수 있는 능력은 인간이 만든 제도에 달려 있는데, 이러한 제도는 역사와 이슈에 따라서 그 성질과 강도가 다르다고 보고 국제정치의 제도화에 있어서의 변이(variation)가 국가행동에 중요한 영향을 미친다는 것에 주요 관심을 둔다.[37]

신자유주의론은 국제제도가 국제적인 결과에 미치는 영향과 더불어 이러한 국제제도의 형성에 영향을 미치는 요인들에 대한 연구에도 집중한다. 국가간의 협력이 일어나는 조건을 이해하기 위해서는 장기간에 걸쳐 협력의 패턴을 반영하는 국제제도가 어떻게 작동하는가를 파악하는 것도 중요하지만, 어떤 조건하에서 국제제도가 발생하고 유지되며 또 변화하는가를 이해하는 것이 필요하다고 생각하기 때문이다.

10. 전지구적 관리론(global governance theory)

(1) 특 징

「전지구적 관리(global governance)」란 개념에 대해 일치된 정의가 존재하지 않지만, 일반적으로 세계화의 진전과 급속한 기술의 발전 속에서 아직 어떠한 방식인가가 구체화된 것은 없으나, 주권적인 권위(sovereign authority)가 부재한 가운데 국경을 넘어 정부 행위자와 비정부적 행위자들이 국제사회의 문제를 다루어나가는 협력적인 방식들의 총합을 일컫는다.[38] 이러한 의미와 더불어 이들 행위자들이 세계의 문제들을 다루어 나가는 데 있어서 상충하는 혹은 다양한 이해관계가 조정되기도 하고 협력이 행해지기도 하는

---

37) Robert O. Keohane, *International Institutions and State Power: Essays in International Relations Theory* (Boulder, San Francisco, and London: Westview Press, 1989), p. 2.

38) 「global governance」라는 용어를 어떻게 우리말로 번역하여야 할 것인가에 대해 일치된 견해가 없다. 영어를 그대로 우리말로 발음하여 「글로벌 거버넌스」라고 부르는 경우도 많으나, 여기에서는 「전지구적 관리」라고 번역하여 부르고자 한다.

지속적인 과정을 의미하기도 한다.

이러한 전지구적 관리는 공식적인 방식에 의해 이루어지기도 하고 비공식적인 방식에 의해 이루어지기도 한다. 구체적으로 국제레짐(international regimes)과 이들의 준수여부를 감시하기 위한 공식적인 조직(formal organization)에 의해 이루어지기도 하고, 비공식적인 제도를 포함하기도 한다. 이러한 전지구적 관리라는 관점이 등장하게 된 배경을 살펴보면 다음과 같다.

과학과 기술의 발전은 교통과 통신의 발전을 가져와 국가간의 지리적인 거리를 좁히면서 국가의 경계를 뛰어 넘은 교류의 폭발적인 활성화를 가져왔다. 그 결과 마약의 밀거래나 돈세탁과 같은 범죄, 에이즈와 같은 질병, 체르노빌 원자력발전소의 방사능 누출과 같은 환경재앙, 인구문제, 빈곤문제, 이민의 문제, 국경을 넘나드는 투기성 자본의 이동 등과 같은 문제들이 특정 국가 내의 문제로 머무르지 않고 다른 국가의 국경을 침투하여 영향을 미침으로써 일국의 노력만으로는 해결되기 어렵게 되었다. 이처럼 이슈 자체가 국경을 넘어 전개됨으로써 특정 영토에 묶여 있는 주권국가들만으로는 이러한 문제들을 해결하는 것이 점차적으로 어렵게 되어갔다.

이러한 상황에 직면하여 주권국가들은 하나의 국가만으로는 해결할 수 없는 문제들과 해결능력을 여전히 가지고 있지만 효율성이 떨어지는 문제들을 자신들의 정부대표들로 구성되어 있는 정부간기구(IGO)에 떠맡겨 국가들 사이의 협력과 조정을 통해 해결하려는 경향을 보였다. 그 결과 많은 정부간기구의 영향력이 확대되고 초국가적 권위를 갖게 되었다. 이러한 방식, 즉 주권국가와 정부간기구가 중심이 되어 국제문제를 해결하여 나가는 방식이나 과정을 「국제적 관리(international governance)」라고 부를 수 있다.[39]

그러나 정부간기구가 회원국의 자율성을 제한하기 때문에, 주권국가들은 국제문제의 해결을 위해 정부간기구의 능력을 인정하여 정부간기구로 하여금 자율성과 중심성을 더하도록 허용하는 한편, 정부간기구의 권능이 지나치

39) 정부대표들이 정부간기구 밖이나 정부간기구를 통해 국제문제의 해결을 위해 이제까지 나름대로의 중요한 역할을 해왔다. 이러한 종류의 국제문제 해결방식을 「전지구적 관리(global governance)」라는 개념과 구별하여 「국제적 관리(international governance)」라고 부를 수 있을 것이다.

게 확대되는 것을 크게 경계한다. 즉, 주권국가들은 정부간기구를 필요로 하는 동시에 이들이 자국의 이익에 반하여 원하지 않는 결정을 내릴 것에 대한 우려 때문에, 큰 권한을 주기를 꺼리게 되어 정부간기구는 근본적인 한계를 가지게 된다.

이러한 이유로 정부간기구는 제한된 권능만을 가지게 되며, 이러한 제한된 정부간기구의 권능 속에서 주권국가들은 국제사회 전체의 공익보다는 종종 자신의 국가이익을 우선시 하여 국익을 확보하기 위한 투쟁을 하게 된다. 그 결과 이러한 과정에서 힘 있는 국가의 이익이 우선시되는 경향을 다분히 보이고 있다. 추구하는 국가이익이라는 것도 자세히 들여다보면 자국민 전체의 보편적인 이익이라기보다는 특정 집단의 편협한 이익인 경우들이 많다.[40)]

정부와 정부간기구가 중심이 된 전통적인 국제문제 해결 방식인 국제적 관리의 이러한 한계에 대해 조직적인 비판이 지속적으로 가해지고 있다. 동시에 비정부기구를 위시한 다양한 비국가적 행위자들이 국제문제의 성격에 따라 그 조합을 달리하면서 다양한 형태로 국제문제의 해결에 관여하고 있다.

이처럼 국제문제에 있어서 전통적인 행위자인 주권국가와 정부간기구가 해결의 주체로서의 한계를 노정하고 비정부기구와 같은 비국가적 행위자들의 역할이 강화되고 있는 상황에서, 세계가 어떻게 정치적으로 작동하고 전지구적인 문제들이 어떻게 다루어지고 있는가를 설명하는 하나의 개념적인 접근법(conceptual approach)이 필요하게 되었다. 이러한 맥락에서 전지구적 관리의 논의 필요성이 등장하게 되었던 것이다.

이러한 전지구적 관리라는 개념적 접근법은 중앙정부의 부재 속에서 나름대로의 국제사회의 질서의 창출과 이러한 질서의 유지를 설명하는 데에 다양한 행위자들을 종합적으로 살펴보고자 한다는 점에서 이전의 이론들이나 개념적 접근법들과 구별된다고 볼 수 있다. 국제레짐론과 신자유주의론도 무정부적인 국제사회에서의 질서라는 문제에 관심을 두고 있다는 점에서 전

---

40) 이러한 이유 때문에 보다 넓은 범위의 보편적인 이익을 추구하는 NGO들을 필요로 하게 되었다.

지구적 관리와 크게 다르지 않으나, 이들 이론들은 비국가적 행위자를 포함하지 않는 국제적 관리의 성격을 가진다는 점에서 차이가 있다.

(2) 연구의 중점

전지구적인 관리란 원래 가치중립적인 개념으로서 앞서 언급한 것처럼 전지구적인 문제에 대한 전지구적인 대응의 다양한 방식 혹은 과정을 의미한다.

국내수준에서는 점차적으로 많은 수의 국가에서 정부, 정당, 비정부기구, 기업 등을 포함하는 민주적인 제도적 장치를 통해 많은 문제들이 다루어져 왔는데 반해, 전지구적 차원에서는 「전지구적 공공정책 연계망(Global Public Policy Network: GPPN)」과 같은 경우를 제외하고는 제도화된 협력관계가 이루어지지 않고 있다. 즉, 국제사회에서는 다양한 행위자들의 참여하에 전지구적인 문제들이 다루어지는 제도가 거의 정착되어 있지 않기 때문에 새로운 문제가 등장할 때마다 문제의 논의를 위한 틀이 새롭게 협상되어야만 하는 것이 현실이다.

이 때문에 전지구적 관리론은 개념이 제대로 정립되어 있지 않은 채, 국제사회의 문제와 관련하여 다양한 정부 행위자와 더불어 다양한 비정부적 행위자들이 관여한다는 원론적인 논의에서 크게 벗어나지 않고 있다. 이러한 현실 속에서 나음과 같은 것들이 중요한 연구의 중점이 되고 있다.

1) 정부, 정부간기구, 비정부기구, 기업의 협력요인[41)]

전지구적 관리의 논의에서 가장 중요한 것은 전지구적 관리의 주요한 행위자인 정부, 정부간기구, 비정부기구, 기업 등이 협력관계를 설정하게 되는

41) Statement by Richard H. Stanley, President, The Stanley Foundation, at the Opening of "The United Nations and Civil Society: The Role of NGOs," 30th United Nations Conference, February 19, 1999. Quoted in The United Nations and Civil Society: The Role of NGOs: 30th United Nations Issues Conference 1999 (Muscatine, Iowa: Stanley Foundation, 1999), p. 7.

요인으로서 이들의 지닌 강점과 약점에 대한 논의이다.이들은 나름의 강점과 약점을 보유하고 있기 때문에 이들 사이의 관계란 상호 보완적일 수 있으며 어떤 행위자도 다른 행위자를 전적으로 대체하는 관계가 되기 어렵다.

우선 정부는 여러 행위자 중 유일하게 강제할 수 있는 권위와 힘을 보유하고 있으면서 그들의 관할권 내에 있는 사람들에게 세금을 부과할 수 있으며 규제를 가할 수 있다. 정부간기구의 경우 일반적으로 민족국가 체제(nation-state system)에 기초하고 있음으로써 회원국가의 동의와 지원하에 의사결정을 하고 행동을 취한다. 이들 정부나 정부대표들로 구성된 정부간기구는 안정성, 지속성, 그리고 권위라는 장점을 보유하고 있다. 그러나 이들은 모두 관료적이 되기 쉽고, 행동을 취하는데 더디며, 현상유지적인 성향을 갖는 약점을 보유하고 있다. 따라서 변화하는 환경과 사람들의 필요에 더디게 반응하거나 반응하지 못하는 경우가 종종 발생하게 된다.

기업은 변화하는 경제상황이 제공하는 기회와 도전에 빠르게 대응한다. 구체적으로 기업들은 변화하는 고객의 필요와 고객이 바라는 바의 것에 신속하게 대응하는 데에 유능하다. 또한 이러한 목적을 위해 자원을 신속하게 배분하는 데에 능숙하다. 그러나 규제되지 않은 기업들은 경제적인 이득의 분배적인 측면에 취약하다. 기업들은 화폐로 산정될 수 있는 요인에 대해서는 반응을 하나 그렇지 않은 요인들은 무시하는 성향을 지니고 있다. 사회에 최대한 이로운 존재가 되기 위해서 기업들은 독점금지, 환경보호, 노동자 보호 등과 같은 분야에서 정부나 정부간기구에 의해 규제되어야만 한다.

비정부기구들은 정보를 수집하고 배분하는 데에 커다란 강점을 가지고 있다. 이들은 이슈들에 관심을 집중하고 이러한 이슈들의 해결을 위한 아이디어를 도출하는 데 효과적이다. 또한 공동의 가치를 구축하고 자각(awareness)을 고양시킬 수 있다. 나아가 이들은 대의(cause)와 아이디어 그리고 이슈를 둘러싸고 제휴를 촉진하며, 사람과 아이디어의 자유로운 흐름을 고무한다. 그러나 이들은 위에서 언급한 행위자들과 비교하여 조직화가 가장 덜 되어 있으며 조직화된 의사결정 과정을 가지고 있지 않다. 이들은 일정한 구성원들을 대변한다고 주장할 수 있지만, 관리(governance)를 행사할 수 있는 외부적으로 정의된 구성원을 가지고 있다는 의미의 대표성을 주장할 수는 없다.[42)]

2) 바람직한 전지구적 관리

많은 경우에 있어 전지구적인 관리가 제도적인 뒷받침 없이 산발적으로 전개되는 상황으로 인해 전지구적 관리에 대한 논의는 현실에 기초를 둔 논의보다 규범적인 논의에 기우는 경향을 보인다. 즉, 어떠한 행위자들이 과연 어떠한 자격들을 가지고 어떠한 방식으로 관리를 하는가의 현실에 대한 논의보다는 당위적인 논의에 연구의 중점이 놓인다.

다양한 전지구적 관리의 형태 중에서도 바람직한 전지구적 관리(good global governance)의 형태가 존재하기 마련이라는 인식하에 과연 어떤 형태의 것이 바람직한 전지구적 관리인가에 대한 논의가 이루어지고 있다. 구체적인 형태에 앞서 바람직한 전지구적 관리가 기초를 두어야 할 원칙에 대해 논의가 전개되고 있다.

많은 학자들이 다양한 원칙들을 제시하고 있지만, 공통적으로 언급되고 있는 원칙들이 있다. 이러한 원칙들에는 민주성(democracy), 정통성(legitimacy), 효과성(effectiveness), 책임성(accountability), 투명성(transparency) 등이 포함된다. 그러나 이러한 원칙들을 전지구적 관리에 구체화시키는 데는 많은 어려움이 따른다. 민주성을 그 한 예로 들어 설명해 보자.[43)]

전통적인 국제적 관리의 주체인 정부간기구의 비민주성이 주요한 비판의 대상이 되어 오고 있다. 예컨대 출자금의 비율에 따른 가중표결제(weighted voting system)를 채택하고 있는 국제통화기금(IMF)이나 세계은행(IBRD)과 같은 정부간기구는 미국을 비롯한 소수의 선진국들에 의해 의사결정이 지배되는 대표적인 정부간기구로서 많은 개도국들에 의해 민주성의 결여를 비판받고 있다. 이러한 비민주성을 극복하기 위해 각 주권국가들이 동일한 발언권을 가지고 참여하는 전지구적 관리의 현실성과 실효성에 의문이 제기된다.

국제연합 총회가 일국일표제를 채택함으로써 주권국가들의 형식적인 평등

42) 전지구적 관리론과 관련하여 문제점의 하나로서 지적할 수 있는 것은 정부, 정부간기구, 비정부기구, 기업 이외에 국제사회에서 중요한 행위자로서 부상하고 있는 지방정부(지방자치단체)가 포함되어 있지 않다는 점이다.

43) 보다 자세한 논의는 다음을 참조하시오: Reginald Dale, *A New Debate on 'Global Governance'* (http://www.iht.com/IHT/RD/00/rd072500.html)

이 확보되었지만, 총회의 의사결정은 법적 의무를 수반하지 못하고 권고(recommendation)에 그치고 있는 현실을 생각해 볼 필요가 있다. 의사결정 과정이 민주화될 경우 전지구적 관리는 국제연합 총회처럼 비효율적인 의사결정으로서 어떠한 심각한 문제도 해결할 수 없는 것으로 전락하고 말 것이라는 우려가 제기된다.

전지구적 관리에 관심을 많이 가지고 있는 국가들 대부분은 현재의 국제문제 해결 방식에서 별로 영향력을 행사하지 못하고 있는 국가들인데 반해, 미국과 같은 강대국들은 전지구적 관리를 통한 제약을 받으려고 하지 않는다는 현실에도 주목하여야 한다.

강대국이 빠진 전지구적 관리란 별 실효성이 없을 텐데 이러한 국가들이 과연 국가이익을 거슬리면서까지 전지구적 관리에 참여할 것인가의 문제가 있다. 이는 1997년에 체결된 이산화탄소 배출량의 감축을 의무화한 교토의정서(Kyoto Protocol)에 서명했는데도 불구하고 2001년 3월 말에 국내사정을 이유로 이의 일방적인 파기를 선언한 미국의 태도가 웅변적으로 보여주고 있다.

정부간기구의 민주성을 확보하기 위해 비정부기구들을 포함시킨다고 해도, 이들 비정부기구들 중 일부는 그들이 비판하고자 하는 정부간기구들처럼 비민주적이고 일반대중의 이익이 아닌 협의의 단편적인 이익을 대변하는 것으로 그칠 수도 있다는 우려 역시 제기되고 있다.

(3) 전지구적 관리론의 예: 전지구적 공공정책 연계망

환경보호, 말라리아와 에이즈(AIDS)와 같은 질병과의 싸움, 노동기준의 제도화, 부패와의 전쟁 등 상호 연계된 국제사회에 있어서의 많은 문제들이 국가와 정부간기구를 중심으로 하는 전통적인 정치만으로는 해결될 수 없게 되었다.

이러한 상황에 대한 혁신적인 대응으로서 정부, 정부간기구, 비정부기구, 기업 등과 같은 행위자들이 함께 이러한 문제의 해결을 시도하고 있는 현상을 「전지구적 공공정책 연계망(Global Public Policy Network: GPPN)」이라는 개념으로 분석하고자 하는 시도가 있다.

라이니케(Wolfgang H. Reinicke)는 국가 및 정부간기구와 같은 전통적인 정치제도로는 세계화의 도전을 제대로 극복할 수 없다며 이들 전통적인 제도에 대한 대안으로서 전지구적 공공정책 연계망(Global Public Policy Network: GPPN)을 제시하고 있다.[44]

전지구적 공공정책 연계망이란 그 어느 행위자 하나만으로는 달성할 수 없는 것을 함께 이루기 위해 합류한 정부, 정부간기구, 기업, 그리고 비정부기구·전문적인 협회·종교집단과 같은 시민사회 요소들 사이의 느슨한 동맹체(loose alliance)를 의미하며, 현재 세계 댐위원회(World Commission on Dams: WCD), 전지구적 계약(Global Compact), 말라리아 퇴치운동, 국제농업연구 자문그룹 등을 그 예로 들 수 있다.

세계은행의 1999년도 조사에 의하면 이러한 연계망이 약 50개가 존재하는데, 이러한 연계망은 시민사회 조직들에게 좀 더 큰 목소리를 낼 수 있도록 함으로써 이제까지의 국가간 의사결정 방식이 비판받아 온 민주성의 결여 문제를 완화시킬 수 있는 전지구적 관리(global governance)의 한 유형으로 볼 수 있다. 이와 관련하여 다음과 같은 것이 중요한 연구의 중점이 되고 있다.

1) 전지구적 공공정책 연계망이 필요한 이유

냉전이 종식되고 1990년대 초부터 세계화가 심화되면서 국제제제에 있어서 효과적이고 정당한 관리(governance)를 위한 조직의 조건이 근본적으로 바뀌었다. 경제와 정치적 자유화는 기술의 혁신적인 발달과 더불어 전통적인 행위자인 국가와 정부간기구에게 국경과 부문을 뛰어넘는 문제들(cross-border and cross-sectional problems)의 효과적인 해결책을 찾도록 압박을 가

44) Wolfgang H. Reinicke, "Global Public Policy," *Foreign Affairs*, Vol. 76, No. 6 (November/December, 1997): pp. 127-138; Wolfgang H. Reinicke, "The Other World Wide Web: Global Policy Networks," *Foreign Policy*, No. 117 (Winter, 1999/2000), pp. 44-57; Thorsten Benner, Wolfgang H. Reinicke, and Jan Martin Witte, *Shaping Globalization: The Role of Global Public Policy Networks.* (http://www.gppi.net/cms/public/66332099a 66e4e02b78fe3333903cf8cShaping%20Globalization%2007082002final.pdf)

해왔다.

이와 동시에 비정부기구와 기업들은 각기 초국가적인 범주에서 그들의 활동을 효과적으로 재정비하고 국경을 넘는 연계를 가지는 등 세계화의 도전에 대응하면서 국제관계에서 점차적으로 중요한 역할을 수행해오고 있다. 이러한 결과, 국가는 이제 국제관계 영역에서 유일한 행위자가 아니게 되었으며, 국가를 중심으로 한 전통적인 정치제도 역시 이제 더 이상 효율적인 문제해결의 행위자가 될 수 없게 되었다.

이러한 상황에서 정부, 정부간기구, 비정부기구, 기업 등 각종 행위자들은 상호간의 의존을 깊이 인식하고, 국경과 부문을 뛰어 넘는 문제의 협력을 하는 전지구적 공공정책 연계망의 등장을 가져왔다. 구체적으로 전통적인 국가 중심의 문제해결 방식은 다음과 같은 이유로 더 이상 효율적인 기제(mechanism)가 될 수 없게 되었다.

첫째, 지구적 차원에서 사회적·경제적 통합이 증진되고 지구온난화(global warming) 문제에서 보듯이 어느 한 국가의 노력만으로는 해결될 수 없는 문제가 발생함으로써 공공정책의 지리적 범주가 주권국가의 국경을 넘어 확대되었다.

둘째, 기술의 발달 등으로 인해 정책상황이 급격하게 변화함으로써, 전통적인 제도들과 행위자들이 경직된 위계적인 관료 조직을 가지고 대안을 검토하고 합리적인 결정을 내리면서 이러한 변화를 따라 잡을 신속성을 갖추기가 힘들어 졌다.

셋째, 국가간 무역정책이 수립될 때 이러한 정책이 경제, 환경, 안보 등에 미치는 영향을 고려하여야 하는 것에서 보듯이, 다루어야 할 이슈들이 다면성을 가지고 있어 전통적인 제도들만으로는 새롭고 복잡한 문제들의 해결이 쉽지 않게 되었다.

넷째, 국내정치와 국제정치에 있어서 의사결정자들이 정당성(legitimacy)과 책임성(accountability)의 문제에 직면하게 되었다. 위에서 언급한 도전에 대응하면서 공공정책의 결정이 점차적으로 주권국가의 손으로부터 정부간기구나 다른 다자간 포럼으로 옮겨가게 되고, 그 결과 시민들에게 있어 정책결정과정이라는 것이 덜 투명하게 되었다. 이 때문에 투명성과 의사결정에의 접근이 정부간기구의 중요한 개혁의 과제로 등장했으며, 비정부기구들은 시민들을 대신하여 이러한 투명성과 의사결정에의 접근성을 제고시킬 수 있는 중요한 존재가 되었다. 따라서 비정부기구를 비롯한 비국가적 행위자들의 전지구적 공공정책의 수립에 참여하는 것이 전지구적 관리(global governance)에 중요한 요소가 되게 되었다.

2) 공공정책 연계망의 장점과 단점

전지구적 공공정책 연계망은 다음과 같은 장점과 단점을 지니고 있다고 평가된다.

(가) **장점**: 우선, 전지구적 공공정책 연계망은 구성원들 사이의 다양한 정보와 지식의 공유를 가능하게 하여 특정 정책이슈를 종합적으로 바라볼 수 있게 해준다. 이러한 지식과 정보의 공유를 통해 혁신적인 결과물을 도출할 수 있게 된다. 종종 이러한 연계망은 어느 한 집단도 혼자만으로는 문제를 해결할 수 없는 위기나 교착상태에 등장하며, 의사결정자들 사이에 견해 차이가 클 경우 이러한 연계망은 상충하는 관점을 드러내어 대화를 통해 합의에 이룰 수 있는 환경을 창출한다.

둘째, 연계망은 여러 유관한 집단들을 한 자리에 참여할 수 있는 기회를 제공함으로써 참여정치를 확대시킨다. 연계망의 이러한 포괄성은 정책토론에 정당성을 부여하고 모든 당사자들이 결과를 받아들일 가능성을 높인다.

셋째, 전지구적 공공정책 연계망은 여러 가지 형태를 지니면서 협력의 과정을 통해 변화와 적응을 할 수 있다. 연계망은 이처럼 진화적인 성격과 유연한 구조를 가짐으로써 성공과 실패 모두로부터 부단한 학습을 가능하게 하며 개방성을 띠게 된다. 이러한 개방성으로 인해 새로운 행위자를 융통성 있게 수용할 수 있다.

(나) **단점**: 우선 참여하는 행위자의 수가 많아질 수 있고 그 결과 경우에 따라 많은 거래비용(transaction cost)을 수반할 수 있다. 동시에 이해관계를

가지고 있는 사람들의 포함 정도가 연계망의 정당성의 중대한 요소가 된다. 따라서 행위자의 수가 많을 때 야기될 수 있는 효율성의 저하와 관련된 행위자들을 모두 포함시켜야 되는 정당성 사이의 긴장이 존재할 수 있어 적절한 주의와 개선을 필요로 한다.

둘째, 연계망을 통한 상호의존과 장기간의 상호작용은 구조적인 경직화(structural consolidation)를 초래할 수 있다. 즉, 연계망은 지나치게 형식화된 관료적 구조를 갖는 폐쇄된 작업장으로 변모할 수 있다.

셋째, 타협의 필요와 합의적 지식(consensual knowledge)을 만들어 내려는 시도로 인해 궁극적인 정책결과로서 최소한의 공통분모가 양산될 수 있다. 다부문간 연계망(multisectoral networks)에서 협상의 교착될 때 치러야 하는 비용이 크기 때문에, 관련된 행위자 어느 누구도 과정이 교착상태에 빠지는 것을 원하지 않게 된다. 그 결과 기존의 강력한 이해관계가 도전을 받지 않을 수도 있다. 동시에, 연계망의 수평적이고 비공식적인 구조와 조직원칙으로서의 합의(consensus)에의 의존으로 인해, 의사결정이 교착상태에 빠지게 되고 가장 힘이 약한 행위자에게 조차 거부권 입장을 취할 수 있는 여건을 조성한다.

3) 연계망의 종류

(가) 협상 연계망(negotiation network): 전지구적 협상 연계망은 국경을 넘는 돈세탁이나 전지구적 물관리와 같은 복잡한 문제를 둘러싸고 국제적인 표준이나 규범을 정하는 것을 촉진하기 위해 등장하는 연계망의 형태이다. 가장 전형적인 예로서 다음에 살펴볼 「세계댐위원회(World Commission on Dams: WCD)」를 들 수 있다.

(나) 조정 연계망(coordination networks): 조정 연계망은 정부, 정부간기구, 비정부기구, 기업들 사이의 지식의 수집과 교환을 촉진함으로써 공동의 목적을 찾아내고 조정된 행동전략을 발전시키는 것을 돕는다. 그 결과, 조정 연

계망은 부족한 자원의 배분을 촉진하고, 활동의 중첩을 피하도록 한다. 이에 속하는 예로서 「전지구적 물 파트너십(Global Water Partnership: GWP)」을 들 수 있는데, 이 연계망은 물관리 프로그램에 있어서 가장 좋은 실제의 예와 교훈을 수집하여 전파하기 위해 등장한 연계망이다. 즉, GWP는 취하여야 할 행동전략을 바람직하게 조정하기 위해 지방, 국가, 지역, 전지구적 수준에 있어 관련된 다양한 행위자들을 통합하는 것을 주된 목적으로 한다.

(다) 집행 연계망(implementation networks): 집행 연계망은 현존하는 국제조약의 실행을 촉구하기 위한 연계망으로서 특히 비준이 되었음에도 불구하고 여전히 제대로 실행되고 있지 않은 조약을 대상으로 한다.

4) 성공적 작동을 위한 조건

라이니케는 이러한 연계망이 합이 영이 되는 게임(zero-sum game)이 아님을 강조한다. 구체적으로 그는 연계망을 통해 권력이 정부와 정부간기구로부터 시민사회로 이전되는 것이 아니며, 전통적인 정치제도인 정부와 정부간기구들을 대체하는 것이 아니라 보완하는 것임을 강조한다.

이러한 연계망의 핵심 구성요소인 정부, 정부간기구, 비정부기구 중에서 정부간기구가 연계망을 만드는 데 가장 중요한 역할을 할 수 있다고 본다. 연계망과 관련하여 중요한 것은 연계망이 정당성을 갖고 합의에 보나 잘 이르는 등 성공적으로 작동하기 위해서 충족시켜야 할 조건이 무엇인가 살펴보는 일인데, 다음 다섯 가지를 이러한 조건으로 볼 수 있다.

첫째, 행위자들 사이에 신뢰를 형성하는 것이 무엇보다 중요하다. 따라서 신뢰형성을 위해 거래비용이 든다고 해도 관련된 행위자들 사이에 초기 단계에서 협의를 갖고 정보교환을 함으로써 행위자들의 상이한 동기, 목표, 문화 등을 이해하는 것이 중요하다. 회의(conferences)나 워크숍(workshop)은 상이한 행위자들을 어떠한 조건 없이 테이블로 불러들일 수 있는 전략의 핵심요소이다.

둘째, 연계망은 종종 느슨하고 분권적으로 조직되어 있으나 지도력

(leadership)이 존재하는 것이 연계망의 성공에 있어서 중요한 변수이다. 연계망에 있어서 지도력은 다양한 행위자들에게 동기를 부여하고 공동의 목적을 향해 이들을 동원하며 행위자들 사이의 대화를 촉진할 수 있는 능력을 필요로 한다.

지도력의 주요한 과업 가운데 하나는 새로운 형태의 협력의 여지를 만들기 위해 조직들 내부에 있어서의 기존의 충성심을 타파하고, 방해하는 연합의 형성을 저지하는 일이다. 훌륭한 지도력은 운영상의 투명성을 유지하고, 관련된 행위자를 모두 포함하며, 대화를 촉진하는 능력을 필요로 한다. 정당성이란 모든 구성요소로부터의 투입(input)을 수용함으로써 생기는 것이다.

셋째, 조직 내부의 관계뿐만 아니라 조직과 조직 사이의 관계에 있어서의 조정(coordination)을 향상시키는 것이 필요하다. 구체적으로 연계망이 성공적으로 작동하기 위해서는 상당히 다양한 조직문화를 조정하고, 다양한 이해관계를 가로질러 공동의 입장을 찾아내며, 대화를 위한 혁신적인 테크닉을 구사하는 것을 필요로 한다. 때때로 부족한 자원을 둘러싼 조직간의 경쟁이 이러한 조정에 있어 극복하기 힘든 장애로 작용하는 경우가 많다.

넷째, 모든 관련된 행위자들을 광범위하게 포괄하는 것이 연계망의 성공적인 작동에 없어서는 안 된다. 또한 연계망이 특정의 개인이나 조직에 의해 지배되는 것을 피하는 것이 무엇보다 중요하다. 좀 더 구체적으로 지위나 힘에 관계없이 초기 단계에 모든 이해관계 당사자들을 포함시키는 것이 필요하다. 또한 개도국의 행위자들이 재정적 자원과 지식자원을 획득하여 연계망에 효과적으로 참여하도록 지원하는 것을 목표로 능력배양(capacity building)이 이루어져야 한다. 더불어 국회의원과 정부기관의 대표를 포함시킴으로써 연계망을 지방과 국가의 정책토의와 기존의 정책결정 기제에 내재화시키는 것이 성공적인 작동에 중요하다.

다섯째, 연계망이 어느 한 행위자에 의해 지배되어서는 안 되는 것과 마찬가지로, 재정 면에서도 어느 한 쪽에 일방적으로 의존하지 않고 행위자 모두가 재정의 부담자가 되어야 한다. 성공적인 연계망은 다양한 기금원(funding source)에 의존하는데, 단일한 기금원에 의존하게 되면 충분한 기금이 제공되지 않을 뿐 아니라 연계망의 정당성과 대중 이미지에도 영향을 미치게 된다.

5) 전지구적 공공정책 연계망에 대한 평가

전지구적 공공정책 연계망에 따르면 국제적인 이슈를 다룸에 있어 비정부기구가 위계적이지 않은 연계망 조직에 정부 및 정부간기구와 더불어 동등한 자격으로 공공정책 이슈에 대한 의사결정에 참가하게 된다. 여기에서 기존의 논의와 다른 것은 비정부기구가 현재의 정부간기구에 참가하는 것이 아니라 연계망이라는 새로운 조직에 정부 및 정부간기구와 더불어 참가한다는 것이다. 또 다른 점은 비정부기구가 다른 행위자들과 동등한 자격으로 참가한다는 점이다.

전지구적 공공정책 연계망에 대한 논의에서 구체적인 의사결정방식에 대해 전혀 언급하지 않고 있으나, 글의 이곳저곳에서 합의(consensus)라는 말만을 자주 쓰고 있는 것으로 미루어 짐작해 보면, 표결 없는 합의를 유일한 의사결정 방식으로 수용하고 있는 것으로 보인다. 그러나 이러한 합의에 의한 의사결정은 국제연합의 의사결정 과정에서 보듯이 보건 등과 같은 문제일 경우 어느 정도 가능하나 정치적인 성격이 강한 이슈일 경우 그 한계를 갖는다고 볼 수 있다.

6) 전지구적 공공정책 연계망의 예

(가) 세계 댐위원회: 1950년대 이후 국가수준에서 혹은 국제수준에서 대규모 댐을 둘러싼 갈등이 점차적으로 첨예화되었다. 1980년대까지 지역 NGO와 사회 운동체들이 외국과 국제 NGO 등과의 연합을 결성하여 신규 대형댐의 건설을 효과적으로 막기 시작했다. 1990년대 초에 댐건설이 개발 공동체에 있어서 가장 갈등으로 점철된 이슈 중에 하나가 되었다.

댐건설을 둘러싼 비정부기구, 기업, 세계은행(IBRD)과 같은 정부간기구 사이의 갈등과 대화의 단절은 모든 당사자들에게 상당히 비용을 치르도록 했다. 댐건설업자와의 댐건설 계약은 중단되었고, NGO들은 대규모 댐건설에 반대하는 캠페인에 상당한 자원을 집중했다. 또한 세계은행은 점증하는 여론의 압력에 직면하여 댐건설과 관련된 차관을 제공하는 데에 점점 더 어려움을 겪고 있었다.

이러한 상황은 세계적인 환경 NGO인 국제자연보호연맹(IUCN-The World Conservation Union)과 세계은행의 일부 스탭들로 하여금 좀 더 포괄적인 협상의 장을 실험하도록 만들었다. 1997년 비공식 워크숍(workshop)을 통해 대규모 댐의 찬성론자와 반대론자 모두가 초기 대화를 위해 한자리에 모였으며, 이를 기반으로 하여 이로부터 1년 뒤에 세계댐위원회(World Commission on Dam: WCD)가 설립되었다. WCD는 2년간의 활동기간을 정하고 이 기간 중에 전세계적으로 대형 댐에 대한 사례연구를 통해 대형 댐의 개발에 대한 효과를 검토하고, 이러한 프로젝트를 위한 새로운 기준과 지침을 만들어 보고하도록 임무를 부여받았다.

WCD는 의장을 포함하여 애초 8명의 위원으로 구성되도록 했으며, 사무총장과 사무국이 WCD의 행정을 위한 장치로서 임명되고 설치되도록 하였다. 또한 위원회의 일을 감시하기 위해 WCD 포럼(WCD Forum)이 설립되도록 했다. 1997년의 비공식 워크숍(workshop)에서 위원들을 뽑기 위해 의장과 사무총장이 먼저 선출되었고, 뒤를 이어 처음 안과는 달리 12명의 위원이 선출되었다.

12명의 위원에는 대형 댐 건설을 격렬하게 반대해 온 비정부기구 대표로부터 물 문제를 다루는 행정부의 장관 그리고 대형 댐 건설업을 하는 다국적 기업의 대표까지 포함되었다. 사무총장을 수장으로 하여 사무국은 전세계에서 온 다양한 학문분야의 배경과 다양한 전문적인 경력을 가지고 있는 개인들로 구성되었다. WCD 포럼은 60명의 대표로 구성되었는데, 구체적으로 수자원 혹은 동력을 다루는 행정부와 대외 혹은 국제원조 기관의 대표로부터 전문적인 산업연합체(professional industry associations)의 대표와 사적부문(private sector)의 기업체, 그리고 비정부간국제기구 지도자 및 공동체에 기반을 둔 원주민 집단을 두루 포함했다.

WCD는 독립성을 위해 운용예산의 10% 이상이 특정의 한 행위자로부터 오지 않도록 했으며, 거의 1,000만 달러에 이르는 자금의 조달에 있어서 어떠한 것도 특정한 조건과 연계되어 제공되지 않도록 했다. 구체적으로 WCD의 재정은 국가 및 정부간기구와 같은 공적부문과 재단 그리고 사적부문으로부터 조달되었다.

2000년 11월에 「댐과 개발: 의사결정을 위한 새로운 틀(Dams and Development: A New Framework for Decision Making)」이라는 제하의 보고서가 발간되었는데, 이 보고서는 대형 댐의 효과와 더불어 대형 댐의 재정적, 경제적, 환경적 및 사회적 영향을 집중적으로 검토했으며 대안에 대한 평가도 제시했다. 보고서는 미래에 대형 댐을 건설해야 할지 아니면 중단해야 할지에 대해 중립적인 입장을 견지했으나, 대형 댐 프로젝트는 물과 에너지 개발을 위한 많은 대안 가운데 하나로 간주되어야 한다는 것을 강력하게 촉구했다.

이러한 보고서의 내용을 둘러싸고 관련된 행위자들 사이에 상이한 평가가 주어진 것은 사실이나 WCD의 과정과 보고서는 대형 댐을 둘러싼 논란에 있어서 중심이 되었으며, 서서히 대규모 인프라 프로젝트와 더불어 좀 더 광범위하게는 지속가능한 개발에 관한 논의에 영향을 미쳐오고 있다. 총체적으로 WCD 과정은 모든 관련된 행위자들이 보고서를 연구하고, 보고서에 대한 그들의 반응과 더불어 관여했다는 점에서 충분한 정당성을 달성했다고 평가되고 있다. WCD는 최종 보고서와 더불어 임무를 마친 후인 2001년 4월에 해산되었다. 그 때 이후 국제연합환경계획(UNEP)의 지도력하에 새로운 제도가 설립되어 WCD의 일을 집행하는 책임을 떠맡고 있다.

(나) 전지구적 계약: 전지구적 계약(Global Compact)은 정부간기구인 국제연합이 주축이 되어 탄생된 전지구적 관리의 한 형태이다. 이는 코피 아난 제7대 국제연합 사무총장이 1999년 1월 31일 스위스의 다보스에서 열린 세계경제포럼(World Economic Forum)에 참석하여 새로운 기업윤리 원칙으로서 제안한 것을 기초로 하여, 2000년 7월에 기업, 정부간기구로서 국제노동기구(ILO)·국제연합환경계획(UNEP)·국제연합난민고등판무관실(UNHCR), 국제사면위원회(AI)와 같은 비정부기구, 노동조직, 국제상공회의소와 더불어 공식적으로 출범했다.

이러한 전지구적 계약이 등장하게 된 배경에는 점차적으로 경제가 전지구화되고 있는 상황에서, 전지구화된 경제의 과실이 적절하게 공유되지 않고 세계시장이 광범위하게 공유된 사회가치에 뿌리를 두고 있지 않을 경우, 전지구화된 경제는 위험에 빠지게 된다는 인식이 있었다. 이와 더불어 전지구적 차원에서 다국적 기업들의 권리를 확보해주고 자유로운 무역과 재정을 가능하게 하는 규칙제정 노력은 이루어져 왔으나, 이와는 대조적으로 환경, 노동, 인권을 보호하고 빈곤을 타파하기 위한 규칙제정 노력은 제대로 이루어지고 있지 않다는 인식에도 기초를 두고 있다.

전지구적 계약은 「세계인권선언(Universal Declaration of Human Rights)」, 국제노동기구(ILO)의 「직장에 있어서의 기본원칙과 권리에 관한 선언(Declaration on the Fundamental Principles and Rights at Work)」, 그리고 국제연합환경개발회의(UNCED)의 「의제 21(Agenda 21)」에 반영된 인권, 노동권, 환경보호와 관련된 9개 조항으로 구성되어 있다.

구체적으로 인권과 관련하여 인권보호 원칙을 존중하고 지지할 것과 단체나 조직 또는 회사 내에서 인권침해를 금할 것을 규정하고 있다. 노동과 관련해서는 조합결성과 단체제약의 자유를 인정하고, 모든 형태의 강제노동을 금지하며, 아동노동을 철폐하고, 고용과정 및 업무상 발생하는 차별을 철폐할 것을 규정하고 있다. 환경과 관련해서는 환경적 위험에 대한 예방조치를 취하고, 환경적 책임을 솔선수범하여 이행할 것과 친환경적 기술의 개발과 보급을 도모할 것을 규정하고 있다.

이러한 전지구적 계약은 강제성을 가지고 있는 규칙이 아닌 일종의 윤리강령(code of conduct)으로서 기업들은 특별히 까다로운 절차를 거치지 않고 자발적으로 서명을 통해 계약을 준수하겠다는 의사를 공개적으로 밝히면 된다. 이와 더불어 전지구적 계약의 웹사이트에 위에서 언급한 원칙을 실행하는 데 있어서 이루어진 진전이나 교훈을 매년 최소한 1회 이상 게재하면 된다. 그러나 기업 중에서 담배회사와 군수품회사는 여기에서 제외된다.

전지구적 계약의 사무소는 국제연합 사무총장 사무실 내에 설치되어 있으며, 국제연합 회원국과 자선재단으로부터의 자발적인 기부금에 의해 운영된다. 발생할 지도 모르는 이해관계의 상충을 피하기 위해 기업으로부터의 재정적인 지원은 받지 않는다.

전지구적 계약 사무소는 4개의 중요한 노력을 전개하고 있다. 첫째로 연차정책대화(Annual Policy Dialogue)를 가져오고 있는데 이는 기업, 비정부기구,

그리고 공공정책기관의 대표들이 함께 모여 세계화가 초래하고 있는 구체적인 도전에 대해 협력적인 해결책을 모색하기 위한 것이다. 둘째로 학습포럼(Learning Forum)을 가져오고 있는데 이는 기업들로 하여금 앞서 언급한 9개의 원칙을 지키는 데 있어서 그들이 실제적으로 행해오고 있는 관행을 바꾸도록 촉구하는 견인차의 역할을 한다. 인터넷 등을 통해 가장 훌륭한 관행을 공유하고, 학자나 비정부기구 등에 의해 비판을 받는 심층 사례연구가 검토된다. 셋째, 프로젝트 이니셔티브(Project Initiatives)라는 활동은 기업들로 하여금 국제연합이 아동노동, 보건, 문맹, 차별 등과 같은 분야에서 개도국을 위해 전개하고 있는 프로젝트에 파트너가 될 것을 촉구한다. 넷째, 전세계적으로 기업들로 하여금 전지구적 계약에 참여하도록 유도하는 프로그램으로서 국가확대프로그램(Country Outreach Program) 역시 운영하고 있다.

전지구적 계약이 사회에 깊이 뿌리를 두기 위해서는 계획과 실행에 있어 비정부기구의 활발한 참여가 대단히 중요하다. 위에서 살펴본 바대로 정책대화, 학습포럼, 파트너십 프로젝트에 비정부기구의 전문성이 크게 기여할 수 있다. 비정부기구들은 기업들이 9개의 원칙들을 효과적으로 실행할 수 있도록 돕기 위해 이들과 협력하도록 요청받고 있으나, 이러한 원칙들을 위반하는 기업관행에 대한 본질적인 우려를 제기할 장(forum)을 가지고 있지 않는 등 전지구적 계약에 있어서 비정부기구의 역할은 그다지 뚜렷하지 않다. 이제까지 전지구적 계약에서 시민사회는 선진국에 기반을 두고 있는 규모가 큰 비정부간국제기구(INGO)에 의해 대변되어 왔는데, 비정부기구들은 기본적인 필요가 충족되지 못하고 있는 그룹을 대표할 수 있도록 전지구적 계약의 구성원이 확대되어야 한다는 주장을 제기하고 있다.

11. 조직사회론[45]

(1) 특 징

일단의 국제기구 연구가들은 국내조직 연구에 적용되어온 조직이론(특히 조직사회론)을 국제적인 조직인 국제기구에 적용하는 데 많은 관심을 기울여 왔다. 이러한 관심은 냉전시기에도 존재했으나 탈냉전기에 접어들어 국제기구의 수가 증가하고 역할이 활발해지면서 더욱 커졌다고 볼 수 있다. 냉전종식 후 조직이론이 관심을 가진 대표적인 국제기구의 하나가 북대서양조약기구(NATO)였다.

탈냉전 이후 국제정치와 국제기구 분야에서 많은 학자들이 관심을 두고 있는 문제 중의 하나는 냉전종식 이후에 있어서의 NATO의 장래에 관한 문제였다. 현실주의 논리와는 달리 NATO 회원국들은 현존하는 위협의 부재 속에서도 여전히 NATO의 가치를 인정하고 있고, NATO는 여전히 기능하고 있을 뿐 아니라 심지어 확장되고 있었기 때문이다. 이러한 현상을 설명하기 위해 많은 이론적 논의가 전개되었는데, 그 중의 하나가 바로 조직이론에 의한 설명이었다.[46]

국제기구에 적용하고자 하는 조직이론은 국제기구를 회원국의 이해관계와는 다른 이해관계를 갖고 있는 기구로 바라보고자 하는데, 이는 마치 기업체의 관리(corporate officials) 혹은 매니저(manager)가 주주(shareholder)와는 다른 이해관계를 가질 수 있는 것과 같다고 본다. 냉전 후의 NATO가 지속・확대되는 것을 회원국의 이해관계가 아닌 조직의 이익(organizational interests)이 만들어낸 산물로 파악하고자 한다. 조직은 생존(survival)에 깊은 이해관계를 가지며 있으며, 이런 점에서 NATO도 예외가 아니라는 것이다. 일반적

---

45) Gayl D. Ness and Steven R. Brechin, "Bridging the gap: international organizations as organizations," *International Organization*, Vol. 42, No. 2 (Spring 1988), pp. 245-274 참조.

46) Robert B. McCalla, "NATO's Persistence after the Cold War," *International Organization* Vol. 50, No. 3 (Summer 1996), pp. 445-475.

으로 조직론은 다음과 같은 특성을 보유하고 있다.

첫째, 조직이론은 국제기구를 창설자가 원하는 바를 순종적으로 행하는 기계적인 도구가 아닌 다루기 힘든 도구(recalcitrant tool)로 본다. 앞서 언급했듯이 (신)현실주의는 국제기구를 지배적인 행위자인 주권국가에 의한 피조물로서 독자적인 주도권과 힘을 거의 갖고 있지 않고, 지배적인 국가의 국익추구를 돕는 단순한 기계적인 수단으로 바라본다. 이와는 대조적으로 조직이론은 국제기구를 그들 나름의 환경과 상호작용하면서 설립자가 의도하지 않은 그들 자신의 조직의 이익과 목적을 추구하고, 국가로부터의 의도되지 않은 자율성(autonomy)을 향유하는 살아 있는 집합체로 보고자 한다.[47)]

둘째, 조직이론은 국제기구를 환경과 상호작용을 하고 환경에 있어서의 변화에 반응하고 적응하는 존재로서 인식함으로써, 이들이 지닌 조직의 특성이란 고정된 것이 아니라 변화하는 것으로 바라보고자 한다. 구체적으로 조직이론은 조직을 폐쇄된 체제(closed-system)로 간주하던 전통적인 접근법으로부터 탈피하여 조직을 개방된 체제(open-system)로 바라보는 특징을 지니며, 조직의 내적 구조의 관점에서 결과(outcomes)를 설명하려는 시도로부터 벗어나 기구와 기구들이 면하고 있는 환경과의 상호작용을 강조하는 접근법으로의 변화를 그 특징으로 한다.

셋째, 조직이론은 국제기구가 역기능적(dysfunctional) 역할을 할 수 있으며 이타적이지 않을 수도 있다는 점에 주목한다. 이러한 점에서 조직이론은 앞서 살펴본 기능주의와 크게 구별된다. 기능주의 이론은 국제기구가 행위자들의 가치와 인식에 있어서의 변화를 촉진하고 호혜적인 경제적 거래 속에 국가들을 연계시킴으로써 좀 더 나은 그리고 좀 더 평화로운 국제체제를 만들기 위해 창설되고 운영된다고 본다. 즉, 국제기구를 이타적인 목적에 봉사

47) 국제기구가 자율성을 가진다는 것은 국제기구가 국제기구의 구성국들이 집단적으로 원하는 것과는 별도로 그들 자신의 의지, 행위의 규범, 기대, 그리고 정책의 선호를 갖고 있다는 것이며, 때때로 국제기구의 자율성은 국제기구의 관료들의 강한 독단(assertiveness)의 결과로 발생하기도 한다. 따라서 국제기구 현상을 분석함에 있어 현실주의적 견해가 국제기구를 지배하고 있다고 생각되는 국가(들)에 대한 분석에 보다 치중하는 데 반해, 조직사회학적 견해는 국제기구 자체가 분석의 단위가 되어야 한다는 것을 강조한다(Gayl D. Ness and Steven R. Brechin, "Bridging the gap: international organizations as organizations," *International Organization*, Vol. 42, No. 2 (Spring 1988), p. 270)

하고 순기능을 하는 행위자로 바라본다. 조직이론은 이와는 대조적으로 국제기구가 이타적인 공공의 이익이라는 탈을 쓰고 창설자 혹은 국제기구 구성원의 편협한 이해관계에 봉사할 수 있다는 데 주목한다.

기능주의 시각은 모든 국제기구를 본질적으로 동일하다고 가정하여 모든 국제기구가 국가간 밀접한 연계에 공헌하고 나아가 좀 더 안정된 그리고 평화로운 국제체제에 공헌한다고 본다. 이와는 달리 조직이론은 동일한 국제기구가 시간을 두고 상이할 수 있고, 기구에 따라 이들이 수행하는 과업의 성과(performance)가 다를 수 있으며, 효과나 효율성 면에서 차이가 날 수 있다고 본다. 즉, 국제기구간에 이들이 수행하는 과업의 성과에 있어서의 차이로 인해, 목적 달성에 좀 더 효율적인 국제기구는 좀 더 강력하게 가치의 변화를 촉진하고 국가간의 연계를 증진시킬 수 있으나, 어떤 국제기구는 갈등과 분열을 가져올 수도 있다고 본다. 조직이론은 이처럼 국제기구의 부정적인 역할, 즉 역기능적인 역할을 할 수 있다는 데 주목한다.

(2) 연구의 중점

조직이론이 중점을 두고 연구하고자 하는 현상은 국제기구의 제반 현상 중 특히 조직의 효과성 혹은 효율성(effectiveness or efficiency)으로 요약되는 조직의 성과(organizational performance)이다. 조직이론은 이러한 현상과 더불어 조직이 면하고 있는 환경(organizational environment), 기술(technology), 조직의 목표와 구조(organizational goals and structure), 조직의 자율성 등의 연구에도 관심을 기울인다. 후자의 현상들은 그 자체로서 독립적인 연구의 대상이 되기도 하지만, 조직의 성과에 영향을 미치는 요인으로서도 연구의 대상이 되기도 한다.[48] 이들을 하나씩 살펴보면 다음과 같다.

---

48) Gayl D. Ness and Steven R. Brechin, "Bridging the gap: international organizations as organizations," *International Organization*, Vol. 42, No. 2 (Spring 1988), pp. 245-274; Norman F. Dufty, "Organizational Growth and Goal Structure, the Case of the ILO," *International Organization*, Vol. 26, No. 3 (Summer 1972), pp. 479-498; Margaret P. Karns and Karen A Mingst, *International Organizations: The politics and Processes of Global Governance* (Boulder and London: Lynne Rienner Publishers, 2004), pp. 56-59.

1) 조직의 환경

조직이론에 있어서 국제기구에 영향을 미치는 환경은 다양하다. 이러한 환경에는 국제기구가 면하고 있는 국제레짐(international regime)과 같은 환경을 위시하여, 다른 국제기구, 주권국가 체제 등이 포함된다.

조직이론은 이러한 조직의 환경이란 변화하며, 이러한 환경은 조직의 목표·구조·행태 등에 영향을 미치고, 궁극적으로 성과에 영향을 미친다고 본다. 조직이론은 조직의 환경과 국제기구의 자율성(autonomy)과의 관계에도 관심을 두고 있는데 이는 별도의 연구의 중점으로서 살펴보고자 한다.

이러한 조직의 환경 가운데 제도적 환경으로서의 국제레짐을 살펴보자. 기능주의에 따르면 국제기구는 세계를 통합하는 국제레짐의 발전을 촉진시킬 수 있다. 조직사회학(organizational sociology)에 따르면 이러한 인과관계는 거꾸로 국제레짐이라는 것이 국제기구의 창설과 생존을 촉진하거나 억제할 수 있다. 이러한 국제레짐과 국제기구의 관계에 대해 동시적인 관점을 취할 수도 있는데, 구체적으로 국제기구의 수와 유형이 국제레짐의 강도와 성격의 지표가 될 수 있다.

국제기구의 외부에 존재하는 다른 국제기구(들) 역시 국제기구의 환경으로서 작용한다. 조직이론은 국제사회에서 국제기구의 수가 급증함에 따라 국제기구들 자체가 다른 국제기구의 중요한 외부적 환경을 이루어 국제기구에 중요한 영향을 미치고 있는 것에 특히 주목한다. 동일하거나 유사한 영역에서 활동하는 국제기구간의 경쟁관계가 국제기구의 행위패턴은 물론 구조와 목적까지도 변화시키고 있는 점을 중시하고, 기구간 관계(interorganizational relations: IORs)에 연구의 중점을 두고자 한다.[49]

주권국가 체제가 국제기구의 환경으로서 국제기구에 영향을 미친다. 조직

---

49) 대표적 문헌으로는 다음과 같은 것이 있다: William DeMars, "Rejected Mediator: The International Committee of the Red Cross in the Ethiopian Conflict," Prepared for presentation at the 1992 International Studies Association Meeting, East Lansing, Michigan, November 20-21, 1992; Karen A. Mingst, "Inter-organizational politics: the World Bank and the African Development Bank," *Review of International Studies,* Vol. 13, No. 4 (October 1987), pp. 281-293.

이론은 주권국가 체제가 국제기구의 자율성에 미치는 영향에 주목한다. 조직이론에 따르면, 국제기구는 자율성을 확대하기 위해 국가의 주권을 이용하기도 하고, 때에 따라서는 주권국가들 사이의 차이를 이용하기도 한다. 예컨대 국제기구간의 관계가 좀 더 통합되거나 정치적으로 중앙집중화된 방향으로 나아가면서 일단의 국제기구의 자율성이 다른 국제기구에 의해 위협받을 때, 국제기구는 그들의 자율성을 보존하거나 증대시키기 위한 수단으로서 주권국가를 이용하기도 한다.[50)]

이와 같이 조직사회학적 견해는 국제기구가 주권국가를 통해 자율성을 얻을 수도 있다고 보며, 공동의 목적을 위해 국제기구와 주권국가가 협력관계에 있을 수 있다는 사실에 주목한다.[51)] 이러한 견해는 국제기구가 국제체제의 통합이나 초국가적인 협력에 기여한다는 바라보는 기능주의적 견해와 상치되는 것이다.

국제기구가 주권국가 환경을 이용할 경우 국제기구가 세계가 좀 더 통합되는 것을 방해할 수 있다는 조직사회학의 견해는 기능주의 이론의 한계를 보여주는 것으로서, 좀 더 많은 국제기구가 창설된다는 것만으로 또는 이러한 국제기구에 많은 주권국가가 회원국으로 가입하는 것만으로 국제체제가 좀 더 통합될 것이라고 가정할 수 없다는 것을 보여준다. 이러한 것을 보여주는 예의 하나가 바로 국제연합이 전문기구를 통제하지 못한다는 점이다.

조직사회학은 국제환경이라는 포괄적인 독립변수가 구체적으로 다음과 같은 변이의 영역(dimension of variance)을 포함한다고 본다. 우선 국제환경의 동질성과 안정성의 여부이다. 조직사회론은 국제환경이 변화하는 가운데 국제연합인구기금(UNFPA)이 상당히 융통성 있고 비공식적인 운영방식을 통해 잘 적응해왔음을 지적하고, 국제기구의 경직된 계서적인 구조(hierarchical structure)가 변화하는 환경에의 적응을 방해하여 국제기구의 효율적인 과

50) 대표적 문헌으로는 Jae-Young Park, Organizational Autonomy, State Sovereignty and Decentralization in International Development Aid, Dissertation (December 1992); 박재영, "국제기구 강화의 부머랭 효과-국제연합 개발원조체제의 분석사례,"『한국과 국제정치』, 제10권 제2호 (1994년 가을・겨울), pp. 221-243 등이 있다.

51) Gayl D. Ness and Steven R. Brechin, "Bridging the gap: international organizations as organizations," *International Organization*, Vol. 42, No. 2 (Spring 1988), pp. 252-253.

업의 성과를 방해할지 모른다는 점을 지적한다.

조직사회학은 또한 국제환경의 확장과 같은 변화를 변이의 영역으로 보아, 이들이 국제기구의 구조와 행태에 어떤 영향을 미칠 것인가에 관심을 둔다. 예컨대 가입국의 확대가 국제난민프로그램에 미친 영향에 관심을 두는데, 국제난민프로그램에 가입국이 확대되면서 조직 내의 정치적인 갈등이 발생하였고, 이러한 갈등이 어떤 사람들을 난민으로 규정하여야 하며 어떤 종류의 원조가 제공되어져야 하는가에 영향을 미쳤다. 이것은 바로 환경의 변화가 국제기구의 구조와 행태에 영향을 미치고 있음을 보여주는 하나의 예이다.

2) 조직의 기술

조직이론은 국제기구가 사용하거나 사용할 수 있는 기술(technology)에 관심을 두는데, 이러한 기술이 국제기구의 구조와 업무수행의 성과에 영향을 미칠 뿐 아니라, 나아가 국제기구라는 존재 그 자체에 영향을 미친다는 인식에 기초를 둔다.

조직의 기술이 국제기구의 구조에 영향을 미치는 경우로서, 국제기구가 복잡한 기술에 의존하고 있을 때, 국제기구의 성과를 유지하기 위해 복잡하고 분권화된 조직구조를 필요로 하거나 전문가에의 의존을 필요로 한다. 불확실하고 일상적이지 않은 기술의 경우, 상대적으로 독립적인 부분간의 조정에 좀 더 많은 노력을 경주할 수 있는 덜 계서적인 분권화된 조직의 구조를 요구하게 되기 때문이다.

조직의 기술이 국제기구의 존재 자체에 영향을 미친다. 예컨대 피임기술이 국제연합인구기금(UNFPA)의 존재 그 자체를 가능하게 했으며 이러한 기술이 없이는 UNFPA의 업무는 지금의 그것과 달랐을 것이다. 새로운 기술은 새로운 국제기구의 창설로 이어지기도 하는데, 대표적인 경우가 전신의 발명으로 1865년에 국제전기통신연합(ITU)이 설립된 것이다.

조직의 핵심기술이 국제기구의 지배적인 성격을 규정지을 뿐 아니라 과업의 성과를 결정하기도 한다. 식량농업기구(FAO)의 핵심적인 기술이 산업임업(industrial forestry)이기 때문에 사회임업(social forestry)으로의 전환이 어렵다. 맥나마라(Robert McNamara)의 강력한 선언과 공약에도 불구하고 세계은행(IBRD)이 인구의 통제에 대처하지 못했는데, 이는 세계은행의 핵심기술이 인구활동에의 투자가 어떻게 이루어져야 하는가에 무지했기 때문이다.[52)]

기술 가운데 감시기술(monitoring technology)이 국제기구의 성공여부에 영향을 미친다. 예컨대 UNFPA의 활동의 성공여부는 사회인구학(social demography)에 기초를 둔 감시기술, 즉 인구의 사회·경제적 조건의 성격과 미래에 대한 프로그램의 추정 그리고 주요한 사회 프로그램이 인구의 사회·경제적 조건에 미치는 영향에 대한 감시기술에 달려 있다. 이러한 감시기술로 UNFPA는 인구계획에 관한 정책결정에 큰 효과를 보았다.

3) 조직의 목표

조직이론은 조직이 가장 우선시 하는 목표가 무엇인가에 대해 연구의 중점을 둔다. 조직이론은 조직의 궁극적인 목표를 생존(survival)이라는 전제하에 조직의 현상을 이해하고자 한다. 이러한 생존과 더불어 규모(size)와 권력(power)의 확장이라는 조직의 성장 자체가 구체적인 조직의 목표이며, 이러한 목표는 회원국들이 선택한 과업의 달성이라는 것에 우선한다는 것을 전제하고 있다. 즉, 대부분의 조직들은 생존과 번영을 위해서라면 명시된 조직의 목표들을 수정하거나 포기한다고 본다.

조직이론은 국제기구가 생존이라는 조직의 궁극적인 목표와 번영이라는 목표 이외에 좀 더 세속적이고 단기적인 여러 가지의 목표들을 가지고 있는데, 이러한 목표들이 충돌할 수 있는 가능성에도 주목한다. 국제기구 내에서 목표란 개인이나 그룹에 의해 단독으로 설정되는 것이 아니라 협상에 의해 설정된다. 따라서 목표 설정과 관련하여 지배적인 연합(dominant coalition)에 대한 연구를 하며, 조직의 목표의 변화를 이해하기 위해 국제기구 내의 지배적인 연합의 변화를 추적하고자 한다.

52) 맥나마라(Robert McNamara)는 1968-1981년 사이에 세계은행의 총재였다.

조직이론은 여러 요인으로 인해 생존이 위협받거나 기구의 크기(size)가 줄어드는 등 조직이 쇠퇴할 수 있는 상황에 직면할 경우 어떠한 대응을 하는가에 관심을 두고 있다. 조직이론은 조직과 이들 구성원이 생존을 확보하기 위한 수단으로서, 변화에의 저항(resistance to change), 조직의 필요성에 대한 주장(affirmation of organizational necessity), 변화에의 적응(adaptation to change)이라는 일반적인 행태의 유형을 보인다고 본다.[53] 이들을 구체적으로 살펴보면 다음과 같다.

조직은 변화에의 저항으로서 조직의 환경상에 큰 변화가 있었다는 것을 부인하면서 조직에 있어서의 변화의 필요성을 부인한다. 이렇게 함으로써 현상유지적으로 현재의 역할과 임무를 보호하면서 새로운 역할과 임무에 저항한다. 그리고 또한 조직을 축소하려는 노력에 저항한다.

조직은 조직의 필요성을 주장함으로써 생존을 확보하려 하기도 하는데, 구체적으로 조직의 환경에 있어서의 변화를 인정함에도 불구하고 현재의 조직의 활동이 본질적으로 필요하다는 주장을 제기한다.

조직은 변화에의 적응을 통해 생존을 확보하려고도 한다. 즉, 조직은 조직의 미래가 위태롭다고 믿는 경우, 회원국으로부터 지지를 유지하기 위해 역할과 임무를 수정하거나 새로운 역할과 임무를 창출해 낸다. 가능하다면 지지를 강화하기 위해 새로운 회원국을 추구한다고 본다.

결론적으로 말해 국제기구의 연구에 있어 국제기구의 목표를 분석하는 것이 국제기구의 이해에 중요하며, 하나 이상의 목표가 존재할 수 있고 이들 복수의 목표들 사이에 갈등이 있을 수 있다는 시각이 필요하다. 국제기구의 성과에 대한 경험적인 연구는 조직 내의 상충하는 요구로서의 국제기구의 목표에 대한 연구와 더불어 더욱 풍부해질 수 있다.

4) 조직의 구조

조직이론은 국제기구의 구조에도 연구의 중점을 둔다. 구체적으로 구조

53) 보다 상세한 논의는 다음 글을 참고하시오: Robert B. McCalla, "NATO's Persistence after the Cold War," *International Organization*, Vol. 50, No. 3 (Summer 1996), pp. 445-475.

자체에 대한 연구와 더불어 조직의 구조에 영향을 미치는 요인에 대한 연구와 이러한 구조가 국제기구의 성과에 미치는 영향에 관심을 경주한다.

조직이론은 국제기구 구조가 분권적인가, 계서적인가를 살펴보고 이러한 구조가 국제기구의 성과와 어떠한 상관관계를 가지는가를 연구한다.[54] 앞서 언급했듯이 국제기구의 분권적 구조는 불안정하고 급속하게 변화하고 있는 환경 속에서 새로운, 변화하고 있는, 그리고 쉽게 일상화될 수 없는 기술의 경우에 높은 성과를 가져다준다. 중앙집중적인 계서적인 국제기구의 구조는 동질적이고 안정적인 환경과 이미 잘 알려진 기술의 경우에 좀 더 나은 성과를 가져다준다.

앞서 살펴본 기능주의 이론, 신기능주의 이론, 상호의존론 등은 국가의 필요를 충족시키기 위해 집단적 접근의 필요, 국가들의 활동에 대한 국제적인 규제와 통제의 필요성, 정책의 조정 필요성, 초국가적 정부의 필요성을 강조하면서 국제기구를 통한 다자적인 관리과정이 국제관계의 안정화에 공헌한다는 긍정적인 측면만을 지나치게 살펴본다. 나아가 이들은 집중화되고 계서적인 조직구조를 가진 국제기구가 효율적인 국제문제의 해결을 위해 바람직하다는 것을 전제로 한다.

그러나 조직사회학이라는 현대조직이론은 급변하는 환경 속에서 작동하는 기구가 계서적이라기보다는 분권화되었을 때 조직의 목표를 좀 더 달성하기 쉽다고 본다. 관료에의 의존과 정치영역에서 주도면밀하게 조직화된 탄압적인 장치에의 의존은 커다란 비효율성을 가져올 수 있다고 본다.

어떤 특정한 조직구조를 가진 기구만으로 주어진 업무를 효율적으로 수행하는 것이 부적절할 수 있다. 예컨대 계서적인 기구만으로는 프로그램을 효율적으로 발전시킬 수 없을 수 있다. 이 경우, 분권적이고 좀 더 융통성 있는 다른 기구와 연계하여 공동으로 문제해결을 효율적으로 할 수 있다. 국제사회에서 문제해결을 위해 정부간기구(IGO), 비정부기구(NGO), 비정부간국제기구(INGO) 등으로 구성된 기구간 체제 혹은 연계망(interorganizational system or network)이 실질적으로 등장하고 있는 사실이 이를 입증하고 있다.

---

54) 국제기구의 구조를 분권화되어 있는가 아니면 계서적인가에 따라 구분하여 분권화되어 있는 기구를 영어로 「flat organization」 그리고 계서적인 기구를 「tall organization」라고 부른다.

이러한 맥락에서 조직사회학은 단일한 국제기구에 대한 관심을 넘어 국제기구들 사이의 상호관계에 많은 관심을 둔다. 특정의 문제영역에 있어서 국제기구들이 상호관계를 맺고 있는 경우, 이를 개념화하는 방식으로 두 가지가 있다. 이 두 가지 개념은 구체적으로 기구간 체제(interorganizational system)와 기구간 연계망(interorganizational network)이다. 네스와 브레친은 기구간 체제(interorganizational system)라는 용어와 기구간 연계망(interorganizational network)이라는 말을 구별하지 않고 사용하고 있으나, 이들 사이에는 큰 차이가 있어 구별하여 사용하여야 한다.[55]

우선 연계망(network)이라는 개념은 연계망을 구성하고 있는 요소들 사이의 상호작용의 흐름(flow)에 주안점을 두는데 반해, 체제(system)라는 개념은 체제를 구성하는 요소들 사이의 상호작용의 흐름과 더불어 이들 사이의 구조적인 관계(structural relationships)에 주안점을 둔다. 체제는 요소들 사이의 관계가 중앙집중적인 반면, 연계망은 분권화되어 있으며 다중심적 성격이 강하다. 체제의 경우는 구조(즉, 패턴)가 이미 부여되어 있는 것으로 보는데, 이와는 대조적으로 연계망은 이러한 구조(즉, 패턴)가 등장하고 있는 것으로 특징지어진다. 체제의 경우는 경계가 잘 구분되어 정의되어 있는 데 반해, 연계망은 이러한 경계의 구분이 잘 되어 있지 않다.

이러한 특징에 기초하여 체제를 정의하자면, 체제는 어떤 식으로든 상호연계되어 있으며 서로 의존하고 있는 동태적인 요소들의 인지될 수 있는 경계가 정해져 있는 집합체라고 본다. 이러한 동태적인 요소들은 특정의 법칙에 따라 지속적으로 함께 작동하여 일정한 특징적인 총체적인 효과를 만들어 낸다. 이러한 체제는 통합(integration)의 보존에 관심을 가지며, 또한 통합된 전체를 구성하는 상호의존적인 일단의 요소들의 규칙적인 상호작용의 보존에 관심을 두고 있다. 이와는 달리 연계망은 부분적으로 혹은 완전하게 상호 연계되어 있을 수 있는 요소들의 집합체로 정의된다.

---

55) 이 두 개념의 차이와 상호보완성은 다음 논문을 참고하고 있다: Anthony J. N. Judge, "International Organization Network: A Complementary Perspective," in Paul Taylor and A. J. R. Groom, eds., *International Organization: A Conceptual Approach* (New York: Nichols Publishing Company, 1978), pp. 381-413.

체제는 일련의 상호 연계되어 있는 과정들로 인식되는 전체의 성격과 특징에 초점을 둔다. 과정들을 지원하는 구조는 총체적인 특징(gross features)의 관점에서 인식되고 대표된다. 연계망은 구조를 구성하고 있는 연계의 지속적인 패턴의 성격과 특징에 초점을 둔다. 연계망에서 일어날 수 있는 과정들은 전체 연계망에 걸친 통로(pathways)의 관점에서 인식되고 대표된다.

체제의 개념과 연계망의 개념은 이처럼 상이하나 상호 보완적이다. 우리의 관심이 과정으로부터 과정의 총체적인 특징으로서의 구조로 옮겨갈 경우 관점을 체제로 이동시켜야 하며, 우리의 관심이 단순한 구조로부터 구조를 이루는 상세한 과정들로 옮겨갈 경우 관점을 연계망으로 돌려야 한다. 결론적으로 말해, 체제의 관점은 구조라고 하는 것이 상대적으로 단순하다고 전제되고 개념적으로 잘 정의되나 과정들이 복잡하여 개념화하는 것이 어려울 경우에 사용되는 경향을 지닌다. 이와는 대조적으로, 연계망 관점은 과정들이 상대적으로 단순하다고 전제되고 잘 정의되나 구조의 복잡성으로 인해 개념화가 곤란한 경우에 사용된다.

이러한 연계망이나 체제에 분석에 있어서 연구의 주요 주제는 어떻게 이러한 연계망이나 체제가 등장하며, 무슨 요인이 효율적인 협력을 가져오고, 어떤 유형의 갈등과 경쟁이 협력을 저해하는가, 어떻게 연계망이나 체제의 특질이 변화하는가(예컨대 어떤 종류의 상이한 기구들이 얼마나 많이 이러한 연계망이 관련되어 있는가), 그리고 이러한 결합된 기구들의 행동의 결과란 어떤 것인가 등이다.

5) 조직의 자율성

조직이론은 조직의 자율성(autonomy)에도 큰 관심을 두고 있다. 조직이론은 모든 조직이 일정한 정도의 자율성을 가진다고 가정하고, 다양한 자율성의 원천과 자율성의 결과를 탐구하는 데 관심을 두고 있다. 자율성의 원천과 관련하여 조직이론은 「자원의존(resource dependence)」이라는 개념 등을 통해, 국제기구의 국가 혹은 다른 국제기구로부터의 자율성을 설명하고자 한다. 즉, 수입이나 정보와 관련하여 국가나 다른 국제기구에 대한 의존이 없을 경우 국제기구는 자율성을 가질 수 있다고 본다.

조직이론은 이러한 자율성의 원천에 대한 분석을 기초로 국제기구가 자율성을 확대하기 위해 어떠한 접근을 하는가의 문제에 관심을 둔다. 구체적으로 자원에 대한 의존을 줄이거나 없애기 위해 어떠한 노력을 전개하는가에 초점을 둔다. 앞서 조직의 환경부분에서 언급한 바 있듯이, 조직이론은 국제기구가 주권국가를 이용하거나 주권국가들 사이의 차이를 이용하여 자율성을 보존 내지는 증대시킨다는 점과 공동의 목적을 위해 국제기구와 주권국가가 협력관계에 있을 수 있다는 사실에도 주목한다.

6) 그 밖의 연구의 중점

조직이론은 환경적인 요인이 조직이 추구하는 목표에 대해 어떠한 영향을 미치고, 이러한 환경이 미치는 영향이 조직 내부의 영향력 구조와 조직에 있어서의 지도력에 의해 어떤 영향을 받는가에도 관심을 둔다. 더불어 조직이 외부의 행위자와 갖는 의사소통의 패턴이 어떠하며, 이러한 의사소통 패턴이 조직의 총체적인 목표와 상이한 하위목표의 형성에 갖는 영향에도 관심을 가진다. 이 밖에도 국제기구의 조직문화(organizational culture)에도 연구의 중점을 둔다.

(3) 조직이론의 적용 예: 국제노동기구(ILO)

더프티(Norman F. Dufty)는 조직이론에 관한 문헌들로부터 조직의 성장과 목표의 구조에 대한 명제(proposition)를 수립한 후, 이를 국제노동기구(ILO)에 적용하여 명제의 타당성을 검증하고 있다.[56]

1) 조직의 성장

우선 조직의 성장과 관련하여 더프티는 규모(size)와 권력(power)의 확장이

56) Norman F. Dufty, “Organizational Growth and Goal Structure, the Case of the ILO,” *International Organization*, Vol. 26, No. 3 (Summer 1972), pp. 479-498.

라는 조직의 성장 자체가 구체적인 조직의 목표이며, 이러한 목표는 조직의 고객(clients)이 선택한 과업의 달성이라는 것에 우선한다는 명제를 추출하고 있다. 성장이 조직이 목표가 되는 이유는, 성장이라는 것이 조직 집행부의 업적(achievement)의 상징이며, 이는 조직 집행부의 신용 혹은 심지어 영광을 반영하기 때문이다. 즉, 조직을 성장시킨다는 것은 특히 조직의 지도자에 있어서 자기실현의 한 형태이기 때문이다.

ILO 초창기에 모든 노동대표와 많은 정부대표에 의해 공유된 ILO의 신념은 노동기준의 국제적인 설정이라는 사회정의(social justice)의 실현이었다. 그 후 사회정의의 실현이라는 목표는 경제문제와 분리되어서는 실현될 수 없다는 인식하에, ILO의 관할권이 경제문제로까지 확대되었다. 이러한 관할권의 확대 속에서 ILO는 실업을 흡수하기 위한 공공사업, 통화와 신용에 대한 국제적인 규제, 그리고 국제교역의 조정과 확대를 제시하는 프로그램을 담고 있는 결의안을 통과시키기까지 했다. 이러한 결의안을 비롯한 일련의 조치는 노동기준의 국제적인 설정이라는 ILO의 초창기 목표와는 상당한 거리가 있는 활동영역(sphere of action)의 확장이었다.

여기에서 더 나아가 ILO는 제2차세계대전 후 거의 모든 문제에 관심을 기울일 수 있도록 헌장을 탄력성 있게 개정했고, 또한 산업화와 생산성의 증가를 통해 생활수준을 향상시키는 것에 관심을 갖고 그 이전에는 관심을 거의 두고 있지 않던 기술지원(technical assistance)으로 목표를 바꾸어 나가면서 ILO의 활동영역을 확장시켜 나갔다.

이로 인해 생활수준을 향상시키는 데 있어서 노동기준의 설정과 같은 노동입법의 중요성이 평가절하가 되었다. 이러한 개도국에 대한 기술지원으로의 목표의 변경은 국제연합으로부터의 재정적인 지원으로 인해 더욱 촉진되었으며, 이러한 재정적인 지원이 ILO 조직 운영의 중심적인 재원이 되었다.

결론적으로 말해 ILO의 주된 목표는 초창기의 사회정의를 강조하는 노동정책으로부터 경제개발과 산업화로 바뀌었으며, 완전고용이라고 후일 추가된 목표 역시 경제성장을 통해 추구한다는 것으로 바뀌는 등 ILO는 활동영역의 확장을 꾸준히 추구했던 것이다.

2) 조직의 쇠퇴

위에서 살펴본 논리에 의해 국제기구는 기구의 규모(size)가 줄어드는 것을 반대한다. 기구의 규모가 줄어들지 모른다는 위협은 경쟁적인 기구의 설립으로부터 올 수 있으며, 또한 조직의 목적이 달성되었거나 조직의 목적이 더 이상 고객에 의해 수용되지 않을 때(즉, 고객이 다른 선호를 가지게 될 때)에도 발생한다. 조직이 쇠퇴할 수 있는 이러한 상황에서, 조직은 지속적 존립을 위해 새로운 목표를 계속 강구해야 하고, 그 목표들을 달성하기 위한 수단을 다양화하려고 애써야 한다. 더프티는 이와 관련하여 다음과 같은 가설을 제시하고 있다.

조직의 실질적으로 쇠퇴하고 있거나 쇠퇴할 지도 모른다는 위협에 직면할 경우, 조직은 자신이 가동할 수 있는 모든 수단을 가지고 반대할 것이다. 만약 이러한 위협이 경쟁적 조직으로부터 올 경우 이에 대한 반대는 정치적인 것이 될 것이며, 만약 고객의 지원이 여전할 경우에는 직접적인 반대가 지속될 것이다. 대안적으로는 새로운 목표가 추구될 수도 있다.

ILO의 경우 성공적으로 조직의 쇠퇴를 막아 존립을 유지할 수 있었는데, 이는 ILO가 고객의 선호를 계속 유지하는 한편 능수능란한 지도력이 조직의 존립에 대한 위협이 현실화되기 이전에 조직의 목표구조(goal structure)를 바꿀 수 있었기 때문이라고 본다. 제2차세계대전 후에 사회정의보다 경제발전과 산업화로 관심이 이동한 것도 회원국들이 후자에 훨씬 더 관심을 가졌기 때문이다.

ILO가 선점한 기능을 새로 설립된 국제기구가 빼앗으려는 위협이 실질적으로 있었다. 구체적으로 말해 1962년 산업화를 다룰 독립된 별개의 국제기구를 설립하려는 움직임이 국제연합 내에서 있었는데, 이런 움직임에 위협을 느낀 ILO는 이를 저지하기 위한 노력을 전개했다. ILO는 낭비적인 활동의 중첩(duplication)을 피해야 하며, 나아가 새로운 필요가 등장할 경우 기존의 국제기구와 자원을 최대한 활용하는 것이 필요하다는 것을 강조했다.

이러한 노력에도 불구하고 새로운 국제기구인 국제연합공업개발기구(UNIDO)가 탄생하자, ILO는 UNIDO가 ILO의 시설과 경험을 최대한 이용할 것과 활동의 낭비적인 중첩을 피할 것을 확실히 하는 협정을 UNIDO와 체결한 바 있다.[57] 이 역시 ILO의 쇠퇴에 대한 방지책의 일환이었다.

3) 목표에 대한 환경과 지도력의 영향

유기적 성장이론(organic growth theory)에 따르면 성장은 조직과 그 환경(environment)과의 균형 속에서 달성 가능한데, 구체적으로 조직의 확장은 동일한 기능을 수행하는 기구가 없는 방향으로, 또는 경쟁기구가 취약한 쪽으로 이루어지며 강한 기구가 강하게 버티고 있는 쪽은 당연히 회피하게 된다. 유기적 성장이론은 이처럼 조직 외부의 환경적인 요인이 조직의 성장에 중요한 역할을 할 수 있다는 것을 적절히 지적하고 있으나, 너무나 결정론적이다. 이 이론은 조직 내부의 영향력 구조와 조직에 있어서의 지도력이 기구의 목표의 변화에 미치는 영향을 고려하지 않는다.

조직이 면하고 있는 조직 외부의 환경이라는 것이 조직의 목표에 영향을 미치는 것은 사실이나, 환경 그 자체가 직접적으로 조직의 목표에 영향력을 행사하는 것은 아니라, 고객들로 하여금 목표변경을 요구하도록 압력을 가하거나 집행부의 수장이 제안한 목표변경에 제약을 가함으로써 목표구조에 간접적으로 영향을 미친다. 조직은 다음과 같은 경우 목표상의 변화를 경험하게 된다.

조직은 추구하던 목표가 달성될 경우 지지 받을 수 있는 다른 목표를 추구해야만 한다. 고객의 선호에 있어서의 변화에 의해 고객이 조직의 목표변화를 원해 목표가 변하는 경우도 있다. 또한 추구하는 목표의 달성이나 고객 선호의 변화 없이 새로운 목표의 도입에 의해 조직의 목표가 변경될 수도 있다. 이때 이전의 목표가 완전히 포기되는 일은 거의 없다.

조직의 집행부 수장의 기본적인 역할이란 환경과 권력구조(power structure)에의 변화에 대응하여 조직의 생존이나 성장을 위해 필요한 경우 새로운 목표를 선택하고, 현존하는 목표의 우선순위를 조정하거나 수정하는 것을

57) 국제연합공업개발기구(UNIDO)는 1966년에 국제연합의 보조기관으로 설립되었으나, 1985년에 전문기구(specialized agency)가 되었다.

용이하게 하는 것이다. 또한 집행부의 수장은 하위목표간의 관계, 하위조직과 고객과의 연합, 그리고 총체적인 목표구조에 영향을 미칠 수 있는 다른 내적인 요인들을 통제해야만 한다.

집행부의 수장이 자신의 목표와 자신의 조직이념을 조직에 부과할 수 있는 정도는 조직 내에서의 합의(consensus)의 정도에 반비례한다. 집행부의 수장은 또한 조직 내의 권력구조와 정책연합에 의해서도 제약을 받는데, 이러한 제약의 정도는 조직에 가용한 자원의 정도에 반비례한다. 따라서 집행부의 수장은 환경과 제약을 잘 판단하고, 상이한 목표를 가지고 있는 고객들을 잘 조정할 수 있어야 한다. 이러한 논의를 바탕으로 더프티는 다음과 같은 4개의 가설을 제시하고 있다.

첫째, 조직의 목표구조상의 변화란 어떤 목표의 완전히 채택과 다른 목표의 완전한 포기를 의미하기보다는 우선순위에 있어서의 변화를 의미하기 쉽다. 즉, 과거의 목표가 완전히 포기되지 않은 채 제약요인으로 남아 있기 쉽다. 둘째, 조직 외부의 환경은 목표구조에 상당한 영향을 주며, 어떤 목표의 변화가 지지될 수 있는가를 상당한 정도로 결정짓는다. 셋째, 이러한 환경이 주는 한계 내에서 집행부의 지도력 역시 목표변화에 주요한 역할을 한다. 넷째, 자원이 상대적으로 풍부할 때 목표 변경에 대한 내부의 반대가 극소화되기 쉽다.

ILO의 경우, 1930년대 초의 경제불황이라는 환경적인 요인이 ILO의 목표변경에 영향을 미쳤다. 이러한 경제불황이라는 상황적인 압력에 대한 신중한 평가를 기반으로, ILO의 사무총장은 주도적으로 모든 고객들의 동의할 수 있는 목표를 찾아내고자 했으며, 그 결과 경제불황이라는 경제적인 부담의 제거가 중요한 목표가 되었다.

제2차세계대전 후 ILO는 그 이전에는 관심을 거의 두고 있지 않던 기술지원(technical assistance)을 통한 경제발전이라는 목표에 중점을 두게 되는데, 이는 ILO 사무총장의 주도적인 노력보다는 고객의 요구에 그 근원을 두고 있었다. 고객들의 목표변경에 대한 요구는 ILO의 사무총장에게 목표를 새롭게 정의할 수 있는 기회를 제공했다. ILO의 중점이 이처럼 사회정의로부터 경제발전을 위한 기술지원으로 바뀌었으나 사회정의라는 목표가 완전히 포기된 것은 아니었으며 경제발전이라는 목표와 충돌하곤 했다.

또한 1954년에 소련이 가입하고 1960년 이후 개도국들이 점차적으로 많이 가입하는 상황에서, ILO 사무총장은 어떤 그룹의 국가도 반대하지 않을 비논쟁적인 목표가 필요했으며, 이러한 목표로 기술지원을 통한 경제발전이 취해졌다. 공유된 규범에 기초를 둔 국제적인 노동입법을 통한 사회정의의 실현이라는 초기의 목표는 다소 이념적으로 동질적인 상황에서만 실현이 가능했던 것이다.

이러한 목표의 변경이 이루어질 수 있었던 것은 또한 기술지원을 위해 사용할 수 있는 별도의 기금이 이미 준비되어 있었다는 것에도 기인했다. 만약에 제한된 자원 속에서 새로운 목표가 강조되었다면 이를 둘러싼 갈등을 피하기 어려웠을 것이다.

4) 하위목표(sub-goal)의 형성과 의사소통 패턴의 영향

조직의 과업은 여러 부분으로 구분되어 보통 국(department)이라고 불리는 하위단위에 할당되며 목표와 수단도 이러한 단위에 따라 분리된다. 이들 하위조직들은 자신의 하위목표에 집중함으로써 조직 전체의 목표를 무시할 수 있다. 이러한 경향은 하위단위들이 자신의 목표와 관련된 정보에만 집중하며, 또한 하위단위들이 내적인 의사소통에만 관심을 둠으로써 강화된다.

조직과 조직 외부의 환경 사이의 의사소통 채널은 조직의 목표를 수정하는 데 중요한 역할을 한다. 환경과 연결된 의사소통 채널 중 어떤 것은 조직의 상부와 연계될 수 있고, 어떤 것은 조직의 하부와 연계될 수 있다. 이는 환경과 조직간의 관계에서 조직 전체와 각 하부조직이 따로 놀 수 있다는 것을 의미한다. 특히 개개 국(department)과 교섭하는 고객들은 그 국의 구성원과 비슷한 교육배경을 가지고 있어, 이들 하부조직과 고객간의 연계가 강화될 수 있으며, 이러한 결속력을 통해 조직의 목표구조상의 변경을 가져올 수 있으며, 특정의 하위목표의 달성이라는 방향으로 전체조직의 활동을 몰고 가기도 한다.

조직의 하위단위와 이들 하위단위의 목표에 대한 개인의 충성심은 이러한 하위단위의 목표에 대한 수정에 저항할 가능성을 높인다. 이와는 달리 조직의 목표가 아닌 조직 자체에 대한 개인의 충성심은 조직의 생존과 성장을 위해 필요하다고 생각되는 하위단위의 목표변경을 지지하기 쉽다. 개인들은 조직의 목표 가운데 조직 전체의 총체적인 목표보다 하위단위의 하위목표에 자신들을 일치시키는 경향이 더 강하다. 이 때문에 국(department)과 같은 하위단위의 해체를 가져오는 목표의 변경에 강력하게 저항하기 쉽다. 더프티는 이와 관련하여 다음과 같은 6개의 가설을 제시하고 있다.

첫째, 조직의 과업이 조직을 구성하고 있는 여러 하위단위로 분할될 때, 하위단위 조직은 조직 전체의 주요한 목표보다 하위목표에 주된 관심을 두게 되고, 이로 인해 조직 전체의 목표보다 이러한 하위목표가 더욱 운용 가능한 것으로 발전되기 쉽다. 둘째, 하부목표와 전적으로 연관된 의사소통 채널이 발전되며, 이러한 의사소통 채널은 조직 전체의 목표보다는 하부목표에 관심을 집중하도록 하는 경향을 강화시킨다. 셋째, 조직과 조직 외부의 환경 사이를 연결하는 의사소통 채널역시 하위목표를 강화하고, 조직의 하부단위와 외부기관 사이의 이익집단 연합을 유도케 한다. 넷째, 하위목표가 조직 전체의 주요 목표를 유린하는 경향이 있다. 다섯째, 하위목표의 지속적인 존재가 조직 전체 목표의 구조상 변화를 가로막는 경향이 있다. 여섯째, 충성심이 조직의 목표보다는 조직 자체를 향하게 되며, 이러한 것이 목표구조의 변화를 용이하게 한다.

ILO의 경우 여러 단위부서로 구성되어 있는데, 직업훈련부의 경우 ILO 전체의 목표인 사회정의와 경제개발은 의미 있는 목표가 아니고 개도국에 있어서의 직업훈련이 주요 운용목표이다. 직업훈련부에 연계된 의사소통 채널은 직업훈련부의 목표와 연관이 있지 ILO의 총체적인 목표와 연관이 없다.

ILO의 스탭들과 수혜국 정부에서 ILO의 과업과 관련된 일을 다루는 전문가 사이에 존재하는 의사소통 채널, 공유된 규범, 이들의 활동분야에서의 새로운 프로그램의 촉진에 대한 공동의 이해관계가 ILO의 영향력을 강화하는데 도움이 된다. ILO 사무국의 일부와 고객 집단간의 연합이 흔히 발생한다. 예컨대 ILO 본부의 부서 가운데 하나와 개도국의 대표들이 ILO 내에서 연합하여 관리개발 프로그램과 직업훈련 프로그램에 대한 압력을 행사한 바 있으며, 이러한 연합이 기구 밖으로 확대되어 국제사용주조직(International Organization of Employers)이라는 이익단체에 의해 지지된 바 있다.

ILO 전체의 목표가 하위목표에 의해 유린되는 것은 ILO의 현장활동(field activities), 특히 기술지원 활동(technical assistance activities)에서 현저히 드러난다. 예컨대 ILO에 의해 고용된 경영전문가(management experts)의 경우, 사회정의라는 목표가 아닌 특정 국가에 있어서의 경영기술의 향상을 목표로 한다.

국제노동 입법의 실행이라는 ILO 원래의 목표가 목표의 변경에도 불구하고 잔존해 있음으로 인해 고객의 대부분이 원하는 방향으로 조직의 목표를 변화시키려는 노력이 방해를 받았으며, ILO 사무총장의 조직목표를 수정하려는 행동의 자유에 일정한 정도의 제한을 가했다.

12. 당사자-대리인 모델(P-A Model)

(1) 특 징

국가 중심성을 특징으로 하는 신현실주의와 신자유주의론은 국제기구가 국가로부터 갖게 되는 독립성을 제대로 설명하지 못한다. 신현실주의의 경우, 국제기구를 국제체제에 내재해 있는 힘의 균형을 반영하는 것으로 인식함으로써, 국가행위나 국제관계에 국제기구가 미치는 독립적인 영향이 거의 없거나 아주 없는 것으로 인식하기 때문이다. 신자유주의론은 국제기구란 국가들이 소중히 하는 기능(function)에 봉사하며, 이들의 자율성이란 국가들이 국제기구에게 권한을 부여하거나 억제하는 정도에 달려있다고 본다.

이와는 대조적으로 조직이론을 포함한 일부 이론들이 국제기구의 독립성에 관심을 두어 온 것이 사실이나, 국제기구가 지니고 있는 자율성과 종속이라고 하는 공존하는 두 가지 속성을 일관된 틀 속에서 설명하기 위한 노력이 제대로 이루어져 오지 않았다. 당사자-대리인 모델(Principal-Agent Model: P-A Model)은 이러한 문제의식을 가지고, 국제기구를 국가의 대리인(agent)

으로 개념화하여 국제기구 연구에의 광범위한 적용을 시도하고 있다.[58)]

이 이론은 기본적으로 하나의 행위자인 당사자가 그를 대신하여 다른 행위자에게 일을 위임하였을 때 발생하는 당사자와 대리인 사이의 관계를 다루고자 한다. 이 이론의 뿌리는 경제학자들에 의해 수립된, 회사에 대한 기능이론(functional theory of the firm)에 있다. 이 이론은 시간이 경과하면서, 주주(shareholder)가 회사의 경영자(manager)를 어떻게 통제하는가의 문제를 포함하는 조직(organizations)의 문제를 다루는 쪽으로 진화되어 갔다.

P-A 모델이 가장 중요하게 고려하는 것은 대리인이 당사자의 이익이 아닌 자신의 이익을 추구하는 현상인 「기피(shirking)」 현상이다. 정보의 불균형(information asymmetry)과 상충하는 이익을 이러한 기피의 가장 중요한 원인으로 보며, 감시와 유인기제(monitoring and incentive mechanism)를 이러한 것에 대한 치유책으로 본다.

국제관계 학자들은 비교적 최근에 들어서야 국제기구에 대해 이러한 이론을 적용하기 시작했는데, 기본적으로 P-A 모델은 국가와 국제기구의 관계를 당사자(principal)와 대리인(agent)의 관계로서 개념화하고 있다.[59)] 즉, 국가를 당사자로 보고, 이러한 당사자가 대리인으로서의 국제기구에게 기능을 위임하는 것으로 인식하고자 한다. P-A 모델은 특히 유럽연합(EU)에 있어서의 회원국과 초국가적인 제도(supranational institutions) 사이의 관계를 설명하는데 적용되어 왔다.[60)]

---

58) P-A 모델을 때로는 「위임이론(theory of delegation)」이라고도 부른다.

59) 국제기구 연구와 관련하여 P-A 모델이 갖는 한계 가운데 하나는 주권국가들은 주주가 경영인에게 권한을 위임하는 것과는 달리 국제기구에 직접 참가하여 총회나 이사회와 같은 기관에서 의사결정을 한다는 점이다. 이와는 달리 주권국가가 주권국가의 자격으로서 사무국이나 유럽연합의 집행위원회에 참가하지 않기 때문에 주권국가를 당사자로 보고 이들 사무국이나 집행위원회를 대리인으로 간주하는 것은 문제가 없다. 이러한 이유로 P-A 모델은 주권국가와 사무국 혹은 주권국가와 집행위원회의 관계를 설명하는 것에 적절하다고 볼 수 있다.

60) 대표적인 연구물로는 다음 논문들이 있다: M. A. Pollack, "Delegation, Agency, and Agenda Setting in the European Community," *International Organization*, Vol. 51, No. 1 (Winter, 1997), pp. 99-134; H. Kassim and A. Menon, "The Principal-Agent Approach and the Study of the European Union: Promise Unfulfilled," *Journal of European Public Policy*, Vol. 10, No. 1 (March, 2003), pp. 121-139; Daniel L. Nielson and Michael J. Tierney, "Delegation to International Organizations: Agency Theory and World Bank Environmental Reform," *International Organization*, Vol. 57, No. 2 (Spring 2003), pp.

(2) 연구의 중점

P-A 모델이 중점을 두는 연구주제는 크게 네 가지로 분류될 수 있다. 우선 주권국가들이 왜 국제기구에게 권한을 위임(delegation)하고자 하며, 어떠한 조건이 이러한 위임을 촉진하는가에 관심을 둔다. 이 밖에 국제기구가 주권국가와는 다른 독자적인 선호와 이해관계를 가지게 되는 요인, 주권국가가 사용하는 국제기구에 대한 통제의 기제, 국제기구가 자율성을 갖게 되는 조건을 연구의 중요한 중점으로 삼고 있다. 이들을 구체적으로 살펴보면 다음과 같다.

1) 국가가 국제기구에 권한을 위임하는 이유와 조건

주권국가들이 국제기구에 권한을 위임할 경우, 일정한 정도의 자율성이 훼손되기 마련이다. 그럼에도 불구하고 주권국가들은 국제기구에게 권한을 위임하고자 한다. 이와 관련하여 P-A 모델은 왜, 그리고 어떠한 조건이 권한의 위임을 하도록 하는가를 연구하고자 한다.

이러한 연구를 통해 국제기구가 어떠한 조건에서 주권국가로부터 위임을 받아 일을 처리함으로써 권한이 강화될 수 있는가에 대한 대답을 구할 수 있으며, 나아가 보다 본질적으로 주권국가들이 왜 국제기구를 설립하고자 하는가에 대한 대답도 찾을 수 있다. 국가가 국제기구에게 권한을 위임하는 이유 중 가장 빈번하게 지적되는 이유는 다음과 같다.[61]

(가) 회원국의 감시: P-A 모델은 국제적인 조약을 회원국들이 잘 준수하는

241-276; Daniel L. Nielson and Michael J. Tierney, "Theory, Data, and Hypothesis Testing: World Bank Environmental Redux," *International Organization*, Vol. 59, No. 3 (Summer, 2005), pp. 785-800.

61) Daren Hawkins, David Lake, Daniel Nielson, and Michael Tierney, "Part Ⅰ. Introduction: 1. Delegation under Anarchy: States, International Organizations, and Principal-Agent Theory," In Daren Hawkins, David Lake, Daniel Nielson, and Michael Tierney, eds., *Delegation and Agency in International Organizations* (Cambridge: Cambridge University Press, 2006) 참조.

가를 감시하기 위해 국제기구에게 권한을 위임할 수 있다고 본다. 불완전한 정보하에서 집단행동을 하여야만 하는 상황에서, 국제기구는 회원국들의 조약의무 준수를 감시할 수 있으며 모든 참여자들에게 정보를 제공할 수 있다. 국제기구는 조약의무를 준수하지 않는 회원국을 밝혀냄으로써 국제적인 조약의 준수를 가져올 수 있다.

(나) 불완전한 계약문제의 해결: P-A 모델은 불완전한 계약(incomplete contracting)의 문제를 해결하기 위해 국제기구에게 권한을 위임할 수 있다고 본다. 국제적인 조약을 하나의 계약으로 볼 수 있는데, 계약은 통상적으로 모든 당사국의 의무를 아주 정밀하게 규정하는 것이 어렵다. 따라서 계약의 자세한 내용을 메우고 계약의 의미를 둘러싼 분쟁을 판결하기 위해 재판소와 같은 국제기구를 만들어 권한을 위임할 수 있다.

(다) 규모의 경제(economies of scale): P-A 모델은 국가들이 국제기구가 가지고 있는 전문성으로부터 얻는 것이 많으면 많을수록, 국제기구에 권한을 위임하고자 한다고 본다. 효과적인 정책을 만드는 데 전문성에 대한 필요가 크면 클수록, 국가는 국제기구에게 권한을 위임하고자 한다. 이와 관련하여 P-A 모델은 좀 더 구체적으로 다음과 같은 조건하에서 국가들이 국제기구에게 권한을 위임하고자 한다고 본다.

첫째, 수행하여야 할 과업이 국가들에게 공공재(public goods)를 공급하는 것일 경우 국가들은 국제기구에게 위임하고자 한다. 이러한 사실은 국제원자력기구(IAEA)에게 핵확산을 감시하도록 권한을 준 것에서 발견된다.

둘째, 국가들은 그들의 개별적이고, 조정되지 않은 국내정책들이 국제적으로 충돌하고 전체 복지를 감소시킬 경우, 국제기구에게 권한을 위임하기 쉽다. 국제표준화기구(ISO) 등이 이러한 국제기구의 예에 속한다.

셋째, 수행하여야 할 과업이 어느 단일한 국가의 능력 이상을 요할 때 국제기구로의 권한위임이 발생하기 쉽다. 구체적으로 말해 과업이 상당히 전문성을 요하고, 어떠한 단일 국가에 있어서도 빈번하게 사용되지 않거나, 고

정비용(fixed cost)이 클 경우 이러한 권한위임이 발생하기 쉽다. 세계보건기구(WHO)와 같은 전문분야를 다루는 기구의 경우가 이러한 논리에 의해 적절하게 설명될 수 있다.

(라) 집단적 의사결정(collective decision-making): P-A 모델은 국가들이 정책을 둘러싸고 집단적으로 안정적 합의에 이르기 어려울 경우, 균형(equilibrium)을 유도하기 위한 수단으로서 국제기구에게 의제설정 권력(agenda-setting power)과 같은 권한을 위임할 가능성이 높다고 본다. 여기서 의제설정 권력이란 이슈를 정의하고, 최종적인 의사결정자들 사이에서 합의를 도출해낼 수 있는 제안(proposal)을 처음으로 내놓을 수 있는 권력, 즉 제안할 수 있는 권력(power to propose)을 의미한다.

이러한 전형적인 경우로서 유럽연합(EU)의 예를 들 수 있다. 유럽연합의 경우, 집행위원회(Commission)에게 상당한 정도로 이러한 의제설정 권력이 위임되어 있다. 유럽연합의 집행위원회는 안을 내놓을 때 회원국들에 의해 수용될 수 있는 안을 내놓기 위해 노력하기 마련이며, 그 결과 상충하는 이해관계에 균형을 가져올 수 있는 안이 제시되곤 한다.[62]

(마) 비난의 회피(blame avoidance): P-A 모델은 국가들이 비난을 회피할 목적으로 국제기구에 일정한 권한을 위임하는 경향이 있다고 지적한다. 구체적으로 말해, 국내정치상의 이유로 정부가 급박한 문제를 다루기 위해 무슨 조치인가를 취해야 한다고 느끼지만 실제적으로 정책을 마련하는 것까지는 꺼릴 때, 국가들은 비난을 면하기 위한 수단으로서 국제기구에 그 책임을 위임하는 경향이 있다는 것이다.

이러한 논리는 이미 위에서 살펴본 합리적 선택이론의 논리와 매우 유사하다. 이러한 예에 속하는 전형적인 경우로서 난민문제가 국제연합난민고등판무관실(UNHCR)에 위임되고, 평화유지활동(PKO)이 국제연합에 위임되는 것을 들 수 있다.

---

62) 집행위원회(Commission)가 제안한 안을 수정하기 위해서는 (각료)이사회(Council)의 만장일치가 필요하다.

(바) 신뢰성(credibility)의 획득: P-A 모델에 따르면, 국가들은 그들의 정책 공약의 신뢰성을 향상시키기 위해 국제기구에게 권한을 위임하기도 한다. 국제연합의 무기 조사관이 제공한 정보가 미국이 제공한 정보보다 왜곡되지 않은 것으로서 좀 더 수월하게 수용되는 경우를 그 예의 하나로 들 수 있다.

(사) 정당성(legitimacy)의 확보: P-A 모델은 국제기구로의 권한의 위임은 정당성의 확보를 위해서도 발생한다고 본다. 즉, 국가가 일방적이거나 소그룹으로 행동할 수도 있으나 다른 선호를 가지고 있는 국가들을 소외시킬 위험부담이 있다고 판단할 경우, 좀 더 많은 정당성을 확보하기 위한 수단으로서 권한을 국제기구에게 위임하는 경향이 있다고 본다. 미국이 이라크 침공을 시도할 때마다, 그들의 군사력 사용에 대한 정당성을 획득하기 위해 국제연합을 이용하고자 했던 것을 전형적인 예로 들 수 있다.

이처럼 국가들은 국제적인 정당성의 획득을 위해 국제기구에게 권한을 위임하기도 하나, 국내적인 정당성을 얻기 위해서도 이러한 시도가 이루어진다. 즉, 국가가 국내적으로 국민들에게 인기가 없는 정책을 만들어 집행하고자 할 때, 이러한 것들을 국제기구의 정책화함으로써 성공의 전망이 높은 것처럼 보이고 정부의 이러한 시도가 규범적으로 옳다는 인식을 하도록 한다.[63]

(아) 타 행위자에 대한 지배(control over others): P-A 모델은 동일하거나 유사한 선호를 가진 국가들이 국제기구를 통해 승리연합(winning coalition)을 형성하여 다른 선호를 가지고 있는 국가들을 통제하고자 할 경우에도, 국제기구로의 권한위임이 이루어진다고 본다. 즉, 다른 국가의 행동을 탈정당화(delegitimation) 하고자 할 때 이러한 위임이 발생한다.

2) 국제기구가 독자적인 선호와 이해관계를 가지게 되는 요인

P-A 모델은 국제기구가 가지는 독자적인 선호와 이해관계에 관심을 가진

63) 앞서 살펴본 「합리적 선택이론」 역시 이러한 점을 언급하고 있다.

다. P-A 모델에 있어서, 국가의 선호 및 이해관계와 국제기구의 선호 및 이해관계가 서로 다르다는 것이 전제되어 있으며, 이 모델의 동학(dynamics)은 이 두 행위자간에 있어서의 선호와 이해관계가 다르다는 것으로부터 나온다.[64] 국제기구가 독자적인 선호와 이해관계를 가지게 되는 요인들로서 다음과 같은 것들이 주로 언급된다.

(가) **예산의 확대와 임무의 확장:** 일부 P-A 이론가들은 국제기구가 예산의 확대나 임무(mandates)의 확장을 원하기 때문에 국가와 다른 선호와 이해관계를 가지게 된다는 논리를 제시하기도 하는데, 이러한 점은 앞서 살펴본 조직이론의 논리와 동일하다.

(나) **사무국의 인적구성:** 국제기구를 처음 설계할 때의 사무국의 인적구성방식이 국제기구의 독자적인 선호와 이해관계에 영향을 미친다는 논리를 제시하기도 한다. 국제기구를 설립할 때, 국제기구의 행정을 담당하는 사무국을 전문가인 국제공무원으로 구성할 수도 있고, 회원국 대표로서도 구성할 수 있다. 드문 경우이나 사무국이 회원국 정부대표로 구성될 경우, 이들은 국익을 극대화하는 데 관심을 가지게 되며 국내정치나 선거정치에 관심을 가지지 않을 수 없어 국제기구가 국가와 다른 선호와 이해관계를 가지기 어렵다.[65] 일반적으로 국제기구의 사무국은 전문가인 국제공무원으로 구성되는데, 이들은 국제기구의 임무와 관련한 지식이나 문제에 기초를 둔 측면에 집중하는 경향을 가지게 마련이며, 그 결과 국제기구는 나름의 선호와 이해관계를 갖기 쉽다.[66]

---

64) 이러한 전제와 관련하여, P-A 모델은 국가와의 관계에서 국제기구가 원하는 것이 무엇인가에 대해 선험적인 규정을 하고 있다는 지적을 받곤 한다. 즉, P-A 모델은 왜 그리고 어떻게 국제기구의 선호 및 이해관계가 국가의 선호 및 이해관계가 일치하지 않는가에 구체적인 설명을 제대로 제공하고 있지 않고 선험적으로 이들 간의 차이를 전제하고 있다는 것이다 (Michael Barnett and Martha Finnemore, *Rules for the World: International Organizations in Global Politics* (Ithaca and London: Cornell university Press, 2004), p. 4).

65) P-A 모델은 아시아·태평양경제공동체(APEC)나 북대서양조약기구(NATO)가 독립적인 선호를 좀처럼 보이지 않는 이유를 이러한 논리로서 설명하고자 한다.

66) 「관료정치모델(bureaucratic politics model)」이 지적하듯이 국제기구 직원들은 그들이 일반적인 매니저이든 전문기술자이든 조직 내에서 그들이 차지하고 있는 자리가 무엇인가에 따

(다) 고용관례: 일부 P-A 이론가들은 국제기구의 고용관례도 국제기구의 독립성에 영향을 미친다고 본다. 즉, 국제기구 직원의 직업 안정과 승진은 이들이 얼마나 잘 국제기구의 업무에 봉사하고 일의 진전을 가져오며, 국제기구가 설정한 성과의 기준에 미치는가에 달려 있다. 이러한 내부적으로 이루어지는 평가가 직원들의 내부지향성을 증대시키는 것을 돕고, 국가들과 충돌할 수 있는 독립적인 이해관계를 만들어낸다.[67]

3) 국제기구에 대한 통제기제(control mechanism)

P-A 모델은 국가들이 왜 일정한 정도의 자율성의 훼손을 감안하면서까지 국제기구에게 권한을 위임하고자 하는가와 국제기구는 왜 국가와 다른 독자적인 선호와 이해관계를 가지게 될까에 대한 이해를 바탕으로 하여, 국가들이 자신들로부터 벗어나려는 국제기구를 어떻게 통제하려고 하는가에 연구의 중점을 둔다.

P-A 모델에 따르면, 국가는 국제기구를 설계하면서 자신들의 이익추구를 도울 것이라고 기대되는 다양한 임무(mandates)와 과업(tasks)을 국제기구에게 위임하게 되는데, 이러한 위임(delegation)은 국가의 자율성 혹은 권위의 잠재적인 손실을 가져오게 된다. 이에 따라 국가는 국제기구로의 권한의 위

라 그들 자신의 선호를 정의하는 경향을 가지게 된다.

67) 국제기구가 왜 그리고 어떻게 국가와 다른 선호와 이해관계를 가지게 되는가에 대해 P-A 모델 이외의 다양한 이론들이 다양한 논리를 전개하고 있다. 신기능주의는 자기중심적 이익(self-interest)이라는 개념을 가지고 설명한다. 국제기구가 자기이익 중심적인 목표(즉, 공동체의 업무와 관련하여 좀 더 영향력 있는 발언권을 확보하기 위해 국제기구의 임무(mandate)를 확대하고자 하는 목표)를 추구하려는 것으로부터 요인을 찾는다. 역사제도주의(historical institutionalism)는 국가의 관료와 국제기구 관료가 가지는 상이한 시간지평(time horizon)에서 찾는다. 구체적으로 국가의 관료는 선거라는 제약으로 인해 단기적인 것에 관심을 두지 않을 수 없으나, 국제기구의 관료는 그들의 장기적인 자율성에 관심을 두며, 이 때문에 국제기구는 국가들과 선호나 이익에 있어서 다르지 않을 수 없다는 주장이다. 구성주의(constructivism)는 국제기구 직원들이 지니는 공통의 세계관 혹은 조직문화(organizational culture)의 존재에서 그 원인을 찾는다. 구체적으로 말해, 다양한 상황을 가로 질러 지식을 일반화하고, 예외를 규칙으로 통합하여 정상적인 것으로 하고자 하는 현대 관료제의 특징을 중요한 원인으로 간주한다. 또한 국제기구의 환경이 가하는 국제기구의 성과에 대한 환류(feedback)로부터의 격리의 정도와 조직 내에서의 부서간 예산과 물질적 자원을 둘러싼 경합의 정도를 또 다른 원인으로 본다.

임으로 야기되는 이러한 「대행의 손실(agency loss)」을 제한하는 제도적인 장치를 고안하게 된다. 국가들이 만드는 제도적인 통제의 기제는 P-A 이론가들에 의해 비교적 다양하게 제시되고 있으나 가장 대표적인 것을 살펴보면 다음과 같다.[68]

(가) 계약의 재설정: 우선 당사자인 국가와 대리인인 국제기구 사이에 작성되는 계약의 설계가 통제기제의 하나가 된다. 나중에 초기의 계약을 실제로 재협상하거나, 재협상을 하겠다고 위협할 수 있기 때문이다. 예컨대 국가들은 국제기구의 활동의 범위와 같은 것을 규정지을 수 있는데, 대행의 기피(agency shirking)가 발생한 경우 기존의 활동의 범위를 제한할 수 있다. 다시 말해 국가들은 국제기구의 임무(mandate)를 바꿀 수 있다.

(나) 임명의 통제: 국가는 대리인인 국제기구에서 일하는 사람을 조심스럽게 선별하여 선발할 수 있도록 함으로써, 이들이 그들 국가의 이익을 좀 더 면밀하게 반영하도록 할 수 있다. 즉, 임명의 통제(control over appointment)를 가할 수 있다.

(다) 감독: 국가는 대리인인 국제기구의 행태를 직접적인 감독(일명 police-patrol oversight) 혹은 제3자에 의한 감독(일명 fire-alarm oversight)을 통해 감시할 수 있다. 직접적인 감독이란 상설감시위원회(standing oversight committee)와 같은 조직을 통한 감독을 의미한다. 제3자에 의한 감독이란 개별적인 구성요소의 불만(individual constituency complaints)의 제기 혹은 대행자의 행태에 관한 사법적인 검토(judicial review of agency behavior)에 의한 감독을 일컫는다.

(라) 견제와 균형: 국가라는 당사자는 국제기구 내에, 2개 이상의 대리인들 사이에 조정과 경쟁을 필수적으로 하도록 하는 견제와 균형을 위한 기제를

68) D. Roderick Kiewiet and Mattew D. McCubbins, *The Logic of Delegation: Congressional Parties and the Appropriations Process* (Chicago: University of Chicago Press, 1991).

수립하여 국제기구를 통제할 수 있다. 그리하여 일단의 대리인으로 하여금 다른 대리인을 감시하고, 독자적으로 당사자인 국가에 보고하며, 심지어 다른 대리인에 의한 결정을 거부할 수 있는 권한을 부여한다.

(마) 보상과 제재: 국가라는 당사자는 국제기구라는 대리인의 특정한 행동에 대해 보상과 처벌을 하는 신뢰할 수 있는 약정의 장치를 수립함으로써 국제기구를 통제할 수 있다. 즉, 국제기구로 하여금 예상된 보상을 얻도록 하여 행태의 수정을 유도하거나, 국제기구의 행태가 국가의 이익과 일치하지 않을 경우 확실하게 제재를 가하는 새로운 약정을 기안함으로써 통제를 한다. 이러한 맥락에서 예컨대 예산에 대한 통제(control over budgets)를 가할 수도 있다.

4) 국가와의 관계에서 국제기구가 자율성을 갖게 되는 조건

권한의 위임을 통해 자신들의 자율성이 훼손되는 것을 약화시키기 위해 국가는 국제기구에 대한 통제기제를 만들게 되는데, 그럼에도 불구하고 국제기구들은 자율성을 가지게 된다. P-A 모델은 국제기구가 이와 같이 자율성을 가지게 되는 조건에 관심을 가지는데, 이러한 조건이란 국제기구에 대한 통제기제의 효율성에 영향을 미치는 요인이기도 하다.

닐슨과 티어니(Daniel L. Nielson and Michael J. Tierney)의 P-A 모델에 따르면, 1) 국가의 수가 증가할수록 그들 내부의 조정이 복잡해지며, 이로 인해 대리인으로서의 국제기구의 자율성이 증대될 수 있다. 2) 국가들 사이에 있어서의 선호의 이질성이 존재할 경우, 국제기구는 자율성을 갖기 쉽다. 제안된 정책변화와 제도개혁에 대해 국가들의 동의가 존재하지 않으며 국제기구가 이러한 불일치를 알고 있을 경우, 국제기구는 국가들 사이의 이러한 차이를 활용하여 자율성을 가질 수 있다. 이 경우 국가들은 국제기구와의 계약을 바꾸거나 바꾼다고 위협하는 것이 어렵다.[69] 3) 국가들이 정책에 대한 의지

69) 국가들 사이에 정책의 결과에 대한 선호의 이질성(preference heterogeneity)이 크면 클수록 국가들이 국제기구에 권한을 위임하려 하지 않으며, 기존의 관계를 재정립하려 하지 않고

가 약할 경우, 국제기구는 자율성을 갖는 것이 용이하다. 4) 위임된 것이 재위임 되는 등 위임이 여러 차례에 걸칠 경우, 국제기구의 자율성이 증대한다. 5) 국가와 국제기구 사이에 정보의 비대칭성(즉, 정보의 격차)이 클 경우, 국제기구의 자율성이 증대한다.[70]

13. 관료조직 이론

국제기구를 관료조직으로 간주하여 분석하고자 하는 노력이 최근에 체계적으로 이루어지고 있다. 앞서 살펴보았듯이, 합리적 선택이론, 기능주의 이론, 그리고 P-A 모델 등이 국제기구 관련 현상을 설명하고 예측하는 데 있어서 국제기구의 관료에 대해 부분적으로 관심을 둔 것은 사실이나, 국제기구의 여러 면모를 관료조직이라는 관점에서 일관적으로 살펴보고자 하는 시도는 없었다. 이러한 시도는 바넷과 핀모어(Michael Barnett and Martha Finnemore)가 중심이 되어 이루어지고 있는데, 이들이 전개하고 있는 이론을 중심으로 관료조직 이론을 분석해보고자 한다.[71]

현상을 유지하려 한다고 본다. 다시 말해, 선호의 이질성이 커지면 국제기구에 위임을 덜 하게 되고, 국제기구와의 현존하는 관계를 재구성하고자 하는 시도는 성공하기 어렵다고 본다. 이와는 대조적으로 정책결과에 대해 국가들의 선호가 비교적 유사할 경우, 국가들은 국제기구에게 권한을 위임하려 하거나 기존의 위임의 고리를 재차 구성하려 한다고 본다. 국가들 사이에 선호가 다양해지면, 국가는 국제기구에 권한을 위임하지 않고 일방적으로 행동을 취하는 선택을 할 수 있다. 이는 영국과 미국이 국제연합교육과학문화기구(UNESCO)로부터 탈퇴한 사실에서도 발견된다. 국가간에 선호가 다양해지면, 국가들은 국제기구가 아닌 유사한 선호를 가지고 있는 다른 국가에게 위임을 할 수도 있다. 이러한 것은 미국의 부시 행정부가 이라크 전쟁 때 국제연합을 벗어나 다국적군을 형성하여 대처한 것에서도 발견된다. 선호의 불일치는 또한 일단의 국가들로 하여금 새로운 국제기구를 만들어, 그들의 선호와 일치하는 과업을 위임할 수도 있다. 이러한 논리는 새로운 지역기구(regional organizations)의 탄생에 적절한 설명을 제공한다. 선진국들이 자유무역을 위해 관세 및 무역에 관한 일반협정(GATT)을 만들고, 이에 대항하여 개도국들이 국제연합무역개발기구(UNCTAD)를 주도적으로 만든 것도 이러한 논리에 의해 설명될 수 있다.

70) Daniel L. Nielson and Michael J. Tierney, "Delegation to International Organizations: Agency Theory and World Bank Environmental Reform," *International Organization*, Vol. 57, No. 2 (Spring 2003), pp. 241-276

71) Michael Barnett and Martha Finnemore, *Rules for the World: International Organizations in Global Politics* (Ithaca and London: Cornell university Press, 2004), p. 4.

(1) 특 징

앞서 살펴본 조직이론의 경우, 국제기구를 조직 일반이 포괄적으로 공유하고 있는 특징의 관점에서 살펴보고자 한다. P-A 모델의 경우 국제기구를 국가(조직 외부의 당사자)로부터 권한을 위임 받은 조직의 대리인으로 파악하고자 한다. 관료조직 이론 역시 국제기구를 조직의 관점에서 분석하고자 하나, 이 이론은 일반적인 조직이 아닌, 조직 중에서도 관료조직의 관점에서 국제기구를 살펴보고자 한다는 점에서 조직이론이나 P-A 모델과 구별된다.

관료조직 이론은 국제기구를 관료조직으로 개념화하여 살펴볼 경우, 국제기구 연구와 관련하여 논의의 중심적인 대상이 되고 있는 국제기구 행태의 네 가지 측면, 즉 자율성(autonomy), 권력(power), 역기능(dysfunction), 그리고 변화(change)를 분석하는 데 통찰력을 제공한다고 강조한다.

(2) 연구의 중점

복잡한 업무를 효율적으로 다루어야 할 필요성이 존재하는 경우라면 언제나 관료조직이 만들어지며, 이러한 의미에서 관료제도란 현대생활의 보편적인 특징이다. 관료조직 이론은 국제기구 역시 이러한 관료조직의 하나로서 보고, 관료조직의 일반적인 특징을 국제기구의 여러 면에 투사하여 국제기구 관련 현상을 분석하고자 한다. 관료조직 이론이 중점을 두고 있는 연구주제는 다음과 같다.

1) 자율성(autonomy)

관료조직 이론의 관심은 우선적으로 관료조직으로서의 국제기구의 자율성을 설명하는 데 놓여 있다. 좀 더 구체적으로 자율성이란 무엇을 의미하고, 자율성을 가질 수 있도록 하는 원천은 무엇이며, 자율성을 가지고 무엇을 하는가에 연구의 중점이 놓인다.

우선 관료조직 이론의 자율성 개념은 현실주의의 자율성 개념과 다르다.

현실주의는 자율성이란 힘 있는 국가로 하여금 그들의 이해관계와 반대의 방향으로 행동하도록 강요할 수 있는 경우에만 존재한다고 본다.

그러나 관료조직 이론은 좀 더 포괄적으로 자율성을 개념화하여, 현실주의적 의미는 물론 국가로부터 독립적이지만 강한 국가에 의해 적극적으로 부인되지 않는 국제기구의 활동들을 포함하고자 한다. 관료조직 이론에 있어서 이러한 자율성이란 구체적으로 국제기구의 설립 시 설계에 의해(by design) 의도적으로 주어지기도 하고, 의도하지 않은 채 우연하게(by accident) 생기는 것이다.

이러한 자율성의 원천과 관련하여, 관료조직 이론은 국제기구가 다른 관료조직과 마찬가지로 권위(authority)를 가지고 있기 때문에 국가, 개인, 그리고 다른 국제적인 행위자와의 관계에서 자율성을 갖는다고 본다. 이러한 권위란 다른 행위자들로부터의 일정한 수준의 동의에 의해 주어지는 것으로서, 권위를 가지게 된 행위자는 발언권을 가지게 되고 이를 통해 타행위자에게 영향을 미치게 된다는 논리다.

관료조직 이론은 나아가 이러한 권위란 어디에서 유래되는가를 밝히는 데 관심을 가진다. 권위의 원천을 목표와 수단이라는 두 측면에서 찾는데, 구체적으로 인권보호 등과 같은 사회적으로 가치 있는 목표의 추구와 이러한 목표를 추구하는 합리적이고, 기술적이며, 공정한 방식에서 찾는다.

2) 권력(power)

관료조직 이론은 또한 이러한 권위를 가지고 국제기구는 어떠한 일을 할 수 있는가를 연구하고자 한다. 이에 대해 국제기구는 권위와 더불어 담론적이고 제도적인 자원(discursive and institutional resources)을 활용하여 다른 행위자들로 하여금 자신의 판단을 존중하도록 유도할 수 있음으로써 권력을 행사한다고 본다. 여기에서 권력을 행사한다 함은 하지 않으려는 행위를 강제하는 능력 이상의 것을 의미하는 것으로서, 종종 무엇이 올바른 행위인가를 말하는 것 등이 포함된다.

3) 역기능(dysfunction)

관료조직 이론은 모든 관료조직의 역기능의 가능성을 국제기구에도 적용하고자 한다. 이러한 역기능이란 관료조직의 규칙, 전문화, 구획화(compartmentalization)에 대한 강조에서 유래되는 것으로서 보는데, 이러한 역기능이란 구체적으로 국제기구가 합리적인 논리에 도전하는 정책을 입안하고 집행하며, 주어진 임무와 일치하지 않는 방식으로 행동하고, 공식적으로 책임을 져야 할 대상의 요구를 거절하거나 혹은 등을 돌리는 형태로 나타난다고 본다.

4) 변화(change)

마지막으로 조직의 변화에도 관심을 둔다. 국제기구는 다른 관료조직과 마찬가지로 창설자에 의해 의도되지 않은 방식으로 변화하고 진화한다고 본다. 구체적으로 국제기구는 자신들의 규칙과 조직문화에 내재화되어 온 경험에 근거하여 새로운 환경과 도전에 적응하며, 창설자가 의도하지 않은 방식으로 새로운 임무와 책임을 떠맡으면서 확장해 나간다. 좀 더 구체적으로 관료조직 이론은 무엇이 국제기구로 하여금 국가들이 요청하지 않은 변화를 촉진하고 변화에 대한 요구에 저항하도록 하며, 어떤 유형의 변화가 성공할 가능성이 높은가를 이해하고자 한다.

14. 구조주의 이론

(1) 특 징

구조주의(structuralism) 이론은 일반적으로 국제기구를 포함한 국제제도를 선진 자본주의 국가들의 지배를 위한 수단 혹은 도구로 간주한다. 즉, 국가, 국제체제, 국제체제의 기구, 그리고 국제체제의 그 밖의 제도 모두를 국제자본(international capital)의 이익을 반영하는 것이며, 이들이 해결하고 관리하고자 하는 경제적인 문젯거리들은 자본주의의 장기적인 발전에 내재해 있는 모순으로부터 야기되는 것으로 본다.

구체적으로 구조주의는 국제기구를 자본주의 질서로 후진국들을 끌어들이는 도구라고 보며, 미국을 비롯한 다른 선진 자본주의 국가들이 이러한 국제기구의 정책을 명령하는 것으로 인식한다. 구조주의는 국제기구가 산업의 변화와 자유주의 이념의 발전을 촉진함으로써 근대 자본주의 국가들의 발전을 위한 중요한 도구로서의 역할을 해왔다고 인식한다. 후진국과 관련하여서는 국제기구를 후진국의 토착적인 경제발전과 사회변혁의 가능성을 억제하는 결과를 가져오는 존재로 바라본다.

(2) 연구의 중점

구조주의는 국제기구가 선진국의 자본주의의 유지와 확대에 어떠한 기여를 해오고 있는가와 더불어 후진국의 저발전과 빈곤이 국제기구에 의해 어떻게 지속되고 있는가를 보여주는 데에 연구의 중점을 두고 있다.

국제기구와 세계자본주의 질서간의 연계에 대해 구조주의가 견지하고 있는 견해는 이들이 세계은행(IBRD), 국제통화기금(IMF), 세계무역기구(WTO)와 같은 국제기구에 가하고 있는 다양한 비판에 잘 반영되어 있다. 예컨대 페이어(Cheryl Payer)는 세계은행을 평가함에 있어서 「세계은행이란 제3세계의 국가통제를 국제적인 자본의 유입을 규제하려는 민족주의자와 사회주의자들로부터 빼앗아 국제적인 자본에 넘겨주는 선진 자본주의 국가의 가장 중요한 도구」라고 칭하고 있다.72) 동일한 맥락에서 세계무역기구(WTO)는 후진국에게 불리한 무역조건을 항구화시킴으로써 선진 자본주의 국가들의 이익을 도모하는 도구로서 인식된다.

소련의 붕괴로 인하여 이러한 구조주의적 견해는 다소 위축되는 듯 했으나, 탈냉전 후에 가속화되고 있는 세계화의 진행 속에서 후진국에 있어서의

72) Cheryl Payer, *The World Bank: A Critical Analysis* (New York: Monthly Review Press, 1982), p. 20.

경제적·사회적 조건의 악화와 빈국과 부국 사이에 증대하는 양극화 등으로 인하여 관심이 다시 가열되고 있다.

15. 구성주의 이론

(1) 특 징

신현실주의와 신자유주의 모두 행위자의 합리성(rationality)을 가정하여 행위자로서의 국가의 특징인 정체성(identity)과 이익(interests)을 외생적으로 주어진 것을 본다. 이와는 대조적으로 구성주의는 이러한 정체성과 이익이라는 것이 객관적으로 외생적으로 주어진 것이 아니라, 간주관적으로 사회적으로 구성되는 것으로서 변화할 수 있는 것으로 바라보고자 한다. 즉, 행위자의 정체성과 이익은 타인과의 상호관계 속에서 발생한다고 본다. 이러한 맥락에서 구성주의자들은 이러한 정체성과 이익이라는 것이 어떻게 형성되는가에 중점을 둔다.

신현실주의와 신자유주의처럼 주어진 정체성과 이익으로부터 국가행위의 패턴을 설명하고자 한다면, 국가행위의 패턴에 있어서의 지속성을 설명할 수 있어도 변화를 설명하는 것이 어렵다. 구성주의는 이와는 달리 국가들이 상호작용을 통해 정체성을 수립하고, 이러한 정체성을 기반으로 이익을 정의하며, 이러한 이익이 행위자의 행위패턴에 영향을 미친다고 봄으로써 정체성의 변화, 이익의 변화, 국가행태의 변화를 분석하고자 한다.[73]

이러한 맥락에서 무정부성(anarchy)이라고 하는 국제체제의 구조라는 것 역시 외부적으로 주어진 고정된 것으로 바라보지 않고, 구성요소인 국가들 사이의 상호작용을 통해 사회적으로 구성되는 것으로서 변화할 수 있는 것으로 보고자 한다. 서유럽의 안보 공동체(security community)처럼 국가들은 새로운 이해(new understanding)를 창출함으로써 변화를 가져올 수 있다고

73) 정체성(identity)이란 자기 자신 그리고 자기 자신과 다른 행위자의 관계를 어떻게 생각하는가의 것이다.

본다.

구성주의는 국제체제의 구조를 물질적인 구조로만 보지 않고 규범적인 구조로 보고자 한다. 또한 구조와 행위자의 관계에 있어서 구조가 행위자에게 미치는 영향에 국한하지 않고 행위자가 구조에 미치는 영향을 포함하여 이들 사이의 상호작용을 강조한다.

구성주의에 있어서 국제제도라는 것은 국가간의 상호작용을 통해 얻어진 정체성과 이익의 구현체(manifestations)이다. 이처럼 구성주의는 국제제도를 「사회적 구성물(social construct)」로 보고자 한다. 구성주의는 국제제도란 사회적인 상호작용의 산물이라는 종속변수로 간주하는 것으로 그치지 않고, 국가의 행위에 영향을 미치는 독립변수로도 보고자 한다. 즉, 국제제도 속에서 국가의 정체성과 이익이 정의되며 국가의 행위도 영향을 받는다고 본다.[74] 이처럼 구성주의는 합리주의가 합리성이라는 가정하에 국제제도의 구체적인 생성과정과 국가의 행위에 영향을 미치는 과정을 암상자에 넣어둔 것을 열고자 했다.

(2) 연구의 중점

구성주의는 국제기구와 관련된 현상을 전적으로 설명하기 위해 등장한 이론은 아니지만, 국제기구의 여러 역할 중 국제기구가 국가들을 사회화(socialization)시키는 역할에 관심을 집중한다. 구체적으로 국제기구는 새로운 규범, 가치, 이익(interests)에 대한 인식에 대해 토론, 설득, 교육, 주장들이 전개되면서 이러한 것들을 수용하도록 하는 장(forum)으로서의 역할을 하고, 더 나아가 실질적으로 새로운 규범을 창출하는 역할을 수행한다고 본다.

이러한 점에서 구성주의자들에게 있어서 국제기구는 국가의 행동에 독립적인 영향을 미치는 중요한 국제정치의 행위자가 되며, 따라서 이들 구성주의자들에게 있어서 국제기구는 중요한 연구의 대상이 된다. 간단히 말해, 구

74) Jeffrey Y. Checkel, "The Constructivist Turn in International Relations Theory," *World Politics*, Vol. 50, No. 2 (January 1998), pp. 324-348; Alexander Wendt, "Anarchy is What States make of It: The Social Construction of power Politics," *International Organizations*, Vol. 46, No. 2 (Spring 1992), pp. 391-425.

성주의자들에게 있어서 국제기구와 관련한 중요한 연구과제는 국제기구가 어떻게 국가들을 사회화시키며, 이러한 것들이 궁극적으로 국가의 행태에 어떠한 영향을 미치는가 하는 것이다.

제2차세계대전 후 독일이 북대서양조약기구(NATO)와 유럽연합(EU)을 위시한 유럽의 국제기구와의 관계 속에서 자신의 정체성을 수립해나가고 있는 것 등을 예로 든다.[75] 핀모아(Martha Finnemore)는 국제연합교육과학문화기구(UNESCO)의 기술원조가 국가의 과학프로그램의 필요가 거의 없었던 국가들에게 있어서조차 국가의 과학프로그램을 촉진하게 되었다는 것을 예로 들면서, UNESCO가 과학정책의 분야에서 국가의 정체성과 이익 등을 규정짓는 것을 도왔다고 주장한다.[76]

---

75) Margaret P. Karns and Karen A Mingst, *International Organizations: The politics and Processes of Global Governance* (Boulder and London: Lynne Rienner Publishers, 2004), pp. 56-59.

76) Martha Finnemore, *National Interests in International Society* (Ithaca, N.Y.: Cornell University Press, 1996).

제3부

국제기구의 생성과 소멸

제1장 국제기구 설립 이론

1. 서 론

조류인플루엔자(AI)와 사스(SARS) 등 새로운 전염병 질병이 확산되면서 이들이 생물무기로 전용될 우려가 커지고 있다. 이러한 상황에서 생물무기금지조약 체결국 회의는 2006년 12월에 생물무기의 국제적인 금지와 확산금지 체제를 강화하기 위한 조치의 일환으로 「조약이행지원국」의 창설을 주요 내용으로 하는 합의문서를 채택하고, 이에 기초하여 2007년에 「조약이행지원국」을 신설했다. 당분간 조약이행지원국은 조약 당사국에 대한 사찰권한을 갖지 않지만 앞으로 5년 뒤 이를 보유할 예정이다. 그동안 대량파괴무기의 통제기구로서 핵무기와 관련하여 국제원자력기구(IAEA)가 있었고 화학무기와 관련하여 화학무기금지기구(OPCW)가 있었는데 반해, 생물무기를 통제하기 위한 국제기구가 없었다.

2007년 12월에 남미 국가의 경제성장을 책임질 「남미은행(Bank of the South)」이 공식 출범했다. 남미은행은 앞으로 국제통화기금(IMF)과 세계은행(IBRD)을 대신해 남미의 지역개발과 경제적 통합을 지원하게 된다. 회원국은 현재 7개국이나 나머지 남미 국가도 모두 참여의사를 밝힌 바 있다. 이 기구는 남미의 반IMF 정서 속에 탄생한 국제기구로서 기존 국제금융기구보다 완화된 대출 조건으로 남미의 도로 건설이나 빈곤 대책을 도와 IMF와 IBRD 등의 영향력을 최소화하겠다는 청사진을 내걸고 있다.

2007년 11월 동남아국가연합(ASEAN) 10개 회원국은 유럽연합(EU)을 모방한 공동체 설립에 합의했다. 구체적으로 동남아국가연합 회원국은 지역공동체의 헌법 역할을 하게 될 「아세안 헌장」과 EU식 경제공동체인 「아세안경제공동체(AEC)」 설립을 위한 청사진에 서명했다. 회원국들은 1년 안에 아세안 헌장을 비준하도록 되어 있다.

아세안 헌장은 국제기구로서 동남아국가연합에 법인체 지위를 부여하는 한편 민주주의의 강화, 자치와 법에 의한 통치, 인권 및 기본적 자유의 보호와 증진 등을 목표로 명시했다. 또 회원국의 국내 문제는 불간섭을 원칙으로 하고, 표결이 아닌 「타협과 합의」를 통해 의사 결정을 하도록 했다. 헌장에는 인권기구 창설이 명문화됐으나 이 기구의 구성이나 기능 등은 구체적으로 언급되지 않았다. 아세안 경제공동체 청사진은 경제·통상 개방으로 2015년까지 단일시장과 단일 생산기반을 구축하고 EU식 경제공동체를 창설한다는 것을 골자로 하고 있다.[1]

일본이 중심이 되어 국제유가를 안정시키기 위해 2008년에 주요 석유 소비국을 중심으로 국제기구 창설을 추진하고 있다. 신설되는 「석유소비국기구」는 석유소비의 억제 등을 위한 국제적 연대를 주도하여 유가 안정을 꾀하고, 주요 소비국들의 공동보조를 이끌어내 투기자금의 유입 등으로 원유가격이 급등하는 것을 견제하는 효과를 기대한다.[2] 이 기구는 석유수출국기구(OPEC)에 대응하는 국제기구로서의 성격을 가지고 있다고 볼 수 있다.

전세계 가스 매장량의 14%를 차지하는 이란과 베네수엘라가 가장 적극적인 태도를 보이고 있는 가운데, 세계 주요 가스 생산국이 석유수출국기구(OPEC)와 같은 가스 생산국들 사이의 카르텔 창설을 논의하고 있다. 이에 대해 미국과 유럽연합(EU)측은 국제유가의 상승과 러시아 등 가스수출국의 정치·경제적 영향력을 견제하며, 에너지 안보에 위협이 될 뿐 아니라 가격조작 등 집단 이기주의를 낳을 수 있다며 우려의 목소리를 높이고 있다.[3]

아시아에서의 금융위기 이후 현재의 국제통화기금(IMF)식 처방이 지역적

1) 세계일보(인터넷), 2007년 11월 21일.
2) 연합뉴스(인터넷), 2008년 2월 3일.
3) 서울경제(인터넷), 2008년 1월 27일.

인 필요에 제대로 기여하지 못하고, 차관 제공과 더불어 부과되는 조건(conditionality)이 지나치게 서방국가 위주라는 비판 속에 아시아통화기금(AMF) 설립에 대한 논의가 아시아 국가들 사이에 지속적으로 논의되고 있다.[4)]

이처럼 국제사회에서 국제기구가 실질적으로 창설되고 있으며, 현재 창설로까지 이어지지는 않았으나 창설시키기 위한 노력이 계속되고 있다. 1975년과 1989년 사이에 정부간기구의 수가 24% 증가했다. 그러던 것이 냉전이 종식되면서 11%가 감소되었다.[5)] 국제협회연합(Union of International Association: UIA)이 발간하는 국제기구연감(Yearbook of International Organizations)에 따르면, 전통적인 국제기구(conventional international bodies)로 분류되는 국제기구의 수는 1909년에 37개였던 것이 1985년에 이르러 378개로 최고치에 이르렀다. 1985년을 정점으로 그 수가 감소하여 2001년에는 232개로까지 줄었

4) 2008년 5월 4일 한·중·일 3국과 동남아국가연합(ASEAN) 회원국의 재무장관들이 스페인 마드리드에 모여 일명 「아시아통화기금(AMF)」의 최초 출자금 규모를 800억 달러로 한다는 것과 대출조건 등에 합의하면서 아시아만을 위한 공동펀드의 탄생에 한걸음 더 다가섰다. 1997년에 외환위기가 발생했을 당시 미국이 지배하고 있는 국제통화기금(IMF)이 구제금융의 대가로 부과한 가혹한 이행조건과 일방적인 구조 조정안을 수용해야만 했던 한국과 아시아 각국에게 AMF는 단순한 국제협력 기구가 아닌 금융주권의 확보의 길과 같은 의미를 갖는다. 동시에 한·중·일 중심의 아시아 경제·통화 블록을 조금 더 가시화하는 뜻도 담겨 있다. 하지만 그 장래는 여전히 불투명하다. 우선 외부적인 장애로서 미국의 반대가 크다. 미국은 아시아에 외환위기가 확산되던 1997년 IMF·IBRD 연차총회에서, 일본이 제안한 1,000억 달러 규모 AMF 설립제안을 강력히 반대해 무산시킨 바 있다. IMF와의 기능 중복과 수혜국의 도덕적 해이 등이 표면적 이유였지만, 실제로는 AMF가 설립되면 아시아에서 미국의 영향력이 감소할 것이란 우려 때문이었다. 결국 아시아 각국은 2000년 재무장관회의에서 역내 국가간 쌍무적인 「통화스와프」를 통해 위기 발생 시에 단기 외화유동성을 상호 지원하는 초보적 수준의 「치앙마이 구상(CMI)」으로 첫 걸음을 뗄 수밖에 없었다. 그 동안 꾸준한 설득으로 2007년에 CMI를 다자간 협약으로 발전시켜 AMF 설립의 토대를 마련했지만, 역시 올해 2008년 회의에서도 「새 공동펀드는 IMF의 보완적 체제」라는 점을 합의문에 명시해야 했을 정도로 미국의 견제는 계속되고 있다. 미국의 반대 보다 더 큰 장애는 일본과 중국 사이에 전개되고 있는 아시아 패권다툼이다. AMF의 관건은 어느 국가에 얼마를 빌려줄지를 결정하는 주도권을 누가 쥐느냐에 있다. 이번 회의에서 출자금의 80%를 내기로 한 한·중·일 3국이 세부 분담액수를 정하지 못한 것도, 출자지분에 따라 기구 내의 영향력이 달라지기 때문이다. 때문에 AMF가 언제쯤 IMF와 같은 모습을 갖추게 될 것인가 예측하기 어렵다. 한·중·일 3국이 곧 출자 지분율과 의사결정 방식을 논의할 예정이지만 AMF 탄생까지는 상당한 시일이 소요될 것으로 보인다 (한국일보(인터넷), 2008년 5월 6일).

5) Stuart Rodgers, *Stuart-Solutions Regarding Globalization?: The Potential Global Solution* (Right Brained's Free Thought Association) (http://rightbrained-fta.blogspot.com/2006/12/stuart-solutions-regarding.html)

다. 그러다가 2002년부터 다시 증가하기 시작하여 2005년 현재 246개에 이르고 있다.[6)]

전지구적인 문제가 많이 생기면서 이러한 문제를 해결하기 위해 국제기구를 포함한 다양한 형태의 국제제도가 창설되고 있다. 이러한 현실 속에서 국제제도가 국제관계 분야의 연구에 있어서 중요한 주제가 되어오고 있다.

국제제도에 관한 연구는 국가행위와 국제관계에 대한 국제제도의 영향과 더불어 국제제도의 설립과 지속 등의 문제에 중점이 주어져 왔다. 이곳에서는 국제기구의 설립과 지속성의 문제를 살펴보고자 하는데, 이를 통해 특히 다른 대륙에 비해 국제기구의 발전이 더딘 아시아에 있어서의 국제기구의 설립과 발전을 좀 더 잘 이해할 수 있을 것이다.

2. 국제기구 설립에 관한 주요 이론들

(1) 현실주의

1) 주 장

현실주의는 국제기구를 포함한 국제제도란 지배적인 강대국에 의해 그들 자신의 국익을 추구하기 위한 수단으로 창설되며, 이에 대한 가입이 이루어진다고 본다. 특히 현실주의 이론의 틀 속으로 국제제도의 창출과 유지를 설명하고자 한 패권안정이론(hegemonic stability theory)은 국제제도란 패권국가가 경제력을 바탕으로 유인을 제공하거나 군사력과 같은 강제력을 통해 만

---

6) 전통적인 정부간기구의 수는 다음과 같다: 1909년(37개), 1951년(123개), 1956년(132개), 1964년(179개), 1972년(280개), 1978년(289개), 1985년(378개), 1987년(311개), 1989년(300개), 1991년(297개), 1993년(272개), 1994년(263개), 1995년(266개), 1996년(260개), 1997년(258개), 1998년(254개), 1999년(251개), 2000년(243개), 2001년(232개), 2002년(238개), 2004년(245개), 2005년(246개). 전통적인 정부간기구에 파생조직(emanations)을 포함할 경우 국제기구의 수는 다음과 같다: 1985년(1083개), 1987년(1033개), 1989년(1078개), 1991년(1160개), 1993년(1010개), 1994년(988개), 1995년(989개), 1996년(1011개), 1997년(1035개), 1998년(1029개), 1999년(1026개), 2000년(1060개), 2001년(1064개), 2002년(1098개), 2004년(1130개), 2005년(1128개).

들어 낸 산물로 본다.

이처럼 패권안정이론은 패권국가가 원하고 옹호할 때 국제제도는 창설되고 유지된다고 보아, 국제제도를 창설하고 유지하기 위해서는 패권국이 필요하다고 본다.[7] 따라서 권력이 좀 더 균등하게 배분되었을 경우, 국제제도의 신설이 어려우며 기존의 국제제도는 쇠퇴할 수 있다고 본다.

패권안정론 가운데, 지배적인 강대국의 국익추구의 수단으로서 창출되는 국제제도는 공공재로서의 성격을 가지고 있어 광범위한 범위의 국가들에게 보편적인 이익이 된다는 견해와 보편적인 이익이 아닌 패권국가 자신의 이기적인 이익을 강조하며 패권국가의 행위가 공공재의 공급과 필연적으로 연결되어 있는 것은 아니라는 견해가 존재한다.[8] 패권국이 창출한 국제제도는 패권국의 이익을 추구하기 위한 것인데, 이러한 국제제도가 다른 국가들에게 이익이 될 수도 있고, 안 될 수도 있다고 본다.[9]

패권안정이론은 행위자의 의사와는 관계없이 국제체제의 구조(즉, 패권적 구조)가 국제제도를 공급한다고 보기 때문에 「공급측 이론(supply-side theory)」이라고 불린다. 이와는 대조적으로 신자유주의론은 국제체제의 구조와는 관계없이 이기적인 국가들의 필요에 의해 원하게 되어 국제제도가 발생한다고 보기 때문에 「수요측 이론(demand-side theory)」이라고 불린다.

---

7) 효과적인 국제제도의 존재를 지배적인 국가의 존재와 결부시키고 있는 패권안정이론은 세계경제의 안정은 안정자(stabilizer)를 필요로 한다는 킨들버거(Charles Kindleberger)의 대공황에 대한 연구에 영향을 받았다. 세계경제의 안정을 국제적인 공공재(international public good)로 바라보는 킨들버거의 주장은 올슨(Mancur Olson)의 영향을 받았다.

8) 킨들버거의 경우가 전자에 속한다(Charles Kindleberger, *The World in Depression, 1929-39* (Berkeley: University of California Press, 1973). 길핀이나 크라즈너와 같은 학자가 후자의 입장에 서 있다고 볼 수 있다 (Robert Gilpin, *U.S. Power and the Multinational Corporation* (New York: Basic, 1975); Stephen Krasner, "State Power and the Structure of Foreign Trade." *World Politics*, Vol. 28, No. 3 (April 1976), pp. 317-347.

9) 현실주의 이론은 신자유주의론과 마찬가지로 자기중심적인 이익을 추구하는 합리적인 행위자를 전제로 한다. 따라서 엄밀하게 말하자면, 현실주의에 있어서 국제제도의 창출은 국가들 사이의 권력의 배분(distribution of power)과 이익(interest)의 함수라고 볼 수 있다. 신현실주의와 신자유주의가 무정부성(anarchy)이 가져다주는 제약, 상대적 이득(relative gain)과 절대적 이득(relative gain)에 대한 이해관계, 그리고 배신의 두려움(fear of cheating)이 국제제도를 무효화시키고 국제제도의 효과성을 방해하는 정도에 대해 견해를 달리하지만, 이들 모두는 명시적 혹은 묵시적으로 국제제도가 그들의 이익을 촉진할 것이라는 것에 견해를 같이 한다.

2) 평 가

현실주의는 공동의 이익에 기반을 두고 있지 않고 특정 국가 또는 특정 그룹에 속하는 국가들의 이익을 위한 목적으로 창설되는 국제기구에 대해 적절한 설명을 제공한다. 이러한 국제기구의 예로서 선진국의 이익을 위해 창설된 「관세 및 무역에 관한 일반협정(GATT)」을 들 수 있다.

현실주의가 아주 드물게 국제기구의 행태(behavior), 지속성(persistence), 개혁(reform)을 설명하려고 시도하기도 하나 다음과 같은 한계를 가진다. 예컨대, 미어샤이머(John J. Mearsheimer)가 1990년에 북대서양조약기구(NATO)와 유럽연합(EU)의 즉각적인 붕괴를 예측한 바 있으나, 이들 국제기구가 오히려 확장되고 있다. 길핀(Robert Gilpin)과 크라즈너(Stephen D. Krasner)는 관세 및 무역에 관한 일반협정(GATT)이 쇠락할 것으로 예측한 바 있으나, 이와는 달리 세계무역기구(WTO)의 형태로 제도화되었다.[10)]

현실주의는 국제형사재판소(ICC)와 같은 국제기구가 미국, 중국. 러시아와 같은 강대국의 가입 없이 창설된 것 등을 설명하지 못한다. 또한 유일한 패권국가로서의 미국이 많은 국제기구를 다루는 데 있어서 가지고 있는 불만들을 적절하게 설명하지 못한다는 평가를 받는다.

(2) 신자유주의 제도주의(신자유주의론)

1) 주 장

신자유주의에 있어서 국제제도는 무정부적 국제체제에서 발생하는 협력의 문제(cooperation problem)를 완화시키기 위해(즉, 그렇지 않으면 합리적이고 이기적인 행위자들 사이에 일어나지 않을 협력을 촉진하기 위해) 창출된다. 구체적으로 복잡한 국제문제를 해결하는데 있어서 국가가 직면하는 주요한

10) Daniel L. Nielson and Michael J. Tierney, "Delegation to International Organizations: Agency Theory and World Bank Environmental Reform," *International Organization*, Vol. 57, No. 2 (Spring 2003), pp. 241-276.

협력의 문제로서 죄수의 딜레마가 제시하는 배신(cheating)의 문제, 집단행동 이론과 공유자산의 비극논리가 제시하고 있는 무임승차(free-riding)의 문제, 그리고 조정(coordination)의 문제가 흔히 거론된다.

신자유주의론에 있어서 국제제도를 창설하거나 가입하는 결정은, 기회주의적 행태로 인하여 집단적으로 최적의 결과를 도출해내지 못하는 협력의 문제가 국제제도가 수행하는 기능에 의해 완화되어 국가들에게 이익을 가져다주기 때문이라고 본다. 즉, 국제제도는 이러한 제도에 의해 영향을 받을 행위자에게 중요한 기능을 수행하기 때문에 창출되고 지속된다. 이처럼 신자유주의론은 국가들이 협력을 용이하게 하는 장치로서 국제제도의 필요성을 인식해서 국제제도를 창출한다고 보는데, 이는 국제제도를 국제체제의 구조와 관계없이 창설되는 것으로 보는 견해이기에 국제제도의 창설을 국제체제의 구조의 관점에서 바라보는 패권안정이론의 견해와 크게 다르다.

패권안정이론과의 차이에 대해 좀 더 살펴보면, 패권안정이론은 국제제도가 다른 국가들에게도 이익이 될 수 있다는 여지를 두고는 있으나, 기본적으로 지배적인 국가의 이익을 반영하는 것으로 본다. 이에 반해 신자유주의는 국제제도가 제공하는 상호이익의 가능성을 강조하는 경향을 지닌다.

패권안정이론이 국제제도를 힘을 바탕으로 창출되는 것이라고 보기 때문에 「힘에 기초한 접근법(power-based approach)」이라고 한다. 이와는 대조적으로 신자유주의는 합리적인 국가들이 국제제도가 수행하는 기능이 가져다주는 이익을 원하기 때문에 국제기구가 창출된다고 보기 때문에 「이익에 기초한 접근법(interest-based approach)」이라고 한다.[11]

이기적인 국가들에게 이익을 가져다주는 국제기구를 포함한 국제제도의 구체적인 기능에는 어떠한 것들이 있는가를 둘러싸고 다양한 견해들이 제시되어 왔다. 국제제도에 관한 기능적 혹은 계약주의적 이론(functional or contractualist theory)이라고 부르는 신자유주의론의 대표자인 코헤인(Robert O.

11) 국가들을 비용과 이익(cost-benefit)의 계산에 기초하여 행동하는 합리적인 행위자로 본다는 점에서 신현실주의나 신자유주의론 모두 합리적 선택이론에 속한다. 그러나 이들 사이의 차이는 신자유주의론이 국가를 다른 국가들이 얼마나 잘 하고 있는가에 무관심한 행위자로 보는 데 반해, 신현실주의는 국가를 그들의 상대적인 힘의 지위에 관심을 갖는 행위자로 본다.

Keohane)의 이론이 언급하고 있는 기능을 중심으로 살펴보면 다음과 같다.

코헤인의 이론의 출발점은 배신(cheating)의 문제를 강조하는 죄수의 딜레마의 논리와 더불어 효과적인 협력의 장애로서 거래비용을 지적하는 시장실패(market failure)의 경제이론이다. 그는 국제제도를 상호 이익이 되는 국제협력에 장애가 되는 배신과 시장실패 등을 극복하고 공동의 이익(joint gain)을 달성하기 위해 자기중심적인 국가에 가용한 수단으로 보았다. 그는 구체적으로 국제제도는 다음과 같은 기능을 수행하여 상호이익이 되는 협력을 촉진한다고 보았다.

첫째, 국제제도는 세계정부(world government)가 존재하지 않는 가운데 법적 책임을 수립할 수 있는 틀(framework for establishing legal liability)을 제공함으로써 상호 이익에 되는 관계를 조직화하는 것을 돕는다. 즉, 국제제도는 상호간에 서로서로의 행동양식에 대해 안정적으로 예상할 수 있는 틀을 제공해주며, 새로운 상황에 대해 상호간의 행동을 조정할 수 있는 관계를 발전시킴으로써 일종의 법적 책임(legal liability)을 수행한다. 국제제도는 완전하지는 않지만 다양한 수준의 법적 책임을 수립할 수 있는데, 이러한 것에는 계약(contracts), 협약(conventions), 유사협정(quasi-agreements) 등이 존재한다.

자력구제(self-help)를 추구하는 대다수의 정부는 보복에 대한 두려움 때문에도 규칙에 순응하지만 특별한 보복 없이도 국제제도에 순응하는데, 이는 자신의 규칙위반이 다른 나라 정부의 규칙위반을 증대시키고 이에 따라 「공공악(collective bad/public bad)」을 산출하여 결국은 자신에게 손해가 된다고 보기 때문이다. 간단히 말해 국제제도는 분권화된 규칙의 강제(decentralized rule enforcement)를 제공한다.

둘째, 국제제도는 국가들에게 정보(information)를 제공하여 불확실성(uncertainty)을 줄여 협력을 원활하게 하는 기능을 수행한다. 즉, 적절한 국제제도가 없을 경우, 불확실성 때문에 상호 이익에 되는 협상이 이루어지지 않는다. 어떤 국가의 경우 다른 국가들에 비해 특정의 상황에 관하여 좀 더 많은 정보를 가질 수 있다. 이때, 정보를 덜 가지고 있는 국가는 협상의 결과가 불공평할 것이라는 기대 속에서, 정보를 더 가지고 있는 국가와의 협정의 체결을 꺼리게 된다. 국제제도는 정보가 광범위하게 이용될 수 있도록 정보배분의 불균형을 줄이고 상대적으로 균등한 정보를 제공하여 불확실성을 줄이고 협상비용을 조정함으로써 특정의 협정이 더욱 쉽게 이루어지도록 하는 기능을 수행한다.

셋째, 국제제도는 거래비용(transaction cost)을 감소시키는 기능을 수행한다. 여기서 거래비용이란 다루어져야 할 이슈가 무엇인가를 밝혀내는 비용(cost of identifying issues), 거래의 협상비용(cost of negotiating bargains), 협정을 명문화하는 비용(cost of codifying agreements), 합의한 것의 준수여부를 감시하고 강제하는 비용(cost of monitoring and enforcing compliance)을 의미한다.[12] 예컨대 유럽연합(EU)과 같은 국제기구는 일시적인 협상(ad-hoc negotiation)의 경우와는 달리, 공동의 협상의 장(forum), 공동의 의사결정 절차, 합의의 준수에 대한 감시와 같은 바람직한 약정체결 환경(favorable contractual environment)을 제공하여 거래비용을 줄여 거래의 효율성을 높임으로써 국가간의 합의를 촉진한다.

넷째, 국제제도는 이슈간의 연계를 촉진하여 국가간 협력을 용이하게 해준다. 국제기구는 이슈연계(issue linkage)의 전략을 위한 장(forum)을 제공하여 협력을 용이하게 하는데, 이는 이슈간의 연계가 가능할 경우, 국가들은 특정 사안에서의 양보가 다른 사안에서의 보상이 될 수 있다고 믿음으로써 양보를 쉽게 할 수 있고, 그 결과 협상에 있어서 합의의 폭이 확대될 수 있기 때문이다. 달리 말해, 국가가 특정한 사안에서 배신을 할 경우, 그 국가가 그러한 사안을 넘어 다른 사안에서 목표를 달성하는 능력에 영향을 미치는 결과를 초래하기 때문이다.

다섯째, 국제제도는 「평판효과(reputational effects)」를 가져와 협력을 용이하게 한다. 국제제도는 성과가 측정될 수 있는 행위의 기준들을 제공하고, 이러한 기준들을 특정 사안과 연결 지으며, 토론의 장(forum)을 제공함으로

12) 국제제도에 관한 기능주의 접근은 국제레짐의 여러 기능 중 거래비용을 줄여주는 이 기능을 가장 강조한다. 이러한 맥락에서 국제레짐을 「거래비용을 감소시켜주는 일련의 규칙(transaction-cost reducing sets of rules)」이라고 칭하기도 한다. 거래비용 중 협상비용을 줄여준다는 것은 구체적으로 국제레짐의 원칙과 규칙이 자신의 행동과 타인에 대한 행동에 지침(guideline)을 제공함으로써 예측되는 행위의 범위를 좁혀주기 때문에 불확실성을 감소시키고 국제레짐에 참여하는 관료들 사이의 유대를 긴밀하게 하여 상호 이익이 있는 협정을 체결하는 정부의 능력을 증가시키는 것을 의미한다.

써 다른 행위자의 평판을 평가하는 것을 돕는다. 이처럼 국제제도는 국가의 평판을 규정짓는 것을 돕고, 불복(noncompliance)과 관련 있는 비용을 증대시킨다. 신뢰할만하다는 평가를 지닌 행위자는 다른 국가와의 협력에 있어서 파트너로서 훨씬 수월하게 받아들여진다. 잠재적인 평판의 비용(potential reputational costs)이 복종(compliance)을 보장하는 것은 아니지만, 자신들의 장기적인 이익에 민감한 합리적인 자기중심적 이기주의자를 위한 기회주의의 분기점(threshold for opportunism)을 상승시킨다.[13)]

여섯째, 국제제도는 정책의 조정에 있어서 구심점(focal points)을 수립한다. 국제제도는 집단행동의 문제(collective action problem)에 대해 수용할 수 있는 해결방안을 규정하는 것을 돕는 구심점(focal point)으로서의 기능을 수행함으로써, 단일한 균형점이 부재한 상황에서 협력을 지속시키고 촉진 시킬 수 있다. 이러한 기능은 영(Oran R. Young)의 이른바 「뚜렷한 해결방안(salient solution)」이라는 개념과 유사하다.[14)]

신자유주의론은 왜 국제제도가 창출되는가를 설명하는 것 이외에, 패권의 존재를 위시한 국제제도의 창출을 가져온 조건이 사라진 후에도 왜 국제제도가 지속되는가를 설명하고자 한다. 이러한 설명의 일부는 국제제도의 기능 가운데 특히 평판효과와 관련을 둔다. 근시안적인 자기중심적 이익을 추구하는 국가일지라도 보복의 두려움과 선례효과(effects of precedents)에 대한

13) 액셀로드(Robert Axelrod)는 국제제도는 미래의 그림자(shadow of the future)를 길게 드리움으로써 국제협력을 용이하게 한다는 것을 강조한다. 일국이 이득추구 때문에 협력을 하지 않을 경우 상대방으로부터 미래의 게임에서 보복(tit-for-tat)을 당할 것이라는 것을 우려하여 협력을 하는 것이 장기적인 관점에서 이득임을 깨닫게 되고, 그 결과 협력을 선택한다는 것이다 (Robert Axelrod, *The Evolution of Cooperation* (New York: Basic Books, 1984) 그러나 코헤인은 국제제도의 감시능력과 국가로 하여금 배반에 대해 보복을 하도록 하는 국제제도의 규칙을 강조하지 않고 대신에 평판효과에 초점을 둔다.

14) 오이(Kenneth A. Oye)나 스니달(Duncan Snidal)과 같은 학자들은 이러한 6가지 국제제도의 기능과는 달리 국제제도가 감시(monitoring)를 중앙집중화하고 강제(enforcement)를 중앙집중화함으로써 협력의 문제를 완화한다고 본다: Kenneth A. Oye, “Explaining Cooperation under Anarchy: Hypotheses and Strategies,” *World Politics*, Vol. 38, No. 1 (October, 1985), p.20; Duncan Snidal, “International Political Economy Approach to International Institutions,” In Jagdeep S. Bhandari and Alan O. Sykes, eds., *Economic Dimensions in International Law: Comparative and Empirical Perspectives* (Cambridge, New York: Cambridge University Press), pp. 477-512.

우려와 더불어, 평판의 이유로 인해 국제제도를 따른다.

국가들 사이에 만족도가 떨어져감에도 불구하고 국제제도가 지속되는 것에 대한 또 다른 설명은 국제제도를 창출하는데 있어서의 어려움이다. 덜 만족스러운 국제제도를 유지하는 기대효용이 국제제도가 없는 상황보다 클 것이라고 보기 때문이다. 국제제도를 다시 만드는 거래비용이 덜 만족스러운 국제제도를 지키는 비용을 초과하기 때문이다. 즉, 국제제도의 창출을 위한 높은 비용이 현존하는 국제제도의 지속성을 돕는다는 것이다.

2) 평 가

상호이익에 근거한 국제기구의 설립의 경우 신자유주의론의 관점에서 적절히 설명될 수 있다. 국가간 통상의 원활화, 안전보장의 강화, 그리고 인적 교류의 촉진과 같은 상호성(reciprocity)이 있는 공동의 이익, 즉 이기적인 국가이익의 총합으로서의 공동의 이익이 국제기구의 창설을 가져오는 경우가 있다. 상호성이 있는 공동의 이익이라고 할 때 국가들에게 돌아가는 이익의 정도가 정확하게 동일하다는 의미는 결코 아니며 정도의 차이는 있지만 관련 국가들에게 이익이 공히 돌아간다는 것을 의미한다.

아시아 지역 내 해적과 무장강도 행위에 대한 정보교환, 해적발생 동향 분석, 각국 정부와 해적 관련 연락체제 유지 등을 목적으로 설립된 「아시아해적퇴치협정(ReCAAP)」의 「해적정보공유센터(ISC)」라는 국제기구가 이러한 예에 속한다.

이러한 신자유주의론은 국제기구의 수적인 증가와 역할의 증대를 적절하게 설명할 수 있다. 신자유주의론은 현실주의와 달리 북대서양조약기구(NATO)가 1945년 이후 유럽에 있어서의 평화에 도움이 되는 조건을 창출하는 것을 도움으로써 번성하고 지속될 것이라고 주장했는데, 냉전이 끝난 이후 현재 확장되고 있는 것을 적절하게 설명할 수 있다.[15] 그러나 신자유주의에 다음

15) Christopher Hemmer and Peter J. Katzenstein, "Why is There No NATO in Asia? Collective Identity, Regionalism, and the Origins of Multilateralism," *International Organization*, Vol. 56, No. 3 (Summer 2002), P. 576.

과 같은 한계가 제기된다.

첫째, 신자유주의론의 경험적인 연구가 몇몇 성공적인 서구의 국제제도인 북대서양조약기구(NATO), 유럽연합(EU), 관세 및 무역에 관한 일반협정(GATT)/세계무역기구(WTO) 등에 한정되어 있다는 비판이 제기된다. 국제제도가 주는 기능이란 것이 어느 지역이든 동일할 것임에도 불구하고 유럽에서는 NATO와 같은 국제기구가 설립되어 있는 반면, 아시아에는 왜 이러한 국제기구가 존재하지 않는가에 대해 적절한 설명을 제공하지 못한다고 지적한다.[16)]

둘째, 신자유주의론은 국제제도의 탄생을 가져온 조건이 변화된 이후에도 국제제도가 지속되는 이유를 적절하게 설명한다. 그러나 국제제도란 지배적인 국가에 의해 제공되는 것이 아니라 합리적인 국가들이 원해서 창출된다고 보아 국제제도가 지배적인 국가의 이익이 아닌 상호이익(mutual gain)을 실현시켜 준다고 본다. 그 결과 국제제도들 가운데 참여국의 상호이익이 아닌 지배적인 국가의 이익을 실현시키기 위한 국제제도가 적지 않다는 것을 적절하게 설명하지 못한다.

셋째, 신자유주의론은 국제제도가 제공하는 기능에 배타적인 중점을 둠으로써 물질적인 능력의 중요성을 경시한다는 비판을 받는다. 국제기구와 관련하여 신자유주의론은 국제기구의 설립과 행동에 영향을 미치는 권력(power)의 역할을 충분히 설명하지 못한다는 비판을 받는다. 이러한 비판은 신현실주의로부터 제기되는 비판이다.

넷째, 신자유주의론은 국제제도가 제공하는 기능에 배타적인 중점을 둠으로써 집단적인 정체성의 중요성을 경시한다는 비판을 받는다. 이러한 비판은 구성주의 이론으로부터 제기되는 비판이다. 구체적으로 신자유주의론은 국제제도가 창출되는 조건을 탐구하고, 국제정치에서 이들이 수행하는 다양한 기능을 탐구하고자 한다. 그러나 이론적인 경제성(theoretical parsimony)을 위해 국가의 정체성(identity)과 이익(interests)을 주어진 것으로 가정하고 이

16) Christopher Hemmer and Peter J. Katzenstein, "Why is There No NATO in Asia? Collective Identity, Regionalism, and the Origins of Multilateralism, *International Organization*, Vol. 56, No. 3 (Summer 2002), pp. 575-607.

러한 국가의 정체성과 이익의 근원을 포함한 몇몇 이슈에 대해 의도적으로 눈을 가리고 있다고 구성주의자들이 비판한다.

(3) 구성주의

현실주의나 신자유주의론 모두 국제제도란 합리적이고 전략적인 행위자인 국가가 만들어 내는 것으로서 행위자들의 자기중심적인 이기적인 목적을 만족시켜주기 때문에 만든다고 본다.

이들은 행위자의 행동에 영향을 미치는 행위자의 이익이라는 것이 사회적 혹은 문화적 요인과 같은 외부적인 요인과 독립하여 생성되는 것으로 본다. 이러한 합리주의의 논리를 「결과의 논리(logic of consequences)」라고 부른다.[17] 결과의 논리란 행위자들이 전략적인 행동을 통해 그들의 선호를 실현하기 위해 노력하는 것을 의미하는 것으로서, 일단 가능한 모든 대안을 나열한 후 효용을 따져 최대의 효용이라는 결과를 가져다주는 선택을 한다는 논리이다. 이러한 맥락에서 이러한 접근을 「산술적 접근(calculus approach)」이라고도 부른다.

구성주의에 있어, 국제제도는 비록 행위자의 목적을 만족시키는 효율적인 방식이 아닐지라도, 문화적인 맥락에서 적절하고 정당성이 있는(appropriate and legitimate) 것으로 보이기 때문에 창출된다. 즉, 국제제도란 자기중심적인 전략적인 계산의 결과가 아닌 것으로서 합리적인 것을 반드시 반영하는 것이 아닐 수도 있다는 것이다. 즉, 구성주의는 국제제도를 이익의 수렴으로 보기보다는 공유된 이해(shared understanding)에 의해 구성된다고 본다.[18]

구성주의는 공유된 믿음이나 가치(문화나 관습)와 같은 여러 가지 비합리적일 수 있는 요인들이 정체성과 국가이익의 형성에 영향을 미치고, 이러한 정체성과 국가이익이 국제제도를 구현한다고 보고자 한다.[19] 이로써 구성주

17) 「logic of consequentialism」이라고도 부른다.

18) 사회적 행위자는 그들의 사회적 환경 및 집단적으로 공유된 의미의 체제와 독립하여 존재할 수 없다고 본다.

19) 행위자들은 구성주의에 있어서 합리적 선택이론에서보다 계산의 자유를 덜 가진다. 대신에, 행위자들은 종종 그들의 사회적 기대에 대한 인식, 그들의 정체성, 내재화된 가치, 그리고

의는 신자유주의론이 현실주의와는 달리 관심을 보이고 있는 국제제도라는 것의 형성에 보다 풍부한 설명을 가할 수 있는 여지를 제공하고 있다. 이 때문에 구성주의는 사회에 있어서의 지배적인 담론(discourse)에 주의를 기울인다. 왜냐 하면 믿음(belief)과 이익(interest)을 반영하고 규정지으며 행위의 수용된 규범을 수립하기 때문이다.

이러한 구성주의의 논리를 합리주의 논리인 「결과의 논리」와 구별하여 규범 정향적인(norm-oriented) 「적합성의 논리(logic of appropriateness)」라고 부른다. 적합성의 논리란 행위자들이 주어진 상황하에서 적합한 규칙을 생각해내도록 노력하는 것을 의미한다. 또한 합리주의의 「산술적 접근」과 구별하여 「문화적 접근(cultural approach)」이라고 부른다.[20]

2) 평 가

구성주의의 핵심은 역동성과 가변성에 있다고 볼 수 있다. 냉전의 종식과 더불어 양극적 대립이 없어지고 소련이 해체되어 위협이 사라진 상황에서, 중앙유럽과 동유럽의 국가들이 북대서양조약기구(NATO)에 가입하여 NATO가 확대되고 있으며, 유럽연합(EU) 역시 확대되고 있다.

이러한 냉전종식 후의 새로운 현상을 설명하는 데 있어서 기존의 주요 국제정치이론인 신현실주의와 신자유주의가 한계를 보이는 가운데 여러 대안이론들이 합리주의에 대항하여 등장하였다. 이러한 이론 가운데 구성주의가 가장 활발하게 국제정치 현상을 새롭게 설명하고자 한다.

이러한 맥락에서 구성주의는 중앙유럽과 동유럽 국가들이 NATO에 가입하고자 하는 것을 공유된 위협(shared threat)보다는 공동의 정체성(common identity)으로 보고자 한다. 이들 국가들의 NATO 가입을 단순히 자기중심적인 국가들 사이의 동맹의 형성이 아니라, 이들 국가와 NATO 사이의 집단적인 정체성(collective identity)의 형성, 즉 서구의 가치와 규범과의 일체화의 제도화로 보고자 한다.

유사한 주관적인 고려에 기초하여 상황에 대응한다.

20) 구성주의는 문화를 태도와 가치를 공유하는 것으로 이해한다.

쉼멜펜니히(Frank Schimmelfennig)는 유럽연합(EU)이 일부 동유럽 국가들에게 회원가입을 허용한 것은 정부간 협상(intergovernmental negotiation) 때문이 아니라, 이들 국가들이 유럽의 가치와 규범을 채택한 것을 보여주었기 때문이라고 분석한다.[21)]

구성주의는 국가를 고정된 것으로 바라보지 않음으로써, 국가들이 소련처럼 분해되거나 유럽연합(EU)에 있어서처럼 국가들이 스스로 주권을 제한하면서 통합을 추구하는 것에 대해 적절한 설명을 제공한다.

앞서 특정 국가(군)의 이익을 추구하기 위해 설립된 국제기구의 창설에 대해 현실주의 이론이 적절한 설명을 제시하고, 상호성이 있는 국제기구의 창설에 대해 신자유주의론이 적절한 설명을 제공한다고 언급한 바 있다. 이와는 달리 상호성이 있는 공동의 이익이라는 개념으로도 설명되지 않을 뿐 아니라 특정 국가 또는 특정 그룹에 속하는 국가의 이익이라는 개념으로도 설명되지 않는 인류의 공동이익을 위해 국제기구가 창설되는 경우가 있는데, 이러한 경우에 대해 구성주의가 적절한 설명을 제시한다.

당장 자국에 피해를 가져다주지 않는 환경파괴의 방지라든가, 자국과 직접적으로 관련이 없는 타국의 인권침해의 구제, 타국민의 빈곤의 해소라는 것이 이러한 부류에 속하는 인류 전체의 이익의 예이다. 국가이익을 초월하여 이러한 규범적이고 도덕적인 가치가 동인이 되어 창설되는 국제기구로는 국제연합환경계획(UNEP), 국제연합 인권이사회(Human Rights Council), 국제연합개발계획(UNDP) 등이 있다.

구성주의는 공동의 구성적 규칙을 찾아낼 수 있다는 가정을 지니고 있으나, 이의 현실성이 문제가 된다. 즉, 국제체제의 구성요소들이 집단적으로 동일한 생각을 부단히 하게 되면 이러한 생각이 실재화할 수 있다는 주장에서 알 수 있듯이, 구성주의는 집단적 정체성(collective identity)이라는 것이 국가들 사이에 갈등 없이 조화롭게 성립될 수 있을 것이라는 낙관론적인 가정을 묵시적으로 지니고 있다. 그런데 과연 이러한 집단적인 정체성이라는 것이

---

21) Frank Schimmelfennig, "The Community Trap: Liberal Norms, Rhetorical Action, and the Eastern Enlargement of the European Union," *International Organization*, Vol. 55, No. 1 (Winter 2001), pp. 47-80.

상대적인 권력에 있어서 큰 차이를 가지고 있는 국가들로 구성된 국제사회에서 민주적으로 구성될 수 있는 것인가에 대해서는 회의적이지 않을 수 없다.

3. 국제기구 설립을 촉진하는 상황적인 동인

첫째, 교통과 통신기술의 혁명으로 인한 국제적인 접촉의 증가가 국제기구의 창설을 촉진한다. 이러한 국제적인 접촉의 증가는 이들 사이의 상호교류(interchange)를 통례화하고 규제할 필요성을 유발하며, 이를 위한 수단으로서 국제기구가 등장하게 된다. 이러한 맥락에서 발생하고 성장하게 된 국제기구로는 만국우편연합(UPU), 국제전기통신연합(ITU), 그리고 국제항공운송연합(IATA) 등이 있다.

둘째, 세계의 상호의존 특히 경제적인 영역에 있어서의 상호의존의 증가가 국제기구의 발생과 성장을 촉진한다. 이러한 요인으로 인해 설립된 대표적인 국제기구로는 국제통화기금(IMF), 세계은행(IBRD), 그리고 각종 지역통상 및 통화기구(regional trade and monetary organizations) 등이 있다.

셋째, 초국가적인 이슈의 확장이 또 다른 촉진요인으로 작용한다. 많은 세계적인 문제들이 지구상의 많은 국가들에게 영향을 미치며 이러한 문제들의 해결이 어떤 단일 국가의 자원만으로 감당하기 어려울 때, 이를 위한 수단으로서 국제기구가 발생하고 성장하게 된다. 대표적인 예로서 핵의 확산이라는 일국의 노력으로 해결할 수 없는 문제를 다루기 위해 등장한 국제원자력기구(IAEA)를 들 수 있다.

넷째, 민족국가의 절대주권을 강조하는 국가 중심적인 국제체제의 실패가 또 다른 촉진요인이 된다. 두 차례의 세계대전을 경험하면서 민족국가의 수중하에서는 평화라고 하는 것이 안정적으로 유지되기 힘들다는 인식을 많은 사람들이 하게 되었고, 그 결과 이를 극복하기 위한 노력의 일환으로 국제연맹과 국제연합이라는 국제기구가 등장하게 되었다.

다섯째, 일부 초강대국에로의 군사력의 집중과 선진 공업국가에로의 경제력 집중이 약소국들로 하여금 연대(coalition)를 형성하고 유지할 필요성을 갖도록 한다. 이로 인해 등장한 대표적인 국제기구의 예로서 비동맹운동조직체(NAM)와 국제연합무역개발회의(UNCTAD)를 들 수 있다.

여섯째, 국가의 경계를 넘어서는 초국가적인 정치운동(transnational political movements) 역시 하나의 촉진요인이 된다. 이로 인해 발생하고 성장한 국제기구로는 공산주의 인터내셔널(Communist International), 사회주의 인터내셔널(Socialist International), 그리고 세계반공산주의연맹(World Anticommunist League) 등이 있다.

제 2 장 국제기구의 설립 · 소멸 · 승계

1. 국제기구의 설립

국제기구는 선행하는 국제기구 없이 새롭게 설립되는 경우도 있지만 기존의 국제기구의 일부가 분리 · 독립하는 경우도 있다. 이 두 경우를 구별하여 살펴보고자 한다.

(1) 국제기구의 신규설립

1) 조약에 의한 설립

국제기구는 일반적으로 선행하는 국제기구 없이 복수의 국가가 공통의 목적을 실현하기 위해 다자조약을 체결함으로써 새롭게 설립된다. 이러한 다자조약은 「설립조약」 또는 「설립헌장」 등 다양한 이름으로 불리며, 이러한 설립조약이나 설립헌장은 체약국 중 일정한 수 이상의 국가들이 비준을 해야 발효된다.[22)]

---

22) 국제기구의 기본문서인 설립조약이나 설립헌장은 일면 회원국들 사이의 상호 권리와 의무관계를 정하고 있는 국가간 조약으로서의 성격과 아울러 국제기구의 목적, 구조, 기능, 운영 및 회원국에 대한 권한 등을 규정하는 국제기구의 헌법이라고 하는 두 가지 성격을 통상적으로 포함하고 있다. 이러한 기본법으로서의 국제기구의 기본문서는 다음과 같은 특색을 지닌다. 첫째, 국제연합헌장 제103조에서 보듯이 설립헌장은 회원국들이 체결한 일반조약보다 그리고 국제기구가 나중에 체결한 조약이나 일방 행위보다 우월하다. 둘째, 기본문서를 체결함에

국제무역기구(ITO)처럼 설립조약이 체결되었으나 일정한 수 이상의 체약국들이 비준을 하지 않아 발효되지 않은 국제기구도 있고, 1982년 국제연합 해양법조약에 의해 설립이 규정되었으나 1994년에야 비로소 필요한 수의 비준을 얻어 조약이 발효되어 설립이 된 국제해저기구(ISA)도 있다.

2) 결의를 통한 설립

국제기구는 국가간의 조약에 의하지 않고 기존 국제기구의 결의(resolution)에 의해 설립될 수도 있다. 이러한 절차를 통해 설립된 국제기구의 예로는 앞서 국제기구의 분류 부분에서 살펴본 바 있듯이, 국제연합의 총회와 경제사회이사회의 결의를 통해 설립된 각종 보조기관(subsidiary organ)을 들 수 있다.

(2) 기존의 국제기구로부터의 분리 · 독립

국제연합공업개발기구(UNIDO)는 1967년에 개도국의 공업화를 촉진할 목적으로 총회의 결의에 의해 국제연합 총회의 보조기관으로 설립되었다. 개도국들은 UNIDO의 활동을 강화시키기 위해 UNIDO를 전문기구로 전환하기 위한 노력을 경주했으며, 선진국을 설득한 결과 1979년에 기본문서인 「UNIDO 헌장」이 체결되었고 1985년에 발효되었다. 그 다음 해인 1986년 1월에 국제연합의 경제사회이사회(ECOSOC)와 특별협정을 체결하여 전문기구가 되었다.

전문기구로서의 UNIDO는 상호이익을 위해 국제연합 경제사회이사회와 협정을 체결하여 특별한 관계를 맺고 있지만, 독립된 헌장과 독자적인 예산을 가지고 있는 국제연합으로부터 독립적인 지위를 누리는 국제기구이다. 현재 개도국들은 국제연합환경계획(UNEP)이라는 국제연합의 보조기관도 전문기구로 분리 · 독립시키려는 노력을 보이고 있다.

있어 유보가 인정되지 않는다. 셋째, 기본문서의 개정은 국제기구의 다른 결정에 비해 엄격한 요건을 필요로 한다. 넷째, 국제기구는 특별한 경우를 제외하고는 영구히 존속된다. 다섯째, 기본법으로서 국제기구의 목적, 기능, 조직, 운영에 관한 기본적인 규정을 두고 있다 (유병화, 『국제법 I』, 개정 제2판 (서울: 진성사, 1995), pp. 591-592).

2. 국제기구의 소멸

많은 수의 국제기구가 새롭게 창설되기도 하지만, 또 다른 한편에서 많은 수의 국제기구가 소멸하고 있는 것도 사실이다. 국제기구의 소멸(dissolution)은 설립조약에 관련 규정이 있으면 이에 따라 행해진다. 국제기구의 존속기간이 사전에 정해져 있는 경우, 기간이 만료되기 전에 당사국들 사이에 기구의 존속에 대한 별도의 합의가 없으면, 존속기간의 만료와 더불어 국제기구는 자동적 소멸된다. 소멸에 관한 규정이나 존속기간에 대한 규정이 없는 경우, 통상 가입국의 만장일치로서 기구가 소멸된다.

연구결과에 따르면 1981년에 존재했던 정부간기구들 가운데 오직 2/3만이 1992년에도 여전히 존재하는 것으로 나타났다. 소멸되거나 생존하고 있어도 활동을 하고 있지 않은 정부간기구의 대부분은 소련블록 정부간기구와 개도국들의 지역기구들인 것으로 밝혀졌다.[23] 특히 냉전시대 양진영간의 대립 속에서 존재했던 국제기구들이 소멸되고 있는데, 이는 구소련 진영의 국가들이 서구진영의 국제기구로 가입하고 있기 때문이다.

이러한 국제기구의 예로서 1955년에 북대서양조약기구(NATO)에 대항하기 위해 설립되었다가 1991년 7월 1일에 해체·소멸된 바르샤바조약기구(WTO)를 들 수 있다. 또 다른 예로서 동유럽경제상호원조회의(COMECON)를 들 수 있는데, 이 기구는 1960년에 설립되어 동유럽의 사회주의 국가간 경제협력기구로서의 역할을 하다가 이들 국가들이 자유경제시장체제를 위한 개혁을 추구하면서 1991년 1월 소멸된 바 있다.

국제협회연합(Union of International Association: UIA)이 발간하는 국제기구

---

23) Cheryl Shanks, Harold K. Jacobson, and Jeffrey H. Kaplan, "Inertia and Change in the constellation of international governmental organizations, 1981-1992," *International Organization,* No. 50, No. 4 (Autumn 1996), pp. 593-627. 국제정치 이론인 (신)현실주의와 (신)자유주의는 정부간기구(IGO)의 지속력(durability)에 대해 각기 다른 예측을 하고 있다. 이에 대한 연구는 다음 글을 참고하기 바란다: Richard Cupitt, Rodney Whitlock and Lynn Williams Whitlock, "The [Im]mortality of International Governmental Organizations," in Paul F. Diehl, ed., *The Politics of Global Governance: International Organizations in an interdependent World* (Boulder and London: Lynne Rienner, 1997), pp. 7-24.

연감(Yearbook of International Organizations)에 따르면, 2005년 현재 소멸되었거나 명백하게 활동을 하지 않고 있는 기구(dissolved or apparently inactive organizations)의 수는 628개에 이르고 있다.

3. 국제기구의 승계

(1) 권한의 승계

국제기구가 임무를 종료한 후 완전히 소멸하지 않고 다른 별도의 국제기구에 의해 그 권한이 승계되는 경우가 있다. 비교적 최근의 예로서 관세 및 무역에 관한 일반협정(GATT)이 세계무역기구(WTO)로 승계된 것을 들 수 있다.

1947년 출범 이래 국제무역의 기본적인 틀로서의 역할을 해 온 GATT는 1995년 12월 GATT 총회에서 공식 폐지가 확정되면서 48년간의 활동에 종지부를 찍었다. 그러나 GATT 규정의 대부분은 「GATT 94」라는 명칭으로 새로 출범한 WTO에 포함됨으로써 GATT협정의 대부분은 WTO체제에서도 유효하게 되었다.[24] 이러한 권한의 승계는 일반적으로 다음과 같이 세 가지의 상이한 방식을 통해 이루어진다.

첫째, 회원국간의 개별적인 조약의 체결에 의해 승계되는 경우이다. 유럽공동체(European Community: EC)가 생기기 전 유럽경제공동체(European Economic Community: EEC), 유럽석탄철강공동체(European Coal and Steel Community: ECSC), 그리고 유럽원자력공동체(European Atomic Energy Community: EURATOM)는 별개의 기구로서 별도의 이사회와 위원회를 가지고 개별적으로 운영되었다. 그러나 1965년에 일명 「통합조약」이라고 불리는 「유럽공동체단일이사회 · 단일위원회설립조약」이 회원국들에 의해 체결되고 1967년에 발효됨으로써 이들 3개 하부기구의 이사회와 위원회가 하나의 이사회와 하나의 위원회로 결

24) 과거의 GATT를 「GATT 47」로 부르고 WTO에 포함된 GATT를 이와 구별하여 「GATT 94」로 부른다.

합되었다.

둘째, 새로운 국제기구의 설립조약 혹은 설립헌장에 의해 승계되는 경우이다. 대표적인 예로는 국제사법재판소(ICJ)의 설립규정에 의한 상설국제사법재판소(PCIJ)의 승계를 들 수 있다. 1945년 설립된 ICJ는 ICJ 규정 제36조 제5항과 제37조에서 1921년에 설립된 PCIJ의 승계를 언급하고 있다. 구체적으로 이 조항들은 PCIJ가 존재하고 있을 때 인정된 PCIJ의 강제적 관할권이 그대로 ICJ의 강제 관할권으로 전환된다는 것을 규정하고 있다. 1960년에 체결된 경제협력개발기구(OECD)의 설립조약은 1948년 마샬계획(Marshall Plan)의 실시를 위한 경제협력기구로서 설립된 유럽경제협력기구(OEEC)에 관한 규정을 두어 이를 승계한 바 있다.

셋째, 조약에 의한 승계라는 점에서 공통점을 지닌 위의 두 경우와는 달리 국제기구의 결의에 의해 승계되는 경우도 있다. 국제연합은 1945년 국제연맹과는 별도로 설립되었으며 국제연맹은 국제연합이 설립된 이후인 1946년 4월에 해산되었다. 이처럼 두 기구는 일시적이나마 공존한 적이 있는데, 양 기구의 총회의 결의에 의해 국제연합이 국제연맹의 기능, 활동, 그리고 자산 등을 승계한 바 있다.

(2) 기능의 승계

이러한 권한의 승계 이외에 기능이 승계되는 경우도 있다. 난민의 국제적 보호를 위해 1921년 국제연맹이 설치한 「난민고등판무관사무소」와 난민회의에서 독일난민문제를 해결하기 위해 1938년에 창설된 「난민을 위한 정부간 위원회」가 1943년에 창설된 「국제연합구호부흥기관(United Nations Relief and Rehabilitation Administration: UNRRA)」에 의해 승계되었다. UNRRA는 1946년에 국제연합 총회의 결의에 의해 창설된 「국제난민기구(International Refugee Organization: IRO)」에 의해 1947년에 승계되었다. IRO의 폐지가 1949년에 결정된 후, 1951년에 국제연합 총회의 결의에 의해 국제연합난민고등판무관실(UNHCR)이 설립되어 IRO의 기능을 승계하였다.

국제평화와 안전에 위해를 가할 수 있는 국가에 대한 무기 및 기술수출 금지를 목적으로 1949년에 설립되었던 「대공산권수출통제기구(COCOM)」가 1994년에 해체되었다. 그러나 공산국가가 서방의 선진기술을 취득하지 못하도록 감시해 온 이 국제기구는 「바세나르 협정(Wassenaar Arrangement)」이라는 이름의 새로운 국제기구에 의해 1996년에 대체된 바 있다.25)

25) 서울신문, 1995년 12월 21일.

제4부

국제기구와 국제기구 관련자의 지위

제1장 국제기구의 국제법 주체성

1. 개 요

최근 내전 등으로 사회가 극히 불안한 지역에서 국제기구의 활동이 활발해지면서 이들 국제기구 직원들의 신변의 안전이 크게 위협받고 있다. 예컨대 2007년 10월에 소말리아 정부군이 국제연합 사무실에 난입하여 국제연합 산하기관인 세계식량계획(WFP) 책임자를 구금한 바 있다. 반기문 국제연합 사무총장은 공보실을 통해 발표한 성명에서 소말리아 과도정부는 국제연합 직원과 재산을 보호할 의무가 있다면서 즉각적이고 무조건적인 석방을 촉구한 바 있다.[1)]

이러한 사건은 국제기구 자체와 국제기구의 구성원인 국제기구 직원의 국제법적 지위가 무엇인가에 대한 관심을 불러일으킨다. 따라서 여기에서 국제사회에 있어서 역할이 점차적으로 증대되고 있는 국제기구의 국제법상 지위, 구체적으로 국제기구 자체, 국제기구의 직원, 국제기구 임무를 수행하는 전문가, 그리고 국제기구의 정부대표들의 국제법상의 지위에 대해 살펴보고자 한다. 우선 이들의 국제법상의 주체성부터 살펴보면 다음과 같다.

1) 연합뉴스(인터넷), 2007년 10월 18일.

2. 국제기구의 국제법 주체성

법의 주체라고 했을 때 이것이 무엇을 의미하는가에 대해 이견이 존재한다. 때에 따라서는 법 정립에의 참가자라는 의미로 쓰이기도 하고, 때로는 법규범의 권리와 의무의 주체라는 의미로도 사용된다. 후자의 의미의 법 주체가 통설이며, 여기서도 이런 의미로 사용하고자 한다.

전통적 국제법은 국가만을 국제법의 권리와 의무의 향유자로 보았다. 그러나 제1차세계대전 이후 국제사회의 조직화와 더불어 전통적 국제법 이론에 수정이 가해지면서, 개인과 더불어 제한된 범위이기는 하나 국제기구도 국제법상의 권리와 의무의 주체성이 인정되었다.

국가는 국가로서 존재함으로써 당연히 국제법상의 권리와 의무의 본원적인 주체가 되며, 타국제법 주체와의 관계에서 일반적인 권리와 의무를 가지게 된다. 이에 반해 국제기구는 제한된 국제법 주체로서 국가의 의사에 기초하여 국제법상의 권리와 의무를 가지며, 특정한 분야에 한정하여 부분적인 권리와 의무를 지니게 된다. 이러한 국제기구의 국제법 주체성은 원칙적으로 국제기구의 설립 기본조약 혹은 특별조약이 명시적으로 규정한 범위 내에서 인정되며, 예외적으로 명시적인 규정이 없어도 국제기구의 목적 및 기능과 관련된 임무를 수행하는 데 필요한 범위 내에서 주체성이 묵시적으로 인정된다.

3. 국제기구의 국제법 주체의 근거

(1) 설립 기본조약

설립 기본조약이 국제법의 주체성을 인정한 경우로는 국제연합헌장 제104조, FAO 헌장 제15조 제1항, IAEA 헌장 제15조(a), ICAO 헌장 제47조, ILO 헌장 제39조, OAS 헌장 제103조, UNESCO 헌장 제12조, WHO 헌장 제66조, WMO 헌장 제27조(a) 등이 있다. 예컨대 국제연합헌장 제104조는 「이 기구는 그 임무의 수행과 그 목적의 달성을 위해 필요한 법률상의 능력을 각 회원국의 영역에서 향유한다」고 규정함으로써 국제법의 주체임을 인정하고 있다.

(2) 특별조약

이러한 설립 기본조약의 규정들은 나중에 그 국제기구의 국제법 주체성을 인정하는 특별조약에 의해 뒷받침된다. 예로서 1946년에 체결된 「국제연합의 특권과 면제에 관한 협약(Convention on the Privileges and Immunities of the United Nations)」과 1947년에 체결된 「전문기구의 특권과 면제에 관한 협약」이 있는데, 이들은 각각 국제연합과 전문기구의 국제법 주체성을 인정하고 있다. 구체적으로 「국제연합의 특권과 면제에 관한 협약」 제1조 1항은 국제연합이 계약의 체결, 동산 및 부동산의 취득 및 처분, 그리고 제소권을 가짐을 규정하고 있다.

(3) 묵시적 근거

국제기구의 국제법상 권리와 의무의 주체성은 원칙적으로 이러한 설립 기본조약이나 특별조약의 명시적인 규정에 의해 인정되나, 명시적인 규정이 없어도 이러한 설립 기본조약의 목적 및 기능과 관련된 임무의 수행에 필요한 범위 내에서 국제기구의 국제법상 주체성이 묵시적으로 인정된다.

이는 일명 「베르나도테(Bernadotte) 사건」이라고 불리는 「국제연합 근무 중에 입은 손해배상사건」에 대한 국제사법재판소(ICJ)의 권고적 의견(advisory opinion)이 확인한 바 있다. 구체적으로 공무 수행 중 살해된 국제연합의 조정관을 대신하여 국제연합은 가해국 정부에 제소권을 행사할 수 있다는 의견을 제시했다.[2)]

2) 국제연합의 조정관인 베르나도테(스웨덴인)가 아랍 피난민들을 이스라엘 국가로 되어 있는 그들의 지역으로 돌려보내야 한다고 제안하자 1948년 9월 유대 과격파에 의해 예루살렘에서 살해되었다. 이 사건으로 국제연합의 직원이 근무 중에 입은 손해의 배상에 관하여 국제연합이 그 청구권을 가지게 되는가의 여부가 문제되었다. 1949년 4월 11일 국제사법재판소는 국제연합에 국제법적 인격을 인정하여 배상청구권을 가진다고 판시한 바 있다.

제 2 장 국제기구의 지위

1. 국제기구의 권리

(1) 조약체결권

국제기구의 국제법 주체성과 관련하여 과거 논란이 되어왔던 것 중 하나는 국제기구가 국가 또는 다른 국제기구와 조약을 체결할 수 있는 권리를 갖는가의 문제였다. 그러나 제2차세계대전 후 국제연합을 위시한 국제기구들이 설립헌장이나 기본조약에 국제기구의 조약체결권을 명시적으로 규정함으로써 조약체결권을 인정하고 있다.

국제연합을 예로 들자면, 국제연합헌장 제43조는 국제연합 안전보장이사회가 군사적 조치를 위한 특별협정을 회원국과 체결할 수 있다는 규정을 두고 있으며, 제57조와 제63조는 국제연합 경제사회이사회가 전문기구와 협의적 관계를 설정하는 협정을 체결할 수 있다고 규정하고 있다. 또한 제71조는 경제사회이사회가 그 권한 내에 있는 사항과 관련이 있는 비정부기구(NGO)와의 협의를 위하여 적절한 약정을 체결할 수 있다고 규정하고 있다.

그러나 설립헌장이나 기본문서에 조약체결권에 관한 명문의 규정이 전혀 없는 경우와 명문의 규정을 두고는 있으나 규정이 언급을 하고 있지 않은 사항에 대해서도 국제기구가 당연히 조약체결권을 갖는가의 문제가 있다. 이에 대해서는 부정설과 긍정설이 존재하며 긍정설에도 여러 종류의 학설이 있으나, 베르나도테(Bernadotte) 사건에 대한 국제사법재판소(ICJ)의 권고적 의견에 따라 국제기구는 설립헌장이나 기본조약에 명시적으로 규정되어 있는 사항에 국한되지 않고, 해당 국제기구의 목적이나 기능으로부터 그와 같은 권능이 추정되는 경우에도 조약체결권이 묵시적으로 인정된다고 볼 수 있다. 이러한 것은 국제연합이 명문의 규정이 없음에도 불구하고 미국정부와 본부협정을 체결한 것에서도 알 수 있다.

(2) 국제책임의 청구권

국제기구는 국제법의 주체로서 그가 받은 손해에 대해 국제적 청구를 제기할 수 있는 권한을 가진다. 전술한 베르나도테 사건에 관한 국제사법재판소의 권고적 의견에 따르면, 국제기구는 국가의 국제법상의 의무위반으로 자신의 법익이 침해된 경우, 그 임무의 달성에 필요한 한에 있어서 국제적 청구를 할 수 있다.

또한 국제기구는 자신의 직원이 국제공무원으로서 스스로의 독립성을 확보하고 이것에 기초하여 국제기구 자체가 자율성을 행사하도록 하기 위해, 기능수행과 관련하여 직무보호(functional protection)를 할 수 있다. 여기서 직무보호란 국제기구의 직원이 국제 불법행위로 인하여 손해를 입은 경우, 그가 소속되어 있는 국제기구가 그의 직무와 관련되어 있다는 이유로 그 배상을 받도록 국제책임을 추구하는 것을 의미한다.

직원에 대한 국제기구의 직무보호를 인정한 취지는 직원들이 스스로의 독립성을 확보하고, 이것에 기초하여 국제기구 자체가 자율성을 행사하기 위해서는 이들이 임무를 수행함에 있어서 국제기구의 보호 이외의 다른 보호에 의존할 필요가 없어야 하기 때문이다. 특히 직원은 그의 본국으로부터의 보호에 의존할 필요가 없어야 하며, 이는 본국의 외교적 보호권에 의지하게 되는 경우 직원의 독립성을 해할 수 있기 때문이다.

직무보호의 권리란 피해를 입은 국제기구 직원의 권리가 아니라 국제기구의 고유의 권리이다. 따라서 피해를 받은 직원의 요청이 없이도 국제책임을 물을 수 있다. 이러한 권리가 실제로 행사하기 위해서는 일정한 조건이 충족되어야 하는데, 국제기구의 직원이 입은 피해가 해당 국제기구의 직무와 관련이 있어야 하며 가해국 내의 구제절차(local remedy)를 거쳐야만 한다.

국제기구의 직원이 피해를 입었을 경우, 피해자의 국적국은 외교적 보호(diplomatic protection)를 할 수 있는 권리를 가진다. 이 권리 역시 피해자를 대리한 권리가 아니라 국가의 고유한 권리로서 피해자의 요청 없이도 행사할 수 있다. 이처럼 국제기구의 직원은 한 국가의 국민이자 국제기구의 직원이라는 이중성을 가지고 있어 경우에 따라 국적국의 외교적 보호권과 국제기구의 직무보호권이 충돌을 할 수 있는 개연성이 존재한다.

만일 국제기구 직원이 받은 피해가 오직 그의 국적국의 이익에만 관련되어 있다면, 그의 국적국에 의한 외교적 보호권만이 발동될 수 있다. 만약에 국제기구 직원이 국제기구의 문서를 탈취 당했다면, 이는 국제기구의 이익과 관련 있는 경우로서 국제기구의 직무보호권만이 발동될 수 있다. 이러한 경우들에 있어 외교적 보호와 직무보호가 경합하는 일이 발생하지 않는다.

그러나 국제기구 직원이 받은 피해가 국적 국가와 국제기구 모두의 이익과 관련이 있을 경우, 외교적 보호권과 직무보호권이 경합하게 된다. 이 경우 어느 쪽이 우선한다는 법원칙은 존재하지 않는다.[3)]

요약하자면, 국제기구는 그 직원이 임무를 수행하는 중에 받은 손해에 대해서도 직원의 본국에 의한 외교적 보호와는 별도로, 국제기구의 목적 및 임무에 수반되는 권능으로서 국제적 청구를 제기할 수 있다. 국제기구는 이처럼 국제기구 자체가 입은 손해와 직원이 입은 손해에 대해 배상을 청구할 권한을 가진다.

국제기구는 국가, 사기업, 개인 등과의 관계에서 분쟁이 발생할 경우, 관계국가의 국내 재판소 혹은 국제 재판소에 제소할 수 있는 권한을 가진다.[4)]

---

3) 김대순, 『국제법론』, 제12판 (서울: 박영사, 2007), pp. 257-258. 이와는 달리 외교적 보호권과 직무보호권이 경합하는 경우 국제기구의 직무보호가 직원의 국적국의 외교적 보호보다 우선한다는 견해도 있다 (유병화, 『국제법 I』, 개정 제2판 (서울: 진성사, 1995), pp. 620-622).

4) 국제연합은 국제사법재판소(ICJ)에 제소권을 가지지 않으며 단지 권고적 의견(advisory opinion)을 요청할 권한만 가지고 있다.

(3) 외교권

국제기구는 그 목적과 기능의 범위 내에서 외교권을 가지며, 그 결과 외교사절을 파견하고 접수할 수 있다. 예컨대 유럽연합(EU)의 회원국들은 개별적으로 한국에 외교사절을 파견하고 있으며, 이와 동시에 EU를 대표하는 별도의 외교사절 역시 한국에 파견되어 있다.

(4) 특권과 면제

1) 특권과 면제의 필요

국제기구는 국가와는 달리 고유한 자체의 활동 영역이 없어 필연적으로 국가의 영역에서 활동을 해야만 한다. 따라서 이러한 국가들의 관할권 행사로 인한 간섭을 배제하고 독립성을 보존하며 효율적으로 기능을 수행하기 위해, 일정한 범위의 특권과 면제(privileges and immunities)가 주어져야 할 필요가 있다.[5)]

2) 특권과 면제의 규정

국제연합헌장 제105조 제1항은 국제연합 자체의 특권과 면제를 규정하고 있는 조항으로서, 구체적으로 「국제연합은 그 목적 달성에 필요한 특권과 면제를 각 회원국의 영역 안에서 누린다」고 규정하고 있다. 제2항은 국제연합 직원과 국제연합 회원국 대표의 특권과 면제에 대해 규정으로서 구체적으로 「국제연합 직원과 국제연합 회원국 대표는 기구와 관련된 그들의 임무를 독립적으로 수행하기 위해 필요한 특권과 면제를 국제연합 자체와 마찬가지로 향유한다」고 규정하고 있다. 제3항은 「총회가 제1항과 제2항의 적용세칙을 결정하기 위해 권고하거나 이 목적을 위하여 국제연합 회원국에게 협약을 제안할 수 있다」고 규정하고 있다.

5) 「면제」라는 말 대신에 「면책」이라는 말도 종종 같은 의미로 쓰인다.

이처럼 특권과 면제에 관해 일반적인 규정만을 두고 있는 경우, 이런 규정들은 통상적으로 구체적인 조약의 체결을 통해 보완되곤 한다. 국제연합 회원국들은 제105조 제3항에 근거하여 1946년에 「국제연합의 특권과 면제에 관한 협약(Convention on the Privileges and Immunities of the United Nations)」을 체결하여 특권과 면제를 구체화한 바 있다.[6] 국제연합은 또한 1947년에 미국과의 본부협정 체결을 통해 특권과 면제의 구체적인 내용을 규정하기도 했다.

국제연합 이외에 전문기구 그리고 유럽연합(EU)과 같은 지역기구 등도 설립헌장이나 기본문서와는 별도의 특권과 면제에 관한 조약을 체결하여 상세한 규정을 두고 있다. 대표적인 예로서 1947년에 체결된 「전문기구의 특권과 면제에 관한 협약」을 들 수 있다. 이들과는 달리 국제통화기금(IMF)과 세계은행(IBRD)처럼 별도의 조약이 아닌 기본문서에 특권과 면제에 관한 상세한 규정을 두고 있는 경우도 있다.

국제기구 및 직원 그리고 회원국 대표가 누리게 되는 특권과 면제의 내용은 국제기구에 따라 다를 수 있다. 그러나 일반적으로 국제기구 자체는 본부구내 및 공문서의 불가침 그리고 재판권과 과세권으로부터의 면제 등을 누린다. 국제기구의 직원은 공적인 자격으로 한 행동에 관한 소송절차의 면제, 국제기구가 지불하는 급여 및 수당에 대한 과세의 면제, 국민적 복종의무의 면제 등이 포함된다. 회원국 대표의 특권과 면제는 임무 수행과 관련된 신체의 불가침, 경찰권의 면제, 모든 문서의 불가침 등이 있다.

3) 국제연합 자체의 특권과 면제

다음에서는 1946년에 국제연합 총회가 국제연합헌장 제105조 제3항에 근

6) 국제연합 회원국들 사이에는 이러한 협약이 다자조약으로서 체결되었기 때문에 국제연합이 별도로 이들 회원국들과 개별적으로 특권과 면제를 위한 협약을 체결할 필요가 없다. 그러나 국제연합은 비회원국에서도 활동을 하는 바 이러한 국가들과는 별도의 협약을 체결할 필요가 있다. 대표적으로 한국의 예를 들 수 있다. 국제연합은 한국 내에서의 국제연합의 특권과 면제를 위해 한국과 1978년에 교환서한(exchange of letters)의 형태로 조약을 체결한 바 있는데, 주된 내용은 국제연합 회원국들 사이에 1946년에 체결된 바 있는 국제연합의 특권과 면제에 관한 협약의 규정을 적용한다는 것이었다. 1991년에 한국이 국제연합의 회원국이 되자 그 이듬해인 1992년에 교환서한의 효력을 종료하고, 국제연합의 특권과 면제에 관한 협약의 당사자가 되었다.

거하여 채택한 「국제연합의 특권과 면제에 관한 협약」이 언급하고 있는 특권과 면제를 살펴보고자 한다.

이 협약은 특권과 면제의 대상으로서 국제연합 자체, 국제연합의 사무국 직원, 국제연합의 임무를 수행하는 전문가, 국제연합 회의 등에 참가하는 회원국 대표를 규정하고 있는데, 이곳에서는 국제연합 자체의 특권과 면제를 살펴보고, 다른 대상의 특권과 면제는 다음 장에서 차례로 살펴보고자 한다.

우선 국제연합과 그 재산(property) 및 자산(assets)은 어디에 위치하고 있든 그리고 누구에 의해 소지되고 있든 명시적으로 면제를 포기하는 특별한 경우를 제하고는 모든 종류의 법적 절차로부터 면제를 향유한다. 그러나 어떤 면제의 포기도 강제집행을 포함하지 않는 것으로 양해한다.

국제연합의 구내(premise)는 불가침이다. 국제연합의 재산과 자산은 어디에 위치하든 누구에 의해 소지되든 집행적·행정적·사법적·입법적 조치를 통한 수색(search), 징발(requisition), 몰수(confiscation), 수용(expropriation), 그리고 다른 어떤 형태의 간섭으로부터 면제된다. 국제연합의 문서와 국제연합에 속하거나 국제연합이 보유하는 모든 서류는 어디에 있든 관계없이 통상적으로 불가침이다.

국제연합은 어떤 종류의 재정적인 통제, 규칙, 혹은 지불유예에 의해 제약을 받지 않고 기금(fund), 금(gold), 혹은 모든 종류의 통화를 보유할 수 있으며, 또한 어떤 통화로도 계정(accounts)을 운영할 수 있다. 또한 국제연합은 자유롭게 기금, 금, 혹은 통화를 한 나라로부터 다른 나라로 혹은 한 나라 안에서 이동시킬 수 있으며, 보유하고 있는 통화를 다른 통화로 환전할 수 있다. 이러한 권리를 행사하는 데 있어서, 국제연합은 회원국 정부가 제시한 의견이 국제연합의 이익을 해치지 않고 실행될 수 있다고 인정되는 경우 이를 정당하게 고려한다.

국제연합과 그 자산, 소득, 그리고 다른 재산은 모든 직접세로부터 면제된다. 그러나 사실상에 있어서 공공역무(public utility service)에 대한 부담에 불과한 조세로부터의 면제는 청구하지 않는 것으로 양해한다.[7] 국제연합이 공적인 용

7) 전기, 가스, 수도, 전화요금 등을 일컫는다.

도로 수입 또는 수출하는 물품은 관세 및 수출입 상의 금지와 제한으로부터 면제된다. 다만 이러한 면제하에 수입된 물품은 수입된 국가 내에서 그 나라 정부와 합의한 조건에 따르지 않고는 매각되지 못하는 것으로 양해한다. 국제연합의 출판물의 경우 관세 및 수출입 상의 금지와 제한으로부터 면제된다.

국제연합은 원칙적으로 물품세와 동산 및 부동산의 판매가격에 포함되는 조세에 대하여 면제를 청구하지 않는다. 단 국제연합이 공적 용도로 사용하기 위해 이러한 조세가 부과되었거나 부과될 중요한 재산을 구매하는 경우, 회원국은 가능한 한 언제든지 조세액을 감면하거나 되돌려 주기 위한 적절한 행정조치를 취한다.

국제연합은 공적 통신의 경우, 회원국의 영역 안에서 우편, 전신, 전보, 무선전보, 전송사진, 전화 등 통신의 우선순위와 요금 및 조세 그리고 신문 및 라디오의 정보에 대한 요금에 있어서, 그 나라 정부가 외교사절을 포함하여 다른 정부에 부여하는 대우보다 불리하지 아니한 대우를 향유한다. 국제연합의 공적 서한과 다른 공적 통신은 검열대상이 되지 아니한다. 국제연합은 암호(codes)를 사용하고 외교신서사(diplomatic couriers) 및 외교행낭(diplomatic bags)과 동일한 특권과 면제를 향유하는 신서사(couriers)를 통하거나 행낭(bags)으로 서한을 발송하고 접수할 권리를 가진다.

2. 국제기구의 주요 의무

국제기구는 국제법의 주체로서 그가 받은 손해에 대해 국제적 청구를 제기할 수 있는 권한을 가지며 이와 동시에 국제기구가 범한 위법행위에 대해 국제적인 책임을 진다. 구체적으로 국제기구는 법의 주체성이 인정되는 범위 안에서 국제법상의 위법행위에 대해 국제적 책임을 진다.

예컨대 1960년 콩고에 파견된 국제연합 콩고평화유지활동군(ONUC)이 그 권한을 초월하여 위법한 행위를 한 것에 의해 현지의 벨기에 국민이 손해를 입은 일에 발생되었다. 이에 국제연합은 벨기에 정부와 협의하여 벨기에에 150만 달러를 손해배상으로 지불한 바 있다.

제 3 장 국제기구 직원과 전문가의 지위

1. 국제기구 직원과 전문가의 권리

(1) 특권과 면제의 성격과 규정

국제기구의 직원과 전문가 역시 국제기구 자체와 마찬가지로 고유한 영토를 가지고 있지 않기 때문에 필연적으로 국가의 영역에서 활동을 해야만 한다. 따라서 이러한 국가들의 관할권 행사로 인한 간섭을 배제하고 독립성을 보존하며 효율적으로 기능을 수행하기 위해, 일정한 범위의 특권과 면제(privileges and immunities)를 필요로 한다. 따라서 국제기구 본부의 시설 및 재산과 마찬가지로, 이들은 국제기구의 목적과 임무를 효율적으로 수행하는데 필요한 범위 내에서 일정한 특권과 면제를 향유한다.

그러나 이들이 누리는 특권과 면제는 외교관들이 누리는 포괄적인 특권과 면제와는 차이를 가지며, 제한적으로 인정되는 것을 특징으로 한다. 그럼에도 불구하고 국제연합의 사무총장과 사무차장 그리고 이들의 배우자와 미성년자 자녀는 예외적으로 외교사절의 특권과 면제를 누린다.

1946년에 체결된 「국제연합의 특권과 면제에 관한 협약」은 국제기구 자체의 특권 및 면제와 더불어 국제연합 직원과 국제연합의 임무를 수행하는 전문가의 특권과 면제도 규정하고 있는데, 이를 살펴보면 다음과 같다.

(2) 국제연합 직원의 특권과 면제

1) 특권과 면제의 성격과 내용

앞서 언급했듯이, 국제기구의 직원들에게 주어지는 특권과 면제의 정도는 일반적으로 외교관들에게 주어지는 특권과 면제의 정도에 비해 약하다. 이러한 차이 외에 주목할 만한 차이가 존재하는데, 이러한 차이는 면제와 관련하여 존재한다.

즉, 외교관의 경우 자국의 재판 관할권으로부터 면제되지 않는데 반해 국제기구 직원의 경우는 자국 정부에 대해서도 면제를 원용할 수 있다. 왜냐하면 국제기구 직원은 자국정부가 아닌 자신이 소속되어 있는 국제기구에게 일차적인 충성을 하여야 할 의무를 지고 있기 때문이다.

앞서 언급한 「국제연합의 특권과 면제에 관한 협약」 제5조 제18항은 국제연합 직원의 특권과 면제에 대해 다음과 같은 규정을 두고 있다. 1) 국제연합 직원은 공적인 자격으로 행한 구두 및 서면진술과 일체의 행동에 관한 소송절차로부터 면제된다.[8] 2) 국제연합 직원은 국제연합으로부터 받은 급료와 수당에 대해서는 과세가 면제된다.[9] 3) 국제연합 직원은 국가역무(national service obligations)로부터 면제된다.[10] 4) 국제연합 직원은 배우자 및 부양가족과 더불어 출입국의 제한 및 외국인등록에 관한 법의 적용으로

8) 사무총장과 사무차장을 제외한 국제연합 직원들은 공적 행위에 관해서만 소송이 면제된다.

9) 국제연합은 사무국 직원이 실제적으로 지급받는 보수를 공평하게 하기 위해, 출신 국가의 납세의무가 어떻든 상관없이 사무국 직원의 보수에서 미국 시민이 연방정부와 주정부에 납부하는 세율과 비슷한 세율을 적용하여 이에 해당하는 액수만큼을 공제하는데, 이를 「사무국 직원 분담금(staff assessment)」이라 부른다. 사무국 직원 분담금을 통해 적립된 기금은 이들의 출신지 국가의 구좌에 이체되며, 회원국 정부는 자국 국적의 국제연합 직원에 대해 추가로 납부의 의무를 과하지 않는다. 미국은 예외적으로 자국 국적의 국제연합 직원에게 여타의 미국 시민과 마찬가지로 보수에 대한 소득세를 과하기 때문에, 국제연합은 사무국 직원의 분담금을 세금 납부용으로 이들에게 돌려줌으로써 이들이 결과적으로 이중 납세되는 것을 방지하고자 한다 (국제연합한국협회 번역, *Basic Facts about the United Nations* (New York: United Nations, 1995), p. 42).

10) 한국이 1992년에 본 조약에 가입하면서 이 부분이 한국인에게는 적용되지 않는다는 유보(reservation)를 달았다. 이에 따라 한국인의 경우 국제연합의 직원이라는 이유로 인해 병역의 의무와 같은 국민적 역무상의 의무로부터 면제되지 않는다.

부터 면제된다. 5) 국제연합 직원은 환전시설의 편의와 관련하여 해당 정부에 파견된 외교사절단을 구성하고 있으면서 자신의 지위와 비교할 만한 지위에 있는 직원에게 주어지는 특권과 동일한 특권을 부여받는다. 6) 국제연합 직원은 배우자 및 부양가족과 더불어 국제적 위기가 발생할 때 외교사절에게 부여되는 귀국의 편의와 동일한 편의를 부여받는다. 7) 국제연합 직원은 처음 취임할 때 가구 및 휴대품(effects)을 무관세로 들여올 수 있다.

「국제연합의 특권과 면제에 관한 협약」의 제5조 제19항은 사무총장(Secretary-General), 사무차장(Under Secretary-General), 이들의 배우자와 미성년자 자녀의 특권과 면제에 대해 언급하고 있다. 이에 따르면 이들은 위에서 언급한 특권과 면제 이외에, 별도로 국제법에 의거하여 외교사절에게 주어지는 특권과 면제 및 편의를 부여받는다.[11] 여기서 말하는 국제법이란 「외교관계에 관한 비엔나 협약」을 일컫는다.

여기서 이들이 일반적인 국제연합 직원이 누리는 특권과 면제에 더하여 외교관의 특권과 면제를 누린다는 것은, 달리 말해 일반 국제연합 직원의 경우 특권과 면제는 이들의 공적인 행위에 한해 인정되나, 사무총장과 사무차장의 경우 이들의 공적인 행위는 물론 사적인 행위까지도 적용이 된다는 의미이다.

2) 특권과 면제의 한계

국제기구 직원들에게 주어지는 이러한 특권과 면제가 남용되는 것을 막기 위해 제5조 제20항과 제21항은 특권과 면제에 대한 일종의 한계에 대해 언급하고 있다. 제5조 제20항은 국제연합 직원에게 부여되는 특권이란 개인의 사적 이익을 위해 주어지는 것이 아니라 국제연합의 이익을 위해 주어지는 것임을 강조하고 있다.

이와 관련하여 국제연합 사무총장은 직원에게 주어지는 면제가 사법의 진행을 저해하고 있고, 국제연합의 이익을 침해하지 않은 가운데 포기될 수 있

11) 국제연합 사무총장의 경우 192개 회원국과 16,000 여명의 사무국 직원을 거느린 국제연합의 최고 책임자로서 어디를 가나 의전상 국가원수의 예우를 받는다.

다고 생각하면, 그들의 면제를 포기할 권리와 의무를 갖는다. 사무총장의 경우에는 국제연합 안전보장이사회가 그 면제를 포기할 권리를 갖는다.

제5조 제21항은 국제연합은 적절한 재판(administration of justice)을 촉진하고, 경찰규칙의 준수를 확보하며, 위에서 언급한 특권과 면제 및 편의와 관련하여 오용의 발생을 막기 위하여 항상 회원국의 적절한 당국과 협력할 것을 규정하고 있다.

3) 특권과 면제의 문제점

국제기구 직원들에게 주어지는 이러한 특권과 면제가 많은 문제를 야기하고 있다. 국제연합 직원과 결혼했다가 이혼하여 최저생활을 연명하고 있는 여성들이 「국제연합가족권리위원회」를 결성하여, 이전의 배우자들이 면제특권을 남용하여 법원의 생계비 지원 판결을 무시하고 있는 것에 항의하면서, 이전의 배우자의 연금과 급여의 일부를 받을 수 있도록 하고 이를 방해할 경우 가압류 처분도 가능하게 해달라고 청원한 바 있다.[12)]

국제연합의 재정감사 활동의 미흡함으로 인해 직원들에 의한 공금유용과 같은 각종 부정행위가 만연하고 있다. 그러나 국제연합 직원들의 경우 그 동안 내부의 관행 외에 이들에게 주어진 특권과 면제로 인해 주재국 법원에 의한 사법처리에 난점이 많았으며, 각종 부정사건의 경우 해당자의 사임으로 마무리되는 것이 관례였다. 국제연합무역개발회의(UNCTAD)의 고위관리가 유령의 회의비용을 청구하는 수법으로 50만 달러 상당을 유용했다가 적발되어 사임은 물론 이례적으로 주재국인 스위스 법원으로부터 사법처리를 받는 일이 발생했는데, 이는 국제연합의 부정행위 근절을 위한 의지를 보여주는 사례였다.[13)]

---

12) 조선일보, 1998년 11월 23일.
13) 조선일보, 1997년 10월 16일.

(3) 국제연합의 임무를 수행하는 전문가의 특권과 면제

앞서 언급한 국제연합 직원을 제외한 국제연합을 위하여 임무를 수행하는 전문가(experts on mission for the United Nations)는 여행기간을 포함하여 임무수행 기간 동안 독자적인 임무수행에 필요한 특권과 면제를 누린다. 특히 다음과 같은 특권과 면제가 부여된다.

체포 또는 구금으로부터의 면제와 개인 수하물의 압류로부터의 면제를 향유한다. 임무 수행 중에 행한 구두 또는 서면진술과 행위에 대한 모든 형태의 법적 절차로부터 면제를 향유하는데, 이러한 면제는 국제연합의 임무에 더 이상 종사하지 않더라도 계속 부여된다. 모든 문건과 서류의 불가침을 누린다. 국제연합과의 통신을 위해 암호를 사용하고 신서사를 통하거나 봉인된 행낭으로 문건 또는 서한을 접수할 권리를 가진다. 통화 또는 외환통제와 관련하여 일시적 공무를 수행하는 외국 정부대표에게 부여되는 것과 동일한 편의를 제공받는다. 개인 수하물과 관련하여 외교사절에 부여되는 것과 동일한 면제와 편의를 누린다.

전문가의 특권과 면제는 개인적인 이익을 위하여 부여되는 것이 아니라, 국제연합의 이익을 위하여 부여되는 것이다. 국제연합 사무총장은 전문가에 대한 면제가 사법절차를 저해하고, 국제연합의 이익을 해함이 없이 포기될 수 있다고 판단하는 경우 면제를 포기할 권리와 의무를 가진다.

2. 국제기구 직원과 전문가의 의무

국제기구와 국가의 관계에서 국제기구의 역할이 강화되기 위해서는 국제기구가 회원국으로부터 자율성을 확보하는 것이 필요하다. 이를 위해 가장 필요한 것 가운데 하나가 주로 회원국의 국민으로부터 채용되어 사무국을 구성하고 있는 국제공무원의 독립적인 지위를 보장해주는 것이다.

국제연합헌장 제100조는 사무국을 구성하고 있는 사무총장과 직원은 그 임무의 수행에 있어 어떤 정부나 국제연합 외의 어떤 당국으로부터도 지시를 받거나 구하여서는 안 되며, 회원국들은 이들 업무의 국제적인 성격을 존중해서 영향을 주지 않도록 해야 한다고 규정함으로써 사무국 직원의 중립성과 독립성을 확보하고자 한다.

이러한 국제공무원의 독립성을 확보하기 위한 규정은 국제연합헌장에 그치지 않고 많은 국제기구의 헌장 상에 명기되어 있다. 대표적인 예로서 국제노동기구(ILO)의 헌장 제9조와 국제연합교육과학문화기구(UNESCO)의 헌장 제6조를 그 예로 들 수 있다.

이러한 헌장상의 규정 이외에 국제기구 직원의 행동규범에 관한 규정들이 존재하는데, 이를 살펴보면 다음과 같다. 1954년에 국제공무원제도자문위원회(International Civil Service Advisory Board)에 의해 채택된「국제공무원 행동표준(Standards of Conduct of the International Civil Service)」이 약 반세기에 걸쳐 국제기구에 근무하는 국제공무원들의 행동강령이 되어 왔다. 현재는 2001년에 국제공무원위원회(International Civil Service Commission: ICSC)에 의해 개정되고 국제연합 총회의 결의를 통해 수용된「국제공무원 행동표준(Standards of Conduct for the International Civil Service)」이 국제공무원들의 행동기준이 되고 있다.[14] 따라서 국제공무원들에게 요구되는 행동규범을 이들을 중심으로 살펴보고자 한다. 단 여기에서는 국제공무원 행동표준의 세세한 면을 기술하기 보다는 행동에 근간을 이루고 있는 것이라고 볼 수 있는 지도원칙(guiding principles)을 소개하고자 한다.

국제기구의 주된 목표란 우리의 후세대를 전쟁의 재앙으로부터 구하고 모든 남성, 여성, 그리고 아동들로 하여금 존엄과 자유 속에서 살도록 하는 것이다. 국제공무원제도란 바로 이러한 국제기구의 이상을 현실화시킬 책임을 진다. 구체적으로 국제공무원들은 무엇보다 앞서 국제기구들이 추구하는 가치인 평화, 기본권의 존중, 경제 및 사회발전, 국제협력이라는 이상에 봉사하

14) ICSC를 중국어로는「국제공무원제도위원회」라고 표기하고 일본어로는「국제인사위원회」라고 표기하고 있다. 한국의 경우 외교통상부는 이를「국제공무원위원회」라고도 부른다. 국제통화기금(IMF) 및 세계은행(IBRD)과 같은 국제금융기구를 제외하고 국제연합과 전문기구는 인사교류를 원활하게 하고 각 기구와 국제연합과의 협력을 촉진하기 위해 인사에 있어서 공통의 제도를 채용하고 있다. ICSC는 이를 위한 대표적인 기관이다. 이 외에 행정문제자문위원회(Consultative Committee on Administrative Questions: ACAQ)가 존재한다.

여야 할 소명의식을 가져야 하며 이러한 의식을 행동으로 실천하여야 한다.

국제공무원들은 그들 조직이 옹호하고 있는 이러한 비전을 실천함에 있어 조직의 이익을 자신의 이익 위에 두어야 한다. 조직에 대한 국제공무원의 충성(loyalty)이란 자신이 일하고 있는 국제기구에 대한 것만은 아니며 좀 더 넓은 의미의 충성심을 의미한다. 국제기구의 이상을 실현하기 위해서는 다른 국제기구와의 협력을 필요로 하며 이를 위해 다른 국제기구에서 일하는 국제공무원들에 대한 협조적이고 이해심 있는 접근이 필요하다.

이러한 소명을 구체적으로 실현하는 데 있어서 국제공무원들은 성실성(integrity), 자율성(independence), 신중성(discretion), 공정성(impartiality), 관용(tolerance), 능력(competence)이라는 자질을 지니고 있어야 한다.

이들 가운데 성실성이라는 것이야말로 국제공무원의 행동의 모든 면을 포괄하고 있다고 볼 수 있다. 이 개념은 구체적으로 정직(honesty)과 청렴(incorruptibility)이라는 측면까지도 포함하는 개념으로서 국제연합헌장이 직원의 능력(competence) 및 능률(efficiency)과 더불어 중요한 자질의 하나로 언급하고 있는 것이다.15)

관용이란 국제공무원에게 있어 필수적인 자질로서 국제공무원들은 모든 사람들에 어떤 차별도 두지 않고 공평하게 존중하여야 한다. 이러한 관용의 정신이야말로 모든 사람들이 필요로 하는 것을 세심하게 배려할 수 있는 분위기와 작업환경을 조성하게 한다. 다문화적인 환경에서 이러한 것을 달성하기 위해서는 수동적인 수용(passive acceptance)을 뛰어넘어서 적극적인 지지(positive affirmation)를 필요로 한다. 즉, 일반적으로 관용이라고 하면 손실, 오만, 불공정 등을 인내해 내는 것과 같은 수동적인 의미를 많이 생각하나 여기에서 의미하는 관용이라는 것은 수용할 수 없는 사물이나 아이디어에 정당성(validity)을 기꺼이 부여하고자 하는 적극적인 관용(active tolerance)을 의미한다.

---

15) 직원의 채용과 관련하여 국제연합헌장 제101조는 「직원의 채용과 근무조건의 결정에 있어서 가장 고려해야 할 것은 최고 수준의 능률(efficiency), 능력(competence), 그리고 성실(integrity)을 확보하는 것이며, 직원은 되도록 광범한 지리적 기초(geographical basis)에 의하여 채용한다는 중요성에 대하여서도 타당한 고려를 해야 한다」고 규정하고 있다.

국제공무원제도의 공정성이 유지되기 위해서는 국제공무원들이 국제기구 밖의 권위로부터 독립적이어야 한다. 구체적으로 국제공무원들은 국제기구 밖의 어떤 정부, 개인, 혹은 다른 어떤 존재로부터 훈령을 추구해서도 수용해서도 안 된다. 이러한 행동강령은 파견근무(secondment)에도 동일하게 적용이 된다. 이러한 불편부당성은 특히 정치적이거나 종교적인 신념의 것들을 다루는 데 있어서의 관용과 자제를 의미한다. 국제공무원들에게 있어 개인적인 견해는 침해될 수 없는 것이지만, 이들은 논쟁적인 문제에 대해 개인적으로나 혹은 집단의 일원으로서 어느 일방의 편을 들거나 자신들의 신념을 공공연하게 표현하는 자유를 가지고 있지 않다. 이것은 국제공무원들이 개인적인 정치적 견해나 국가적인 관점을 포기하여야 한다는 것을 의미하지 않는다. 이는 항상 넓은 국제적인 관점과 전체로서의 국제공동체(international community)에 대한 이해를 지니고 있어야 함을 의미한다.

특정 국가나 특정 지역의 프로젝트에 책임을 지고 있는 국제공무원의 경우 자율성을 유지하기 위해 특별한 주의를 기울일 것이 요청되기도 한다. 때때로 국제공무원들은 유치국으로부터 지시를 받을 수 있으나 이러한 것이 국제공무원의 자율성과 타협을 하는 것이 되어서는 안 된다. 이러한 지시가 그들의 자율성을 위협한다고 생각할 때는 언제나 그들의 상사와 상의하여야만 한다.

국제적인 시각이란 국제기구의 목적과 목표에 대한 이해와 충성심으로부터 나온다. 특히 국제적인 시각이란 다른 사람들이 상이한 관점을 가질 권리와 상이한 문화적인 패턴을 따를 권리에 대한 존중을 의미한다. 또한 다른 국적, 종교, 문화를 가진 사람들과 편견 없이 기꺼이 일하고자 하는 마음을 필요로 한다. 이는 자신의 제안과 의견이 타인들에게 어떻게 비칠 것인가에 대해 부단하게 감수성을 가지고 대하는 것을 필요로 한다. 편향되거나 관용이 없는 것으로 해석될 수 있는 어떤 표현도 세심하게 회피하는 것을 요한다. 일하는 방식이 상이한 문화에 따라 다를 수 있다. 국제공무원들은 자신의 나라 혹은 지역의 태도, 일하는 방식 혹은 일하는 습관에 집착하지 말아야 한다.

제 4 장 회원국 대표의 지위

1946년에 체결된 「국제연합의 특권과 면제에 관한 협약」이 회원국 대표들을 대상으로 규정하고 있는 특권과 면제를 살펴보면 다음과 같다.

국제연합의 주요기관과 보조기관에 파견되는 회원국 대표와 국제연합이 소집하는 회의에 참가하는 회원국 대표는 그들의 임무를 수행하는 동안과 회의장소로 여행하는 동안에 다음과 같은 특권과 면제를 향유한다. 여기서 대표(representatives)란 모든 대표(delegates), 교체대표(deputy delegates), 고문(advisers), 기술전문가(technical experts) 및 대표단의 비서(secretaries of delegations)를 포함한다.

이들은 체포 또는 구금으로부터의 면제와 개인 수하물의 압류로부터의 면제를 향유하며, 대표의 자격으로 행한 구두 또는 서면진술 및 모든 행위에 대하여 모든 종류의 법적 절차로부터 면제된다. 일반적으로 회원국 대표는 외교관과 거의 동일한 특권과 면제를 누리나, 소송으로부터의 면제는 공적인 행위, 즉 임무를 수행하는 동안과 회의장소로 여행하는 동안에 대표의 자격으로 행한 구두 또는 서면진술 및 일체의 행위에 대하여만 적용된다.

회원국 대표는 모든 문건 및 서류의 불가침을 누린다. 암호를 사용하고 신서사를 통하거나 봉인된 행낭으로 문건 또는 서한을 접수할 권리를 가진다. 임무 수행상 방문 또는 경유하는 나라에서 대표 자신과 그의 배우자는 출입국 제한, 외국인 등록, 또는 국민적 역무상의 의무(national service obligation)로부터 면제된다. 통화 또는 외환의 통제와 관련하여 일시적으로 공무를 수행하는 외국정부 대표에게 부여되는 것과 동일한 편의를 제공받는다. 개인 수하물과 관련하여 외교사절에게 부여되는 것과 동일한 면제와 편의를 제공받는다. 개인 수하물의 일부가 아닌 경우 수입된 물품에 대한 관세(customs duties)나 소비세(excise duties) 또는 판매세(sales taxes)로부터의 면제를 청구할 권리가 없는 경우를 제외하고, 위에 규정한 사항과 모순되지 아니하는 외교사절이 향유하는 다른 특권과 면제 그리고 편의를 향유한다.

임무 수행과 관련하여 행한 구두 또는 서면진술과 모든 행위와 관련하여 회원국 대표에게 부여된 면제는 이들이 회원국 대표 자격을 상실한 후에도 계속 부여된다. 거주여부에 따라 조세를 부과하는 경우, 회원국 대표가 임무를 수행하기 위해 어느 국가에 체류하는 기간은 거주기간으로 인정하지 않는다.

이러한 특권과 면제는 개인적인 이익을 위한 것이 아니라 국제연합과 관련된 임무의 독자적인 수행을 보장하기 위해 회원국 대표에게 부여되는 것이다. 따라서 회원국은 자국의 대표에 대한 면제가 사법절차를 저해하고, 면제를 부여한 목적을 해하지 않고 포기될 수 있다고 판단하는 모든 경우에 면제를 포기할 권리뿐만 아니라 의무도 있다.

1975년에 국제연합 회의에서 국제기구에 파견되는 국가대표의 특권과 면제를 규정하는 「보편적 성격의 국제기구와의 관계에 있어 국가대표에 관한 비엔나협약(Vienna Convention on the Representation of States in Their Relations with International Organizations of a Universal Character)」이 채택되었으나 주요 국가의 비준거부로 인해 아직 발효되고 있지 않다.

제5부

국제기구 회원국의 지위와 영향력

제1장 국제기구 회원국의 지위[1)]

1. 서 론

여기에서는 국제기구에 있어서의 회원국의 지위와 관련된 사항을 살펴보고자 한다. 구체적으로 국제기구로의 가입과 가입요건, 회원국 정부의 대표권 문제, 회원국의 권리의 정지·제명·탈퇴 등을 살펴보고자 한다.

2. 가 입

설립헌장과 같은 설립 기본조약에 가입에 대한 규정을 두고 있는 것이 일반적이다. 예외적으로 국제연합공업개발기구(UNIDO)의 경우처럼 가입에 대해 특별한 규정을 두고 있지 않는 경우도 있다.

(1) 가입문호의 개방성과 폐쇄성

국가가 원한다고 해서 모든 국제기구에 자유로이 가입할 수 있는 것은 아니다. 즉, 국제기구에 가입하기 위해서는 일정한 요건을 충족시켜야 한다. 이

1) 설명을 위한 항목의 일부와 내용의 일부는 다음 책을 참조했다: 橫田洋三編著, 『國際機構論』(東京: 國際書院, 1994), pp. 116-132.

러한 요건에 앞서 국제기구 가운데에는 모든 국가에게 일반적으로 가입의 문호를 개방하고 있는 보편적인 국제기구와 특정의 국가에 제한적으로 가입을 인정하는 제한적인 국제기구가 존재한다.

앞서 국제기구의 분류 부분에서 살펴보았듯이 국제연합, 17개의 전문기구, 세계무역기구(WTO) 및 국제원자력기구(IAEA)와 같은 국제연합 관련기구가 범세계적인 보편적 국제기구(universal organizations)에 속한다. 경제개발협력기구(OECD)나 석유수출국기구(OPEC)와 같은 국제기구는 특정 국가에게만 가입을 인정하는 대표적인 제한적인 국제기구이다.

유럽연합(EU), 미주국가기구(OAS), 아프리카연합(AU), 아랍국가연맹(LAS), 동남아국가연합(ASEAN), 북대서양조약기구(NATO)와 같은 국제기구는 엄격한 의미의 지리적 기준에 의해 제한된 국가에게 가입이 개방되어 있는 지역적 기구(regional organizations)에 해당한다.

아시아개발은행(ADB), 아프리카개발은행(AfDB), 미주개발은행(IDB) 등은 특정 지역의 개발을 위한 은행이지만, 역외의 국가들에게도 가입이 개방되어 있는 제한적인 국제기구이다.[2] 아시아개발은행(ADB)의 경우 2008년 4월 현재 총 66개 회원국으로 구성되어 있는데, 이 중에서 47개 국가가 지역 회원국(regional members)이고 미국을 비롯한 19개국이 역외 회원국이다.

(2) 국제기구 구성원의 종류

국제기구의 구성원에는 기본문서가 규정하고 있는 권리와 의무의 완전한 주체인 정회원(full members), 권리와 의무의 일부를 보유하지 않는 준회원(associate members)과 옵서버(observers)가 있다. 경우에 따라서는 유럽심의회(Council of Europe: CoE)가 부여하는 것과 같은 빈객(guest)도 있다. 준회원, 옵서버, 빈객은 국제기구에 따라 다르기는 하나, 통상적으로 경비부담 의무를 갖지 않으며 투표권이라든가 이사회 피선거권 등의 권리를 갖지 않는다.

2) 아프리카개발은행(African Development Bank)과 아시아개발은행(Asian Development Bank)을 약어로 쓰면 모두 「ADB」가 된다. 따라서 이로 인한 혼란을 막기 위해 아시아개발은행은 그대로 「ADB」라고 쓰고, 아프리카개발은행의 경우는 「AfDB」라고 표기하여 이들을 구별한다.

준회원은 일반적으로 비자치령에 부여되는 자격으로서 이러한 권리를 제외하고는 정회원과 비슷한 권리와 의무를 갖는다. 옵서버의 경우는 상당히 제한적인 권한만이 주어진다. 구체적으로 옵서버는 자신과 직접적으로 관련된 문제가 논의되는 경우에 한해 국제기구에 참석하여 토의과정을 지켜보고 국제기구가 정한 절차에 따라 의견을 진술하는 데 그친다.

1) 독립국가가 준회원이나 옵서버가 되는 경우

일반적으로 독립국가는 국제기구의 정회원이 되나, 그 기구에 가입하지 않은 독립국가의 경우 간혹 준회원이나 옵서버가 될 수도 있다. 국제기구가 가입하고 있지 않은 독립국가에게 준회원이나 옵서버로서의 지위를 인정하는 것은 이들과의 협력의 필요성이 있기 때문이다.

독립국가가 옵서버가 되는 예로서 국제연합의 예를 들면 다음과 같다. 국제연합은 헌장에 옵서버에 대한 규정을 두고 있지 않지만, 국제연합 총회의 결의에 따라 과거 모나코, 스위스, 한국 등에게 옵서버 지위를 부여한 바 있다. 한국의 경우 1991년, 모나코의 경우 1993년, 스위스의 경우 2002년에 국제연합에 정회원으로 가입하면서 옵서버의 지위를 잃었다.[3] 세계무역기구(WTO)의 경우 151개 정회원과 더불어 많은 옵서버를 두고 있는데, 이러한 옵서버에는 바티칸 이외의 31개 독립국가와 각종 국제기구가 포함되어 있다.

2) 국가 이외의 존재가 준회원이나 옵서버가 되는 경우

국가 이외의 존재에게 준회원이나 옵서버의 지위를 인정하는 예로서 국제연합을 들 수 있다. 국제연합은 헌장에 규정하고 있지는 않으나 총회의 결의에 의해 아프리카연합(AU)과 아랍국가연맹(LAS)이 승인한 민족해방단체를 옵서버로 승인하고 있으며 팔레스타인해방기구(PLO)가 이렇게 해서 국제연

3) 한국은 1950년 9월 옵서버 자격을 얻은 이후 1991년 국제연합에 가입하기 전까지 옵서버의 지위를 가지고 있었다. 현재 바티칸 교황청과 팔레스타인 자치기구만이 국제연합에서 옵서버의 지위를 지니고 있다.

합의 옵서버 지위를 획득했다.

국제연합 경제사회이사회(ECOSOC)에 의해 설치된 지역경제(사회)위원회는 비자치 영토(non-self-governing territories)를 준회원으로 가입시키고 있다. 예컨대 아시아・태평양경제사회위원회(ESCAP)는 2008년 4월 현재 53개 국가의 정회원과 더불어 홍콩, 마카오, 괌을 위시한 9개의 준회원을 두고 있었다.

기본문서의 명문 규정에 따라 국가 이외의 존재에게 준회원의 자격을 주고 있는 전문기구로는 국제연합교육과학문화기구(UNESCO), 식량농업기구(FAO), 국제해사기구(IMO)가 있다. 세계보건기구(WHO)도 독립 이전의 나미비아에게 준회원의 자격을 부여한 적이 있다. 명문 규정은 없으나 국가 이외의 존재에게 준회원의 자격을 주고 있는 전문기구로는 국제노동기구(ILO)가 있다. ILO는 1975년 이래 팔레스타인해방기구(PLO)에게 옵서버 자격을 부여하고 있다. 지역적 국제기구로는 아프리카연합(AU)이 민족해방단체를 옵서버로 인정한다.

국제기구들은 상호간의 협력을 위해 서로에게 옵서버의 지위를 부여하여 교환하고 있는 예가 다수 있다. 국제기구에 따라서는 비정부기구(NGO)뿐만 아니라 개인에게도 준회원 혹은 옵서버의 자격을 부여하기도 한다.

3) 독립국가 이외의 존재가 정회원이 되는 경우

독립국가의 일부 지역, 비자치지역, 민족해방단체, 국제기구 등은 일반적으로 준회원이나 옵서버가 될 수 있는데, 경우에 따라 간혹 정회원으로 인정되는 경우도 있다. 국가 이외의 존재가 정회원이 되는 예는 다음과 같다.

중국정부는 1997년 7월 1일에 중국에 반환된 홍콩의 장래와 관련하여 세계무역기구(WTO)와 아시아・태평양경제협력체(APEC) 등 15개 국제기구에 종전대로 홍콩이 독자적으로 참여하고 중앙정부는 일절 관여하지 않는다는 방침을 세운 바 있다. 즉, 중국은 국가자격을 필요로 하지 않는 국제기구에 홍콩을 「중국홍콩(Hong Kong, China)」이라는 이름으로 단독으로 참가하도록 한다는 것이다.[4] 이로써 이들 기구에 홍콩은 독립 국가가 아니면서 정회원으로 참가하고 있다.

현재 홍콩은 많은 국제기구에 가입하고 있는데 홍콩이 단독으로 가입할 수 없는 국제기구, 예컨대 세계은행(IBRD)이나 국제통화기금(IMF)의 경우 중국정부가 주도적으로 참여하되 중국 대표단의 일원으로 홍콩대표를 참여시켜 공동으로 참가할 계획임을 밝힌 바 있다.[5)]

국제연맹은 국가가 아닌 자치령(fully self-governing states)에게 회원국이 될 수 있는 자격을 부여했으며, 국제연합은 인도를 영국으로부터 완전히 독립하기 이전 자치령 시대에 원회원국(original member states)으로 국제연합에 참여시킨 바 있다.

국제연합의 설립 당시 사회주의 국가인 소련이 소수파였다는 것을 고려하여, 소련을 구성하고 있는 공화국으로서 국제법상 국가승인을 받지 않은 백러시아와 우크라이나 양 공화국을 편의상 원회원국으로 참가시켰다.[6)] 또한 이 두 공화국은 국제노동기구(ILO)나 국제연합교육과학문화기구(UNESCO)와 같은 전문기구에도 정회원으로 가입했었다.[7)]

전문기구 중 만국우편연합(UPU)과 세계기상기구(WMO)는 기본문서에서 명시적으로 국가 이외의 존재를 정회원으로 인정하고 있으며, 세계보건기구(WHO)는 기본문서에 규정이 없음에도 불구하고 국가 이외의 존재를 정회원으로 인정하고 있다. 국제원자력기구(IAEA)도 기본문서의 규정이 없으나 우라늄을 생산하는 나미비아를 남아프리카로부터 독립하기 이전인 1983년에 정회원으로 승인한 바 있다.

지역기구의 경우 민족해방기구를 정회원으로 하는 경우가 있는데, 대표적

---

4) 아시아·태평양경제협력체(APEC)에는 홍콩 이외에 대만도 가입하여 있다. 대만은 「Chinese Taipei」라는 이름으로 가입되어 있다. 세계무역기구(WTO)에는 홍콩과 대만이 각각 「Hong Kong, China」라는 이름과 「Chinese Taipei」라는 이름으로 정회원에 가입되어 있다.

5) 조선일보, 1997년 6월 19일.

6) 우리가 「백러시아」라고 부르는 나라의 이름을 영문으로 표기하면 「Byelorussia」이었으나, 1991년 「Belarus」로 국명이 바뀌었다.

7) 구소련(Soviet Union)에서 연방을 구성하고 있던 공화국 중에서 백러시아와 우크라이나 양 공화국은 1991년 12월 소련이 해체되기 이전까지도 마치 독립국가처럼 국제연합에 별도로 가입했다. 1991년 소련이 해체되어 15개의 공화국으로 분리되자 그 당시까지 국제연합에 개별적으로 가입하고 있지 않던 나머지 공화국들이 모두 1991년과 1992년 사이에 별도의 회원국으로 국제연합에 가입했다.

인 예로서 아랍국가연맹(LAS)이 1976년 이래 팔레스타인해방기구(PLO)를 정회원으로 하고 있다. 이 밖에 국제기구가 또 다른 국제기구의 정회원이 되기도 한다. 유럽연합(EU)이 한반도에너지개발기구(KEDO)에 원회원국인 한국, 미국, 일본의 국내 승인을 받아 1997년 9월 20일에 정식으로 가입했던 것을 하나의 예로 들 수 있다.

(3) 가입의 요건

국제기구의 설립에 참가한 국가는 원회원국(original members)으로서 일반적으로 기본문서에 서명하고 비준하는 것으로서 회원의 지위가 인정된다. 그러나 신규 가입국(newly admitted members)의 경우 일반적으로 설립헌장이 규정하고 있는 일정한 요건을 충족시킬 뿐 아니라 일정한 절차를 거쳐야만 가입이 가능하다.

1) 가입의 요건

국제연합은 헌장 제4조 1항에서 가입요건을 규정하고 있는데, 이에 따르면 국제연합의 회원국이 되기 위해서는 우선 헌장이 규정하고 있는 의무를 수락할 뿐 아니라, 이러한 의무를 이행할 능력과 의사가 있다고 인정되어야 하며, 평화를 애호하는 국가이어야 한다.

이러한 가입요건에 있어서 문제가 되는 것은「회원국은 헌장의 의무 가운데 하나로서 국제평화와 안전의 유지를 위한 강제조치에 협력할 의무가 있는데, 이러한 의무와 영세중립국의 지위가 양립할 수 있는가」하는 것이다. 영세중립국 가운데 스위스는 양립할 수 없다는 판단하에 국제연합에 가입하지 않았으며 이러한 의무가 없는 전문기구에는 가입했다. 그러다가 2002년에서야 국제연합에 가입했다.[8] 오스트리아는 스위스와는 달리 1955년에 영세중립국이 되자마자 군사적 조치에 참가하지 않는 것을 조건으로 회원국이

8) 동티모르가 190번째, 스위스가 191번째, 몬테네그로가 192번 국제연합 회원국이 되었다.

되었다.

전문기구의 경우 일반적으로 국제연합의 회원국이 되면 가입권리가 인정되어, 후보자에 대한 가입자격의 심사 없이 가입이라는 일방적인 행위에 의해 회원국이 될 수 있다. 또한 국제통화기금(IMF)의 회원일 경우, 다른 자격요건 없이 세계은행(IBRD)의 회원이 될 수 있다. 한국이 과거 국제연합의 회원국이 아니었는데도 전문기구에 가입하는 것이 가능했던 것에서 알 수 있듯이, 전문기구에의 가입은 국제연합의 비회원국에도 개방되어 있는데, 이 경우 국제연합 회원국과는 달리 일반적으로 총회와 같은 전체기관에서 2/3 이상의 찬성을 필요로 한다.

특별한 목적을 지닌 지역기구는 가입조건이 엄한 편이다. 예컨대 자유와 민주주의라고 하는 가치관을 공유하는 회원국들 사이에 보다 강력한 통합을 목적으로 설립된 유럽심의회(Council of Europe: CoE)의 설립헌장 제3조는 가입조건으로서 민주화를 요건으로 하고 있는데, 민주화의 정도는 구체적으로 복수정당, 인권, 그리고 법의 지배(rule of law)에 관한 체제가 잘 구비되어 있는가를 기준으로 판단한다.

2) 가입의 정치적 결정

국제기구의 가입은 때때로 기본조약에 명시된 가입요건에 따라 법률적으로 결정되지 않고, 정치적인 고려에 의해 결정되는 경우가 있다. 정치적인 고려에 의해 가입이 결정된 가장 대표적인 국제기구가 냉전시대의 국제연합이었다.

국제연합에의 가입에는 안전보장이사회의 추천이 필요하며, 이때 거부권이 적용된다. 이러한 추천에 기초하여 총회는 참석하여 투표한 국가의 2/3 이상의 찬성으로 가입을 확정짓는다. 냉전시대 국제연합에의 가입은 신청한 국가의 가입요건 충족에도 불구하고, 미국과 소련 두 국가가 상대방 진영에 속하는 국가들의 가입에 경쟁적으로 이러한 거부권을 행사함으로써 정치적으로 결정되었다.

이러한 이유로 가입이 배제되던 국가들 중 한국과 북한, 동독과 서독, 그리고 남베트남과 북베트남과 같은 2개의 정부가 대립하고 있던 분단국가를 제외한 18개 국가의 가입이 일괄적인 협상(package deal)에 의해 시도되어, 이 중 중국의 반대로 인한 몽고와 소련의 반대에 의한 일본이 배제된 16개 국가의 가입이 1955년에 이루어진 바 있다.

소련의 반대로 1955년 가입이 좌절되었던 일본은 1956년 소련과 일본의 관계가 정상화되면서 가입을 실현시킬 수 있었다. 그 후 1961년 몽고가 가입했고, 1973년 동서독이 분단국 상태로서 동시에 가입했으며, 베트남은 통일 후인 1977년에 가입했다. 1990년 통일이 되면서 별개의 두 국가로 가입했던 동독과 서독이 하나의 회원국이 되었으며, 1991년 한국과 북한은 여전히 분단 상태가 지속되는 가운데 국제연합에 동시가입을 한 바 있다.

유럽연합(EU)의 경우 1992년에 체결된 기본문서인 유럽연합조약(Treaty on European Union: TEU) 제49조에 따라 유럽의 모든 국가가 회원을 신청할 수 있으며, 희망국이 가입신청서를 이사회에 제출하면 이사회는 집행위원회와 협의하고 의회의 동의를 얻어 만장일치로서 결정하게 되어 있다.[9] 1993년 6월에 개최된 코펜하겐 유럽연합 정상회의에서 유럽연합 가입을 위한 3개의 정치적·경제적·제도적 기준(Copenhagen criteria)이 결정되었다. 이러한 기준이란 구체적으로 1) 민주주의, 법치주의, 인권, 소수민족 존중 및 보호를 보장하는 제도의 확립, 2) 시장경제 체제 유지 및 유럽연합 경제와의 조화 능력, 3) 유럽연합 회원국으로서의 의무 준수능력 보유이다. 이러한 조건 속에서 터키의 가입이 난항을 겪고 있다.

아시아개발은행(ADB)의 가입절차는 가입 신청서의 제출로부터 시작된다. 가입을 심사하기 위한 비공식 이사회가 열리고 이어서 공식 이사회가 열려 여기서 서면투표가 실시된다. ADB 가입은 회원국 2/3 이상의 찬성과 총 투표권의 3/4에 해당하는 지지가 있어야 한다. 그러나 미국과 일본이 2007년 기준으로 각각 최대 지분인 15.571%씩을 출자하고 있고, 이에 상응하여 12.756%씩의 투표권(voting power)을 보유하고 있어, 이들 ADB의 양대 대주주가 반대할 경우 어떠한 국가의 ADB 가입도 불가능하다.[10]

9) 유럽연합조약은 흔히 「마스트리히트조약」이라고도 불린다.
10) 한국은 ADB에서 2007년 현재 5.026%의 지분율과 4.32%의 투표권을 지니고 있다.

자본주의적 국제경제기구의 가입을 모두 피해왔던 북한이 경제가 어려워지자 1993년에 처음으로 ADB 가입의사를 표시했고 이어서 1997년과 2000년에도 회원국 가입을 신청했지만, 미국과 일본의 반대로 인해 모두 거절되었다.

미국은 자국의 국내법에 따라 북한이 테러지원국으로 지정되어 있는 한 국제금융기구 가입에 대해서는 무조건 반대를 하고 있다. ADB는 특정국가가 회원국 가입 신청을 공식적으로 제출한 경우 통상적으로 총회 옵서버 참가를 허용해왔으나, 미국은 2001년 4월에 북한이 ADB 연차 총회에 옵서버 자격으로 참석하는 것조차 거부했다. 일본도 1970년대와 1980년대 초 북한 공작원들에 의해 납치된 일본인 문제를 이유로 북한의 ADB 가입을 반대해왔다. 특히 2000년 이후에는 미사일 문제 등이 불거지면서 북한의 ADB 가입 전망이 더욱 불투명해졌다.

(4) 가입의 승인과 국가의 승인

어떤 국가의 국제기구로의 가입을 승인한 경우 이것이 국가승인을 의미하는가의 문제가 있는데, 가입승인과 국가승인은 별개의 것이라는 설이 유력하다. 미승인국과 함께 국제기구에서 활동한다는 것은 모순되지 않는다는 말이다.

3. 대표권

(1) 대표권 문제의 발생

가입국이 합법적으로 정권이 바뀌는 경우 국가간에 국제법상으로 새로운 정부에 대한 승인절차가 필요 없듯이, 국제기구에 있어서 대표권의 문제가 발생하지 않는다. 일국에서 혁명, 쿠데타, 혹은 내전과 같은 비합법적인 방법에 의해 정부가 변경되었을 경우 문제가 발생한다.

이때 구정부가 무너졌거나 도저히 회생할 기미가 없을 경우(즉, 새로운 정부가 전 국토에 대해 사실상의 실효적인 지배권을 장악한 경우), 국제법상으로 국가간에 정부의 승인이라는 국제법적 절차를 밟아 새로운 정부가 해당 국가의 정당한 대외적 대표기관임을 승인한다. 이 경우 국제기구에 있어서도 일정한 절차가 필요한데, 이 경우 국제연합 총회의 절차위원회(Procedural Committee)의 하나인 신임장위원회(Credential Committee)에 의해 절차문제로서 대표권의 문제가 처리된다. 그러나 복수의 정부가 정통성을 경합적으로 주장하는 경우, 이 문제는 신임장위원회가 아닌 총회의 전체회의에서 심의하게 된다.

(2) 대표적인 사례

대표적인 대표권 문제의 사례로서 국제연합에 있어서의 문제를 살펴보고자 한다. 그러나 어느 정부가 국제기구에서 해당 국가를 정당하게 대표할 수 있는가의 문제는 국제연합이 그치지 않고 지역기구를 위시한 다른 국제기구에서도 발생하는 것은 물론이다.

대표적인 예로서 중국의 대표권 문제를 들 수 있다. 중국의 대표권 문제는 안전보장이사회 상임이사국의 지위까지 누리고 있던 국민당 정부가 내전의 결과 대만으로 쫓겨나고 1949년 공산당에 의해 북경에 중화인민공화국 정부가 수립되면서 발생했다.

1950년 제5차 국제연합 총회에서 대만 정부가 아닌 북경 정부에게 국제연합의 대표자격이 부여되어야 한다는 결의안이 제출되었으나, 미국을 중심으로 한 서방측의 반대로 부결되었다. 그 후에도 매년 중국의 대표권 문제가 의제로서 제출되었으나, 1960년까지 미국측의 노력에 의해 원초적으로 의제로서 상정되는 것이 저지되었다.

1960년에 아프리카의 16개 신흥 독립국가들이 국제연합에 가입하여 친중국 세력이 증가했지만 아직 중국 대표권 문제를 의제화하기 위한 과반수를 형성하지는 못했다. 시간이 경과하면서 친중국 세력이 증가하자, 미국을 중심으로 한 서방측은 1961년부터 전략을 바꾸어 중국 대표권 문제의 의제화를 막지 않는 대신, 이 문제에 대한 결정이 성립하기 위해서는 총회에서 2/3 이상의 찬성이 필요하다는 「중요사항 지정 결의안」을 제출하여 이를 채택하도록 했다.[11)]

1970년 알바니아가 제출한 북경 정부 가입안이 과반수의 찬성을 얻는 일이 발생했으나, 이에 앞서 중국의 대표문제를 중요사항으로 지정하는 결의안이 채택되었기 때문에 가까스로 북경 정부 가입안이 부결되기에 이르렀다. 그러나 1971년 미국의 중국방문 계획의 발표 후 곧 있었던 국제연합 총회에서 서방측은 대만 정부를 추방하기 위해서는 2/3 이상의 찬성이 필요하다는 「역중요사항 지정 결의안」을 제출하였으나 부결되고, 알바니아 등이 내어놓은 북경 정부 가입안이 채택되어 북경 정부가 국민당 정부를 추방하고 중국의 정식대표가 되었다.

1971년에 하나의 중국을 인정한 국제연합 총회 결의 제2758호가 통과된 이후 대만 정부는 국제연합과 같은 중요 국제기구와 주요 국가에 의해 국가로서 승인되어 있지 않기 때문에 국제기구 가입에 여러 가지 어려움을 겪고 있다.

이러한 이유로 대만 정부는 국가 이외의 존재에게 가입을 허용하는 몇몇 국제기구에 가입이 제한되어 있으며, 이 경우 국가가 아닌 일개 지역의 이름으로 가입했다. 예컨대 세계무역기구(WTO)와 아시아·태평양경제협력체(APEC)에는 「Chinese Taipei」라는 이름으로 가입되어 있고, 아시아개발은행에는 「Taipei, China」라는 이름으로 가입되어 있다. 이 이름들은 모두 대만이 중국의 일부임을 나타내는 의미를 지니고 있다고 할 수 있다.

1971년 국제연합으로부터 축출된 대만 정부는 1993년 이후 줄곧 국호인 「중화민국(Republic of China)」이라는 이름으로 국제연합 가입을 신청해 왔으

11) 국제연합헌장에 따르면 총회는 중요사항의 경우 출석하여 투표한 국가의 2/3 다수로서 결정한다. 구체적으로 중요한 문제란 국제평화와 안전의 유지에 관한 권고, 안전보장이사회 비상임이사국의 선출, 경제사회이사회와 신탁통치이사회의 이사국의 선출, 신회원국의 가입의 승인, 회원국으로서의 권리 및 특권의 정지, 회원국의 제명, 신탁통치제도의 운영에 관한 문제 및 예산문제를 포함한다. 중요사항에 대한 추가 지정을 포함하여 여타 문제에 대한 결정은 출석하고 투표하는 국가의 단순과반수의 찬성을 필요로 한다. 중요사항을 지정할 때 단순다수결이 적용되기 때문에 미국측의 입장에서 통과가 용이했으며, 일단 중요사항으로 지정이 되면 2/3 다수결로 의사결정이 이루어지기 때문에 통과가 어려워지도록 하는 효과가 있었다.

나 중국정부의 저지로 번번이 좌절당해 왔다. 이에 대만 정부는 중국 정부와의 마찰을 약화시키기 위해 최근에는 정식 국호를 접어두고 통칭인 「대만(Taiwan)」이라는 이름으로 가입을 추진하고 있으나 이 역시 받아들여지고 있지 않다.[12] 중국은 물론 하나의 중국을 인정하고 있는 미국으로부터 찬성표를 얻기 힘든 상황에서 사실상 대만 정부의 국제연합 가입은 실현될 가능성이 전혀 없어 보인다.

이러한 사정은 대만 정부의 세계보건기구(WHO)의 가입 시도에서도 그대로 드러난다.[13] 대만 정부는 하나의 중국이라는 원칙을 고수하는 중국과의 마찰을 피함과 동시에 중국을 의식해 유보적인 입장을 취하는 국가들의 지지를 확보하기 위해 국가가 아닌 「보건실체(health entity)」로서 옵서버 가입을 추진해오고 있다. 이를 추진함에 있어서 2007년부터는 국명이 아닌 「대만(Taiwan)」이라는 이름으로 추진하고 있으나 중국의 반대로 무산되고 있다.[14]

아프가니스탄의 회교근본주의 세력 탈레반(회교학생무장단) 역시 세계 각국에 자신들을 아프가니스탄의 합법정부로 승인해 줄 것을 촉구함과 동시에 국제연합, 회교회의, 비동맹운동을 위시한 국제기구에 아프가니스탄의 의석을 탈레반에게 인도해 줄 것을 촉구해오고 있다.

(3) 대표권의 인정과 정부의 승인

국제기구에서 특정 정부의 대표권을 인정한 것이 국제법상 정부승인에 해당하는가의 문제가 있으나 정부의 승인과는 다르다는 것이 일반론이다.

---

12) 대만 정부는 정식 국호인 중화민국 대신 「대만(Taiwan)」이라는 이름으로 「아시아과학협력연맹(ASCA)」 등 몇몇 국제기구에 가입해 있다.

13) 세계보건기구(WHO) 역시 국가만을 정회원으로 받아들이고 있다.

14) 대만 정부를 지지하는 일부 국가들은 대만이 국가가 아닌 보건실체로서 옵서버로 가입하는 것은 하나의 중국이라는 정책과 아무런 연관이 없을 뿐 아니라 2천300만 주민의 보건문제와 직결되어 있는 기본적인 인권에 관한 사항이라고 지지의사를 표명한 바 있다.

4. 가입국의 권리정지 · 제명 · 탈퇴

국제기구는 의무를 위반한 국가에 대해 권리의 일부를 행사하지 못하도록 하며, 위반의 정도가 좀 더 심각할 경우 전반적인 권리행사의 정지를 명하기도 한다. 위반의 정도가 아주 심각할 경우 제명과 같은 조치를 취하기도 한다. 가입국은 명문 규정의 유무에 관계없이 국제기구로부터 탈퇴할 수 있는 권리를 보유하고 있다.

(1) 권리행사의 정지

1) 권리의 부분적인 정지

부분적으로 정지되는 권리 중에서 가장 대표적인 것은 투표권의 정지이며, 이러한 투표권의 정지를 가져오는 사유로 가장 일반적인 것은 회원국의 분담금 체납이다. 앞서 언급했듯이 분담금 체납 시 투표권을 정지시키는 대표적인 국제기구는 국제연합이다.

국제연합헌장 제19조는 「이 기구에 대한 분담금의 지불을 연체하고 있는 국제연합 회원국은 그 연체금의 금액이 그 당시까지의 만 2년간에 그 국가가 지불하여야 할 분담금의 금액과 같은 액수이거나 또는 이를 초과할 때에는 총회에서 투표권을 가지지 못한다. 단 총회는 지불의 불이행이 이러한 회원국에 있어서 불가피한 사정에 의한 것이라고 인정할 때에는 그 회원국은 투표하게 할 수 있다」고 규정하고 있다.[15)]

어느 정도의 분담금 체납이 있어야 투표권이 상실되는가를 살펴보면, 국제연합과 마찬가지로 2년분의 분담금 체납이 있을 때 투표권을 제한하는 국제기구로는 국제원자력기구(IAEA)나 국제노동기구(ILO)와 같은 국제기구들

15) 국가가 만 2년에 해당하는 분담금 이상을 연체하고 있으면 이때부터 투표권이 정지되는데, 이때 연체액의 일부를 갚아 연체액이 만 2년에 해당하는 금액보다 적은 액수가 될 경우 투표권 정지가 풀리는가의 문제가 있으나, 연체금이 여전히 남아 있는 한에 있어서는 지속적으로 투표권을 정지시켜야 한다는 주장이 설득력이 있다.

이 있다. 국제민간항공기구(ICAO)의 경우 특정한 기간을 명시적으로 언급하지 않은 가운데 재정상의 의무를 적절한 기간 내에(within a reasonable period) 이행하지 않을 경우 투표권을 정지한다고 규정하고 있는 국제기구도 있다.

투표권이 정지된다고 할 때 구체적으로 어떤 기관에서의 투표권이 정지되는가를 살펴보면, 국제연합의 경우는 총회에 있어서의 투표권만 정지되나, 국제민간항공기구(ICAO)의 경우처럼 총회와 이사회에서 투표권이 정지되는 경우도 있다. 그리고 국제노동기구(ILO)처럼 노동총회와 위원회를 포함한 모든 기관에서 가입국은 투표권을 행사할 수 없다고 규정하는 경우도 있다.

투표권의 정지가 분담금이 아닌 다른 이유로부터 오는 경우도 있다. 예컨대 국제민간항공기구(ICAO)의 기본문서인 국제민간항공조약은 분쟁에 관한 이사회의 결정, 중재재판, 또는 재판판결에 따르지 않는 가입국은 총회와 이사회에서 투표권이 정지된다고 규정하고 있다.

2) 권리의 일반적인 정지

회원국이 분담금의 체납보다는 좀 더 국제기구의 핵심적인 규정에 대한 위반을 했을 경우, 국제기구는 전반적인 회원국의 권리와 특권을 정지한다. 국제연합의 예부터 들어보자.

국제연합헌장 제5조는 「안전보장이사회의 예방조치 또는 강제조치의 대상이 된 국제연합 회원국에 대해서는 총회가 안전보장이사회의 권고에 의해 회원국으로서의 권리와 특권의 행사를 정지할 수 있다. 이러한 권리와 특권의 행사는 안전보장이사회가 회복할 수 있다」고 일반적인 권리정지에 관해 규정하고 있다.[16)]

국제원자력기구(IAEA)는 「헌장 또는 헌장에 따라 자국이 체결한 협정규정을 계속적으로 위반할 경우, 이사회의 권고에 따라 총회 2/3 다수결에 의해 회원국으로서의 특권과 권리행사를 정지시킬 수 있다」고 규정하고 있다.[17)]

---

16) 권리정지의 최종적인 결정권은 국제연합 총회가 가지나 정지된 권리의 회복권은 안전보장이사회가 갖는다.

일반적인 권리정지를 규정하고 있는 전문기구의 예로서 국제통화기금(IMF)이 있다. IMF는 회원국이 「국제통화기금협정(Articles of Agreement of IMF)」의 의무를 이행하지 않는 경우, 총무회(Board of Governors)가 가중된 표의 85%의 찬성에 의해 강제탈퇴라는 조치를 취하기 전에, 가중된 표의 70%의 찬성에 의해 회원국의 투표권 및 관련된 권리를 정지할 수 있다고 규정하고 있다.[18)]

지역기구가 일반적인 권리정지를 규정하고 있는 예로서 유럽심의회(Council of Europe)가 있는데, 이 기구는 가입국이 법의 지배와 인권 및 기본적 자유존중의 원칙에 대한 중대한 위반을 범한 경우 대표를 파견할 권리가 정지되고 각료이사회가 탈퇴를 요청할 수 있다고 규정하고 있다.

(2) 제 명

국제기구는 의무에 위반하는 국가에 대해 위에서 언급한 가입국의 권리의 전부 또는 일부의 행사를 정지하는 것 이외에 강제로 쫓아내는 제명을 하는 경우가 있다. 이는 자의에 의한 것이 아니라는 점에서 탈퇴와 구별된다. 제명과 같이 중요한 결정은 기본문서의 명시적인 규정에 의한 것이 일반적이나, 만국우편연합(UPU)처럼 기본문서에 규정이 없음에도 불구하고 회원국을 제명하는 경우도 있다.

국제연맹은 연맹규약 제16조 4항에서 연맹의 규약을 위반한 국가는 이사회 만장일치로 제명할 수 있다고 규정하고 있으며, 실제에 있어 핀란드를 침략했다는 이유로 1939년 12월 소련을 국제연맹으로부터 제명시킨 바 있다.

국제연합은 헌장은 제5조에서 권리행사의 정지를 규정한데 이어, 제6조에서 제명에 대해 규정하고 있다. 헌장 제6조는 「헌장에 포함된 원칙들을 지속적으로 위반한 국제연합 회원국은 총회가 안전보장이사회의 권고에 의해 이 기구로부터 제명할 수 있다」고 규정하고 있어 국제연맹의 규약보다 좀 더

17) IAEA의 경우 다음에 살펴 볼 제명에 관해서는 아무런 규정을 두고 있지 않다.

18) 국제통화기금(IMF)은 최고 의사결정기관으로서 여타 국제기구의 총회에 해당하는 「총무회(Board of Governors)」라는 기관을 두고 있는데, 이 기관은 각 회원국이 임명한 총무와 총무대리 각 1명씩으로 구성된다.

신중한 절차를 택하고 있다. 1974년 남아프리카의 제명에 관해 안전보장이사회에서 심의가 있었으나 미국과 영국 그리고 프랑스의 거부권 행사로 인해 실현되지 못했다.

유고연방(Federal Republic of Yugoslavia)은 인종, 종교, 문화가 다른 보스니아-헤르츠고비나, 크로아티아, 슬로베니아, 마케도니아, 세르비아, 몬테네그로의 6개의 공화국으로 구성되어 있으면서 국제연합에 하나의 국가로서 가입해 있었다. 티토 사망 이후 분출된 민족주의와 내전의 소용돌이 속에서 1990년대 초 일제히 분열의 길을 걷기 시작하여 1991년에 4개의 공화국(보스니아-헤르츠고비나, 크로아티아, 슬로베니아, 마케도니아)이 연방으로부터 독립을 선언했다.[19] 세르비아와 함께 그리스정교 문화권인 몬테네그로는 연방 잔류를 선택하면서 1992년 4월에 세르비아와 몬테네그로가 신유고연방을 수립했다.

1992년 9월 국제연합 총회는 결의안 47/1을 통해 세르비아와 몬테네그로만으로 구성되게 된 신유고연방이 국제연합의 회원국 지위를 자동적으로 지속시킬 수 없다고 간주하고, 두 공화국으로 구성된 유고는 신생국으로서 국제연합에 회원가입 신청을 새롭게 해야 하며, 그렇지 않으면 총회에 참석하지 말아야 한다는 일종의 제명 결정을 내린 바 있다.

국제연합 총회는 구유고연방에 속했던 크로아티아, 보스니아, 슬로베니아, 마케도니아 등 4개 공화국이 잇따라 독립하자 이들 공화국과 내전을 벌인 신유고연방을 고립시키기 위해 새로운 국가로서 국제연합에 재가입해야 한다고 결의했던 것이다.

그러나 슬로보단 밀로셰비치 전 대통령의 신유고연방 정부는 세르비아와 몬테네그로로 구성된 신유고연방이 구유고연방의 국제연합 회원국 지위를 계승했다면서 국제연합 재가입 신청을 거부함으로써 신유고연방은 사실상 국제연합 회원국 자격을 상실했다.[20]

---

19) 이들 중 보스니아-헤르츠고비나, 크로아티아, 슬로베니아가 1992년에 국제연합에 가입했고, 마케도니아는 1993년에 가입했다. 마케도니아가 국제연합에 가입할 때 그리스의 반대 때문에 마케도니아라는 국명을 사용하지 못하고, 「구유고슬라비아 마케도니아 공화국(FYROM)」이라는 이름을 써야 했다.

20) 밀로셰비치 전 대통령 정부는 국제연합 회원자격을 상실한 후에도 뉴욕 대표부를 유지했다.

그러다가 2000년 11월에서야 국제연합에 새롭게 가입함으로써 8년간에 걸쳐 사실상 박탈됐던 국제연합 회원국 지위를 다시 획득하게 되었다. 2003년에 두 공화국은 유고슬라비아라는 옛 이름을 버리고 「세르비아-몬테네그로(Serbia-Montenegro)」라는 국명을 채택하고 국방과 외교 분야를 공유하는 느슨한 형태의 신유고연방을 유지해왔다

2006년 세르비아와 함께 신유고연방을 구성했던 몬테네그로가 2006년에 국민투표를 통해 독립했다. 이로써 세르비아와 몬테네그로로 간신히 명맥을 유지해온 구유고연방은 완전히 해체됐다. 몬테네그로는 2006년도에 국제연합에 192번째 국가로서 가입했다. 이로써 세르비아-몬테네그로라는 국명은 세르비아로 바뀌었다.

2008년 2월에 코소보가 세르비아로부터 역사적인 독립을 선언했다. 이로써 코소보는 슬로베니아, 크로아티아, 마케도니아, 보스니아, 몬테네그로에 이어 구유고연방에서 6번째로 독립한 국가가 되었다.

전문기구로서 국제통화기금(IMF)은 앞서 일반적인 권리의 정지를 설명하면서 언급했듯이, 상당한 기간(a reasonable period)이 지난 후에도 IMF 협정의 의무를 지속적으로 이행하지 않을 때, 당해 가입국을 IMF로부터 탈퇴할 것을 요청하는 형식을 빌려 제명할 수 있다. 체코슬로바키아는 국제통화기금협정을 위반했다는 이유로 1954년 9월 IMF의 총무회의 결의에 의해 탈퇴를 요청 받았으며, 같은 해 12월 31일 체코슬로바키아는 자발적으로 탈퇴했다. 체코슬로바키아는 1990년 9월에 재가입을 했다.

국제연합의 회원국일 경우 별도의 요건을 충족할 필요 없이 가입이 허용되는 전문기구의 경우, 가입국이 국제연합으로부터 제명되면 자동적으로 전문기구로부터도 제명된다. 국제통화기금(IMF)의 회원국일 경우 가입이 허용되는 세계은행(IBRD)의 경우, IMF의 회원국 자격을 상실하게 되면 3개월 후 자동적으로 IBRD의 회원국 자격도 상실하게 된다. 실례로서 1954년 IMF에서 제명된 체코슬로바키아가 IBRD로부터 자동적으로 제명된 바 있다.

지역기구로서 유럽심의회(Council of Europe)는 전술한 것처럼 가입국이 법

이곳의 대표들은 기자회견 등을 위한 국제연합 건물의 출입은 허용되었으나, 국제연합 총회나 위원회 활동은 허용되지 않았다.

의 지배와 인권 및 기본적 자유존중의 원칙에 대한 중대한 위반을 범한 경우 탈퇴를 요청하는 형식을 빌려 제명할 수 있다.

(3) 탈 퇴

국제기구의 가입이 회원국의 자발적인 의사에 의한 것이기 때문에 회원국은 자유의사에 의해 국제기구로부터 탈퇴할 수 있는 권리를 보유한다. 또한 일단 탈퇴한 국가가 다시 복귀한 경우가 많은 것에서 보듯이 재가입을 인정하고 있다. 탈퇴의 경우 탈퇴를 위한 예고기간을 두고 있는 경우가 많다.

1) 국제연맹

국제연맹은 탈퇴에 대한 명문규정을 두고 있었으며, 2년의 예고기간을 갖고 탈퇴하는 것을 인정했다. 이러한 규정에 따라 1930년대에 일본, 독일, 이태리, 다수의 미주 국가들이 탈퇴한 바 있다.

2) 국제연합

국제연합헌장은 국제연맹 규약과는 달리 탈퇴에 관한 명시적인 규정을 두고 있지 않지만 탈퇴를 금지하고 있는 것은 아니다.[21] 1958년 시리아는 이집트와 통합하여 통합아랍공화국(United Arab Republic)을 만들기 위해 탈퇴했으나, 1961년에 국제연합에 있어서의 별도의 회원국 지위를 재개한 바 있다.

1965년 인도네시아가 분쟁 당사국인 말레이시아가 안전보장이사회 비상임이사국으로 선출되자 이에 대한 항의의 표시로 일방적으로 탈퇴를 선언했다가 1966년에 복귀했다. 그러나 국제연합은 이를 탈퇴가 아닌 활동정지로 취급하여 재가입의 절차를 밟지 않았다.

국제연합으로부터 강제적으로 제명당하거나 자발적으로 탈퇴한 국가는 국제연합과 어떠한 관계를 가지게 되는가의 문제가 있다. 한 마디로 탈퇴나 제

21) 유럽연합(EU)의 경우도 탈퇴에 관한 규정을 두고 있지 않다.

명으로 국제연합 밖에 있어도 국제연합으로부터 완전히 자유스러운 것은 아니다. 왜냐하면 국제연합헌장 제2조 6항은 국제연합 비회원국에게도 국제평화와 안전의 유지에 관한 의무를 부과하고 있기 때문이다.

3) 전문기구

전문기구의 경우 많은 탈퇴의 예가 존재한다. 세계기상기구(WMO)의 경우 회원국은 서면으로 12개월 전에 탈퇴를 예고하여야 한다. 국제노동기구(ILO)의 경우 2년의 예고기간을 두고 있으며, 탈퇴할 경우 가입국으로서의 지위에서 발생하는 모든 재정적 의무를 완수하였음을 조건으로 한다고 「국제노동기구 헌장(ILO Constitution)」이 규정하고 있다. 더불어 가입국이 어떠한 국제노동협정(any international labour Convention)이든 비준을 하였을 경우, 탈퇴는 동 협정에서 규정된 기간 동안에는 동 협정으로부터 발생하거나 동협정과 관련을 가지는 모든 의무의 지속적인 효력에 영향을 미치지 아니한다고 규정하고 있다. 미국은 ILO의 정치화 등의 이유를 들어 2년의 예고기간을 거친 뒤 1977년 11월에 탈퇴했다가 1980년 2월에 다시 복귀한 바 있다.[22]

탈퇴를 통고한 지 2년 후에 발효하는 ILO의 경우와는 달리, 국제연합교육과학문화기구(UNESCO)는 국제연합공업개발계획(UNIDO)과 더불어 탈퇴를 통고하면 그 다음 해 12월 31일에 발효하는 제도를 두고 있다. 미국은 UNESCO의 정치화와 재정상의 무책임한 운영 등의 이유를 들어 1984년 12월 31일에 탈퇴했으며 미국의 뒤를 이어 그 다음 해인 1985년에 영국과 싱가포르가 탈퇴했다.[23] 영국이 1998년에 재가입을 했고, 미국은 정회원으로 복귀하지 않은 채 단지 옵서버의 지위로서 참가하다가 2003년에 재가입을 했다. 싱가포르는 2007년에서야 복귀했다.

1990년대 중반 몇 년 사이에 국제연합공업개발기구(UNIDO)로부터의 탈퇴도 많았다. 캐나다의 탈퇴가 있은 후 1995년 12월 4일 UNIDO 예산의 가장

22) ILO는 미국의 탈퇴로 예산의 25%가 줄어 재정적으로 큰 타격을 받은 바 있다.
23) 미국의 ILO로부터의 탈퇴가 그러했듯이 미국과 영국의 UNESCO로부터의 탈퇴는 UNESCO에 심각한 재정상의 위기를 조성했다.

큰 몫을 담당해 온 미국이 동 기구로부터 탈퇴하겠다는 통고를 했으며, 그 결과 다음해인 1996년 12월 31일에 탈퇴가 발효되었다. 미국에 이어 영국과 호주도 1996년 12월 초에 동 기구로부터 탈퇴할 것을 선언했다. 이들의 탈퇴 이유는 주로 UNIDO의 지나친 인원과 비효율적인 활동 등 기구운영에 대한 불만이었다. 2008년 4월 현재, 미국과 호주는 아직 재가입하고 있지 않으나 영국은 재가입을 한 상태이다.

세계보건기구(WHO)는 탈퇴에 관한 규정을 두고 있지 않으나, 소련과 동구라파 제국가가 1949년과 1950년 사이에 탈퇴를 했다. 그러나 1957년과 1958년 사이에 우크라이나와 백러시아를 제외하고는 복귀한 바 있다.

4) 지역기구

지역기구의 예로는 바르샤바조약기구(WTO)를 들 수 있는데, 비록 탈퇴에 관한 규정을 두고 있지 않으나 알바니아가 1968년에 소련을 위시한 동구라파 제국가가 체코슬로바키아를 침공하자 이에 항의하여 이 기구로부터 탈퇴한 적이 있다.[24] 유럽심의회(Council of Europe: CoE)의 경우, 회원국은 탈퇴의사를 사무총장에게 정식으로 통고하는 것에 의해 탈퇴할 수 있다고 규정하고 있다.

5) 한국의 예

1996년 말에 선진국들의 모임인 경제협력개발기구(OECD)에 가입한 한국은 1997년 10월 연례 외무장관회의에서 개도국의 경제압력 단체의 역할을 하고 있는 77그룹(G-77)으로부터의 탈퇴를 공식적으로 선언했다. 이는 국제기구에 대한 불만의 표시로서 이루어지는 일반적인 탈퇴와는 구분되는 것으로서 「G-77으로부터의 졸업」이라는 표현이 더 적합하다고 볼 수 있다.

24) 탈냉전의 도래와 더불어 바르샤바조약기구(WTO)가 해체되었다.

제 2 장 국제기구 회원국의 영향력

1. 서 론

국제기구 내에서 권력(power)과 영향력(influence)은 어디에서 나오는가는 대단히 중요한 문제이다. 특히 제한된 자원과 국력을 가지고 있는 한국으로서 어떤 방식으로 국제기구를 위시한 다자외교의 장에서 권력과 영향력을 행사할 수 있는가가 중요한 연구과제로 등장한다. 국제기구에 있어서 영향력이 행사되어질 수 있는 방식에는 여러 가지가 있는데, 중요한 네 가지를 꼽는다면 다음과 같다.[25)]

2. 권력과 영향력의 행사방식

(1) 제안자(initiator)

하나의 국가나 일단의 국가가 이니셔티브를 취하면서 중요한 안(즉, 이로부터 일어날 의사결정으로부터 각국이 큰 영향을 받을 제안)의 제안자(initiator)

---

25) Robert W. Cox and Harold K. Jacobson, "The Framework for Inquiry," in Robert W. Cox, Harold K. Jacobson and etc., eds., *The Anatomy of Influence: Decision Making in International Organization* (New Heaven and London: Yale University Press, 1974), pp. 12-14 참조.

로서 혹은 이러한 제안들에 대한 대안의 제안자로서 영향력을 행사하는 경우이다. 이 경우 영향력의 강도란 물론 그 제안이 갖는 중요성에 달려있다고 볼 수 있다.

이러한 제안자는 새로운 국제기구의 창설을 위해 이니셔티브를 취할 수도 있고, 기존의 국제기구에서 결의안(draft resolution)의 초안 마련과 같은 형태의 이니셔티브를 취할 수도 있다. 제안자가 국제기구에서 권력과 영향력을 발휘할 수 있는 것은 의사결정의 초기부터 중요한 결정과정에 지속적으로 관여하게 되고, 이로 인해 결과물에 대해 큰 영향을 미칠 수 있기 때문이다. 국제기구의 국제공무원이 결의안의 초안을 작성하여 국가의 대표로 하여금 제출케 하는 경우처럼 실질적인 제안자와 공식적인 제안자가 다른 경우도 물론 있다.

한국은 호주와 더불어 아시아·태평양경제협력체(APEC)를 창설하는 데 있어서 제안자로서 중요한 역할을 했고, 나아가 동북아에 있어서의 새로운 안보협력기구 창출을 위한 제안자로서의 역할을 위해 활발한 활동을 전개하고 있다.

(2) 거부권자(vetoer)

국가는 의사소통(communication)의 선상에서 그가 차지하는 전략적인 위치 때문이거나 소유하고 있는 광범위한 정치적 자원 때문에 타국가나 국가군의 이니셔티브를 억제하고 거부권자(vetoer)가 될 수 있으며, 이로 인해 영향력을 행사할 수 있다.

제안자로서의 영향력을 긍정적인 영향력(positive influence)이라 한다면, 거부권자의 영향력이란 부정적인 영향력(negative influence)이라고 말할 수 있다. 이것은 법에 의해 주어지는 거부권이라는 공식적인 것에만 국한되는 것이 아니고, 무슨 수단에 의하든 의사결정을 방지할 수 있는 기능적 의미까지를 포함한다.

국제기구에서 명시적으로 법에 의해 주어지는 거부권은 만장일치에 미달하는 결정을 배제하고, 모든 회원국들의 명시적 동의 없이 행동할 수도 있는 국제기구의 사무국 또는 이사회의 결정을 효율적으로 배제하여, 회원국들이 원하지 않는 결정을 제지할 권한을 준다. 국제연합헌장에 의해 안전보장이사회의 상임이사국은 이러한 거부권을 보유하고 있다.

거부권이 명시적으로 법에 의해 주어지지 않은 경우라도 실제에 있어서 묵시적인 거부권을 보유한 것으로 볼 수 있는 경우들이 존재한다. 다수 국가의 목적을 실현시키기 위하여 일국 또는 일단의 국가의 협력이 필수적일 경우, 이들 국가들이 협력을 하지 않겠다고 위협함으로써 원하지 않는 결정을 저지할 수 있으며, 이러한 능력에 거부권이 내재해 있다고 볼 수 있다.

예컨대 특정 경제 프로그램의 효율적 기능에 필수적인 특정 강대국(예컨대 미국)의 협력은 원하지 않는 결정을 저지할 무기로 사용된다. 또한 제안된 결의를 이행하는 데 있어 특정 국가의 협조가 필수적일 경우, 이러한 국가는 협력을 하지 않겠다는 위협을 가함으로써 원하지 않는 결정을 저지할 수 있다.

(3) 중개자(broker)

국가는 국제기구에서 의사결정을 함에 있어서 중개인(broker)으로서 영향력을 행사할 수 있다. 즉, 국가는 참여자들 가운데서 중개인(go-between)이나 합의 구축자(consensus-builder)와 같은 역할을 통해 영향력을 발휘할 수 있다.

중개란 단순히 다른 국가들의 영향력을 조절하고 타협 짓는 것에 불과하기 때문에 영향력이 될 수 없다고 생각할지 모른다. 그러나 우리가 영향력이라고 하는 것을 한 국가의 행위에 의한 타국가의 행위의 변경을 의미한다면, 중개자는 어떤 이슈에 관련된 모든 행위자들의 행동에 있어서 변경을 가져옴으로써 영향력을 행사할 수 있다.

국제기구에서 제안이 구체화되기 전에 보통 비공식적인 타협과 설득을 주로 하는 협상이 선행된다. 타협안을 모색하는 과정에서 정직한 중개자(honest broker)의 역할을 할 수 있는 국가는 상당한 영향력을 행사할 수 있다. 이것이 바로 스칸디나비안 국가들이 영향력을 발휘하는 방식이기도 하다.

성공적인 중개자는 경쟁자들이 의도한 부분이 아니었으나 모두가 동의할 수 있는 분쟁의 해결에 무엇인가를 보태는 역할을 한다. 중개국은 그들의 역할을 성공적으로 이행함으로써 장기적으로 명성과 신뢰를 쌓을 수 있으며, 이러한 명성과 신뢰로 인해 정치적인 의사소통의 연계망(communication network)에 있어서 전략적인 위치를 차지할 수 있다. 즉, 점차적으로 타국가가 상의의 대상으로 삼고 또 지속적으로 정보를 제공한다. 이러한 것이 한 국가에 있어서 정치적인 자원이 된다. 그러나 이러한 자원은 명성을 계속 유지하는 것에 달려있다.

개도국은 개도국들의 대표들을 하나의 블록으로서 동원할 수 있는 능력을 가질 경우, 이를 통해 국제기구에서 영향력을 행사할 수 있다. 강대국은 아니지만 경제력을 지닌 국가로서 국제기구에서 영향력을 가질 수 있는 경우는 그들이 갖고 있는 전문지식을 통해서나 협상가 또는 중개자로서의 역할을 통해서이다.

냉전시대에 있어서 국가들은 동·서간의 분열과 더불어 남·북간의 분열과 같은 다원적인 분열로 인해 국제기구 내에서 중개자의 역할을 수행하기가 힘들었다. 그러나 탈냉전 시대에 접어들어 국제기구나 국제회의에서 국가들은 주로 남·북으로 이원적으로 분열되어 있는 이슈가 많아 중개자로서의 역할이 상대적으로 쉬워졌다.

이러한 상황에서 중위국(middle power)으로서의 한국이 선진국과 개도국의 공정한 중개자로서의 역할을 할 여지가 상당히 증가했다. 아시아·태평양경제협력체(APEC)내에서의 개도국과 선진국간의 대립에 대한 중개, 환경관련 국제회의에서의 개발을 중시하는 개도국의 입장과 환경을 중시하는 선진국의 입장 차이를 조화시킬 수 있는 대안의 제시능력 등이 이러한 중개자로서의 역할에 관건이 될 것으로 보인다.

(4) 통제자(controller)

특정 국가가 자원의 통제나 공식적인 권위 혹은 또 다른 이유로 인해 의사결정에 있어서 그들의 견해가 고려되어야만 하는 경우가 있는데, 이 때 특정 국가는 이로 인해 통제자(controller)로서의 영향력을 갖는다.

앞서 언급한 제안자, 거부자, 중개자로서의 영향력이란 어떤 특정 이슈와 관련하여 구체적인 활동을 통해 가지게 되는 영향력이다. 이와는 달리 통제자로서의 영향력이란 이러한 구체적인 활동이 없는 가운데 생기는 영향력으로서, 타행위자의 인식에 의해 주어지는 영향력이다. 즉, 잠재적인 영향력에 대한 평가에 의해 발생하는 영향력인 것을 특징으로 한다.

이러한 영향력은 영향력 있는 제안자, 거부권자, 혹은 중개자로서의 과거의 역할로부터 유래될 수 있으며, 이러한 명성으로 인해 타행위자들이 의사결정에 앞서 상의해 오는 경우 등이 이에 해당한다. 어떤 국가가 국제기구에서 제안을 하려다가 그만둘 수 있는데, 이는 이러한 제안을 내놓을 경우 특정 국가의 강력한 반대에 의해 성공할 수 없을 것이라는 인식 때문이다. 이처럼 국제기구에서는 어떤 중요한 제안을 내어놓거나 거부하지도 않으면서 영향력을 행사하는 경우가 있는데, 이것이 바로 통제자로서의 영향력인 것이다.

제6부

국제기구의 조직과 권한

제1장 국제기구의 조직과 권한 일반

1. 서 론

국제기구의 설립을 위한 기본문서는 통상 기구가 추구하는 목적, 이러한 목적을 달성하기 위한 조직의 구성, 그리고 권한 등에 관한 규정을 두고 있다. 여기서는 국제기구의 조직의 구성과 권한을 살펴보고자 한다.[1)]

국제기구는 목적에 따라 다양한 내부조직을 가진다. 그러나 일반적으로 1) 총회라는 이름으로 흔히 불리는 전체 회원국으로 구성되는 심의기관, 2) 이사회 또는 집행부라고 흔히 불리는 일부의 회원국으로 구성되는 집행기관, 3) 국가의 대표가 아닌 독립된 인원으로 구성되며 국제기구가 그 목적을 달성할 수 있도록 준비하고 운영을 담당하는 사무국으로 구성되어 있다. 이들을 일컬어 3대 내부조직이라고 부른다.

3대 내부조직 가운데 심의기관과 집행기관은 일반적으로 회원국 정부대표를 그 구성원으로 하는 기관이다. 이 때문에 이들은 「정부간기관(intergovernmental organ)」 혹은 「국가기관」이라고 불린다. 사무국은 정부대표가 아닌 국제공무원으로 구성되어 있어 「국제기관(international organ)」, 「비국가적 기관」, 혹은 「초국가적 기관」이라고 부른다. 발달된 국제기구의 경우, 예외적으로 사무국뿐만 아니라 집행기관도 국제기관으로 구성되는 경우가 있다.

---

1) 국제기구의 조직과 권한에 관한 내용의 일부는 다음 책을 참조했다: 横田洋三編著, 『國際機構論』(東京: 國際書院, 1994), pp. 49-63.

국제기구가 통상 이러한 국가기관과 비국가적 기관 모두로 구성되어 있다는 것은 국제사회의 현실을 그대로 반영하고 있는 것이다. 즉, 국가들이 자신의 주권을 제한 받지 않으려는 경향과 동시에 공동의 문제에 필요한 초국가주의(transnationalism)가 반영된 것이다. 전자의 경향이 정부대표로 구성된 기관의 필요성을 가져오고, 후자의 경향이 국제공무원으로 구성된 기관의 필요성을 가져온다.[2)]

정부대표로 구성된 기관이 또 다시 회원국 전체로 구성된 총회와 같은 전체기관(plenary organ)과 일부 회원국만으로 구성된 이사회와 같은 제한된 기관(restricted organ)으로 나뉘어져 구성되어 있다는 것 역시 국제사회의 현실이 투영된 것이다. 즉, 이러한 두 기관의 공존은 국가들의 주권평등의 원칙에 대한 집착과 더불어 국제기구의 능률을 고려해야 할 필요성을 동시에 보여준다.

주권평등의 원칙이 엄격히 적용되기 위해서는 모든 결정이 총회와 같은 전체기관에서 결정되어야 한다. 또 다른 한편, 대단위 국가들이 참여하는 전체기관에서 의사결정이 효율적으로 이루어지는 것이 어렵기 때문에 제한된 수의 회원국으로 구성된 이사회와 같은 기관이 필요하다. 이처럼 회원국간의 형식적인 평등보다는 조직의 이러한 기능적인 필요에 의해 생긴 기관이 이사회이다.

이들 총회, 이사회, 그리고 사무국이라는 국제기구의 3대 내부조직 이외에 국제기구는 드물게 분쟁이 발생할 경우 이를 해결하기 위한 사법기관을 두기도 한다. 극히 드물기는 하나 유럽연합(EU)처럼 국제기구에 따라 의회라는 기관을 두기도 한다. 국제기구의 주요기관들(major organs)은 통상적으로 이들의 손발이 되어 구체적인 일을 담당하도록 하기 위해 예하기관으로서 보조기관(subsidiary organ)을 둔다.

국제기구에 어떤 권한을 부여할 것인가는 설립조약이나 설립헌장과 같은

---

2) 비국가적 기관의 자율성(autonomy)과 권한은 미약한 단계에 머물러 있는 것이 현실이다. 즉, 비국가적 기관은 통상 회원국의 의사와 무관하게 독자적인 의사결정을 하는 자율적인 주체가 아니다. 따라서 국제기구를 동태적으로 파악하려고 할 때, 대개 비국가적 기관보다는 정부대표들이 국가를 대표하여 국가간 상호작용을 하는 총회와 이사회의 의사결정과 과정에 주목하게 된다.

기본문서에 규정된다. 이러한 국제기구의 내부기관의 경우 기본문서에 따라 국제기구에 부여된 권한의 범위 내에서 그 기구에 부여된 임무를 효율적으로 수행하기 위해 필요한 권한이 부여된다.

2. 총 회

모든 국제기구는 모든 회원국을 구성원으로 하는 총회를 두고 있다. 국제기구에 따라 이름을 달리하기도 한다. 일반적으로 「General Assembly」 혹은 「General Conference」라는 말이 많이 쓰인다.[3] 만국우편연합(UPU)의 경우는 「Congrès」, 세계은행(IBRD)과 국제통화기금(IMF)의 경우는 「Board of Governors」, 국제전기통신연합(ITU)의 경우는 「Plenipotentiary Conference」라고 부르고 있다. 국제해사기구(IMO)의 경우는 단순하게 「Assembly」라고도 부른다. 단순하게 「Conference」라고 부르는 경우도 있다.

(1) 지위와 구성

총회는 모든 회원국으로 구성된 최고의 의사결정 기관이다. 총회는 원래 심의기관(deliberative organ)으로서의 기구의 활동 전반에 걸친 의제를 토의하는 지위와 역할을 부여받고 있으나, 오늘날 총회에서는 회기(session)가 시작되는 모두에 기조연설(keynote speech)이 행해지고 구체적인 토의는 의제의 수가 대단히 많기 때문에 이사회나 위원회에 맡겨지는 경우가 많다.[4]

이사회에 맡겨지는 예로서 국제통화기금(IMF)을 들 수 있다. IMF에 있어서 형식상의 최고 의사결정 기관은 총회(Board of Governors)이나, 실질적인 의사결정의 많은 부분이 이사회에서 이루어지는 등 사실상의 의사결정 기관

---

3) 국제연합 총회의 경우는 「General Assembly」라고 부르나 전문기구의 경우는 일반적으로「General Conference」라고 부른다.

4) 이 때문에 국제기구의 많은 회원국들이 국제기구의 의사결정 과정에서 자국 정부의 입장을 적극적으로 대변하기 위해 이사국이나 위원국으로 선출되고자 적극적으로 노력한다.

은 이사회이다. 위원회에 맡겨지는 예로서 국제연합을 들 수 있다. 국제연합 총회는 산하에 문제별로 6개의 주요 위원회(main committees)를 두고, 총회의 의제들을 내용에 따라 이들에게 배분한다.[5)]

이러한 점에서 오늘날 이사회나 위원회에 부여된 역할은 중요하다고 하지 않을 수 없다. 그러나 그렇다고 해서 총회가 전적으로 의미를 지니고 있지 않다고 말할 수 없다. 왜냐 하면 중요한 의제의 경우, 이사회나 위원회에 맡겨지지 않고 총회가 직접 다루며, 이사회나 위원회에서 결의안(draft resolution)이 채택되었다고 해도 결의(resolution)로서 채택되기 위해서는 총회에서 최종적으로 채택이 되어야 하기 때문이다.[6)]

총회는 1년에 1회 정기적으로 개최되는 것이 일반적이다. 국제연합의 정기총회 역시 1년에 1회 개최된다. 세계기상기구(WMO), 국제해사기구(IMO), 국제연합공업개발기구(UNIDO), 국제연합교육과학문화기구(UNESCO), 식량농업기구(FAO)의 경우 2년에 1회 개최된다. 국제민간항공기구(ICAO)는 3년에 1회, 국제연합무역개발회의(UNCTAD)의 경우 4년에 1회 개최된다. 만국우편연합(UPU)과 국제전기통신연합(ITU)처럼 5년마다 개최되는 경우도 있다. 이제까지 언급한 것은 정기총회인데, 국제기구들은 이러한 정기총회 이외의 총회를 개최하기도 한다. 국제연합의 경우, 정기총회 이외에 특별총회나 긴급특별총회를 필요에 따라 개최한다.

총회는 주권의 원칙(principle of sovereignty)이 유지되며, 국가들은 평등에 기초하여 총회에 참여한다. 따라서 각 회원국은 통상적으로 총회에서 1개의 투표권을 행사하는데, 이를 「일국일표제(one-nation one-vote system)」라고 한다. 총회는 일반적으로 총회의 실질적인 수족으로서의 역할을 하도록 하기 위해 결의(resolution)를 통해 산하에 보조기관(subsidiary organ)을 설립하기도 한다.[7)]

---

5) 산하의 「위원회(committee)」와 구별하기 위해 국제연합 총회를 「본회의(plenary)」라고도 부른다.

6) 많은 국제기구에서 구체적인 연간활동계획, 기본문서의 개정, 국가 혹은 국제기구와 체결하는 조약의 승인, 예산, 이사국의 선출 등 기구의 기본구조와 관련된 중요한 사항은 위원회가 아닌 총회에서 결정된다. 국제통화기금(IMF)의 경우 총무회는 새로운 가입국의 인가와 가입조건의 결정, 가입국의 제명, 설립헌장 개정의 승인, 할당액의 조정, 특별인출권(SDR)의 배분과 소각, 선임 이사회의 수의 증감, 이사회로의 권한의 위임 등 중요한 사항에 대해 의사결정을 한다.

(2) 임무와 권한

총회는 국제기구의 최고 심의기관으로서 적절한 권한이 부여되어 있다. 국제기구 내의 다른 기관으로부터 보고를 받고 이를 심의하거나 타기관의 상급기관으로서 감독을 한다. 또한 예산의 결정이나 기구의 운영에 관한 권한 등을 가지고 있다. 국제연합 총회의 경우 이러한 권한 이외에 헌장 제14조에 의해 평화적 조정(peaceful adjustment) 등에 관한 권한을 가지고 있다.

총회가 회원국에 대해 구속력 있는 의사결정을 하는 경우도 있으나, 일반적으로 총회의 결정은 회원국에 대해 법적 구속력을 지니고 않는다. 그러나 법적 구속력이 없는 경우에도 총회의 결의가 국제여론에 주는 영향이 크기 때문에 각 회원국에 대한 영향력을 무시할 수 없다.

3. 이사회

국제기구는 일반적으로 일부의 회원국으로 구성된 이사회라는 기관을 두고 있다. 통상적으로 이사회는 영어로 「Council」 혹은 「Executive Council」로 표기한다. 국제통화기금(IMF)과 국제연합교육과학문화기구(UNESCO)의 경우는 「Executive Board」라고 부르고, 다변적투자보증기관(MIGA)의 경우 「Board of Directors」라고 부른다. 국제원자력기구(IAEA)의 경우 「Board of Governors」라고 부른다.[8] 이러한 명칭 이외에 때때로 「Administrative Council」 또는 「Council of Governors」라고도 부른다.

(1) 지위와 구성

이사회는 국제기구의 일부의 구성국으로 조직되며, 각 국제기구가 추구하

7) 보조기관에 대해서는 제1부 제1장 「국제기구의 정의」 부분에서 상론한 바 있다.
8) 국제통화기금(IMF)과 세계은행(IBRD)의 경우 「Board of Governors」가 총회를 가리키나, 국제원자력기구(IAEA)의 경우 이사회를 지칭한다.

는 목적을 실현하기 위한 구체적인 활동을 위해 설립된 기관이다. 통상적으로 총회에서 결정된 정책을 집행하는 것을 임무로 하는 집행기관으로서의 지위를 갖는다.[9] 이사회는 총회에서 윤곽만 결정된 프로그램 등을 구체적으로 계획하는 역할도 한다.[10] 이사회는 총회 등으로부터 임무수행에 필요한 권한을 부여받는 경우가 많다.

국제기구가 여러 목적을 지니고 있는 경우, 다수의 이사회가 목적별로 설립된다. 국제연합의 경우 국제평화와 안전유지를 주목적으로 하는 안전보장이사회, 평화의 기초가 되는 생활수준의 향상, 경제와 사회의 발전, 문화와 교육 그리고 보건분야에 있어서의 국가간 협력, 기본적 인권준수의 촉구 등과 관련된 것을 취급하는 경제사회이사회, 신탁통치지역 주민의 독립을 촉진시키는 신탁통치이사회가 설립되어 있다.

이사회 역시 총회와 마찬가지로 부여된 임무를 수행하기 위해 결의(resolution)를 통해 각종 보조기관(subsidiary organ)을 설치한다.[11] 이사회의 구체적인 활동은 이러한 보조기관들에 의해 행해지는데, 구체적으로 이러한 보조기관들은 정기적으로 회합하여 활동계획을 입안하고 실시하며, 이러한 활동의 결과를 이사회에 보고한다. 이사회는 또한 필요할 경우 다른 국제기구와 협정을 체결하여 협력을 구하기도 한다.

이사회는 표결방식으로서 일국일표제에 기초한 단순다수결제(simple majority system)를 채택하는 것이 일반적이나, 국제통화기금(IMF)과 세계은행(IBRD)의 경우처럼 가중투표제(weighted voting system)를 채택하고 있는 경우도 있다. 또한 국제연합의 안전보장이사회처럼 상임이사국에 거부권과 같은 특별한 권한을 부여하는 경우도 있다.

이사회의 개최 빈도는 이사회에 부여된 임무에 따라 다르지만, 총회가 일반적으로 1년에 1회 소집되는 것과는 달리 보다 자주 개최되는데, 전형적으로 1년에 4회 개최된다. 경우에 따라 매년 1회나 3회 개최되기도 하며, 총회

---

9) 미주국가기구(OAS)의 경우처럼 총회와는 별도의 전체 회원국으로 구성된 이사회를 가지고 있는 경우도 있다.

10) 이 경우 총회와 이사회에서 결정된 정책과 프로그램은 다음에 살펴 볼 사무국에 의해 실행에 옮겨진다.

11) 보조기관에 대해서는 제1부 제1장 「국제기구의 정의」 부분에서 상론한 바 있다.

를 전후로 하여 개최되는 경우가 많다.[12)]

이사회가 정기적으로 이보다 빈번하게 개최되는 경우도 있으며, 필요에 따라 긴급이사회가 개최되기도 한다. 국제연합 안전보장이사회의 경우, 필요에 따라 수시로 개최되는데 이 때문에 각 이사국의 대표는 국제연합 본부가 있는 뉴욕에 상주하도록 되어 있다. 세계은행(IBRD)과 같은 업무적 성격을 가지고 있는 국제기구의 이사회는 일상적인 업무와의 관계로 매주 개최되기도 한다. 경제협력개발기구(OECD)의 경우는 회원국의 각료들로 구성되는 각료이사회와 상주대표로 구성되는 일반이사회의 두 가지가 있는데, 각료이사회는 매년 1회 개최되고 일반이사회는 매달 2회(구체적으로 두 번째와 네 번째 목요일) 열리나, 특별한 사안이 있으면 한 차례 더 열려 한 달에 2~3회 이사회가 열린다.

이사회의 구성원인 이사국은 통상적으로 총회에 의해 선출되는데, 전지구적 기구(global organizations)인 경우 이사국은 지리적 배분(geographical distribution)을 고려하여 선출되는 경우가 많다. 국제연합의 안전보장이사회 10개 비상임이사국과 경제사회이사회의 54개 이사국이 이러한 배분원칙에 따라 선출된다. 전문기구인 국제연합교육과학문화기구(UNESCO)의 이사회의 경우도 지역을 기준으로 선출된 총 58개 이사국으로 구성된다.[13)]

이사회에 따라서는 지역적인 배분원칙에 따라 선출된 이사국과 임명된 이사국으로 구성된 이사회도 존재한다. 예컨대, 2007년 12월 현재 185개 회원국을 가지고 있는 국제통화기금(IMF)은 24개 이사국을 두고 있는데, 이사국은 5개 자동 임명 이사국과 19개 선출 이사국으로 구성된다.

구체적으로 지분율이 높은 미국, 영국, 독일, 프랑스, 일본 5개국이 자동 임명 이사국이 되고, 나머지 국가들은 19개의 지역그룹으로 나누어져 이들

---

12) 국제연합의 경제사회이사회(ECOSOC)는 뉴욕과 제네바에서 매년 1회 약 1개월 동안 개최된다. 국제노동기구(ILO) 이사회는 최고 의사결정기구로 정이사와 부이사로 구성되며 매년 3월, 6월, 9월 3차례 정례회의를 개최한다.

13) 국제연합교육과학문화기구(UNESCO)는 5개 지역그룹을 두고 있는데 개개 지역그룹에 배정된 이사국의 수는 동일하지 않다. 구체적으로 서유럽 국가들 및 캐나다와 이스라엘을 포함하는 제1그룹에는 9개의 의석이 할당되고, 동유럽 국가들이 속하는 제2그룹에는 7개의 의석, 중남미 국가 그룹인 제3그룹에는 10개 의석, 아시아・태평양 국가들로 구성된 제4그룹은 12개의 의석, 그리고 아프리카 국가들과 아랍 국가들의 제5그룹은 20개의 의석이 배정되어 있다.

19개 지역그룹이 1개 이사국을 각각 선출한다. 그런데, 19개의 지역그룹 가운데 3개 지역그룹은 하나의 국가만으로 구성되어 있어 사실상의 자동 이사국이 되고 있다. 여기에 속하는 국가가 중국, 러시아, 사우디아라비아이다. 한국은 호주, 뉴질랜드, 필리핀, 몽고, 태평양 도서국 등 14개 국가들과 하나의 지역그룹을 구성하고 있는데, 이 그룹의 최대 지분국은 호주이다. 2007년 12월 현재 호주가 이 그룹을 대표하는 이사국이다.

일반적으로 이사회의 구성국인 이사국들은 이사회를 대표할 국가를 스스로 선출하나, 총회가 이사회의 대표를 선출하는 경우도 있다. 국제연합 안전보장이사회의 경우, 15개의 이사국들이 알파벳순으로 한 달씩 돌아가면서 의장국을 떠맡는다. 이에 따라 안전보장이사회 비상임이사국이었던 한국은 1997년 5월 달에 의장국이 되어 안전보장이사회를 이끌어 나간 바 있다.

(2) 임무와 권한

이사회의 권한은 국제기구의 설립 기본문서에 의해 부여되거나, 이사회의 설립목적에 따라 총회에 의해 부여된다. 일반적으로 이사회는 기구에 부여된 목적의 실현을 구체화하기 위해 설립된 기관이기 때문에, 이러한 목적에 상응하는 강력한 권한을 보유한다.

국제통화기금(IMF)의 경우, 이사회는 IMF의 일상적인 업무의 운영을 책임진다. 구체적으로 이사회는 회원국의 연례협의 결과 보고서를 검토하고, 세계경제의 위기예방과 해결방안을 논의하며, IMF의 예산과 회계 등 행정적인 안건도 처리한다. IMF에서 총회의 의결사항은 협정문 개정, 신규 가입국의 가입승인, 쿼터조정 등 극히 일부의 중요 사항에 국한되고, 대부분의 IMF 운영에 대한 사항은 이사회에서 전결 처리된다. 이에 따라 이사회는 연 160회 정도 열리며 처리하는 안건은 350여건, 보고서는 900건을 웃돈다.

국제연합 안전보장이사회는 헌장 제24조 제2항에 의해 국제평화와 안전유지에 관한 1차적인 책임을 떠맡고 있다. 이와 관련하여 헌장 제6장, 제7장, 제8장, 제12장은 안전보장이사회에게 특정의 권한으로서 조사권과 권고의 권한 등을 부여하고 있다. 또한 안전보장이사회는 국제연합의 다른 이사회와는 달리 헌장 제25조에 따라 회원국에 대해 법적 구속력을 지닌 결정을 내릴 수 있는 권한을 보유하고 있다.

이처럼 이사회에 강력한 권한을 부여하는 것은 국제연합 안전보장이사회만은 아니다. 규제를 가하는 국제기구의 경우 이사회의 결정은 구속력을 갖기도 한다. 예컨대 국제민간항공기구(ICAO)나 국제노동기구(ILO)는 국제연합 안전보장이사회 정도로 강력한 것은 아니나, 구속력 있는 기준을 설정하는 결정을 내린다. 국제연합 안전보장이사회 상임이사국(P-5)처럼 일부의 이사국이 다른 이사국과 달리 강력한 권한을 가지고 있는 경우도 적지 않다.

(3) 엘리트형 기관으로서의 특징

총회의 경우 모든 회원국이 참여한다는 점에서 「대중 민주주의형 기관」이라고 부르고, 이사회의 경우 제한된 수의 회원국만이 참여한다고 해서 「선민형 기관」 혹은 「엘리트형 기관」이라고 부른다. 이사회를 제한된 수의 회원국만으로 구성하는 것은 국제기구의 효율성을 고려한 것인데, 이들의 결정에 의해 이사회를 구성하고 있지 않은 회원국들이 구속된다는 것은 주권국가로서는 큰 위험부담이 될 수 있고 주권평등의 원칙에서도 벗어난다. 이러한 위험성에 대한 우려와 효율성에 대한 필요의 타협물로서 이사회는 일반적으로 다음과 같은 제도적인 특징을 지닌다.[14)]

1) 총회에 대한 이사회의 종속

일반적으로 총회를 최고의 의사결정기관으로 규정하고, 이사회를 총회의 지휘와 감독을 받는 부수적인 집행기관으로 규정한다. 예컨대 국제연합의 경우 경제사회이사회와 신탁통치이사회는 총회의 지휘와 감독을 받도록 되어 있다.

그러나 예외가 없는 것은 아니다. 국제연합헌장 제24조는 안전보장이사회

14) 유병화, 『국제법 I』, 개정 제2판 (서울: 진성사, 1995), pp. 612-617 참조.

가 국제평화와 안전의 유지에 관해서 주요한 책임을 진다고 규정하고 있고, 제12조 제1항은 이러한 문제에 관해 안전보장이사회가 임무를 수행하고 있는 중에 총회는 이와 관련하여 권고도 할 수 없도록 규정하고 있음으로써, 안전보장이사회가 총회에 종속되지 않고 오히려 우월한 권한을 지니도록 했다. 국제원자력기구(IAEA)의 경우 이사회가 총회보다 권한 면에서 상위에 있다. 과거 국제연맹의 이사회는 총회와 동일한 권한을 가졌다.

2) 총회에서의 이사국의 선출

총회는 이사국을 직접 선출할 수 있는 권한을 보유함으로써 제도적으로 이사회를 어느 정도 통제하고자 한다. 국제연합 안전보장이사회의 10개 비상임이사국과 경제사회이사회의 54개 이사국이 총회에서 선출된다.[15] 이러한 일반적인 경향으로부터 벗어나 있는 경우도 있다.

국제연합 안전보장이사회의 경우 상임이사국은 국제연합헌장 제23조에 의해 이미 지정되어 있으며, 과거 국제연맹규약 제4조 제1항 역시 이사회의 비상임이사국의 국명을 명기하고 있었다. 이렇게 설립조약에 특정 국가가 이사국으로 규정되어 있는 경우도 있지만, 이사국으로 선출될 수 있는 국가의 자격을 설립조약이 제한하고 있는 경우도 있다. 국제통화기금(IMF)과 국제해사기구(IMO)를 이러한 예로 들어보고자 한다.

앞서 살펴보았듯이, IMF의 이사회는 24개 이사국으로 구성되는데, 이 중 미국, 영국, 독일, 프랑스, 일본 5개국은 IMF의 출자할당액의 상위를 점하고 있다는 이유로 자동으로 이사국에 선임되고, 16개 이사국은 지역그룹 내에서 호선에 의해 선출된다. 중국, 러시아, 사우디아라비아 3개국 역시 지역그룹에 속해 있으나 다른 지역그룹과는 달리 1개국으로만 구성되어 있어 사실상 자동 이사국이 되고 있다.

국제해사기구(IMO) 이사회의 경우 32개 이사국으로 구성되어 있는데, 구체적으로 해운업무의 최대 제공국인 8개 국가, 국제해상무역에 있어 최대의

---

15) 국제원자력기구(IAEA)처럼 총회가 선출하는 이사국과 전 회기의 이사회가 지정하는 이사국이 동시에 존재하는 경우도 있다.

이해관계를 가지고 있는 8개 국가(8개 해운업무 최대 제공국은 제외), 그리고 국제해운 업무에 큰 이해관계를 가지고 있는 16개 국가(앞서 16개국은 제외)로 구성된다. 이러한 이사국을 선정하는 데 있어 선박보유 톤수 등이 고려된다. 이처럼 특별한 이해관계를 가지고 있는 국가에게 국제기구의 실질적인 운영을 맡긴다는 것은 합리적이지만, 다른 한편 주권평등의 원칙에 대한 수정이라는 측면을 가진다.

3) 이사회 권한의 제한

일반적으로 총회의 권한은 그 국제기구의 목적과 기능 전반에 걸쳐 인정되나, 이사회의 권한과 기능은 제한적으로 인정된다. 그러나 예외적으로 국제연맹의 이사회는 총회와 마찬가지로 일반적인 권한을 가졌다. 오늘날의 전문기구의 이사회도 대체적으로 총회의 성격을 띠고 있다.

4) 이사회 구성국 수의 증가

이사국의 수는 설립초기에 정해지나, 이후의 회원국 수의 변화나 목적달성을 위해 변경되는 경우도 있다. 국제기구는 이사국의 수를 증가시켜 회원국의 참여의 기회를 증진시킨다. 예컨대 국제연맹은 4개 국가의 비상임이사국을 1926년에 9개 국가로, 1933년에 10개 국가로, 그리고 1936년에 11개 국가로 확장시킨 바 있다.

국제연합의 경우도 1960년대 초에 국제사회에 대거 등장한 개도국들의 압력에 의해 1965년에 헌장이 개정되어, 안전보장이사회 비상임이사국의 수가 원래의 6개에서 10개로 증가했다. 2007년 현재 회원국들 간의 합의에 이르지 못하고 있지만, 이사국의 수의 확대를 핵심으로 하는 안전보장이사회의 개편문제가 현안이 되어 있다.

국제연합의 경제사회이사회의 경우, 설립 당시 이사국의 수가 18개국이었으나 수적으로 증가한 개도국의 요구에 의해 1965년에 헌장개정이 이루어져 27개국으로 늘어났고, 1973년에 또 다시 헌장이 개정되어 현재의 54개국이 되었다.

국제연합 이외에 국제연합교육과학문화기구(UNESCO)의 이사회(Executive Board)와 국제통화기금(IMF)의 이사회(Board of Executive Directors) 등도 이사국의 수를 늘린 바 있다.[16)]

4. 사무국

(1) 지위와 구성

총회나 이사회가 정부의 대표로 구성되어 있는 기관인 것과는 대조적으로, 사무국은 통상 출신국과 독립적인 지위를 갖는 국제공무원(international civil servants)으로 구성되는 국제기관으로서의 성격을 가진다.[17)] 구체적으로 사

---

16) 이사회 구성국 수의 증가와 더불어 위원회 구성국 수의 증가 역시 관찰된다. 예컨대 1959년 국제연합 총회의 결의에 의해 총회의 보조기관으로 설립된 외기권평화적이용위원회(COPUOS)는 설립 당시 24개국의 위원국을 두었으나 그간 수차례에 걸친 확대에 따라 현재 61개의 위원국을 두고 있다.

17) 회원국의 대표들로 구성된다는 점에서 국가기관으로서의 성격을 지니나, 회원국 대표들이 자신들의 출신국가로부터 독립하여 공동체 전체의 이익을 위한 의사결정을 할 의무를 지닌다는 점에서 사무국과 같은 국제기관의 성격을 보유하고 있는 국제기구의 기관이 있다. 가장 전형적인 예로서 유럽연합(EU)의 「집행위원회(Commission)」를 들 수 있다. 유럽연합의 집행위원회의 구성원은 국가대표로서가 아니라 개인의 자격으로 선발되며, 소속 국가의 이익이 아닌 유럽연합 전체의 이익의 관점에서 의사결정을 하도록 되어 있다. 이러한 점에서 집행위원회의 역할이 「집단적 사무총장(collective secretary general)」의 역할과 비유되기도 한다. 집행위원회는 다음과 같은 초국가성을 지니고 있다. 우선 국제연합 사무국 직원의 경우처럼 집행위원들의 독립적인 지위가 보장된다. 즉, 이들은 공동체 전체의 이익을 위해 독립해서 임무를 수행해야 하며, 임무를 수행함에 있어서 어떤 정부 또는 기관으로부터도 지지를 구하거나 받아서는 안 된다. 이들은 회원국에 의해 자의적으로 파면되지 않고 유럽연합의 사법재판소의 결정에 의거하여 파면된다. 집행위원회의 초국가성은 독립적인 지위의 보장에 그치지 않고, 초국가적인 권리가 부여되어 있다. 즉, 집행위원회는 회원국에게 구속력이 있는 결정을 내릴 수 있는 권한을 지니며, 회원국의 행동이 기본조약에 위배되는가의 여부를 감독하는 권한을 지니고 있다. 위원회가 가지고 있는 권한 가운데 중요한 권한은 입법을 발의할 수 있는 권한이다. 즉, 집행위원회의 발의로부터 유럽연합의 입법절차가 시작된다는 점이다. 유럽연합의 집행위원회와 유사한 과거의 예로서 파리조약에 의해 설립된 유럽석탄철강공동체(ECSC)의 고등기구(High Authority)를 들 수 있다. ECSC에서 구속력 있는 의사결정이 고등기구에 의해 이루어졌으며 고등기구는 예외적인 경우를 제외하고는 회원국으로부터 독립하여 전체공동체의 이익을 위하여 일하고 회원국들에 의해 그의 결정이 거부되지 않는

무국은 사무국의 수장(Executive Head or Secretary-General)과 고유의 직원으로 구성되며 상설기관으로서 설립된다.[18)]

아시아·태평양경제협력체(APEC)와 같은 일부 국제기구의 경우 회원국에서 파견된 정부대표가 사무국을 구성하기도 하나, 일반적으로 국제기구의 사무국은 국제공무원으로 구성함으로써 회원국의 영향력으로부터 독립하여 자율성을 확보하고자 한다.

국제기구와 국가의 관계에서 국제기구의 역할이 강화되기 위해서는 국제기구가 회원국으로부터 자율성을 확보하는 것이 필요하며, 이를 위해 가장 필요한 것이 사무국을 구성하고 있는, 주로 회원국의 국민으로부터 채용된 국제공무원의 독립적인 지위를 보장해주는 것이다.

국제기구들은 사무국 직원의 독립성과 중립성을 보장하기 위한 규정을 두고 있는데, 국제연합헌장 제100조, 국제노동기구(ILO)의 헌장 제9조, 국제연합교육과학문화기구(UNESCO)의 헌장 제6조 등을 그 예로 들 수 있다.

국제통화기금(IMF)의 경우 직원들은 독립성과 중립성을 확보하기 위해 엄격한 의무를 진다. 구체적으로 이들은 채용될 때 외부인과 비밀정보를 교환하지 않는다는 내용의 선서를 요구받으며, 출신 국가에게 내부의 자료를 유출할 경우 즉시 해고된다. 미디어와 인터뷰를 할 때 사전에 허가를 받아야 하고 재테크를 위한 주식이나 채권을 사는 데도 제한이 따른다. 전직 직원들과의 접촉을 삼가도록 충고를 받으며, 민간투자회사 직원이나 어떤 정부의 공무원이 접근해 올 경우 소속되어 있는 부서에 이를 보고해야 할 의무를 지기까지 한다.[19)]

국제공무원의 독립성을 보장하기 위해 이러한 국제기구의 헌장의 규정과 더불어 다음과 같은 국제법적 장치들이 존재한다.[20)] 1) 국제공무원의 국적국은 단지 후보자의 선정에만 관여할 뿐, 국제공무원의 임명은 전적으로 국제기구의 권한에 의해 행해진다.[21)] 2) 국제공무원은 국가나 국제기구와는 달리

권한을 지녔다.

18) 국제기구 수장의 선출과 직원의 채용에 관해서는 제3장의「국제공무원의 선출과 충원제도」부분에서 별도로 자세하게 설명하고 있다.

19) 조선일보, 1997년 11월 25일; 조선일보, 1997년 11월 29일.

20) 유병화,『국제법 I』, 개정 제2판 (서울: 진성사, 1995), pp. 620-622.

매우 제한적이기는 하나 국제법 주체로서의 지위를 갖는다. 예컨대 국제기구의 부당한 처분에 대해 국제행정법원에 제소할 수 있다. 3) 국제공무원은 국제기구 회원국의 영토상에서 그 기능수행과 관련하여 특권과 면책을 향유한다. 4) 국제공무원은 그 기능수행과 관련하여 국제기구의 직무보호(functional protection)를 받는다.[22]

이율배반적이지만, 국제기구의 회원국들은 사무국의 독립성과 중립성을 보장하기 위한 제도적인 장치를 마련하는 동시에, 사무국에 영향을 미치기 위한 관행 등을 수립해오고 있는 것이 사실이다. 이러한 현상은 국제기구 사무국 수장의 선출과 고위직 인사의 임명 방식에서 잘 드러난다.

국제연합의 경우 사무총장은 안전보장이사회의 추천에 의거하여 총회가 임명하도록 되어 있다. 관행에 따르면, 총회는 안전보장이사회가 추천한 후보 1인을 박수로서 통과시키는 거수기 노릇을 해오고 있으며, 후보자 1인을 추천하는 데 있어서 안전보장이사회 상임이사국의 거부권이 작용한다. 따라서 상임이사국 한 국가만의 반대가 있어도, 사무총장이 될 수 없도록 되어 있다.

제7대 국제연합 사무총장의 선출을 둘러싸고 미국은 자국에 대해 호의적이지 않고 도전적이었다는 이유로 부트로스 갈리(Boutrous Boutrous-Ghali) 사무총장의 연임을 맹렬히 반대하고, 자국에게 호의적이라고 판단한 코피 아난(Kofi Annan)을 적극적으로 지원함으로써 후자의 선출을 가능하도록 한 예가 있다.

사무국 수장의 선출과 더불어 사무국 직원 중에서 고위직은 회원국 모두의 요망에 응하기보다는 정치적으로 임명되는 것이 통례이다. 이러한 사실은 국제기구의 사무국이 독립적인 비국가적 기관으로서의 성격이 순수하지만은 않다는 것을 잘 보여준다. 국제통화기금(IMF)의 예를 들면 다음과 같다.

IMF 직원들은 독립성과 중립성을 확보하기 위해 엄격한 의무를 진다. 그러나 직원들은 은밀하게 자국의 이익을 확보하기 위한 노력을 하며, 따라서 다른 국제기구와 마찬가지로 IMF에서의 자리를 둘러싼 싸움이 치열하게 전

21) 통상적으로 회원국 정부는 정식 지명절차를 거쳐 추천서류를 국제기구에 제출한다.
22) 국제기구의 직무보호권에 대해서는 「국제기구의 지위」 부분에서 자세히 설명하고 있다.

개된다.

원래 단일한 국이었던 것이 일본이 국장자리 하나를 요구하면서 중앙아시아국과 동남아시아·태평양국으로 분리되어 일본이 중앙아시아 국장직을 차지한 바 있다. 처음 미국은 이에 반대했으나 이에 대응하여 일본이 자신의 지배하에 있는 아시아개발은행(ADB)의 미국인 부총재 자리를 없애겠다는 압력을 가함으로써 이를 가능하게 할 수 있었다. 그러나 미국은 중앙아시아국에 호주, 한국, 중국, 인도 등의 국가를 포함시켜 일본을 견제하도록 했다.

IMF는 1997년에 들어서 중앙아시아국과 동남아시아·태평양국을 아시아·태평양국으로 단일화를 하면서 일본인 국장자리를 없애는 대신 미국인이 관행에 따라 차지하던 1개의 부총재 자리를 3개로 늘려 그 중 하나를 일본인에게 배정하고 미국인은 수석 부총재가 되도록 했다.[23)]

(2) 임무와 권한

사무국의 임무는 기본적으로 총회와 같은 의사결정기관 또는 이사회와 같은 집행기관을 보좌해서 이러한 기관들이 결정한 정책을 수행하고 기구의 행정사무를 집행하는 일이다.[24)] 좀 더 구체적으로 사무국은 총회와 총회 사이의 기간 중 회원국간의 관계를 연결 짓고, 조직과 재정을 관리하며, 정부간기관이 개최하는 국제회의를 조직하고 운영한다. 또한 국제경제와 사회의 동향을 파악하고, 제반 문제를 조사하며, 인권과 군축 그리고 경제개발 등 주요한 문제에 대한 연구를 촉진하고, 정보를 수집하여 제공하며, 개발사업(development projects)을 입안하여 실시할 뿐 아니라, 정부간기관에 대해 자문을 하기도 한다.

그러나 오늘날의 국제기구 사무국은 종래의 자료의 수집과 배포 그리고 회의의 준비와 운영이라고 하는 임무 이상의 중요한 역할과 지위를 부여받고 있다. 이러한 역할과 지위는 사무국이 국제기구의 임무나 목적과 관련된

23) 조선일보, 1997년 11월 29일.

24) 앞서 언급했듯이 이사회는 총회에서 대략적으로 윤곽만 결정된 프로그램을 실질적으로 설계하며 이렇게 해서 구체화된 정책이나 프로그램은 사무국에 의해 실시된다.

중요한 정보를 많이 소지하고 있으며, 예산의 배분 혹은 기구의 활동에 관한 원안의 작성 등 주요한 권한을 지니고 있기 때문에 주어진다고 볼 수 있다. 사무국에 따라서는 국제기구의 의사결정에 깊이 관여하거나, 행정업무에서 나아가 정치적인 업무까지 관여하는 경우가 있다.

사무국이 국제기구의 의사결정 자체에까지 깊이 관여하는 예로서 국제연합무역개발회의(UNCTAD)의 사무국을 들 수 있다. UNCTAD는 개발도상국의 경제성장을 증대시키기 위해 국제무역을 촉진하는 것을 목적으로 하는 국제기구로서 3년마다 총회를 열어 정책방침을 결정하는데, 정책의 원안이 사무국의 주도하에 이루어진다. 이러한 원안은 물론 최종적으로 총회의 승인을 얻어야 하나, 원안의 일부 또는 상당한 부분이 최종안으로 채택된다는 점에서 사무국의 역할은 대단히 중요하다고 아니할 수 없다. 아주 드문 경우이기는 하나 사무국이 행정업무를 넘어서 정치적인 업무에 관여하기도 하는데, 이러한 전형적인 예로서 국제연합 사무국(구체적으로 사무총장)을 들 수 있다.[25)]

5. 사법기관

일부 국제기구는 국제기구의 조직이나 활동과 관련하여 당사자 사이에 분쟁이 있을 경우 이를 해결하기 위한 수단으로 사법기관을 둔다. 대표적인 이러한 사법기관으로는 국제연합에 있어 하나의 독립된 기관으로 인정되고 있는 국제사법재판소(ICJ)를 들 수 있다.

직원의 고용관계를 둘러싼 분쟁을 해결하기 위한 재판소로서 행정재판소가 여러 국제기구에 설치되어 있다. 국제연합에는 국제연합행정재판소(United Nations Administrative Tribunal)가 설치되어 있다. 국제연합행정재판소의 경우 국제연합과 그 직원들 사이의 분쟁을 해결하기 위한 기관으로서, 국제연합 사무총장이 그 직원과 관련하여 내린 결정이 위법인 경우 국제연합 직원

25) 국제연합 사무총장 전반에 관해서는 제7부 「국제연합의 사무총장」 부분에서 상론하고 있다.

들은 여기에 제소할 수 있으며, 전문기구와 국제연합 사이에 체결한 협정의 규정에 따라 전문기구의 직원들도 이곳에 제소할 수 있다.

국제노동기구(ILO)에도 국제노동기구행정재판소(International Labor Organization Administrative Tribunal)가 설치되어 있다. ILO 이외의 국제기구들도 ILO의 행정재판소의 관할을 인정하고 ILO 규정이 정하는 절차규정을 채택한다는 것을 선언한 후, ILO가 이것을 승인하는 경우 이 기관에 해당 국제기구 직원이 행정불복 심사를 부탁할 수 있다.

이러한 선언을 하고 ILO가 승인한 국제기구로는 식량농업기구(FAO), 국제원자력기구(IAEA), 국제형사재판소(ICC), 국제농업개발기금(IFAD), 국제이주기구(IOM), 국제의원연맹(IPU), 국제전기통신연합(ITU), 국제연합교육과학문화기구(UNESCO), 국제연합공업개발기구(UNIDO), 만국우편연합(UPU), 세계식량계획(WFP), 세계보건기구(WHO), 세계지적재산권기구(WIPO), 세계기상기구(WMO), 세계무역기구(WTO) 등이 있다.

이 밖에 국제통화기금(IMF), 미주개발은행(IDB), 세계은행(IBRD)에도 각각 국제통화기금 행정재판소(International Monetary Fund Administrative Tribunal), 미주개발은행행정재판소(Inter-American Development Bank Administrative Tribunal), 세계은행 행정재판소(World Bank Administrative Tribunal)가 설치되어 있다.

지역기구로서 유럽연합(EU)이 사법재판소(Court of Justice)를 가지고 있다. 판결을 필요로 하는 사건이 많아지면서 개인이나 기업이 제소하는 소송을 유럽연합의 사법재판소로부터 떠맡을 유럽연합 제1심 재판소(Court of First Instance)가 1989년 이래 설치되어 운영되고 있다.

국제기구의 사법기관들은 그 성격상 독립성을 지니고 독자의 조직을 갖고 있는 경우가 많다. 국제기구의 기관을 정부간기관과 국제기관으로 분류할 경우 사법기관은 국제기관에 속하는 것으로서 회원국으로부터의 독립을 확보하기 위해 설립헌장에 특별한 규정을 두고 있다.

국제연합의 국제사법재판소(ICJ)의 경우, 법관은 직무수행에 있어 공평함과 성실성을 보장하기 위해 정치상·행정상의 직무를 행해서는 안 되며 어떤 영리행위에도 종사할 수 없다. 또한 어떤 사건의 소송대리인도 될 수 없다. 법관은 법관 전원일치에 의하지 않고는 해임되지 않으며, 독립적인 직무 수행을 위해 임기기간 중 일정한 특권과 면제가 주어진다.

6. 의 회

매우 드문 경우이기는 하나 유럽연합(EU)처럼 의회를 두기도 한다. 유럽연합의 의회는 각 회원국에서 직접 보통선거로 선출된 임기 5년의 의원으로 구성되며, 각국의 인구수에 비례하여 회원국별로 의원의 수가 할당된다.

통일된 선거제도는 존재하지 않으며, 각 회원 국가가 제정한 자체의 선거제도를 통해 자국에 배당된 의원 수만큼 선출한다. 유럽연합 의회의 의원은 국내 의회의 의원을 겸할 수 있다. 국내 정치체제의 입법기관과는 달리 본격적인 입법기능은 아직 가지고 있지 않으며, 조언 기능과 견제 기능 그리고 입법과정에의 참여기능을 가진다.

최근에 국제사회에서 비정부기구(NGO)의 목소리가 커지면서 국제기구들은 이들의 목소리를 정책의 집행과정뿐만 아니라 정책의 결정과정에 공식적으로 혹은 비공식적으로 반영하기 위한 방안을 모색하고 있다. 이러한 방안 가운데 하나로서 국제기구 내부에 유럽연합의 의회와 같은 조직을 두는 방안이 논의되고 있다.[26)]

26) 국제기구와 NGO의 관계에 대해서는 제13부 「국제기구와 NGO의 관계」 부분에서 상론하고 있다.

제 2 장 국제연합의 조직과 권한

1. 국제연합 총회

(1) 지위와 구성

국제연합 역시 대부분의 국제기구와 마찬가지로 최고의 의사결정 기관으로서 총회를 두고 있다. 국제연합 총회는 많은 보조기관을 두어 실질적인 일을 하도록 하고 있다.

위원회 형식의 대표적인 보조기관으로서 6개의 주요 위원회(main committee)를 두고 있다. 국제연합 총회는 산하에 이러한 주요 위원회를 두고 총회의 의제들을 내용에 따라 이들에게 배분하여 토의하도록 한다. 실질적인 의제의 토의가 이루어지는 6개의 주요 위원회란 군축과 군비관리를 포함한 정치 및 국제안보문제를 취급하는 제1위원회, 경제와 재정문제를 다루는 제2위원회, 인권과 사회문제를 취급하는 제3위원회, 평화유지활동(PKO)과 같은 특별정치와 탈식민문제를 다루는 제4위원회, 행정과 예산문제를 취급하는 제5위원회,[27] 법률문제를 취급하는 제6위원회이다. 각 위원회는 모든 회원국이 참여하는 전체위원회(Committee of the Whole)가 된다.[28]

---

27) 국제연합의 재정분담 문제는 제5위원회가 담당하고 있다.

28) 일반적으로 위원회라고 하는 조직은 전체 회원국으로 구성되지 않고 일부 선출된 회원국만으로 구성된다. 그러나 국제연합 총회의 6개 주요 위원회는 예외적으로 회원국 전체로 구성된다.

중요한 의제의 경우, 위원회에 부탁하지 않고 직접 총회에서 토의한다. 또한 위원회에서 결의안(draft resolution)이 채택되었다고 해도 결의(resolution)로서 최종적으로 채택되기 위해서는 총회에서 채택이 다시 되어야 한다. 2006년 11월 17일 대북인권결의안이 국제연합 총회 제3위원회에서 통과된 후, 약 한 달 후인 12월 20일에 총회에서 최종 채택이 된 것도 이러한 이유에서이다.

이러한 국제연합 총회는 6개의 주요 위원회 이외에 신임장위원회(Credential Committee)와 운영위원회(General Committee)라는 2개의 절차위원회(procedural committees)와 분담금위원회(Committee on Contribution)와 행정・예산문제자문위원회(ACABQ)와 같은 상설위원회(Standing Committee)를 두고 있다.[29)]

국제연합 총회가 결의를 통해 설립한 국제기구 형태의 보조기관에는 국제연합개발계획(UNDP), 국제연합난민고등판무관실(UNHCR), 국제연합환경계획(UNEP), 국제연합대학(UNU), 세계식량이사회(WFC), 국제연합인간거주정착센터(UNCHS), 세계식량계획(WFP), 국제연합훈련조사연구소(UNITAR), 국제여성연구훈련원(INSTRAW), 국제연합여성개발기금(UNIFEM), 국제연합인권고등판무관실(UNHCHR), 국제연합아동기금(UNICEF), 국제연합무역개발회의(UNCTAD), 국제연합마약통제계획(UNDCP), 국제연합인구기금(UNFPA) 등이 있다.

국제연합의 경우 정기총회는 1년에 한번, 대개 9월 셋째 주 화요일에 개최되어 12월 말에 정지된다. 그리고 필요할 경우 다음 해에 재소집 되며, 9월 다음 회기(session)가 시작되기 전날에 회기가 끝난다. 총회의장(President)은 2003년까지는 회기가 시작된 후 처음 회의에서 선출하였으나, 그 이후부터는 새 회기가 시작되기 최소한 3개월 전에 선출한다.

국제연합 총회는 정기총회 이외에 필요에 따라 특별한 안건이 있을 경우 특별총회(special session)나 긴급특별총회(emergency special session)를 갖는

---

29) 총회는 회기가 시작되면, 신임장위원회와 운영위원회를 구성한다. 총회의장(President)의 제청에 따라 총회가 임명하는 9개국 대표로 이루어지는 신임장위원회는 각 회원국의 신임장을 심사해서 총회 본회의에 보고한다. 운영위원회는 회합을 주재하는 총회의장과 21명의 부의장(Vice-President), 6명의 주요 위원회 의장(Chairperson)을 합해 총 28명으로 구성된다. 운영위원회는 총회 본회의의 의사일정을 작성하고 안건들의 우선순위를 결정하며 의장을 도와 총회의 모든 위원회의 진행을 조정한다. 또한 각 회기를 통해 주기적으로 모여 총회와 주요 위원회의 진행상황을 점검한다.

다. 특별총회는 안전보장이사회의 요청 또는 국제연합 회원국 과반수의 요청이 있을 때 사무총장이 소집한다. 특별총회의 예로서는 1998년 6월 8일 전 세계에서 불법 생산 및 거래되고 있는 마약과 향정신성 물질 등의 퇴치방안을 논의하기 위한 개최된 국제연합마약특별총회를 들 수 있다. 긴급특별총회의 예로는 예루살렘을 포함한 팔레스타인 자치지역 전역에서 이스라엘이 추진하고 있는 유태인 정착촌 건설문제를 다루기 위해 아랍연맹 회원국들의 요구에 의해 1997년 4월 25일에 소집된 긴급특별총회를 들 수 있다.

각 회원국은 총회에서 1개의 투표권을 행사한다. 표결은 중요문제(important questions)에 대해서는 출석하여 투표한 국가의 2/3의 다수결로 결정하고, 그밖의 문제에 대해서는 출석하여 투표한 국가의 과반수로 의결한다. 중요문제란 평화와 안전의 유지에 관한 권고, 안전보장이사회의 비상임이사국의 선출, 새로운 가입국의 승인, 가입국의 특권정지나 제명, 신탁통치제도의 운용, 예산문제, 그리고 총회의 과반수에 의해 중요사항으로 지정된 문제 등이다. 그러나 실제에 있어서는 많은 의제들이 이와 같은 표결에 의하지 않고 합의(consensus)로 결정된다.

현재 국제연합 회원국의 수는 192개국이다.[30] 각 회원국은 최고 5명의 대표와 5명의 교체대표를 가질 수 있다. 총회는 각 회기마다 의장 1명과 21명의 부의장을 선출한다. 2001년 제56차 국제연합 총회에서는 한국인 한승수 전 외교통상부 장관이자 현 국무총리가 의장직을 수행한 바 있다. 6개 주요위원회의 경우, 1명의 의장, 2명의 부의장, 1명의 보고관이 의장단(bureau)을 구성한다.

(2) 임무와 권한

국제연합 총회의 임무와 권한에 관한 사항은 국제연합헌장(제10-17조)에 명시되어 있다. 총체적으로 총회는 헌장의 범위 내에 있거나 또는 헌장에 규

30) 국제연합 총회는 2006년 5월에 국민투표를 통해 세르비아-몬테네그로 연방에서 독립한 몬테네그로의 국제연합 가입 결의안을 한 달 후인 6월에 통과시켰다. 이로써 국제연합의 192번째 회원국이 됐다. 191번째 회원국은 2002년 9월에 가입한 동티모르였다.

정된 기관의 권한 및 임무에 관한 어떠한 문제 또는 사항에 관해 토의할 수 있고, 가입국과 안전보장이사회의 쌍방에 대하여 권고할 수 있다. 단 안전보장이사회가 분쟁 혹은 사태와 관련하여 헌장이 부여하고 있는 임무를 수행하고 있는 동안은 안전보장이사회의 요청이 없이는 권고가 불가능하다. 헌장에 명시된 주요 권한은 다음과 같다.

총회는 국제평화와 안전의 유지를 위한 토의와 권고를 할 수 있다. 군비축소와 군비규제를 규율하는 원칙을 포함하여 국제평화와 안전의 유지를 위한 협력의 일반원칙을 심의하고 회원국과 안전보장이사회에 권고할 수 있다. 총회에 회부된 구체적인 국제평화와 안전의 유지에 관한 문제에 대해 토의와 권고가 가능하다. 단 안전보장이사회가 분쟁 혹은 사태와 관련하여 헌장이 부여하고 있는 임무를 수행하고 있는 동안은 안전보장이사회의 요청이 없이는 권고가 불가능하며 조치를 필요로 하는 권고는 할 수 없다. 이런 점에서 총회의 역할은 안전보장이사회에 비해 부차적인 역할을 한다고 볼 수 있다.

그러나 1950년에 한국전쟁이 발발했을 때 총회가 「평화를 위한 단합(Uniting for Peace)」 결의를 채택함으로써, 안전보장이사회가 강대국의 거부권 행사로 말미암아 마비되어 평화유지에 필요한 조치를 취할 수 없을 때 총회가 무력행사를 포함한 조치를 권고할 수 있게 되었다.[31)]

총회는 정치 분야를 비롯한 여러 분야에서 연구를 제안하고 권고할 수 있다. 구체적으로 정치 분야에서 국제협력을 촉진하고, 국제법의 점진적 발전과 법전화를 장려한다. 또한 경제·사회·문화·교육·보건분야에서 국제협력을 촉진하고, 인종·성·언어·종교의 차별 없이 모든 사람의 인권과 기본적 자유의 실현을 돕기 위해 연구를 제안하고 권고할 수 있다.

총회는 일반적 복지나 국가간의 우호를 해칠 우려가 있다고 인정되는 사태에 대해 평화적 조정(peaceful adjustment)을 위한 조처를 권고할 수 있다. 총회는 다른 기관의 보고를 받고 심의할 수 있다. 구체적으로 안전보장이사회로부터 연차보고와 특별보고를 받아 이를 심의하고, 기타 기관으로부터도

31) 이후에 이에 따른 구체적인 조치를 취한 예로는 1956년의 수에즈운하 위기와 헝가리사태, 1958년의 레바논문제, 1960년의 콩고사태, 1967년의 제3차 중동전 등이 있다.

보고를 받고 심의한다. 마지막으로 총회는 국제연합의 예산을 심의하고 승인하며 각 회원국에 대한 예산 분담률을 결정한다. 그 밖에 회원국 가입을 심의하고 국제연합헌장 개정을 제의할 수 있다. 안전보장이사회의 비상임이사국, 경제사회이사회와 신탁통치이사회 이사국을 선출하고, 안전보장이사회와 합동으로 국제사법재판소 판사를 선출한다. 총회의 대외적 권한으로는 국제기구를 일방의 당사자로 하는 협력협정 등을 체결하는 경우 이 기구를 최종적으로 대표하는 권한이 있다

총회는 안전보장이사회가 고려하고 있는 평화와 안전에 관한 문제를 제외하고, 국제연합의 영역 안에 속하는 어떠한 문제에 대해서도 권고를 할 수 있다. 그러나 각국의 분담금 비율의 채택을 포함한 예산문제의 승인을 제외하고, 총회의 결의는 구속력이 없는 권고에 그친다. 법적 구속력이 없는 경우에도 총회의 결의가 국제여론에 주는 영향이 크기 때문에 각 회원국에 대한 영향력을 무시할 수는 없다.

2. 국제연합 이사회

국제연합의 경우, 안전보장이사회, 경제사회이사회, 신탁통치이사회라는 3개 이사회를 두고 있다. 이들을 하나씩 살펴보면 다음과 같다.

(1) 안전보장이사회(Security Council: SC)

1) 지위와 구성

안전보장이사회는 미국, 영국, 프랑스, 중국, 러시아 5개 상임이사국과 총회에서 선출하는 10개 비상임이사국으로 구성된다. 상임이사국은 원래는 제2차 세계대전에서 승리한 강대국인 미국, 영국, 프랑스, 중국, 소련으로 구성되었다. 상임이사국 중에서 중국을 대표하는 정부는 원래 중화민국 정부였으나, 1971년 10월의 제26차 총회에서 중화인민공화국을 대표로 인정한다는 결의

가 성립됨으로써 중화인민공화국 정부가 중화민국 정부를 대체하였다.[32] 그리고 소련(Soviet Union)이 붕괴된 후 1991년에 러시아(Russian Federation)에 의해 대체되었다.

1960년대 초에 국제사회에 대거 등장한 개도국들의 압력에 의해 1965년에 헌장이 개정되어, 안전보장이사회 비상임이사국의 수가 원래의 6개에서 10개로 증가했다. 이들 10개 비상임이사국은 총회에서 선출되며, 선출 시 국제평화와 안전의 유지 및 국제연합의 기타 목적에 대한 공헌도와 형평성, 지리적 안배 등이 고려된다. 지리적 안배에 따라 아프리카지역에서 3개국, 아시아지역에서 2개국, 중남미지역에서 2개국, 동유럽지역에서 1개국, 그리고 서유럽 및 기타지역에서 2개국이 선출된다. 이들 10개 비상임이사국 중에서 하나의 비상임이사국은 아랍 국가로서 아시아지역과 아프리카지역에서 번갈아 가며 나온다. 비상임이사국의 임기는 2년이고, 임기시작은 1월 1일이다. 임기 만료 직후에는 재선될 수 없으며, 매년 5개 이사국이 바뀐다. 한국은 1996-1997년에 비상임이사국으로 활약한 바 있으며, 2007-2008년 비상임 이사국에 입후보할 계획이었으나 국제연합 사무총장으로의 진출에 집중하기 위해 비상임이사국 진출을 뒤로 미룬 바 있다.

안전보장이사회의 의장국은 매달 바뀌는데, 이사국 중에서 국가명의 영문 알파벳순에 의해 순환한다. 의장은 의제를 설정하고, 회의를 주재하며, 모든 위기를 감시한다. 국제연합헌장 제28조 1항에 따라 안전보장이사회의 이사국은 어느 때고 만나 임무를 수행할 수 있도록 하기 위해 이사국의 대표들은 국제연합 본부가 있는 뉴욕에 상주시켜야만 한다.[33] 이러한 조항이 국제연합헌장의 일부가 된 것은 위기에 신속하게 대처할 수 없었던 국제연맹의 경험으로부터 유래된 것이다.

안전보장이사회 이사국은 1개의 투표권을 지닌다. 절차문제(procedural matter)는 15개 이사국(5개 상임이사국과 10개 비상임이사국) 중에서 9개 이

32) 중화민국은 영문으로 「Republic of China: ROC」로 표기하고, 중화인민공화국은 영문으로 「People's Republic of China: PRC」로 표기한다. 중화민국은 현재 「타이완」이라고 흔히 불리고, 중화인민공화국은 「중국」을 지칭한다.

33) 국제연합헌장 제28조 1항: 안전보장이사회는 계속적으로 임무를 수행할 수 있도록 조직된다. 이를 위하여 안전보장이사회의 각 이사국은 기구의 소재지에 항상 대표를 둔다.

사국의 찬성으로 결정되지만, 실질문제(substantive matter)는 5개 상임이사국을 포함한 9개 이사국의 찬성으로 의결된다. 즉 실질문제가 통과되기 위해서는 5개 상임이사국 모두의 찬성과 최소한 4개 비상임이사국의 찬성을 확보하여야 한다. 이러한 강대국 만장일치의 원칙을 거부권(veto power)이라고 부른다. 따라서 실질문제 결정에서 상임이사국의 반대투표는 거부권 행사가 된다. 다만 상임이사국의 기권이나 불참은 거부권 행사로 인정하지 않는 것이 관례이다.

국제연합 회원국이 아니거나 안전보장이사회의 이사국이 아닌 국가는, 안전보장이사회가 그 국가의 이해관계가 특별하게 영향을 받는다고 동의할 경우 안전보장이사회의 토의에 참가할 수 있다. 최근에는 이러한 규정을 느슨하게 해석하여 많은 국가들로 하여금 토의에 참가하도록 하고 있다, 국제연합 회원국이 아닌 국가의 경우 분쟁의 당사국이라고 안전보장이사회가 고려할 경우 통상적으로 참가할 것을 요청받는다.

안전보장이사회 역시 보조기관을 두고 있는데, 이러한 보조기관에는 국제연합에의 가입을 희망하는 국가에 대한 심사를 하는 가입심사위원회(Committee on Admission New Members), 안전보장이사회가 사용할 수 있는 병력확보를 위해 개별국가와 특별협정을 체결하는 권한을 가진 군사참모위원회(Military Staff Committee) 등이 있다.

2) 임무와 권한

안전보장이사회는 헌장 제24조에 의해 국제평화와 안전의 유지에 관한 1차적 책임을 진다. 헌장은 안전보장이사회로 하여금 이러한 책임을 다하도록 하기 위해 제6장, 제7장, 제8장 및 제12장에서 특정의 권한을 부여하고 있으며, 이에 따라 조사권이나 권고의 권한 등을 규정하고 있다. 국제연합 안전보장이사회는 국제연합의 다른 이사회와는 달리 헌장 제25조에 따라 회원국에 대해 법적 구속력을 지닌 결정을 내릴 수 있는 권한을 보유하고 있다.

헌장 제6장은 분쟁의 평화적 해결을 위한 안전보장이사회의 권한을 규정하고 있다. 이에 따르면, 안전보장이사회는 어떠한 분쟁, 또는 국제적인 마찰로 이어지거나 분쟁을 발생하게 할 우려가 있는 사태에 대해 조사할 수 있다. 이러한 분쟁과 사태가 국제평화와 안전을 위태롭게 할 우려가 있다고 결정하면 적절한 조정의 절차나 방법을 권고할 수 있다. 그러나 이러한 권고는 회원국에 대해 법적 구속력이 없다.

헌장 제7장은 분쟁의 강제적 해결을 위한 안전보장이사회의 권한을 규정하고 있다. 이에 따르면, 안전보장이사회는 평화에 대한 위협, 평화의 파괴, 또는 침략행위의 존재를 결정하고, 국제평화와 안전을 유지하고 회복하기 위해 권고를 하거나 강제조치를 결정할 수 있다. 여기서 강제조치란 비군사적 조치와 군사적 조치를 의미한다. 이처럼 안정보장이사회는 헌장 제7장에 근거하여 권고를 하거나 강제조치를 결정할 수 있는데, 이 중에서 강제조치의 결정은 법적 구속력을 지닌다.

헌장 제41조가 언급하고 있는 비군사적 조치는 경제관계와 철도·항해·항공·우편·전신·무선통신 및 다른 교통통신 수단의 전부 혹은 일부의 중단과 외교관계의 단절을 포함한다. 군사적 조치는 헌장 제42조에 근거한 조치로서 안전보장이사회가 이미 취한 비군사적 조치가 불충분할 것으로 인정하거나 불충분한 것으로 판명되었다고 인정하는 경우에 한해, 국제평화와 안전의 유지 또는 회복에 필요한 공군, 해군, 또는 육군에 의한 조치를 의미한다. 구체적으로 국제연합 회원국의 공군·해군·육군에 의한 시위, 봉쇄, 그리고 다른 작전을 포함할 수 있다.

군사적 조치의 예로는 1950년 한국전쟁이 발발했을 때 국제연합이 취한 군사조치와 1991년 이라크와 쿠웨이트 사이의 전쟁 시 연합군에 의한 군사조치를 들 수 있다. 비군사적인 조치의 예로는 2006년에 북한의 핵실험과 관련하여 취해진 대북 경제제재(economic sanction)를 들 수 있다.

이처럼 안전보장이사회는 국제평화와 안전유지에 대하여 일차적인 책임을 지고 있다. 주요 임무는 어떠한 분쟁, 또는 국제적인 마찰로 이어지거나 분쟁을 발생하게 할 우려가 있는 사태를 평화적으로 처리하며, 평화에 대한 위협·평화의 파괴·침략행위 등에 대해 권고를 하거나 강제조치를 결정한다. 이 밖에, 안전보장이사회는 군비규제계획의 작성(제26조), 국제사법재판소의 판결사항의 집행(제94조), 지역적 분쟁에 대한 지역적 처리의 장려(제52조),

지역적 강제행동의 허가(제53조) 등을 한다. 이와 더불어 회원국의 가입, 회원국의 권리와 특권의 정지, 회원국의 제명을 총회에 권고할 수 있다(제4조-제6조). 사무총장의 임명을 위해 총회에 권고할 수 있다(제97조). 국제사법재판소 판사를 선출하기도 한다(국제사법재판소규정 제8조).

안전보장이사회는 평화유지활동(PKO)과 관련하여 권한을 갖는다. 헌장 제6장의 분쟁의 평화적 해결방식은 구속력이 미흡하고 제7장의 분쟁의 강제적 해결은 안전보장이사회 상임이사국의 거부권 행사로 많은 제약을 받는다. 따라서 국제연합은 이러한 한계를 타개하기 위한 수단으로서 필요시 제한적 범위 내에 자위적 무력사용 등을 허용하는 평화유지활동을 대안으로 강구하게 되었다. 이러한 평화유지활동은 안전보장이사회의 승인과 사무국의 평화유지활동국(Department of Peacekeeping Operation: DPKO)의 세부적인 계획하에 이루어진다.

안전보장이사회가 결의안에 대해 합의에 이르지 못하거나 표결로 통과시키지 못할 경우, 안전보장이사회는 결의안 대신에 법적 구속력이 없는 「의장성명(Presidential Statement)」을 채택할 수 있다. 이러한 의장성명은 종종 막후교섭의 산물로서 표결이 아닌 합의에 의해 채택된다. 의장성명은 안전보장이사회가 주의를 기울이고 있으며 향후 강제적인 조치가 뒤따를 수 있다는 경고성의 정치적 압력을 가할 의도로 채택된다.

안전보장이사회는 2006년 10월 6일 북한이 핵실험 위협을 한 지 4일 만에 북한에 대해 핵실험계획을 포기할 것을 촉구하는 의장성명을 발표한 바 있다. 이 의장성명에 미국 등이 요구한 국제연합헌장 제7장에 따른 제재 부분이 빠지면서 핵실험 시 어떤 제재 조치를 취할 것인가에 대해 구체적으로 명기하지는 않았지만, 핵실험을 강행하면 국제연합헌장이 규정한 의무와 책임에 따라 안전보장이사회가 대북제재에 나설 수 있다는 것을 경고하고 있다. 이러한 의장성명은 앞으로 상황 변화에 따라 구속력을 갖는 제재 결의안을 채택하는 밑거름으로 작용할 것으로 보았는데, 북한이 핵실험을 강행하자 이를 바탕으로 구속력을 갖는 강제적인 경제제재조치가 실질적으로 취해졌다.

의장성명보다도 더 약한 것으로서 「언론발표문(Press Statement)」이라는 것이 있다.[34] 언론발표문 역시 결의와는 달리 법적 구속력이 없다. 언론발표문은 통상 안전보장이사회가 중요한 회합을 가진 후 회합에서 논의된 내용을 포함한다.

이처럼 안전보장이사회의 토의의 결과는 결의, 의장성명, 언론발표문의 채택과 같은 세 가지 다른 형태를 취한다. 사안에 따라 어떤 형식을 취할 것인가를 두고 안전보장이사회 이사국들 사이에 긴 협상이 진행되곤 한다. 이 중에서 언론발표문이 가장 강도가 낮고, 이러한 언론발표문보다 강도가 높은 것이 의장성명이며, 가장 강도가 높은 것이 결의이다. 의장성명은 안전보장이사회의 기록으로 남는다는 점에서 언론발표문보다 더 강력한 형식으로 간주된다. 언론발표문과 의장성명의 경우 15개 안전보장이사회 이사국의 합의(consensus)가 필요하고, 결의의 경우는 5개 상임이사국을 포함한 9개 이사국 이상의 찬성을 필요로 한다.

(2) 경제사회이사회(Economic and Social Council: ECOSOC)

1) 지위와 구성

경제사회이사회는 총회에서 선출되는 임기 3년의 54개 이사국으로 구성되고 매년 18개국씩 바꾸며, 재선도 가능하다. 이들 이사국들은 지리적인 배분을 고려하여 아프리카지역 14개국, 아시아지역 11개국, 중남미 10개국, 동유럽 6개국, 서유럽 및 기타지역 13개국으로 구성된다.

경제사회이사회의 경우, 설립 당시 이사국의 수가 18개였으나 수적으로 증가한 개도국의 요구에 의해 1965년에 헌장의 개정이 이루어져 27개 국가로 늘어났고, 1973년에 또 다시 헌장이 개정되어 현재의 54개 국가로 늘어났다. 어떤 국제연합 회원국이든 이사국이 될 수 있는 자격을 가지나, 경제력을 가지고 있는 선진국들이 좀 더 선출에 유리하다. 안전보장이사회처럼 상임이사국이 존재하지는 않지만, 현실적인 필요에 따라 중국을 제외한 강대국들이 사실상 계속해서 선출되고 있다.[35] 경제사회이사회의 의장은 1년의 임

---

34) 「언론발표문」이라는 말 대신에 「언론성명」이라는 표현을 쓰기도 한다.

35) 한국은 국제연합에 1991년에 가입한 후 1993년-1995년 사이에 처음으로 경제사회이사회 이

기로 선출되는데, 중소 국가에서 나온다.[36] 경제사회이사회 의장단은 1인의 의장과 4인의 부의장으로 구성되며, 1년간 이사회 회의의 조직과 운영을 관장하게 된다.[37]

경제사회이사회는 1년에 한번 7월에 4주의 회기로 회합을 갖는다. 1998년 이래로 경제사회이사회는 매년 4월에 세계은행(IBRD) 및 국제통화기금(IMF)과 또 다른 회합을 가져오고 있다. 경제사회이사회에서 이사국은 1인의 대표를 가지며 1개의 투표권을 행사한다. 모든 결정은 출석하여 투표하는 이사국의 과반수에 의해 성립한다.

2) 임무와 권한

경제사회이사회의 임무는 국제연합의 경제적・사회적・문화적・인도적 활동을 지휘하고 관리하는 것이다. 경제사회이사회의 임무와 권한은 국제연합헌장 제62조-제66조에 규정되어 있다. 이를 좀 더 자세히 살펴보면 다음과 같다.

우선 경제사회이사회는 경제・사회・문화・교육・보건 및 관련사항에 관해 연구 및 보고를 하거나 제안할 수 있으며, 이에 관해 총회, 회원국, 관련 전문기구에 권고할 수 있다. 인권과 기본적 자유를 존중하고 준수할 것을 촉진하기 위해 권고할 수 있으며, 그 권한에 속하는 사항에 관하여 국제회의를 소집하고 총회에 제출하기 위한 협약안을 작성할 수 있다.

경제사회이사회는 국제연합헌장 제71조에 따라 그 권한 내에 속하는 사항과 관련이 있는 비정부기구(NGO)와의 협의를 위해 적절한 약정을 체결할 수 있다.[38] 경제사회이사회는 또한 헌장 제57조와 제63조에 근거하여 전문기구와 제휴관계를 설정하는 조건을 규정하는 협정을 체결할 수 있다.

사국으로 선출되었다. 그 후 1998년-2000년, 2001년-2003년, 2004년-2006년 연속하여 3번 이사국으로 선출된 바 있다. 2007년 11월에 또 다시 선출되어 2008년부터 2010년까지 이사국으로 활동하게 되었다.

36) 2008년 1월의 선거에서 국제연합 주재 아이티 대사가 의장으로 선출된 바 있다.

37) 김현종 국제연합 주재 한국대사가 2008년 1월에 경제사회이사회의 부의장에 선출된 바 있다.

38) 국제연합과 NGO의 관계에 관해서는 제13부 「국제기구와 NGO의 관계」 부분을 참조하시오.

전문기구와의 제휴협정에 근거하여 경제사회이사회는 전문기구와의 협의, 전문기구에 대한 권고, 그리고 총회와 회원국에 대한 권고를 통하여 전문기구의 활동을 조정할 수 있다. 또한 전문기구로부터 정규적인 보고를 받기 위한 적절한 조치를 취할 수 있다. 경제사회이사회는 안전보장이사회에 정보를 제공할 수 있다. 회원국이나 전문기구의 요청에 따라 총회의 승인을 얻어 서비스를 제공할 수도 있다. 기타 총회가 위임하는 사항을 수행한다.

경제사회이사회 산하에 많은 보조기관을 두고 있다. 주요 보조기관에는 세계의 여러 지역의 경제(사회)문제를 다루는 지역위원회와 사회발전과 인권에 관한 사항을 다루는 기능위원회가 있는데, 경제사회이사회는 이러한 위원회들로부터 많은 지원을 받고 있다. 이들을 살펴보면 다음과 같다.

우선 기능위원회(functional commission)에는 사회개발위원회(Commission for Social Development), 마약위원회(Commission on Narcotic Drugs), 범죄예방형사사법위원회(Commission on Crime Prevention and Criminal Justice), 개발과학기술위원회(Commission on Science and Technology for Development), 지속가능발전위원회(Commission on Sustainable Development), 여성지위위원회(Commission on the Status of Women), 통계위원회(Statistical Commission), 인구개발위원회(Commission on Population and Development)가 있다. 경제・사회・인권 등 기능적 측면의 위원회들은 연구와 권고를 통하여 업무수행을 보조하며, 결의안과 협정안을 채택함으로써 이사회와 총회에 활동지표를 제공한다.

지역위원회(regional commission)로는 아프리카경제위원회(Economic Commission for Africa: ECA), 아시아・태평양경제사회위원회(Economic and Social Commission for Asia and the Pacific: ESCAP), 유럽경제위원회(Economic Commission for Europe: ECE), 중남미경제위원회(Economic Commission for Latin America and the Caribbean: ECLAC), 서아시아경제사회위원회(Economic and Social Commission for Western Asia: ESCWA)가 있다. 이들 지역위원회는 지역이 안고 있는 독특한 경제(사회)문제를 해결할 목적으로 설치되었다. 이들은 경제자문과 실제 활동 면에서 적지 않은 성과를 거두어 왔다.

이러한 보조기관 이외에 상설위원회와 전문가기구를 두고 있다. 계획조정위원회(Committee for Program and Coordination), 인간정주위원회(Commission on Human Settlement), 비정부기구위원회(Committee on Non Governmental Organizations), 정부간기구협상위원회(Committee on Negotiations with Intergovernmental Agencies), 에너지 · 천연자원위원회(Committee on Energy and Natural Resources), 공공행정위원회(Committee on Public Administration)가 이에 해당한다.

(3) 신탁통치이사회(Trusteeship Council: TC)

1) 지위와 구성

신탁통치이사회는 국제연맹으로부터 물려받은 위임통치 지역과 제2차세계대전 후 패전국으로부터 분리된 전 식민지 지역 및 자발적으로 국제연합의 신탁통치 지역으로 들어온 11개 신탁통치 지역의 점진적인 독립을 성취할 목적으로 설립된 국제연합의 주요기관이다.

신탁통치이사회는 국제연합헌장 제86조에 따라 3그룹의 국가들로 구성되었다. 첫째 그룹은 신탁통치 지역을 위임받아 통치하는 국가들, 둘째 그룹은 안전보장이사회 상임이사국으로서 첫째 그룹에 속하지 않는 국가들, 그리고 세 번째 그룹은 총회에서 선출되는 임기 3년이 연임 가능한 비신탁통치국으로 구성된다.

첫째 그룹은 신탁통치의 시정국(administering state)이고, 둘째와 셋째 그룹에 속하는 국가들은 비시정국(non-administering state)이다. 시정국과 비시정국의 수에 있어서의 균형을 위해 셋째 그룹에 속하는 국가의 수는 첫째 그룹에 속하는 국가 수에서 두 번째 그룹에 속하는 국가 수를 뺀 나머지가 된다.

1960년까지 신탁통치이사회는 7개의 시정국, 2개의 시정국이 아닌 안전보장이사회 상임이사국, 그리고 총회에서 선출된 5개의 비시정국으로 구성되어 있었다. 그 후 신탁통치 지역이 점차적으로 독립을 달성함에 따라 1968년 이래 헌장의 규정에 따른 구성이 불가능해졌으며, 현재는 5개 안전보장이사회 상임이사국만으로 구성되어 있다.

최후의 신탁통치 지역이었던 팔라우(Palau)가 1994년 10월 1일에 독립하여 185번째 국제연합 가입국이 되면서, 신탁통치이사회는 역사적 사명을 완수했으며 현재는 개점휴업 상태에 있다. 이 때문에 신탁통치이사회는 1994년 5월 25일 의사규칙(rule of procedures: ROP)을 개정하여 연차모임을 가져야 하는 의무를 없애버렸다. 대신에 필요할 경우에 회합하는 것으로 개정했다.

2) 임무와 권한

신탁통치이사회는 신탁통치제도하에 있는 신탁통치지역의 행정을 감독하여 지역 주민의 복지를 증진시키고, 자치나 독립을 향해 점진적 발전을 하도록 돕기 위해 설립되었다.

신탁통치이사회는 신탁통치지역 주민의 정치・경제・사회・교육발전에 대한 시정권자의 보고서를 심의하고, 신탁통치지역 주민의 청원을 수리하여 심사하며, 신탁통치지역을 정기적으로 방문하는 등의 헌장상의 권한을 갖는다.

3) 신탁통치이사회의 미래

2005년 3월 코피 아난 제7대 국제연합 사무총장은 국제연합 개혁의 일환으로 신탁통치이사회의 폐지를 제안한 바 있다. 신탁통치이사회를 공식적으로 폐지하려면 헌장의 개정이 필요하다.

신탁통치이사회의 장래에 관해 「글로벌거버넌스위원회(The Commission on Global Governance)」는 「우리들의 지구촌 이웃(Our Global Neighborhood)」이라는 1996년 보고서를 통해, 신탁통치이사회에게 해양・대기・외기・남극대륙으로 구성되는 인류 공동의 지구환경에 대한 권한을 주기 위해 국제연합헌장 제12장(신탁통지제도)과 제13장(신탁통치이사회)을 개정할 것을 권고한 바 있다. 이는 지금까지의 신탁통치 개념을 지구환경에 대한 인류공동의 신탁통치 개념으로 발전시키자는 의미이다.

3. 국제연합 사무국

(1) 지위와 구성

사무국은 국제연합의 주요기관 가운데 하나이다. 사무국은 1인의 사무총장과 필요한 직원으로 구성된다. 사무총장은 안전보장이사회의 추천을 받아 총회에서 선출되며 임기는 5년이고 중임할 수 있다. 사무국 직원들은 사무총장이 임명하며, 국제연합에 대해서만 책임을 지는 국제공무원(International Civil Servant)으로서 어떤 특정 국가의 간섭 없이 독립성과 중립성을 유지해야 한다. 정부의 대표로 구성되는 총회나 이사회와 달리, 사무국이 국제공무원으로 구성된 이유는 회원국의 영향력으로부터 독립하여 자율성을 확보하고자 한 것이다.

이러한 것은 국제연합헌장 제100조에 규정되어 있는데, 이에 따르면 사무국 직원인 사무총장과 직원은 그 임무의 수행에 있어 어떠한 정부나 국제연합 외의 어떠한 당국으로부터도 지시를 받거나 구하여서는 안 되며, 회원국들은 이들 업무의 국제적인 성격을 존중해서 영향을 주지 않도록 해야 한다.

(2) 임무와 권한

국제기구의 사무국은 아주 드문 경우이기는 하나, 행정업무를 넘어서 정치적인 업무에도 관여하기도 하는데, 이러한 전형적인 예가 바로 국제연합 사무국, 보다 구체적으로는 사무총장이다.

국제연합 사무국의 임무는 국제연합이 다루고 있는 문제만큼이나 다양하다. 평화유지활동을 관리하고, 국제분쟁을 중재하며, 경제적·사회적 추세에 대해 조사하고, 인권과 지속가능한 발전과 같은 주제에 대해 연구물을 준비하기도 한다. 이 밖에 세계의 미디어에 국제연합의 활동을 알리고, 세계적으로 관심이 되고 있는 이슈를 주제로 한 회의를 조직하며, 발언과 문서를 국제연합의 공식언어로 통역하고 번역하는 일을 한다.[39]

39) United Nations, *Basic Facts about the United Nations* (New York: UN DPI, 2004), pp.

국제연합 사무총장은 수석행정관으로서 사무국의 업무를 지휘하고 감독하고, 국제사법재판소를 제외한 국제연합의 모든 기관의 회의에 참가하여 사무총장의 자격으로서 행동하며, 이들 기관으로부터 위임을 받아 이들 기관의 결정사항을 집행하는 임무를 수행한다. 사무총장은 또한 국제연합의 업무에 대한 평가와 방향제시, 회원국들의 관심전환 촉구, 당면문제의 우선순위와 제시 등의 내용을 포함하는 국제연합의 업무에 관한 연례보고서를 총회에 제출한다.

사무총장은 이러한 행정업무에서 나아가 국제평화와 안전의 유지를 위협한다고 인정되는 사항에 대하여 정치적 재량권을 가지고 안전보장이사회의 주의를 환기시킬 수 있다. 사무총장은 회원국간에 분쟁이 발생하는 경우 분쟁해결을 위한 조정의 역할을 맡는 등 다양한 정치적 역할을 하기도 한다.

4. 국제사법재판소(International Court of Justice: ICJ)

(1) 지위와 구성

국제사법재판소는 국제연맹 때 설치된 상설국제사법재판소(PCIJ)를 이어받은 후신으로서, 총회와 안전보장이사회에서 선출된 9년 임기에 중임이 가능한 15명의 재판관으로 구성되는 국제연합의 주요 사법기관이다. 재판관은 이들의 국적이 아닌 개인적 자질에 기초하여 선출되며, 세계의 주요한 법체계가 국제사법재판소에서 대표되도록 유념하여야 한다. 2인 이상의 재판관이 동일한 국가 출신이어서는 안 된다. 재판관은 임기 중에 다른 직업에 종사하여서는 안 된다.

재판부는 통상적으로 전원출석으로 개정되나, 분쟁 당사국의 요청이 있는 경우 소재판부를 설치할 수 있다. 소재판부의 결정은 전원재판부에 의해 내려진 것으로 간주된다. 국제사법재판소는 환경문제에 관한 재판부(Chamber for Environmental Matters)를 두며, 매년 간이재판부(Chamber of Summary

---

14-15.

Procedure)를 설치한다.

이 재판소는 국제연합헌장과 불가분의 일체를 이루는 국제사법재판소규정에 따라 그 임무를 수행하도록 되어 있다. 모든 국제연합 회원국이 당사국이 되지만 회원국이 아니더라도 안전보장이사회의 권고와 총회가 규정하는 조건에 따라서 국제사법재판소의 규정의 당사국이 될 수 있다.

(2) 임무와 권한

국제사법재판소의 주된 기능은 국가들에 의해 맡겨진 법적인 분쟁을 해결하는 것이다. 재판의 준칙은 조약, 국제관습, 법의 일반원칙, 그리고 법규결정의 보조수단으로서의 판결과 학설이며, 당사자간에 합의가 이루어질 경우 형평과 선을 준칙으로 적용할 수도 있다.

강제적 관할권은 없으며, 일정한 예외를 제외하고는 한쪽 당사자의 청구만으로는 재판의 의무가 생기지 않는다. 그러나 판결은 구속력을 가지며, 당사국이 이를 이행하지 않을 때에는 안전보장이사회가 적당한 조치를 취하게 된다.

국제사법재판소는 본래의 재판 이외에 총회, 안전보장이사회, 기타 전문기구의 요청에 따라 권고적 의견(advisory opinion)을 제시할 수 있다. 구체적으로 총회와 안전보장이사회는 어떠한 법적 문제에 대해서도 국제사법재판소에 권고적 의견을 요청할 수 있으며, 여타의 국제연합 보조기관과 전문기구도 총회의 승인을 받을 경우 각자의 활동범위 내에서 발생하는 법적 문제에 대해 권고적 의견을 요청할 수 있다.

제 3 장 국제공무원의 선출과 충원제도

1. 국제공무원의 선출과 충원방식

국제기구 사무국의 직원을 일반적으로 「국제공무원(international civil servant)」이라고 부른다. 이러한 국제공무원은 비서나 보안요원 등과 같이 기능직 일을 담당하는 일반직 직원(general service staff)과 전문성을 가지고 전문분야에서 일하는 전문직 직원(professional service staff)으로 구분된다.[40] 여기에서는 전문직 직원을 중심으로 살펴보고자 한다.

전문직에는 여러 직급이 존재한다. 국제연합 사무국의 경우, 사무총장(Secretary General: SG)을 가장 상위에 두고 그 밑에 부사무총장(Deputy Secretary-General: DSG), 사무차장(Under-Secretary General: USG), 사무차장보(Assistant Secretary General: ASG)의 직급을 두고 있다. 이들 밑에 간부직원으로서 국장과 차장에 해당하는 D-2와 D-1이라는 D급 간부직원이 있다.[41] D급 간부직원 밑에 P급 전문직원(P-5, P-4, P-3, P-2, P-1)이 있다.[42]

어떤 수준의 국제공무원이냐에 따라 충원방식에 있어서 차이가 존재한다. 통상 국제기구의 수장의 경우는 회원국들 사이에 협의와 선거 등을 통해서 충원을 하게 된다. 그 밖의 국제공무원의 경우는 일반적으로 선거를 통하지

40) 「일반직 직원」은 「기능직 직원」이라고도 불린다.
41) 여기에서 D는 「Director」를 의미하며, D-2를 선임국장 D-1을 국장이라고도 부른다.
42) 여기에서 P는 「Professional」을 의미하며, P-5는 우리 직제로 볼 때 심의관, P-4는 과장, P-3는 서기관, P-2는 사무관, P-1은 사무관보에 해당한다.

아니하고 별도의 다양한 충원제도를 통해 선발된다. 이를 구별하여 살펴보고자 한다.

(1) 국제기구 수장의 선출방식

국제기구 사무국의 수장의 일반적인 선출방식을 살펴보면, 일반적으로 이들의 최종 선출은 최고의 의사결정기관인 총회에서 이루어진다. 그러나 총회에서 사무총장의 선출을 둘러싼 경선이 없고 단일 후보를 두고 형식적으로 통과의례만을 거치는 것이 관례이다. 이러한 단일후보를 내세우는 데는 몇 가지 다른 유형이 있다.[43)]

1) 합의형 방식

세계무역기구(WTO) 사무총장의 선출 방식과 같이 내부 전체의 합의에 의해 한 후보를 옹립하는 「합의형 방식」이 있다. WTO의 경우 회원국 대표들이 사무총장 후보자에 대한 비공식 표결을 갖는 등의 여러 방식을 통해 합의에 다가선다. 비공식 표결은 일종의 인기투표와 같은 것으로서 낮은 지지도는 사퇴의 압력으로 작용하기도 한다. 이러한 여러 과정을 통해 끝까지 사퇴하지 않고 살아남는 후보가 선출되는 방식이다.[44)] 국제연합 사무총장 선출방식도 이러한 방식에 의한다고 볼 수 있다.

2) 지명형 방식

국제연합인권고등판무관(UNHCHR)과 국제연합난민고등판무관(UNHCR) 등을 선출할 때 사용하는 「지명형 방식」이 있다. 국제연합 사무총장이 여러 나라의 의견을 들은 후 단일후보를 지명하여 총회에서 승인하는 경우이다. 이

---

43) 조선일보, 1995년 3월 10일.

44) WTO의 사무총장은 선출이 아니라 회원국들의 합의를 거치면서 일반이사회의 승인 절차를 밟아 임명된다.

과정에서 사무총장은 큰 재량권을 행사할 수 있는 것처럼 보이나 실제에 있어 강대국들의 외압이 크게 작용한다.

3) 경선형 방식

국제기구의 집행이사회에서 경선이 벌어져, 투표를 통해 하나의 후보를 선출한 뒤 총회에서 확정하는 「경선형 방식」이 있다. 예컨대 세계보건기구(WHO) 사무총장이 이러한 방식에 의해 선출된다.[45] 국제원자력기구(IAEA)의 경우 35개 국가로 구성된 이사회에서 경선을 통해 이사국의 2/3의 표를 얻은 사람이 후보로 지명되고, 총회에서 과반수 찬성으로 확정된다.

4) 고정형 방식

특정 국가나 특정 지역이 국제기구의 수장을 독점하는 「고정형 방식」이 있다. 대표적인 예가 국제통화기금(IMF)과 세계은행(IBRD)인데, 전자의 총재(Managing Director)는 유럽에서, 후자의 총재(President)는 미국에서 나오는 것이 관례처럼 되어 있다.[46]

---

45) 세계보건기구(WHO)의 사무총장 선출절차에 의하면, 후보자가 6명 이상인 경우에는 예비선거를 통해 최하위 득표자 및 총 유효투표의 10% 미만 득표자를 탈락시키는 방법으로 득표순에 따라 5명의 후보가 남을 때까지 투표를 계속하도록 되어 있다. 이어 집행이사회는 본선투표 하루 전에 5명의 후보를 대상으로 WHO의 운영방향과 주요 보건정책 등에 관한 질의와 응답을 통해 각 후보에 대한 검증절차를 밟게 된다. 본선투표는 집행이사 32명이 지지후보 1명을 비밀투표로서 선택하는 방식으로 진행되며, 과반수 득표자를 사무총장으로 선출하게 된다. 그러나 과반수 득표자가 없을 경우에는 최저 득표자 1인을 탈락시키는 순차 투표를 통해 후보자수를 2인으로 압축한 뒤 최종 결선투표를 실시하게 된다. 다만 2명의 후보자가 결선투표에서도 동일 득표가 3회 반복되는 상황이 발생하면 5명의 후보자를 대상으로 본선투표 절차를 다시 시작해야 한다. 출마후보의 난립할 경우, 예비-본선-결선 투표 과정을 거치도록 되어 있는 복잡한 선출절차 등으로 인해 각 투표과정에서 후보자간 이합집산 내지 합종연횡이 치열하게 전개된다 (연합뉴스(인터넷), 2002년 11월 21일).

46) IMF의 총재는 이사회에서 과반수의 찬성으로 선출하나 실제로는 막후에서 미국과 주요 유럽국가들이(좀 더 구체적으로 EU 재무장관들이) 결정해 왔다. 구체적으로 말해 지난 1944년 미국의 브레튼우즈에서 IMF의 창설을 결의할 때 이미 총재는 유럽인 그리고 부총재는 미국인으로 할 것을 합의한 바 있으며, 이러한 것이 관례적으로 지켜져 왔다. 1997년 초에 IMF는 기구개편을 통해 부총재의 자리를 1개에서 3개로 늘였다. 미국인이 3개의 부총재 자리 중 인사권을 장악하고 있는 수석 부총재 자리를 차지했으며 앞으로도 지속적으로 이 자리를 차지할 것으로 보인다. 세계은행 총재는 24개국 대표로 구성된 이사회의 승인을 거쳐 선출되

여러 선출방식 중 특히 고정형이 국제기구 사무국의 독립성과 중립성을 심하게 훼손할 수 있는 것으로서, 이에 대해 많은 국가들의 반발이 거세지고 있다. 특히 국제통화기금과 세계은행의 총재 선출에 대한 불만이 점차적으로 커지고 있다. 그러나 이들 국제기구의 투표권 지분 구조상 다른 지역 출신이 유럽과 미국이 지지하는 후보를 제치는 것이 원천적으로 어렵다. 미국과 유럽국가들이 투표권이 50%를 초과하기 때문이다.

고정형 방식을 가능하게 해온 것은 미국과 유럽국가들이 이해관계를 같이 해온 결과인데, 이들 사이에 균열이 점차 커지고 있다. 예컨대 국제연합아동기금(UNICEF)이 1946년 창설된 이래 미국이 이 기구의 총재직을 독차지해온 것에 대해 유럽연합(EU)이 반발하고, 유럽연합 국가들 일각에서는 세계은행 총재직도 이제는 미국 이외의 국가가 맡아야 한다는 의견이 제기되고 있다.

국가들의 반발에 의해 고정형의 전통이 깨지고 있는 국제기구도 등장하고 있다. 세계무역기구(WTO)의 전신이었던 무역 및 관세에 관한 일반협정(GATT)의 경우, 초기부터 줄곧 유럽국가의 인사가 사무총장을 맡았으나 1993년 GATT 제4대 사무총장 선거에서 중남미 측이 독자후보를 내는 등 반발을 보인 적이 있다. 그 후에도 1999년까지 유럽인이 사무총장을 맡아왔는데, 이러한 것이 가능한 것은 미국의 지지가 있었기 때문이다. 그 후 미국도 유럽의 후보를 지지하지 않는 가운데, 뉴질랜드 출신이 사무총장이 되었고 태국인이 그 뒤를 이었다. 2005년부터는 다시 유럽인이 선출되기는 했지만, 유럽독점의 관례가 무너지고 있다고 볼 수 있다.

(2) 기타 국제공무원의 충원방식[47)]

직원의 채용과 관련하여 국제연합헌장 제101조는「직원의 채용과 근무조건의 결정에 있어서 가장 고려해야 할 것은 최고 수준의 능률(efficiency), 능

지만 세계은행의 최대 지분을 갖고 있는 미국이 지명한 후보가 통상적으로 승인되어 왔다.

47) 보다 자세한 것은 다음 책을 참조하시오: 박재영,『교수님, 국제기구 진출 어떻게 하나요』(서울: 법문사, 2005).

력(competence), 성실(integrity)을 확보하는 것이며 직원은 되도록 광범한 지리적 기초(geographical basis)에 의하여 채용한다는 중요성에 대하여서도 타당한 고려를 해야 한다」고 규정하고 있을 뿐 구체적인 채용방식에 대해서는 언급하고 있지 않다. 일반적으로 국제공무원은 다음과 같은 일곱 가지의 충원방식을 통해 임명된다.

1) 공석공고(Vacancy Announcement: VA)

가장 일반적인 충원방식이 공석공고를 통한 방식이다. 이는 구체적으로 직원이 퇴직하거나 전출 등으로 공석이 발생하거나 새로운 자리가 신설되어 자리를 채우려고 하나 내부의 적임자가 없는 경우, 국제적으로 공개모집을 통해 충원하는 제도이다. 따라서 이러한 충원방식은 부정기적으로 시행되게 된다.

보직의 직무내용과 자격요건을 주요 내용으로 하는 공석공고는 해당 국제기구로부터 회원국 정부와 관련 기구에 배포되어 공지된다. 대개 1차 시험으로 서류심사를 하고 2차 시험으로 면접을 한다. 이러한 수시충원 방식은 전세계적인 차원에서 경쟁이 이루어지는 것이기 때문에 이를 통해 국제기구에 진출하는 것은 쉬운 일이 아니다.

2) 국별경쟁채용시험(NCRE)

국제연합이 운영하고 있는 국별경쟁채용시험(National Competitive Recruitment Examination: NCRE)이 또 다른 충원방식의 하나이다. 이는 국제기구에 진출한 특정 국가의 사람의 수가 그 국가에 배정된 인원의 적정범위(desirable range)에 도달하지 못했을 때, 그 국가 사람들만을 대상으로 시행하는 시험을 말한다.[48)]

따라서 공석공고에 의한 충원방식이 전세계 차원에서의 경쟁에 의한 것인

48) 이러한 국가를 「과소 진출국(underrepresented country)」이라고 부른다.

데 반해, 이 시험은 대상 국가의 국민들 사이의 경쟁에 의해 선발하는 시험이므로 경쟁이 상대적으로 낮다고 볼 수 있다. 국제연합의 하위직급의 대부분은 이러한 방식으로 충원된다.

한국이 국제연합에 가입한 이후 국별경쟁채용시험이 오랜 기간 동안 지속되고 있는데, 이는 한국이 국제연합에 가입한 이후 정규예산 분담금의 지속적으로 상승하면서 한국 국적을 가진 직원의 쿼터가 늘어났기 때문이다.

3) 채용방문

충원방식 가운데 채용방문이라는 방식도 있다. 예컨대, 2003년 2월에 세계은행(IBRD)의 인력채용 담당관이 한국을 방문하여 한국인을 채용하기 위해 세계은행에 원서를 낸 한국인 가운데 서류심사를 통과한 20여명을 상대로 직접 면접을 했다. 2003년 11월에 아시아개발은행(ADB)과 유럽부흥개발은행(EBRD)의 인력채용 담당자들 역시 한국인 직원을 채용하기 위해 한국을 방문하여 채용설명회를 열고 이미 서류전형에 합격한 후보들을 대상으로 면접을 실시한 바 있다.

국제기구의 공석은 일반적으로 전세계의 후보자를 대상으로 공모하지만, 채용방문의 경우 현저히 과소진출 상태에 있는 국가를 위해 국제기구가 그 국가 후보자를 대상으로 서류전형을 통과한 사람과의 면접을 목적으로 담당관을 파견한다. 이러한 직원의 채용방식은 특정의 공석을 염누에 두고 응모자를 모집하기 위해 행해지기도 하고, 때로는 앞으로 생길 수 있는 공석으로의 채용을 위해 자격이 있는 사람을 미리 찾아내기 위한 목적에서 행해지기도 한다. 채용방문의 형식은 대체적으로 다음과 같다.

우선 국제기구는 채용방문을 하고자 하는 국가의 관련 정부부서를 통해 언제 채용방문이 있을 것이라는 것을 알린다. 위에서 언급한 ADB와 EBRD의 한국 채용방문에 대해서는 한국의 재정경제부가 공지한 바 있다. 이러한 공고와 더불어 채용분야와 채용조건 등을 포함한 구체적인 계획이 국내 신문 등에 공고가 된다.

이러한 공고를 보고 지원자는 해당 국제기구의 인터넷 홈페이지에서 이력서 서식(Personal History form)을 다운로드 받는 등 구비서류를 작성하여 해당 국제기구에 보낸다. 해당 국제기구는 이들에 대한 서류심사를 통해 서류심사 합격자를 선발하게 되고, 그 후 해당 국가를 방문하여 이들에 대한 면접을 실시한다. 채용방문을 할 때 채용설명회를 갖는 것이 통례이다. 채용설명회에서는 당해 국제기구에 대한 설명과 더불어 직원채용의 요건, 지원자격, 근무여건 등에 대해 소개를 한다.

채용방문의 대상은 아무 국가나 되는 것은 물론 아니다. 이 역시 특정 국가의 국적을 가지고 이미 해당 국제기구에 진출해 있는 직원의 수가 일정한 기준에 의해 산정된 직원수에 못 미친다고 판단될 때, 국제기구가 세계적인 차원에서의 공모를 하지 않고 특정 국가 사람들만을 대상으로 서류심사와 면접을 통해 선출하게 되는 것이다. 이런 면에서 채용방문 형식은 국별경쟁채용시험의 성격을 가진다고 볼 수 있다. 국제금융기구들이 한국인의 채용에 많은 관심을 기울이고 있어 지원자들의 이에 대한 관심 역시 요구된다.

4) 수습직원 프로그램

국제기구에 따라서는 자신의 기구에서 한시적으로 일을 하도록 하다가 능력이 인정될 경우 정규직원으로 채용하는 수습직원 프로그램을 운영하고 있다. 수습직원 프로그램들은 대체적으로 두 종류로 분류가 가능하다. 그 중 하나는 파견국이 파견자와 관련한 일체의 경비를 부담하는 경우이고, 또 다른 경우는 이들을 받아들이는 국제기구가 이러한 경비를 부담하는 경우이다.

파견국이 파견자와 관련한 일체의 경비를 부담하는 수습직원 프로그램의 대표적인 경우가 「초급전문가(Junior Professional Officer: JPO)」 제도이고, 이들을 받아들이는 국제기구가 이러한 경비를 부담하는 수습직원 프로그램의 대표적인 경우가 「젊은 전문가 프로그램(Young Professional Program: YPP)」이다.

이들은 선발의 주체가 누구인가에 있어서 차이점을 지니는데, 전자의 경우 파견국이 선발 업무를 맡아서 하나, 후자의 경우는 국제기구가 선발업무를 담당한다. 이러한 차이점에도 불구하고 이들 수습직원 프로그램은 국제기구가 일정 기간 젊고 유능한 인재들을 수습직원으로 근무시킨 후 근무실적에 따라 정규직원으로 채용하는 제도라는 점에서 공통점을 지닌다.

JPO제도를 운용하고 있는 대표적인 국제기구로는 국제연합환경계획(UNEP), 국제연합공업개발기구(UNIDO), 국제연합인구기금(UNFPA), 국제연합아동기금(UNICEF), 국제연합교육과학문화기구(UNESCO), 국제연합난민고등판무관실(UNHCR), 식량농업기구(FAO) 등이 있다. YPP제도를 운용하고 있는 대표적인 국제기구로는 국제노동기구(ILO), 아시아개발은행(ADB), 국제연합교육과학문화기구(UNESCO), 경제협력개발기구(OECD), 국제연합개발계획(UNDP), 세계은행(IBRD) 등이 있다.

이러한 프로그램 이외의 수습직원 프로그램으로는 국제통화기금(IMF)의 경제전문가 프로그램(Economist Program: EP), 국제연합공업개발기구(UNIDO)의 준전문가(Associate Experts: AE) 프로그램, 식량농업기구(FAO)의 준전문가 프로그램(Associate Professional Program: APP) 등이 있다.

5) 후보자 등록제도

국제연합의 경우 후보자 등록제도를 두고 있다. 이 제도는 국제연합으로의 진출을 희망하는 사람이 국제연합의 공석공고를 포함한 채용을 위한 절차의 개시를 기다리지 않고, 국제기구에 적합한 경력을 보유하고 있다는 판단하에 자신의 전문성을 바탕으로 하여 사전에 자신의 이름을 명부(roster)에 등록시켜 놓는 제도이다.

기구에서 충원의 필요성이 발생하였으나 내부로부터 적임자를 찾지 못할 경우 후보자 명단에 등록되어 있는 사람들 가운데에서 적임자가 있는가를 살피게 된다. 후보자 명단에서 관심을 가질 만한 사람(들)이 발견되면 연락을 취하여 채용하고자 하는 직책과 관련된 사항을 알려주고 관심 여부를 묻게 된다. 후보자 역시 관심이 있다고 하면 후보자에 대해 보다 본격적인 검토가 기구 내에서 이루어지게 되는데, 구체적으로 이미 제출한 이력서 등을 기구내의 관련자들에게 회람하여 검토하도록 한다. 서류 검토에 이어 면접을 요청하게 된다.

6) 국제기구의 자원봉사자, 인턴, 단기 컨설턴트 프로그램

국제기구의 자원봉사자로서 활동을 하거나 인턴 혹은 단기 컨설턴트가 되어 경험을 축적함과 동시에 인맥을 구축하여 이를 바탕으로 국제기구에 진출하는 경우가 있다. 이는 국제기구의 채용과 승진에 있어서 인맥이 중요하다는 것을 전제로 하고 있는 것이다.

국제연합의 경우 인턴으로 근무한 사람이 자신의 인턴으로 일한 국제기구에서 충원이 있을 경우, 일을 마친지 6개월 이상이 경과하지 않으면 지원 자체를 하지 못하도록 하고 있는 것도 이러한 맥락에서 이해할 수 있다. 자원봉사자로서, 인턴으로서, 단기 계약직이기는 하나 컨설턴트로서 상사에게 뛰어난 능력과 훌륭한 인격을 검증 받을 경우 충원 시 호의적인 평가를 받을 수 있을 것이다.

국제기구가 특정 프로젝트를 계획했으나 내부 정규직원만으로 이러한 프로젝트를 수행하기 힘들다고 판단할 경우 이러한 외부 사람을 필요로 하게 된다. 이때 인턴 혹은 단기 컨설턴트에게 역할이 주어지는데, 단기 컨설턴트의 경우 인턴과는 달리 해당 일과 관련한 경력을 소지하는 등 일정한 정도의 전문성을 가지고 있을 경우 가능하다. 국제기구 밖의 사람들은 언제 이러한 프로젝트가 있을 것인지 모르기 때문에 미리 이력서를 제출해 놓는 등의 노력이 필요하다.

이처럼 자원봉사자, 인턴, 혹은 컨설턴트로서 국제기구의 프로젝트에 관여할 수도 있지만 국제기구가 개최하는 큰 규모의 국제회의에 참가하여 국제기구 관계자로부터 좋은 평가를 얻어 국제기구에 진출하기도 한다. 비정부기구(NGO) 활동가 역시 이러한 국제기구의 활동에 관여함으로써 기회를 가질 수 있다.

7) 정부의 지원하에 국제기구의 고위직에 채용되는 경우

자국인을 국제기구에 진출시켜 국제기구에의 영향력을 증대하고자 하는 정부의 정책적인 지원을 받아 정부의 공무원, 기업인, 대학교수, 연구소 연구원 등 전문성을 가지고 있는 사람이 국제기구의 비교적 높은 직급으로 진출하는 경우이다.

한국 정부의 요구와 더불어 한국의 정규예산 분담률이 높음에도 불구하고 한국인의 진출이 많지 않은 국제기구의 경우, 한국에게 이러한 전문적인 인력의 파견을 스스로 요청하기도 한다.

2. 국별 쿼터제도

(1) 국별 쿼터제의 도입여부

국제기구의 충원제도에서 눈 여겨 보아야 할 점 가운데 하나는 국제기구에 따라서 국별 쿼터(national quota)를 두고 있다는 점이다. 능력을 위주로 선발을 한다고 할 경우 특정 국가군의 국적을 가진 국민들이 국제기구를 수적으로 지배할 수 있기 때문이다.

이러한 이유로 인해 일단의 국제기구들은 특정 국적의 국민의 수를 일정한 적정범위(desirable range)를 설정하여 진출자의 수를 제한하고 있다. 또 다른 일단의 국제기구들은 국가별 수적 제한을 명실공이 두고 있지 않거나, 공식적으로는 국가별 수적 제한을 두고 있지 않으나 비공식적으로는 제한을 두는 경우도 있다. 이러한 경우를 구분하여 살펴보고자 한다.

1) 국별 쿼터를 두고 있는 국제기구

회원자격을 범세계적으로 모든 국가에게 개방하고 있는가 아니면 특정 지역과 같은 특정의 자격을 지닌 국가로 한정하고 있는가를 기준으로 국제기구를 분류할 경우, 보편적 국제기구(universal organization)와 지역기구(regional organization)로 구분된다. 이러한 기준에 따를 경우 국제연합기구(UNO), 17개의 전문기구, 세계무역기구(WTO)·국제원자력기구(IAEA)와 같은 국제기구는 범세계적인 보편적 국제기구에 해당한다.

이러한 보편적 국제기구는 지역기구와는 달리 전세계라는 광범위한 지역을 대상으로 하기 때문에 직원채용에 있어서 종종 지리적 배분(geographical distribution)을 중요한 기준으로 간주하는 경향을 갖는다. 이러한 기준이 존재하지 않을 경우 직원을 채용할 때 지역적인 편중을 가져오기 쉽기 때문이다. 따라서 많은 보편적 국제기구들은 설립헌장이나 결의안 등에 다른 기준들과 더불어 가능한 한 광범위한 지리적인 기초에 근거하여 충원할 것을 규정하고 있다.

국제연합의 경우를 예로 들자면, 국제연합헌장 제101조는 직원의 채용과 근무조건의 결정에 있어서 가장 고려해야 할 요소로서 최고 수준의 능률(efficiency), 능력(competence), 성실성(integrity)과 더불어 광범한 지리적 기초(geographical basis)를 규정하고 있다. 즉, 객관적 기준으로서의 능률, 능력, 성실성과 정치적 기준으로서 지리적 배분을 조화시키는 일을 요구하고 있다.[49]

또한 국제기구를 정규예산에 의해 운영되는 국제기구와 자발적 기여금에 의해 운영되는 국제기구로 분류할 수 있는데, 정규예산에 의해 운영되는 국제기구의 경우는 회원국의 분담금에 의존하게 되고, 이 때문에 분담금의 비율 등을 기준으로 하여 국가별 직원수를 결정하는 경우가 많다.

그렇다고 모든 보편적 국제기구와 정규예산에 의해 운영되는 국제기구가 예외 없이 일률적으로 직원 충원 시 지리적 배분의 원칙을 적용하고 있는 것은 아니라는 점에 주의해야 한다. 따라서 국제기구 진출에 관심을 두고 있는 사람들은 자신이 관심을 두고 있는 국제기구가 채용에 있어서 지리적 배분과 같은 제한을 두고 있는가의 여부를 알아보고 제한이 있다면 구체적으로 어떤 제한을 두고 있는가를 파악하는 것이 긴요하다. 그런 다음 한국의 국적을 가지고 이미 진출한 기존의 직원의 수가 얼마나 되는가를 파악하여 자신의 진출 가능성을 살펴보는 것이 필요하다.

---

49) 과거 아시아와 아프리카 신흥 독립국들이 국제연합에 대거 진출하자, 국제연합 사무국의 인원구성도 이를 반영하지 않을 수 없었다. 그 결과 신흥 독립국 출신의 사람들이 지리적 배분의 원칙을 적용하여 비교적 높은 지위에 채용된 바 있으며, 이로 인해 능력주의 원칙과 관련하여 문제가 되기도 했다. 지리적 배분에 의한 직원채용이 국제기구의 비효율성을 가져온다는 선진국들의 시각도 있다.

2) 국별 쿼터를 두지 않은 국제기구

보편적 국제기구와는 달리 지역기구로 분류되는 국제기구들은 일반적으로 국별 쿼터를 두고 있지 않다. 유럽연합(EU), 미주국가기구(OAS), 아프리카연합(AU), 경제개발협력기구(OECD), 석유수출국기구(OPEC), 동남아국가연합(ASEAN)과 같은 국제기구가 이러한 예에 속한다.

분담금에 의해 조달되는 정규예산에 의해 운영되는 국제기구와는 대조적으로 자발적 기여금에 크게 의존하는 국제기구들은 매년 얼마만큼의 기금이 확보될 것인가를 알 수 없는 상황에서 재정적인 기여 등과 같은 기준을 가지고 진출 가능한 직원의 수를 계산한다는 것이 불가능하다.

따라서 자발적 기여금에 크게 의존하고 있는 국제기구들은 일반적으로 형평성 있는 지리적 배분이라는 원칙을 적용하고 있지 않다. 국제연합난민고등판무관실(UNHCR), 국제연합아동기금(UNICEF), 국제연합대학(UNU), 세계식량계획(WFP), 국제연합개발계획(UNDP), 국제연합훈련조사연구소(UNITAR), 국제무역센터(ITC), 국제공무원위원회(ICSC), 국제연합팔레스타인난민구호사업기관(UNRWA), 국제사법재판소(ICJ) 등과 같은 기구의 사무국에서 근무하는 국제공무원의 경우 이러한 경우에 속한다.[50)]

---

50) 세계식량계획WFP)은 자발적인 기여금에 크게 의존하고 있는 국제기구로서 공식적으로 지리적인 배분원칙을 적용하고 있지 않았으나 2004년 2월에 중대한 결정을 한 바 있다. 그 결정이란 직원의 충원과 관련하여 단순한 지침의 용도로서 사용될 비공식적인 공식(informal formula)을 도입했다는 것이다. 즉, 실질적으로 채워져야 할 쿼터를 산정하는 것이 목적이 아니라 단순히 충원과 관련하여 하나의 참고로 활용하기 위한 목적이라는 것이다. 이 공식에 따르면 국제 전문직 직원(international professional staff) 가운데 60%를 우선 자발적 기여금의 주요 제공국에게 배정하고 나머지 40%를 기타 국가들에게 배정한다. 자발적 기여금 제공국들은 자국의 기여금이 전체 기여금에서 차지하는 비율에 따라 직원수를 배정받게 된다. 그러나 자발적 기여금 제공국의 하나인 미국이 특별한 대우를 받는다. 미국은 재정적인 기여도에 관계없이 국제 전문직 직원 전체 중에서 최대한 20%를 배정받도록 되어 있다. 따라서 주요 기여금 제공국들에게 배정된 전체 국제 전문직 직원의 60%에서 미국에 배정될 직원(전체 국제 전문직 직원의 20%)을 제한 나머지를 가지고 기여도에 따라 배분을 하게 된다. 기타 국가들에게 배정될 전체 국제 전문직 직원의 40%를 기타 국가들에게 어떤 기준으로 배분할 것인가에 대해서는 정한 바가 없고 단순히 최소한 3명의 직원이 진출해 있으면 적절하게 대표되었다고 간주하기로 하고 있다. WFP 당국에 따르면 현재 많은 국가들이 자국인 직원을 3인 이상 가지고 있다고 한다: WFP/EB.1/ 2004/ 4-B/Rev.1 (WFP Policy on Staff Recruitment and Geographical Representation of Member States).

이러한 지역기구와 자발적 기여금에 크게 의존하고 있는 국제기구들 이외에 직원수가 적은 보편적 국제기구의 경우도 대체적으로 국별 쿼터를 두고 있지 않다. 국제기구 가운데 지리적 배분의 대상이 될 직원의 수가 회원국의 수보다 적은 경우가 있다. 이러한 경우를 포함하여 직원의 규모가 작은 국제기구의 경우는 일반적으로 지리적인 배분원칙이 규정은 되어 있으나 실제로 이것을 적용할 원칙 같은 것을 가지고 있지 않다. 이러한 경우에 속하는 국제기구가 국제해사기구(IMO), 세계기상기구(WMO), 만국우편연합(UPU) 등이다.

세계은행(IBRD), 국제개발협회(IDA), 국제금융공사(IFC), 다변적투자보증기관(MIGA), 투자분쟁해결국제센터(ICSID)를 세계은행 그룹(World Bank Group)에 속하는 전문기구라고 하는데, 이들 역시 국별 쿼터를 두고 있지 않다. 이와 더불어 국제통화기금(IMF) 역시 쿼터를 두고 있지 않다.

IMF의 충원 지침에 따르면 직원선발의 가장 중요한 기준으로서 지원자의 전문적인 기술과 개인적인 자질을 적용한다. 그럼에도 불구하고 지원자가 다른 지원자와 동일한 장점(merit)을 가지고 있는 경우 양성의 균형(gender balance)을 향상시키고 가능한 한 광범위한 지리적인 배분을 달성하고자 노력한다고 규정하고 있다.

그러나 실제에 있어 IMF는 대체적으로 회원국의 출자금 비율에 따라 직원을 구성하는 것을 관행으로 하고 있다. 그렇다고 해서, 출자금의 비율과 직원의 수가 반드시 비례하는 것은 아니다. 국가에 따라서는 출자를 했음에도 불구하고 직원을 전혀 가지고 있지 않는 경우도 많고, 일본처럼 출자금의 비율에 비해 소수의 직원만을 가지고 있는 국가가 있는가 하면, 이와는 달리 필리핀처럼 출자금의 비율이 상당히 낮은데도 불구하고 비교적 많은 직원을 가지고 있는 경우도 있다.

IMF 이외에 세계무역기구(WTO)도 국별 쿼터를 두고 있지 않으며 국제원자력기구(IAEA)의 경우 공식적인 쿼터는 두고 있지 않다. 그러나 비공식적으로 재정적인 기여를 기준으로 직원수를 배정한다.

(2) 국별 쿼터제도의 운영

1) 일반적인 특징

국제기구들은 나름의 적정 직원수를 산정하는 방식을 가지고 있다. 그러나 그렇다고 해서 모든 국제기구들이 제각기 다른 방식을 채택하고 있는 것은 물론 아니다. 여기에서는 국제기구들이 직원을 구성하는 데 있어서 가지고 있는 일반적인 특징이 무엇인가를 우선 살펴보고자 한다.

대부분의 국제기구들은 설립헌장 등을 통해 「직원들은 가능한 한 광역의 지리적인 기초에 의해서 충원되어야 한다(Staff members are required to be recruited on as wide a geographical basis as possible)」는 사무국 구성에 있어서의 형평성의 원칙(principle of equity)을 명시적으로 규정하고 있다.[51] 그러나 이러한 원칙을 현실적으로 적용하는 데 있어서는 적지 않은 차이를 보이기도 한다.

(가) 적용대상의 결정: 이러한 형평성의 원칙을 적용한다고 할 때 가장 먼저 직면하는 문제는 모든 직책을 형평성 있는 지리적인 배분의 대상으로 할 것인가 아니면 특별한 직책만을 대상으로 할 것인가의 문제이다. 이와 관련하여 모든 국제기구들은 일반직 직원(기능직 직원)을 이러한 원칙이 적용되는 대상으로부터 제외하고 있다. 왜냐하면 대부분의 경우 일반직 직원은 국제기구가 위치하고 있는 국가의 국민들 가운데 채용하기 때문이다.

국제기구의 직책 가운데는 정규예산이 아닌 특별예산에 의해 재정적으로 지원이 되는 경우가 종종 있는데, 이러한 직책의 경우도 세계보건기구(WHO)를 제외하고는 형평성의 원칙을 적용하지 않는다. 통역가나 번역가와 같은 언어와 관련을 갖는 직책의 경우도 제외된다. 1년 미만의 기간 동안 고용되는 직원들에 대해서도 직책에 관계없이 이러한 원칙을 적용하지 않는다.

이처럼 형평성의 원칙의 적용을 받지 않는 직책들을 제외할 경우, 원칙의

---

51) 그러나 형평성이란 구체적으로 무엇을 의미하는가에 대해서 어느 것도 명백하게 언급하고 있지 않다.

적용을 받는 직원수는 전체 직원수의 20%를 밑돈다. 이러한 것은 국제연합 사무국의 경우 2007년 8월 31일 기준으로 전체 직원 가운데 이러한 원칙의 적용을 받고 있는 직원수가 3,000명에 불과하다는 사실에 의해서도 잘 알 수 있다. 이러한 직원수를 「기본 인원수(base figure)」라고 하고, 결국 「기본 인원수」를 일정한 기준에 따라 배분하게 되는 것이다.

국제기구들은 각 국가별로 지리적 배분의 대상이 되는 직원수를 계산하는 데 있어서 직급의 높고 낮음을 고려하지 않는 것이 일반적이다. 즉, 어느 하나의 직책이 고위직이든 하위직이든 관계없이 모두 하나의 자리로 계산하여 이러한 자리의 수에 대한 형평성 있는 배분을 하고자 한다. 극히 드문 예이나 국제기구에 따라서는 직책마다 점수(point)를 메겨 계산을 하기도 한다. 구체적으로 높은 직책일 경우 높은 점수를 주고 낮은 직책일 경우 낮은 점수를 주어 이러한 점수에 있어서의 형평성을 고려하여 자리를 배분하고자 한다. 이러한 것을 「직급가중 접근법(post-weighting approach)」이라고 부른다.

(나) 주요한 기준의 적용: 이러한 맥락에서 국제기구들은 구체적인 국가별 진출 직원수를 결정하는 데에 국제기구의 회원여부, 재정적인 기여, 인구라는 세 가지 기준을 일반적으로 고려한다. 국제기구에 따라 이러한 기준 모두를 채택하는 경우도 있고, 단 하나의 기준만을 택하는 경우도 있다. 이처럼 어떤 기준을 적용하는가에 있어 국제기구들 사이에 차이가 존재하며, 이러한 기준들을 적용하는 데 있어서 어느 기준을 상대적으로 중요한 것으로 간주할 것인가를 둘러싸고도 국제기구간에 차이가 존재한다.

이러한 기준들 가운데 가장 보편적으로 적용되는 것이 국제기구에의 회원여부이다. 모든 회원국은 회원국이라는 이유로 전체 지리적 배분의 대상이 되는 자리 중에서 일정한 비율의 자리를 배정받는다. 국제연합의 경우는 지리적 배분의 대상이 되는 자리 가운데 40%를 이러한 기준에 의해 떼어 놓은 다음 이를 회원국의 수로 나누어 동일하게 배분한다. 이 때문에 어떠한 회원국이라도 최소한의 자리를 가지게 된다.

회원국의 여부라는 요인 이외에 재정적인 기여와 인구라는 요인이 또 다른 두 가지 주요 요인이다. 우선 재정적인 요인을 살펴보면 전체 지리적 배분의 대상이 되는 자리들 가운데 얼마나 많은 자리를 이러한 요인에 의해 배분하는가는 국제기구에 따라 다르다. 세계지적재산권기구(WIPO)처럼 75%를 배정하는 국제기구로부터 국제연합교육과학문화기구(UNESCO)처럼 30%를 배정하는 국제기구에 이르기까지 다양한데, 국제연합의 경우는 55%를 배정한다. 이러한 비율로 배정된 자리 전체를 국가마다의 재정적인 기여도에 따라 국가별로 배분하게 된다.

인구라는 요인 역시 지리적인 배분의 기준 가운데 하나가 되고 있는데 국제연합의 경우는 지리적 배분의 대상이 되는 모든 자리 가운데 5%를 인구라는 요인으로 배정하며, 이렇게 배정된 자리들은 다시 세계 인구에서 차지하는 개개 국가의 인구 비율을 계산하여 개개 국가에 배정된다.

(다) 적정범위의 설정: 국제기구들이 기준에 따라 진출 가능한 직원의 수를 엄격하게 계산한 다음, 융통성을 갖기 위해 「적정범위(desirable range)」를 설정하는 것이 일반적이다. 즉, 특정 국가의 국제기구 직원수를 할당할 때 정확한 인원수를 할당하는 것이 아니라 상한(ceiling)과 하한(bottom)이 존재하는 일정한 범위를 할당하는데, 이를 두고 적정범위라고 한다.

적정범위를 계산하기 위해 여러 방식이 동원되지만 일반적으로 특정 기준(들)을 적용하여 직원의 수를 정한 다음, 여기에 위로 일정한 퍼센트(%) 그리고 아래로 일정한 퍼센트(%)를 정해 상한과 하한을 정한다. 그런 다음 실세 직원의 수가 이러한 범위 내에 들어올 경우 적정범위 내에 속한다고 간주한다.

2) 국별 계산방식

여기에서는 모든 국제기구의 예를 일일이 다 들 수는 없다. 따라서 국제연합을 비롯하여 계산 방식에 있어서 대조를 보이는 몇 개의 주요 국제기구로 한정하여 살펴보고자 한다.[52] 이와 관련하여 여기에서 주의할 것이 하나 있다. 여기에서 언급하고 있는 국제기구별 계산방식이 확고하게 정해져 있는 것이 아니라 부단하게 바뀌고 있는 과정에 있다는 점이다. 따라서 가장 최근에 바뀐 예를 든다고 해도 언제 또 바뀔지 모르니 이점을 염두에 두기를 바란다.

(가) 국제연합 사무국: 국제연합 총회는 1962년에 지리적 배분(geographical distribution)의 계산방식을 재검토하여 적정범위(desirable range)의 설정을 위한 세 가지 요인으로서 국제기구의 회원이라는 사실, 인구, 예산에의 기여를 제시한 바 있다. 그 후 여러 차례의 수정이 있은 후 1987년 12월에 현재 사용되고 있는 계산방식이 채택되었으며, 이러한 방식이 1988년 1월부터 지금까지 적용되어 오고 있다. 국제연합의 산정방식을 살펴보면 다음과 같다.

앞서 언급한 것처럼 국별 적정범위를 계산하는데 있어서 가장 먼저 해야 되는 일은 지리적 배분의 대상이 되는 「기본 인원수(base figure)」를 정하는 것이다. 국제연합의 경우 번역과 통역 일을 하는 직책(language post)과 특정한 임무를 단위로 개설되는 직책(mission post)이 제외된, 정규 프로그램에 의해 재정적으로 지원이 되는 1년 이상의 고용이 보장된 P급 이상의 전문직 직원의 수를 「기본 인원수」로 한다.[53)]

이처럼 모든 전문직 직원이 지리적 배분의 대상이 되지 않고 지리적 배분의 대상이 되고 있는 전문직 직원은 상당히 제한적이기 때문에 일반적으로 이들을 「좀 더 제한적 부류의 전문직 직원(more restricted category of professional staff)」이라고 부른다.[54)] 이러한 규칙에 따라 계산할 경우 지리적 배분의 대상이 되는 전문직 직원의 수는 2007년 8월 31일 기준으로 3,000명이 되며 이것이 바로 계산의 기초가 되는 「기본 인원수」가 된다.[55)]

52) 좀 더 많은 국제기구들에 대해 알고 싶으면 국제연합의 문건인 JIU/REP/96/7(Comparison of Methods of Calculating Equitable Geographical Distribution within the United Nations Common System)과 세계식량계획(WFP)의 문건인 WFP/EB.1/2004/4-B/Rev.1 (WFP Policy on Staff Recruitment and Geographical Representation of Member States)을 참조하시오.

53) 이에 따라 위에서 언급한 바 있는 일반직 직원(general service staff)과 단기간 고용된 직원들은 제외된다.

54) 이는 전문적 직원이면서도 지리적 배분의 대상이 되고 있지 않은 직원들도 존재한다는 것을 의미하는데, 지리적 배분의 대상이 되고 있는 전문직 직원에 이들까지 포함하여 「좀 더 넓은 부류의 전문적 직원(wider category of professional staff)」이라고 구별하여 부른다.

국제연합의 경우 이러한 「기본 인원수」를 회원국이라는 사실, 인구, 예산에의 기여라는 세 요인을 동원하여 국별 배분을 하게 되는데, 이들 요인들은 제각기 다른 가중치(weight)를 갖고 있다. 세 요인이 차지하는 총 퍼센트는 물론 100%인데 이 가운데 국제연합 회원이라는 요인은 40%, 인구요인은 5%, 그리고 재정적인 기여요인은 55%의 가중치를 갖는다.

주목할 사실은 국제연합에 대한 재정적인 기여도라는 요인이 가장 높은 비중을 차지하고 있다는 점이다. 이는 재정적인 기여도가 높은 국가의 국적을 가지고 있는 사람들에게 채용의 기회가 그 만큼 더 주어진다는 것을 의미한다. 또 한 가지 주목을 끄는 것은 회원국이라는 요인의 가중치가 40%라는 점이다. 이는 재정적인 기여도가 극히 미미한 국가라고 해도 기본적으로 최소한의 자국인을 국제연합에 진출시킬 수 있는 길을 터놓은 것이다.

이처럼 개개 국가들은 우선 국제연합 회원국일 경우 기본적으로 회원국이라는 요인에 의해 일정한 수의 인원을 배정받게 되는데, 이러한 회원국 요인은 언급한 바대로 40%의 가중치를 가지게 된다. 따라서 개개 국가들은 「기본 인원수」를 전체 회원국 수로 나눈 다음 여기에 40%를 곱해 얻은 수만큼의 직원수를 일단 갖게 된다.

다음에 개개 국가들은 전세계 인구에서 자신의 나라 인구가 차지하는 비율에 따라 직원수를 배정받게 되는데, 여기에는 앞서 언급한 바대로 5%의 가중치가 적용된다. 마지막으로 「기본 인원수」가 재정적 기여율에 따라 배분되는데 이 경우는 앞서 언급했듯이 55%가 가중된다.

이러한 계산 후 각 요인에 의해 배정된 직원수를 더하면 이것이 중간점(mid-point)이 된다. 그 다음 적정범위가 정해지는데, 구체적으로 배정된 직원수의 15%가 상한(upper limit)으로 더해지고 아울러 15%가 하한(lower limit)으로 빠지게 된다. 이러한 계산법에 따를 경우 2007년 6월 30일 현재 한국의 적정범위는 37명-50명이다. 실제 진출한 한국인 직원수는 31명이었으며, 이 때문에 하한에 6명이 부족한 상태이다.[56] 한국이 이처럼 과소진출국이 된

55) 2007년 8월 31일 현재 지리적 배분의 대상이 되는 전문직 직원의 수에 관해서는 국제연합문서 UNGA, Composition of the Secretariat: Report of the Secretary-General (A/62/325)를 참조하시오.

것은 2007년도를 기점으로 정규예산 분담률이 대폭적으로 상승했기 때문이다.

국제연합의 경우 하한은 4.8명보다 적어서는 안 되며 상한은 14명보다 적어서는 안 된다는 원칙이 존재하여, 인구나 재정적 기여 등에 있어서 작은 국가도 최소한의 인원을 직원으로 가질 수 있도록 하고 있다. 국제연합공업개발기구(UNIDO)는 이러한 원칙을 가지고 있지 않다는 점을 제외하고는, 국제연합과 동일한 계산방식을 유지해오고 있다.

(나) 식량농업기구(FAO): 식량농업기구(FAO)의 경우, 2003년도까지 국제연합기구들과 다르게, 다른 큰 전문기구들 가운데서도 유일하게 재정적 기여라는 요인에만 기초하여 직원수를 계산해 왔다. 그러나 이것에 변경을 가하여 2004년부터 새로운 계산방식을 적용해오고 있는데 국제연합 사무국의 방식과 가장 유사하다.

FAO의 경우도 배분을 위한 「기본 인원수(base figure)」가 국가별 배분에 앞서 계산되는데, 국제연합과 유사하게 정규 프로그램에 의해 재정적으로 지원되면서 지속적이거나 혹은 기간이 확실하게 정해져 고용된 P급 이상의 전문직 직원의 수를 「기본 인원수」로 한다. 이러한 「기본 인원수」에 기초하여 회원국 여부, 재정적 기여도, 인구를 고려하여 국가별 진출 가능한 인원을 계산한다.

구체적으로 FAO는 국제연합과 마찬가지로 회원국 여부에 가중치를 40%, 인구요인에 가중치 5%, 재정적 기여도에 가중치 55%를 부여한다. 이러한 3개의 기준에 따라 배정되는 직원수를 더하면 국가별 진출 가능한 직원수가 된다. 이러한 직원수의 15%가 상한(upper limit)으로 더해지고 아울러 15%가 하한(lower limit)으로 빠지게 되면서 적정범위가 설정된다. 국제연합과의 차이가 있다면 하한은 2.03명보다 적어서는 안 되며 상한은 7.53명보다 적어서는 안 된다는 점이다.

---

56) UNGA, Composition of the Secretariat: Report of the Secretary-General (A/62/315).

(다) 국제연합교육과학문화기구(UNESCO): UNESCO의 경우 여러 차례 변화를 거듭했으나, 2003년도에 채택되어 지금까지 적용되고 있는 것을 살펴보고자 한다. 과거 회원국의 여부(65%)와 재정적인 기여도(35%)만을 계산의 기준으로 적용해오던 것을 바꾸어 회원국 여부와 재정적인 기여에 인구요인을 포함시켰다.

이렇게 하여, 회원국 여부의 가중치가 60%, 재정적인 기여도의 가중치는 35%, 그리고 인구요인의 가중치는 5%가 되었다. 이러한 공식적인 계산방식에의 보완으로서 「직급가중 접근법(post-weighting approach)」을 병행하여 적용하고 있다.

(라) 세계보건기구(WHO): 세계보건기구(WHO)도 계산방식에 있어서 비교적 최근에 큰 변화를 경험한 국제기구 가운데 하나이다. 2003년도에 결정된 방식을 살펴보면 위에서 살펴본 국제연합과 식량농업기구처럼 회원국 여부, 재정적인 기여도, 인구요인을 모두 기준으로 삼고 있다.

구체적으로 WHO는 회원국 요인의 가중치를 45%, 재정적인 기여도 요인의 가중치를 45%, 인구요인의 가중치를 10%로 하고 있다. 그리고 적정범위의 상한을 인구요인에 기초하여 정하도록 하는 특징을 보이고 있다.

(마) 국제노동기구(ILO): ILO는 회원국의 여부와 재정적인 기여라는 두 기준에 의거하여 지리적인 배분을 한다. ILO 예산의 0.2% 이하를 분담하는 모든 회원국에게는 지리적 배분의 대상이 되는 자리 가운데 하나씩이 배정된다. 이 경우 상한(upper limit)을 둘로 설정하고 있어 0.2% 이하의 예산 기여도를 가지고 있는 국가라면 최소한 직원 하나 혹은 둘을 가지게 된다.

재정적으로 0.2%-10% 사이의 기여를 하고 있는 국가의 경우, 예산에 대한 기여도에 따라 우선 최소한 진출시킬 수 있는 직원의 수가 결정된다. 좀 더 구체적으로 말해 전체 지리적 배분의 대상이 되는 직원들 가운데에서 위에서 언급한 0.2% 이하의 기여도를 가지고 있는 국가들에게 일률적으로 배정된 직원의 수를 제하고 남은 직원의 수를 재정적인 기여의 비율에 따라 배정하는데, 이것이 최소한의 진출 가능한 직원의 수가 된다. 여기에 25%를 더하면 상한이 된다.

재정적인 기여도가 10%가 넘는 국가의 경우도 역시 전체 지리적 배분의 대상이 되는 직원들 가운데에서 위에서 언급한 0.2% 이하의 기여도를 가지고 있는 국가들에게 할당된 직원의 수를 제하고 남은 직원의 수를 재정적인 기여의 비율에 따라 배정한다. 그러나 재정적으로 0.2%-10% 사이의 기여를 하고 있는 국가의 경우와는 달리, 이러한 계산에 의해 배정된 직원의 수가 최대한의 진출 가능한 직원의 수가 된다. 여기에서 25%를 제하면 하한이 된다.

(3) 국별 쿼터제도에 대한 불만

국제기구의 국별 쿼터제에 대한 국가들의 불만은 두 가지로 요약될 수 있다. 하나는 본질적인 불만으로서 직원수 산출방식 자체에 대한 불만이다. 또 다른 종류의 불만은 산출방식에 대한 불만은 별도로 하고 실제로 국제기구에 진출하고 있는 자국 직원의 수와 직원수 산출방식에 따른 적정범위의 수 사이에 간극이 존재하는 것에 대한 불만이다. 후자의 경우를 좀 더 자세하게 살펴보면 다음과 같다.

국가별로 계산된 적정범위의 직원수와 실질적으로 진출하고 있는 직원수를 대비하여 볼 때, 네 부류의 국가군들이 존재한다. 우선 전혀 진출을 못하고 있는 국가, 적정범위의 하한보다 적은 수의 직원을 가지고 있는 국가, 적정범위 내의 직원수를 가지고 있는 국가, 적정범위의 상한 이상의 직원수를 가지고 있는 국가들이 이들에 해당한다.

이 중에서 해당 국제기구에 자국인이 전혀 진출하지 못하고 있는 국가와 하한을 밑도는 수의 직원을 진출시키고 있는 국가들의 불만은 당연히 존재한다. 그러나 이 경우에 주의해서 살펴보아야 하는 것은 자국인 진출을 위한 노력에도 불구하고 국제기구가 자리를 마련해 주지 않아 적정범위에 미치지 못하는 경우와 자리는 확보 가능하나 국가 내부의 사정으로 인해 진출이 제대로 이루어지지 않는 경우가 존재한다.

후자의 경우는 국제기구에 불만을 제기할 수 있는 경우가 아니며, 이러한 경우에 속하는 국가의 대표적인 예가 일본이다. 일본의 경우 2007년 6월 30일 기준으로 적정범위가 241명-326명인데 실제 진출한 인원은 108명에 그쳐 하한에서 133명이 부족한 상태이다.[57]

1) 개도국의 불만

직원수를 산출하는 기존의 계산방식을 수용하면서 실질적인 진출 직원수에 불만을 가지고 있는 국가들도 있으나, 개도국들의 대다수는 현재의 계산방식에 불만을 가지고 기존의 계산방식 자체를 바꾸어야 한다는 입장을 가지고 있다. 인도의 경우 인구는 많으나 재정적인 기여도가 높지 않은 관계로 적은 수의 적정범위로 가지고 있다.[58] 이 때문에 인도는 인구라는 요인의 가중치를 높일 것을 주장하기도 한다.

이러한 불만이 집단적인 반발로 이어져 세계보건기구(WHO)의 경우 이러한 기준이 일정한 정도 완화되기에 이르렀다. 2002년 5월 18일 제55차 세계보건기구 총회 본회의에서 파키스탄, 인도, 중국 등의 주도로 개도국 진영의 국가들이 찬성하는 사무국 직원채용 기준변경을 권고하는 결의안이 상정되어 표 대결을 벌인 결과 통과되었다.

이 결의안의 구체적인 내용은 사무국 직원을 채용할 때 각 회원국의 분담금 비율에 대한 비중을 대폭 낮추는 대신 회원국 당 기본 인원을 할당하고 인구규모와 선·후진국간 균형 등을 고려하는 것이다.[59]

이러한 요구가 받아들여져 앞서 살펴본 바와 마찬가지로 회원국 여부의 가

57) UNGA, Composition of the Secretariat: Report of the Secretary-General (A/62/315).

58) 국제연합에 있어서 2007년 6월 30일 현재 인도의 적정범위는 34명-46명이다. 동일한 시기의 한국의 적정범위가 37명-50명인 것을 고려할 때 비슷한 적정범위를 가지고 있다고 볼 수 있다. 한국이 동일한 시기에 31명을 진출시켜 과소진출국의 지위에 있었던 것과는 달리 인도는 50명을 진출시켜 과도진출국으로 분류되고 있다.

59) 파키스탄은 총회 폐막을 하루 앞둔 본회의에서 사무국 직원채용 기준변경에 관한 결의안 초안을 전격적 상정했고 일본, 호주, 미국, 캐나다 등이 강력히 반발하고 나섰다. 이에 따라 WHO 사무총장이 막후 중재를 시도, 당초 파키스탄이 주장했던 분담금 적용기준을 삭제하자는 표현 대신에 분담금에 대한 비중을 낮추자는 내용으로 수정안을 마련됐다. 그러나 일본, 호주, 미국, 캐나다 등은 파키스탄 등이 제시한 수정안의 수용을 거부함으로써 결국 표결에 의한 결의안 통과가 강행됐다.

중치가 40%였던 것이 45%로, 재정 기여도의 가중치가 55%였던 것이 45%로, 그리고 인구에 대한 가중치가 5%였던 것이 10%로 변경되었다. 이러한 변화의 핵심은 개도국들에게 불리한 재정적인 기여도의 가중치를 줄이고 대신, 개도국에게 대체적으로 유리한 회원국 여부와 인구에 대한 가중치를 높이는 것이다.

세계보건기구(WHO) 총회의 결의안 통과와 이에 따른 직원수 산출방식의 실질적인 변경은 다른 국제기구들에게도 서서히 영향을 미치고 있다. 따라서 재정적인 기여도가 높은 편인 한국의 경우 진출 인원의 감소를 감수하여야 한다. WHO의 변화로 인해 정부차원에서 적극 추진하고 있는 사무국 진출 확대 노력에도 다소 어려움이 따를 것으로 예상된 바 있다.[60]

개도국들은 이러한 직원수의 산정방식뿐만 아니라 국제연합에서 유럽과 북미 출신의 국제연합 직원들이 대체적으로 아시아, 아프리카, 중남미 출신의 직원들에 비해 높은 직책을 부여받고 있는 것에 불만을 가지고 있다. 개도국 출신 직원들이 더 나은 능력과 경력을 구비하고 있음에도 불구하고 이러한 일이 발생하는 것에 대해 개도국들은 분개하고 있다. 또한 선진국 직원들이 개도국 직원들에 비해 승진이 빠르게 이루어지고 있다는 것도 불만 요소 가운데 하나이다.[61] 이처럼 개도국들은 국제연합이 충원(recruitment), 배치(placement), 승진(promotion)에 있어서 인종적 편견을 가지고 형평성을 잃고 있다는 문제를 줄곧 제기하고 있다.

2) 일반 선진국들의 불만

이러한 개도국의 주장과 관련하여 일부 선진국들은 지리적 배분원칙에 의한 직원채용이 국제기구의 비효율성을 가져오는 중대한 요인이라고 보고 있다. 이들의 주장에 따르면 지리적 배분원칙에 따라 일부 국가의 사람들이 능력에 관계없이 일정한 부분 채용되고 있다는 것이다. 즉, 국제연합헌장 101

---

60) 연합뉴스(인터넷), 2002년 5월 19일.

61) Thalif Deen, Politics: UN Recruitment Clouded by Charges of Racial Bias (http://www.oneworld.org/ips2/mar01/23_10_084.html).

조에서 언급하고 있는 채용의 정치적 조건으로서의 지리적 배분원칙을 존중하다 보니까 또 다른 채용의 중요 조건인 능력(competence)이라는 요소가 무시되고 있다는 것이다.

객관적으로 보아 지리적 배분이라는 원칙과 유능한 직원은 완전하게 양립하기가 쉽지 않다. 선진국의 경우는 자국 내뿐만 아니라 외국에서 수준 높은 교육을 받은 유능한 인재들이 넘치나 개도국의 경우는 고등교육을 받은 인재가 적을 뿐 아니라, 이러한 인재들마저 국가공무원으로 충원되는 등 훌륭한 인력을 국제기구에 공급하는 것이 사실상 쉬운 일이 아니다.

그러나 개도국에 따라서는 전문성과 열정 등 훌륭한 자질을 지니고 있는 훌륭한 인적 자원을 적지 않게 보유하고 있고 개도국으로부터의 지원자 역시 쉽지 않은 경쟁시험을 통과하여야만 P-1이나 P-2로 임명이 되기 때문에 개도국 젊은이들의 능력을 싸잡아 저평가하는 것은 옳지 못하다.[62] 국제기구가 전세계에 걸쳐 다양한 국적의 직원들을 충원함으로써 국제기구가 정치적, 사회적, 문화적 다양성에 좀 더 적절하게 반응할 수 있다는 점에서도 지리적 배분원칙은 폐지되어서는 안 될 것이다.

62) 국제연합개발계획(UNDP)의 사무총장이었던 브라운(Mark Malloch Brown) 같은 사람은 개도국들이 훌륭한 인적자원을 보유하고 있어 지리적 배분원칙을 깨고 더 많은 직원을 개도국으로부터 충원해야 한다는 주장을 제기하고 있다 (Linda Fasulo, *An Insider's Guide to the UN* (Yale University Press: New Haven and London, 2004), p.23).

제7부

국제연합 사무총장

제 1 장 사무총장의 권한과 의무[1)]

1. 사무총장에 관한 헌장상의 주요 규정

국제연합 사무총장의 권한과 역할에 관한 법률적인 기초는 사무국(Secretariat)의 설치근거가 포함되어 있는 헌장 제7조에 놓여 있다. 국제연합헌장은 이를 기초로 사무국에 관한 구체적인 규정들을 제15장(제97조-101조)에 별도로 두고 있다. 이처럼 국제연합헌장이 사무국에 관하여 독립된 장(chapter)을 두고 있다는 점은 사무국과 관련하여 단 하나의 조항(article)만을 두었던 국제연맹규약과 크게 대조를 이룬다. 여기에서는 제15장을 중심으로 사무총장의 권한과 역할을 살펴보고자 한다.

국제연합헌장 제15장은 한 마디로 말해 사무총장의 권한과 역할에 대해 명확성을 결하고 있다. 국제연합헌장은 사무총장이 국제연합의 최고 행정가라는 점(제97조), 총회, 안전보장이사회, 경제사회이사회, 신탁통치이사회에서 사무총장의 자격으로 활동하고 이러한 기관이 위임하는 임무를 수행할 수 있다는 점(제98조), 국제평화와 안전의 유지를 위협한다고 판단하는 문제에 안전보장이사회의 주의를 환기할 수 있다는 점(제99조)만을 언급하고 있을 뿐이다.

이처럼 사무총장의 권한 및 역할과 관련한 헌장의 규정이 애매모호하여 다양한 해석의 여지를 불러일으켜 왔다. 역사적인 실제의 경우에서 볼 때 사무총

1) 박재영, 『국제연합과 사무총장』(서울: 도서출판 예응, 2006), pp. 60-77.

장에 따라 정도의 차이는 존재했지만, 일반적으로 이러한 모호성은 사무총장의 활동공간을 넓히는 쪽으로 진화해 왔다. 즉, 사무총장의 역할은 헌장에 간결하게 언급되어 있으나 이로부터 기대되었던 것을 훨씬 넘어서서 이루어져 오고 있다. 사무총장에 관한 헌장상의 중요한 규정을 살펴보면 다음과 같다.

(1) 제7조 제1항

제7조 제1항은 「국제연합의 주요기관으로서 총회, 안전보장이사회, 경제사회이사회, 신탁통치이사회, 국제사법재판소 및 사무국을 설치한다(There are established as the principal organs of the United Nations: a General Assembly, a Security Council, an Economic and Social Council, a Trusteeship Council, an International Court of Justice, and a Secretariat)」라고 규정하고 있다. 이 규정은 사무국이 국제연합의 주요기관(major organ)의 하나로서의 설립근거를 밝히고 있다.

(2) 제97조

제97조는 「사무국은 1인의 사무총장과 기구가 필요로 하는 직원으로 구성된다. 사무총장은 안전보장이사회의 권고로 총회가 임명한다. 사무총장은 기구의 수석 행정직원이다(The Secretariat shall comprise a SecretaryGeneral and such staff as the Organization may require. The SecretaryGeneral shall be appointed by the General Assembly upon the recommendation of the Security Council. He shall be the chief administrative officer of the Organization)」라고 규정하고 있다.

이 규정은 사무국의 구성과 사무총장의 어떻게 선출되고 임명되는가에 대해 언급하고 있다. 더불어 사무총장이 수석 행정직원으로서의 지위를 가진다고 밝히고 있다. 여기서 주목할 부분은 사무총장을 사무국의 수석 행정직원이라고 하지 않고 기구, 즉 국제연합의 수석 행정직원이라고 언급하고 있다는 점이다.

(3) 제98조

제98조는 「사무총장은 총회, 안전보장이사회, 경제사회이사회, 신탁통치이사회의 모든 회의에 사무총장의 자격으로 활동하며, 이러한 기관에 의하여 그에게 위임된 다른 임무를 수행한다. 사무총장은 기구의 사업에 관하여 총회에 연례보고를 한다(The Secretary-General shall act in that capacity in all meetings of the General Assembly, of the Security Council, of the Economic and Social Council, and of the Trusteeship Council, and shall perform such other functions as are entrusted to him by these organs. The Secretary-General shall make an annual report to the General Assembly on the work of the Organization)」라고 규정하고 있다.

이 규정은 사무총장으로 하여금 사무국 이외의 국제연합의 주요기관에서 사무총장의 자격으로 활동할 수 있도록 함으로써, 행정적인 역할을 뛰어넘어 정치적인 역할을 할 수 있는 여지를 제공하고 있는 조항이다. 사무총장은 이 규정에 근거하여 자신의 의견을 개진하는 등의 영향력을 발휘할 수 있는 여지를 가지게 된다.

(4) 제99조

제99조는 「사무총장은 국제평화와 안전의 유지를 위협한다고 그 자신이 인정하는 어떠한 문제에도 안전보장이사회의 주의를 환기할 수 있다(The Secretary-General may bring to the attention of the Security Council any matter which in his opinion may threaten the maintenance of international peace and security)」라고 규정하고 있다.

이 규정은 사무총장에게 정치적인 권한을 부여하고 있는데, 그런 점에서 이전의 어떠한 국제기구와도 구별이 되는 획기적인 조항으로 알려져 있다. 이 규정은 수석 행정가로서의 사무총장의 지위를 언급하고 있는 제97조와도 크게 대조를 이루고 있는 조항으로서, 규정이 만들어질 당시 뿐 아니라 그 이후에도 지속적으로 많은 논란을 불러 일으켰다.

이 규정을 만들 때 안전보장이사회에로의 주의 환기를 사무총장이 반드시 해야 하는 의무조항으로 할 것인지 아니면 재량을 가진 권한조항으로 할 것인가를 두고도 논란이 있었다. 그러나 헌장의 규정에서 보듯이 의무를 의미하는 「shall」이라는 조동사를 사용하지 않고 「may」라는 조동사를 사용함으로써, 사무총장의 재량을 가지고 행사할 수 있는 권한으로 규정지었다.

국제연합이 이러한 획기적인 규정을 가지게 된 배경에는 국제연맹이 사무총장의 정치적 무기력함으로 인해 실패했다고 하는 교훈이 자리 잡고 있었다. 그 결과 국제연합의 설립자들은 사무총장에게 정치적인 권한이 부여되어야 한다는 점에 의견을 같이 했다. 그러나 과연 정치적인 권한을 어떤 범위와 내용으로 인정할 것인가를 두고는 합의에 이르지 못했기 때문에 애매모호한 채로 해석의 여지를 남겨두게 되었다.

이 때문에 사무총장이 누구냐에 따라 헌장 제99조는 달리 해석이 되었고, 그 결과 실질적인 사무총장의 정치적인 권한의 범위와 내용이 달라졌다. 역대 사무총장의 헌장 제99조에 대한 적극적인 해석과 적용에 의해 형성된 헌장 제99조의 구체적인 내용을 살펴보면 다음과 같다.

우선 사무총장의 진상조사(fact-finding)를 할 수 있는 권한을 들 수 있다. 제99조가 객관적으로 적용되기 위해서는 사무총장은 안전보장이사회의 주의를 환기하기 전에 과연 특정의 문제가 국제평화와 안전의 유지를 위협하는 것인가의 여부가 먼저 확인되어야 하며, 이 때문에 제99조는 논리적으로 이러한 진상조사권을 포함한다고 보았다. 트리그브 리 제1대 사무총장이 이러한 권리를 1946년 그리스 사태와 관련하여 처음으로 주장하여 안전보장이사회에 의해 수용되었다.[2]

진상조사권과 더불어 또 다른 정치적 권한의 하나로서 안전보장이사회가 다루는 문제에 개입할 수 있는 권한이 인정되었다. 이러한 개입권은 우선 사무총장이 안전보장이사회 의장의 허락을 얻지 않더라도 언제든지 구두 또는 문서로서 진술할 수 있는 권한을 포함한다.이러한 권한 역시 제1대 사무총장의 노력의 산물이다. 그 결과 이러한 내용의 규정이 국제연합 총회 의사규칙 제70조와 안정보장이사회 의사규칙 제22조에 포함되었다.[2]

2) 국제연합 총회 의사규칙 제70조는 「사무총장 또는 사무총장이 그의 대리인으로 지명한 사무국 직원은 총회가 검토하고 있는 문제에 대해 언제든지 구두 또는 문서로 발언할 수 있다」고

이에 따라 사무총장 또는 그를 대리하는 사무국 직원은 안전보장이사회나 총회가 검토하고 있는 어떠한 문제에 대해 언제든지 구두 또는 문서로 진술할 수 있다.

이외에도 개입권은 의사일정에 관여할 수 있는 권한과 법적 의견을 제시할 수 있는 권한 등을 포함한다. 그러나 보다 핵심적인 개입권이라면 분쟁이나 갈등을 해결하기 위한 노력의 일환으로 사무총장이 정치적으로 개입할 수 있는 권한을 의미한다.

(5) 제100조

제100조 제1항은 「사무총장과 직원은 그들의 임무수행에 있어서 어떠한 정부 또는 기구 외의 어떠한 다른 당국으로부터도 지시를 구하거나 받지 아니한다. 사무총장과 직원은 기구에 대하여만 책임을 지는 국제공무원으로서의 지위를 손상할 우려가 있는 어떠한 행동도 삼간다(In the performance of their duties the Secretary-General and the staff shall not seek or receive instructions from any government or from any other authority external to the Organization. They shall refrain from any action which might reflect on their position as international officials responsible only to the Organization)」라고 규정하고 있다.

이 규정은 국제연합 사무총장과 사무국 직원이 국제공무원으로서 지녀야 할 의무로서 국제연합 이외의 행위자들로부터의 독립성과 중립성을 언급하고 있다. 더불어 국제공무원으로서 품위를 유지하여야 할 의무에 대해서도 규정하고 있다.

제100조 제2항은 「개개 국제연합 회원국은 사무총장 및 직원의 책임에 대해 전적으로 국제적인 성격을 존중할 것과 그들의 책임수행에 있어서 그들에게 영향력을 행사하려 하지 아니할 것을 약속한다(Each Member of the United Nations undertakes to respect the exclusively international character of

---

규정하고 있다. 안전보장이사회 의사규칙 제22조는 「사무총장이나 사무총장의 대리인은 안전보장이사회에 의하여 토의 중인 여하한 문제라도 동 이사회에 구두 또는 서면의 진술서를 작성할 수 있다」고 규정하고 있다.

the responsibilities of the Secretary-General and the staff and not to seek to influence them in the discharge of their responsibilities)」라고 규정하고 있다.

이 규정은 제100조 1항이 국제공무원으로서의 국제연합 직원이 적극적으로 준수하여야 할 독립성과 중립성 유지 의무를 적시하고 있는 것과 병행하여, 회원국들로 하여금 이들의 독립성과 중립성을 유지하도록 하기 위해 영향력 행사를 자제할 것을 의무로서 부여하고 있다.

(6) 제101조

제101조 제1항은 「직원은 총회가 정한 규칙에 따라 사무총장에 의하여 임명된다(The staff shall be appointed by the Secretary-General under regulations established by the General Assembly)」라고 규정하고 있다. 본 규정은 사무총장의 인사권에 대해 언급하고 있는 규정이다.

제101조 제2항은 「경제사회이사회, 신탁통치이사회, 그리고 필요한 경우 국제연합의 다른 기관에 적절한 직원이 상임으로 배속된다. 이 직원은 사무국의 일부를 구성한다(Appropriate staffs shall be permanently assigned to the Economic and Social Council, the Trusteeship Council, and, as required, to other organs of the United Nations. These staffs shall form a part of the Secretariat)」라고 규정하고 있다. 이 규정은 사무국을 구성하고 있는 직원이 사무국이 아닌 국제연합의 주요기관에 배속될 수 있음을 언급하고 있다.

제101조 제3항은 「직원의 고용과 근무조건의 결정에 있어서 가장 중요한 고려사항은 최고수준의 능률, 능력 및 성실성을 확보할 필요성이다. 가능한 한 광범위한 지리적 기초에 근거하여 직원을 채용하는 것의 중요성에 관하여 적절히 고려한다(The paramount consideration in the employment of the staff and in the determination of the conditions of service shall be the necessity of securing the highest standards of efficiency, competence, and integrity. Due regard shall be paid to the importance of recruiting the staff on as wide a geographical basis as possible)」라고 규정하고 있다. 이 규정은 직원채용 조건을 언급하고 있는 조항으로서 우선 지원자의 자질의 기준이 무엇인가에 대해 언급하고

있다. 이와 더불어 또 다른 채용조건으로서 광범위한 지리적인 배분의 고려라는 정치적인 조건을 언급하고 있다.

2. 사무총장의 권한

위에서 살펴본 헌장상의 규정을 중심으로, 그리고 다른 관련 규정들이 있다면 이를 더하여 사무총장의 권한을 좀 더 구체적으로 살펴보고자 한다. 편의상 사무총장의 권한을 행정적인 권한과 정치적인 권한으로 나누어 살펴보고자 한다.

국제연합헌장의 설계자들 가운데 일부는 사무총장의 역할을 전통적인 비정치적 성격의 행정수반으로 제한하고자 했고, 또 다른 일부는 좀 더 명백하게 정치적인 행위자로서 규정하고자 했다. 상반된 이러한 견해는 끝내 헌장에 모두 포함되게 되었으나, 필연적으로 병행되는 것이 쉽지 않았다.

(1) 행정적 권한

1) 사무국 업무의 지휘와 감독

사무총장은 수석행정관(chief administrative officer)으로서 연구, 번역, 미디어 관계 등을 포함한 사무국의 업무를 지휘하고 감독하는 권한을 갖는다. 처음 국제연합이 만들어 질 때 사무총장은 미국의 루즈벨트 대통령에 의해 세계의 조정자(world moderator)로 그려졌으나, 국제연합헌장은 조직의 수석행정관으로 그 직책을 정의했다.

월스트리트저널은 2006년 12월 19일에 국제연합 개혁을 외친 사무총장은 많았지만 이를 제대로 수행한 사무총장은 없었다면서, 국제연합의 신뢰회복을 약속한 반기문 차기 사무총장에 대한 나름의 충고를 제시한 바 있다. 저널은 여러 방면에서 퇴임하는 코피 아난 사무총장을 비판하면서 반 차기총장에게 세속의 교황처럼 행동한 아난 사무총장과는 달리 관리자의 역할을 강조하는 사무총장이 될 것을 주문했다. 저널은 국제연합헌장에 사무총장은 국제연합의 수석행정관으로 규정돼 있다면서 이것이 사무총장이 외교관의 역할을 수행해서는 안 된다는 뜻은 아니지만 반드시 관리자가 되어야 한다는 뜻이라고 해석한 뒤, 국제연합의 관료조직과 예산을 장악하여 불필요한 요소를 제거해야 한다고 지적했다.[3]

2) 인사권

사무총장은 국제연합헌장 제101조 1항과 국제연합의 직원규칙에 의거하여 국제연합의 수석 행정직원으로서 1만6천 명의 사무국 직원에 대한 인사권을 행사하며 국제연합의 산하기관의 직원까지 포함하면 총 4만 명에 대한 인사권을 행사한다. 인사란 구체적으로 임명, 승진, 전임 등을 의미한다.

반기문 사무총장이 2007년 1월 1일 취임한 뒤 가장 먼저 한 일 가운데 하나가 부사무총장(DSG: Deputy Secretary-General), 사무차장(USG: Under Secretary-General), 사무차장보(ASG: Assistant Secretary-General)를 비롯한 본부 고위직들을 선임하는 일이었다.[4] 이들에 대한 인사권은 사무총장이 전권을 갖지만 중요한 자리는 대개 회원국들과의 공식적인 협의를 통해 결정한다.

실제에 있어 국제연합의 고위직들은 강대국들에게 분배되어 왔던 것이 사

3) 연합뉴스(인터넷), 2006년 12월 20일.

4) 부사무총장(Deputy Secretary-General)이라는 직책은 국제연합 개혁의 일환으로 코피 아난 사무총장에 의해 신설된 직책이다. 때때로 「부사무총장」이라는 말 대신에 「사무부총장」이라고 부르기도 한다. 루이제 피레쳇(Louise Fréchette)이라는 캐나다 여성이 1998년에 초대 부사무총장으로 임명되었으며, 2006년 3월에 영국인 마크 말로크 브라운(Mark Malloch Brown)을 제2대 부사무총장으로 임명했다. 국제연합에는 「사무차장」이라는 정식 직함을 가지고 있는 사람과 「사무차장」이라는 직함은 공식적으로 사용하지는 않지만 사무차장급에 해당하는 사람들이 있는데, 이들을 모두 합하면 2006년 12월 15일 현재 69명(본부 안 28명, 본부 밖 41명)이 된다. 예컨대 아시아·태평양경제사회위원회(ESCAP)의 한국인 수장은 정식 직함은 「Executive Director」라고 부르나 본부로 따지면 사무차장급에 해당한다. 국제연합에는 「사무차장보」라는 정식 직함을 가지고 있는 사람과 「사무차장보」라는 직함은 공식적으로 사용하지는 않지만 사무차장보급에 해당하는 사람들이 있는데, 이들을 모두 합하면 2006년 12월 15일 현재 93명(본부 안 54명, 본부 밖 93명)이 된다. 한국인 강경화씨가 2007년 1월 1일 부로 국제연합인권고등판무관실(UNHCHR)의 부판무관(Deputy High Commissioner)이 되었는데, 이는 본부의 사무차장보급에 해당하는 직책이다.

실이다. 이에 따라 차기총장이 고위직, 특히 정무담당 사무차장이나 평화유지담당 사무차장 등과 같은 막강한 직위들을 어떻게 배분할 것이냐에 시선이 집중되었다. 벌써부터 영국이 정무담당 사무차장 자리에 눈독을 드리고 있었고, 평화유지담당 사무차장 자리를 두고 미국과 프랑스가 신경전을 벌이고 있었다. 이러한 가운데 반기문 사무총장이 국제연합 고위직들을 과거처럼 강대국들에 나누어 줄지 아니면 독립성을 지켜 전문적인 기술관료 집단을 임명할지 여부가 주목의 대상이 되었다.

반기문 국제연합 사무총장은 내정자 신분으로 국제연합 고위직 인사와 관련해 간접적이지만 처음으로 인사권을 행사했다. 코피 아난 사무총장이 국제연합 산하기관인 세계식량계획(WFP) 사무총장을 반기문 차기 사무총장과 협의를 통해 임명했던 것이다.

3) 예산 편성권과 집행권

사무총장은 국제연합의 예산을 편성하고 집행하는 데에 주도적인 역할을 한다. 2007년도의 경우 정규예산은 약 21억 달러이며, 약 8만 명의 인원이 15개의 평화유지활동(PKO)에서 소요하는 경비로 약 50억 달러이다.[5] 정규예산과 평화유지활동 경비를 합할 경우 사무총장은 약 71억 달러를 운용하게 된다. 사무총장은 예산안을 편성하는 과정에서 자신이 중점을 두고자 하는 활동여하에 따라 예산을 증감함으로써 영향력을 발휘할 수 있다. 특히 예산 혹은 운영과 관련된 일을 다룰 경우 사무총장은 정보의 독점을 통해 영향력을 증진시킬 수 있다.

구체적으로 사무총장은 각 부서에서 올라온 소요경비 견적서들을 승인하여 통합함으로써 예산안을 확정한다. 이렇게 하여 확정된 예산안은 총회의 행정·예산문제자문위원회(Advisory Committee on Administrative and Budgetary Questions: ACABQ)에 보내져 심의를 받은 후 권고와 더불어 예산을 관장하는 총회의 제5위원회에 송부되며, 제5위원회는 ACABQ의 권고를 기초로 예산원

5) 2004년도 PKO 예산은 약 45억 달러였다.

안을 심의하도록 되어 있다. 제5위원회에서 출석하여 투표한 회원국의 단순 다수결의 찬성에 의해 결정이 된 예산원안은 최종적인 결정을 위해 총회의 본회의에 회부되고, 총회 본회의에 회부된 예산안은 출석하여 투표한 회원국의 2/3의 찬성을 얻어 최종적으로 채택되도록 되어 있다.

그러나 1986년 미국의 주도로 결의안을 통과시켜 예산안이 총회의 제5위원회에 오기 전에 계획조정위원회(Committee for Programme and Coordination: CPC)를 거치도록 했으며, 이곳에서 합의(consensus)로서 예산의 상한과 계획내용을 결정하도록 했다. 이로 인해 미국을 비롯한 선진국들이 원하지 않는 예산안은 통과될 수 없게 되었다.

4) 조정과 통합

사무총장은 국제연합 사무국 내의 조정기관인 행정조정위원회(Administrative Committee on Coordination: ACC)의 위원장(Chairman)으로서 기구간 조정을 하는 역할을 한다. 구체적으로 행정조정위원회는 1946년 국제연합 경제사회이사회의 결의안에 의해 설립된 기관으로서 국제연합 사무총장을 위원장으로 하여 16개의 전문기구(specialized agencies)와 국제원자력기구(IAEA)의 장으로 구성되었으나, 나중에 그 구성원이 확대되어 국제연합무역개발기구(UNCTAD), 국제연합환경계획(UNEP), 국제연합개발계획(UNDP), 국제연합인구기금(UNFPA), 국제연합아동기금(UNICEF), 국제연합팔레스타인난민구호사업기관(UNRWA), 국제연합난민고등판무관실(UNHCR), 국제연합마약통제계획(UNDCP), 세계식량계획(WFP)과 같은 국제연합 산하기관의 수장(heads) 역시 적절한 경우 참석하도록 초청된다.

행정조정위원회의 주된 기능은 사무국 상호간의 조정이다. 구체적으로 위에서 언급한 기구들 사이에 체결된 협정의 실시를 감독하고, 이들의 사업활동과 행정문제를 조정하는 것이다. 행정조정위원회는 통상 1년에 3회 개최되며, 주기적으로 국제연합의 계획조정위원회(Committee for Program and Coordination: CPC)와 합동으로 만나 조정을 촉진한다.[6)]

5) 보고서의 제출

사무총장은 중요한 이슈에 대해 보고를 하거나 연례보고서(Annual Report) 등을 제출하는 권한을 가지며, 이를 통해 일정한 영향력을 행사한다. 사무총장은 이러한 보고나 보고서를 통해 국제연합의 활동에 대한 평가를 함과 동시에 미래에 우선적으로 해야 될 일에 대한 개요를 제시할 수 있다. 이러한 보고서에는 두 종류가 있는데, 헌장 제98조에 따라 제출할 의무를 지는 연례보고서와 더불어 회원국들이 수시로 요구하는 특정의 보고서가 있다.

이러한 보고서는 종종 회원국들의 특정 이슈에 대한 논의의 출발점이 되기 때문에 중요한 역할을 한다. 이러한 보고서에서 사무총장은 자신의 관점에서의 문제의 심각성, 문제의 원인, 문제의 처방 등에 대한 의견을 제시함으로써 회원국들의 논의의 방향을 이끌어 나갈 수 있다. 일반적으로 국제연합이 필요로 하는 자원을 손에 쥐고 있는 정부의 대표들과 비교해 볼 때 사무총장의 의사결정에의 영향력이란 상대적으로 미약하다. 그러나 형식적으로는 대부분의 의사결정이 사무국 이외의 기관에 의해 이루어지는 것 같아 보여도, 이러한 의사결정에 이르기까지의 과정에서 사무국의 의향과 판단이 결정적인 역할을 하는 경우가 적지 않다. 두 종류의 보고서를 하나씩 살펴보면 다음과 같다.

국제연합헌장은 사무총장으로 하여금 국제연합의 활동에 관하여 연례보고서를 제출하도록 하고 있는데, 사무총장은 이러한 권한을 통해 국제연합의 활동과 관련하여 그의 견해를 피력하고 제안을 하며 회원국들에게 그의 목소리를 전달한다. 페레즈 데 케야르(Pérez de Cuéllar) 국제연합 사무총장은 국제연합 총회에 제출하는 연례보고서(United Nations Secretary-General's Annual Report to the General Assembly)를 통해 국제연합이 행동을 취하도록

6) 국제연합의 계획조정위원회(Committee for Program and Coordination: CPC)는 1962년에 경제사회이사회의 결의에 의해 설치되었다. CPC는 경제적 · 사회적 개발분야에서 국제연합 및 전문기구가 추진하는 각종 사업활동에 대한 조정과 검토, 예산안 검토, 국제연합의 각종 사업에 대한 평가를 주된 기능 및 임무로 한다. 1986년까지 21개 국가로 구성되어 있다가 그 이후 34개 국가로 구성되어 있으며 지리적 배분의 원칙에 따라 3년을 임기로 선출된다. 먼저 언급한 ACC의 경우 구성원이 사무국의 수장이고 CPC의 경우는 정부대표들로 구성되었다는 점이 큰 차이 중의 하나이다.

하는 데 주도력을 발휘하고자 했다. 트리그브 리 국제연합 사무총장은 총회에 제출하는 연례보고서를 통해, 강대국들에게 국제사회의 문제에 대해 의견일치를 추구할 것을 요청하기도 했다.

사무총장은 또한 회원국의 요청에 의해 작성한 보고서를 통해서도 영향력을 행사할 수 있다. 예컨대, 2006년 10월 11일 「아동학대」에 관한 국제연합 사무총장 연구보고서가 총회 제3위원회에서 공표된 바 있다. 이 보고서는 2001년 아동권리위원회의 요청에 의해 총회가 코피 아난 사무총장으로 하여금 아동학대에 관한 실태를 조사하고 각국이 취할 수 있는 조치를 권고하도록 요구해서 만들어진 것으로서 전세계 아동들이 당하고 있는 폭력의 성질과 정도, 원인과 예방책, 근절을 위한 권고 내용을 담았다.

부트로스 갈리 제6대 사무총장은 「평화를 위한 의제(An Agenda for Peace)」라는 보고서를 작성하여 갈등에 관한 종합적인 분석을 하고 이러한 문제를 해결하기 위해 국제연합이 무엇을 해야만 하는가에 대한 구체적인 제안을 했는데, 그의 제안 가운데 「평화구축(peace-building)」이라는 개념은 국제연합의 주요한 과업의 하나가 되었으며 여전히 많은 주목을 받고 있다. 그는 또한 「개발을 위한 의제(Agenda for Development)」라는 보고서를 작성하여 개발에 대한 국제적인 관심을 고취하는 한편 국제연합이 나아가야 할 개발에 관한 이정표의 구실을 하도록 했다.

보고를 하거나 보고서를 제출할 수 있는 사무총장의 권한은 한반도 문제와 관련하여서도 중요한 역할을 할 수 있다고 판단된다. 구체적으로 한반도에 관한 정확한 상황인식을 하고 있는 한국인 사무총장으로서 한반도 문제와 관련하여 총회나 안전보장이사회 등에 이러한 권한을 통해 적절한 의사결정을 유도할 수 있을 것이기 때문이다.

6) 다른 기관에 의해 위임된 업무의 수행

사무총장은 국제연합헌장 제98조에 의거하여 국제연합의 다른 기관, 즉 총회, 안전보장이사회, 경제사회이사회, 신탁통치이사회에 의해 그에게 위임된 다른 임무를 수행한다. 이러한 위임된 업무를 수행하는 가운데 사무총장은 일정한 영향력을 행사할 수 있다.

업무가 맡겨지는 경우 결정의 큰 윤곽이 주어지고 보다 세부적인 결정은 사무국에게 맡겨져 사무국의 재량이 작용할 수 있는 여지가 주어진다. 즉, 일단 이루어진 결정을 실제에 적용하는 데 있어서도 필연적으로 자유재량의 여지를 남기지 않을 수 없으며, 이러한 여지에 사무국과 사무총장의 영향력이 침투될 수 있다. 특히 정부대표들 사이에 많은 이견이 존재하고 이들 사이에 견해의 차이가 매우 클 경우, 정부대표들은 합의점을 찾거나 중재를 부탁하기 위해 때로는 큰 방향만을 설정해주고 구체적인 정책을 만들기 위해 사무총장에 의존하는 경우가 많다.

국제연합의 평화유지활동의 경우 평화유지활동의 실시여부에 대한 결정은 안전보장이사회가 내리고, 예산에 대해서는 총회가 결정을 내린다. 그리고 이러한 결정은 사무국에 의해 집행된다. 이들 안전보장이사회와 총회로부터의 결정이란 추상성을 피할 수 없기 때문에 이를 구체적으로 집행하는 과정에서 사무총장은 광범위한 재량권과 이니셔티브를 행사할 수 있다.

(2) 정치적 권한

1) 국제연합의 대외적 대표

사무총장은 대외적으로 국제연합을 대표한다. 사무총장은 구체적으로 회원국 정부와의 관계뿐만 아니라 비회원국 정부, 국제연합 이외의 다른 국제기구, 비정부기구(NGO) 등 다른 행위자들과의 관계에서 국제연합을 대표한다.

2) 국제평화와 안전유지를 위한 권한

국제연합헌장 제99조는 사무총장은 국제평화와 안보유지에 위협이 된다고 판단되는 사안에 대해 안전보장이사회의 주의를 환기시킬 수 있다고 규정하고 있다. 제97조가 국제연합 사무총장이 수석 행정직원임을 말하고 있는데 반해, 제99조는 국제연합 사무총장의 독립적인 정치적인 역할과 기능에 관한 것으로서 사무총장으로 하여금 국제적인 정치문제에 대해 말할 수 있는 권위(authority)를 부여하고 있다. 이처럼 제99조는 사무총장의 지위를 행정가로부터 정치적인 행위자로서 바꾸어 놓고 있는데, 이러한 권리는 이전에 어떠한 국제기구의 수장들에게 부여된 어떠한 권력(power)도 뛰어넘는 획기적인 것이었다.

사무총장은 이 조항에 근거하여 정치적 역할을 직접(in person) 혹은 특사(special mission), 옵서버(observer), 중개자(mediator) 등을 통해 수행하면서 타협과 화해를 촉진한다. 사무총장은 어떠한 분쟁(any dispute)이건 안전보장이사회의 잠정적인 의제(provisional agenda)에 올려놓을 수 있는 권리를 가지고 있다. 그러나 안전보장이사회 이사국들이 어떠한 분쟁이고 논의하기를 꺼려할 경우 사무총장은 대개 막후에서 일을 하게 된다.

사무총장은 그의 대부분의 시간을 주선(good offices)과 중개(mediation)에 보내게 되는데, 이러한 것들은 때때로 국제연합의 심의기관의 요청에 의하여 이루어지기도 하며 그 자신의 주도력에 의해 이루어지기도 한다.[7] 사무총장의 기능은 주요 강대국들의 중개 노력 등에 의해 좌절되거나 대체되며 혹은 보완되기도 한다.[8]

과거에 국제연합은, 위기를 완화하고 적대적인 당사자들에게 자유롭게 이야기 하고 의중을 시험할 수 있는 기회를 제공하는 것을 목표로 하는 사무총장의 주선 혹은 조용한 외교를 통하여, 국가간 갈등을 감소시키는 것을 도와왔다. 그러나 냉전이 종식된 후 안전보장이사회가 이러한 국제적인 위협을 다루는 데 점차적으로 적극적이 되면서 사무총장의 이러한 역할에 다소 영향을 미치고 있다.

통계적으로 보아 안전보장이사회가 통과시킨 결의의 연 평균 수가 15개에

7) 주선(good offices)은 분쟁의 평화적 해결을 위하여 제3자가 회담장소의 제공을 비롯한 분쟁당사국 사이의 교섭에 편의를 제공하는 것이다. 즉, 주선은 제3자가 분쟁당사국을 설득하여 교섭에 임하도록 하는 것을 의미하며, 이 때문에 분쟁당사국 사이에 교섭이 개시되면 주선의 임무는 종료하게 된다. 중개(mediation)는 제3자가 주선의 임무를 넘어서 직접 분쟁당사국 사이의 교섭에 개입하고 심지어 해결책을 제의하는 것을 말한다.

8) Kjell Skjelsbæk, “The UN Secretary-General and the Mediation of International Disputes,” *Journal of Peace Research*, Vol. 28. No. 1 (1991), pp. 99-115.

서 60개로 늘어났는데, 이는 한 달에 1개였던 것이 한 주에 1개로 증가한 셈이다. 냉전이 종식되기 전인 1989년 이전에 안전보장이사회는 2회에 걸쳐 제재를 적용했다. 1989년 이후로 안전보장이사회는 14번의 제재를 가했으며, 제재의 목적도 점차적으로 다양해져 침략의 원상회복, 민주정부로의 복구, 인권보호, 전쟁의 종식, 테러와의 전쟁, 평화협정의 지원 등을 포함했다.[9)]

국제연합은 다른 국제기구와 마찬가지로 기본적으로 총회나 이사회와 같은 정부대표로 구성되어 있는 기관에 의해 의사결정이 이루어진다. 그렇다고 해서 정부대표로 구성되어 있지 않는 사무국과 같은 기관의 의사결정에 있어서의 중요한 역할을 무시해서는 안 된다. 대표적인 사례로서 흔히 언급되는 것이 1950년대와 1960년대에 있어서의 국제연합의 평화유지활동(PKO)에 있어서의 함마슐트(Dag Hammarskjold) 사무총장의 역할이었다.

반기문 사무총장은 공식적인 취임 이전에 갈등의 조정자와 중재자의 역을 수행하겠다고 강조해 지난 1970년 전문외교관으로 쌓아올린 경륜과 지식을 살려 수단 다르푸르(Darfur)와 팔레스타인, 레바논, 소말리아, 이라크 사태와 이란 핵위기 등 동시다발적으로 진행 중인 지구촌 분쟁의 해결사로 나설 뜻을 분명히 했다. 다르푸르 사태와 관련하여 이러한 참극을 사실상 방조하고 있는 오마르 알 바시르 수단 대통령을 만날 용의가 있느냐는 질문에 분쟁해결에 공식적인 중재는 물론 개인적인 접근도 불사하겠다고 다짐한 바 있다.

3) 주요기관의 회의에서의 활동

사무총장은 국제연합헌장 제98조에 따라 총회, 안전보장이사회, 경제사회이사회, 신탁통치이사회의 모든 회의에 사무총장의 자격으로 활동한다. 이러한 회의에서 사무총장은 기조연설을 하거나 의제에 대해 제안을 하고 질의응답을 하기도 한다. 이를 통해 사무총장은 국제연합 내의 정부대표들로 구성된 기관에서 자신의 견해를 알릴 수 있다. 국제연맹규약과 비교하여 볼 때, 국제연합헌장 제98조는 앞서 언급한 국제연합헌장 제99조와 더불어 사

9) United Nations, *A more Secure World: Our Shared Responsibility (Report of the High-level Panel on Threats, Challenges and Changes)* (2004): pp. 31-32.

무총장의 권한을 획기적으로 변화시킨 것이다.

국제연합 총회 의사규칙 제70조도 사무총장 또는 사무총장이 그의 대리인으로 지명한 사무국 직원은 총회가 검토하고 있는 문제에 대해 언제든지 구두 또는 문서로 진술할 수 있다고 규정하고 있다. 또한 제112조는 사무총장 또는 사무총장이 그의 대리인으로 지명한 사무국 직원은 위원회 또는 소위원회가 검토하고 있는 문제에 대해 언제든지 구두 또는 문서로 위원회 또는 소위원회에서 진술할 수 있다고 규정하고 있다.

4) 의제의 제안

국제연합 총회 의사규칙 제12조에 의하면 사무총장은 정기총회에서 논의될 잠정의제(provisional agenda)를 작성하여 적어도 회기 개최 60일 이전에 회원국에게 통지하도록 되어 있다. 또한 제14조에 따라 국제연합 회원국 또는 국제연합 주요기관은 정기총회 개회일로 확정된 날보다 적어도 30일 전에 의제에 첨가할 의제항목(agenda item)의 포함을 요구할 수 있는데, 이러한 권한을 사무총장도 가지고 있다.

이와 같은 방식을 통해 사무총장은 매년 국제연합의 정기총회 등에서 구체적으로 논의될 세부적인 의제를 제안할 수 있다. 사무총장은 구체적이고 세부적인 의제를 제안하기 이전의 단계로서 특정 문제를 이슈화하고 나아가 의제화하기 위해 앞서 언급한 보고서를 작성하여 제출할 수 있는 권한을 종종 행사한다.

(3) 행정적 권한과 정치적 권한

사무총장의 역할 중에서 행정적인 권한과 정치적인 권한이 복합적으로 작용하는 임무가 있는데, 그것이 바로 평화유지활동(PKO)이다. 2006년 10월 현재 18개의 평화유지활동이 전개되고 있으며 8만 명 이상의 군인과 15,000명 정도의 민간인이 이러한 활동을 하고 있다.

사무총장은 평화유지활동 임무를 감독하는 책임을 지며, 이러한 업무를 담당하는 사무차장을 임명한다. 안전보장이사회가 평화유지활동의 임무를 승인하고, 총회가 이에 대한 예산을 결정하며, 관리와 운영은 사무총장이 책임진다. 일반적으로 안전보장이사회는 평화유지활동과 관련하여 일반적인 지침을 주는 데 그치고, 구체적인 집행을 사무총장의 책임하에 사무국이 하게 되는데, 현지사정의 급격한 변화 속에 신속한 결정을 요하는 경우가 많아 사무총장이 정치적인 판단을 스스로 하여야 할 때가 빈번하게 발생한다.

3. 사무총장의 의무

(1) 독립성과 중립성의 유지의무

국제기구와 국가의 관계에서 국제기구의 역할이 강화되기 위해서는 국제기구가 회원국으로부터 자율성을 확보하는 것이 필요하다. 이를 위해 가장 필요한 것 가운데 하나가 다름 아닌 주로 회원국의 국민으로부터 채용되어 사무국을 구성하고 있는 국제공무원의 독립적인 지위를 보장해 주는 것이다.

국제연합헌장 제100조는 사무국을 구성하고 있는 사무총장과 직원은 그 임무의 수행에 있어 어떤 정부나 국제연합 외의 어떤 당국으로부터도 지시를 받거나 구하여서는 안 되며, 회원국들은 이들 업무의 국제적인 성격을 존중해서 영향을 주지 않도록 해야 한다고 규정함으로써 사무국 직원의 중립성과 독립성을 확보하고자 한다.

케야르는「국제연합 사무총장의 역할의 특징을 한 마디로 하자면 독립성이다. 국제연합 사무총장직을 가지고 있는 사람은 하나의 국가 혹은 일단의 국가들을 두려워해서거나 혹은 이들의 비위를 맞추기 위한 시도로서 행동하고 있는 것으로 결코 비추어져서는 안 된다. 헌장 제100조는 사무총장이 따라야 할 금과옥조이다」라고 주장한 바 있다.

국제공무원의 독립성을 보장하기 위한 이러한 제도적인 장치가 있다고 해서 현실 세계에서 국제기구의 독립성이 엄격하게 보장되는 것은 물론 아니다. 사무국의 직원들 가운데 고위직의 경우 회원국 모두의 요망에 응하기보다 정치적으로 임명되는 것이 통례인데 이를 통해 독립성이 훼손되기도 한다.

제7대 국제연합 사무총장의 선출을 둘러싸고 국가들이 보인 자국의 이익을 둘러싼 갈등은 국제기구의 독립성과 중립성이 허구적일 수 있다는 것을 잘 보여주는 예이다. 미국은 자국에 대해 호의적이지 않고 도전적이었다는 이유로 부트로스 갈리(Boutrous Boutrous-Ghali) 제6대 사무총장의 연임을 맹렬히 반대하고 미국에 대해 호의적이라고 판단된 코피 아난(Kofi Annan)을 적극적으로 지원함으로써 후자의 선출을 가능하도록 했다.

(2) 품위유지의 의무

국제연합 사무총장은 국제기구에 근무하는 다른 직원들과 마찬가지로 일정한 행동규범이 요구된다. 1954년에 국제공무원제도자문위원회(International Civil Service Advisory Board)에 의해 채택된 「국제공무원 행동표준(Standards of Conduct of the International Civil Service)」이 약 반세기에 걸쳐 국제기구에 근무하는 국제공무원들의 행동강령이 되어 왔다. 현재는 2001년에 국제공무원위원회(International Civil Service Commission: ICSC)에 의해 개정되고 국제연합 총회의 결의안을 통해 수용된 「국제공무원 행동표준(Standards of Conduct for the International Civil Service)」이 국제연합 사무총장을 위시한 국제공무원들의 행동기준이 되고 있다.[10)]

4. 영향력의 원천

(1) 도덕적인 권위

사무총장의 영향력의 원천은 물질적인 권력(power)이 아니라 영향력(influence)이다. 이러한 영향력은 다수에 의해 수용되는 정당성(legitimacy)이라

10) 「국제공무원 행동표준」의 구체적인 내용은 제4부 제3장 「국제기구 직원과 전문가의 지위」 부분에서 상론하고 있음.

는 것을 가진 권위(authority)로부터 나온다. 이러한 영향력이란 국제연합헌장에 구현되어 있는 가치와 원칙에 의지하는 능력에 의해 강화된다.

즉, 물리적인 힘을 결여하고 있는 사무총장은 국제연합헌장의 원칙들로부터 나오는 도덕적인 지위(moral status)와 평판이 나있는 공정성(reputed impartiality)에 의지하여야 한다. 회원국들로부터의 정치적 지지도 중요하나, 어느 특정의 지리적인 그룹이나 이념적인 그룹으로부터의 호의(favor)를 구애할 수 없다. 이는 반기문 사무총장이 「사무총장이란 막강한 권력도, 돈도 없지만, 속세의 파워를 누르는 도덕적 권위(moral authority)와 그 누구든지 불러서 회의를 할 수 있는 소집할 수 있는 권한(convening power) 때문에 매우 중차대하다」고 말한 것과 일맥상통한다.

(2) 설득력

공식적인 권한을 거의 가지고 있지 않고 경제력이나 물리적인 힘과 같은 물질적인 힘(material power)을 가지고 있지 않은 사무총장의 영향력이라고 하는 것은 남을 설득하는 능력(persuasive power)에도 크게 달려 있다.

제 2 장 사무총장의 별칭[11)]

국제연합 사무총장이라는 직책과 관련하여 여러 가지 별칭이 존재한다. 예컨대 코피 아난 사무총장은 국제연합 사무총장을 일컬어 「세계의 치어리더이며 프로모터이고, 동시에 세일즈맨이자 고해신부」라고 표현하고 있는데, 이는 전 세계의 모든 문제에 다양한 역할을 통해 관여해야 하는 바쁜 자리임을 상징적으로 말해 주고 있다. 이러한 별칭들은 국제연합 사무총장의 직책이 갖는 성격의 일부를 나름대로 표현하고 있다. 국제연합 사무총장이라는 자리가 어떤 자리인가를 이러한 별칭을 통해 한번 살펴보도록 하자.

1. 지구상에서 가장 어려운 직업

트리그브 리(Trygve Halvdan Lie) 제1대 국제연합 사무총장은 사무총장의 직책을 「지구상에서 가장 어려운 직업(the toughest job)」 혹은 「지구상에서 가장 불가능한 직업(the most impossible job)」이라고 부른 바 있는데, 이는 사무총장의 직책이 얼마나 어려운 일인가를 단적으로 드러내 보여주는 경우이다.[12)]

11) 박재영, 『국제연합과 사무총장』(서울: 도서출판 예응, 2006), pp. 78-81.

12) 트리그브 리의 사무총장 직책에 대한 이러한 평가에 대해 코피 아난 제7대 국제연합 사무총장은 스스로 사무총장직을 「the world's most exalting job」라고 평가한다고 반기문 차기 사무총장에게 소개한 바 있다.

2. 세속의 교황

비록 세속의 문제를 다루는 자리이지만 항상 인류의 보편적인 가치와 국제연합헌장의 규범에 기초하여 활동하여야 한다는 당위적인 측면을 강조하여, 「세속의 교황(secular pope)」이라는 별칭이 사무총장에게 따라다니기도 한다. 「세속의 교황」이라는 명칭은 또한 국제연합헌장의 가치를 세계에 전파하고 실천하고자 현실적으로 노력하고 있다는 측면을 가리키기도 한다.

3. 세계의 최고 경영자

192개국이 참여하고 있는 세계 최대 국제기구인 국제연합을 실질적으로 관리하면서 국제분쟁을 조정하는 역할도 맡고 있기 때문에, 국제연합 사무총장은 흔히 「세계의 최고 경영자(CEO)」 혹은 「최고위 외교관」으로 불린다. 반기문 사무총장은 취임 이전에 국제연합 사무총장을 「1인 1표의 권리를 갖는 192명 주주에게 봉사하는 최고 경영자(CEO)」로 비유하는 한편, 이러한 192명의 주주가 모두 한 나라의 주권을 대표하기 때문에 하나하나를 결코 무시할 수가 없는 어려움이 있다는 점을 지적한 바 있다.

4. 지구촌 대통령

물론 지구촌에 지구촌 전체를 통치하는 별도의 독립된 정부가 설립되어 있지 않을 뿐 아니라 일국의 대통령처럼 자신의 의지를 현실세계에 구현할 수 있는 힘이나 자원을 가지고 있는 것은 아니지만, 사무총장은 명실공이 지구촌 시민의 이익을 대표해서 국제분쟁을 조정하고 지구촌 차원의 비전을 제시하는 역할을 맡는다고 하여 「지구촌 재상」 혹은 「지구촌 대통령」으로도 불린다. 이러한 맥락에서 「미국엔 대통령이 2명 있다」는 말이 있다. 국제연합이 미국 내에 있기 때문이다.

5. 국제공무원의 꽃

국제기구의 직원을 일반적으로 「국제공무원(international civil servant)」이라고 부르며, 국제연합을 국제기구 가운데 가장 많은 다양한 일을 하는 가장 큰 국제기구라고 칭한다. 이런 연유로 국제연합의 수장인 사무총장은 「국제공무원의 꽃」이라는 별칭을 가지고 있는데, 이는 국제공무원이라면 누구나 선망하는 정점의 자리라는 의미를 포함하고 있다.

6. 속죄양

사무총장은 종종 「속죄양」이라고도 불리는데 이 말의 유래는 다음과 같다. 사무총장은 영어로 「Secretary-General」이라고 표현하며 약어로 간단하게 「SG」라고 부른다. 속죄양의 영문표기는 「Scape Goat」로서 이 역시 줄여서 약어로 표기할 경우 「SG」로 표기할 수 있다. 이처럼 「속죄양」이라는 말은 약어 면에서 사무총장이라는 말의 영어 약어와 동일할 뿐 아니라, 사무총장의 직책의 특성을 그대로 나타난다고 하여 종종 사용된다. 여기서 「속죄양」이란 사무총장이라는 자리가 외화내빈의 자리라는 부정적인 의미를 내포하고 있으며, 힘이 지배하는 국제질서 속에서 실질적인 파워가 없다는 뜻을 함유하고 있다. 뿐만 아니라 국제연합의 무능함이 노정될 때마다 사무총장에게 그 탓이 돌려진다는 것을 빗대어 쓰는 표현이다.

7. 무능한 전능자

모든 일을 할 수 있지만 결코 성과를 내기가 쉽지 않다는 의미로서 사무총장을 「무능한 전능자」라는 칭하기도 한다. 미국 등 강대국의 틈바구니에 끼인 「허수아비」라고 불리는 것도 같은 맥락이다.[13] 국제사회의 분쟁은 대부분 강대국과 약소국, 또는 강대국간 첨예한 이해싸움이다. 그러다보니 실질적 힘이 없는 국제연합 사무총장이 객관적이고 중립적으로 이를 조정하는 데는 한계가 있을 수밖에 없다. 아주 빈번하게 입맛이 까다롭기 짝이 없는 5개 안전보장이사회 상임이사국 사이에서 위험한 줄타기 곡예를 벌여야 할 상황에 내몰리기도 한다.[14] 그러다 보니 강대국간 첨예한 갈등과 거리가 비교적 먼 환경, 기아, 테러, 마약문제 등에 집중하는 경향을 내보이기도 한다.[15]

8. 비서와 장군

사무총장의 영어표현인 「Secretary-General」은 「비서」를 의미하는 「Secretary」라는 말과 더불어 「장군」을 의미하는 「General」이라는 말의 결합체로도 볼 수 있다. 따라서 사무총장에 따라서 어떤 사무총장은 국제연합헌장에 명시된 것에서 크게 벗어나지 않고 강대국이 원하는 것을 따르는 비서 스타일인가 하면, 어떤 사무총장은 헌장의 내용을 좀 더 확대하여 해석하고 권한

13) 취임 전 일부에서는 과연 반기문 차기 사무총장이 자신을 강력하게 지지했던 안전보장이사회의 두 강국인 미국과 중국을 동시에 만족시킬 수 있을지 의문을 제기한 바 있다.

14) 반기문 사무총장이 취임선서식을 마치고 하루도 지나지 않아 벌써부터 중국, 러시아, 일본 국제연합대사들이 북핵문제의 해결과 관련하여 국제연합 사무총장의 지나친 개입에 부정적인 뜻을 밝힌 바 있다. 구체적으로 이들은 국제연합 사무총장이 6자회담 관련 특사파견이나 이니셔티브를 행사하는 것은 바람직하지 못하다는 견해를 제시했다. 이에 대해 반기문 사무총장은 곧이어 재개될 북핵 6자회담에서 실질적인 성과가 나오길 희망한다고 전제한 뒤 사무총장의 역할은 문제 해결을 위한 틀이 활성화되도록 촉진하고 협조하는 역할이라면서 협상추이를 주시하면서 나름대로 역할을 준비하겠다고 밝힌 바 있다.

15) 한국경제(인터넷), 2006년 10월 3일.

을 확대하여 지도력을 발휘하는 장군 스타일에 가깝다. 역대 사무총장 가운데 제2대 사무총장인 함마슐트 사무총장은 전형적인 장군형 사무총장이었고, 발트하임 제4대 사무총장은 전형적인 비서형 사무총장이었다고 평가된다.

9. 조정자

별칭이라고 볼 수는 없으나 프랭클린 루스벨트 미국 대통령이 국제연합 사무총장을 스코틀랜드 교회 수장을 뜻하는 「moderator(조정자)」로 부르자고 제안한 데서도 알 수 있듯이, 사무총장직은 전세계 192개 국제연합 회원국의 복잡한 이해관계를 공평하게 풀어야 하는 고난도 외교기술이 요구되는 직책이다.

제 3 장 사무총장의 선출과 임기[16)]

국제연합헌장은 국제연합의 최고 수장의 선거와 관련하여 충분한 규정을 두고 있지 않다. 따라서 이러한 부족함은 다른 절차적인 규칙(procedural rules)과 관례(practices)에 의해 보충되고 있다. 다음에서 이러한 것들을 살펴보고자 한다.

1. 국제연합헌장의 규정

(1) 주요 규정

국제연합헌장 제97조는 「사무총장은 안전보장이사회의 권고에 의해 총회에 의해 임명된다(The Secretary-General shall be appointed by the General Assembly upon the recommendation of the Security Council)」고 규정하고 있다.

여기서 우리가 주목하여야 할 부분은 「임명」이라는 말이다. 원래 덤바튼오크스 회의에서 만들어진 국제연합헌장 초안 제10장 제1항은 사무총장이 총회에 의해 「선출」된다고 규정하고 있었는데, 나중에 헌장을 확정한 샌프란시스코 회의에서 「임명」된다는 말로 바뀌었다. 이는 사무총장의 기능이 정치적인 것이 아니라 행정적인 것임을 좀 더 강조하기 위한 것으로 보아야 한다.

16) 박재영, 『국제연합과 사무총장』(서울: 도서출판 예응, 2006), pp. 82-100.

「임명(appointment)」이라는 용어는 행정적인 기능을 강조하는 데 반해 「선출(election)」이라는 용어는 정치적인 기능을 좀 더 명백하게 드러내는 말이기 때문이다.

국제연합헌장 제97조에 따르면, 사무총장이 (안전보장이사회의 권고에 의해) 총회에 의해 임명된다고 하여 마치 사무총장 선출에 있어서 총회가 주도적인 역할을 하는 듯 보이나 실제에 있어서 총회의 역할이라고 하는 것은 선출을 공식화하는 행위에 국한되어 왔던 것이 사실이다. 즉, 안전보장이사회는 마치 선발위원회(Selection Committee)와 같은 역할을 하면서 실질적인 선출을 해왔다.

샌프란시스코회의에서 국제연합헌장에 대한 최종 협상이 벌어지고 있을 때, 중소국가들은 총회가 사무총장의 선출 권한을 갖도록 노력했으나 실패로 끝나고 말았다.[17] 안전보장이사회 상임이사국들이 자신들의 협력과 지원 없이는 어떠한 사무총장도 효과적일 수 없다고 주장하면서 이에 대신하여 사무총장 선출에 대해 거부권을 가질 것을 주장했기 때문이다.[18]

결론적으로 말해 국제연합 사무총장은 안전보장이사회가 추천한 후보를 총회가 추인하는 절차를 거쳐 선출한다고 보면 된다. 따라서 안전보장이사회의 결정이 중요하며, 특히 거부권의 행사가 가능한 5개 상임이사국의 의사가 중요하지 않을 수 없다. 왜냐 하면 안전보장이사회의 추천과정에서 상임이사국의 반대표를 얻은 후보는 탈락하기 때문이다. 이제까지 안전보장이사회가 추천한 후보를 총회가 합의에 의하든 표결에 의하든 추인하지 않은 후보는 없다.

사무총장 선출 역사상 이러한 규정이 적용되지 않은 경우가 1회 있었다.

---

17) 국제연합에 대한 구상은 제2차세계대전 중 연합국의 주요한 국가들에 의해 이루어졌다. 미국, 영국, 소련, 중국은 1943년 모스크바 삼상회의에서 국제연맹을 대체하는 새로운 국제기구로서 국제연합을 설립하고자 하는 구상을 내어놓았다. 이듬 해인 1944년 이들은 미국 워싱턴의 덤바튼오크스(Dumbarton Oaks)에 모여 국제연합헌장의 초안(덤바튼오크스안)을 작성하였다. 연합국 50개국은 1955년 샌프란시스코에서 회의를 개최하여 덤바튼오크스안을 기초로 하여 국제연합헌장을 확정하였다.

18) 이와 관련하여 총회가 선택권을 가지게 될 경우 후보자는 선출되기 위해 전 회원국들을 대상으로 로비를 해야만 할 것이고, 그 결과 부정과 부패를 피하기 어려웠을 것이라는 주장도 제기되었다. 그러나 안전보장이사회 이사국들을 대상으로 해서도 이러한 일이 발생하지 않을 것이라는 것은 장담하기 어렵다고 진단된다.

초대 사무총장인 리(Trygve Lie)가 재선에 도전했을 때 소련은 그가 국제연합의 한국전 개입을 지지했다는 이유로 반대하여 교착상태에 빠졌다. 이에 안전보장이사회는 후보자를 추천하는 데 실패했다는 사실을 총회에 통보했고, 총회는 리의 임기를 3년간 연장시키는 결의를 채택하여 그의 재임 임기를 3년간 연장시킨 바 있다.

(2) 부수적 규정

1) 안전보장이사회의 의사결정

안전보장이사회가 총회에 사무총장을 권고하기 위해서는 우선 추천할 사무총장을 선출하여야 하는데, 이때 어떤 의사결정 방식이 적용되는가? 안전보장이사회에 있어서 의사결정 방식은 다루고자 하는 문제가 어떤 문제인가(즉, 절차적인 문제인가 아니면 비절차적인 문제인가)에 따라 달리 규정되어 있다.

안전보장이사회는 15개의 이사국(상임이사국 5개국과 2년 임기의 비상임이사국 10개국)으로 구성되어 있는데, 다루고자 하는 문제가 절차적 문제인 경우 15개 이사국 중 9개국 이상의 찬성만 있으면 가결된다. 이때 9개국 중 상임이사국이 포함여부는 문제가 되지 않는다.

비절차적 문제인 경우, 이사국 중 9개국 이상의 찬성이 있어야 가결된다는 점에서는 절차적인 문제를 다룰 때와 동일하다. 그러나 9개국 중에는 반드시 5개 상임이사국 모두가 포함되어 있어야만 한다는 것이 다르다. 즉, 비절차적 문제가 가결되려면 상임이사국 5개국 모두의 찬성은 물론 비상임이사국 10개국 중 최소한 4개국이 찬성을 해야 가결된다는 말이다. 다른 모든 이사국이 찬성을 한다고 해도 단 하나의 상임이사국만이라도 반대를 한다면 가결되지 않는다는 점에서 상임이사국의 거부권이 적용된다.

그렇다면 안전보장이사회에서의 사무총장의 선출문제는 절차적인 문제인가 아니면 비절차적인 문제인가? 당연히 비절차적 문제이다. 따라서 상임이사국의 거부권이 적용되기 때문에 안전보장이사회의 5대 상임이사국을 포함한 9개 이사국의 찬성이 있어야 가결된다. 사무총장 선출 역사를 살펴볼 때 우 탄트 제3대 사무총장과 부트로스 갈리 제6대 사무총장의 초선 때를 제외하고는 거부권이 사무총장의 선출과정에서 결정적인 역할을 했다.

상임이사국의 거부권 행사로 재선 혹은 삼선에 실패한 사례가 있다. 제6대 사무총장인 부트로스 갈리가 재선에 도전했을 때, 미국을 제외한 14개 이사국 모두의 지지를 받았으나 미국의 거부권 행사로 인해 실패로 끝났다. 제4대 사무총장인 발트하임은 전례를 뒤엎고 3선에 입후보하여 미국, 영국, 프랑스, 소련 모두의 지지를 획득했으나, 중국이 제5대 사무총장은 제3세계에서 나와야 한다는 주장을 펴면서 15차례의 투표에 걸쳐 지속적으로 거부권을 행사함으로써 3선의 꿈이 좌절된 바 있다.

안전보장이사회 상임이사국의 거부권 행사와 관련하여 살펴보아야 할 문제는 상임이사국이 표결에 불참하거나 참가하여 기권을 하는 경우이다. 이 경우 거부권을 행사하지 않은 것으로 간주한다는 관례가 안전보장이사회 내의 관례로서 굳어져 있다. 제5대 사무총장인 케야르(Pérez de Cuéllar)는 선출 시 소련 대표가 기권을 했음에도 불구하고 거부권을 행사하지 않은 것으로 간주되는 전례에 따라 선출될 수 있었다.

2) 총회의 의사결정

안전보장이사회가 추천한 사무총장 후보를 총회는 어떤 의사결정 방식을 적용하여 최종 선출하는가? 총회의 의사결정 방식은 다루고자 하는 문제가 헌장에 언급되어 있는 중요문제인가 아닌가에 따라 달라진다. 헌장이 언급하고 있는 중요문제의 경우 출석하여 투표한 국가의 2/3 이상의 찬성이 있어야 가결되며, 그밖의 문제는 출석하여 투표한 국가의 1/2 이상의 찬성이 있으면 가결되도록 되어 있다.

사무총장의 선출은 중요문제로서 헌장이 분류해 놓고 있지 않아 이 문제는 출석하여 투표한 국가의 1/2 이상의 찬성이 있으면 된다. 그러나 총회는 1946년에 결의(A/RES/11/1)를 채택하여, 예외적으로 2/3 다수결을 요구하는 결정을 내릴 수 있도록 했다.

2. 헌장 이외의 절차규칙

사무총장의 선출과 관련하여 헌장은 최소한의 것만 언급하고 있어 사무총장의 선출은 다른 절차규칙(procedural rules)과 수용된 관례(accepted practices)에 의해 보충되어 왔다. 따라서 이러한 관례에는 어떠한 것들이 있나 한번 살펴보도록 하자.

국제연합헌장은 사무총장의 선출과 관련하여 사무총장은 안전보장이사회의 권고에 의해 총회에 의해 임명된다는 것만을 언급하고 있다. 이 때문에 후속적으로 국제연합 총회에서 여러 개의 결의가 통과되어 국제연합헌장이 결하고 있는 부족한 부분을 채우고자 했다.[19] 그러나 이러한 절차규칙이 수립되었음에도 불구하고 실제에 있어서 그대로 다 적용된 것은 아니라는 점을 염두에 두어야 한다.

(1) 총 회

1) 총회 1946년 결의

헌장규정 이외에 사무총장 선출을 위한 최초의 절차규칙은 총회가 1946년에 채택한 결의(A/RES/11/1)를 통해 수립되었으며, 이를 통해 사무총장 선출에 관한 기본적인 토대가 수립되었다.

이 결의는 초대 사무총장의 임기를 연임이 가능한 5년으로 규정했으며, 또한 총회와 안전보장이사회가 미래의 사무총장의 임기를 경험에 비추어 자유롭게 변경할 수 있다는 규정 역시 두었다. 안전보장이사회에 의해 단 한명의 지명자(nominee)가 총회에 추천된다는 규정도 두었다. 안전보장이사회는 11개 이사국 중 5개 상임이사국을 포함한 7개 이사국의 찬성이 있어야 권고할 수 있도록 했다.[20] 총회가 안전보장이사회가 권고한 후보를 임명할 때, 총회

19) Selecting the UN Secretary-General (http://www.unsg.org/role.html); Security Council Report (www. securitycouncilreport.org)

가 2/3의 다수가 필요하다고 결정하지 않는 한 단순 과반수(1/2 이상)를 필요로 한다는 것을 정했다. 또한 안전보장이사회나 총회는 사무총장 선출과정의 일환으로 토론이나 표결을 함에 있어서 비공개회의(closed meeting)와 비밀투표(secret balloting)로 하도록 규정했다.[21]

1946년에 취임한 제1대 사무총장인 트리그브 리(Trygve Lie)는 1950년 10월 재선에 도전했으나 국제연합의 한국전 개입에 대한 그의 지지를 문제 삼은 소련이 줄곧 거부권을 행사하여 교착상태에 빠졌다. 이에 국제연합 총회는 안전보장이사회의 추천 없이 결의를 통과시켜 그의 임기를 3년 연장했다. 이때까지 사무총장 선출에 있어서 총회의 역할을 다분히 능동적이었는데, 이때 이후 1996년까지 총회의 역할은 매우 수동적으로 변했다.

2) 총회 1997년 결의

1997년 8월에 사무총장 선출과 관련하여 또 다른 총회 결의(A/RES/51/241)가 채택되었는데, 이 결의는 사무총장 선출과정에 있어서 총회의 가장 중요한 역할을 재확인했다.[22]

우선 결의는 사무총장의 선출과정이 좀 더 투명해져야 한다는 내용을 포함했다. 이외에 총회의장(President of the General Assembly)이 국제연합 회원국들과 후보 가능성이 있는 사람들에 대해 협의하여 결정하고 이들의 명단을 안전보장이사회에 전달할 수 있는 권한이 포함되었다.

또한 처음으로 지역순환(regional rotation)의 실행을 규정짓고, 후보자를 찾아내는 데 있어서 좀 더 성 평등(gender equality)을 고려할 것을 요청했으며,

---

20) 처음에 안전보장이사회는 11개 이사국(5개 상임이사국과 6개 비상임이사국)으로 구성되었다. 그러던 것이 1965년에 헌장이 개정되면서 비상임이사국이 4개국이 늘어 총 이사국이 15개국이 되었다. 따라서 안전보장이사회에서 권고가 있기 위해서는 15개 이사국 중에서 5개 상임이사국을 포함하여 9개국 이상의 찬성이 있어야 한다고 바뀌었다.

21) 비공개회의 규정에도 불구하고 총회는 이러한 규정에 수정을 가하여, 1946년 이후 총회의장의 제안에 의해 비공개회의가 아닌 공개회의에서 사무총장을 선출하는 절차를 밟아오고 있다.

22) 당 결의안은 「국제연합체제의 강화를 위한 개방된 고위 실무그룹(Open-ended High-Level Working Group on the Strengthening of the United Nations System)」의 보고서를 채택한 것이다.

원만하고 효율적인 업무이전을 위해 사무총장직을 떠맡기 전 늦어도 한 달 전에는 임명이 이루어지도록 할 것을 촉구했다.[23] 다음 사무총장(코피 아난 이후의 제8대 사무총장)의 임명 전에 단임제 옵션을 포함하여 임기를 논할 것을 요청하기도 했다.

3) 총회 2006 결의

2006년에 채택된 결의(A/RES/60/286)는 1997년에 통과시킨 결의(A/RES/51/241)의 많은 부분을 반복했다. 모든 국제연합 회원국들이 사무총장의 선출과정에 관여할 것을 강조했으며, 안전보장이사회 의장(President of the Security Council)으로 하여금 사무총장 선출과정의 전개와 더불어 정기적으로 총회와 협의할 것을 요청했다.

4) 총회의 절차규칙

총회의 절차규칙의 규칙 141(Rule 141 of the Rules of Procedure of the General Assembly)도 앞서 언급한 총회 결의와 유사하게, 총회는 안전보장이사회의 추천을 심의하고 비공개회의에서 비밀투표로 표결한다고 규정하고 있다.[24]

---

23) 발트하임의 경우 전임자의 임기만료 10일 전에 안전보장이사회에 의해 총회에 추천이 되었으며 그가 재선이 될 때는 임기만료 24일 전에야 추천이 완료되었다. 케야르의 경우는 처음 선출될 때 전임자의 임기만료 20일 전에 총회에 추천되었고, 두 번째 선출 시에는 임기 만료 2달 20여일 정도 남겨두고 총회에 추천이 되었다. 부트로스 갈리는 전임자의 임기만료 1달 10일 전에 추천이 이루어졌다, 코피 아난의 경우는 1996년 처음 선출될 때 전임자의 임기만료 18일을 남겨두고 추천되었으나, 2001년 재선 시는 5달 남짓 남겨두고 여유 있게 추천이 되었다.

24) Rule 141 of the Rules of Procedure of the General Assembly: When the Security Council has submitted its recommendation on the appointment of the Secretary-General, the General Assembly shall consider the recommendation and vote upon by secret ballot in private meeting.

(2) 안전보장이사회

1) 안전보장이사회 절차규칙

안전보장이사회의 잠정적인 절차규칙의 규칙 48(Rule 48 of the Provisional Rules of Procedure of the Security Council)은 안전보장이사회에서의 지명(nomination)을 위한 심의는 비공개회의로 열려야 한다고 규정하고 있다.[25)]

2) 위스누무르티 지침

안전보장이사회가 사무총장 후보를 지명하는 과정에 적용하고 있는 것으로서 「위스누무르티 지침(Wisnumurti Guidelines)」이라는 것이 있다. 이는 1996년 당시 인도네시아의 국제연합 대사이면서 안전보장이사회의 11월 의장이었던 위스누무르티(Nugroho Wisnumurti)가 사무총장 선출과정에 있어서의 지침으로서 제안한 것을 채택한 것으로서 지속적으로 선출과정에 영향을 미치고 있는 것이다. 이 지침에는 색깔을 달리하는 투표지를 통해 후보자에 대해 투표하는 것 등이 포함되어 있다.

3. 수용된 관례(비공식 규칙)

(1) 5대 상임이사국 출신의 배제

국제연합 사무총장은 안전보장이사회의 5대 상임이사국을 제외한 국가 출신으로 선임하는 것이 관례로 되어 왔다. 국제연합 이전의 국제연맹 시대에는 사무총장을 강대국 출신으로 임명하는 것이 일반적이었으나 국제연합에

25) Rule 48 of the Provisional Rules of Procedure of the Security Council: Unless it decides otherwise, the Security Council shall meet in public. Any recommendation to the General Assembly regarding the appointment of the Secretary-General shall be discussed and decided at a private meeting.

와서 사정이 달라졌다. 정치적 영향력을 가진 사무총장을 특정 상임이사국 출신으로 하는 것에 대해 다른 상임이사국의 부정적 시각이 영향을 미쳤고, 강대국들의 이해관계는 안전보장이사회에서 해결되는 것으로 판단하고 사무총장은 작은 국가(small state) 출신으로 하자는 데 묵시적 합의가 이루어졌기 때문이다. 이 때문에 대부분의 사무총장은 작은 국가 출신으로서 출마 이전에 거의 알려져 있지 않던 인물들이다.

사무총장 자리에 상임이사국 출신이 배제되는 관례 때문에 이들 상임이사국들은 자연스럽게 저마다 사무총장 선출에 있어서 자국의 이익에 반할 것이라고 판단하는 후보를 거부권 행사를 통해 배제하고자 한다. 따라서 약소국 출신의 후보자라고 해도 특정 상임이사국에 치우쳐 다른 상임이사국의 반대를 불러오면 사무총장이 되는 것은 원천적으로 불가능하다.

1946년 1월 안전보장이사회가 초대 사무총장 후보인 트리그브 리를 선임할 때부터 상임이사국들은 사무총장 후보가 상임이사국 중 어느 한 쪽에 기울어지지 않는지를 매우 중요시하여 왔다. 초대 국제연합 사무총장으로 드골(Charles de Gaulle), 아이젠하워(Dwight Eisenhower), 이든(Anthony Eden) 등이 거론되었으나, 이들 모두 배제되었고 논란이 없는 노르웨이 출신의 트리그브 리가 선출된 것도 이러한 이유 때문이다. 국제정치 현실과 정치적 타협이라는 현실로 인해, 국제연합 사무총장의 선출과정은 로마 가톨릭교의 교황 선출을 포함한 다른 국제기구들에 있어서의 주요 인물의 선출과정과 많은 유사성을 지니고 있다.

1960년대 초에 소련의 지배자였던 후루시쵸프(Nikita Khrushchev)는 국제연합의 사무총장직을 없애고자 하는 데 앞장섰다. 그는 서방진영에 속한 국가들이 수적으로 절대적인 우세 속에 있던 당시 상황에서 사무총장이 이들 서방진영의 국가 가운데 나올 가능성이 높고 그럼으로써 서방에 치우칠 수 있다고 생각했다. 이러한 생각하에 그는 사무총장을 대체하는 것으로서 상이한 정치그룹을 대표하는 3인(서방진영 출신 1인, 공산주의 국가 출신 1인, 비동맹 국가 출신 1인)으로 구성되는 집단적 집행체인 트로이카(troika) 구상을 제시했다. 그러나 이러한 결정은 중립적인 국가의 지지를 획득하지 못해 실패로 끝났다.

(2) 중소국가 혹은 중립국

역대 사무총장의 출신 국가를 살펴보면 1대 사무총장인 리가 노르웨이, 2대 함마슐트가 스웨덴, 3대 우 탄트가 미얀마, 4대 발트하임이 오스트리아, 5대 케야르가 페루, 6대 부트로스-갈리가 이집트, 7대 아난이 가나였다.

이 중에서 노르웨이, 스웨덴, 오스트리아는 대표적인 중립국가로 분류할 수 있고 미얀마, 페루, 이집트, 가나는 중소국가라고 볼 수 있다. 이처럼 역대 사무총장의 출신국가는 중소국가(small or medium-sized state)이거나 중립국(neutral state)인 경우가 대부분이었다. 이는 강대국 사이의 복잡하고 민감한 이해관계를 중립적 위치에서 중재해야 하는 자리이기 때문이다.

이 때문에 세계 11위 정도의 경제력을 가지고 있으면서 미국과 동맹관계를 가지고 있는 한국이 국제연합 사무총장직에 도전한다는 것은 상당히 무모한 일로 간주되기도 했다. 한국의 사무총장 배출은 기존의 이러한 전통에 있어서 예외인 것만큼은 틀림없는 것 같다.

(3) 대륙별 순환원칙

사무총장 선임과 관련한 관례의 또 다른 것으로서 대륙별 안배를 들 수 있다. 1대 사무총장 트리그브 리(노르웨이)와 2대 사무총장 다그 함마슐트(스웨덴)는 모두 유럽 출신으로서 지역순환 원칙이 없었지만, 3대 사무총장 우 탄트(미얀마)부터는 대체적으로 지역별 교대 수임이 이루어져 왔다. 즉, 아시아(미얀마 출신의 3대 우 탄트 사무총장), 유럽(오스트리아 출신의 4대 발트하임 사무총장), 중남미(페루 출신의 5대 사무총장 페레즈 데 케야르), 아프리카(이집트 출신의 6대 사무총장 부트로스 부트로스 갈리), 아프리카(가나 출신의 7대 사무총장 코피 아난)로 순환이 되었다.[26]

이처럼 최종 선출된 사무총장의 지역적인 분포만을 보았을 때 지역순환의

26) 제6대에 이어 제7대에도 아프리카 지역출신이 사무총장이 된 것은 이러한 관례에 어긋나는 것이다. 이와 관련하여 부트로스 갈리 사무총장이 미국의 반대에 직면하여 재임에 실패하자 그 이전까지 어떠한 형태로든 재임이 이루어져 왔던 것을 고려하여 재임의 몫으로 다시 아프리카 출신을 선출했다는 분석이 있다.

원칙이 관례로서 굳어진 듯이 보인다. 그러나 사무총장 선출시 출마한 지원자들의 지역적인 분포를 보게 되면 이러한 원칙에 대한 동의가 일반적으로 존재하는 것 같지 않다. 예컨대 제2대 사무총장 선출시 스웨덴의 함마슐트와 더불어 폴란드, 필리핀, 캐나다, 인도 출신이 후보등록을 했다. 제4대 사무총장 선출시 오스트리아의 발트하임 이외에 핀란드, 아르헨티나 출신이 후보자였다. 제5대 사무총장 선출시 페루의 케야르 이외에 탄자니아, 오스트리아, 이란 출신이 후보등록을 했다. 제6대 사무총장 선출의 경우에는 이집트의 부트로스 이외에 짐바브웨, 네덜란드, 이란, 캐나다, 노르웨이 출신이 경합했다.

지역순환 원칙이 지켜져야 할 관례인가에 대한 논란은 사무총장 선출과 관련하여 1997년에 채택된 결의(A/RES/51/241)에 의해 약화되었다. 당 결의는 처음으로 지역순환에 대해 언급하고 있는데 구체적인 내용은 다음과 같다: 사무총장직에 가장 우수한 후보를 찾아내어 지명하는 과정에서 지역순환에 지속적으로 적절한 주의가 기울어져야 하며, 또한 성 평등에도 적절한 주의가 기울어져야 한다(In the course of the identification and appointment of the best candidate for the post of Secretary-General, due regard shall continue to be given to regional rotation and shall also be given to gender equality). 이와 같은 맥락에서 제8대 사무총장은 아시아에서 나와야 한다는 주장이 제기되었다.[27)]

이렇듯 총회 결의안이 지역순환의 원칙에 대해 언급하고 있음에도 불구하고 미국은 제8대 사무총장의 선출에 있어서 사무총장 후보는 어느 지역 출신인가에 관계없이 가장 뛰어난 자질을 갖추고 있는 사람이 선출되어야 한다는 주장을 제기했으며, 나아가 사무총장이 동유럽 지역에서 나와야 한다는 주장을 선출과정 초반에 제기한 바 있다. 즉, 미국은 지역순환 원칙을 인정

27) 제8대 국제연합 사무총장은 결국 아시아 지역에서 배출되었는데 이와 관련하여 아시아 국가의 하나인 일본이 후보를 내지 않은 것은 여러 가지 이유가 존재한다. 우선 앞서 살펴보았듯이 약소국이나 중립국이 아니라는 점과 더불어 안전보장이사회 상임이사국의 진출을 염두에 두고 있다는 점이 주요한 이유이다. 이와 더불어 같은 아시아 국가이면서 사무총장 선출에 거부권을 행사할 수 있는 중국이 아시아에서의 패권을 둘러싸고 경쟁관계에 있는 일본 국적의 사무총장을 지지할 가능성이 희박하기 때문이기도 하다. 한국의 반기문 후보가 국제연합 사무총장직에 도전하면서 여기에서 더 나아가 제3대 사무총장이 동남아 출신이었던 만큼 이번엔 동북아에서 나와야 한다는 논리를 펴기도 했다.

하지 않는 원칙적인 자세를 견지하는 한편, 지역순환을 인정한다면 이제까지 한명도 배출한 바 없는 동유럽 지역에서 새로운 사무총장이 배출되어야 한다는 입장을 보였다. 이와 관련하여 미국의 볼턴 대사는 미국 시사주간 타임 2006년 2월 27일자와의 인터뷰에서 국제연합 사무총장은 그 동안 서유럽에서 3명, 아프리카에서 2명, 라틴아메리카에서 1명, 그리고 아시아에서 1명이 나왔지만 동유럽에서는 1명도 배출하지 못했다고 지적한 바 있다.[28)]

(4) 임기와 연임

앞서 언급했듯이 총회가 1946년에 채택한 결의(A/RES/11/1)는 초대 사무총장의 임기를 연임이 가능한 5년으로 규정함과 동시에 총회와 안전보장이사회가 미래의 사무총장의 임기를 경험에 비추어 자유롭게 변경할 수 있다고 규정했다. 제2대 사무총장부터는 초대 사무총장과는 다른 임기와 연임을 적용할 수 있었음에도 불구하고, 임기 5년에 1회의 연임이 관례화되어 오고 있다. 그러나 전혀 예외가 없었던 것은 물론 아니다.

제1대 사무총장인 트리그브 리(Trygve Lie)는 1950년에 3년을 임기로 하는 사무총장직에 재임명이 되었다. 제3대 사무총장인 우 탄트(U Thant)는 1년 동안 사무총장 대행(Acting Secretary-General)을 한 후 4년 임기의 사무총장으로 임명되었으며, 그 후 두 번째 임기를 완벽하게 부여할 것인가를 둘러싸

28) 국제연합에는 편의상 5개의 지역그룹(regional group)이 존재한다. 29개 국가로 구성된 서유럽 및 기타 그룹(Western European and Others Group), 23개 국가로 구성된 동유럽 그룹(Eastern European Group), 33개 국가로 구성된 중남미 및 카리브해 그룹(Latin American and Caribbean Group), 54개 국가로 구성된 아시아 그룹(Asian Group), 53개 국가로 구성된 아프리카 그룹(African Group)이 이러한 5개 그룹에 속한다. 이러한 지역그룹은 국제연합과 관련 있는 직책에의 선출이 있을 경우 지리적 대표성에 기초하여 분할을 하며, 정책을 조율하고, 협상과 표결에 있어서 공동전선을 형성하기도 한다. 일부 동유럽 출신들이 국제연합에 동유럽 그룹이 엄연히 존재하고 있는데도 불구하고, 국제연합의 60년 역사에 있어서 동유럽 출신의 사무총장이 배출된 적이 없다는 불만을 제기했다. 지금까지의 사무총장 7인 가운데 유럽 출신이 3인이었다는 사실과 동유럽 국가들이 현재 유럽연합(EU)에의 가입을 간절히 원하고 있다는 점을 지적하면서 제8대 사무총장이 동유럽에서 나와야 한다는 주장이 별로 설득력이 없다는 주장도 있다. 제8대 사무총장에 아시아 출신이 되어야 한다는 주장 가운데 하나로서 세계인구의 60%이상을 차지하고 있는 아시아가 이제까지 7명의 사무총장 중 단 한명만을 배출하고 있다는 점을 제기하기도 했다.

고 최종 결정이 날 때까지 2개월 동안 임기가 연장된 적이 있다. 1996/1997년 국제연합체제의 강화를 위한 개방된 고위 실무그룹(Open-ended High-Level Working Group on the Strengthening of the United Nations System)에서 7년 단임제가 강력하게 제기된 바도 있다.

기술적으로 5년 임기를 몇 번 연임하느냐에 대해서는 제한이 없지만 이제까지 관례상 두 번 이상 연임한 경우가 없다. 대부분의 사무총장은 두 번의 임기를 마쳤다. 제6대 사무총장을 지낸 이집트의 부트로스 부트로스 갈리(Boutros Boutros-Ghali: 1992.1~1996.12)를 제외한 나머지 6명은 모두 연임 기간에는 다소 차이가 있지만 재선에 성공했다. 그러나 3회 연임한 사무총장은 없었다.

초기에는 지역순환 원칙이 없었지만 제3대 미얀마의 우 탄트 사무총장부터는 아시아(제3대) - 유럽(제4대) - 미주(제5대) - 아프리카(제6, 7대) 등 지역별 교대수임의 원칙을 고수했다. 또 역대 총장의 면면이 안전보장이사회 이사국 출신이 아니면서 강대국의 이해를 거스르지 않는 나라 출신인 것도 눈여겨볼 만하다.

초대 사무총장은 노르웨이 출신의 트리그브 리(1946년 2월~1953년 4월). 그는 1950년 국제연합의 한국전 개입을 지지했으며 이를 문제 삼은 소련의 반대로 재선에 어려움을 겪기도 했으나, 결국 국제연합 총회 결의를 통해 임기를 3년 연장할 수 있었다. 제2대 총장도 유럽지역 국가인 스웨덴의 다그 함마슐트(1953년 4월~1961년 9월)가 이어받았다. 제3대 총장은 첫 아시아 출신으로 미얀마의 우 탄트가 선임됐으며 1971년 말까지 10년간 사무총장직을 수행했다. 이어 오스트리아의 쿠르트 발트하임(1972년 1월~1981년 12월)과 페루의 하비에르 페레스 데 케아르(1982년 1월~1991년 12월)가 각각 제4대와 제5대 사무총장을 지냈다. 이집트 출신인 부트로스 갈리 사무총장은 제6대 총장으로 연임을 시도했으나 미국의 거부권 행사로 재선의 꿈을 이루지 못했다. 코피 아난 사무총장은 아프리카의 가나 출신으로 가나가 미국의 입김을 크게 받고 있다는 인식 때문에 프랑스가 강력히 반대했으나 막판에 입장을 바꿔 찬성함으로써 사무총장에 선출됐다.

(5) 안전보장이사회의 비공식 예비투표와 본투표

안전보장이사회는 통상적으로 비공개회의를 통해 상임이사국 5개국을 포함한 9개국 이상의 이사국의 지지를 받은 후보를 총회에 추천한다. 앞서 언급했듯이 사무총장은 미국, 영국, 프랑스, 중국, 러시아 등 5개 상임이사국 중 한 나라라도 반대하면 임명될 수 없다.

다수 후보가 출마할 경우 비공식 예비투표(Straw Poll)를 통해 이들 5개 상임이사국 중 한 국가라도 거부권을 행사한 후보를 탈락시키는 방법으로 후보군을 좁힌다. 이러한 예비투표는 복수의 후보자들 가운데 총회에 추천할 단일후보를 선발하기 위한 방식인데, 상임이사국의 반대가 없으면서 상임이사국을 포함한 9개국의 찬성을 받은 후보 가운데 최다 득표를 하는 후보를 추천하게 된다. 이러한 비공식 예비투표는 1981년에 제5대 사무총장을 선출하는 과정에서 처음으로 시작되었는데, 안전보장이사회에서 국제연합 사무총장을 뽑기 위한 공식투표가 있기에 앞서 행해지는 비공식 예비투표(Straw Poll)란 무엇일까?

「Straw Poll」이란 말은 바람이 어느 방향으로 불고 있는가를 알기 위해 볏짚(straw)을 사용했던 것으로부터 유래되었으며, 안전보장이사회에는 이사국들의 여론의 풍향을 알아보기 위해 행해진다.[29] 이는 비공식 형태의 투표로서 공식적인 출마자들(official candidates)을 상대로 한 안전보장이사회 15개 이사국의 호감도(지지도) 조사라고 볼 수 있는 것으로서 이들의 의견(opinion)을 묻는 것 이상의 의미가 없는 것이다. 투표의 결과는 법적 구속력을 가지지 않는 가운데 인기 없는 후보자를 초반에 사퇴하도록 유도하는 역할을 하게 된다. 따라서 「모의투표」라고 생각하면 된다.

예비투표가 1981년에 시작된 이후 1991년 제6대 사무총장의 선출과정에 있어서의 초반까지 두 가지 특징이 있었다. 하나는 안전보장이사회 이사국들은 투표용지의 후보자의 이름이 적혀 있는 칸의 아래 칸에 찬성여부만 표시하게 되어 있었고, 반대나 기권을 표시하는 칸이 존재하지 않았다는 점이

29) 골프에서 티샷을 하기 전에 바람의 방향을 알아보기 위해 잔디를 뜯어 날리는 것을 의미하기도 한다.

다. 두 번째 특징은 상임이사국과 비상임이사국 사이에 투표용지를 구별하지 않았다는 점이다. 초반을 지나면서 이러한 특징들도 변화했다.

첫 번째 변화란 안전보장이사회 이사국들은 공식적인 출마자에 대해 찬성(encourage)뿐만 아니라 반대(discourage) 혹은 기권(no opinion)까지도 표시하게 되었다는 점이다.[30] 두 번째 변화는 예비투표를 할 때 다른 색깔(상임이사국은 파란색, 비상임이사국은 흰색)의 투표용지를 사용하여 투표를 하게 함으로써 상임이사국의 입장을 파악할 수 있도록 했다는 점이었다. 이처럼 1991년을 기점으로 이사국들은 찬성, 반대, 기권의 의사표시를 모두 할 수 있게 되었고, 색깔을 달리하는 투표용지를 사용하기 시작했다.

예비투표를 몇 번 시행할 것인가는 정해진 바가 없고 이사국들의 협의에 따라 결정하게 되는데, 통상 상임이사국 5개국을 포함한 9개 이사국의 찬성을 받는 후보가 나타날 때까지 계속한다.[31] 이러한 요건을 충족한 후보가 나타나면 안전보장이사회는 공식투표로서 본투표를 실시하여 그 후보를 국제연합 총회에 추천할 후보로 결정한다. 본투표에서는 거수로 의사결정을 한다.

예비투표를 하면서 처음에는 투표용지의 색깔을 구별하지 않으나 일정한 시점에서 구별된 투표용지를 사용하게 되는데, 언제부터 구별된 용지를 사용할 것인가 역시 이사국들의 합의에 의해서 결정하게 된다. 안전보장이사회가 총회에 후보자를 추천하는 시기 역시 정해진 바의 것이 없다.

이러한 예비투표의 실시는 이제까지의 선출과정에 있어서의 경직성을 감소시키고, 많은 융통성을 가져다주었다. 그러나 선출과정에 있어서의 투명성의 손실을 가져온 것 역시 사실이다. 왜냐 하면 예비투표는 비공식투표로서 아무런 기록도 남기지 않기 때문이다.

---

30) 이사국들은 자신이 선호하는 후보에게만 의사표시를 하는 것이 아니라 모든 후보자 하나하나에 대해 이러한 의사표시를 하게 된다. 어느 특정 후보를 찬성한다고 하여 나머지 후보 모두에게 반대나 기권의 의사표시를 하지 않아도 된다. 즉, 극단적인 경우 이사국 하나하나는 모든 후보자에 대해 다 찬성을 할 수도 있고, 다 반대할 수도 있으며, 다 기권할 수도 있다. 1991년 제6대 사무총장을 선출할 때 나중에 사무총장으로 선출된 부트로스-갈리와 그의 경쟁자였던 짐바브웨의 재무장관은 예비투표에서 두 후보 모두 이사국으로부터 9표 이상의 찬성표를 받았으며, 이러한 상태에서 공식투표를 통해 최종 승자가 가려졌다.

31) 가까운 예로 코피 아난 제7대 사무총장을 선출할 때 6번의 예비투표를 거치면서 조정을 했으며, 반기문 사무총장의 경우는 4번의 예비투표를 가졌다.

(6) 총회의 합의에 의한 결정

총회는 의사결정 방식으로서 투표제를 채택하고 있으나, 실제에 있어 표결 없이 합의로(by consensus/without a vote) 의사결정을 하는 경우가 많다. 사무총장의 선출에 있어서도 총회는 안전보장이사회가 지명하여 통보를 한 단일 후보자에 대해 토론 없이, 투표를 하지 않고 박수로서(by acclamation) 최종적으로 선출하는 것을 관례로 해오고 있다.[32] 회원국이 투표절차를 요구하면 투표에 들어가야 하며, 이때 비밀투표(secret ballot)를 하도록 되어 있다. 그러나 1971년 이후 그런 예가 없었다.[33]

간단하게 이야기 하자면, 안전보장이사회에서 실질적인 국제연합 사무총장이 선출되고 총회는 이를 추인하는 역할을 해오고 있다. 그러나 이러한 관례에 대해 금번 제8대 국제연합 사무총장의 선출을 계기로 다른 움직임이 보였다. 비록 관철되지는 않았으나 일부 국가를 중심으로 사무총장의 선출에 있어서 거수기 노릇만 해온 총회가 일정한 역할을 해야 한다는 주장이 제기되어 많은 관심을 불러일으킨 바 있다.

(7) 불어구사 능력

영어와 불어를 구사할 수 있는 능력 역시 하나의 비공식적인 자격으로 간주되고 있다. 자크 시라크 프랑스 대통령은 태국 영자일간지 「더 네이션(The Nation)」지와 인터뷰에서 차기 국제연합 사무총장은 영어와 불어를 모두 구사할 수 있어야 하며, 국제사회 통합 리더십을 가져야 한다고 말한 바 있다.

프랑스는 왜 프랑스어를 못하면 국제연합 사무총장이 될 수 없다고 할까? 프랑스가 내세우는 주된 이유 중의 하나는 국제연합의 주요한 활동대상이

---

32) 소련이 제1대 사무총장의 재선에 지속적으로 거부권을 행사하자 총회가 예외적으로 표결을 통해 그의 임기를 3년 연장시킨 바 있다.

33) 국제연합 총회에서 박수로 차기 사무총장을 선출하자는 제안에 대해 어느 한 나라라도 투표를 하자고 요구하면 투표를 해야만 한다. 반기문 후보는 그의 선출을 위한 총회가 열리기 이틀 전쯤 아시아 그룹 대표들을 만나 이번 총회에서 박수로 선출되도록 도와달라고 연설을 한 바 있다.

아프리카이며 이곳의 많은 국가들이 프랑스어를 사용한다는 것이다.[34)]

불어에 능통한 후보가 아닐 경우 함량 미달로 치부하여 사실상 거부권을 행사해왔던 것이 프랑스이다. 이렇게 불어를 모르는 국제연합 사무총장은 안 된다는 시라크 프랑스 대통령을 설득하기 위해 반기문 외교통상부 장관이 면담을 앞두고 대화 내용을 통째로 외웠다는 것은 유명한 이야기이다.

(8) 외교관 출신

역대 사무총장들이 선출될 당시의 직위를 살펴보면, 제1대 사무총장의 경우 외무장관이었고, 제2대와 제5대의 경우 외무차관이었으며, 제6대는 외무담당 부총리였다. 제3대와 제4대는 주국제연합 대사였다. 제7대 사무총장인 아난의 경우는 국제연합의 평화유지활동(PKO) 담당 사무차장이었다.

여기에서도 보듯이 코피 아난을 제외하고는 모든 역대 사무총장들이 외교를 담당하는 부서의 중요 책임자들이었다. 반기문 사무총장 역시 선출될 당시 외교통상부 장관의 직책을 가지고 있었기 때문에 이러한 전통은 지속되고 있는 것으로 보인다.

4. 선출과정에 대한 개혁 요구

(1) 일반적인 개혁 요구사항

역대 사무총장의 선출과정을 살펴보면, 후보자들이 일반 대중들에게 제대로 알려지지 않은 상태에서 선출이 이루어져 왔고, 사무총장의 최종 선출도 직무가 개시되기 직전에야 간신히 이루어지는 등 불투명하다는 평가를 받아왔다. 최종적으로 선출된 후보는 종종 안전보장이사회 이사국들 사이에 장시간의 정치적이며 비밀스런 협상의 타협물인 후보자였다. 총회는 안전보장

34) 이 때문에 영어와 더불어 불어를 구사해야 프랑스뿐만 아니라 아프리카권의 지지를 이끌어내는 것이 용이하다.

이사회가 선출하여 추천한 후보자의 배경과 비전 등에 관해 거의 사전 지식 없이 통과 의례적으로 추인을 해왔다.[35)]

위에서 살펴보았듯이, 국제연합헌장은 사무총장의 선출과정에 대해서 거의 언급하고 있는 것이 없을 뿐 아니라, 전 세계에서 가장 큰 국제기구의 수장을 선출하는 것임에도 불구하고 사무총장으로서 갖추어야 할 기준이나 자질에 대해서도 전혀 언급을 하고 있지 않다.[36)] 이 때문에 새로운 사무총장을 선출하기에 앞서 선출과정이 개혁되어야 한다는 제안이 종종 제기되곤 했다. 이러한 제안들은 선출과정이 민주적인 감시가 가능해야 하고, 책임성을 제기할 수 있어야 하며, 후보자의 자질을 검증할 수 있어야 한다는 내용을 주로 담곤 했다.[37)]

좀 더 구체적으로 이러한 제안들은 후보자들의 상대적인 장점, 사무총장 직무에 대한 후보자들의 견해, 국제연합에 대한 비전 등을 평가할 수 있는 명백한 기준과 제도적인 장치의 부재를 문제점으로서 집중적으로 부각시켰다. 이들 제안들이 권고하고 있는 것들 가운데는 공식적인 인물물색위원회(formal search committee), 비공식적인 후보 심사 혹은 인터뷰, 구체적인 시간 일정, 공식적인 후보자 명단, 출신배경을 점검하기 위한 표준화된 체제 등이 포함되어 있다.

---

35) 2006년도 제8대 국제연합 사무총장 선출과정은 다른 사무총장 선출 때와는 전례 없이 투명했고 공개적이었다고 평가된다. 후보자들은 캠페인 강령을 만들었고, 캠페인 웹사이트를 개설했으며, 다보스포럼과 같은 공공행사에서 연설을 하기도 했기 때문이다. 또한 상임이사국들은 지원자들을 비밀로 한 채 협상을 하곤 했는데, 제8대 사무총장 선출의 경우 공식적인 후보들을 발표하는 등의 태도를 보였기 때문이다.

36) 국제연합 사무총장은 분쟁과 갈등의 당사자 사이에서 유일한 대화의 채널로 남는 경우가 종종 있으며, 이럴 경우 주선(good offices)의 임무를 수행해야만 한다. 사무총장은 실제로 공평무사하여야만 하며, 타 행위자에 의해 그럴 것이라고 인식되어야만 한다. 사무총장은 굉장한 인내심을 지니고 있어야 하며, 불안정(insecurity), 두려움, 분개의 근원을 이해하여야만 하며 정당한 열망(legitimate aspiration) 역시 이해하여야 한다.

37) Selecting the UN Secretary-General (http://www.unsg.org/role.html)

(2) 최근의 개혁 요구사항

2006년 제8대 국제연합 사무총장 선출과 관련하여 적지 않은 시민단체들이 사무총장 선출방식에 대한 개혁을 요구했다. 정부측에서는 캐나다 정부가 좀 더 개방적이고 엄격한 선출과정을 요청하는 넌페이퍼(non-paper)를 배포하는 등 주도적으로 개혁을 요구했다.[38] 이와 더불어 제8대 사무총장 선출에 자국의 후보를 냈던 인도가 나름의 의견을 제시했고, 「총회 역할 활성화를 위한 비공개 모임」도 의견을 제시했다.

1) 캐나다의 주장

캐나다 정부가 제시한 문제의 핵심은 안전보장이사회가 단 한명의 후보자만을 자의적으로 지명하고, 총회는 이를 단순히 추인한다는 점이다. 좀 더 구체적으로 후보자의 자질을 평가하기 위한 합의된 점검리스트(check list)가 존재하지 않고, 공식적으로 후보자를 선별하지 않으며, 관련 정보를 제공받지 않고 심지어 비공식적인 협의도 없는 가운데 개도국들은 안전보장이사회에 의해 지명된 후보자에 대해 의견을 표명하도록 요구된다는 것이다. 국제연합의 미래에 대한 후보자의 비전과 국제연합 사무국을 위한 실천계획이 어떤가를 총회의 구성원들은 물어볼 기회가 없다는 것이다. 또한 후보자의 정치적 리더십이 어떤가를 재심할 수 있는 제도화된 과정이 부재한다.

캐나다 정부는 이러한 비판을 바탕으로 하여, 구체적으로 5년 혹은 7년의 임기의 단임제, 후보자와 지역그룹(regional group) 사이의 토론, 국제연합의 다른 고위직 선출 시 현재 적용하고 있는 과정의 채택을 권고했다. 특히 캐나다 정부는 최근 세계경제포럼(World Economic Forum)에서 사무총장 후보들이 국제적인 청중들 앞에 나섰던 것처럼 사무총장 후보자들과 국제연합 회원국들 사이에 포럼 개최의 현실적인 가능성을 주장했다.

38) 넌페이퍼(non-paper)란 비공식적으로 자신의 입장을 밝히는 문건을 말한다.

2) 인도의 주장

사무총장 선출에 있어서 개도국들의 관심은 인도에 의해서 강력하게 표출되었다. 캐나다의 제안이 현재의 선출 시스템의 골격을 유지한 가운데의 개선방안으로서 온건한 개혁을 주장한 것인데 비해, 인도의 제안은 근본적인 변화를 제시했다는 점에서 좀 더 과격한 것이었다고 볼 수 있다.

구체적으로 인도는 안전보장이사회가 총회에 단 한명의 지명자(nominee)만을 추천하지 말고 세 사람의 후보자를 추천할 것을 제안했다. 인도가 후보를 복수 추천하는 방안을 제시한 이유는 인도를 지지할 가능성이 높은 비동맹권이나 개도국의 입지를 강화하기 위한 의도로 해석이 되기도 했다.[39)]

이러한 인도의 제안은 안전보장이사회 상임이사국 모두에 의해 거부되었다. 캐나다를 포함한 다른 국가들에 의해서도 이 제안은 거부되었는데, 그 이유는 회원국들을 갈라놓고 신임 사무총장의 지지기반을 약화시킬 가능성이 있다는 것이다. 이 제안은 아시아지역 그룹의 많은 국가들에 의해서도 반대되었는데, 이들 역시 다수의 아시아인이 지명될 경우 아시아 국가들 자체를 분열시키게 된다는 것이다.

3) 「총회 역할 활성화를 위한 비공개 모임」의 주장

100여개 국제연합 회원국들이 4월 달에 「총회 역할 활성화를 위한 비공개 모임」을 갖고 사무총장 선출과정이 보다 투명하고 많은 회원국들의 의사가 반영되어야 한다는 데 뜻을 모았다. 이 모임은 개도국들이 중심이 되어 국제연합에서 회원국 전체를 구성원으로 하는 총회의 권한이 확대되어야 한다는 데 중점을 두고 있는 모임으로서, 사무총장의 선출에 있어서도 총회의 역할

39) 사무총장 후보로서 샤시 타루르 국제연합 사무차장을 내세운 인도는 차기 국제연합 사무총장에 3명의 후보를 복수 추천하는 방안을 제안했다. 이는 국제무대에서 비동맹 운동의 선두주자로서의 위치를 확고하게 다져온 인도로서 비동맹권이나 개발도상국들의 지지 가능성을 높게 보았기 때문이며, 이런 점에서 사무총장 선출에 있어서 총회의 역할을 강화할 필요성이 있었던 것이다. 종합적으로 보아 인도는 중국을 견제한다는 점에서 전략적인 가치를 지니고 있어 미국의 지지를 얻기도 용이하여, 사무총장 진출 가능성에 대해 긍정적인 판단을 했을 것으로 보인다.

이 훨씬 의미 있고 실질적이어야 한다는 점을 강조하고자 했다.

이 모임은 구체적인 개선방안으로서 안전보장이사회가 복수의 후보를 추천하고 총회가 이 중에서 선택하는 방안, 안전보장이사회가 추천한 후보에 대해 총회가 인사청문회 등 공식적인 검증절차를 갖도록 하는 방안, 국제연합 관련 연구소에서 공청회를 개최한 방안 등을 제시했다.

4) 안전보장이사회 상임이사국의 입장

선출과정의 변경에 대한 이러한 다양한 요구에 대해, 안전보장이사회 상임이사국들은 안전보장이사회로 하여금 한명의 후보만을 총회에 추천하도록 규정하고 있는 1946년 총회 결의(A/RES/11/1)를 인용하며 절대 양보할 수 없다는 입장을 견지하고 있다. 이들은 「사무총장은 안전보장이사회의 추천에 근거하여 총회가 임명한다」는 국제연합헌장의 골격을 유지하면서 투명성 확대를 위한 개선책을 마련하겠다는 입장을 가지고 있다. 그러나 구체적인 개선책은 다음 사무총장 선거에서나 기대해 볼 수 있을 것 같다.

5. 새로운 제도화의 필요

사실 지난 60년 동안 국제연합 사무총장이 취임 2개월 반 전에 미리 뽑힌 것도 반기문 사무총장이 처음이다. 국제연합 사무총장이 제대로 활동할 수 있도록 준비기간을 갖게 된 것이다. 지금까지 국제연합에서 사무총장 당선자에 대한 규정이 하나도 없고 예산 뒷받침도 없었다는 것이 당황스럽다. 60년간 그런 예가 없었기 때문이다. 당선자 사무실과 차량은 어떻게 하느냐도 국제연합에서 논의 중이다. 원칙적으로 앞으로는 사무총장 인수 과정도 제도화해야 한다. 이번 제8대 사무총장 선출이 좋은 선례가 될 것이다.

제 4 장 사무총장의 대우와 특권[40)]

1. 일반적인 대우

(1) 국가원수급 예우

국제연합 사무총장은 뉴욕의 국제연합 본부에만 머물지 않고 분쟁의 해결을 비롯한 다양한 목적을 수행하기 위해 세계 각국을 누비고 다니게 된다. 이때 방문지에서 어떤 대우를 받는가? 이에 대해 국제연합헌장 등과 같은 조약에 명시적으로 언급된 것은 없다.

그러나 회원국마다 국제연합을 중시하는 정도에 따라 다소 차이는 있지만, 외교관례상 통상적으로 국제연합 사무총장은 세계 최고의 외교관으로 국제사회에서 국가원수 내지 행정수반에 준하는 예우를 받게 된다. 왜냐 하면 국제연합 사무총장은 192개 회원국의 이해관계와 입장을 대변하며 전 세계 1만6000여명의 직원을 통솔해야 하는 최고 행정관이기도 하기 때문이다. 국가원수들과는 달리 사무총장을 위한 별도의 전용기는 없다.

당선이 확정된 후 뉴욕에서 한국에 들어왔을 때 한국정부 역시 반기문 차기 사무총장을 국가원수에 준하는 예우를 했다. 예컨대 청와대는 대통령 접견시 반기문 차기 사무총장의 좌석을 주요국 정상과의 회담 때처럼 대통령 좌석과 나란히 배치했으며, 대통령이 집무실 밖에 서서 기다리다가 반기문

40) 박재영, 『국제연합과 사무총장』(서울: 도서출판 예응, 2006), pp. 101-107.

차기 사무총장을 접견실로 안내한 바 있다.

(2) 국제연합여권의 사용

국제연합 사무총장은 국제공무원(International Civil Servant)으로서 국제연합 마크가 정중앙에 찍힌 하늘색 국제연합여권(Laissez-Passer)을 소지하게 된다.[41] 사무총장은 다른 국제기구 직원과 마찬가지로 자국의 여권과 국제연합여권을 모두 사용할 수 있으며, 일부 예외적인 경우를 제외하고는 국제연합여권을 소지할 경우 세계의 어느 국가나 자유롭게 여행할 수 있다. 국가원수 내지 행정수반의 대우를 받기 때문에 각국의 공항을 별도의 보안검색 없이 드나들 수 있다.

(3) 연봉과 수당

국제연합 사무총장의 공식 연봉은 22만7천2백53달러로 우리 돈으로 약 2억 원 정도다. 이 연봉 액수는 1997년 이래 한 번도 인상된 적이 없이 고정되어 있다. 하지만 각종 수당 등이 별도로 나오기 때문에 일 년에 받는 액수는 30만 달러가 넘는 것으로 알려져 있다. 여기에 판공비는 별도로 나온다. 국제연합 사무총장은 24시간 그림자처럼 따라다니는 전담경호를 받게 된다.

(4) 관저의 사용

사무총장은 뉴욕 맨해튼 이스트 강변의 4층짜리 대형 관저를 사용하게 된다. 관저는 국제연합에서 걸어서 갈 수 있는 곳에 위치하고 있으며 미국 국제연합협회의 소유로 되어 있다. 미국국제연합협회는 1년에 1달러의 상징적인 임대료만 받고 제공하고 있다. 이곳에서 각종 공식 혹은 비공식 연회가 열린다. 국제연합은 지난 15년간 손을 대지 않아 낡은 사무총장 관저를 450만 달러를 들여 개보수하는 결의를 1996년 말에 채택하여 공사를 시작하여

41) 「Laissez-Passer」는 「자유통행증」을 의미한다.

2007년 9월에야 끝냈다. 이 때문에 반기문 사무총장은 개보수 기간 동안 뉴욕 시내의 한 호텔에 머물렀다.

(5) 대규모 보좌진

뉴욕 국제연합 본부 건물은 40층짜리인데 38층까지만 사무실로 사용한다. 사무실로서는 가장 높은 층인 38층 전부가 사무총장 집무실과 사무총장의 보좌를 위해 사용된다. 구체적으로 이곳에는 사무차장급 비서실장이 지휘하는 비서실과 경호・의전팀이 있으며 대략 100명의 직원들이 근무한다. 사무총장은 이들의 보좌를 받아 국제연합의 살림살이를 꾸려간다.

2. 특권과 면제[42)]

국제연합헌장 제105조 제2항은 국제연합 회원국 대표와 더불어 국제연합 직원이 국제연합과 관련된 그들의 임무를 독립적으로 수행하기 위해 필요한 특권과 면제를 특권과 면제를 향유한다고 규정하고 있다. 이러한 규정은 국제연합헌장 제105조 제3항에 근거하여 체결된 「국제연합의 특권과 면제에 관한 협약」에서 구체화되고 있다.

「국제연합의 특권과 면제에 관한 협약」의 제5조 제18항은 국제연합 직원의 특권과 면제를 자세하게 열거하고 있는데, 이와 관련하여 주목할 것은 이들의 특권과 면제는 이들의 공적인 행위에 한해 인정된다는 점이다. 즉 이들이 향유하는 특권과 면제는 외교관들이 누리는 포괄적인 특권 및 면제와는 차이를 가지며, 제한적으로 인정되는 것이 특징이다.[43)]

그러나 동 협약의 제5조 제19항은 국제연합의 사무총장, 사무차장, 그리고 이들의 배우자와 미성년자 자녀를 일반적인 국제연합 직원과는 달리 취급하

42) 사무총장을 위시한 국제기구 직원의 특권과 면제에 관해서는 제4부 제3장 「국제기구 직원과 전문가의 지위」 부분에서 자세히 언급하고 있다.

43) 외교관의 특권과 면제에 관한 좀 더 상세한 것은 「외교관계에 관한 비엔나 협약」을 참조하시오.

고 있다. 구체적으로 동 조항에 따르면, 이들은 국제연합 직원에게 부여되는 일반적인 특권과 면제 이외에 별도로 국제법(외교관계에 관한 비엔나 협약)에 의거하여 외교사절에게 주어지는 특권과 면제 및 편의를 부여받는다.

여기서 이들이 일반적인 국제연합 직원이 누리는 특권과 면제에 더하여 외교관의 특권과 면제를 누린다는 것을 달리 말하면, 일반적인 국제연합 직원의 경우 특권과 면제는 이들의 공적인 행위에 한해 인정되나 사무총장과 사무차장의 경우 이들의 공적인 행위는 물론 사적인 행위까지도 적용이 된다는 의미이다.

국제연합 직원의 면제와 관련하여 국제연합 사무총장은 직원에게 주어지는 면제가 사법의 진행을 저해하고 있고 국제연합의 이익을 침해하지 않은 가운데 포기될 수 있다고 생각하면, 그들의 면제를 포기할 권리와 의무를 갖는다. 사무총장의 경우에는 국제연합 안전보장이사회가 그 면제를 포기할 권리를 갖는다.

제 5 장 사무총장의 특징과 업적[44)]

여기에서는 역대 사무총장의 활동과 역할을 일별해 보고자 한다. 이러한 사무총장의 역할은 그가 어떤 철학과 인성(personality)의 소유자인가에 따라 달라졌을 뿐 아니라, 그가 면하고 있던 국제사회의 환경, 그리고 주요 강대국들의 관계가 어떠했는가에 따라서도 달라질 수밖에 없었다. 또한 현직 사무총장이 얼마나 재선에 관심을 가지고 있느냐가 통상 그의 첫 번째 임기의 활동과 역할에 영향을 미치지 않을 수 없었다.

사무총장의 활동과 역할에 영향을 미칠 수 있는 이러한 요인들을 염두에 두고 역대 사무총장의 활동과 역할을 살펴보고자 한다. 이러한 역할과 활동 중에서도, 국제연합헌장이 다른 국제기구와는 아주 다르게 제99조를 통해 국제연합 사무총장에게 부여한 정치적인 역할을 개개 사무총장이 어떻게 인식하고 이를 행동에 옮겼는가에 초점을 두고 살펴보고자 한다.[45)]

---

44) 박재영, 『국제연합과 사무총장』(서울: 도서출판 예응, 2006), pp. 108-126.

45) 사무총장의 선출과정에 관한 부분은 미국 국제연합협회의 다음 글을 많이 참조했다: Selecting the Next UN Secretary-General: A Report by the United Nations Association of the United States of America (New York, May 2006).

1. 1대 사무총장 트리그브 리(Trygve Lie): 1946년 2월-1953년 4월

(1) 개 요

1946년 1월 29일에 노르웨이의 외무장관 출신인 리가 초대 사무총장으로 선출되었다. 애초 미국은 주미 캐나다대사를 지지했으나 북미 사람이라는 이유로 소련에 의해 거부되었다. 소련은 초대 사무총장이 제2차세계대전 때 나치의 지배를 받은 국가 출신이어야 한다는 주장을 제기하면서 거의 알려진 바 없는 노르웨이의 외무장관이자 한 때 노동운동가였던 트리그브 리를 제안했다. 안전보장이사회가 이를 받아들여 리를 총회에 추천했고 총회가 그를 초대 사무총장으로 임명했다.

리는 1950년 10월 재선에 도전했지만 아이러니하게도 사무총장으로 그를 지지한 소련에 의해 거부되었다. 소련은 그가 국제연합의 한국전 개입을 지지했다는 이유로 그의 재임을 끈질기게 반대하면서, 국제연합에서의 서방측 국가들의 영향력을 줄이기 위한 방편의 하나로서 필리핀을 포함한 개도국 출신의 후보자들을 제안했다. 미국을 위시한 우방 국가들이 리 이외의 대안을 거부하자 안전보장이사회는 교착상태에 빠지게 되었다. 미국은 소련의 거부권을 피하기 위한 방편으로 국제연합 총회로 이 문제를 가져가 결국 표결을 통해 결의안을 통과시켜 그의 임기를 3년 연장시키는 데 성공했다.

임기가 이런 방식으로 연장되었음에도 불구하고 소련은 이러한 조치의 법적 효력을 부인하며 그를 사무총장으로 대우하지 않았다. 이 때문에 국제연합의 운영이 어려워지자 그는 결국 1952년에 자진하여 사퇴하기에 이르렀다. 리는 또한 1949년에 공산화된 중국이 국제연합의 의석을 차지하는 것을 강력하게 지지함으로써 미국의 분노를 사기도 했다.

이러한 일련의 것들은 리의 재임기간이 중국에 공산정권이 수립되고 한국전쟁의 발발하는 등 동서 양진영의 대립이 격화되던 시기였다는 점과 밀접한 관련을 갖는다. 또 다른 한편, 리가 행정가로서의 사무총장을 뛰어넘어 사무총장의 정치적인 권한을 적극적으로 실천하고자 한 사무총장이었다는 점과도 관련이 깊다. 이 시기는 또한 국제연합 회원국의 분포로 보아 아직 미국의 지배가 가능하던 시기이기도 했다. 이러한 것은 미국의 주도에 의해 리의 임기가 총회에 의해 연장된 것에서도 잘 알 수 있으며, 안전보장이사회가 거부권 행사로 평화와 안정의 유지에 대한 일차적인 책임을 못할 때 총회가 이러한 역할을 할 수 있다는 취지하에 미국의 주도로 「평화를 위한 단합(Uniting for Peace)」 결의가 1950년에 통과된 것에서도 잘 알 수 있다.

(2) 주요 역할

1대 사무총장의 역할이란 중요하지 않을 수가 없었다. 왜냐 하면 미래의 사무총장의 역할에 대한 선례를 구축하는 열쇠가 되기 때문이다. 리는 정치적 권한을 적극적으로 행사하고자 하였고, 그 결과 사무총장의 정치적인 역할을 성공적으로 개척하여 후임자로 하여금 발전적으로 승계하도록 한 사무총장으로 평가된다.

국제연합헌장 제99조는 「사무총장은 국제평화와 안전의 유지를 위협한다고 그 자신이 인정하는 어떠한 사항에도 안전보장이사회의 주의를 환기할 수 있다」라고 규정하고 있다. 1946년의 그리스 사태와 관련하여 리는 어떤 사항이 국제연합헌장 제99조에 의거하여 안전보장이사회에 주의를 환기시킬 사항인가의 여부를 결정하기 위해 사무총장이 진상조사(fact-finding)를 행할 수 있는 권리를 가져야 한다고 주장하였다. 이러한 그의 주장이 안전보장이사회에 의해 받아들여지면서 사무총장에게 커다란 정치적인 힘이 되었다.

리는 이러한 진상조사권과 더불어 사무총장이 자신의 의견을 안전보장이사회에서 제시할 수 있는 권한을 수립한 것으로도 유명하다. 리는 헌장 제99조에 근거를 두고, 안전보장이사회가 토의하고 있는 동안 어느 때고 구두진술(oral statement) 혹은 문서진술(written statement)로써 안전보장이사회가 다루는 일에 개입할 수 있다는 주장을 제기하여 미국의 반대에 부딪치기도 했으나, 나중에 이러한 주장이 절차상의 일반적인 규칙으로서 수립되었다. 나아가 안전보장이사회뿐만 아니라 총회에 대해서도 사무총장의 주도하에 구두나 문서진술을 할 수 있는 권한을 수립했다.

2. 2대 사무총장 다그 함마슐트(Dag Hammarskjöld): 1953년 4월 - 1961년 9월

(1) 개 요

제1대 사무총장인 리가 1952년 11월 사표를 제출하자 안전보장이사회는 후임 사무총장의 선출에 들어갔다. 미국은 처음에는 리의 재선 때 소련이 지지한 후보 가운데 하나인 필리핀 출신 후보를 지지했으나 소련이 이를 반대했다. 소련은 또한 유럽국가들이 지지한 캐나다 후보 역시 반대하면서 인도 출신 여성을 지지했다, 그러나 중국이 이에 반대함으로써 2차 투표까지 합의를 이끌어내지 못했다.

이에 안전보장이사회의 유럽국가들이 소련에게 비공식으로 4인의 새로운 후보를 제시했으며, 이 중 한 후보인 스웨덴의 함마슐트가 소련에 의해 받아들여졌다. 이에 안전보장이사회는 3차 투표를 실시하여 그를 총회에 추천하고, 총회는 표결로서 그를 제2대 사무총장으로 임명했다.

함마슐트는 모든 국가들이 만장일치로 임기를 연장하지 않으면 그만두겠다고 공언을 했는데 무난하게 안전보장이사회에서 추천이 되고 총회에서 표결 없이 1957년에 재선에 성공하였다. 그러나 불행하게도 1961년 콩고에서 발생한 내전을 중재하러 가다 비행기 추락사고로 숨졌다. 동서 양진영이 얽힌 분쟁지역에서 중립적 평화역할을 적극 모색한 것과 관련하여 암살설이 떠돌기도 했다.

함마슐트는 역대 사무총장 가운데 가장 훌륭하게 업무를 수행했다는 평가를 받는다.[46] 국제사회에서 분쟁이 발생하면 세계의 언론들이 「다그에게 맡겨라(Leave it to Dag)」혹은 「다그에게 시켜라(Let Dag do it)」라고 촉구했던

46) 반기문 국제연합 사무총장 역시 역대 사무총장 중 분쟁해결에 가장 적극적으로 협상에 나섰던 함마슐트를 가장 존경하는 사무총장이라고 언급한 바 있다. 그는 미국이나 서유럽에서는 사무총장으로서 국제연합 개혁이나 행정을 잘하는 행정가형의 사무총장을 원하는 것 같으나, 자신은 행정가적 역량과 정치적인 지도력을 겸비한 사무총장을 지향한다고 말한 바 있다.

것에서 그에 대한 평가의 일면을 엿볼 수 있다. 이러한 그에 대한 평가는 1961년 사후에 국제연합을 강화시킨 그의 행동을 높이 사서 그에게 노벨평화상이 주어진 것에서도 잘 알 수 있다.[47] 이 때문에 후임 총장들의 눈높이도 일단 여기에 맞춰졌다.

함마슐트가 재직한 기간은 냉전이 절정에 이른 시기로서 국제연합뿐 아니라 세계 곳곳에서 미국과 소련이 두 축이 되어 크게 대립하던 시기였다. 그러나 이 시기는 아직 신흥 독립국가들이 국제사회에 대거 등장하기 이전으로서 총회의 회원국들이 아직 미국의 수중하에 놓여 있던 시대이기도 했다. 따라서 상임이사국의 거부권 행사로 안전보장이사회가 마비가 될 경우, 미국의 주도하에 총회가 이러한 역할의 일부를 떠맡는 것이 가능했다.

(2) 주요 역할

그가 선임되던 당시는 제1대 사무총장의 시기와 마찬가지로 냉전하에서 동서 양진영 사이에 대결이 극심하던 때였다. 이런 와중에 동서 양진영은 중립적인 인물로서 정치적 지도력을 발휘하려는 사무총장보다는 행정가형 사무총장을 선호하지 않을 수 없었다. 이러한 기류하에 선출된 함마슐트는 처음 임기 동안에는 행정가형으로서의 사무총장인 면모를 많이 보였다.

그러나 이러한 그의 태도는 중임이 되면서 크게 변했다. 재선이 된 후 그는 역대 사무총장 중에서 헌장 제99조를 가장 적극적으로 해석하고 이를 실천에 옮겨 사무총장의 정치적인 기능을 확대시켰다. 즉, 함마슐트는 다른 어떤 사무총장보다도 사무총장의 정치적인 지도력을 향상시킨 사무총장으로서 사무총장의 역할을 확장시키는 데 중대한 기여를 했다. 이러한 그의 기본 철학은 국제연합헌장의 명시적인 규정에 준거한 지시가 없어도 국제평화와 안정이 파괴되거나 위협을 받을 경우 사무총장은 국제연합헌장의 기본정신에 입각하여 행동에 나설 수 있다는 것이었다.

---

47) 국제연합 사무총장으로서 처음 노벨평화상을 수상한 경우이며, 그 후 코피 아난 제7대 사무총장이 국제연합 자체와 더불어 노벨평화상을 수상했다. 케야르가 사무총장을 하고 있던 1988년에는 사무총장이 아닌 국제연합의 평화유지군(PKF)이 노벨평화상을 탄 바 있다.

그는 비공식적인 외교활동(informal diplomatic activities)을 전개할 수 있는 사무총장의 광범위한 재량권이 헌장 제99조에 내포되어 있다고 보고, 이를 그의 중재(good offices)의 역할에 대한 법률적인 근거로 주장했다. 즉, 그는 헌장 제99조가 국제연합의 독립적인 행위자(independent officer)로서의 사무총장에 대해 언급을 하고 있는 것으로 해석을 했으며, 이러한 해석은 결과적으로 「북경공식(Peking Formula)」이라는 것을 탄생시키기에 이르렀다. 이러한 「북경공식」이라는 것이 무엇인가를 살펴보고자 하는데, 「북경」이라는 말이 포함된 것으로 미루어 중국과 관계가 있음을 쉽게 알 수 있다.

한국전쟁 중 미국인 조종사(국제연합군 지휘하의) 15명이 중국에 의해 체포되어 구금되는 일이 발생했다. 이 사건으로 인해 함마슐트는 자신의 외교적인 재능을 보여줄 수 있는 여지를 가지게 되었다. 1954년 12월 국제연합총회는 사무총장으로 하여금 이들 포로의 석방을 위한 조치를 취할 수 있도록 권한을 부여하는 결의안을 통과시켰다.[48] 당 결의안은 이와 관련하여 구체적인 지침을 제공하지 않았고, 그의 판단에 의해 가장 적절하다고 판단되는 수단을 사용할 것을 허용했다.

그는 당 결의안이 중국을 비난하는 내용을 포함하고 있으며 이 문제를 둘러싸고 미국의 입장에 지나치게 경도되어 있는 것을 알고, 이 문제를 해결하기 위해 이 결의안으로부터 자신을 분리하여 중립적인 자세를 취하는 것이 현명하다고 판단했다. 따라서 그는 이 결의안에 구속되는 것을 거부하고, 개입할 수 있는 그의 권한이란 국제연합의 정치적 기관의 사전 승인이 없이도 가능하다는 주장을 명백하게 제시했다. 이러한 주장과 더불어 그는 1956년에 북경에 가서 주은래와 협상을 통해 포로들을 석방시키는 성과를 거두었다.

그는 이러한 중국과의 협상이 총회에 의해 채택된 결의안에 기초를 두고 행해진 것이 아니라, 헌장 제99조가 부여하고 있는 사무총장의 본연의 권한에 기초하고 있음을 강조했으며 이를 두고 「북경공식」이라고 부르게 되었다.[49] 사무총장은 그의 북경방문과 그곳에서의 협상을 정당화하기 위한 근

48) G.A. Res. 906(IX) of 10 December 1954.

49) 그는 「북경공식」을 다음과 같이 정의하고 있다. "acting in his role as Secretary-General under the Charter of the United Nations and not as a representative of what was stated

거로서 국제연합헌장 제99조하에서 주어진 사무총장의 특별한 권리를 인용했던 것이다. 다시 말해 그에게 있어서 「북경공식」이란 외교적이지 않게 작성된 결의안(undiplomatically formulated resolutions)과 자신을 분리하고자 하는 그의 기조를 말한다고 할 수 있다.[50)]

이러한 일련의 과정에서 보듯이 그의 철학은 사무총장이란 어떤 한 국가를 위하여 일하는 것이 아닐 뿐 아니라 총회의 표결에서 표명된 다수 국가를 위하여 일하는 것도 아니었으며, 사무총장은 국제연합헌장에 주어진 일반적 원칙에 대한 헌법적인 책임하에서 일을 하는 것이었다.

1956년의 수에즈운하 위기(Suez Canal Crisis)가 그로 하여금 주도력을 발휘할 수 있는 여지와 기회를 제공했다. 1956년 7월 이집트가 수에즈운하 회사를 국유화하자 10월에 국제연합 안전보장이사회는 운하의 운영을 위한 일정한 원칙을 세우는 결의안을 채택했다. 이러한 원칙의 이행을 협의하는 가운데 이 지역에서 적대행위가 발발했다. 10월 29일 이스라엘군이 이집트에 대해 공격을 가하면서 시나이와 가자지구(Gaza Strip)를 점령했으며, 며칠 후 영국과 프랑스 군대는 수에즈운하 지역에 상륙했다. 안전보장이사회는 10월 31일에 이 문제를 논의했으나 프랑스와 영국의 거부권 행사로 인해 어떠한 결정도 채택될 수 없는 교착상태에 빠지게 되었다. 그러자 「평화를 위한 단합 결의(Uniting for Peace Resolution)」하에 이 문제가 총회에 회부되어 11월 1일부터 10일까지 긴급특별총회가 개최되었다.

긴급특별총회는 휴전과 점령지로부터의 외국군대의 철수를 요청했으며 사무총장에게 48시간 내에 이러한 규정들에의 준수를 확보하게 하기 위해 국제연합 긴급군(United Nations Emergency Force, UNEF)을 모집하여 파견하기 위한 계획을 제출할 것을 지시했다. 이때 국제연합 총회는 모든 지침, 즉 평화유지군을 구성하기 위한 구체적인 사항들과 이들의 실질적인 활동의 방향

---

in the General Assembly resolution".

50) 코피 아난 제7대 사무총장이 1998년 2월에 이라크를 방문하여 사담 후세인과 양해각서를 체결하여 무기검사관(weapons inspector)을 귀환할 수 있도록 했다. 이와 관련하여 안전보장이사회의 상임이사국들을 다루는 데 있어서 그는 안전보장이사회의 공식적인 위임(mandate) 없이 이라크를 방문할 헌법적인 권리를 가지고 있다고 믿는다는 점을 명백하게 했다. 이로써 그는 그 자신과 안전보장이사회를 일정한 정도 분리시켰다. 이를 두고 현대판 「북경공식」이라고 불렀다.

을 사무총장에게 위임하였다.

사무총장은 긴급군을 파견할 국가와의 협상과 더불어 병력의 철수를 위한 교전단체들과의 협상을 전개하였으며, 최종적으로 이집트가 자국 영토의 일부에 국제연합군을 전개하는 것에 동의함에 따라 총회 결의가 채택된 후 11일 후에 적대행위의 중지를 확보하고 감시하기 위한 국제연합 긴급군이 이집트 영토에 도달하였다. 국제연합 긴급군의 파견에 이어, 프랑스와 영국군이 수에즈운하 지역으로부터 철수했고 이스라엘군도 1957년 3월 8일까지 철수를 완료했다.

국제연합의 최초 평화유지군인 국제연합 긴급군의 창설은 국제연합 내에 있어서 대단히 혁신적인 일이었다. 이것은 국제연합헌장 제42조에 규정되어 있는 것과 같은 평화강제를 위한 것이 아니고, 분쟁 당사국의 동의와 협력에 기초하여 수행되는 평화유지를 위한 활동인 것이었다. 함마슐트 사무총장은 캐나다의 번즈 장군의 임명을 통해 국제연합 긴급군을 지휘해 나갔다. 이는 한국전 때 미국이 연합군을 지휘했던 것과 크게 대조를 이루는 것이었다.

지난 1989-95년 영국 외무장관을 지낸 더글러스 허드는 파이낸셜 타임스(FT) 기고문에서, 미국과 영국이 국제연합 안전보장이사회의 승인 없이 이라크를 침공한 사례 등을 들어 오늘날 최악의 정치적 재앙은 국제연합이 유명무실한 존재가 된 데 기인한다고 보고, 차기 사무총장에게 1956년 영국, 프랑스, 이스라엘의 수에즈운하 침공 당시 국제연합이 보여주었던 건설적 리더십을 복원해야 한다고 주문함으로써 차기 사무총장이 앞으로 어떻게 국제연합을 이끌어가야 하는지 방향을 제시한 바 있다.

허드 전 장관은 당시 국제연합이 불과 며칠 만에 긴급군을 조직하고 당사자인 영국, 프랑스, 이스라엘, 이집트로부터도 국제연합 긴급군의 개입에 대한 동의를 이끌어냈다고 하면서, 당시의 국제연합 긴급군은 미국 주도로 조직된 게 아니라 함마슐트 당시 사무총장과 열렬한 지지자들의 주도 아래 국제연합 사무국의 능력 있는 사람들에 의해 수행됐다고 강조했다. 이처럼 허드 전 장관은 수에즈운하 위기가 해결될 수 있었던 것에는 함마슐트의 주도적인 리더십이 있었고, 이와 더불어 능력 있는 사무국 직원과 더불어 열렬한 지지국의 존재를 강조했다.[51)]

또한 함마슐트는 안전보장이사회와 같은 국제연합의 기관으로부터 구체적인 위임(specific mandates)이 있을 경우에 이를 융통성 있고 느슨하게 해석을 했을 뿐 아니라, 결의안이 구체성을 결하고 있는 상황이거나 권한부여(authorization)가 전혀 없는 상황에 있어서 사무총장의 독립적인 역할을 강조했다. 그는 진공을 메우기 위해 안전보장이사회나 총회의 권한부여나 사전승인 없이도 긴급행동을 할 수 있는 사무총장의 권리와 의무를 주장했다. 이러한 그의 철학은 1958년의 레바논 위기의 처리과정에서 잘 드러났다.

안전보장이사회의 지시에 따라 사무총장은 아랍연합공화국(United Arab Republic, UAR)의 일당이 시리아와의 접경을 가로질러 레바논에 침투했다는 레바논 측의 주장을 조사하고자 옵서버 그룹을 구성했다. 레바논 대통령의 요청에 의해 미국 해병이 레바논에 파견된 이후, 소련의 거부권 행사로 인해 사무총장으로서 후속적인 조치를 취하기 위해 필요한 추가적인 지침과 권한부여가 안전보장이사회로부터 주어지지 않았다. 이러한 상황에 직면한 그는 그가 적절하다고 판단하는 추가적인 조치를 취함으로써 진공상태를 메우겠다고 선언했다. 이에 따라 그는 구체적으로 효과적인 국경감시를 위해 옵서버 그룹을 충분하게 증가시켰다.

1960년도의 콩고위기는 함마슐트 사무총장의 정치적 역할의 절정과 동시에 이로 인한 역풍을 동시에 보여주는 계기가 되었다.[52] 콩고위기에 직면하

51) 연합뉴스(인터넷), 2006년 11월 24일.

52) 콩고위기의 전개과정을 소개하면 다음과 같다. 1959년 벨기에는 자신의 지배하에 있던 콩고를 장차 독립시키겠다는 계획하에 지방선거를 실시했다. 그러나 벨기에의 괴뢰정부 수립을 위한 기도로 간주한 민족주의자들의 저항에 직면하여 벨기에의 의도와는 달리 대표적인 민족주의자인 루뭄바(Patrice Lumumba)를 총리로 하고 카사부부(Joseph Kasa-Vubu)를 대통령으로 하는 정부가 탄생되었다. 얼마 후 벨기에인 사령관에 반발하여 일부 군대가 모반을 시도했고, 이러한 혼란 속에서 광물자원이 풍부한 카탕카주는 분리를 꾀했다. 이에 벨기에는 자국민을 보호한다는 명분하에 군대를 파견했으나 주로 카탕카주에만 진주하고 모이스 촘베의 분리주의 정권을 지지했다. 콩고정부는 벨기에 군대를 축출하고 국내질서를 회복하기 위해 국제연합에게 군사지원을 요청했다. 이에 함마슐트 사무총장은 외부세력의 개입을 배제함으로써 콩고를 냉전으로부터 격리시키기 위해 처음으로 제99조에 근거하여 안전보장이사회 긴급회의를 소집했다. 안전보장이사회는 벨기에 군대의 철수를 요청하고, 동시에 사무총장에게 법과 질서의 회복과 콩고 정부에 대한 군사지원을 위한 필요한 조치를 취할 권한을 부여했다. 이에 근거하여 함마슐트는 국제연합콩고평화유지활동(ONUC)을 조직하여 파병하였다. 국제연합의 평화유지군의 진주에도 불구하고 상황은 호전되지 않아, 벨기에 군대는 여전히 콩고 내에서 철수하지 않았고 카탕카주의 분리 상태는 지속되었다. 이에 콩고정부는

여 사무총장은 처음으로 국제연합헌장 제99조에 의거하여 안전보장이사회의 소집을 요구했다. 안전보장이사회는 광범위한 지침하에 사무총장에게 평화유지군(ONUC)을 파병할 것을 결정했다. 그러나 현지의 국내 정치상황이 복잡하고 전개되고 외부 세력의 이해관계가 복잡하게 얽히면서 이러한 지침은 적실성을 점차적으로 견지하기가 힘들어졌다. 신속한 대응을 필요로 하는 상황이었기에 더더욱 하나하나 지침을 구하는 것도 물리적으로 어려웠다. 이러한 상황에 직면한 함마슐트는 평화유지군의 운영과 관련하여 그 자신의 판단과 현지에서의 그의 대리인의 의사결정 등에 의존하지 않을 수 없었다.

소련은 사무총장이 콩고에서 취한 이러한 일련의 정책이 안전보장이사회의 지침을 뛰어넘는 것이었고 소련의 이익에 적대적이었다면서 함마슐트에게 신랄한 비판을 가하면서 그의 사임을 주장했다. 즉, ONUC의 활동이 친서방주의적이며 국제연합을 식민세력을 지원하기 위한 수단으로서 이용되어져 왔다는 것이다. 이러한 문제의 해결책으로서 소련은 현재의 1인 사무총장 체제를 대체하는 것으로서 서유럽, 사회주의 국가, 중립국가군을 대표하는 3인으로 구성되는 집단적 행정기관체제를 의미하는 삼두체제(troika)를 제안했다. 함마슐트는 이러한 대안을 거절하고 대신에 미국인과 소련인을 포함하여 5명의 고위 보좌관이 정치적인 문제에 대해 자문을 하는 방식을 제안했으나 그의 사망으로 이러한 논의는 지속될 수 없었다. 소련은 그의 사망 후 이러한 주장을 거두어들였다.

위에서 보았듯이 함마슐트는 역내 사무총장 중에서 가장 적극적으로 사무총장의 정치적 기능을 확장시킨 사람이다. 이러한 적극적인 역할은 콩고에서의 국제연합의 활동으로 절정을 이루었지만 소련과 같은 강대국의 이익과 부딪치면서 역풍을 맞게 되었다. 그 결과 후임 사무총장의 정치적 역할이 어

벨기에 군대가 완전 철수하지 않으면 소련에게 군대를 요청하겠다는 최후통첩을 사무총장에게 보내기까지 했다. 국제연합 평화유지군이 벨기에 군대가 진주하고 있던 카탕카주와 나머지 지역에 들어가면서 벨기에 군대의 완전한 철수가 가까스로 이루어졌다. 콩고정부는 카탕카주에서의 반란군 진압을 위해 국제연합의 군대를 사용하자는 요구를 함마슐트가 거부하자, 소련에게 도움을 청하는 동시에 카탕카주에 대한 진입을 시도했으나 성공하지 못했다. 이러한 일련의 시도는 온건한 노선을 추구하며 일정한 정도 지방자치를 선호한 카사부부 대통령과 서구 열강의 반발을 가져왔다. 이에 카사부부 대통령은 루뭄바 총리를 해임했으며, 그 뒤에 그는 카탕카주 분리주의 정권에 인도되어 살해되었다.

떤 식으로든 위축되지 않을 수 없었다.

3. 3대 사무총장 우 탄트(U Thant): 1961년 11월-1971년 12월

(1) 개 요

함마슐트의 급작스러운 사망으로 미국과 소련은 후임자 선출에 들어갔다. 미국과 소련은 안전보장이사회의 교착상태를 막기 위해, 표결에 앞서 후보자에 대한 합의를 도출하기 위한 사전에 대화를 폭넓게 가졌다. 비서구인이어야 한다는 개도국의 요구에 부응하여 미국과 소련 양측은 미얀마 출신의 주 국제연합대사인 우 탄트를 지지하기로 합의했다. 그러나 프랑스와 아랍 국가들이 그를 반대하자, 그의 재직기간을 함마슐트의 잔여 임기로 한정한다는 타협안이 제기되었고 이것이 수용되어 사무총장에 선출될 수 있었다.

그리하여 1961년 11월 3일 우 탄트는 임시 사무총장(사무총장 서리)으로 임명되었다. 그로부터 1년 뒤인 1962년 11월 30일 아시아인으로서는 처음으로 제3대 정식 사무총장으로 선출되었는데, 앞서의 1년을 염두에 두고 임기를 4년으로 했다. 그는 1966년 12월 2일 재임되어 5년 후인 1971년 말에 퇴임했다.

그가 재직한 기간은 아직 국제사회가 동서간의 냉전에서 벗어나지 않았던 기간으로서 쿠바 미사일위기와 같은 일촉즉발의 위기가 발생한 것에서도 알 수 있듯이 국제사회가 여전히 냉전하에 있었던 때이다. 아울러 이 시기는 신흥 독립국가들이 국제사회에 대거 등장하던 시대이기도 하다. 이러한 특징들이 우 탄트 사무총장의 선출 자체와 이후의 그의 역할에 영향을 미치지 않을 수 없었다.

(2) 주요 역할

사무총장으로서의 우 탄트의 접근방식은 정치적인 역할에 적극적이었던 전임자인 함마슐트와는 달랐다. 그렇다고 그가 사무총장의 적극적인 역할에 대해 견해를 달리한 것은 물론 아니나 전임자들과는 달리 신중성을 더했다.

트리그브 리가 사무총장의 정치적인 권한의 외연을 확장하기 시작했고, 그 뒤를 이은 함마슐트가 이를 확대하여 발전시켰다고 볼 수 있다. 우 탄트의 경우는 이들 전임자처럼 사무총장의 정치적인 역할을 확장한다든지 혹은 새로운 선례를 구축한다든지 하는 일을 하기보다는, 신중함을 유지한 채 두 선임자들이 구축한 것들을 지켜나가는 선에서 사무총장으로서의 역할을 수행했다는 것이 그에 대한 일반적인 평가이다.

그는 전임자들의 예로부터 강대국들의 견제 속에서 이들의 지지를 확보하는 것이 중요하다는 것을 인식하고 이들의 지지를 확보하고자 노력하는 한편, 그의 재직기간 국제사회에 대거 등장한 신흥독립국가들의 대변자로서의 역할을 하고자 했다. 그는 재임기간 동안 쿠바 미사일위기와 베트남 전쟁 등에 개입하여 분쟁해결을 위한 방안을 제시하곤 했다. 이외에도 키프로스, 콩고, 서이리안(West Irian) 문제 등에서도 개입하여 분쟁의 평화적인 해결에 기여하고자 했다.

4. 4대 사무총장 발트하임(Kurt Waldheim): 1972년 1월-1981년 12월

(1) 개 요

우 탄트 사무총장의 후임으로 초반에 핀란드 출신 후보와 오스트리아의 외무장관인 발트하임이 암암리에 거론되었다. 전자는 미국과 영국의 지지를 받았으나 아랍 국가들과 소련이 반대했고. 후자의 경우는 소련이 지지했으나 영국과 중국이 반대했다. 이들 외에 중남미 후보가 두 명 있었으나 미국과 소련이 각기 반대했다.

이런 와중에 발트하임이 부상하여 3차 투표에서 안전보장이사회 이사국들에 의해 총회에 추천되었는데, 이것이 가능했던 것은 그를 반대하던 중국이 기권을 하면서 반대를 접었기 때문이다. 안전보장이사회의 추천을 받은 총회는 표결 없이 그를 추인했다. 발트하임의 경우 사무총장직에 도전할 당시 공개적인 캠페인을 최대한 자제한 가운데 「다크호스」 전략을 구사해 사무총장직에 성공적으로 오를 수 있었던 예로 잘 알려져 있다.

발트하임이 1976년에 재선에 도전했을 때, 소련과 미국측은 발트하임의 재선에 합의했으나 중국이 1차 투표에서 거부했다. 그러나 2차 투표에서 중국이 거부권을 철회함으로써 재선이 될 수 있었다. 발트하임은 이제까지의 관례를 깨고 3선에 도전했으나 중국의 집요한 반대에 직면하여 끝내 성공하지 못했다.

발트하임이 재직한 1970년대는 국제사회가 냉전으로부터 일시적으로 벗어나 강대국간에 화해의 기운이 감돌던 데탕트 기간이었다. 또한 1971년에 중국이 국제연합에서 대만을 대신하여 국제연합 안전보장이사회 상임이사국이 되면서 안전보장이사회의 구성이 달라진 시기이기도 하다.[53] 또한 1960년대에 국제사회에 대거 등장한 신흥 독립국가들이 신국제경제질서(NIEO)와 같은 것을 통해 국제사회에서의 가치의 권위적 배분을 부르짖던 시대이기도 했다.

국제연합이 창설될 당시 국제연합은 미국의 지배하에 있었다고 해도 과언이 아니었다. 그러나 냉전으로 인한 소련과의 대립, 1960년대 대거 국제사회에 등장한 신생 독립국들의 적극적인 활동, 1971년 대만정부를 대체한 중국의 안전보장이사회 상임이사국으로의 진입으로 국제연합은 더 이상 미국의 뜻대로 움직여지는 기구가 아니었다. 이에 미국은 1970년대부터 국제연합 분담금을 삭감하는 등 재정적 문제로 국제연합에 압박을 가하면서 국제연합과의 갈등에 빠지게 되었다.

(2) 주요 역할

전임 사무총장인 우 탄트의 경우와 마찬가지로 발트하임은 강대국들의 도

53) 발트하임의 선출과정에서 보았듯이 중국의 상임이사국 진출은 안전보장이사회 내의 정치도 상당 부분 바꾸어 놓았다.

전과 견제 속에서 적극적인 정치적 역할을 대체적으로 자제하였다. 데탕트로 강대국간의 갈등이 약화되면서 안전보장이사회 상임이사국들은 안전보장이사회의 권한이 사무총장이나 총회에 의해 약화되는 것을 막아야 한다는 공통의 이해관계를 가지게 되었다. 이러한 기운은 중동파견 평화유지군인 제2차 국제연합긴급군(UNEF Ⅱ)의 운영에 관한 결의에서 안전보장이사회가 사무총장의 행동을 더욱 엄격하게 통제할 것을 제시한 것에서도 잘 드러난다.

총체적으로 발트하임은 역대 국제연합 사무총장 가운데 가장 비서형 사무총장으로 평가되며, 이런 면에서 함마슐트 제2대 사무총장과 대비되어 오고 있다. 그렇다고 해서 발트하임 사무총장이 전혀 정치적인 지도력을 발휘하지 않은 것은 물론 아니다. 예컨대, 이란에서의 인질위기가 발생하자 그는 헌장 제99조에 근거하여 안전보장이사회 회의를 소집하였다. 발트하임이 안전보장이사회의 회의 소집권을 발동한 것은 사무총장 역사상 두 번째의 일이었다. 그는 또한 키프로스, 남・북 예멘, 앙골라, 기니, 그리고 중동지역에서의 평화유지활동을 성공적으로 이행했다.

5. 5대 사무총장 페레즈 데 케야르(Javier Pérez de Cuéllar): 1982년 1월-1991년 12월

(1) 개 요

기존의 유력한 후보들이 상임이사국의 거부권에 직면하여 교착상태에 빠져있을 때, 그 때까지 공식적으로 경선에 참가하지 않고 있던 제3의 인물이 타협의 산물로서 선출되기 쉽다. 바로 케야르 제5대 사무총장이 이런 과정을 통해 사무총장에 선출되었다.

앞서 언급했듯이 발트하임은 1981년에 이제까지의 전례를 뒤엎고 3선에 입후보하여 미국, 영국, 소련 모두의 지지를 획득했으나, 중국이 제5대 사무총장은 제3세계에서 나와야 한다는 주장을 펴면서 15차례의 투표에 걸쳐 지속적으로 거부권을 행사했다. 중국은 아프리카를 대표하는 탄자니아 외무장관을 지지했으나 미국의 계속해서 반대함으로써 6주간 안전보장이사회가 교착상태에 빠졌다. 결국 이 두 후보는 중국과 미국의 벽을 넘을 수 없다고 판단하여 후보를 철회했다.

두 후보가 경선에서 철회한 후 있은 1차 예비투표(Straw Poll)에서 미국에서 교육을 받았고 1965년-1977년 사이에 국제연합난민고등판무관을 역임한 이란 출신이 유일하게 선출에 필요한 9표를 얻어 1위를 했지만 상임이사국인 소련이 친서방적이라는 이유로 반대를 했다. 이리하여 1차 예비투표에서 선출에 필요한 표에 미달하는 찬성 8표를 얻어 2위를 한 페루의 외교관인 케야르에게 기회가 갔다. 곧 이어 행해진 공식투표에서 상임이사국 5개국을 포함한 10개의 찬성표를 얻어 1981년 12월에 사무총장으로 선출되었다. 그 당시 외교가 밖에는 알려진 바 없는 인물인 케야르는 이렇게 하여 이사국들 사이의 마지막 타협의 산물로서 놀랍게 등장했던 것이다. 그는 1986년 10월에 만장일치로 재선에 성공했다.

케야르가 사무총장으로 재직하던 1980년대 전반은 1970년대의 화해와 협력의 시대가 사라지고 미소간의 대결로 다시금 제2의 냉전에 의해 교체된 시기이기도 했다. 그러나 그의 두 번째 임기의 후반부는 냉전의 종식의 시작된 시기이기도 했다. 이러한 시대적인 상황이 그의 역할에 일정한 영향을 미치지 않을 수 없었다. 그는 냉전의 종식과 더불어 국제연합의 권위를 회복시킨 사무총장으로 기억된다.

(2) 주요 역할

케야르는 그의 임기 초반에 우 탄트와 발트하임 전임 사무총장이 지난 20년 동안 보여준 것처럼 정치적 역할을 자제하는 기조를 유지했다. 그러나 이러한 기조는 1980년대 후반부터 달라지기 시작했다. 즉, 1980년대 후반에 냉전이 종식되기 시작하면서 강대국들 사이에 일정한 정도의 합의가 형성되고, 이로써 안전보장이사회가 국제사회의 평화와 안전에 대한 일차적인 책임이라는 본영의 임무를 수행하는 것이 상대적으로 용이해졌다. 이에 따라 갈등해결에 있어서의 국제연합의 역할에 대한 관심과 기대가 고조되었다.

이러한 상황하에 주요 분쟁들이 안전보장이사회에 맡겨지고 강대국들이 분쟁을 평화적으로 해결하고자 함으로써 사무총장의 중재노력이 활성화될 수 있었다. 이로써 콩고위기를 시작으로 지난 20년 동안 위축되었던 사무총장의 정치적인 역할이 다시금 부활하게 되었다. 그 결과 케야르 사무총장에게 나미비아, 아프가니스탄, 이란-이라크 국경, 앙골라, 엘살바도르, 서부사하라에서 새로운 평화유지군이나 감시단의 활동을 위한 정치적인 역할이 맡겨졌으며, 그 결과 1988년에는 국제연합의 평화유지군이 노벨평화상을 수상하기에 이르렀다.

구체적으로 그는 평화유지활동을 강력하게 옹호했고, 이란과 이라크의 전쟁을 끝낸 휴전을 직접 교섭했으며, 아프가니스탄으로부터 소련의 철수를 확보했고, 1991년의 캄보디아 평화협정을 막후에서 조정했다. 그의 리더십하에 레바논에 억류되었던 미국인들이 풀려났고, 그는 직접 엘살바도르와 반군 사이에 평화협정을 교섭하기도 했다.

그러나 1986년 옥스퍼드 대학의 초청강연에서 한 연설에서 알 수 있듯이, 케야르 사무총장은 역대 사무총장의 역할에 있어서의 기복을 직시하고 지나치게 소극적인 역할의 문제점과 동시에 과도한 정치적인 역할의 문제점 모두를 지적하면서 중도적인 입장의 중요성을 역설하고 있다. 그의 연설의 중요한 부분을 소개하면 다음과 같다:

국제연합 사무총장은 다음과 같은 양 극단을 피해야만 한다. 하나의 극단이란 바로 국제연합헌장을 너무나 자유분방하게 해석하여 사무총장의 역할을 과도하게 확대하고자 하는 것이다. 이는 허망하고 희망사항에 그치기 쉽다. 또 다른 극단이란 헌장에 의해 명백하게 주어진 책임에만 사무총장의 역할을 한정시키는 것이다. 이는 자기절제와 논쟁을 피하고자 하는 욕망에 굴복하는 것이다. 이 두 극단은 모두 국제연합의 생명력을 해친다.

6. 6대 사무총장 부트로스 부트로스-갈리(Boutros Boutros-Ghali): 1992년 1월-1996년 12월

(1) 개 요

케야르 사무총장의 뒤를 이어 이집트 출신인 부트로스-갈리가 아프리카 출신으로서는 처음으로 사무총장이 되었다. 이 당시 아프리카 국가들은 아프리카 차례라는 주장을 제기했고 비동맹그룹 국가들도 아프리카 출신이 아닐 경우 총회에서 반대표를 던지겠다고 으름장을 놓았다. 이들은 중국으로부터 아프리카인이 아닐 경우 안전보장이사회에서 거부권을 행사하겠다는 약속을 받아내기도 했다. 아프리카단결기구(OAU)는 6명의 아프리카 후보를 내놓았다. 미국과 유럽도 몇 명을 후보를 내어놓았으나 개도국들의 단합된 반대에 직면했다.

이러한 가운데 안전보장이사회는 공식투표로 나아가기 전에 5차례의 비공식 예비투표(Straw Poll)를 실시했는데, 아프리카 짐바브웨 재무장관과 부트로스-갈리가 서로 앞서거니 뒤서거니 하였다. 마지막 예비투표에서는 아프리카 짐바브웨의 재무장관이 가장 앞섰으나, 놀랍게도 그 다음 실시된 공식투표에서는 부트로스-갈리가 상임이사국을 포함한 11개의 찬성표와 4개의 기권표를 얻음으로써 안전보장이사회에서 선출이 되었다. 이어 총회에서는 표결 없이 박수로 추인이 되었다.

1996년 재선에 도전하여 안전보장이사회 이사국 15개국 중 14개국의 지지를 확보했지만, 미국으로부터의 유일한 반대에 직면하여 역대 사무총장 중에서 연임의 꿈을 이루지 못한 유일한 사무총장이 되었다. 미국은 반대의 이유로서 국제연합 사무국 개혁의 실패를 들었으나, 실제에 있어서 코소보와 소말리아 문제 등에 대해 미국의 뜻을 거스르고 제3세계의 입장을 옹호하는 태도를 자주 노정하면서 미국의 미움을 샀던 것이다. 이런 이유로 부트로스-갈리 사무총장은 함마슐트 사무총장 이래로 가장 국제연합의 독자적인 역할과 독립성을 추구한 사무총장으로 평가된다.

그가 사무총장으로 재직한 기간은 바야흐로 냉전이 종식되고 본격적으로 탈냉전의 새로운 국제질서가 시작되고 전개되어 가는 시점이었다. 이 시대는 냉전시대의 안보우선주의 논리에 의해 중요성에도 불구하고 제대로 관심을 두지 못했던 다양한 비안보적 문제들이 대거 국제사회에 등장하던 시기이다. 냉전의 종식으로 강대국들 사이의 관계가 대결을 지양하면서 국제연합에 대해 거는 기대가 컸던 시기이기도 했다. 또한 이념적인 대결이 완화된 가운데 국제연합 역시 효율성과 민주성 등을 중심으로 개혁의 목소리가 본격화된 시기이기도 하다.

(2) 주요 역할

부트로스-갈리 사무총장은 탈냉전의 본격적인 전개와 더불어 비안보적인 이슈들을 중요한 과제로 간주하고 국제연합의 활동영역을 확장시켜 나갔다. 그리하여 대규모의 전지구적 회의(global conference)가 국제연합의 주도하에 자주 개최되었다. 대표적인 회의에는 1992년의 리우 국제연합환경개발회의, 1993년의 비엔나 세계인권회의의, 1994년의 카이로 인구회의, 1995년의 북경 세계여성회의 등이 있다. 이러한 회의와 더불어 그는 향후 논의의 중요한 이정표를 제시한 보고서들을 내놓았다.

그 중 대표적인 것이 1992년 6월에 제출힌 「평화를 위한 의제(An Agenda for Peace)」라는 보고서인데, 부트로스는 이 보고서에서 갈등에 관한 종합적인 분석을 하고 이러한 문제를 해결하기 위해 국제연합이 무엇을 해야만 하는가에 대한 구체적인 제안을 했다.[54] 그의 제안 가운데 「평화구축(peace-building)」이라는 개념은 국제연합의 주요한 과업이 되었으며 여전히 많은 주목을 끌고 있다. 그는 또한 1994년 5월에 「개발을 위한 의제(Agenda for Development)」라는 보고서를 제출하여 국제연합의 개발에 관한 이정표를 설정하기도 했다.

---

54) 1995년 1월에 「Supplement to an Agenda for Peace」를 추가적으로 발간했다.

부트로스-갈리 사무총장은 국제연합 개혁의 일환으로 사무국 개혁을 단행하였다. 그는 개혁의 일환으로 12개 부서를 통폐합하고, 14명의 사무차장, 사무차장보를 없앴다. 국제연합이 1995년에 사상 최대의 재정적인 위기에 봉착하자 직원채용을 동결하고 사무실을 축소하는 등 국제연합의 경비절감 정책을 취했다.

그는 전임 사무총장 시대에 시작된 평화유지활동을 이어서 운용하는 한편 캄보디아, 소말리아, 유고슬라비아 등에서의 새로운 평화유지활동을 새롭게 실시했다. 그는 내전으로 야기된 사태에 국제연합이 개입하는 것을 지지하였으며 이러한 개입은 전통적인 평화유지(peacekeeping)를 넘어 평화강제(peace-enforcement)를 포함하기도 했다.

7. 7대 사무총장 코피 아난(Kofi Annan): 1997년 1월-2006년 12월

(1) 개 요

제6대 사무총장인 부트로스-갈리가 1996년에 재선에 도전했으나 미국이 집요하게 반대했다. 미국은 아프리카 가나 출신으로서 당시 국제연합 평화유지 담당 사무차장이었던 아난을 지지했으나 가나가 미국의 입김을 크게 받고 있다고 인식한 프랑스가 4번의 거부권을 행사하면서 강력하게 반대했다. 그러나 막판에 프랑스가 반대의사를 철회함으로써 코피 아난은 사무총장으로 선출될 수 있었다. 아난 사무총장은 1962년 국제연합 사무국 직원으로 국제연합에 발을 들여놓은 후 34년간 국제연합과 전문기구에서 지속적으로 일해 온 대표적인 국제연합통으로서 국제연합 직원으로부터 시작하여 사무총장이라는 최고의 자리에 오른 최초의 사람이었다.

아난은 사무총장 선출과 관련하여 여러 기록을 남겼는데, 그 중 하나가 아난의 재선이 전례 없이 일찍 확정되었다는 점이다. 그의 임기가 2001년 12월 31일에 끝나, 만약에 그가 재선에 성공한다면 그의 새로운 임기는 2002년 1월 1일부터 시작되도록 되어 있었다. 그러나 놀랍게도 그의 5년 임기의 연임이 2001년 6월말에 이미 만장일치로 확정되었던 것이다.

아난의 5년 연임은 또한 각 지역그룹마다 10년씩 돌아가며 총장을 맡는 관례를 깼다. 왜냐 하면 전임 사무총장인 부트로스-갈리 역시 아프리카인으로서 이미 5년을 단임으로 재직했기 때문에 아난은 아프리카 지역그룹 몫으로 나머지 5년만 사무총장직에 머물 것이라고 예상했기 때문이다. 이렇게 그의 연임이 논란 없이 일찍 확정된 것은 초임 때의 그의 역할에 대한 긍정적인 판단에 연유했다고 볼 수 있다.

그가 처음 선출될 당시 비서형 사무총장이 될 것이라는 예상이 지배적이었다. 그러나 이러한 예상을 뒤엎고 그는 재임 10년 동안 국제분쟁 조정자로서의 역할을 확대하는 등 정치가형으로서 강력한 리더십을 보였다. 이 과정에서 그는 자신이 사무총장이 되는 데 결정적인 역할을 한 미국과도 여러 차례 대립하는 모습도 보였다.[55] 이 때문에 그를 두고 국제연합에 서기(Secretary)로 들어왔다가 장군(General)으로 나간 사무총장이라고 평가한다. 국제연합 사무총장의 일을 행정 책임자에서 세계 최고 외교관의 역할로 탈바꿈시킨 함마슐트 사무총장 이래 가장 뛰어난 국제연합 책임자라는 평가도 동시에 받고 있다.[56]

(2) 주요 역할

아난 사무총장은 빈곤과 저발전(poverty and underdevelopment), 안보(security), 인권(human rights) 문제를 국제사회의 주요 이슈로 부각시키면서 국제연합의 역할을 확대했다.[57] 이제까지 국제연합이 이러한 문제를 등한시해

55) 2003년에 아난 사무총장이 미국의 이라크 전쟁은 불법이라고 비난하면서 미국과 코피 아난 사무총장 사이의 갈등은 절정에 이르렀다. 구체적으로 아난 사무총장은 2002년 8월 1일 미국의 대이라크 공격은 현명하지 못한 것이라면서 미국에 대해 사담 후세인 이라크 대통령을 축출하기 위한 군사공격을 하지 말라고 경고한 바 있다. 아난 총장은 후세인 대통령을 축출하려는 미국의 정책은 국제연합의 정책이 아니며 국제연합 안전보장이사회는 이에 관한 어떤 결정도 내린 적이 없다고 밝혔다.

56) 미국과 다른 상임이사국들이 반기문 사무총장의 선택에 동의한 것은 전임 코피 아난 총장처럼 국제 분쟁에 적극 개입하지 않고 국제연합 개혁에 집중하기를 바란 결과로 알려졌다.

57) 아난 사무총장은 2005년 3월에 「보다 큰 자유: 모든 사람을 위한 개발, 안보 그리고 인권을 향하여(In Larger Freedom: Towards Development, Security and Human Rights for All)」라

온 것은 결코 아니지만, 아난 사무총장은 이러한 문제들이 상호 긴밀하게 연계되어 있어 해결을 위해서는 통합적으로 접근해야만 한다는 인식을 강력하게 소유하고 이러한 문제들의 실질적인 개선에 나섰다.

이러한 인식하에 아난은 2000년에 국제연합에서 새천년정상회의(Millennium Summit)를 개최하여 2015년을 목표로 개도국의 빈곤과 저발전을 퇴치하기 위한 8개 항목의 새천년개발목표(MDGs: Millennium Development Goals)를 설정했고, 그로부터 5년 후인 2005년 9월에는 후속조치검토회의를 개최하여 이러한 목표의 이행상황을 점검하고 결의를 다시 다졌다. 그는 인도주의 관점에서의 빈곤퇴치 문제 등에서 적잖은 성과를 거두었다는 평가를 받고 있다. 또한 아프리카를 비롯한 제3세계의 에이즈 퇴치에도 힘을 쏟았다.

아난은 인권에 대한 국제연합과 국제사회의 책임과 의무도 강조했다. 그는 1999년 북대서양조약기구(NATO)가 안전보장이사회의 승인 없이 코소보에 개입하긴 했지만 새롭게 부상하고 있는 인도주의적 개입(humanitarian intervention)이라는 규범을 지지하면서 전통적인 주권개념의 변화를 강조했다. 국제연합 개혁의 일환으로 인권을 강화하기 위해 이제까지의 인권위원회를 폐지하고 보다 강화된 인권이사회를 설립하는 데 중요한 역할을 하기도 했다.

아난은 또한 평화와 안전을 위한 국제연합의 전통적인 책임을 강조하면서 1997년 이라크 전쟁 재개 위기 국면의 타개와 코소보 사태의 막후 중재 등 세계 분쟁에 적극 개입하여 세계평화에 기여하고 국제 테러리즘과 같은 새로운 도전에 대처해온 공로를 인정받아 2001년 10월 국제연합과 공동으로 노벨평화상을 수상하기까지 했다. 그의 임기 중에 평화구축위원회(Peacebuilding Commission)가 신설되기도 했다.

그러나 그의 높았던 이상에 비해 성과는 미미했다는 평가도 있다. 특히 최근에 아난 사무총장은 수단 다르푸르의 대량학살(genocide)과 같은 인도적인

는 국제연합 개혁을 위한 보고서를 작성하여, 빈곤으로부터의 자유, 두려움으로부터의 자유, 존엄한 삶을 영위할 자유라는 세 가지의 자유를 정의롭고 평화로운 세계의 건설을 필수적인 요소로 제시했다. 이 보고서는 역사상 가장 획기적인 개혁안을 담고 있다고 평가된다. 구체적인 개혁안으로서 안전보장이사회 확대, 안전보장이사회의 무력사용의 결정을 위한 기준의 설정, 반테러 국제조약의 추진, 인권위원회를 인권이사회로의 강화, 핵확산금지조약 준수・핵무기 감축・핵실험 중단 촉구, GDP의 0.7% 빈곤국 지원을 위한 시간표 설정의 촉구, 사무국 투명화를 위한 내부감시국 강화, 신탁통치이사회 폐지 등이다.

위기를 막지 못했다는 비난을 받는다. 수단 정부 지도자들이 다르푸르 지역에서의 인종학살을 중단시키기 위해 현지에 국제연합 평화유지군을 파견하도록 허용해 달라는 아난 사무총장의 요청을 거부했기 때문이다. 사무국의 윤리국 신설과 같은 성과가 없었던 것은 아니나 약속했던 국제연합 개혁도 선진국과 개도국의 의견 불일치 그리고 사무국 직원들의 반발로 사실상 손을 놓았다.

아난 총장은 국제연합 구매체제에 대한 부패 의혹, 평화유지군의 성추행, 이라크에 대한 「석유식량 계획」과 관련한 국제연합 고위 관계자의 수뢰 의혹, 그리고 자신의 아들이 부친의 직위를 이용해 불법으로 세금감면을 받으려 했다는 의혹 등으로 임기 중 최대 시련을 겪기도 했다.

제8부

국제연합의 위상과 개혁

제1장　국제연합의 위상
제2장　국제연합의 개혁

제1장 국제연합의 위상[1)]

1. 서 론

양진영 사이의 이념적인 대립이 첨예하게 전개되던 냉전시대에 있어서 국제연합의 기능이란 초강대국인 미국과 소련 사이의 이해관계가 충돌하지 않는 일부 분야에 국한되지 않을 수 없었다. 때문에 냉전의 종식으로 양진영 사이에 이념적인 대립이 사라지면서 국제연합의 미래에 대한 장밋빛 청사진들이 제시되었다.

국제연합에 대한 이러한 기대는 1991년의 걸프전을 통해서 현실로 다가왔다. 당시 쿠웨이트를 침공한 이라크의 사담 후세인 정권을 응징하기 위해 국제연합 안전보장이사회는 만장일치로 다국적군을 파견하기로 합의를 했던 것이었다. 과거 같으면 이라크 편에 서서 미국의 입장에 반대했을 소련이 거부권을 행사하지 않고 찬성을 했던 것이다.

또한 냉전 종식 후 10년 동안 있었던 평화유지활동(PKO)의 수가 국제연합 창설 후 냉전이 붕괴되기 전까지 약 45년 동안 있었던 평화유지활동의 수를 크게 넘어서기까지 했다. 새로운 평화유지활동이라는 것이 안전보장이사회의 결정으로부터 시작된다는 점을 감안하면, 이러한 평화유지활동의 증가는 안전보장이사회의 이사국, 특히 상임이사국들 사이의 협력이 존재함을 간접적으로 드러내는 것이었다.

---

1) 박재영, 『국제연합과 사무총장』(서울: 도서출판 예응, 2006), pp. 10-18.

그러나 냉전이 종식된 후 전개된 현실은 국제연합에 대한 이러한 기대에 부응하는 것만은 결코 아니었다. 냉전의 종식으로 인한 국제사회의 구조적인 변화는 국제연합에 많은 과제들을 안겨주기에 이르렀다. 따라서 여기에서 냉전의 종식이 국제사회에 어떠한 변화를 가져왔고, 이러한 변화가 국제연합의 위상에 어떠한 영향을 미쳤는가를 살펴보고자 한다.

2. 탈냉전과 국제사회의 변화

(1) 전지구적 문제들의 대거 등장

1) 비안보적 이슈들의 대거 등장

우선 냉전시대에 안보우선주의 논리에 의해 중요성에도 불구하고 눌려 있던 인권, 환경, 개발 등과 같은 비안보적 이슈들(non-security issues)이 냉전의 종식과 더불어 안보의 위협이 약화되는 가운데 대거 국제사회의 문제로서 등장하게 되었다.

2) 내전의 빈발과 인도주의 문제

냉전의 종식으로 평화로운 국제질서가 수립될 것이라는 기대와는 달리 세계 도처에서 내전이 빈발하게 되었다. 이러한 현상은 냉전시대에 분쟁과 갈등의 대부분이 국가간에 발생한 것과는 크게 대조를 이루는 것이었다. 이는 냉전시대에 안보지상주의 논리에 의해 억제되었던 일국 내의 인종적 혹은 종교적 갈등이 냉전의 종식과 더불어 분출되기 시작했기 때문인데, 이로 인해 지구상 여러 곳이 내전에 휘말리게 되었고 이로 인해 심각한 인도주의적 문제들을 야기했다.

3) 대량파괴무기의 확산

국제사회는 또한 평화와 안보의 위협 속에 빠져들고 있기도 하다. 냉전시대 초강대국의 보호하에 있던 국가들이 초강대국으로부터의 안보우산이 없어지거나 약화되면서 핵무기를 위시한 대량파괴무기(Weapons of Mass Destruction: WMD)를 스스로 만들어가면서 국제사회가 더욱 불안해지고 있다. 북한과 이란 등의 핵무기 개발 등도 냉전종식이라는 국제사회의 구조적인 변화가 가져온 산물이기도 하다.

4) 세계화와 문제

냉전의 종식은 또한 동서 양진영 사이의 소모적인 이념적인 대립을 종식시켰으며 이러한 이념적 대립의 종식은 미국을 중심으로 한 선진국으로 하여금 새로운 부국강병책의 하나로서 세계화(globalization)를 적극적으로 추진하도록 만들었다. 그러나 애초의 기대와는 달리 세계화는 많은 문제를 국제사회에 쏟아냈다.

첫째, 세계화의 진전은 모든 국가들이 나눌 수 커다란 파이를 만들어낼 것이라는 선진국의 수사와는 달리, 세계화는 국가간 부익부 빈익빈을 확대하여 개도국의 빈곤을 더욱 악화시켰다. 따라서 냉전의 종식으로 동서간의 이념전쟁이 끝난 자리를 빈국들과 부국 사이의 남북문제가 대신하게 되었다. 이 때문에 탈냉전으로 가속화되고 있는 세계화(globalization)와 양극화(polarization)라는 두 문제를 어떻게 조화시켜 해결해 나갈 것인가가 중요한 과제로 등장했다.

둘째, 세계화는 국가간의 벽을 허물고 낮춤으로써 테러나 마약과 같은 초국가적 범죄뿐 아니라 에이즈(HIV/AIDS)와 같은 보건문제 등 일국의 노력만으로는 해결할 수 없는 많은 문제들도 쏟아냈다.

셋째, 세계화로 인한 상호의존의 심화는 국가간(특히 선진국간) 갈등과 분쟁을 확대시켜 이러한 문제들을 조정할 다자적인 공간을 절실하게 필요로 하게 되었다.

넷째, 세계화의 진전은 국제사회에 있어서 세계화를 앞장서 이끌고 있는 국제기구인 세계무역기구(WTO), 국제통화기금(IMF), 세계은행(IBRD)과 같은 국제연합 밖 기구의 위상을 높인 반면, 국제연합의 위상이 상대적으로 약화되었다. 또한 신자유주의 이념에 의해 추동되고 있는 세계화로 인해 전통적인 국제정치의 중요 행위자인 국가의 역할이 축소된 반면, 다국적기업(MNC)과 같은 비국가적 행위자(non-state actor)의 역할이 증대되었다.

(2) 민주주주의 확산과 효율성에 대한 관심증가

냉전의 종식과 더불어 권위주의 체제가 설 땅을 잃게 되면서 민주주의가 확산되어 나갔다. 체제전환국(countries in transition)이라고 불리는 동유럽 국가들을 하나의 예로 들 수 있다. 냉전의 종식은 대결과 경쟁이라는 경직된 구조 속에 묻혀 상대적으로 소홀해 온 효율성(efficiency)에 대한 관심 역시 자연스럽게 불러일으켰다. 이러한 민주주의와 효율성에 관한 관심은 자연스럽게 비국가적 행위자로서 비정부기구(NGO)에 대한 관심의 증가로 이어졌으며, 실제로 NGO의 국제사회에서의 역할이 크게 증대되었다.

민주주의와 효율성의 증대에 관한 관심은 국제연합과 같은 국제기구에서도 예외가 아니었다. 국제연합을 비롯한 국제기구 내에서 민주주의에 대한 요구가 수적 우위를 점하고 있는 개도국을 중심으로 활발하게 제기되었으며, 효율성의 문제는 재정적인 자원을 장악하고 있는 선진국이 중심이 되어 제기하였다. 이러한 민주주의와 효율성의 증대는 현재 국제연합이 추구하고 있는 개혁에 있어서의 가장 핵심의 원칙으로서 작용하고 있으나, 선진국과 개도국은 하나의 원칙에만 집착하고 있어 개혁을 어렵게 만들고 있다.

(3) 권력의 분산과 지도력의 부재

국제적인 문제를 효율적으로 해결하기 위해서는 국제기구 내에 있어서의 지도력이 요구된다. 그러나 국제기구 내에 있어서의 권력이 여러 행위자들에게 분산되면서 이러한 지도력을 발휘하기에 부적절한 상황이 전개되고 있다.

국제기구 내에 있어서의 비정부기구(NGO)의 역할의 증대, 덴마크·네덜란드·호주·캐나다·스칸디나비아 국가들과 같은 중위국(middle powers)들이 역할 증대, 과거와는 달리 국제연합 안전보장이사회 비상임이사국들이 순순히 상임이사국의 뜻을 따르지 않는 행태, 사무총장의 기능과 역할의 강화, 그리고 회원국의 수 자체의 증가가 힘의 분산을 가져와 어떤 결정에 대한 합의를 더욱 어렵게 만들고 있다.[2)]

(4) 전통적인 국제문제 해결 주체의 변화

1) 강대국의 관심저조

냉전의 종식으로 해결하여야 할 문제들이 이렇듯 폭발적으로 증대하고 있음과는 달리, 냉전시대 국제연합의 밖에서 국제문제의 해결에 경쟁적으로 관여했던 구소련과 미국의 태도가 크게 달라졌다.

구체적으로 러시아는 국력의 쇠퇴 속에서 자국의 국익과 긴밀한 연관이 있는 문제를 제외하고는 국제문제에 관여할 능력(capacity)을 많이 상실했다. 이러한 러시아의 능력 상실로 인해 경쟁이 약화된 가운데 미국은 자국의 이익과 밀접한 관련이 없는 국제문제에 관여할 의지(will)를 상실했다.

강대국의 능력의 쇠퇴와 의지의 감소는 이들 강대국과 이해관계를 밀접하게 가지고 있지 않은 많은 국제사회의 문제들을 방치하는 결과를 가져왔다. 이와 더불어 냉전시대 강대국들 사이의 이념대결의 반사이익으로서 경쟁적으로 제공받아 온 군사원조와 경제원조가 대폭 감소하면서 개도국의 빈곤은 더욱 악화되었다.

2) Karen A. Mingst and Margaret P. Karns, *The United Nations in the Post-Cold War Era: Dilemmas in World Politics* (Boulder, Colorado, Westview Press: 1995), pp. 2-8; Karen A. Mingst, "Five Crises: Implications for the United Nation and World Peace," 『한국국제연합협회보』 第5호 (1990), pp. 10-22.

2) 일방주의 경향의 강화

냉전이 종식된 1989년 이래로 국제연합의 부분적인 실패에도 불구하고 국제연합의 미래와 관련하여 많은 기대감을 가지도록 했다. 이러한 기대는 약 10년간 지속되었으나 구소련의 붕괴로 유일한 패권국가가 된 미국의 일방주의 성향으로 인해 국제연합과 같은 국제기구는 부분적으로 무기력해졌다.

이러한 기대에 처음으로 찬물을 끼얹은 것은 미국이 중요한 역할을 하고 있는 북대서양조약기구(NATO)가 1998년에 안전보장이사회의 승인 없이 코소보 사태와 관련하여 군사적 공격을 가한 것이다. 또한 미국이 2003년에 안전보장이사회의 결의 없이 이라크에 대한 침공을 감행함으로써 보여준 초강대국의 일방주의 역시 이러한 기대를 저버리도록 했다.

3. 탈냉전과 국제연합의 변화

(1) 문제 해결자로서의 국제연합의 과부하

해결하여야 할 문제는 폭발적으로 증대했으나 전통적인 문제해결의 주체는 극히 제한된 경우를 제외하고는 국제문제에 개입하지 않고 자국 내의 문제에 몰두하게 되었다. 이로써 방치된 국제사회 문제들이 국제연합과 같은 국제기구에 맡겨지지 않을 수 없게 되었다. 그 결과 국제연합은 「쓰레기 하치장(dumping ground)」이라는 별칭을 얻기에까지 이르렀다.

국제연합과 같은 국제기구가 국제사회에 방치된 여러 문제들을 떠맡지 않을 수 없게 된 또 다른 이유는 이러한 문제들이 지니고 있는 성격에서 찾을 수 있다. 이러한 문제들은 어느 한, 두 국가의 노력만으로 해결이 되기 어려울 뿐 아니라, 단기간 내에 해결이 어려운 이슈라는 점이다. 따라서 문제해결에 관여하는 다른 주체에 비해 상대적으로 안정적인 인프라와 재정적 자원을 가지고 있어 지속적인 논의와 관리를 가능하게 하는 국제기구가 이러한 문제해결의 적임자가 될 수밖에 없었다. 이러한 이유들로 인해 국제연합은 과부하(overload)가 걸리게 되었다.

이러한 과부하란 두 가지 의미가 있다. 우선 국제연합이 감당할 수 없는 정도로 수량적으로 많은 문제들이 맡겨졌다는 의미로서, 양적인 과부하가 걸렸다. 또 다른 의미의 과부하란 예컨대 평화유지군이 전통적인 평화유지(peacekeeping) 역할을 넘어 평화강제(peaceenforcement)의 역할을 맡으면서 실패에 이르는 것과 같은 것을 의미하는 것으로서, 질적인 과부하가 걸렸다. 이러한 과부하에 직면한 국제연합을 둘러싸고 선진국과 개도국들은 각기 다른 입장과 태도를 드러내고 있다.

(2) 국제연합의 개혁 필요성의 제고와 개혁의 표류

1) 국제연합의 개혁 필요성의 제고

우선 과부하가 가져오는 재정적인 부담을 거의 전적으로 떠안아야만 하는 동시에, 일국일표제(one-nation one-vote system)와 다수결제(majority system)로 인해 국제연합에서 의사결정력을 점차적으로 상실해 가고 있는 선진국들의 변화부터 살펴보자.

선진국들은 가중표결제(weighted voting system)나 합의제(consensus)를 채택하고 있어 그들 스스로 원하는 결정을 이끌어 내거나 원하지 않는 결정을 저지할 수 있는 국제통화기금(IMF), 세계은행(IBRD), 세계무역기구(WTO)와 같은 국제연합 밖의 국제기구를 더욱 중요시하게 되었으며, 동시에 국제연합의 효율성 제고를 개혁의 중요한 과제로 삼고 있다.

개도국들은 세계화와 더불어 더욱 중요해진 금융과 통상문제들이 IMF, IBRD, WTO 등과 같은 국제연합 밖의 기구들에 의해 집중적으로 논의되는 것에 불만을 갖는 한편, 일국일표제와 다수결제를 채택하고 있어 수적인 우위를 통해 의사결정을 지배할 수 있는 국제연합(특히 총회와 경제사회이사회)의 강화를 강조했다. 동시에 개도국들은 국제연합 내에서 효율성보다는 민주성, 투명성, 책임성의 강화를 가장 중요한 개혁의 주제로 삼고 있다.

2) 국제연합 개혁의 표류

이처럼 냉전의 종식과 더불어 국제연합이 냉전시대의 이념의 선전장이 아닌 전지구적 문제의 실질적인 논의의 공간으로 변화하고 전지구적 관리(global governance)의 중심적인 행위자로서의 역할을 하기 위해 민주성, 투명성, 책임성, 효율성의 제고가 강력하게 요구되어지고 있다. 그러나 선진국과 개도국 사이의 입장 차이와 사무국의 저항 등으로 인해 국제연합 개혁(구체적으로 안전보장이사회 개편, 국제연합 총회의 권한 확대문제, 국제연합 사무국의 효율성 제고)은 현재 표류하고 있다.

개혁이 표류하는 가운데 최근에 미국의 안보정책 연구그룹인 「프린스턴 프로젝트」팀이 21세기 미국의 국가안보전략 제언 보고서를 작성하여 발표한 바 있다.[3] 이 보고서는 구체적으로 국제연합(UN), 국제통화기금(IMF), 세계은행(IBRD), 세계무역기구(WTO), 북대서양조약기구(NATO) 등 냉전시대 국제기구는 전면 개혁되어야 하며, 특히 국제연합 안전보장이사회는 인도, 일본, 브라질, 독일, 아프리카 2개국 등을 상임이사국으로 편입시켜야 한다고 제안했다.

동 보고서는 여기에서 더 나아가 국제연합이 개혁에 실패할 경우, 전 세계 민주주의 국가들의 안보협력을 강화하기 위한 새로운 기구로서 안전보장이사회를 대체하여 무력사용 등 집단행동을 승인하는 새로운 무력집단 체제로서 「민주주의 국가 협력체(Concert of Democracies)」의 창설을 제안하고 있다.[4]

---

3) 미국의 프린스턴 프로젝트 팀은 프린스턴대 주도로 키신저 전 국무장관, 레이크 안보보좌관 등 전·현직 고위관리 및 후쿠야마 교수 등 국내외 안보전문가 400여명으로 구성되어 있다.

4) 반기문 국제연합 사무총장은 국제연합의 비효율 문제 때문에 아예 국제연합을 대체할 기구를 생각하는 것은 현실적이지 않다고 지적한 바 있다. 국제연합에 여러 문제가 있지만 현재 어떤 기구도 국제연합과 같은 정통성을 가진 다자주의의 최고기구를 대체할 수는 없다. 국제연합의 의사결정 과정에 문제가 있고, 관료주의 등으로 신뢰가 떨어졌지만 바로 이것 때문에 개혁이 필요하다는 입장이다(한겨레신문(인터넷), 2006년 10월 31일).

4. 국제연합의 평가

현실주의자들은 국제연합을 부정적으로 평가한다. 이러한 평가는 그 논거의 일부분을 미국과 영국이 국제연합 안전보장이사회의 승인 없이 감행한 이라크 공격 사례 등으로부터 찾고 있다. 이러한 미국의 이라크 공격에 대해 국제연합이 존재의 의미를 잃고 유명무실해졌다는 것이다. 국제연합은 또한 세계의 문제 지역에 대한 개입을 종종 회피해왔다는 비판을 듣는다. 최근에 수단 다르푸르(Darfur)의 대규모 학살을 외면한 것을 전형적인 예의 하나로 든다.

이런 경우는 드문 일이 아니다. 세계의 분쟁을 둘러싸고 국제연합 안전보장이사회 상임이사국들의 이해관계가 엇갈려 합의에 이르지 않을 때마다, 국제연합의 역할은 위축되고 위기에 빠지기 일쑤였다. 안보문제처럼 국가의 생존이 직결되어 있는 이슈의 경우 주권국가들은 여전히 국제기구를 통한 문제의 해결보다 국제기구 밖에서의 해결을 선호하고 있는 것이 사실이다. 따라서 이러한 문제들에 있어서 국제연합이 갖는 한계라는 것은 자명하다.

그러나 미국과 같은 패권국가 역시 안보문제에 있어서 국제연합과 같은 국제기구를 일고의 가치도 없는 존재로 간주하고 있는 것은 결코 아니다. 미국이 일방적인 군사행동을 통해 이라크 전쟁을 시작하기 전에 국제연합으로부터 승인을 획득하고자 나름의 노력을 경주하였으며, 전쟁이 끝난 후에도 국제연합을 통해 집단적인 정당성(collective legitimacy)을 획득하기 위한 노력을 전개했다. 이러한 노력의 결과 미국은 이라크 전쟁 후에 국제연합 안전보장이사회 승인을 받았을 뿐 아니라, 이라크 주둔군의 지위를 국제연합이 승인한 다국적군으로 전환시키기에 이르렀다.

국제연합을 비롯한 국제기구의 중요성을 무시할 수 없는 또 다른 논리는 국제연합과 같은 국제기구가 다루는 문제 중 국제평화와 안보문제가 가장 중요한 문제이기는 하나, 이러한 문제가 국제사회가 직면하고 있는 문제의 전부는 아니라는 것으로부터 출발한다. 안보관련 부문에서의 국제연합의 실패와 무기력함이 존재하기는 하나, 이러한 것들이 군축, 탈식민, 환경, 인권, 개발, 국제법을 포함한 다양한 부문에 있어서의 국제연합의 성과를 과소평가하게 해서는 안 된다.

탈냉전기에 접어들어 외적의 침입으로부터의 안전을 확보하는 것만이 중요한 것이 아니라 어쩌면 보다 더 파괴적일 수 있는 환경 등과 같은 위협으로부터의 안전을 확보하는 것 역시 그와 못지않게 중요하다는 인식이 팽배해지고 있다. 이러한 맥락에서 국가안보(national security)라는 전통적인 안보개념에서 벗어나, 국가를 구성하고 있는 실체로서의 인간의 안보(human security)를 중시하는 경향이 두드러지고 있는 것은 자연스러운 현상이다. 이러한 인간안보 문제를 다루는 데 있어서 국제기구의 중요성을 무시할 수 없다. 다음과 같은 부문에 있어서 국제기구 특히 국제연합의 성과는 주목할 만하다.[5)]

국제연합기구들(United Nations Organizations: UNOs)은 보건분야에서 수백만 명의 건강을 지켜왔다. 구체적으로 아동들의 면역, 말라리아 및 기생충과의 싸움, 안전한 물의 공급 등을 통해 전 세계적으로 기대수명(life expectancy)을 증대시켜왔다. 세계보건기구(WHO)의 노력을 통해 천연두가 박멸되고, 2005년까지 소아마비의 박멸을 목표로 캠페인을 전개해 왔다.

국제연합은 개발과 구호분야에 있어서도 중요한 역할을 수행해오고 있다. 구체적으로 국제연합개발계획(UNDP)을 위시한 국제연합기구들과 세계은행(IBRD)과 같은 전문기구는 빈국에서의 개발을 촉진하는 데 중대한 견인차 노릇을 해오고 있으며, 1년에 300억 달러 이상의 원조를 제공하고 있다. 국제연합식량계획(WFP)의 경우 매년 전 세계 식량원조의 1/3 정도를 공급하고 있다. 국제연합은 전쟁이나 자연재해로 곤경에 빠져 있는 사람들에게 매년 10억 달러가 넘는 기금을 조성하여 제공하고 있다. 국제연합의 구호기관들은 난민보호 분야에서 수천만 명의 난민들과 실향민들에게 원조와 보호를 제공해오고 있다.

국제연합은 인권분야에서 1948년 세계인권선언을 출발점으로 하여 80개가

---

5) Is the United Nations Good Value for the Money? (http:/www.un.org/genunfo/ir/ch5/ch5_txt.htm) 참조.

넘는 인권관련 조약의 체결을 가져왔으며, 이를 통해 인권을 보호하고 증진시켜 왔다. 지난 50년 동안에 국제연합을 통해 발전해 온 국제법의 수가 그 이전까지의 인류의 전 역사에 걸쳐서 발전해 온 국제법보다 더 많았다.[6)]

국제연합은 거의 80개에 이르는 국가에서 선거를 지원함으로써 민주적 과정을 강화하는 것을 도왔으며, 국제사회에서 탈식민화 운동의 촉진자 역할을 함으로써 80개국 이상의 독립을 가져오는 데 중요한 역할을 수행하기도 했다.

종합적으로 국제연합을 평가할 경우, 국제연합헌장에 규정되어 있는 약속과 현실 사이에는 큰 간격이 존재하는 것이 사실이다. 국제연합에 대해 혹독한 비판을 가하는 사람들마저도 국제연합 이외의 현실성 있는 대안을 제대로 제시하지 못하고 있다. 이 때문에 이들마저도 종국적으로 「없는 것보다는 낫다」는 결론에 이르곤 한다.

국제연합에 대한 종합적인 평가는 제2대 국제연합 사무총장이었던 함마숄트(Dag Hammarskjöld)가 「국제연합의 목적이란 우리를 천당으로 데려가는 것이 아니라 지옥으로부터 우리를 구하는 것이다(The purpose of the UN is not to get us to heaven but to save us from hell)」라고 말한 것을 참고로 하면 치우침이 없는 적절한 평가가 이루어지지 않을까 생각한다.

국제연합에 대한 적절한 평가는 「오늘 국제연합에 대해 실망하여 내일 국제연합을 없애고, 모레 국제연합을 없앤 것을 후회하고 글피 다시 국제연합을 세운다」는 어느 누구의 말에서 찾을 수 있을 것 같다. 중앙정부가 부재한 국제사회에서 국제연합은 직나라하세 힘이 삭봉하는 「정글」을 일정한 울타리가 있는 「동물원」으로 만들고 있다고 본다면, 국제연합의 존재 의의는 크게 손상되지 않을 것으로 보인다.

6) 국제법의 발전에 대한 국제연합의 기여는 인권분야에 그치지 않고 모든 분야에서 이루어지고 있다. 따라서 국제규범의 창출(international norm setting)이라는 점에서 국제연합의 역할을 지대하다고 할 수 있다.

제 2 장 국제연합의 개혁[7)]

1. 탈냉전기 개혁논의의 역사

국제연합 총회는 1995년 9월 14일 결의(A/RES/49/252)를 통과시켜, 재정상황(Financial situation), 국제연합체제의 강화(Strengthening the United Nations System), 안전보장이사회(Security Council), 평화를 위한 의제(Agenda for peace), 개발을 위한 의제(Agenda for development) 등 5개 분야에서 국제연합의 개혁을 연구할 5개의 고위 실무그룹(Open-Ended High-level Working Groups)을 구성한 바 있다.

그 후 공식적인 국제연합 개혁 프로그램은 코피 아난 제7대 사무총장이 1997년 1월에 취임하고 나서 얼마 후 시작되었다. 코피 아난 사무총장은 3월 17일에 총회의장에게 보내는 서한에서 총회의 승인 없이 자신에게 주어진 권한으로 할 수 있는 「Track One」 국제연합 개혁 프로그램을 발표했다.[8)] 주요 내용으로서 3개의 국(Department)을 하나의 경제사회문제국(Department of Economic and Social Affairs: DESA)으로 통합하는 것과 사무국의 행정비용이 전체 예산에서 차지하는 비율을 38%에서 25%로 삭감하는 것 등이 포함되었다.

같은 해 7월 14일 사무총장은 「국제연합의 갱신: 개혁 프로그램(Renewing

7) 박재영, 『국제연합과 사무총장』(서울: 도서출판 예응, 2006), pp. 37-57.
8) 「Track One」 개혁 프로그램은 사무총장의 권한 내에서 할 수 있는 개혁을 의미하며, 「Track Two」 개혁은 총회의 승인이 있어야 가능한 개혁을 의미한다.

the United Nations: A Programme for Reform)」이라는 제하의 개혁을 위한 보고서(A/51/950)를 제시했다. 보고서는 두 부분으로 구성되어 있는데, 첫 번째 부분은 주요 개혁요소의 주제별 개요를 담았고, 두 번째 부분은 구체적인 개혁조치와 권고 등에 관한 좀 더 상세한 논의를 포함했다.

사무총장은 이어 7월 16일에 사무총장의 권한만으로는 할 수 없고 총회의 승인을 필요로 하는 개혁 프로그램인 「Track Two」 계획을 총회에 제시했다. 이 계획에는 부문별 그룹(Sectoral Groups)의 코디네이터·지역위원회(Regional Commission)·사무차장들로 구성된 고위 관리그룹(Senior Management Group)의 설립에 대한 제안과 국제연합개발그룹(United Nations Development Group: UNDG)의 기능의 일부로서 국제연합개발계획(UNDP)·국제연합인구기금(UNFPA)·국제연합아동기금(UNICEF)의 협력을 위한 공동의 틀(common framework)의 설립에 대한 제안이 포함되었다.[9] 또한 관리를 개선하고 여러 기관과 부서에 걸친 일을 감독하기 위해 부사무총장(Deputy Secretary-General)직의 신설을 총회에 제안하는 등의 내용들이 포함되었다.

2000년 9월 8일 총회에서 채택된 국제연합새천년선언(United Nations Millennium Declaration)의 제8장(VIII. Strengthening the United Nations)은 국제연합을 강화시키기 위한 개혁의 내용을 담았다.[10] 코피 아난 사무총장은 그의 두 번째 임기가 시작되는 해인 2002년에 「국제연합의 강화: 더 이상의 변화를 위한 의제(Strengthening of the United Nations: An Agenda for Further Change)」라는 제하의 그의 보고서(총회 결의 A/57/387)를 발간한 바 있다.

개혁의 논의가 1995년에 구성된 실무그룹을 중심으로 오랜 기간 동안 지속되었음에도 불구하고 별다른 성과를 보이지 않자, 코피 아난 사무총장은 2003년 9월에 국제적으로 저명한 16명의 민간위원으로 구성된 고위급 패널을 구성하여 국제연합 개혁을 위한 보고서를 작성하도록 했다.[11] 이에 따라

---

9) 국제연합개발그룹(UNDG)은 국가수준에서 국제연합이 추구하는 개발의 효과성을 향상시키기 위해 1997년에 국제연합 사무총장에 의해 설립된 국제연합 개혁을 위한 것이었다. UNDG는 개발을 위해 활동하는 기관들을 함께 하도록 하는 역할을 하며, 사무총장을 대신하여 국제연합개발계획(UNDP)의 총재를 수뇌로 하고 있다.

10) 정식 문건번호는 A/RES/55/2이다.

11) 고위급 패널의 정식 영문 명칭은 「High-Level Panel on Threats, Challenges and Change」이다.

2004년 12월에 「A More Secure World: Our Shared Responsibility」라는 제하의 보고서가 탄생했다.

또한 제프리 삭스(Jeffrey Sachs) 미국 컬럼비아대학교 교수를 비롯한 265명의 학자와 개발전문가가 국제연합의 의뢰를 받아 2년여에 걸친 연구 끝에, 2000년 새천년정상회의가 채택한 새천년개발목표(Millennium Development Goals: MDGs)를 달성하기 위한 구체적인 행동계획을 담은 보고서(Investing in Development: A Practical Plan to Achieve the Millennium Development Goals)를 2005년 1월에 발간했다.

코피 아난 사무총장은 이들 보고서를 토대로 2005년 3월에 「보다 큰 자유: 모든 사람을 위한 개발, 안보 그리고 인권을 향하여(In Larger Freedom: Towards Development, Security and Human Rights for All)」라는 제하의 사무총장 보고서(A/59/565)를 제출하여, 국제연합 개혁에 대한 포괄적인 권고안을 제시했다. 여기에서는 근래의 국제연합 개혁의 문제를 이 보고서에 기초하여 살펴보고자 한다.

2005년 새천년정상회의가 개최된 지 5년 만에 열린 세계정상회의에서 결과문건(A/RES/60/1)이 채택되었는데, 이 문건 역시 일정한 부분을 국제연합 강화를 위한 조치에 할당하고 있다.

2006년 3월 7일 코피 아난 사무총장은 「전 세계 좀 더 강력한 기구를 만들기 위한 국제연합에의 투자(Investing in the United Nations for a Stronger Organization Worldwide)」라는 보고서(A/60/692)를 발간하여, 국제연합 사무국의 운영개혁을 위한 23개의 구체적인 제안을 했다. 이어서 사무총장은 3월 30일에 「임무부여와 이행: 임무의 재검토를 촉진하기 위한 분석과 권고(Mandating and Delivering: Analysis and Recommendations to Facilitate the Review of Mandates)」라는 보고서(A/60/733)를 제출한 바 있다. 이 두 문건은 국제연합 사무국의 개혁과 관련이 있는 것이기 때문에, 국제연합 사무국의 개혁문제는 이 두 문건을 중심으로 살펴보고자 한다.

2. 국제연합 개혁의 배경

국제연합은 1945년에 창설된 이래 대내외적으로 커다란 변화를 경험해오고 있다. 회원국의 수만 보더라도 설립 초기에 51개국에 불과했던 것이 2006년 12월 현재 192개국으로 늘어났다. 그러나 국제연합에게 무엇보다도 큰 변화로 다가온 것은 동서 양진영 사이의 이념적인 대립을 특징으로 하는 냉전의 종식이다.

냉전시대에 국제연합은 많은 문제를 노정했음에도 불구하고 양진영 사이의 이념적인 대립으로 인해 이러한 문제들을 개혁해 나간다는 것은 기대하기 힘든 일이었다. 이 때문에 냉전시대에 국제연합이 취한 개혁조치라면 회원국의 수가 늘어난 것을 반영하여 1965년에 안전보장이사회의 비상임이사국의 수와 경제사회이사회의 이사국의 수를 각각 6개국에서 10개국, 18개국에서 27개국으로 늘린 것과 1973년에 또 다시 경제사회이사회의 이사국의 수를 27개국에서 54개국으로 늘린 것이 고작이었다. 이러한 이사국들은 거부권(veto power)을 보유하지 않는 이사국들이었기 때문에 이들의 수를 늘리는 개혁은 커다란 이해관계의 충돌을 수반하지 않았으며 이로 인해 비교적 수월하게 이루어질 수 있었다고 보인다.

냉전의 종식으로 첨예한 이념간의 대립이 종식되면서 그동안 내재해 있었던 국제연합의 개혁문제가 자연스럽게 전면으로 부상하게 되었다. 국제연합의 개혁의 방향을 이해하기 위해서는 이러한 국제연합의 개혁을 추동하는 힘이 무엇인가를 살펴보아야 하는데, 그 힘이란 다름 아닌 국제사회의 세력판도의 변화와 국제연합의 비효율성이라고 할 수 있다.

3. 개혁을 추동하는 힘

(1) 세력판도의 변화

국제연합을 비롯한 국제사회의 조직은 힘의 반영물이다. 국제연합이라는 조직은 1945년 당시의 국제사회의 힘의 배분에 기초하여 설립된 조직으로서, 현재의 국제연합은 그 동안 국제사회에 있어서의 힘의 배분에 있어서의 변화를 제대로 반영하고 있지 않다. 따라서 이러한 세력의 변화를 새롭게 반영하여야 한다는 것이 개혁을 추동하는 하나의 힘이다.

이러한 입장은 주로 절대적인 수적인 우세 속에 일국일표주의를 채택하고 있는 총회를 지배하게 된 개도국이 집단적으로 취하고 있다. 그러나 이러한 힘의 변화는 개도국에게만 존재하는 것은 아니다. 2차 대전 당시 패전국이었으나 이제 국제연합에서 정규예산 분담률 2, 3위를 각각 차지하고 있는 일본과 독일이 국력의 신장을 바탕으로 이러한 입장을 취하고 있다. 일본과 독일만큼은 아니지만 또한 국력의 신장 속에서 국제연합에서 점차적으로 역할을 확대해 나가고 있는 한국을 위시한 중견국가(middle power)의 입장이기도 하다.

(2) 효율성의 제고 필요

개혁을 추동하고 있는 또 다른 힘은 가용한 재원에 비해 과도한 임무를 설정하여 국제연합에 대한 기대와 실제의 기능간에 점증하는 괴리와 비효율성의 문제이다. 국제연합이 21세기의 범세계적인 문제를 효율적으로 다룰 수 있는 기구로서 적실성을 갖추기 위해서는 제한된 자원의 배분과 집행을 최적화시키기 위한 노력이 긴요하며, 이러한 방향으로의 국제연합 개혁이 있어야 한다는 것이다.

국제연합 회원국들은 개혁의 필요성에 동의하나 개혁을 이끌어갈 기본 원칙을 둘러싸고는 판이한 입장을 가지고 있다. 개혁의 이슈들을 둘러싸고 국가들이 항상 개도국 그룹과 선진국 그룹만으로 이원화되어 대립하는 것은 아니지만, 대체적으로 이 두 국가그룹으로 나뉘어져 대립함으로써 개혁은 지지부진함을 면하지 못하고 있다.

4. 개혁의 중심적 원칙

(1) 민주성 · 대표성 · 책임성의 제고

우선 개도국들은 개혁을 이끌어갈 핵심적인 원칙으로서 민주성 · 대표성 · 책임성의 제고에 두고 있다. 이러한 원칙하에 개도국의 대표성이 확보되는 안전보장이사회의 개혁, 개도국의 수적 우위가 확보된 총회의 권한 강화, 경제사회이사회의 권한 강화에 중점을 두고 있다.

(2) 효율성의 제고

이와는 대조적으로 선진국들은 기존의 국제연합 내의 기득권을 유지하는 가운데 국제연합의 효율성을 제고하는 것에 집중하고 있다. 이 때문에 선진국들은 주로 국제연합 사무국을 중심으로 한 행정개혁과 관리개혁을 강조한다.

5. 개혁추진을 위한 수단

(1) 수적 우위

개도국과 선진국들은 국제연합 개혁을 둘러싸고 상대방의 시도에 제동을 걸 수 있는 수단들을 보유하고 있다. 개도국들은 국제연합 회원국의 약 85%를 차지하고 있어 수적인 우위를 무기로 하여 일국일표제가 적용되고 있는 총회를 장악하고 있다.

(2) 재정적 자원의 보유

반면에 선진국들은 재정적인 자원을 무기로 활용하고 있다. 선진국들 가운데 특히 미국은 국제연합 정규예산의 22%를 부담하고 있어 이를 무기로 국제연합 개혁을 자신이 원하는 방향으로 몰아가고 있다. 2007년도 기준으로 16.6%의 예산을 부담하고 있는 일본도 안전보장이사회의 상임이사국이 안 될 경우 국제연합 예산의 분담률을 줄이겠다는 위협을 가하고 있다. 일본과 더불어 안전보장이사회 상임이사국 진출을 꿈꾸는 독일(8.6%)까지 합하면 이들 세 국가가 부담하는 국제연합의 예산은 전체의 반에 가깝게 접근한다.

이처럼 개혁의 방향을 결정지을 기본원칙에 있어서의 커다란 차이와 상대방의 움직임을 저지시킬 수 있는 나름의 수단의 보유로 인해, 냉전이 종식된 후 지속되어 온 개혁을 위한 노력은 이제까지 별 성과를 낳지 못하고 있다. 코피 아난 제7대 국제연합 사무총장은 국제연합 창설 60주년이었던 2005년도 국제연합 세계정상회의에서 개혁을 마무리하려고 노력했으나 실패로 끝나고 말았다.

6. 기관별 개혁논의

(1) 총회의 개혁논의

앞서 탈냉전기 개혁논의의 역사에서 언급했듯이, 코피 아난 사무총장은 2005년 3월 「보다 큰 자유: 모든 사람을 위한 개발, 안보 그리고 인권을 향하여(In Larger Freedom: Towards Development, Security and Human Rights for All)」라는 보고서(A/59/565)를 발간하여 국제연합 개혁의 지침을 밝혔다. 이 보고서에서 코피 아난은 총회의 문제점을 다음과 같이 지적한 바 있다.

문제점 가운데 하나로 지적된 것은 총회에서 많은 의제가 표결(voting)이 아닌 합의(consensus)에 의해 통과되는 것과 관련이 있다. 합의란 공식적인 반대가 제기되지 않은 가운데 표결에 의하지 않고 통과시키는 의사결정 방식이다. 따라서 합의를 도출하기 위해서는 광범위하게 상이한 견해들의 최소한의 공통분모만을 포함하게 되며, 그 결과 힘이 없는 미약한 결의안으로 귀결된다는 것이다. 코피 아난 사무총장은 이러한 이유를 들어 너무나 합의에만 집중해서는 안 된다는 것을 지적하고 있다. 나아가 아난 사무총장은 국제연합 총회가 결의안의 집행에 좀 더 많은 주의를 경주하여야 할 것임을 지적하고 있다. 왜냐 하면 많은 결의안들이 통과가 되어도 준수되지 않고 사문화되어 있기 때문이다.

아난 사무총장은 또한 총회가 문제를 다루는데 있어서 본질적이고 실질적인 이슈를 다루기보다는 지나치게 광범위한 의제를 다루는 경향이 있음을 지적했다. 코피 아난 사무총장은 따라서 총회의 의제를 간소화하고 집중할 것을 권고하고 있다.

이 밖에 아난 사무총장은 총회의장(President of the General Assembly)의 역할과 권한을 강화하고, 위원회 구조와 절차를 간소화하는 등의 조치를 통해 위원회체제를 좀 더 효율적으로 할 것도 권고하고 있다. 총회의 일과 관련하여 시민사회의 역할을 향상시킬 것 역시 권고했다. 또한 재원이 없는 임무(unfunded mandates)를 최소화하기 위하여, 위원회의 결정을 검토하기 위한 기제(mechanism)를 수립할 것도 권고한 바 있다.

국제연합 총회는 위에서 언급한 코피 아난 사무총장의 보고서(A/59/565)와는 별도로 2005년 9월 12일에 결의(A/59/313)를 통해 국제연합 총회를 강화하기 위한 임시실무그룹(Ad-hoc Working Group)을 구성했다. 여러 차례의 회의를 가진 후 임시실무그룹은 2006년도에 국제연합 총회의 활성화를 위한 보고서를 내놓았다. 이 보고서는 세 부분으로 구성되어 있는데 이를 중심으로 실무그룹의 권고내용을 살펴보고자 한다.

우선 보고서는 가장 중요한 이슈로서 국제연합 총회의 역할 및 권한과 관련하여 다음과 같은 권고들을 내놓고 있다. 주요한 권고를 선별하여 소개하면 다음과 같다. 1) 국제평화와 안보문제에 있어서 안전보장이사회가 일차적인 책임을 가지는 것은 인정하나 배타적인 것은 아니다. 이러한 문제에 있어서 총회의 역할을 재확인한다. 2) 안전보장이사회가 총회에 제출하는 연례보고서가 좀 더 실질적이고 분석적일 수 있도록 질이 개선되어야 한다. 3) 경제사회이사회가 총회에 제출하는 보고서는 좀 더 간결하여야 하며 행동 지향적이어야 한다. 보고서가 행동 지향적이기 위해서는 총회가 행동을 취할 필요가 있는 중요한 분야를 강조하고, 구체적인 권고를 하여야 한다. 4) 총회, 안전보장이사회, 경제사회이사회 사이의 일의 중복을 피하고 협력, 조정, 보완성을 향상시키기 위해 이들 기관 사이의 정기적인 회합을 지속시켜야 하며, 주제별 쌍방향의 토론(thematic interactive debate)을 조정할 필요가 있다. 5) 총회의장의 역할과 직책을 강화하기 위해 의장실(Office of the President of the General Assembly)에 4개의 전문적인 직책을 추가하고, 적절한 회의시설을 확보한다. 6) 총회의장은 후임자를 위해 최적사례와 교훈에 관한 보고서를 임기 말에 만들어 제출한다. 7) 사무국으로 하여금 총회 결의안 내용의 집행 상황을 보여주는 연차도표를 준비할 것을 요청한다. 8) 국제연합 정상회의와 전지구적 회의에서 채택된 결정의 집행상황을 검토하기 위해 경제사회이사회로 하여금 총회를 지원하도록 고무한다. 9) 총회의 결의안은 좀 더 간결하고, 초점이 있어야 하며, 행동 지향적이어야 한다. 그리고 결의안의 도입구절(Preambular paragraph)이 최소화되어야 한다. 10) 총회는 사적 영역(private sector) 그리고 비정부기구를 포함한 시민사회(특히 개도국의 이러한 행위자들)와의 상호작용을 향상시켜야 한다. 단 국제연합의 간정부적인 성격(intergovernmental nature)을 고려하고 총회의 의사규칙을 따라야 한다.

보고서의 둘째 부분은 사무총장의 선출에 할애하고 있는데 주요 내용은 다음과 같다. 1) 국제연합헌장 제97조에 따라 사무총장은 안전보장이사회의 추천에 따라 총회가 임명한다는 점을 상기한다. 2) 사무총장의 선출 절차는 좀 더 투명해야 한다. 3) 가장 우수한 사무총장 후보를 선별하고 임명하는 과정에서 지역순환제와 성 평등(gender equality)에 적절한 주의를 기울인다. 4) 사무총장 입후보자는 임기가 개시되기 최소한 6개월 전에 입후보하고, 지역그룹 혹은 다른 그룹과의 비공식 회합을 허용할 것을 고무한다. 5) 후보자의 자질로서 국제연합헌장의 원칙에 전념하고, 폭넓은 지도력과 외교적인 경험의 중요성을 강조한다.

보고서의 마지막 부분은 총회의 작업 방식을 다루고 있는데, 주요한 권고는 다음과 같다. 1) 2년 주기의 논의, 3년 주기의 논의, 유시한 의제를 묶어서 논의하기, 의제항목의 제거와 같은 방식을 통하여 국제연합 총회의 의제를 줄인다. 2) 총회의 의사규칙(Rules of Procedures)을 공식 언어(official languages) 모두로 발간한다. 3) 6개의 주요 위원회로 하여금 더욱 더 유사한 의제를 묶어서 논의하거나 의제항목을 통합할 것을 고려하고, 특정 의제에 할당된 시간을 재고하도록 요청한다. 4) 2위원회와 3위원회로 하여금 상호연관이 있는 의제항목에 대해 공동의 비공식 논의를 지속적으로 고려하도록 요청한다. 5) 운영위원회(General Committee)는 회기 동안 주요 위원회의 의장단과 정기적으로 회합하여, 총회와 위원회의 업무 진척의 정도를 점검하고 업무진척을 촉진시키고 업무중첩을 최소화하기 위해 권고한다는 것을 내용으로 하는 국제연합 총회 의사규칙 제42조의 효과적인 집행의 요청을 반복한다. 6) 사무총장으로 하여금 좀 더 간결하고 분석적인 보고서를 제출할 것을 고무하며, 국제연합이 우선적으로 관심을 두고 있는 분야에 있어서의 핵심 정책보고서를 2년마다 제출할 것을 고려하는 것을 환영한다.

(2) 안전보장이사회 개혁논의

안전보장이사회의 개혁 없이는 국제연합 개혁이 완성될 수 없다는 지적이 있듯이, 국제연합 개혁의 핵심은 안전보장이사회의 개혁이라고 해도 과언이 아니다. 여기에서 안전보장이사회의 개혁문제가 대두되게 된 배경, 논의의 경과, 개혁안의 주요 내용, 그리고 최근의 동향을 살펴보고자 한다.

1) 개혁논의의 배경

개혁논의의 배경과 관련하여 가장 먼저 언급하여야 할 요인은 안전보장이사회의 대표성의 결여이다. 처음 국제연합이 설립될 당시 회원국은 51개국이었으며, 안전보장이사회 이사국의 수는 상임이사국 5개국과 비상임이사국 6개국을 합쳐 11개국이었다. 신생독립국들이 국제연합 가입으로 회원국의 수가 크게 늘면서 1965년에 헌장개정이 이루어져, 상임이사국의 수는 그대로 둔 채 비상임이사국의 수만 6개국에서 10개국으로 늘어났다. 그 결과 이사국의 수는 11개국에서 15개국(상임이사국 5개국과 비상임이사국 10개국)이 되었다.

2006년 12월 현재 국제연합 회원국은 192개국으로 늘어났는데도 불구하고, 이사국의 수는 여전히 15개국에 머물고 있다. 국제연합 회원국의 2/3 이상을 점유하고 있음에도 불구하고, 개도국은 현재 안전보장이사회의 상임이사국의 자리에 진출해 있지 않다.[12] 이 때문에 개도국들은 안전보장이사회의 대표성을 제고시키기 위한 개혁을 강조해 왔다.

그러나 대표성의 문제는 개도국에 의해서만 제기되고 있는 것은 아니다. 미국에 이어 두 번째와 세 번째로 국제연합 예산을 많이 내고 있는 일본과 독일이 국제사회에 대한 재정적인 기여에 상응하는 지위, 즉, 상임이사국으로의 진입을 요구하고 있다. 구체적으로 이들은 「대표 없는 곳에 과세 없다」는 주장을 제기하고 있다.

두 번째 개혁논의의 배경은 국제평화와 안전의 유지를 위한 안전보장이사회의 실효성에 대한 문제제기이다. 냉전시대에 동서 양진영 사이의 이념적인 대립으로 안전보장이사회가 거의 마비상태에 빠져 있었다. 냉전의 종식된 이후에는 비록 냉전시대처럼 이념적인 대립이 원인이 된 것은 아니지만 지역분쟁, 국제 테러리즘, 핵확산 등으로 인해 국제사회의 평화와 안전이 크게 위협받고 있음에도 불구하고, 안전보장이사회는 상임이사국들의 자국의 이익에 따른 거부권의 행사로 제 역할을 제대로 수행하지 못하고 있다.

이러한 요구에 직면하여 국제연합은 탈냉전기에 접어든 1993년 제48차 국제연합 총회에서 「안전보장이사회개혁 실무그룹(Working Group)」을 조직하여 안전보장이사회의 개혁을 논의해 왔다. 이들 실무그룹의 논의의 핵심은 크게 두 가지로 구분될 수 있다. 하나는 안전보장이사회의 이사국의 규모와 구성을 어떻게 할 것인가와 같은 조직개편 문제이고, 또 다른 하나는 거부권의 사용범위를 포함하여 운영개선을 어떻게 할 것인가의 문제이다. 그러나 실제에 있어서 거의 모든 논의는 조직개편 문제에 집중되어 오고 있다.[13]

12) 중국을 전형적인 개도국의 하나로 볼 것인가 말 것인가에 대해서는 이론이 있을 수 있다.

13) 간혹 「인도주의적 위기가 발생할 경우는 거부권을 사용할 수 없게 하여야 한다」는 것과 같은 논의가 진행되기도 한다.

2) 개혁안의 주요 내용

안전보장이사회의 개혁논의는 이해관계를 같이 하는 국가들 사이의 그룹을 통해 전개되었다. 안전보장이사회의 상임이사국 그룹, 비동맹 그룹, 일본·독일·브라질·인도와 같은 상임이사국 진출 희망국 그룹(Aspirant Group), 한국을 포함한 중견국가 그룹(Middle Power Group) 그룹이 존재한다. 그러나 이들 사이의 이해관계의 첨예한 대립으로 인해 아무런 진전을 거두지 못했다. 이들에 의해 제기된 여러 제안들을 분류하여 소개하면 다음과 같다.

우선 상임이사국과 비상임이사국을 동시에 확대하여야 한다는 안이 있다. 이 안은 1996년 제51차 국제연합 총회의장인 라잘리(Razali Ismail)가 제안한 것이라고 해서 흔히 「라잘리안」이라고 불린다. 상임이사국 5개국(선진국 2개국+개도국 3개국)과 비상임이사국 4개국을 증설한다는 것이 중요한 내용이다.

두 번째 안은 소위 「Quick Fix안」으로 불리는 것으로서 말 그대로 신속하게 확정한다는 안이다. 즉, 안전보장이사회의 확대개편에 전반적인 합의가 도출되려면 장시간을 요하기 때문에 잠정적이기는 하지만 우선적으로 2개 상임이사국(일본과 독일)과 3개 비상임사국 자리를 증설하자는 안이다.

세 번째 안은 비상임이사국만을 확대한다는 안이다. 상임이사국의 확대개편까지 논의에 포함시킬 경우 합의에 이르기가 쉽지 않기 때문에 우선적으로 현재의 2년 임기에 선거를 통해 선출되는 비상임이사국의 수를 늘리자는 안이다. 이안은 한국을 비롯한 중견국가가 지지하는 안이기도 하다.

네 번째 안은 기존의 이사국과는 다른 새로운 형태의 이사국을 만든다는 안이다. 이러한 제안은 구체적인 것을 두고 또 다시 세 가지 형태로 분화한다. 우선 「지역순환 상임이사국안」이 있다. 지역별로 상임이사국 자리를 배정한 다음, 지역 내 국가들이 일정한 주기를 두고 돌아가면서 상임이사국의 역할을 하는 것이다. 주기를 아주 길게 한다고 해도 어느 땐가는 순환하여야 한다는 의미에서 기존의 상임이사국과는 다르다. 또 다른 안으로 「순환 이사국안」으로서 30개 후보 국가군을 선출한 다음 이 중 10개국씩 돌아가며 이사국의 역할을 맡는다는 안이다. 마지막으로 「준상임이사국안」이 있다. 4-5년을 임기로 하되 연임을 가능하게 하자는 안이다.

이러한 논의가 위에서 언급한 1993년에 구성된 실무그룹을 중심으로 10여 년 지속되었음에도 불구하고 별다른 성과를 보이지 않자, 아난 사무총장은 2003년 9월에 16명의 위원으로 구성된 고위급패널(High-Level Panel)을 구성하여 안전보장이사회 개혁을 위시한 국제연합 개혁을 위한 보고서를 작성하도록 했다.[14] 이에 따라 2004년 12월에 「A More Secure World: Our Shared Responsibility」라는 제하의 보고서가 탄생했다.

아난 사무총장은 이 보고서를 토대로 「보다 큰 자유: 모든 사람을 위한 개발, 안보 그리고 인권을 향하여(In larger Freedom: Towards Development, Security and Human Rights for All)」이라는 제하의 사무총장 보고서를 제출하여 안전보장이사회 개혁을 비롯한 국제연합 개혁에 대한 권고안을 제시했다.

사무총장 보고서의 안전보장이사회 개혁안은 2개의 안으로 구성되어 있는데, 첫 번째 안은 거부권 없는 상임이사국 6개석을 신설하고, 기존 2년 임기의 비상임이사국 3개석을 신설하여 총 24개 이사국을 갖는 소위 「A안」이다. 여기에서 거부권이 없는 상임이사국 6개석은 아시아지역에 2개석, 아프리카지역에 2개석, 미주지역에 1개석, 유럽지역에 1개석이 배정된다.

또 다른 안은 「B안」이라고 불리는 것으로서, 상임이사국의 수는 그대로 유지하고 대신에 4년 임기에 재선이 가능한 소위 「준상임이사국」이라고 불리는 새로운 개념의 이사국을 8개석 신설하고 기존의 2년 임기의 비상임이사국 1개석을 신설하는 안이다. 8개의 준상임이사국은 4개 지역(아시아, 아프리카, 유럽, 미주지역)에서 각기 2개국씩 선출되며 임기가 연장될 수 있다는 특징을 지닌다.

이렇게 다름에도 불구하고, 이 두개 안은 모두 거부권을 가진 상임이사국의 증설을 포함하고 있지 않다는 점에서 공통점을 갖는다. 그리고 이사국의 수를 현재의 15개국에서 24개국으로 늘린다는 점에서도 동일하다. 아난은 2005년 9월 제60차 국제연합정상회의 개최 전까지 안전보장이사회 개혁 논의를 끝내고자 했다.

그러나 실제의 회원국 논의 과정에서 개편 논의는 내용 면에서 이 두 가지

---

14) 패널의 공식 이름은 「High-Level Panel on Threats, Challenges and Change」이다.

안이 중심이 되지 않았을 뿐 아니라, 성과 면에서는 아무런 결과 없이 일단 막이 내렸다. 상임이사국 진출을 강력하게 희망하는 G-4 국가들(일본, 독일, 인도, 브라질), 이들이 상임이사국이 될 경우 국제사회에서 상대적 열세와 박탈감을 느끼게 될 한국을 위시한 중견국가들(Middle Powers),[15] 이들 G-4 국가들이 상임이사국에 진출할 경우 자신들의 영향력 감소를 감수하여야만 하는 기존 상임이사국들(P-5), 개도국을 위한 상임이사국 자리가 증설될 경우 누가 이 자리를 차지할 것인가를 두고 뜻을 달리하는 개도국들의 입장이 어긋났기 때문이다. 이러한 과정을 면밀하게 살펴보고자 한다.

3) 개혁안의 논의

우선 상임이사국 진출을 희망하는 일본, 독일, 브라질, 인도는 「G-4(Group of Four)」라고 불리는 4개국 그룹을 형성하여 공동 대응을 하였다. 이들은 거부권을 갖는 상임이사국 6개국을 증설하고 기존과 같은 2년 임기의 비상임이사국 4개국을 증설하여 안전보장이사회 이사국의 수를 현재의 15에서 25개국으로 확대하자는 안을 내어놓았다.[16] 6개 신설 상임이사국은 아시아지역에 2개석, 아프리카지역에 2개석, 미주지역에 1개석, 유럽지역에 1개석이 배정된다. 4개 신설 비상임이사국은 각 지역별로 1개석씩 배정된다.

이러한 결의안을 통과시키기 위해 G-4 국가들은 2단계 전략을 구사했다. 1단계 전략은 우선 신설 상임이사국의 국명을 결의안에 표기하지 않은 채로 통과시킨 후, 2단계에서 구체적인 국명을 적시하여 개개 국가에 대해 비밀투표로 결정하게 한다는 것이었다.[17] 국명을 명기하지 않은 이유는 특정 국가의 국명을 명기할 경우 이들과 경쟁관계에 있는 국가들의 반대에 직면해 결의안 통과가 어렵다고 판단했기 때문이다.

이처럼 1단계에서 상임이사국 6개석을 신설한다는 것을 기정사실로 만든

15) 스페인, 파키스탄, 아르헨티나, 캐나다 등이 더 포함된다.

16) 상임이사국 진출을 희망하는 국가들을 영어로 「Aspirant Group」이라고도 부른다.

17) 특정 국가를 지정하지 않은 채 상임이사국 6개국만 증설한다는 큰 틀만을 결정하는 결의안이기 때문에 이를 두고 영어로 「Framework Resolution」이라고 부른다.

후, 후보 국가별로 비밀투표를 통해 상임이사국을 확정하자는 전략이다. 그러나 반대에 직면하자, 이를 무마하기 위한 전략으로서 G-4는 거부권 보유 문제를 15년 후에 다시 검토한다는 것을 전제로 거부권 없는 신설 상임이사국으로 입장을 전환하였다.

53개 국가로 구성된 아프리카연합(AU)은 아프리카 2개국을 포함한 6개 상임이사국과 5개 비상임이사국을 증설하여 안전보장이사회 이사국을 총 26개국으로 확대하고자 했다. 신설 상임이사국에는 거부권을 주어야 한다고 주장했다. 이러한 AU의 안은 G-4의 안과 상임이사국의 거부권 부여여부와 비상임이사국의 수를 두고 차이를 보였다. 신설 비상임이사국을 둘러싼 이들 두 그룹의 차이를 보면, G-4의 안은 비상임이사국을 4석 신설하여 지역별로 1석씩을 배정하고자 하였는데 비해, AU의 안은 비상임이사국을 5석 신설하여 다른 지역은 1석씩을 주고 아프리카에게는 2석을 배정한다는 것이다.

한국을 위시한 중견국들은 「커피클럽(Coffee Club)」이라는 모임을 결성하여, 상임이사국 증설에 반대하고, 연임 가능한 2년 임기의 10개 비상임이사국만을 증설하여 총 이사국의 수를 25개(상임이사국 5개+비상임이사국 20개)로 하자는 안을 제시했다.[18] 이들은 개혁에 관한 결정에 이르는 방식에 대해서도 견해를 밝혔다. 통상적으로 국제연합 총회에서 의사결정을 할 경우 참석하여 투표한 국가의 과반이 찬성을 할 경우 통과가 되는데, 안전보장이사회 개혁의 경우는 결과적으로 헌장의 개혁을 가져오는 것이기 때문에 재적의 2/3이상의 찬성을 필요로 한다는 점을 명백히 했다. 이들은 또한 개혁에 관한 결정이 시한을 정해 놓고 표결로 강행될 경우 국가간의 분열을 피할 수 없기 때문에, 시간이 소요되더라도 합의(consensus)를 통해 이루어져야 함을 강조했다. 이러한 이유로 이들은 「합의를 위한 단합(Uniting for Consensus: UFC)」 그룹으로 통하기도 했다.[19]

---

18) 커피클럽은 커피를 마시며 협의하는 느슨한 비공식 모임으로, 한국, 이탈리아, 파키스탄, 캐나다, 멕시코, 아르헨티나, 스페인 등이 주축을 이루었다.

19) 반기문 외교통상부 장관은 2006년 제60차 국제연합 총회 일반토의 기조연설을 통해, 안전보장이사회 개혁은 안전보장이사회의 책임감과 투명성, 그리고 효율성을 제고하는 방향으로 추진돼야 하며, 이를 위해서는 상임이사국 증설이 아닌 비상임이사국 확대가 필요하다고 역설했다.

개혁안의 채택은 헌장의 개정을 의미하기 때문에 채택되기 위해서는 국제연합 총회 재적 2/3(당시 회원국은 191개국이었기 때문에 128개국) 이상의 찬성을 얻어야 했다. 더욱 더 중요한 것은 안전보장이사회 상임이사국으로부터 거부권의 행사가 없어야 한다. 이러한 점에서 3개 그룹의 어떠한 안도 다른 그룹의 협력 없이 단독으로 총회를 통과하는 것은 불가능한 것이었다.[20] G-4측은 AU측과 상임이사국과 비상임이사국을 동시에 증설한다는 기본 입장을 공유하고 있어 타협을 위한 노력을 집중적으로 전개했다. 일본은 AU의 지지획득을 위해 아프리카에 대한 공적개발원조(ODA)를 약속하는 등 표밭 다지기에 많은 공을 들여 많은 표를 확보하기에 이르렀다.

그러나 안전보장이사회 개혁에 칼자루를 쥐고 있는 것은 역시 안전보장이사회 상임이사국의 태도이다. 이들 중 미국, 중국, 러시아는 G-4와 AU의 개혁안 모두에 부정적인 입장을 가지고 있었고 영국과 프랑스만이 G-4측의 개혁안을 지지하고 있었다. 미국과 러시아의 반대, 여기에서 더 나아가 중국의 아시아와 아프리카 국가에 대한 공세적인 압박으로 인해, G-4의 제안에 공동 제안국으로 참여하겠다고 약속한 국가들이 참여를 꺼리게 되었다. 영국도 종국에는 태도를 바꾸어 G-4측 안을 지지하나 공동 제안국은 되지 않겠다는 의사표시를 하기에 이르렀다. 그리고 특히 G-4 국가와 경쟁관계에 있는 국가들의 반대도 거셌다. 독일에 대해서는 이탈리아가, 인도에 대해서는 파키스탄이, 브라질에 대해서는 멕시코와 아르헨티나의 거센 반발이 있었다.

결과적으로 AU가 긴급 정상회의를 개최하여 G-4측과 공동으로 결의안을 제출하지 않고 독자 결의안을 제출하기로 최종 결정을 내리자, G-4측은 가장 먼저 독자적인 결의안을 사무국에 제출했다. 그러나 중국 등의 공세로 공동 제안국은 23개국에 그치고 말았다. 이어서 AU측도 자신들의 결의안을 따로 제출했으며, 가장 나중에 합의를 위한 단합(UFC) 그룹 측도 한국을 비롯한 11개국의 공동명의로 결의안을 제출했다.

G-4측이 결의안을 제출한 이후에도 미국과 중국은 G-4측이 표결을 강행할 경우 반대하겠다는 의사를 표시했다. 이러한 상황임에도 불구하고 G-4측

20) 가장 지지층이 적은 커피클럽의 안은 이러한 점에서 총회에서의 채택을 목적으로 하기보다는 G4안에 대한 견제의 의미가 강했다.

은 결의안 제출 이후에도 단일 결의안 도출을 위한 노력을 포기하지 않았으나, AU측과 의견 차이를 좁히는 데 성공하지 못했다. AU와의 결의안 단일화에 실패함으로써 채택에 필요한 회원국 3분의 2 이상의 찬성을 얻는 것이 사실상 불가능해지자 G-4측은 결의안을 표결에 부치는 것을 포기하지 않을 수 없었다.

AU가 G-4와의 교섭에서 단일안에 대한 합의를 할 수 없었던 것은 AU 내의 상임이사국 희망국간에 누가 상임이사국이 될 것인가를 둘러싸고 갈등과 경쟁이 치열했기 때문이었다. G-4의 노력이 실패한 보다 중요한 이유는 거부권을 가진 상임이사국인 미국과 중국의 반대를 극복할 수 없었기 때문이었다. 중국은 아시아에서 패권다툼을 하는 일본에게 자신과 동등한 지위를 주기를 원하지 않았다.[21] 미국은 일본의 진출에는 찬성하나, 다른 G-4 국가들(독일, 인도, 브라질)의 진출에 대해선 극히 부정적이었다.[22]

4) 최근의 동향

2005년도에 독일, 인도, 브라질과 함께 G4안 제출을 추진했던 일본은 안전보장이사회 개혁 논의의 열기가 식는 것을 상당히 우려했다. 이러한 우려 속에 일본은 미국의 지지 여부가 안전보장이사회 상임이사국 진출의 관건이라는 판단에 따라, 2006년도에 접어들어 G-4에서 이탈하여 주로 미국과 국제연합 개혁안을 논의하면서 미국에 의해 수용될 수 있는 새로운 구상을 내놓았다. G-4는 일본을 빼고 2005년에 제출했다가 폐기된 결의안을 2006년 1월 5일에 다시 제출했다.

일본의 새 구상은 이사국 수에 상한선을 두어 현재의 15개 안전보장이사회 이사국에 6개 이사국을 증설하여 총 21개 이사국으로 하되, 늘어난 이사

21) 일본은 중국의 반대를 예상했고, 모두가 찬성하고 중국만이 반대하는 상황을 만들어 중국이 반대하지 못하도록 압박을 가한다는 전략을 가졌었다. 그런데 중국은 이러한 예상을 뒤엎고 아시아와 아프리카 국가들에게 일본의 상임이사국 진출에 반대하도록 적극적인 외교를 전개했다.

22) 일본은 미국의 눈 밖에 난 독일 등과 G4를 구성한 것이 전략적으로 잘못되었다는 평가를 내렸다.

국 6개국 중에서 몇 국가를 새로운 상임이사국으로 할 것인가는 회원국의 투표로 정하자는 것을 주된 내용으로 하고 있다. 이사국에 입후보한 국가 중 회원국의 3분의 2인 128개국 이상의 지지를 받으면 상임이사국이 되고, 이에 미치지 못하더라도 일정 수의 표를 얻을 경우 비상임이사국이 되도록 하자는 내용이다. 구체적으로는 이사국에 입후보한 국가 중에서 회원국 3분의 2 선인 128개 국 이상의 지지를 얻은 나라를 상임이사국으로 하고, 이에 미달되더라도 100개 국 이상 지지를 얻은 나라는 비상임이사국으로 하자는 것이다. 이러한 일본의 안에는 거부권 없이 연임이 가능한 「준상임이사국」 제도를 도입하는 방안도 포함됐다.

이 안은 특히 안전보장이사회 개혁에 칼자루를 쥐고 있는 미국의 입장을 많이 배려한 안이다. 우선 안전보장이사회 확대 폭을 억제하려는 미국의 입장을 일정한 정도 고려하여 21개 국가로 이사국 수에 상한선을 두었다. 그리고 미국이 독일이나 브라질 등과 같이 특정 국가의 상임이사국 진출을 반대하고 있는 것을 고려하여, 실제의 투표과정에서 미국이 이러한 국가들을 배제할 수 있는 길을 터놓은 것이다. 이럴 경우 현실적으로 상임이사국 진출의 열쇠를 쥐고 있는 미국의 의도대로 상임이사국이 결정될 가능성이 있다.

그러나 이 안은 G-4의 나머지 국가인 독일, 브라질, 인도의 배신논쟁과 더불어 미국의 전횡에 불만을 품는 개발도상국의 반발을 초래할 가능성이 있다는 분석이다. 중국도 일본이 미국과 협의해 마련 중인 이러한 개혁안에 대해 반대의사를 표명했다. 미국도 안전보장이사회 이사국 수에 있어서 상한은 19-20개국이라는 입장을 보이고는 있으나, 실제에 있어서는 일본 하나만이 추가된 16개국을 선호한다는 뜻을 내비침으로써 일본은 또 다른 대안을 찾아야 할 것 같다.

현재 난관에 봉착한 안전보장이사회 개혁의 대안으로서 현재와는 달리 연임이 가능하면서, 2년 임기가 아닌 이보다 훨씬 긴 5년 혹은 10년 정도의 임기를 갖는 비상임이사국안이 개진되고 있어 향후 논의에 어떤 영향을 미칠지 주목된다.

(3) 경제사회이사회 개혁논의

국제연합은 국가간의 사회적·경제적 협력을 국제연합의 핵심적인 과업의 하나로서 설정하고 경제사회이사회를 주요기관의 하나로서 설립했다. 그러나 국제연합헌장 제60조는「이 장에서 규정된 기구의 임무를 수행할 책임은 총회와 총회의 권위하에 경제사회이사회에 부과된다.」고 규정함으로써 안전보장이사회와는 달리 경제사회이사회를 총회의 권위 아래에 두었다. 이러한 헌장의 규정에 따라 경제사회이사회는 2등급 조직이 되었고, 권고를 할 수 있는 권한만 주어지고 구속력 있는 의사결정력은 부여되지 않았다.[23)]

그 동안 국제연합의 개혁의 일환으로서 이러한 경제사회이사회를 둘러싸고 다양한 의견이 제시되어 왔다. 그 한 축은 기존의 경제사회이사회를 개혁하여야 한다는 입장이다. 또 다른 축은 법적 구속력을 갖는 의사결정을 할 수 있는 전적으로 새로운 기구를 만들어야 한다는 입장이다.

후자의 경우는 다양한 이름의 기구들이 제시되었지만 공통적인 것은 안전보장이사회나 선진 8개국 정상회의(G8)보다는 좀 더 대표성이 있고 개방적이면서 지금의 경제사회이사회보다는 좀 더 능력을 가지고 있고 좀 더 권한을 갖는 전지구적인 의사결정 기구여야 한다는 것이다.[24)] 이런 대안이 실현되기 위해서는 헌장의 개정을 전제로 하며, 이를 위해서는 안전보장이사회 상임이사국 모두의 찬성을 포함하여 총회 재적 국가의 2/3 이상의 찬성을 필요로 한다. 따라서 별로 실현 가능성이 높아 보이지 않는 것이 사실이다.

전자의 경우는 헌장의 개정이 반드시 필요한 것은 아니나, 회원국들의 정치적 의지의 변화가 필요하다. 2005년에 국제연합에서 개최된 세계정상회의(World Summit)에서 채택한 결과문건에서 이러한 아이디어가 받아들여졌는데, 그 구체적인 내용을 살펴보면 다음과 같다: 경제사회이사회의 정치적인

23) The Never-ending Story of ECOSOC Reform: L27 as emerging alternative to G-8? by Jeans Martens (http://www.globalpolicy.org/eu/en/publ/reform_ecosoc_en.pdf)

24) 다양한 이름 가운데 몇 개를 예로 들면, 경제안전이사회(Economic Security Council), 경제사회안전이사회(Economic and Social Security Council), 세계경제이사회(World Economic Council), 지속가능발전이사회(Council for Sustainable Development), 전지구적 경제이사회(Global Economic Council) 등이 있다.

중요성을 강화하기 위해 1년에 1회 장관급 회합을 갖는다. 경제사회이사회의 과업은 다른 것에 앞서 새천년개발목표(MDGs: Millennium Development Goals)를 포함하여 국제적으로 합의된 개발목표를 감시하고 집행하는 일이다. 2년에 1회 고위「개발협력을 위한 포럼(Development Cooperation Forum)」을 개최하여 국제개발정책에 있어서의 경향을 분석하고 개발목표와 다른 부문에 있어서의 정책간의 일관성을 촉진한다. 그러나 세계정상회의 이후에 이에 대한 구체적인 합의에 이르지 못하고 있다.

(4) 사무국의 개혁

안전보장이사회의 개혁과 더불어 국제연합의 개혁과제의 핵심을 이루고 있는 것이 사무국의 개혁이다. 사무국의 개혁도 선진국과 개도국 사이의 견해 차이가 존재하며, 사안에 따라서는 사무국 직원의 저항까지 가세하여 결코 쉬운 일이 아니다. 따라서 사무국의 개혁은 개혁과제의 난이도에 따라 비교적 합의가 쉬운 단기과제와 그렇지 않은 중기과제로 나누어 논의해 오고 있다.

이라크 석유와 식량 교환 프로그램(Oil-for-Food Program)의 부실관리, 평화유지군의 성적 학대, 사무국의 부패 의혹 등이 불거지면서 윤리국(Ethics Office)의 신설, 감사제도에 대한 외부평가의 실시, 독립감사자문위원회(Independent Audit Advisory Committee: IAAC)의 신설문제 등은 난기과제로서 이미 합의가 이루어졌다. 중기과제로서 아직 국가간에 합의를 이끌어내지 못한 문제는 국제연합 사업의 재검토 문제와 사무총장의 사무국 운영 재량권의 문제인데 이 문제를 둘러싸고 개도국과 선진국간에 갈등이 심하다.

선진국은 효율적인 자원의 사용을 위해, 총회와 기타 기관의 결의로 채택된 후 5년 이상 지속되고 있는 사업을 일괄적으로 검토하여 사업의 지속 여부를 결정하여야 한다는 주장을 제기하고 있으나, 개도국들은 효율성만을 내세워 개도국들이 관심을 가지고 있는 사업이 폐지되거나 축소되는 것을 우려하고 강력하게 반대하고 있다. 팔레스타인에 대한 지원사업처럼 정치적인 고려가 필요함을 강조한다.

선진국들은 사무국의 업무 효율성을 제고하고 자원의 효율적인 활용을 위해 예산·인사·조직관련 정책, 규정, 규칙의 개정 등 사무국 운영에 필요한 사무총장의 재량권을 확대하고자 한다. 이에 대해 개도국들은 예산·인사 등에 관한 현재의 규정과 규칙을 유지하면서도 사무국의 운영개선이 가능하다고 보고, 재량권 사용은 총회의 결정사항임을 강력하게 주장하고 있다. 이 문제를 둘러싼 선진국과 개도국의 대립이 극에 이르고 있는데 그 이유는 사무총장의 재량권 확대는 개도국이 수적인 우위를 점하고 있는 총회의 권한 축소로 이어진다는 우려 때문이다.

개도국들은 그렇지 않아도 국제연합 내부의 권력이 총회를 떠나고 있는 상황에서 총회가 가지고 있는 마지막 권한인 예산에 대한 권한을 사무총장에게 넘기는 것에 크게 반발하고 있는 것이다. 사무총장은 안전보장이사회가 추천한 인사를 총회가 추인하여 선출하며 안전보장이사회의 추천과정에서 상임이사국의 거부권이 작용한다. 이 때문에 사무총장은 구조적으로 상임이사국의 영향력하에 놓이게 되며 사무총장의 권한의 강화는 이들 상임이사국의 영향력의 강화로 이어지는 것을 우려한다.

이러한 입장의 충돌 속에서 개도국들은 수적 우위를 기반으로 2006년 5월에 선진국의 입장에 반대하는 결의안을 총회에서 통과시켰다. 이에 대한 강력한 대응으로 미국을 중심으로 한 선진국들은 예산의 일부만을 승인함으로써 재정적인 기여를 지렛대로 사용하고 있는 형국을 전개시키고 있다.

7. 국제연합 개혁과 한국

위에서 살펴보았듯이 국제연합 개혁은 민주성·대표성·책임성을 제고하려는 개도국의 시도와 효율성을 제고하려는 선진국들의 시도가 맞물려 갈등을 유발하고 있는 상황이다. 그러나 진정한 국제연합의 개혁은 이 두 요소의 적절한 배합을 필요로 한다. 이러한 맥락에서 국제연합에서 11번째로 많은 정규예산을 분담하고 있는 한국정부가 사무국의 개혁에 있어서 사무총장의 재량권 강화와 이러한 권한을 갖는 사무총장의 엄격한 책임성 확보의 병행 추구를 지지하는 입장을 견지하고 있는 것은 적절하다고 본다.

또한 한국정부가 안전보장이사회의 개혁에 있어 상임이사국의 증설에 반대하고 연임 가능한 선출직 비상임이사국을 신설하자는 입장을 가지고 있는 것도 적절하다고 본다. 왜냐 하면 이들 비상임이사국은 선출된다고 하는 점에서 민주성과 대표성을 가지게 되며, 연임이 가능한 관계로 다시 선출되기 위해 국가들마다 국제사회에 대한 기여를 경쟁적으로 할 수 있다는 면에서 효율성을 가질 수 있기 때문이다.

국제연합 개혁의 양대 과제인 안전보장이사회의 개혁과 사무국의 개혁은 국제연합 회원국들이 결정할 몫임에는 틀림없으나, 모든 국가들이 받아들일 수 있는 대안을 제시하고 타결을 촉진하는 것은 사무총장의 역할 가운데 하나이기도 한다. 이런 점에서 한국인 사무총장의 역할에 큰 기대를 걸어본다.

제9부

국제기구의 역할과 한계

제1장 국제기구의 영향

1. 국제제도의 영향을 둘러싼 이론적 논의

앞서 제3부에서 살펴보았듯이 국제제도 연구가들 사이에 왜 국제제도가 창출되는가에 대한 활발한 논의가 전개되어 왔다. 이러한 논의와 더불어 이러한 국제제도가 국가행위와 국제관계에 영향을 미치는가를 둘러싸고 활발한 논의가 전개되어 왔다.[1] 이에 관한 이론적인 논의를 (신)현실주의, 신자유주의 제도주의론(신자유주의론), 구성주의 이론을 중심으로 소개하고자 한다.

(1) (신)현실주의 이론

국제제도를 힘 있는 국가에 의해 창출되어 이들 국가의 이익에 종사하는 종속물로 바라보는 (신)현실주의는 국제제도가 국가의 이익에서 벗어나 국가들의 행위에 독립적인 영향력을 가질 수 없다고 본다. 즉, 국제제도가 국

1) 국제정치에 있어서의 국제제도의 영향을 둘러싼 논의는 다음 논문을 중심으로 전개되었다: John J. Mearsheimer, "The False Promise of International Institutions." *International Security* Vol. 19, No. 3 (Winter 1994-1995), pp. 5-49; Robert O. Keohane and Lisa L. Martin, "The Promise of Institutionalist Theory," *International Security*, Vol. 20, No. 1 (Summer 1995), pp. 39-51; John J. Mearsheimer "A Realist Reply," *International Security*, Vol. 20, No. 1. (Summer 1995), pp. 82-93.

가들로 하여금 단기적인 힘의 극대화를 추구하는 자로서 행동하는 것을 막을 수 없다고 본다.

현실주의에 있어서, 국제제도는 힘 있는 국가에 의해 만들어지며 힘 있는 국가의 이익을 반영한다. 따라서 힘 있는 국가의 종속물로서 힘 있는 국가의 이익에서 벗어난 독립적인 역할을 할 수 없다. 현실주의는 국제기구를 단순히 협상과 전통적인 외교의 장소(locus)로서 또 다른 수단을 통한 국가간 권력정치의 장(forum)으로 보고자 한다.

신현실주의 이론은 총체적으로 국가의 행위와 국제관계를 국제체제의 구조의 산물로 보고자 한다. 따라서 국제제도가 국가의 행위에 미치는 영향과 관련하여 신현실주의는 국제제도가 국가의 행위와 국제관계에 실질적인 영향을 거의 미치지 않는다고 본다.

신현실주의 이론의 하나인 패권안정론은 국제제도란 무정부적 국제체제에서 규율을 부과할 수 있는 패권국가에 의해 창출되고 또 지도되는 것으로서 패권국의 종속으로부터 벗어나 독자성을 가지고 국가의 행위와 국제관계에 영향을 미칠 수 있는 존재가 아니라고 본다. 이러한 맥락에서 패권안정론은 국제기구 역시 자율성을 갖는 행위자가 아니라 패권국의 도구에 불과하다고 간주한다.[2)]

이처럼 패권안정이론은 국제제도를 국제사회에 있어서의 집단적인 결과를 결정하는 데 독자적인 역할을 거의 하지 않는 하찮은 것으로 바라보는데, 이는 패권안정론이 국제정치체제에서 권력정치를 집단적인 결과의 가장 중요한 결정자로 보며, 국제제도란 내재해 있는 이러한 권력구조의 단순한 반영물로서 집단적인 결과의 실질적인 결정요인인 권력의 변화에 따라 같이 변화하는 것으로 보기 때문이다.[3)] 즉, 패권안정론에 있어 국제제도란 국제체제의 권력구조에 종속되어 있는 것으로서, 국가행위에 독립적인 영향을 미치지 않는 매개변수에 불과하다고 본다.

---

2) 이 점이 국제제도의 독자적인 영향력을 강조하는 신자유주의 제도주의론과 크게 대조되는 점이다.

3) Susan Strange, "Cave! Hic Dragones: A Critique of Regime Analysis," in Stephen D. Krasner, ed., *International Regimes* (Ithaca: Cornell University Press, 1983), pp. 337-354.

그러나 (신)현실주의는 자신들이 주장하듯이 국제기구가 정말로 부수적(epiphennomenal)인 것이라면, 왜 그렇게 많은 국가들이 국제기구를 만들고 가입하는가에 대해 적절한 설명을 제공하지 못한다. 국제제도가 단지 주변적인 영향만을 가지고 있다는 주장은 유럽연합(EU), 북대서양조약기구(NATO), 세계무역기구(WTO), 그리고 지역적인 무역기구와 같은 국제제도에 국가들이 깊이 관여하고 있는 것에 그럴듯한 설명을 제시하지 못한다.

코헤인과 마틴(Robert R. Keohane and Lisa L. Martin)은 국제제도의 영향과 관련하여 던져야 하는 진정한 경험적인 질문이란 내재해 있는 국제체제의 구조의 효과와 국제제도 자체의 효과를 어떻게 구별할 것인가를 아는 것이라고 주장한다.[4)]

(2) 신자유주의 제도주의론(신자유주의론)

과거에 국가의 행위나 국제관계는 국제제도에 대한 언급이 없이 설명되었다. 그러나 신자유주의자들은 자율적이고 합리적인 국가들의 무정부적 체제 속에서도 국제제도의 수립을 통해 협력이라는 것이 일어날 수 있다고 본다.

앞서 살펴보았듯이 (신)현실주의는 국제제도란 국가행위에 거의 영향을 미치지 않으며, 국제정치에 있어서의 결과(outcome)에 단지 부수적이라고 본다.[5)] 국제체제의 무정부성과 이것이 만들어내는 안보딜레마가 국제제도를 부수적인 것으로 혹은 기껏해야 국제정치에 주변적인 것으로 만든다고 본다.

이와는 달리, 신자유주의는 국제제도가 안보딜레마를 개선할 수 있고, 주목할 만한 효과를 가진다고 주장한다. 구체적으로 신자유주의는 신현실주의 패권안정이론과는 달리 국제체제의 구조적인 변수인 패권국의 존재에 의해 영향을 받지 않고 국제제도가 창출되고 유지될 수 있다고 보며, 국제제도가

4) Robert R. Keohane and Lisa L. Martin, "The Promise of Institutionalist Theory," *International Security*, Vol. 20, No. 1 (Summer 1995), p. 47.

5) John J. Mearsheimer, "The False Promise of International Institutions," *International Security,* Vol. 19, No. 3 (Winter 1994/1995), pp. 5-49; Joseph M. Grieco, "Anarchy and the Limits of Cooperation: A Realist Critique of the Newest Liberal. Institutionalism" *International Organization*, Vol. 42, No. 3. (Summer 1988), pp. 485-507.

권력과는 독립적으로 종종 일정한 정도로 국가의 행위와 국제관계에 영향을 미칠 수 있다고 본다.

좀 더 엄밀하게 말해, 신자유주의는 국제제도가 국가이익과 선호의 형태를 바꾸지는 않지만 일정한 기능을 수행함으로써 일정한 조건하에서 국가행위에 대해 상호 기대하는 바를 규정하고 안정화시킴으로써 국가의 선택을 제약할 수 있다고 본다.[6)]

신현실주의와 신자유주의는 국제제도의 효과성(effectiveness)을 다른 방식으로 평가하고 있기 때문에 국제제도의 국가의 행위에 대한 영향을 평가하는데 있어서 다른 견해를 보인다고 볼 수 있다.

신현실주의의 경우, 국가들이 장기적인 공동체 목표를 위해 단기적이고 자기중심적인 이익을 버리는 것과 같이, 국가들로 하여금 그렇지 않으면 그렇게 행동하지 않았을 방식으로 행동하도록 하는 한에 있어서 국제제도는 중요하다고 본다. 이와는 대조적으로, 신자유주의의 경우 협력을 통해 상호이익을 달성하는 것과 같이 국제제도가 국가들로 하여금 그렇지 않으면 할 수 없었을 것을 할 수 있도록 해주기 때문에 중요하다고 판단한다.

이처럼 신현실주의는 국제제도를 국가의 행동에 대한 제약(constraints)으로서 파악하고, 신자유주의는 국가들로 하여금 상호이득이 되는 협력적인 결과에 도달하는 것을 가능하게 해주는 것으로 개념화한다.[7)]

신자유주의는 신현실주의로부터 국제제도의 영향을 언급함에 있어서 배신의 두려움을 극복하는 것이 훨씬 더 어려운 안보이슈를 대체적으로 무시하고, 대신에 경제이슈에만 집중하고 있다는 비판을 받는다. 또한 신자유주의가 국가들의 상대적 이득(relative gain)에 대한 관심이 협력에의 주요한 장벽이 되고 있음을 무시한다고 비판한다. 국가가 상대적인 이득을 깊이 염려할 때 국제제도가 협력을 촉진한다는 것은 증거가 없다는 지적이다. 이와 더불

6) Robert O. Keohane, *After Hegemony: Cooperation and Discord in the World Political Economy* (Princeton University Pres: New Jersey, 1984); Jeffrey W Legro, "Which Norms Matter? Revisiting the "Failure" of Internationalism,"*International Organization*," Vol. 51, No. 1 (Winter 1997), pp. 31-63

7) Randall L. Schweller and David Priess, "A Tale of Two Realisms: Expanding the Institutions Debate," *Mershon International Studies Review*, Vol. 41, No. 1. (May, 1997), p. 3.

어, 신자유주의는 실증적인 관점에서 제도가 없었다면 현재의 협력이 일어나지 않았을 것이라는 것을 입증하지 못한다는 비판을 받는다.

신자유주의에 대한 구성주의의 비판에 따르면, 신자유주의는 국제제도를 기껏해야 자기중심적인 국가들의 선택과 전략을 제약하는 창설물로 간주함으로써 국제제도에게 단지 제한적인 역할만을 부여한다. 이는 신자유주의가 국가의 정체성과 이익을 주어진 것으로 보기 때문에 당연한 귀결이다. 이와는 달리 구성주의는 국제제도의 효과가 더욱 깊어, 국가의 정체성과 이익의 수준으로까지 도달하여 이를 바꾼다고 본다.

(3) 구성주의 이론

구성주의는 현실주의와 신자유주의가 공통적으로 기반을 두고 있는 합리주의가 합리성이라는 가정하에 국제제도의 구체적인 생성과정과 국가의 행위에 영향을 미치는 과정을 암상자에 넣어둔 것을 열고자 했다.

구성주의에 따르면, 행위자들은 그들이 사회화되어 오고 있고 내재화되어 오고 있는 정체성, 가치, 규범에 따라 행동한다. 행위자들은 계산을 하기 보다는 어떤 행동이 그들의 가치나 정체성과 일관성이 있는가에 대해 숙고를 한다.

구성주의는 국제제도가 국가들 사이의 사회화(socialization), 관습화(habitualization), 학습(learning) 등의 과정을 통해서 심층적으로 국가들의 정체성과 이익에 영향을 미침으로써 국가의 행위에 영향을 미친다고 본다. 좀 더 구체적으로 행위자는 사회학습(social learning)과 설득의 과정을 통해 적절한 행위의 새로운 규범과 규칙을 내면화하고, 따라서 이들의 정체성과 이익을 다시 정의한다.

이는 국제제도가 국가의 정체성과 이익에 영향을 미치지 않는 가운데 기껏해야 자기중심적인 이기적인 국가의 선택과 행위를 제약하는 것에 그친다고 보는 신자유주의와 대조를 이루는 점이다.[8] 이러한 맥락에서 구성주의

8) 구성주의에 따르면, 신자유주의는 이론적인 경제성(theoretical parsimony)을 위해 국가의 합리성을 선험적으로 가정함으로써 국제제도가 국가의 정체성과 국가이익에 영향을 미쳐 행동에 변화를 가져오는 과정을 암상자에 넣고 있다.

관점에서 국제기구가 옹호하는 국제적인 규범이 어떻게 국가의 행위에 영향을 미치는가와 같은 연구와 더불어 일국에 있어서의 규범이 어떻게 국제적으로 확산되어 국제적인 규범이 되는가에 대한 연구가 다수 행해졌다.

이처럼 구성주의는 국제제도와 규범이 행위자의 이익(선호)의 형성과 발전에 미치는 역할에 관심을 가진다. 구성주의는 이러한 국제제도와 규범이 국가의 정체성과 이익에 영향을 주는 사회화와 학습을 중요시 여기는데, 국제기구가 이러한 사회화와 학습에 중요한 역할을 한다고 본다.

이러한 맥락에서 구성주의는 예컨대 국제연합 회원국들의 정체성이 국제연합의 개발프로그램과 평화유지 임무에의 참여에 의해 구성될 수 있는 방식을 강조한다. 이처럼 구성주의에 있어, 사람들과 조직들은 사회제도에의 참여를 통해 특정의 정체성을 발전시킨다. 간단히 말해, 제도가 행위자를 구성한다(Institutions constitute actors).

신자유주의에 있어서, 국제제도는 규제적인 기능(regulative function)을 한다. 구성주의에 있어서, 국제제도는 행위자의 정체성과 이익을 구성하며(constitute) 단순하게 행위를 규제하지(regulate) 않는다. 이를 좀 더 부연하면, 규범(norms)이나 규칙(rules)에는 두 종류가 있는데, 하나는 우리에게 보다 더 익숙한 규제적인 규범 혹은 규칙(regulative norms or rules)이고 또 다른 것은 구성적인 규범 혹은 규칙(constitutive norms or rules)이다.

전자는 우리에게 익숙한 것으로서 무엇을 해서는 안 된다는 규범 혹은 규칙이다. 후자는 종종 덜 평가되기는 하나 마찬가지로 중요한 규범이나 규칙으로서, 행위자로 하여금 특정방식으로 행동하지 못하도록 금지하기보다는 오히려 특정 행동을 구성하고 있는 경우이다. 어떤 특정한 행위나 바둑이나 운동경기 등과 같은 게임을 구성하고 지배하는 규범이나 규칙을 일컬으며, 국제체제에서 국가간 정치의 기본적인 조직원칙(the basic organizing principles of international politics)이 바로 이러한 것에 해당한다. 구성주의는 규범이나 규칙의 구성적인 성격을 중요시 여긴다.

신현실주의가 국제제도의 영향을 지나치게 부인하는 것에 반해, 구성주의는 이를 지나치게 강조한다는 비판을 받는다. 즉, 구성주의는 국가가 국제제도를 쫓아 행동을 한다고 주장하나, 이것은 행동에 대한 강력한 설명이 되지 않을 수도 있다는 비판이 제기된다. 왜냐하면 의도하지 않은 결과의 역할 때문이며 인간의 행동이라고 하는 것은 다양한 상황적인 제약과도 연관되어 있기 때문이다.

구성주의는 아이디어가 권력(power)과 이익(interests)을 규정짓는다고 본다. 그러나 현실주의 관점에서 볼 때, 구성주의는 국제제도가 종종 강력한 행위자에 의해 지켜지지 않는다는 점을 고려하지 않으며, 어떤 아이디어들은 이러한 것들을 물리칠 수 있는 물질적인 능력을 가지고 있는 강력한 행위자들에 의해 좌절된다는 점을 간과한다.

(4) 합리주의와 구성주의의 결합

합리주의와 구성주의의 논란 속에서 이들 사이의 보완성에 대한 논의가 활발하게 전개되고 있다. 우선 훼아론과 웬트(James Fearon and Alexander Wendt)는 실제의 세계에서 행위자는 때때로 그들 행위의 결과를 계산하면서 행동을 하기도 하고, 때때로 그들의 정체성과 가치에 따라 행동한다고 주장한다. 이러한 이유 때문에 이들 합리주의와 구성주의는 보완적이라고 본다.[9)]

쉼멜펜니히(Frank Schimmelfennig)는 「수사적인 행동(rhetorical action)」이라는 개념을 통해 합리주의와 구성주의를 결합하고자 한다. 국가는 종종 지배적인 규범과 정당성의 기준에 미약하게 사회화가 되며, 물질적인 이익에 따른다고 본다. 이러한 국가에게 물질적인 이익이 아닌 규범에 따른 행동을 하도록 하기 위해 규범에 기초한 주장(norm-based argument)을 전략적으로 사용하는데, 이를 일컬어 「수사적인 행동」이라고 한다.[10)] 유럽연합(EU)의 예를 들어 설명하면 다음과 같다.

EU와 같은 제도적인 환경하에서 정치적 행위자로서의 회원국들은 자신에

9) James D. Fearon and Alexander Wendt, "Rationalism vs. Constructivism: A Skeptical View," in Walter Carlsnaes, Thomas Risse and Beth A. Simmons, eds., *Handbook of International Relations* (London: Sage, 2002), pp. 52-72.

10) Frank Schimmelfennig, "The Community Trap: Liberal Norms, Rhetorical Action, and the Eastern Enlargement of the European Union," *International Organization*, Vol. 55, No. 1 (Winter 2001), pp. 47-80.

대한 평판을 비롯하여 그들의 선호와 행위의 정당성에 대해 관심을 둔다. 따라서 그들의 이익을 공동체의 정당성 기준에 근거하여 정당화시킬 수 있는 행위자는 그들의 대상으로 하여금 수치심을 느껴 규범에 일치하는 행위를 하도록 하고 이익과 권력만으로 초래될 수 있는 집단적인 결과를 바뀌도록 할 수 있다.[11] 즉, 이익에 따라 행동할 수 있는 대상에게 수치심의 동원(mobilization of shame) 혹은 양심의 동원(mobilization of conscience)을 통해 행위를 바꿀 수 있다고 본다.

구성주의자들 일부는 「규범의 전략적 조작(strategic manipulation)」의 가능성을 심사숙고하기 시작했다. 예컨대, 핀모아와 식킹크(Martha Finnemore and Kathryn Sikkink)는 도구적인 합리성(instrumental rationality)이 규범, 정체성, 선호의 사회적 구성에 있어서 중요한 역할을 한다는 것을 강조했다. 구체적으로 이들은 국제적인 인권규범의 진화를 설명하기 위하여 합리주의와 구성주의의 요소를 결합하였으며, 규범의 옹호자가 전략적으로 규범에 대한 국제적인 지지를 만들어내는 과정을 서술하고 있다.

규범의 옹호자는 매우 세밀한 수단과 목적에 대한 계산을 하고 효용을 극대화하며, 자신의 규범적 약속(normative commitment)을 반영하면서 다른 사람의 효용을 바꾸는 것을 추구함으로써 「전략적 사회구성(strategic social construction)」에 관계한다고 본다. 좀 더 구체적으로 말해, 국제적인 행위자들은 다른 행위자들로 하여금 규범을 따르도록 고무하는데, 이때 사회화와 동료압력(socialization and peer pressure)의 과정을 거치게 된다. 이러한 과정이란 적절한 행동에 대해 칭찬을 하고 규범의 위반에 대해 비난을 하는 담론적인 전략(discursive strategy)과 훌륭한 행위에 대해서는 보상을 하고 관련 규범을 따르지 않는 사람에게는 제재를 가하는 물질적인 전략을 종합한 것이다.

샌드홀즈와 그레이(Wayne Sandholtz and Mark Gray)는 행위자들은 그들의 복지를 향상시키기 위한 욕망과 적절하거나 정당한 방법으로(in appropriate or justifiable ways) 행동하고자 하는 욕망 모두에 의해 동기가 주어진다. 경

---

11) Frank Schimmelfennig, "The Community Trap: Liberal Norms, Rhetorical Action, and the Eastern Enlargement of the European Union," *International Organization*, Vol. 55, No. 1 (Winter 2001), pp. 47-80.

제적 합리성과 규범적 합리성이 이처럼 보완적이다. 개개인은 비록 효용과 규범 사이의 상호작용에 대해 이해를 제대로 하고 있지 않지만, 통상적으로 효용과 규범에 대해 동시에 판단하고 선택을 하는 경우 이 두 가지를 모두 고려한다.12)

리세(Thomas Risse)는 하버마스(Jürgen Habermas)의 의사소통행동이론(theory of communicative action)에 기초하여 「주장의 논리(logic of arguing)」를 제시한다.13) 하버마스에 따르면 민주주의 의사결정은 단순히 경쟁하는 고정된 이익(선호) 사이의 타협이 아니라, 의사소통을 통해 이성적 합의를 이루어 내는 과정이다. 이 이론은 의사소통(communication)을 전략적인 행동(strategic action)으로 간주한다. 이러한 주장에 따르면, 행위자들은 의사소통을 통해 서로를 납득시키고, 그리하여 서로의 이익(선호)에 영향을 미친다.

의사소통이라는 것이 기존에 수립되어 있는 이익(선호) 및 권력과 같은 중요한 설명요인(explanatory factors)과 별도로 결과에 영향을 미치는 요인을 형성하는가의 문제에 있어서, 합리주의는 의사소통이 다른 설명요인에 비해 미진한 역할을 한다고 본다. 이와는 대조적으로, 주장의 논리는 의사소통이 다른 요인들과는 독립적으로 결과에 대해 별도의 영향을 미친다고 본다.

이처럼 논쟁(argumentation), 심의(deliberation), 설득(persuasion)은 합리주의에서 말하는 전략적인 협상(strategic bargaining) 및 구성주의가 말하는 규범에 이끌리는 행위(norm-guided behavior)와는 구별되는 사회적인 상호작용의 양태를 구성한다고 본다.

2. 국제제도의 영향에 관한 이론적 논의의 함의

현실주의는 국제체제의 무정부성과 이로 인한 안보딜레마로 인해 권력

12) Wayne Sandholtz and Mark M. Gray, "International Integration and National Corruption," *International Organization,* Vol. 57, No. 4 (Fall 2003), p. 761

13) Thomas Risse, "Let's Argue! Communicative Action in World Politics'. *International Organization* Vol. 54, No. 1 (Winter 2000). pp. 1-39.

(power)이 국가 행위의 중요한 동기를 구성한다고 본다. 현실주의는 국제제도를 권력의 단순한 반영물로 바라본다. 때문에 국가가 국제제도를 따르는 것처럼 보여도 실상은 국제제도에 내재화된 권력에 영향을 받는 것으로 간주한다. 이처럼 현실주의는 국가의 행위와 국제관계에 미치는 국제제도의 영향이란 독립적이지 않다고 본다.

현실주의가 국제제도를 권력의 반영물로 바라보는 것과는 대조적으로 신자유주의는 국제제도란 이들이 수행하는 기능이 국가들에게 이익을 가져다주기 때문에 권력과는 독립적으로 생성된다고 본다. 신자유주의는 국제제도가 국가 행위에 대해 상호 기대하는 바를 규정하고 안정화시키면서 국가의 선택에 영향을 행사함으로써 권력과는 독립적으로 국가의 행위와 국제관계에 영향을 미친다고 본다.

구성주의는 국제제도가 국가의 정체성이나 이익 자체를 변화시켜 국가의 행위에 보다 본질적인 영향을 미친다고 본다. 이러한 구성주의 견해는 국가의 정체성과 이익에 영향을 미치지 않는 가운데 기껏해야 자기중심적인 이기적인 국가의 선택과 행위를 제약하는 데에 그친다고 보는 신자유주의와 대조를 이룬다.

결과적으로 현실주의는 국제제도가 국가의 행위와 국제관계에 독립적인 영향이 없음을 강조하고, 신자유주의와 구성주의는 질적인 차이는 존재하나 공통적으로 국제제도의 영향을 강조한다. 이들 세 종류의 이론들은 이처럼 국제제도가 국가의 행위나 국제관계에 미치는 영향에 대해 상이한 판단을 내리고 있으나, 이러한 상이한 판단은 부분적으로 이들이 어떠한 현상을 영향이라고 볼 것인가에 대해 상이한 견해를 가지고 있다는 것으로부터도 유래한다.

현실주의의 경우는 국제제도의 영향이라는 것을 국가가 하려는 것을 하지 못하도록 하는 것을 의미하는 행동에 대한 제약(constraints)이라는 관점에서 파악하고, 신자유주의는 국가들이 할 수 없었던 것을 가능하게 해주는 것이라는 관점에서 접근한다. 구성주의는 국가의 행위를 제약하는 것보다는 구성하는 것이라는 관점에서 영향력을 논의하고자 한다.

합리주의와 구성주의를 결합하고자 하는 노력에서 보듯이 국가의 행위에 영향을 미치는 것은 힘과 효용으로 정의되는 이익 뿐만 아니라 정체성과 가치이다. 이 때문에 국제제도의 영향에 대한 논의에 있어서 합리주의 전통의 현실주의와 신자유주의 논의 뿐 아니라 합리주의 전통을 비판하고 나선 구성주의적인 논의가 동시에 필요하다고 본다.

이러한 논의를 통해 어떠한 조건에서 국제제도가 국가의 행위나 국제관계에 어떠한 영향을 미치며, 어떠한 조건의 경우 국제제도가 국가의 행위나 국제관계에 영향을 미치지 못하는가를 경험적으로 밝히는 것이 우리의 과제일 것이다.

제 2 장 국제기구의 위상

1. 서 론

우리는 때때로 국제기구의 위상이 강화되었다든가 위상이 약화되었다는 평가를 내리곤 한다. 그런데 구체적으로 국제기구의 위상의 강화나 약화가 무엇을 의미하는가에 대해서는 일치된 견해가 존재하지 않는다. 따라서 이곳에서는 국제기구의 위상강화가 무엇을 의미하며, 나아가 이러한 위상강화에 영향을 미치는 조건들에게는 어떠한 것들이 있는가를 살펴보고자 한다.

우선 주권국가들이 자신들의 자율권이 제한될 수 있음에도 불구하고 자신들이 직접 문제를 해결하지 않고 국제기구를 통하여 해결하기 위해 국제기구에 문제를 맡기는 것을 국제기구의 위상강화의 한 측면으로 간주하고자 한다. 이처럼 국제기구에 문제의 해결이 맡겨진 경우를 국제기구 위상강화의 일차적인 단계라고 볼 수 있다.

국제기구에 문제해결의 임무가 맡겨진다고 해도 이러한 문제가 다루어지는 방식이 국제기구 위상강화의 또 다른 한 측면을 구성한다. 이는 국제기구에 있어서 의사결정과 관계가 있는데, 의사결정과의 관계란 구체적으로 의사결정의 주체, 의사결정의 방법, 의사결정의 효력이라는 3가지 측면을 갖는다.

우선 국제기구 내에서 어떤 기관이 의사결정에 주요한 역할을 하는가가 국제기구의 위상강화와 밀접한 관계를 가진다. 국제기구 대부분에 있어서

의사결정은 총회나 이사회와 같은 정부대표들로 구성된 기관에서 이루어지는데, 이는 자신에게 영향을 미칠 의사결정이 자신의 참여 없이 이루어지는 것에 대한 두려움이 있기 때문이다.

따라서 국제기구 내의 사무국이라든가 유럽연합의 집행위원회와 같이 주권국가와는 독립적인 지위에 있으면서 정부대표들로 구성되지 않은 기관이 문제해결을 위한 의사결정에 주요한 역할을 할 경우, 이를 국제기구의 위상강화의 한 측면으로 간주할 수 있다. 이러한 측면의 국제기구의 위상강화는 국제기구의 자율성(autonomy)이라는 측면에서도 다루어질 수 있다.[14)]

의사결정의 주체와는 별도로 의사결정의 방식이 국제기구 위상강화의 또 다른 측면을 구성한다. 이는 주로 정부대표로 구성된 기관에서의 의사결정과 관련 있는 것으로서 만장일치제에 따른 의사결정일 경우 주권국가의 자율성이 최대한 보장되는데 반해, 다수결에 의한 의사결정의 경우 주권국가가 원하지 않는 의사결정이 이루어질 수 있다는 점에서 국제기구의 위상강화라는 측면을 갖는다.

의사결정의 효력 역시 국제기구의 위상강화의 또 다른 한 측면을 구성한다. 정부대표로 구성된 기관이든 정부대표가 아닌 구성원들로 구성된 기관이든 이들이 구속력 있는 의사결정을 비롯한 권위 있는 의사결정을 내릴 수 있을 때, 국제기구의 위상강화를 말할 수 있다.

의사결정의 방식과 의사결정의 효력은 따로 구분하기 보다는 함께 살펴보아야 한다. 왜냐하면 이 둘 사이에 밀접한 관계가 존재하기 때문이다. 과거 회원국의 수가 적은 국제기구가 만장일치제를 통해 구속력 있는 의사결정을 했으나, 회원국의 수가 늘면서 만장일치제를 버리고 다수결제를 채택하면서

---

14) 하프텔과 톰슨(Yoram Z. Haftel and Alexander Thompson)은 국제기구의 독립성(independence)이 자율성(autonomy), 중립성(neutrality), 그리고 위임(delegation)이라는 세 가지 측면(dimension)을 가지고 있다고 보고, 국제기구의 독립성을 종합적으로 살펴보고자 했다. 그는 국제기구의 독립성에 영향을 미칠 수 있는 요인으로서 회원국들 사이의 경제적 상호의존(economic interdependence), 권력의 배분(distribution of power), 경로의존(path dependence)이라는 세 가지 요인을 추출해 가지고 실증적인 분석을 했다. 그 결과 경제적 상호의존과 경로의존이 국제기구의 독립성에 영향을 미치고 있음을 밝히고 있다 (Yoram Z. Haftel and Alexander Thompson, "The Independence of International Organizations: Concept and Application," *Journal of Conflict Resolution*, Vol. 50, No. 2 (April 2006), pp. 253-275).

의사결정의 효력을 권고에 그치도록 하는 경우가 많기 때문이다.

이처럼 국제기구의 위상강화는 다면적인데, 이는 주권국가들이 국제기구를 통해 문제해결을 꺼리고 국제기구에서 문제해결을 꾀한다고 해도 정부대표들로 구성된 기관에서 의사결정을 하고자 한다는 전제로부터 출발한다. 또한 정부대표로 구성된 기관에서 의사결정을 하더라도 원하지 않는 의사결정을 막을 수 있는 만장일치제나 합의제와 같은 방식을 통해 의사결정을 하고자 하며 의사결정의 효력에 있어서 구속력이 없는 권고에 불과한 의사결정을 내리고자 한다는 전제로부터 출발한다.

학자들은 국제기구의 위상강화와 같은 현상을 연구하면서 이러한 것을 가능하게 하는 조건에 관심을 가져온 것이 사실이다. 그러나 이들은 국제기구의 위상강화를 다면적으로 접근한 것이 아니라 어느 한 측면에 국한하여 접근해 왔다. 비록 이러한 한계를 가지고 있으나 이들 학자들이 이러한 조건과 관련하여 제시해 온 가설들은 국제기구의 위상강화를 이해하는 데 있어서 중요한 아이디어를 제공한다. 이를 체계적으로 살펴보면 다음과 같다.

2. 국제기구의 위상강화의 조건

(1) 국가가 국제기구에게 권한을 위임하는 조건

어떤 경우에 주권국가들이 자율성의 훼손이 예상됨에도 불구하고 국제기구에게 권한을 위임하려고 하는가의 문제에 대해 가장 체계적으로 접근하고 있는 것이 당사자-대리인 모델(P-A Model)이다. 따라서 이 모델의 논의를 중심으로 살펴보고자 한다.

첫째, 이슈의 성격의 하나로서 이슈의 중요성(issue salience)이 클수록 국제기구에 이슈를 맡기려 하지 않을 것이라고 본다. 그러나 상당히 중요한 이슈라도 국가 자신이 해결할 능력이 없고 또 그러한 이슈가 다룰 수 없는 상황에 빠져드는 것을 두려워할 때는 국제기구에 의한 권위적인 해결을 추구할 것으로 본다.[15)]

로즈노(James N. Rosenau)와 같은 학자는 구체적으로 국제기구가 식량원조, 난민, 인권과 같은 사회적 이슈영역에서 보다 큰 권위를 인정받고 있으며, 이와는 대조적으로 힘의 사용, 재산권, 초국가적 기업에 대한 규정, 자원에 대한 주권 등과 같은 이슈에 있어서는 국가의 자율성이 여전히 강조되고 있다고 본다.[16]

둘째, 이슈가 기술적으로 복잡하면 할수록 국제기구는 그들이 갖고 있는 전문성으로 인해 중요한 역할을 담당하게 되며, 주권국가를 포함한 타행위자에게 보다 큰 잠재적인 영향력을 가질 것으로 본다. 이와는 대조적으로 국가안보와 같은 상위정치(high politics)를 다루는 문제영역의 경우, 주권국가는 국제기구로 하여금 중요한 역할을 하도록 허용하지 않을 것으로 본다.[17]

달리 말해, 국가들이 국제기구가 가지고 있는 전문성으로부터 얻는 것이 많으면 많을수록 국제기구에 권한을 위임하고자 한다고 본다. 효과적인 정책을 만드는 데 전문성에 대한 필요가 크면 클수록, 국가는 국제기구에게 권한을 위임하고자 한다. 이와 관련하여 P-A 모델은 좀 더 구체적으로 다음과 같은 조건하에서 국가들이 국제기구에게 권한을 위임하고자 한다고 본다.

1) 국제원자력기구(IAEA)에게 핵확산을 감시하도록 권한을 부여하는 것처럼 국제기구가 전문성을 가지고 국가들에게 공공재(public goods)를 공급할 경우, 2) 국제표준화기구(ISO)에게 국제적인 표준화의 권한을 부여하는 것처럼 국제기구가 전문성을 가지고 개별적이고 조정되지 않은 국내정책들의 국제적 충돌을 방지하는 경우, 3) 세계보건기구(WHO)에게 세계보건 문제에 관한 권한을 부여하는 것처럼 과업이 상당히 전문성을 요하고, 어떠한 단일 국가에 있어서도 빈번하게 사용되지 않거나, 고정비용(fixed cost)이 클 경우 이러한 권한위임이 발생하기 쉽다.

---

15) Lawrence S. Finkelstein, "The Politics of Value Allocation in the UN System," in Lawrence S. Finkelstein, ed., *Politicsin the United Nations System* (Durham: Duke University Press, 1988), p. 12.

16) James N. Rosenau, *The United Nations in a Turbulent World, Occasional Paper Series by International Peace Academy* (Lynne Rienner Publishers, Boulder and London, 1992), p. 45.

17) Christer Jönsson, "Interorganization Theory and International Organization," *International Studies Quarterly*, Vol. 30, No. 1 (March 1986), pp. 39-57.

셋째, 행위자간의 능력의 배분이라고 정의되는 이슈영역의 구조와 관련이 있는 것으로서, 특정 이슈영역에 있어서 능력이 한 국가 혹은 몇 개의 국가에 집중되어 있는 경우가 능력이 많은 국가들에 분산되어 있는 경우보다 국제기구가 관여하여 중요한 역할을 할 수 있는 여지가 적다고 본다. 같은 맥락에서 양극체제보다 다극체제에서 국제기구의 기능이 강화될 수 있다고 본다.[18]

넷째, 국가들 간에 선호의 유사성(preference similarity)이 클수록 국제기구로의 권한의 위임의 용이하게 일어난다. 달리 말해, 국가들 사이에 정책의 결과에 대한 선호의 이질성(preference heterogeneity)이 크면 클수록 국가들이 국제기구에 권한을 위임하려 하지 않는다. 국가들 사이에 선호가 다양해지면, 국가는 국제기구에 권한을 위임하지 않고 일방적으로 행동을 취하는 선택을 할 수 있다.

(2) 국제기관이 의사결정에 중요한 역할을 하게 되는 조건

첫째, 국가들이 정책을 둘러싸고 집단적으로 안정적 합의에 이르기 어려울 경우, 균형(equilibrium)을 유도하기 위한 수단으로서 국제기구 내의 국제기관에게 「의제설정 권력(agenda-setting power)」과 같은 권한을 위임할 가능성이 높다고 본다.[19] 유럽연합의 경우, 국제기관인 집행위원회(Commission)에게 상당한 정도로 이러한 의제설정 권력이 위임되어 있다.

둘째, 주권국가들 사이의 불신으로 인해 공동인식이 약할 경우 국제기관으로서의 상설 행정조직은 의사결정 권한을 갖기 힘들며, 대신 주권국가가 의사결정 과정을 지배할 가능성이 높다. 이와는 달리 국제기구의 활동영역과 목적이 제한적이고, 제한적인 특수 목적이 기구를 통해 달성될 수 있다는 합의가 국가간에 이루어져 있으며, 이러한 목적이 회원국간에 대립을 가져올

---

18) Christer Jönsson, "Interorganization Theory and International Organization," *International Studies Quarterly*, Vol. 30, No. 1 (March 1986), pp. 39-57.

19) 여기서 「의제설정 권력」이란 이슈를 정의하고, 최종적인 의사결정자들 사이에서 합의를 도출해낼 수 있는 제안(proposal)을 처음으로 내놓을 수 있는 권력, 즉 제안할 수 있는 권력((power to propose)을 의미한다.

지도 모르는 상충하는 이해관계에 관한 것이 아닐 경우, 국제기구의 국제기관인 상설 행정조직이 지배적인 정책결정자로서의 역할을 할 가능성이 높다고 본다.

만국우편연합(UPU)과 국제전기통신연합(ITU)의 경우, 주권국가는 이들 국제기구의 사무국에 많은 정도의 자율성을 부여하고 있는데, 이것은 이들의 일상적인 일들이 판에 박힌 것(routine)이거나 기술적인 것으로서 이들 사무국과 주권국가간에 긴장이 거의 존재하지 않는다는 사실에 기인한다고 본다.[20)]

셋째, 의사결정의 유형이 국제기관에 의한 의사결정과 밀접한 관련이 있다고 본다. 제이콥슨에 따르면 정부는 국제기구 내의 정부대표로서 구성된 기관에서 의사결정이 이루어지도록 함으로써 중요한 국익에 영향을 미칠 결정을 통제하고자 하나, 때때로 개개 국가의 정부는 많은 이슈에 관한 통상적인 결정(routine decisions)이 정부의 적극적인 참여 없이 일어나는 것을 허용하려고도 한다고 지적하고 있다.

그는 많은 예외가 있을 수 있다는 신중한 전제하에 어떤 유형의 결정을 내리고자 할 때 정부대표들이 지배적인 역할을 하고자 하며, 어떤 유형의 결정에 정부대표들의 적극적인 참여 없이 결정이 이루어지도록 허용하는가에 대한 가설을 제공하고 있다.

그에 따르면, 정부대표들은 일반적으로 앞서 언급한 바 있는 국제기구의 의사결정의 유형 중에서 대표와 관련된 결정, 규범창설 결정, 규칙창출 결정, 프로그램적 결정에 있어서 지배적인 역할을 하려고 한다. 그리고 정보에 관련한 결정, 규칙감시에 관한 결정, 그리고 운용적 결정에 있어서의 정부의 관여는 큰 변이가 존재한다고 본다.[21)]

구체적으로 국제연합 사무총장 선출과정에서 알 수 있듯이 정부대표들은 사무국의 고위직 선출결정에 지배적인 역할을 하고자 한다. 규범창설 결정과 규칙창출 결정은 정부에 제한을 가할 수 있는 성질의 것이기 때문에 정부

20) William D. Coplin, *Introduction to International Politics: A Theoretical Overview* (Chicago: Markham Publishing Company, 1971), pp. 163-172.

21) Harold K. Jacobson, *Networks of Interdependence: International Organizations and the Global Political System,* 2nd ed. (New York: Alfred A. Knopf: 1984), pp. 113-114.

가 이러한 결정에 최종적인 권위를 행사하고자 한다. 또한 프로그램적 결정이란 국제기구에 가용한 자원을 어떻게 배분할 것인가에 관한 결정으로서 새로운 프로그램이 많은 비용을 필요로 하는 경우 정부는 결정에 깊이 관여하고자 한다.[22]

넷째, 효율성과 정치적 위험성과의 관계가 국제기관으로의 권한의 위임에 영향을 미친다고 본다. 구체적으로 협력의 증진으로부터 잠재적으로 기대되는 이득이 크면 클수록, 주권의 공동행사나 위임으로부터 이루어질 구체적인 결정의 내용과 그 결과에 관한 불확실성이 크면 클수록, 정치적 위험부담이 적으면 적을수록 국가는 권력을 공동으로 행사하려고 하거나 위임하려고 할 것으로 본다.

이는 모랍식(Andrew Moravcsik)이 제시하고 있는 주장인데, 그는 국제기구에서 주권국가가 주권을 이양하는 정도에 있어서의 변이에 관심을 두고, 이것을 결정짓는 요인에 대해 논의를 전개하고 있다.[23] 그에 따르면 주권국가가 국제기구에 가입하게 되면 이득과 동시에 국가 자율성의 감소를 동시에 경험하게 된다. 국제기구의 가입으로부터 받게 되는 이득은 기능주의적 국제레짐이 말하듯 거래비용을 줄이는 등 국가간의 협상의 효율을 높인다. 국제기구는 개개 국가가 추구하는 정책에 집단적 정당성(collective legitimacy)을 부여함으로써 국내정치에 있어 특정의 사회집단으로부터 정치지도자의 자율성을 높일 수 있다. 또한 국제기구는 그렇지 않고는 달성할 수 없는 목표를 달성하게 해준다.

이러한 이득과 교환하여 국가는 어떠한 결정이 일어날지 모르는 정치적 위험부담을 져야만 한다. 그는 의사결정 방식을 크게 만장일치제, 「주권의 공동행사」에 의한 의사결정, 「주권의 위임」에 의한 의사결정으로 구분하고 있다. 여기에서 주권의 위임이란 정부대표가 아닌 사무국을 위시한 국제기

22) 때때로 정부는 이러한 결정과 관련하여 큰 방향을 제시하고 세세한 결정은 사무국으로 하여금 내리도록 하기도 한다.

23) Andrew Moravcsik, "Preference and Power in the European Community: A Liberal Intergovernmentalist Approach, " in Simon Bulmer and Andrew Scott, eds., *Economic and Political Integration in Europe: Internal Dynamics and Global Context* (Cambridge: Blackwell Publishers, 1994), pp. 63-67.

관에 의한 의사결정을 일컫고, 주권의 공동행사란 정부대표들에 의한 의사결정을 의미한다.

그는 국제기구에 있어서 주권의 위임은 주권의 공동행사에 비해 의사결정에 있어 보다 효율적이나 좀 더 큰 정치적인 위험을 가져올 수 있어 실제로 드물다는 것을 지적하고, 국가는 주권의 위임이 가져올지 모르는 커다란 정치적 위험보다는 비효율적인 의사결정과 결정의 불완전한 이행을 선택한다고 본다.

(3) 만장일치제가 아닌 방식에 의한 권위적인 결정의 조건

대부분의 국제기구에 있어서 이슈가 맡겨질 경우, 주요한 의사결정이 국제기구 내의 정부대표로 구성된 기관에 의해 이루어지는 경우가 대부분이다. 이때 만장일치제나 합의제에 의해 의사결정을 하는 경우와 다수결제에 의해 의사결정을 하는 경우로 구분하여 살펴볼 수 있는데, 만장일치제나 합의제를 채택할 경우 법적 구속력을 갖는 것이 일반적이다. 이와는 달리 다수결에 의해 의사결정을 하는 경우 법적 구속력이 없는 권고 성격의 의사결정을 내리는 경우가 일반적이다.

소수의 제한된 국가만을 회원국으로 하며 이러한 회원국들 사이에 일정한 정도의 동질성이 존재하는 경우로서 지역기구를 들 수 있는데, 이러한 지역기구들은 아직 만장일치제나 합의제를 사용하는 경우가 많다. 회원국의 수가 늘면서 국가들 사이의 이질성이 확대되면서 그 효율성의 부족으로 인해 만장일치제의 사용이 줄고 다수결제의 채택이 늘어나고 있는 것이 현실이다. 그러나 만장일치가 아닌 다수결에 의해 법적 구속력이 있는 의사결정이 이루어지는 경우는 지극히 드문 것 역시 사실이다. 이러한 사실에 비추어 볼 때, 다수결제에 의한 구속력 있는 의사결정이라는 측면의 국제기구 위상강화는 현실과 많은 거리감이 있음을 알 수 있다.

유럽연합(EU)의 경우에서 보듯이, 일반적인 다수결에 의한 의사결정이 원하지 않는 구속력 있는 의사결정으로 이어지는 것을 방지하기 위해 이중 다수결제(double majority system)와 같은 제도가 도입되고 있는 것이 주목할 필요가 있다.

제 3 장 국제기구의 기능

1. 개 요

한국이 경제협력개발기구(OECD)에 가입하려 했을 때 가입을 둘러싸고 찬반 논쟁이 치열하게 전개되었다. 이때 가입을 해야만 하는 이유로서 다음과 같은 OECD의 기능이 빈번하게 언급되고 이를 통해 한국이 국익을 증진할 수 있다는 논리가 전개된 적이 있다.

세계경제 분야 등에 관한 고급정보는 OECD에서 생산되고, 공감대가 형성되면 세계무역기구(WTO) 등과 같은 다른 국제기구에 넘어가 제도화된다. 즉, 새로운 규범의 산실 역할을 한다. 따라서 한국이 OECD 회원국이 되면 과거처럼 국제규범의 틀 내에서 사후적으로 좇아가는 수동적 입장에서 벗어나 새로운 국제질서의 창출과정에 직접 참여하는 능동적이고 주도적인 입장으로 바뀌어 국제무대에서 한국의 국익을 미리 반영할 수 있다.[24]

국제기구의 기능을 논함에 있어서 다양한 학자들이 다양한 기능들을 언급하고 있다. 일찍이 국제기구 학자인 제이콥슨(Harold K. Jacobson)은 국제기구의 중요 기능으로서 정보 기능, 규범창출 기능, 규칙창출 기능, 규칙감시 기능, 운용활동 기능을 언급한 바 있다.[25] 국제제도의 기능과 관련하여 가장 체계적이고 포괄적인 설명을 가하고 있는 이론이 신자유주의 이론이다. 따

24) 서울신문, 1996년 7월 7일.

25) Harold K. Jacobson, *Networks of Interdependence: International Organizations and the Global Political System*, 2nd ed. (New York: Alfred A. Knopf: 1984), pp. 81-84.

라서 국제기구의 기능을 논함에 있어 이들의 논의를 빠뜨릴 수 없다.

신자유주의 이론가들 가운데 국제제도란 국가들이 배신을 할 유인을 줄이는 것과 같은 협력의 문제(collaboration problem)와 행위자로 하여금 다수의 가능한 해결책 가운데 선택하는 것을 돕는 것과 같은 조정의 문제(coordination problem)를 해결하여 상호간의 이익을 증진시키는 기능을 한다는 거시적인 기능에는 견해를 같이 하나, 이러한 것을 구체화하는 기능에 있어서는 학자들마다 다소 차이를 보인다.

그럼에도 불구하고 신자유주의 이론에서 비교적 공통적으로 언급하고 있는 국제제도의 기능은 다음과 같다.[26] 1) 분권화된 국제사회에서 법적 책임을 수립할 수 있는 틀(framework for establishing legal liability)을 제공한다. 2) 정보배분에 있어서의 불균형을 줄이고 상대적으로 균등한 정보를 제공하여 불확실성을 줄여 특정의 협정이 더욱 쉽게 이루어지도록 한다. 셋째, 거래비용(transaction cost)을 감소시켜 거래의 효율성을 높인다. 넷째, 이슈연계(issue linkage)가 가능한 장(forum)을 제공한다. 다섯째, 평판효과(reputational effects)를 가져와 협력을 용이하게 한다. 여섯째, 다양한 입장이 존재하는 가운데 수용 가능한 해결방안을 제공하여 조정을 가능하게 한다.[27]

국제제도의 기능으로서 신자유주의 이론이 언급하고 있지 않은 중요한 기능 가운데 하나는 구성주의가 언급하고 있는 국제제도의 사회화(socialization) 기능이다. 따라서 이곳에서는 신자유주의론과 구성주의의 논의를 종합하고 제이콥슨의 국제기구의 기능에 관한 설명을 참고로 하여 국제기구의 기능을 설명하고자 한다.

이러한 국제기구의 기능의 분류는 국제기구의 연구에 있어 중요하다. 이

26) 이 점에 관해서는 제3부 제1장 「국제기구 설립 이론」 부분에서 이미 언급한 바 있다.

27) 킹스버리와 같은 학자가 언급하고 있는 국제제도의 기능은 다음과 같다. 1) 기대하는 바를 안정화시킨다. 2) 거래비용을 줄인다. 3) 미래의 그림자를 길게 드리우거나 이슈연계를 위한 기초를 제공함으로써 배신(defection)의 비용을 증대시킨다. 4) 투명성을 증대시킨다. 5) 감시를 제공하거나 용이하게 한다. 6) 분쟁을 해결한다. 7) 헌신의 청중비용(audience cost of commitments)을 증가시킨다. 8) 구심점(focal point)을 제공한다. 9) 규칙의 준수와 관련이 있는 평판비용(reputational costs)과 이익(benefits)을 증가시킨다 (Benedict Kingsbury, "The Concept of Compliance as a Function of Competing Conceptions of International Law," *Michigan Journal of International Law,* Vol. 19 (1998), p. 345)

러한 기능 유형을 독립변수로 하여 종속변수인 국제기구의 현상의 변이(variations)를 설명할 수도 있기 때문이다. 국제기구가 어느 기능을 수행할 때 다른 기능을 수행할 때와 비교하여 주권국가로부터 상대적으로 많은 자율성을 누릴 수 있는가와 같은 연구가 이러한 예의 하나가 될 수 있다.

국제기구의 기능과 관련하여 주의할 것은 하나의 국제기구가 반드시 하나의 기능만을 수행하는 것이 아니라 복수의 기능을 수행할 수도 있으며, 복수의 국제기구가 함께 단일의 기능을 수행하기도 한다는 점이다. 세계보건기구(WHO)와 국제연합아동기금(UNICEF)이 소아마비와 홍역 등 질병에 시달리는 북한 어린이들의 건강상태가 위기에 도달했다는 판단하에 본격적인 구호사업을 전개하는 것과 같은 것은 후자의 경우에 속하는 예이다.

2. 국제기구의 특성

국제기구의 구체적인 기능을 하나하나 살펴보기 전에 국제기구로 하여금 이러한 기능을 가능하게 하는 국제기구의 특성이 무엇인가를 살펴볼 필요가 있다. 이에 관한 논의는 아보트와 스니달(Kenneth W. Abbott and Duncan Snidal)이 전개하고 있는데, 이를 살펴보면 다음과 같다.[28)]

앞서 언급한 바 있듯이 국제조직화(international organization) 혹은 국제제도화(international institutionalization)는 여러 형태를 지닌다. 그 중에서 공식적인 국제기구(formal international organization)가 다른 형태의 조직화(혹은 제도화)와 구별되어 가지는 특성으로서 이들은 중앙집중화(centralization)와 독립성(independence)을 들고 있다. 이 두 가지 특성은 모두 국제기구의 효율성을 제고시킨다고 본다.

우선 중앙집중화라는 특성을 살펴보면, 이는 확고하고 안정적인 조직의 구조와 행정적인 장치(concrete and stable organizational structure and administrative apparatus)를 가지고 있음을 의미한다. 구체적으로 중앙집중화라는

28) Kenneth W. Abbott and Duncan Snidal, "Why States Act through Formal International Organizations," *The Journal of Conflict Resolution*,"Vol. 42, No. 1 (Feb., 1998), pp. 3-32.

특성은 집단적 활동의 효율성을 증대시키고 국가들의 이해, 환경, 이익에 영향을 미치는 조직의 능력을 제고시킨다고 본다.

독립성이란 특정의 영역에서 일정한 정도의 자율성(autonomy)을 가지고 활동하는 능력을 의미하며, 때때로 국가간 분쟁과 갈등에서 중립성(neutrality)을 가지고 행동을 할 수 있는 권위를 수반한다고 본다.[29] 이러한 특성은 국제기구의 효율성을 증대시키며, 특히 중립성은 개별적 혹은 집단적인 행동의 정당성에 영향을 미친다고 본다.[30]

3. 국제기구의 주요 기능

(1) 정보 기능(informational function)

정보 기능이란 국제기구가 회원국들이 공통적으로 관심을 갖는 일에 관련된 정보(즉, 자료나 견해)를 수집하고 분석하며 교환 및 전파하는 기능을 의미한다. 특히 경제나 금융관련 국제기구가 이러한 정보 기능과 깊이 관련되어 있는데, 국제금융정세에 대한 고도로 정밀한 정보를 수집해 제공하는 국제결제은행(Bank for International Settlements: BIS)이 이러한 기능을 하는 대표적인 국제기구의 하나이다.[31]

세계기상기구(WMO)는 기후변동에 관한 정보를 제공하고, 국제연합 인권

29) 하프텔과 톰손(Yoram Z. Haftel and Alexander Thompson)은 국제기구의 독립성(independence)을 구성하는 요소로서 자율성(autonomy), 중립성(neutrality), 그리고 위임(delegation)을 들고 있다 (Yoram Z. Haftel and Alexander Thompson, "The Independence of International Organizations: Concept and Application," *Journal of Conflict Resolution,* Vol. 50, No. 2 (April 2006), pp. 253-275.

30) 아보트와 스니달(Kenneth W. Abbott and Duncan Snidal)은 국제기구가 이러한 특징을 가지고 다음과 같은 기능을 수행한다고 본다: 1) 협상과 협정의 집행을 촉진한다. 2) 분쟁을 해결한다. 3) 갈등을 관리한다. 4) 기술원조와 같은 운용활동을 수행한다. 5) 규범을 상세화(elaboration) 한다. 6) 국제적인 담론(international discourse)을 규정한다.

31) BIS는 은행업무와 국제기구 등의 대리기관의 역할 이외에 조사활동도 하는데, 구체적으로 BIS는 국제경제 · 금융에 관한 조사 · 보고 및 통계자료의 공표를 그 업무로 한다. BIS 내에 바젤위원회라는 기관이 가입 은행들의 재무 상태를 감독 · 관리한다. 2008년 3월 현재 한국중앙은행을 포함하여 55개국의 중앙은행이 이에 가입하고 있다.

이사회(Human Rights Council)는 세계 각지에 있어서의 인권의 침해에 관한 실태에 대한 정보를 제공하며, 국제연합아동기금(UNICEF)은 아동노동 등 아동의 인권침해 실태에 대한 정보를 제공하여 이러한 이슈에 대한 관심과 문제해결을 위한 노력을 촉구한다.

국제연합개발계획(UNDP)의 경우 매년 각국의 평균수명, 교육수준, 소득규모 등을 고려해 인간개발지수(HDI)를 산정해 국가들의 순위를 공개함으로써, 세계 각국의 삶의 질을 높이기 위한 간접적인 노력을 한다.[32)] UNDP는 인간개발지수 이외에 다방면에 걸쳐 남녀평등의 정도를 측정한 여성개발지수(GDI)와 더불어 여성들의 정치·경제활동과 정책결정 과정에의 참여도를 측정한 여성권한척도(GEM)도 발표하고 있다.

국제기구는 점차적으로 정보기능과 관련하여 조기경보(early warning)에 대해 높은 관심을 보이고 있다. 식량농업기구(FAO)나 국제연합난민고등판무관실(UNHCR)은 기아나 난민문제가 발생하여 심각한 상태로 악화되기 전에(구체적으로 말해 문제가 발생하기 전 혹은 문제가 발생한 초기에) 적절하게 대처하기 위한 사전 정보수집에 주력하고 있다. 국제통화기금(IMF) 역시 금융위기를 사전에 막기 위한 감시기능의 강화를 포함한 조기경보체제를 강화하려 하고 있다.

세계보건기구(WHO)는 1억 명이 넘는 동아시아·태평양의 젊은이들이 중년이나 노년에 흡연 관련 질병으로 사망할 위험이 있다고 경고하면서, 각국 정부가 담배광고에 관한 규제를 강화하고 젊은이들이 흡연을 못하도록 권장하는 캠페인을 실시할 것을 촉구한 바 있다. 국제연합환경계획(UNEP)은 인구증가에 상응하는 수자원 확보의 어려움이 장차 국가들 사이에 갈등의 주요 원인 중의 하나가 될 것이라는 경보를 발하고, 이러한 문제의 해결을 위해 전세계에 걸쳐 식수 보호구역의 감시와 지표수를 포함한 물의 사용에 관한 협약마련을 촉구한 바 있다.

이러한 조기경보에 대한 관심은 국제분쟁 영역도 마찬가지며, 예방외교

32) 비정부기구(NGO)인 국제투명성기구(Transparency International: TI)가 각국의 부패지수를 산정하여 국가들 사이의 비교를 가능하게 함으로써 부패의 문제를 간접적으로 해결하고자 하는 것과 일맥상통한다.

(preventive diplomacy)의 일환이 되었다. 국제연합의 평화유지활동(PKO)에 있어서도 평화유지군(PKF)의 예방적 전개가 새로운 평화유지활동의 하나가 되고 있다. 후일 다른 부서에 흡수되기는 했으나, 케야르 사무총장 시대 국제연합은 이러한 기능을 담당하는 부서로서 정보수집조사실(ORCI)을 설치한 바 있다. 지역기구인 유럽안보협력회의(CSCE)는 민족분쟁 등과 같은 분쟁에 대한 조기경보를 위한 기관으로서 소수민족고등판무관 사무소를 설치하여 운영하고 있다.[33]

국제기구들은 이와 더불어 국제적인 최적사례(best practice)와 같은 정보도 제공하여 회원국들로 하여금 공유할 수 있도록 한다. 즉, 국제기구는 경제개발계획작성, 자연재해 방지대책, 보건·사회분야 정책입안 등에 있어 국가간 정책입안 및 집행사례에 대한 정보를 받은 후, 가장 효과적인 방안(best practice)을 발굴하여 국제사회가 공유할 수 있도록 한다. 최근 아시아·태평양경제사회위원회(ESCAP)가 한국에 있어서 개발 원동력이 되었던 새마을운동의 경험을 아시아·태평양 국가들에게 전수하고 있는 것을 그 한 예로 들 수 있다.

이처럼 국제기구는 정보의 제공을 통해 특정 문제에 관한 관심을 불러일으키고 문제해결을 위한 노력을 촉구한다. 또한 최적사례의 공유 등을 통해 국제사회 전체의 공익을 추구한다. 이와 더불어 국제기구는 이러한 정보제공 기능을 통해 불확실성(uncertainty)을 줄여 협력을 원활하게 하는 기능도 수행하는데, 이는 신자유주의 이론이 국제제도의 기능의 하나로서 중요시 하는 기능이다.

특정의 상황과 관련하여 국가들 사이에 정보의 불균형이 존재하는데, 이럴 경우 정보를 덜 가지고 있는 국가는 협상의 결과가 불공평할 것이라는 기대 속에서, 정보를 더 가지고 있는 국가와의 협정의 체결을 꺼리게 된다. 국제기구는 상대적으로 균등한 정보를 제공하여 불확실성(uncertainty)을 줄이고 협상비용을 조정함으로써 특정의 협정이 더욱 쉽게 이루어지도록 하는 기능을 수행한다.

---

33) 유럽안보협력회의(CSCE)는 1995년 1월 1일부로 유럽안보협력기구(OSCE)로 개편되었다.

(2) 규범과 규칙창출 기능 (norm and rule-creating function)

규범과 규칙창출 기능은 신자유주의 이론이 국제제도의 기능의 하나로서 언급하고 있는, 세계정부가 존재하지 않는 분권화된 국제사회에서 법적 책임을 수립할 수 있는 틀(framework for establishing legal liability)을 제공한다는 기능에 해당하는 기능이다. 이 기능을 구별하여 살펴보면 다음과 같다.

1) 규범창출 기능(norm-creating function)

규범창출 기능이란 표준(standard)을 정의하고 선포하는 기능으로서, 국내외 정치가 행해지는 환경에 영향을 미칠 의도로 고안된 법적 구속력이 없는 규범(norm)을 만들어 내는 기능을 의미한다. 즉, 인권이나 민주주의 등과 같은 보편적 가치를 창설하고, 참여국의 사회화(socialization)를 통해 이의 확산을 가능하게 한다.

국제기구가 이러한 규범을 창출한 대표적인 예로서 국제연합 총회의 결의에 의한 세계인권선언(1948년), 식민지독립부여선언(1960년), 신국제경제질서선언(1974년) 등을 들 수 있다. 이러한 국제기구의 기준설정 기능은 비록 법적 구속력은 없지만 국제관계에 적지 않은 영향을 미치며, 경우에 따라서는 후일 법적 구속력을 가지는 규칙으로 발전하기도 한다. 대표적인 예로서 1948년에 있었던 세계인권선언이 후일 국제인권규약으로 발전한 것을 들 수 있다.

국제연합교육과학문화기구(UNESCO)의 경우, 1997년 제29차 총회에서 「인간 게놈(genome)과 인권에 관한 일반 선언」을 회원국 전체의 만장일치로 채택한 바 있다. 이 선언은 인간 유전자를 모든 인류의 유산으로 규정하고 금전적 목적으로 이를 이용할 수 없으며, 특히 인간의 존엄성을 해치는 인간복제 행위는 허용할 수 없다고 규정하고 있다. 이 선언은 법적 구속력을 갖지는 않으나 회원국들이 여기에 근거하여 국내 법률들을 보완함으로써 인간 유전자 연구에 적지 않은 영향을 미치고 있다.

이러한 규범을 창출하는 국제연합 총회의 결의(resolution)는 법적 구속력이 없는 권고(recommendation)에 불과하다. 이러한 결의가 단순히 다수결로 통과되지 않고 만장일치나 압도적인 다수로 채택될 경우 개도국들은 이러한 결의의 법적 구속력을 인정해야 한다는 주장을 제기하기도 하나, 국제연합 총회가 국제사회의 입법기관으로 예정되어 있지 않기 때문에 만장일치로 채택되었다 해도 여전히 법적으로는 권고에 불과하다. 국제연합 총회의 결의 자체가 구속력 있는 법을 만드는 것은 아니나 법이 창조되는 중요한 전 단계로 보아 「연성법(soft law)」이라고 부르기도 한다.[34)]

2) 규칙창출 기능(rule-creating function)

규칙창출 기능 역시 표준(standard)을 정의하고 선포하는 것과 관련을 가지나, 이 경우의 표준은 위에서 언급한 규범과는 달리 법적 구속력을 가지는 규칙이라는 차이를 갖는다.[35)]

그러나 국제기구의 결정이 일반적으로 구속력이 없다는 점과 예외적으로 구속력 있는 규칙을 창출하는 경우에 있어서도 여러 면에서 한계를 갖는다는 점을 고려할 때, 국제기구 자체의 규칙창출 기능은 현재로서는 매우 제한적이라 할 수 있다. 예외적으로 법적 구속력을 가지는 규칙을 창출하는 경우를 살펴보면 다음과 같다.

국제기구는 기구의 운영에 관한 내부적인 조치, 즉 조직의 활동에 불가결한 내부사항에 관한 상세한 규칙을 만들어 가지고 있는데, 이러한 규칙은 예외적으로 법적 구속력을 갖는다. 국제기구의 총회라든가 이사회의 의사절차를 상세히 규정하는 의사규칙(rules of procedures: ROP), 사무국 직원의 고용에 관한 상세한 것을 규정하는 직원규칙(staff rules and regulation), 그리고 활동의 순서나 내용을 상세하게 규정하는 업무규칙(operational manual)이 이러한 내부사항에 관한 규칙의 대표적인 예들이다. 이러한 내부규칙은 총회라

34) 조약이나 관습처럼 법적 구속력이 있는 규범들을 일컬어 「경성법(hard law)」이라고 칭한다.

35) 일국 내에서 입법기능을 가지고 있는 국회의 기능을 연상하면 된다. 국회에서 만든 법은 국회라는 기관에만 적용되는 것이 아니며, 입법과정에 참가한 사람들만을 구속하지 않고 모든 국민에게 적용된다.

든가 이사회와 같은 주요한 의사결정 기관의 결의에 의해 제정되는 것이 일반적이나, 사무국의 수장인 사무총장 등이 발하는 행정명령을 통해서도 내부규칙이 제정된다.

이렇게 총회나 이사회 그리고 사무국의 수장 등이 내부규칙을 제정할 수 있는 것은 국제기구의 설립조약이 이러한 권한을 명시적으로 부여하고 있기 때문이다. 예컨대 국제연합헌장 제101조 1항은 직원은 총회가 만든 규칙에 따라 사무총장이 임명한다고 규정하고 있으며, 이에 근거하여 국제연합의 「직원규칙」이 만들어졌다. 명시적인 근거규정이 부재한 가운데 내부규칙이 제정되는 경우도 있으나, 내부규칙을 제정하는 기관의 절차, 권한, 그리고 활동 등이 일반적으로 기본조약에 의해 규정되었기 때문에 광의로 보아 내부규칙은 기본조약에 근거하여 제정되었다고 볼 수 있다.

그러나 이러한 내부규칙들은 국제기구의 기관과 회원국만을 구속하고 회원국이 아닌 다른 국가를 구속하지 않는다는 점과 국제기구의 내부적인 사항에 국한된다는 점에서 제한성을 갖는다. 국제연합 안전보장이사회는 회원국에게 법적 구속력을 갖는 결정을 내릴 수 있는 권한을 지니고 있다. 그러나 이러한 안전보장이사회의 결정은 기본적으로 특정한 상황에서 그리고 특정한 대상에 대해 이루어진다는 점에서 일반성을 지닌 규칙의 창설과는 차이가 존재한다.[36]

국제기구의 규칙창출 기능을 좀 더 광의로 보아, 국제기구 자체가 구속력 있는 규칙을 창설하는 것은 아니지만 국제기구가 구속력 있는 조약의 체결을 위한 교섭과 조약의 실질적인 체결을 위한 토론장(forum)을 국가들에게 제공한다는 의미로 국제기구의 규칙창출 기능을 말하기도 한다.

국제연합 총회에서 이러한 방식으로 많은 규칙들이 만들어지는데 대표적인 것으로서 집단살해죄의 방지와 처벌에 관한 조약(일명 Genocide조약), 국

36) 위에서 언급했듯이 국제연합 총회의 결의는 단순한 권고사항이지만 안전보장이사회 결의는 법적 구속력을 갖는다. 즉, 가입 회원국들은 이를 의무적으로 이행하여야 한다. 그러나 이러한 국제연합 안전보장이사회의 결의 중 이행되지 않고 사장된 사례들이 많다. 특히 이스라엘 및 팔레스타인과 관련한 안전보장이사회 결의 중 지켜지지 않은 경우가 많다. 최근의 예로서 2002년 3월 30일 안전보장이사회는 라말라 등 팔레스타인 도시로부터 이스라엘군의 즉각적인 철수를 요구하는 결의안(1402)을 통과시킨 바 있으나, 이스라엘은 이의 이행을 거부하고 있다(연합뉴스(인터넷), 2002년 4월 1일).

제인권규약, 우주조약, 인종차별철폐조약, 고문방지협약 등을 들 수 있다. 고문방지협약 선택의정서의 체결과정을 하나의 예로서 살펴보면 다음과 같다.

2002년 6월 국제연합 인권위원회는 고문의혹을 받고 있는 구금자가 있는 장소에 대한 국제 감시단의 무제한적인 방문 권리 보장을 핵심적인 내용으로 하는 고문방지협약 선택의정서 초안을 과반수의 찬성을 확보하여 표결로 통과시켰다.[37] 그 후 국제연합 경제사회이사회가 고문방지협약 선택의정서 초안의 총회 채택을 권고하는 결의안을 과반의 찬성을 통해 표결로 통과시켰으며, 이어서 같은 해 12월에 국제연합 총회가 고문방지협약 선택의정서를 과반의 지지를 얻어 최종적으로 채택했다. 고문방지협약 선택의정서는 20개국 이상이 비준하면서 2006년 6월에 발효되었다.

그러나 이러한 규칙창출은 국제기구를 이용한다는 점 그리고 조약내용의 확정이 조인이 아닌 해당 국제기구의 총회의 결의에 의해 채택된다고 하는 점에서 전통적인 조약체결 과정과 다르다. 이는 엄밀히 말해 국제기구 자체가 입법을 하는 것이 아니고, 국제기구에서 개개의 국가들이 법을 정립하는 행위이며, 이렇게 해서 성립된 조약에 비준하지 않는 국가는 이에 구속되지 않는다.[38]

(3) 규칙감시 기능(rule-supervisory function)

국제기구는 그들이 제정한 규칙의 준수를 확보하기 위해 여러 가지 조치를 취하는 기능을 갖는다. 구체적으로 국제기구는 규칙위반의 증거를 포착하는 것으로부터 시작하여, 이러한 증거를 입증하고, 이에 근거하여 제재조치를 수행하는 것까지를 포함하는 기능을 수행하는데, 이러한 기능을 규칙감시 기능이라고 한다.

37) 이 의정서는 국제연합 고문방지협약을 보완·강화한 일종의 시행방안이다. 고문방지협약은 반인간적 범죄인 고문의 사후구제는 물론 사전예방을 위해 국제연합이 1984년 채택한 국제협약으로서 1987년 6월 정식 발효했다. 가입국 대표 1인(임기 4년) 씩으로 구성된 「고문방지위원회」가 개인과 인권단체 등으로부터 고문 제보를 접수하면 해당 국가를 직권조사한 뒤 의견을 제시하거나 국제사법재판소 제소 등의 조치를 취하게 된다.

38) 유럽공동체(EC)의 소위 규칙(regulations)은 회원국을 직접적으로 구속하고 이러한 규칙은 회원국가의 국내법에 우선한다.

신자유주의 이론이 국제제도의 기능 중 하나로 언급하고 있는 기능이 거래비용(transaction cost)의 감소 기능인데, 이러한 거래비용 중 하나가 바로 합의된 것의 준수여부를 감시하고 강제하는 비용(cost of monitoring and enforcing compliance)이다. 따라서 규칙감시 기능을 거래비용의 감소 기능의 일부분으로 간주할 수 있다.

국제연합은 인권이사회의 활동을 통해 국가들이 국제인권 기준들을 잘 준수하고 있는가를 감시한다. 인권관련 조약의 준수여부를 감시하는 국제기구의 경우는 조약 당사국에게 이행보고서 제출의무를 지우거나, 타조약국에게 제소가능을 부여하거나, 권익이 침해된 개인으로 하여금 직접 청원권 등의 행사를 하도록 함으로써 간접적으로 감시기능을 수행한다.

예컨대 국제연합 고문방지위원회는 고문방지협약 당사국인 사우디아라비아가 제출한 정기보고서를 검토한 결과, 고문죄를 국내법에 확실하게 명기하고 고문방지협약에 위배되는 체형부과를 재검토할 것을 주요 내용으로 하는 권고를 채택했다. 고문방지위원회는 또한 고문을 당한 모든 피해자들이 물질적 보상을 포함한 완벽한 구제를 받을 수 있는 법적, 실질적 수단에 대한 접근이 보장되고 고문행위자들에 대한 신속하고 공정한 수사와 처벌이 이뤄져야 한다는 점도 지적했다. 고문방지위원회는 특히 전반적인 인권보호 분야에서 활동할 수 있는 독립적인 비정부기구(NGO)들의 설립을 허용하는 적절한 조치를 수용할 것도 촉구했다.[39]

국제기구 중 가장 강력한 규칙감시 기능을 행하는 국제기구로 유럽연합(EU)을 들 수 있는데, EU는 회원국의 조약 위반을 적발하여 사법재판소에 제소할 수 있는 권한을 가지고 있다. 그러나 EU와 같은 경우는 대단히 예외적인 경우이다. EU 다음으로 강력한 규칙감시 기능을 수행하고 있는 국제기구로서 국제원자력기구(IAEA)가 있다.

원자력의 평화적 이용을 촉진할 목적으로 설립된 IAEA는 핵확산금지조약(NPT)에 기초하여 핵의 평화적 이용과 핵무기 비보유국의 핵연료를 군사적으로 전용하는 것을 방지하는 임무를 띠고 있다. IAEA는 핵무기 비보유국

39) 연합뉴스(인터넷), 2002년 5월 16일.

의 핵물질 관리 실태를 점검하는 일 외에 현장에서 직접 사찰을 행하기도 한다.[40)]

IAEA는 1997년 4월에 의정서를 채택하여 이러한 감시기능을 더욱 강화했다. 그 결과 IAEA는 핵시설을 임의로 불시에 사찰할 수 있게 되었고, 과거 핵발전소에 국한되던 것을 민간 핵연구시설까지 사찰범위를 확대시켰다. 또한 과거와는 달리 미신고 시설에 대해서도 사찰을 할 수 있게 되었으며, 핵시설로부터 일정한 거리에 감시시설을 설치하여 환경시료를 채취할 수 있게 되었다. IAEA보다는 못하나 비교적 강력한 규칙감시 기능을 갖는 국제기구로서 국제노동기구(ILO)를 들 수 있다.

ILO는 국제노동조약의 준수상황이나 권고의 실시사항을 감시한다. 구체적으로 특정 국가가 국제노동조약을 위반했을 때 다른 회원국의 정부대표, 노동자 대표, 혹은 사용자 대표는 이러한 위반에 대한 불만(complaint)을 이사회에 제기할 수 있다. 이들 이외에도 노동조합 혹은 사용자 단체 역시 불만을 제기할 수 있는데, 이러한 불만이 제기되면 이사회는 해당 위원회에 제기된 불만을 검토하여 이사회에 보고하도록 한다. 해당 위원회가 사실의 확인을 거쳐 최종적인 판정을 내린 후 이사회에 보고하면, 위반국을 비난하고 위반의 시정을 권고하는 결의를 총회에서 통과시킬 수 있다. 이러한 권고를 위반한 경우 이러한 위반에 대한 불만이 앞에서 언급된 행위자들에 의해 이사회에 다시 제기될 수 있다.

그러나 총체적으로 보아 이러한 방식의 감시기능을 행하고 있는 국제기구는 대단히 드물다. 가장 일반적인 감시의 방식은 국가의 행동이 조약의 목적이나 제반 준칙에 합치하고 있는가를 살펴보아 이에 대한 위반이 있을 경우 보고서 등에서 지적하는 느슨한 방식을 사용한다.

국제기구들은 일반적으로 검증에 한계를 지니고 있고 제재수단을 가지고 있지 않거나 미약한 제재수단만을 가지고 있다. 예컨대 군축회의(CD)는 핵확산금지조약(NPT), 생물무기금지협약(BWC), 화학무기금지협약(CWC), 포

---

40) 물론 이러한 조치의 수락 여부는 해당 국가와 IAEA의 협정에 달려 있는 것으로서 모든 회원국은 이러한 조치를 수락하여야 할 의무를 지고 있지 않으나, 실질적으로 많은 회원국들은 이에 응하고 있다.

괄적핵실험금지조약(CTBT) 등 국제사회의 주요 군축협상을 주도해 왔다. 그러나 BWC만 해도 회원국이 139개국이 되지만 검증제도가 없어 이행여부를 전혀 확인하지 못하고 있으며, 또한 적용대상과 위반 시 제재조항이 모호하여 군축조약으로서의 실효성이 미흡하다.[41]

(4) 운용활동 기능(operational function)[42]

운용활동 기능은 국제기구의 손에 쥐어져 있는 재화나 용역 자원을 관련된 행위자에게 제공하는 기능을 의미하며 재정원조, 기술원조, 그리고 군사력의 배치와 같은 것들을 포함한다.

구체적으로 국제연합개발계획(UNDP)의 개발사업의 실시, 세계보건기구(WHO)의 의료품이나 의료서비스의 제공, 국제연합아동기금(UNICEF)과 국제연합난민고등판무관실(UNHCR)의 난민이나 피난민을 위한 인도적 구호프로그램(humanitarian relief programs), 세계은행(IBRD)의 개도국에 대한 융자, 국제통화기금(IMF)의 외화 부족국에 대한 외화의 지원, 식량농업기구(FAO)에 의한 긴급식량원조, 국제연합 사무총장의 분쟁의 조정, 그리고 분쟁의 확대방지를 위한 국제연합의 평화유지활동(PKO) 등이 이러한 기능의 전형적인 예들이다.

여기에 신자유주의 이론이 국제제도의 기능의 하나로서 언급하고 있는 정책조정에 있어서의 구심점(focal point)을 제공하는 기능인 국제기구의 조정(coordination) 활동을 추가할 수 있는데, 이를 좀 더 살펴보면 다음과 같다. 국제기구는 나름의 활동영역에서 회원국의 정책이나 활동을 조정하는 기능

41) 군축회의(Conference on Disarmament: CD)는 1978년 국제연합 군축특별총회의 결의에 따라 설립된 국제사회 유일의 상설 다자간 군축협상기구로서 「제네바군축회의」 또는 「국제연합군축회의」라고 불린다. 국제연합 총회의 직속기구는 아니나 총회의 권고를 참고하여 독자적으로 의제 및 의사규칙을 결정하고, 국제연합의 정규예산으로 운영되며, 국제연합 총회에 보고서를 제출한다. 합의에 의해 의사결정을 한다. 한국은 1988년 이 회의에 옵서버로 참가한 후 1996년 북한 등과 더불어 정식 회원국이 되었다. 이러한 군축회의는 국제연합 회원국 전체를 회원국으로 하며 뉴욕에서 개최되는 국제연합군축위원회(United Nations Disarmament Commission: UNDC)와는 구별을 요한다.

42) 학자들에 따라서는 이를 「현업적 기능」 또는 「업무적 기능」이라고도 부른다.

을 수행하는데, 이러한 조정 기능은 국제기구의 회원국이 수가 증가하고 국제기구의 수가 증가하면서 더욱 중요해지고 있는 기능 가운데 하나이다.

예컨대 경제협력개발기구(OECD)는 회원국간 상호 관심분야에 대한 정책을 토의·협조·조정하는 국제기구로서 회원국들이 개도국에 대해 제공하는 공적개발원조(Official Development Assistance: ODA) 정책을 조정하는 것이 그 일례이다. 구체적으로 OECD의 개발원조위원회(Development Assistance Committee: DAC)가 이러한 역할을 맡고 있다.

이러한 조정기능은 국제기구의 회원국에 대해서만 행해지는 것은 아니고 때때로 특정 분야에서 활동하고 있는 다른 기구들의 활동에 대해서도 행해진다. 예컨대 난민보호 분야에서 국제연합난민고등판무관실(UNHCR)이 국제연합아동기금(UNICEF), 세계식량계획(WFP)과 같은 국제기구와 국경없는 의사회(MSF), 어린이구호회(Save the Children)와 같은 비정부기구(NGO)의 활동을 조정하는 기능을 수행하고 있다.[43]

국제기구는 또한 중재의 기능을 수행하기도 한다. 예컨대 하천을 둘러싼 국가간 분쟁이 국제연합 등 국제기구를 통해 해결된 사례가 적지 않다. 캄보디아, 라오스, 태국, 베트남을 흐르는 메콩강도 오랫동안 인접국 사이에 분쟁의 씨앗이 되어오다 국제연합의 중재로 타협점을 찾았다.[44]

운용활동 기능은 여러 국제기구들에 의해 합동으로 수행되는 경우가 많다. 국제연합 사무국의 인도문제국(Department of Humanitarian Affairs: DHA)의 주관으로 국제연합의 산하기관인 국제연합아동기금(UNICEF), 국제연합개발계획(UNDP), 세계식량계획(WFP)과 전문기구인 식량농업기구(FAO)와 세계보건기구(WHO) 등이 식량난을 겪고 있는 북한에 대한 지원을 합동으로 계획하고 합동으로 계획을 집행하는 것을 예의 하나로 들 수 있다.[45]

전문기구들의 전통적인 기능은 정보 기능이었는데 개도국들이 1960년대 이래로 국제기구에 대거 진출하면서 국제기구의 목표와 임무도 개도국 위주

43) 중앙일보, 1996년 11월 25일.
44) 조선일보, 2002년 8월 6일.
45) 구체적으로 FAO와 WFP는 식량지원을, FAO와 UNDP는 비료와 종자 그리고 농기구를, UNICEF와 WHO는 아동용 분유와 의약품 및 의료장비를 지원하고 있다.

로 바뀌어 가고 있다. 이러한 목표와 임무의 변화 가운데 가장 두드러지게 나타나는 것은 국제기구들이 개도국들을 위한 운용활동에 많은 예산을 투입하고 있다는 것이다.

그 결과 개도국들로부터 더 많은 분담금과 자발적 기여금(voluntary contribution)을 제공하라는 압력을 받으면서 자신들을 위한 활동이 점차 줄어들고 동시에 국제기구 내에서 영향력과 힘(power)을 잃어 가고 있는 선진국들은 점차적으로 이러한 국제기구에 관심을 잃어가고 그 결과 국제기구의 재정적인 위기는 더 심각해지고 있다.

(5) 토의와 교섭의 장소(forum)로서의 기능

국제기구는 국제기구의 관할권 내에 속하는 제반 문제에 대해 국가들이 이익을 표명하고 이익을 집약하는 토론과 교섭의 장소로서의 기능을 한다. 이러한 과정 속에서 국가들은 집단적 정당성(collective legitimacy)을 추구한다.[46]

즉, 국가들은 국제기구를 통해 국제사회의 지지와 명분을 확보하고 공감대를 형성하도록 노력하며 국제연대를 형성하기 위한 최종적인 외교적 압박수단으로 활용한다. 표출된 행위자들의 가치가 토론을 거쳐 명확해지면서 경우에 따라 새로운 가치에 집단적 정당성이 부여되기도 하며, 경우에 따라서는 기존의 가치로부터 정당성이 박탈되기도 한다.

국제기구는 이처럼 토의와 교섭의 장소로서의 기능을 하나, 때때로 이러한 토론장으로서의 역할에서 나아가 구속력 있는 결정이 이루어지기도 하고, 구속력이 없는 결의안이나 권고가 채택됨으로써 규칙창출 기능 혹은 규범창출 기능을 수행하기도 한다.

신자유주의 이론이 국제제도의 기능 중 하나로서 거래비용(transaction

46) 이 때문에 토의와 교섭의 장소로서의 기능을 집단적 정당성 기능이라고 부르기도 한다. 국제기구의 이러한 기능에 대한 상세한 것은 다음 논문을 참고하시오: Inis L. Claude, "Collective Legitimization as a Political Function of the United Nations," in Friedrich Kratochwil and Edward D. Mansfield, eds., *International Organization: A Reader* (New York, Harper Collins College Publishers: 1994), pp. 192-201.

cost)의 감소를 언급하고 있는데, 이러한 거래비용에는 위에서 언급한 바 있는 합의한 것의 준수여부를 감시하고 강제하는 비용 이외에 다루어져야 할 이슈가 무엇인가를 밝혀내는 비용(cost of identifying issues), 거래의 협상비용(cost of negotiating bargains), 협정을 명문화하는 비용(cost of codifying agreements)이 포함된다. 따라서 국제기구의 토의와 교섭의 장소로서의 기능이 이러한 거래비용의 감소 기능에 속한다고 볼 수 있다.

또한 신자유주의 이론이 국제제도가 이슈연계를 위한 장소로서의 기능과 행위자의 행위를 평가할 수 있는 장소로서의 기능을 수행한다고 언급하고 있는데, 이곳에서 언급하고 있는 토의와 교섭을 위한 장소로서의 기능이 신자유주의 이론이 언급하고 있는 이러한 기능을 포함한다고 볼 수 있다.

1964년 개도국들은 무역과 경제에 대한 자신들의 요구를 제시할 수 있는 토론장으로서 국제연합무역개발회의(UNCTAD)를 창설했으며, 1970년대 국제연합 총회는 개도국들에 의해 신국제경제질서(NIEO)를 요구하고 구체화시키기 위한 토론장으로 사용되었다. 개도국들은 일국일표주의라는 평등주의에 입각하고 있으면서 다수결제를 택하고 있는 국제기구들을 자신들의 견해를 주장하는 토론장으로 선호하는 반면, 선진국들은 가중투표제와 같이 국가간의 실질적인 불평등을 전제로 하고 있는 국제통화기금(IMF)이나 세계은행(IBRD)과 같은 국제기구를 토론장으로 선호한다.

국제기구가 이러한 토론장으로서의 기능을 수행하는 예로서 한국과 일본 사이에 동해의 표기를 둘러싸고 국제회의에서 전개된 치열한 외교전을 들 수 있다. 1991년 국제연합에 가입한 한국은 1992년 제6차 국제연합지명표준화회의(UNCSGN)를 시작으로, 국제수로기구(IHO) 등 다양한 국제기구를 통해 각국 대표들을 설득하기 위한 외교적 노력을 집중하였다.

(6) 사회화 기능(socializing function)

국제기구는 새로운 규범, 가치, 이익(interests)에 대한 인식에 대해 토론, 설득, 교육, 주장들이 전개되면서 이러한 것들을 수용하도록 하는 장소(forum)로서의 역할을 한다. 물론 여기에서 더 나아가 실질적으로 새로운 규범과 규칙을 창출하는 기능을 수행하기도 한다.

이러한 기능은 구성주의가 특히 강조하는 기능으로서 구성주의는 국제기구가 어떻게 국가들을 사회화시키며, 이러한 것들이 궁극적으로 국가의 행태에 어떠한 영향을 미치는가에 관심을 두고 있다. 이처럼 국제기구는 국가 정부와 이들의 대표를 사회화시키는 기능을 수행할 뿐 아니라 개인과 집단을 사회화시키기도 한다.

앞서 구성주의 이론 편에서 이미 언급한 바 있듯이, 제2차세계대전 후 독일이 북대서양조약기구(NATO)와 유럽연합(EU)을 위시한 유럽의 국제기구와의 관계 속에서 자신의 정체성을 수립해나가고 있는 것을 예로 들 수 있다. 또한 국제연합교육과학문화기구(UNESCO)를 통해 국가적인 과학프로그램의 필요가 거의 없었던 국가들조차 국가의 과학프로그램을 촉진하게 되었다는 것을 또 다른 예로 들 수 있다.

국제기구를 포함한 국제제도의 사회화 기능은 구성주의로만 설명되는 것은 물론 아니다. 국제기구의 사회화 기능을 설명하기 위한 여러 가지 이론적인 접근들이 2000년대 들어서 활발하게 논의되고 있다. 예컨대 페베하우스(Jon C. Pevehouse)는 국가의 민주화에 미치는 국제기구의 영향과 구체적인 영향의 기제(mechanism)에 대해 논하고 있다.[47]

---

47) Jon C. Pevehouse, "Democracy from the Outside-In? International Organizations and Democratization," *International Organization*, Vol. 56, No. 3 (Summer 2002), pp. 515-549.

제 4 장 국제기구의 한계[48)]

1. 개 요

갤라로티(Giulio M. Gallarotti)는 제대로 관리되지 않은 국제기구가 오히려 해가 될 수 있는 것처럼 국제기구의 과도함 역시 해를 미칠 수 있다고 주장한다. 예컨대 개도국에 대한 식량원조는 자체적인 식량생산에 대한 개도국의 노력을 둔화시키고 의존을 심화시킬 수 있다는 것이다.

그는 국제기구에 대한 전통적인 연구가 다음과 같은 문제점을 가지고 있다고 지적하고 있다. 구체적으로 전통적인 연구가 국제기구의 구조, 기능, 역할, 목표 등에 치중했고, 국제기구가 국제관계에 미치는 결과에는 관심을 훨씬 덜 두었다고 지적하고 있다. 그는 또한 국제기구가 국제관계에 미치는 결과에 관심을 가졌다 해도, 전통적인 연구는 국제기구를 통한 다자적인 관리의 과정이 국제관계의 안정화에 공헌한다는 국제기구의 긍정적인 역할의 측면만을 강조하고, 이러한 다자적 관리의 한계나 부정적인 측면을 무시하거나 과소평가했다고 지적한다.

(신)기능주의 통합이론과 상호의존론과 같은 것들이 이러한 예에 속하는 대표적인 경우인데, 이들은 국가의 필요를 충족시키기 위한 집단적인 접근의

48) 갤라로티의 논의를 중심으로 설명하였다 (Giulio M. Gallarotti, "The limits of international organization: systematic failure in the management of international relations," *International Organization*, Vol. 45, No. 2 (Spring 1991), pp. 183-220).

필요성, 국가들의 활동에 대한 국제적인 규제와 통제의 필요성, 정책의 조정 필요성, 초국가적인 정부의 필요성 등을 역설한다고 본다.

그는 이러한 견해에 대해 제기되고 있는 우파와 좌파 모두로부터의 비판을 소개하고 있다. 그에 따르면, 이러한 비판 가운데 좀 더 온건한 경우는 국제기구가 갖는 비효율성을 비판하고 좀 더 과격한 경우는 국제기구가 가져오는 불안정적 결과(destabilizing effects)를 비판한다.

우파로부터의 비판 가운데 하나는 국제기구 특히 국제연합이 때때로 국제분쟁에서 게릴라 단체의 입장을 지지하는 경우에서 볼 수 있듯이, 국제적인 분쟁을 중재하는 방식이 선동적이어서 분쟁이 해결되기보다는 불안정을 초래할 수 있다고 본다. 또 다른 우파의 지적은 국제연합이 자유시장적 접근에 대해 부정적이어서 개도국의 저발전의 문제를 항구화시킨다고 본다.

국제기구에 대한 좌파적인 시각은 국내의 지배구조에 대한 비판과 마찬가지로 국제기구라는 초국가적인 지배구조(supranational structures of governance)가 계급패권을 제도화한다고 비판한다. 이들의 비판은 주로 국제통화기금(IMF)이나 세계은행(IBRD)과 같은 국제금융기구에 집중되어 있는 것이 특색이다.

국제기구에 대한 합리적 선택과 공공선택적 접근은 시장이 충분히 재화를 배분하고 국제적인 문제를 다룰 수 있기 때문에 국제기구를 통한 초국가적인 관리(supranational governance)란 국제관계에 있어서 비효율적이라고 본다.[49] 또한 국제적인 협력이란 공모적이고 재분배적인 성격을 지니고 있다고 지적하고, 이러한 성격으로 인해 국제체계 전반과 국내의 특정 집단에 있어서 복지의 손실을 가져온다고 본다.[50]

신자유주의 제도주의론(신자유주의론) 역시 국제정치에 있어서 질서와 협력은 좀 더 분권적인 방식에 의해 가능하다는 입장을 지니고 있다. 이에 따르면 국제제도는 협력의 촉진자로서의 역할을 수행한다. 이러한 입장은 국

---

49) John Conybeare, "International Organization and the Theory of Property Rights," *International Organization*, Vol. 34, No. 3 (Summer 1980), pp. 307-308.

50) Roland Vaubel, "A Public Choice Approach to International Organization," *Public Choice*, Vol. 51, No. 1 (1986), pp. 39-57.

제기구의 역할에 대해 비판적인 것보다 좀 더 긍정적인 것이 사실인데, 전통적인 접근과 다른 점이 있다면 관리의 조건(conditionality)에 민감하다는 점이다.

이러한 분권적인 접근은 국가간 관계라고 하는 것이 쟁역(issue area)에 따라 달라질 수 있기 때문에 규제의 필요 정도가 다를 수 있다고 본다. 규범이 이미 존재하고 적절한 정책이 시행되고 있는 관계에 있어서 국제제도란 단지 협력을 위한 조직의 비용 또는 거래비용을 줄이는 역할만 하면 되고, 다른 경우에 있어서는 보다 신중하고 보다 광범위한 규제를 필요로 한다는 상대적인 입장을 보이고 있다.

갤라로티는 우선 이러한 기존의 비판들이 국제기구의 실패를 일반적인 현상이 아닌 특정의 쟁역에 국한하거나 특정의 국제기구에 한정하여 설명하는데 그치고 있다고 비판한다. 나아가 그는 쟁역에 관계없이 그리고 국제기구에 관계없이 일어날 수 있는 국제기구의 실패의 유형을 일반화하는 작업을 시도하고, 이것에 기초하여 국제기구가 효율적이기 위한 처방을 제시하고 있다. 다음은 그가 제시하고 있는 국제기구의 네 가지 실패 유형이다.

2. 국제기구의 네 가지 실패유형

(1) 복삽한 눈제의 불완전한 관리

다루어야 할 문제들이 복잡할 뿐 아니라 관련된 행위자들 사이의 관계가 복잡하고 예측하기 힘들기 때문에 국제기구가 이를 제대로 이해하고 이를 성공적으로 관리한다는 것이 어렵다. 따라서 국제기구가 이러한 것들을 관리하고자 할 때 필연적으로 불안정적인 관리가 될 수밖에 없다. 즉, 국제기구는 이러한 복잡성과 예측 불가능성으로 인해 발생하는 위기를 막지 못하며 때때로 제대로 된 해결책을 제공하지 못함으로써 오히려 문제를 야기하거나 악화시킬 수 있다.

예컨대 1987년 2월 G-7 국가들은 협상을 통해 2년 동안 급격한 가치의 하락을 보인 달러화를 강화시키기 위한 「루브르 합의(Louvre Accord)」를 채택했다. 루브르 합의의 핵심 내용은 급격한 달러화의 하락이 각 국가의 경제성장과 구조조정 계획을 저해할 수 있으므로 환율 안정화를 위해 공동의 노력을 전개하자는 것이었다. 그러나 이러한 협정의 체결을 보고 달러화의 하락이 아직 끝나지 않았다고 판단한 투자자들의 행동에 의해 G-7 국가들이 예상한 것과 반대되는 결과가 나타났다. 국제기구에 의한 개입이 없었다면 혹은 덜 관여했다면 좀 더 나은 결과를 볼 수 있었을 지도 모른다.

1990년대 후반에 아시아에 불어 닥친 금융위기로 국제통화기금(IMF) 처방의 실효성에 대한 논쟁이 크게 번진 바 있다. 제프리 삭스 하버드대 교수는 한국의 금융위기와 관련한 IMF 정책을 부분적으로 비판하는 「한국처방 재검토 필요하다」는 제하의 글에서 한국의 금융위기에 있어서 IMF도 무엇을 어떻게 하여야 할 지 잘 모른다는 점을 지적하면서 한국정부가 IMF에 맹목적으로 따르는 것이 문제해결의 해답이 아니라고 강조한 바 있다.

구체적으로 그는 IMF가 과거 멕시코처럼 거액의 재정적자를 내면서 이를 중앙은행의 신용공여로 메우고 있는 무분별한 정부를 다루는 데는 익숙하나, 한국처럼 해외 채권자들이 갑자기 융자금을 회수하는 바람에 발생하는 민간부분(은행과 기업)의 위기를 처방하는 데는 익숙하지 않다고 보았다. 즉, 한국을 위시한 아시아의 금융위기의 본질은 민간부문의 무리한 차입경영과 취약한 금융구조에 따른 국제적 신뢰도 상실로서 통상적인 IMF의 케이스와는 다르기 때문에 다른 조치가 필요한데도 불구하고, IMF가 재정적자와 높은 인플레를 겪은 멕시코 위기에 성공적으로 대응한 경험을 그대로 적용하고 있다는 것이 비판의 핵심이었다.[51)]

이러한 비판은 2002년 아르헨티나의 금융위기에서도 제기되었다. 워싱턴타임스는 아르헨티나가 지탱할 수 없을 정도로 많은 외채를 지도록 방치한 것이 IMF라는 등, IMF가 비현실적인 정책을 일삼으면서 아르헨티나를 위기의 벼랑으로 떠밀고 있다고 비난한 바 있다.[52)]

---

51) 조선일보, 1998년 1월 3일; 동아일보, 1998년 1월 10일.
52) 세계일보, 2002년 4월 4일.

(2) 해로운 대체(adverse substitution)

국제기구가 제시하는 단기적인 해결책으로 말미암아 국가간 분쟁을 포함한 다양한 국제문제에 대한 보다 본원적이거나 장기적인 해결책을 스스로 추구하고자 하는 국가의 욕구가 약화된다는 지적이다.

예컨대 사이프러스의 평화유지군(UNFICYP)은 그 당시 존재하던 비정상적인 현상의 유지를 공고히 하고, 관련 당사자들로 하여금 문제해결의 급박함을 덜 느끼게 함으로써, 장기적인 관점에서 보아 가장 중요한 항구적인 정치질서를 수립하는 데 부정적인 역할을 수행했었을 수 있다고 본다. 중동의 평화유지활동이었던 국제연합긴급군(UNEF)의 경우도 마찬가지로, 궁극적으로 이루어져야 할 안보결정을 연장하는 결과를 가져와 적절한 기회를 놓치고 사태를 더욱 악화시킬 수도 있었다고 본다.

또한 국제기구에 의한 식량원조는 개도국의 국내 농업생산의 의욕을 저하시켜 장기적으로 농업에 있어서의 자급자족을 감소시켰으며, 결과적으로 기아문제와 식량의존을 조성했다고 본다. G-7 정상회담과 같은 경제 정상회담은 본질적인 협상을 위한 토론장으로서 역할을 하기보다는 국내정치의 도구로서 그리고 국내적으로 인기 없는 경제정책에 정당성을 부여하는 경향을 보여 왔다는 지적이다.

(3) 분쟁의 격화

국가간 분쟁이 발생한 경우 국제기구는 때때로 분쟁을 오히려 격화시켜 불안정한 결과를 가져올 수 있다는 지적이다. 구체적으로 국제기구가 분쟁 당사자 중 어느 한쪽 편을 들어줌으로써 분쟁이 격화될 수 있다. 또한 국제기구가 국제문제에 있어 관련 당사자들 사이에 있어 경쟁적인 해결책을 촉진시키고 분쟁의 해결에 장애를 만듦으로써 분쟁을 격화시킬 수 있다.

국제기구는 종종 국가간의 갈등을 해결하기 위한 수단으로서의 역할보다는 종종 갈등을 촉진하거나 확대시키는 등 국제적인 정치전(international political warfare)을 위한 장소로서의 역할을 한다. 국제연합은 특히 냉전시대에 국가들을 당혹하게 만드는 토론장으로 이용되어 왔다. 문제해결을 위한 실질적인 협상이 되기 위해 당사자들은 그들 사이의 차이점을 가능한 한 좁히고 상호비방을 피하며 극단론자들을 토론으로부터 배제해야 한다. 그러나 국제연합에서는 이와는 반대로 종종 이슈가 좁혀지기보다 확대되며 상호비방이 일반적이고 또한 가장 폭력적인 대표가 논의를 지배한다. 이와 같은 의도적인 도전적 토론으로 인해 분쟁이나 갈등의 평화적 해결 노력이 손상된다. 국제기구는 또한 국제적인 분쟁이나 갈등에 직접 참여하여 이러한 분쟁이나 갈등을 확대시키거나 탄압하는 경우도 있다.

국제기구가 어느 한 국가나 국가군에 불리하게 동원될 경우, 이들은 분쟁이나 문제를 이러한 국제기구에 제기하는 것을 꺼리게 된다. 그 결과 국제기구는 다자간의 협력을 도모하기 위한 기관이라는 이상에 거슬리게 되고, 안정과 타협을 위한 기관으로서의 효용을 제대로 발휘하지 못하게 된다. 냉전 초기 소련은 미국이 지배하는 국제연합을 회피했으며 미국은 나중에 소련과 제3세계가 지배하는 국제연합을 회피했다.

국제기구는 또한 중요성이 좀 덜한 문제를 해결하면서 종종 좀 더 중요한 문제의 해결에 있어서의 장애를 만들기도 한다. 예컨대 1948년 국제연합 안전보장이사회는 캐시미르의 자결(self-determination)을 인정하는 결의안을 통과시킴으로써 인도와 파키스탄의 관계에 쐐기를 박았다. 단기적으로 결의안이 성공적이었다고 할 수 있을지 모르나 장기적으로 보아 이러한 결의안은 채택되지 않은 것이 더 좋았을 수 있다는 것이다.

(4) 도덕적 해이(moral hazard)[53]

국제기구는 국가의 무책임한 행위로부터 발생할 지도 모르는 위기를 방지하거나 또는 이러한 위기가 가져올 지도 모르는 다루기 힘든 결과에 대한 안전장치(insurance)를 제공한다. 그 결과 국가들은 행동에 있어 신중성을 잃고 문제의 근본적 원인이 되는 자신의 행위를 제거하고자 하는 의욕을 감소

53) 「도덕적 위험」이나 「도덕적 불감증」이라고도 번역된다.

시킨다.

이는 자동차 보험에 가입한 사람이 운전에 주의를 덜 쏟을 수 있다는 것과 비슷한 논리로서, 갤라로티는 이러한 현상을 일컬어 국제기구가 절대적인 보장을 제공함으로써 과도한 도덕적 해이를 가져온다고 표현하고 있다.

관세 및 무역에 관한 일반협정(GATT)의 「면제조항(escape clause)」의 경우 곤경에 빠져있는 국내의 산업에 대해 부분적인 안전방치를 제공하고 국제수지의 어려움을 완화시켜 주는데, 이러한 보호 혹은 안전장치로 말미암아 개개 국가들은 그들 자신의 경제를 관리하는 데 있어서 무모하기 쉽다는 것이다. 외채문제가 악화될 경우 최종적으로 기댈 곳이 있다는 것은 개개 국가로 하여금 장기적인 국내안정을 위해 필요한 국내경제의 조정을 하고자 하는 유인(incentive)을 약화시킨다. 또한 무역적자가 외부자금(external fund)에 의해 해소될 수 있다는 사실로 말미암아 국가는 높은 가격이 무역균형에 미칠 부정적인 결과를 별로 걱정하지 않고 지나치게 통화팽창을 시도한다는 것이다.

1990년대 후반 아시아의 외환위기를 진정시키기 위해 국제통화기금(IMF)이 긴급 통화안정 기금을 제공하면서 이러한 위기가 발생한 원인 중의 하나로서 1995년 IMF가 멕시코를 구제했기 때문이라며 도덕적 해이를 거론한 바 있다.

이러한 도덕적 해이는 두 방면에서 거론되었는데, 그 중 하나는 멕시코에 구제금융이 제공됨으로써 전세계의 채권사들에게 마음 놓고 아시아에 자금을 빌려줘도 되고, 만약 문제가 발생하면 IMF가 자금의 회수를 가능하게 해줄 것이라고 믿게 했다는 것이다. 또 다른 한편 멕시코에 구제금융이 제공됨으로써 아시아 국가들의 경우도 외환위기가 발생하게 되면, IMF에게 의존할 수 있다는 인식을 가져다주어 외환위기가 일어나지 않도록 하는 데에 좀 더 신중하지 않게 되었다는 지적이다.

3. 바람직한 국제기구의 형태와 조건

갤라로티는 좀 더 제한적이고 덜 중앙집중화된 국제기구가 바람직할 수 있다는 논의를 전개하면서 각종 문헌들이 제시하고 있는 바람직한 제한된 국제기구의 형태를 소개하고 있다.

국제레짐 이론에 따르면 이미 국제레짐이 존재하는 경우 여러 면에서 집중적인 관리(extensive management)의 필요성이 감소된다. 구체적으로 이미 존재하는 국제레짐은 이것으로부터의 이탈의 비용을 높이며, 상호성에 대한 기대를 발생시키고, 광범위한 규제의 필요성이나 공식적인 제도구축의 필요성을 제거시킴으로써 제한적인 관리를 통해 국제적인 행동에 대한 기대의 수렴을 촉진할 수 있다고 본다.

신자유주의 제도주의론은 국제제도가 거래비용을 감소시킴으로써 국가간 협력을 가능하게 한다고 본다. 구체적으로 국제제도는 국가들의 선호에 대한 자료와 정보를 수집·전파하고, 국가들 사이의 의사소통을 촉진하며, 의사결정의 비용을 절감시키는 역할 등의 기능을 수행함으로써 비용을 절감시킬 수 있다. 또한 국제제도는 국제적 의제를 설정하고 연합(coalition)의 형성을 돕는 촉진제로서, 약소국들에 의한 정치적 주도권과 연계(linkage)의 장소로서의 역할을 한다. 즉, 국제제도가 통제라는 집중적인 관리보다 덜 의욕적인 제한된 기능을 행할 경우 국제협력이 촉진된다고 본다.

인식공동체 이론은 인식공동체(epistemic community)가 집중적인 통제의 틀을 대신할 수 있다고도 본다. 일단의 공공선택 이론가들은 제도적으로 보조되는 시장적 해결(market solution)이 집중적인 관리의 틀보다 우월하다고 본다. 집단행동 이론가들에 따르자면 공공선(public good)을 취득하거나 창출하는 것보다 공공악(public bad)을 제거하는 것이 좀 더 용이한데, 이는 공공악을 제거하는 데 있어서 집단행동의 목표가 좀 더 한 곳으로 집중될 수 있고 국가들은 공공선으로부터의 효용보다는 좀 더 많은 공공악으로부터의 비효용을 경험하기가 쉽기 때문이다. 이처럼 공공악의 제거가 일차적인 목표일 경우, 제한적인 국제기구가 효율적일 수 있다고 본다.

갤라로티는 제한적인 국제기구가 효율적일 수 있다고 해서 아무런 조건 없이 제한적인 국제기구가 효율적이라는 것은 아니라면서, 이제까지의 논의를 기초로 하여 국제기구가 효율적으로 초국가적인 관리를 할 수 있는 조건을 제시하고 있다.

첫째 국제기구는 관련된 변수간의 관계가 이해하고 예측하기 어려운 복잡하고 무질서한 체계의 관리보다는 상대적으로 단순한 이슈 내의 관계나 이슈간의 관계를 관리하는 데에 좀 더 효율적일 수 있다. 둘째, 국제기구는 문제를 해결하는 데 있어서 단기적이고 임시방편적인 접근법을 제공할 때보다 본질적이고 장기적인 해결책을 촉진하거나 고무할 때 좀 더 효율적일 수 있다. 셋째, 국제기구는 국가간의 경쟁을 촉진하는 위치에 놓이지 않을 때 효율적일 가능성이 있다. 국가간의 갈등과 분쟁을 관리하는 데 있어서 국제연합은 상호작용의 토론장으로서 긍정적인 가치를 지니고 있음에도 불구하고, 의도적이든 의도하지 않았든 대결과 경쟁을 유발함으로써 국제적인 갈등과 분쟁을 격화시키는 부정적인 역할을 해왔다. 이러한 역할은 심지어 국제기구가 도덕적적으로 옳은 편에 설 경우에도 발생한다.

제10부

국제기구의 의사결정

제1장 의사결정의 유형

1. 개 요

국제기구는 그 임무를 수행하기 위해 의사결정을 필요로 하며, 국제연합 총회와 같은 경우 의사결정 자체가 가장 중요한 활동이다. 국제기구의 의사결정과 관련하여 주의하여 살펴보아야 할 부분은 의사결정의 유형, 의사결정에 영향을 미치는 중요한 행위자들, 의사결정 방식, 의사결정 과정, 그리고 채택된 결정의 법적 효력 등이다. 여기에서는 가장 먼저 의사결정의 유형에 대해 살펴보고자 한다.

콕스와 제이콥슨(Robert W. Cox and Harold K. Jacobson)은 「영향력의 해부(The Anatomy of Influence)」라는 책에서 국제기구가 내리는 결정의 유형을 대표관련 결정(representational decision), 상징적 결정(symbolic decision), 영역관련 결정(boundary decision), 프로그램적 결정(programmatic decision), 규칙창출 결정(rule-creating decision), 규칙감시 결정(rule-supervisory decision), 운용적 결정(operational decision)의 일곱 가지로 분류하고 있다.[1)]

이러한 콕스와 제이콥슨의 일곱 가지 결정유형 이외에 휜켈스타인이 제시하고 있는 조직관련 결정(organizational decision)을 추가하여 의사결정의 유형을 여덟 가지로 나누어 살펴보고자 한다.[2)] 이러한 의사결정의 유형을 독

---

1) Robert W. Cox and Harold K. Jacobson, *The Anatomy of Influence: Decision-Making in International Organization* (New Heaven and London: Yale University Press, 1974), pp. 8-12.

립변수로 하여 다른 현상을 설명하기도 하고, 종속변수로 하여 이에 대해 설명을 가하기도 한다.

2. 의사결정의 유형

(1) 대표관련 결정(representational decision)

국제기구는 조직 내에서 권력(power)과 권위(authority)의 공식적인 배분에 관한 결정을 내린다. 신입회원국의 가입 결정과 기존 회원국의 제명 결정, 이사회라든가 위원회의 구성원 선출, 사무국의 고위직 국제공무원 선출에 관한 결정 등이 이러한 결정에 속한다. 타이완 정부를 국제연합으로부터 축출하고 중국을 대체시킨 결정이라든가 남아프리카공화국을 국제연합으로부터 축출하고자 취한 행동에 관한 결정 역시 이러한 결정 유형에 속한다.

(2) 상징적 결정(symbolic decision)

상징적 결정이란 상징적인 이슈에 대한 결정을 의미한다. 이러한 이슈의 의도는 일단의 행위자들이 옹호하는 목표나 이념의 수용성(acceptability) 혹은 지배 엘리트들이 오랜 기간 동안 유지해온 규범의 정당성(legitimacy)을 검증하기 위한 것이다.

「상징적」이라는 말은 「실질적」이라는 말과 대조를 이루는 말로서 실질적이고 구체적인 행동을 의도한 것이 아니라는 특징을 보유한다. 따라서 어떤 결정이 상징적 결정이 되기 위해서는 의사 결정자의 입장에서 당해 결정이 구체적이고 직접적인 행동을 의도한 것이 아니고 상징적인 의도를 가지고 있어야 한다. 탈식민지화(decolonization)의 선언, 신국제경제질서(NIEO)의 선

2) Lawrence S. Finkelstein, *The IRs of IGOs: A Preliminary Excursion into the Significance of What International Intergovernmental Organizations Do with Each Other.* Paper Presented at the Annual Meeting of the International Studies Association, Los Angelas, March 19, 1980.

언, 인종차별의 철폐에 관한 결의안 등이 이러한 결정에 속한다.

처음에는 상징적 결정이었던 것이 이러한 결정으로부터 구체적인 결과가 수반되면서 다른 종류의 결정으로 변화하는 경우도 있다. 국제노동기구(ILO)에 있어서 사회주의 국가들의 가입에 대한 논란은 처음에는 상징적인 이슈로서의 성격을 가지고 있었으나, 곧 이어 이들 국가들의 가입문제가 보다 구체화되면서 대표관련 결정으로 그 성격이 변화된 것을 예의 하나로 들 수 있다.

(3) 영역관련 결정(boundary decision)

영역관련 결정은 「경계설정 결정」이라고도 불리는데, 다른 국제기구와의 외부적인 관계에 대한 이슈를 다루는 결정을 의미한다. 구체적으로 국제기구간의 독자적인 영역(domain)의 설정문제, 국제기구 상호간의 협력문제, 그리고 영역의 중첩에 따른 조정문제 등에 관한 결정을 포함한다. 국제사회에 있어서 국제기구의 수가 증가할수록 이러한 문제가 빈번하게 발생하며 이러한 종류의 결정이 더욱 필요해진다.

(4) 프로그램적 결정(programmatic decision)

프로그램적 결정은 국제기구에 가용한 자원을 어떤 활동에 어떻게 배분할 것인가에 관한 전략적인 결정을 의미한다. 이러한 배분은 국제기구가 추구하는 목표들과 국제기구가 운영하는 프로그램들 가운데 어느 것에 중점을 더 둘 것인가와 관련하여 행위자들 사이의 협상의 결과로서 이루어진다. 이러한 프로그램적 결정에는 국제기구가 어떤 기능을 떠맡을 것인가 그리고 떠맡은 기능들 사이에 어떤 균형을 취할 것인가에 대한 결정도 포함된다.

(5) 규칙창출 결정(rule-creating decision)

규칙창출 결정은 국제기구의 본질적인 영역 내에 속하는 문제에 관해 규칙이나 규범을 정의하는 결정을 의미한다. 이러한 결정의 결과는 협정이라든가 결의안과 같은 공식적인 형식을 띨 수 있다. 국제노동기구(ILO)가 협정의 형태나 권고의 형태로 국제적인 노동기준을 택하는 것과 같은 결정이 이러한 예에 속한다.

결정의 결과가 이보다 덜 공식적인 형태를 띨 수도 있다. 구체적으로 사무총장의 성명 혹은 국제기구 내에서 구성원들의 마음 속에 광범위하게 수용되고 있는 목표나 규범과 같은 것이 표결의 대상이 되지 않고 구체화된 것과 같은 것이 이러한 예가 될 수 있다.

(6) 규칙감시 결정(rule-supervisory decision)

규칙감시 결정이란 이미 승인된 규칙의 적용에 관한 결정을 의미한다. 이러한 규칙감시 결정은 다음과 같은 여러 단계를 거친다. 우선, 앞서 국제기구의 기능 중의 하나로 언급한 규칙감시 기능에서 보듯이, 규칙을 잘 지키고 있는지 아니면 위반하고 있는 지에 관한 정보수집(information-gathering) 절차가 가장 먼저 온다. 그 다음에 수집한 정보를 통해 규칙의 실질적인 위반과 준수여부에 대한 검증(verification)이 뒤따른다. 마지막 단계에서 이러한 검증을 바탕으로 한 규칙위반에 대한 제재(sanction)나 처벌(punishment) 혹은 준수에 대한 보상(reward)이 온다.

(7) 운용적 결정(operational decision)

운용적 결정이란 승인된 규칙, 정책, 혹은 프로그램하에서 이루어지는 국제기구에 의한 서비스의 제공이나 자원의 사용에 관한 결정을 의미한다.

프로그램적 결정이 국제기구에 있어서의 자원의 전략적인 배분에 관한 결정이라면, 운용적 결정이란 이러한 광범위한 전략적인 배분하에서의 자원의 전술적인 배분에 관한 결정을 의미한다. 전문기구에 의한 기술원조의 제공에 대한 결정과 국제금융기구에 의한 차관의 제공과 관련한 결정 등이 이러한 결정에 속한다.

(8) 조직관련 결정(organizational decision)

조직관련 결정이란 간단히 말해 국제기구의 조직 자체와 관련된 결정을 의미한다. 구체적으로 조직의 구조(structure), 재정(finance), 그리고 직원 등과 관련된 결정을 말한다.

제2장 의사결정에 영향을 미치는 행위자

1. 개 요

국제사회에서 정부와 그 관료들만으로는 이제 더 이상 환경, 지속적인 개발, 그리고 폭증하는 인구와 같은 도전들에 적절히 대응하는 것이 힘들어지고 있다. 그 결과, 비정부기구(NGO)나 미디어와 같은 행위자가 국제기구의 정치와 구조에 미치는 영향이 점증하고 있다. 의사결정에 있어서의 중요한 역할을 하는 이러한 행위자들을 하나하나 살펴보기 전에 다음과 같은 점에 유념하여야 한다.

첫째, 형식적으로 의사결정의 권한이 총회나 이사회라는 정부대표들로 구성된 기관에 속해 있는 이상 주된 역할은 정부대표가 한다. 그러나 국제기구의 의사결정에 있어서 사무국과 같은 국제기구 내의 비정부적 기관이 미치는 영향력과 비정부기구(NGO)의 영향력이 시대와 더불어 커지고 있다.

둘째, 첫 번째 경우와는 반대되는 경우인데 유럽연합(EU)처럼 정부대표로 구성되어 있지 않은 기관인 위원회(Commission)가 의사결정에 있어서 주요한 역할을 하게 되는 경우에도, 실제에 있어서는 회원국의 의향을 충분히 청취해서 국가이익을 조정하는 관행이 확립되어 있다.

셋째, 국제기구에 따라 또는 의사결정의 대상으로서의 이슈의 성격에 따라 어느 참여자가 의사결정에 있어 좀 더 중요한 역할을 하는가가 달라질 수 있다.

2. 의사결정에 영향을 미치는 행위자

(1) 정부대표

정부대표들은 간혹 비정부간국제기구(INGO)의 옵서버나 자문관으로 참여하기도 하나, 주로 국제기구의 의사결정에 참여하여 정부의 입장을 발표하고 이를 관철시키기 위한 노력을 전개한다. 정부의 수반뿐 아니라 행정부의 장관, 관련 국제기구 대표부의 구성원, 혹은 개인이 정부대표가 된다.

정부대표는 정부로부터의 지시를 수행하며, 또한 이들이 관여하고 있는 국제기구에 대한 정보를 본국 정부에 제공하는 일은 한다. 이러한 과정에서 정부대표는 자신이 본국에 보고하는 내용과 보고방식에 의해 본국정부로부터 자신에게 내려지는 지시의 내용에 영향을 미칠 수 있다.

국제기구 내에서 정부대표의 영향력은 그가 차지하고 있는 위치와 개인적인 특성으로부터 나온다. 우선 정부대표가 점유하고 있는 위치에 대해 살펴보자. 여기서 위치란 개인적으로 그가 지닌 지위를 의미하며, 미국의 대표인가 한국의 대표인가와 같은 것이다. 이 밖에 위치란 국제기구에서 그가 지닌 지위를 의미하기도 하는데, 국제연합 안전보장이사회 의장과 같은 직책이 예가 될 수 있다.

국제기구에서의 직책의 보유는 권위, 정보에의 접근, 절차의 통제, 관련기구의 의사결정에의 참여를 가능케 하여, 영향력을 향상시킬 수 있다. 국제연합 안전보장이사회의 의장과 같은 지위를 가질 경우를 예로 들면, 의장은 새로운 의제를 제안할 수 있고, 그의 영향을 제고시킬 수 있는 정보를 독점하는 것이 가능하다. 또한 의장은 많은 이슈에 있어 정부대표들이 타협점을 찾고, 국가간 이견을 좁히며, 정책을 정의할 목적으로 상의의 대상이 된다. 이와 더불어 개개 국가에 대해 사적으로 이야기할 수 있는 위치를 십분 활용하여 그의 영향력을 발휘할 수 있다.

정부대표의 영향력은 그가 차지하는 위치 이외에 개인적인 특성으로부터도 나온다. 그러나 모든 국가의 정부대표에 동일하게 해당하는 것은 아니다.

강대국의 정부대표일 경우, 그가 어떤 개인적인 특성을 갖고 있는가가 그의 영향력을 크게 좌우하지 않는다. 일반적으로 국제기구의 의사결정은 그러한 기구의 운영에 필요한 지적·물적 자원(intellectual and material resources)을 보유하고 있는 소수의 강국에 의해 지배되기 때문이다.

강대국이 아닌 국가의 대표는 그가 갖고 있는 개인적 특성에 의해 영향력을 미칠 수 있는 가능성이 크다. 이러한 개인적 특성에는 카리스마, 매력, 협상가나 중개자로서 쌓아온 능력, 비슷한 국가의 대표들을 하나의 표결블록(voting bloc)으로 동원할 수 있는 능력(즉, 연합을 동원할 수 있는 능력), 전문적인 지식, 언어 구사력, 경험, 그리고 명성 등이 포함된다.

(2) 사무국의 수장

국제기구의 경우 기본적으로 총회나 이사회와 같은 정부대표로 구성되어 있는 기관에 의해 의사결정이 이루어진다. 그렇다고 해서 정부대표로 구성되어 있지 않는 사무국과 같은 기관이 의사결정에 있어서 수행하는 중요한 역할을 무시해서는 안 된다.

일반적으로 국제기구가 필요로 하는 자원을 손에 쥐고 있는 정부의 대표와 비교해 볼 때, 사무국의 수장이 의사결정에 미치는 영향력이란 상대적으로 미약하다. 그러나 형식적으로는 대부분의 의사결정이 정부대표로 구성된 기관에 의해 이루어지는 것 같아도, 이러한 의사결정에 이르기까지의 과정에서 사무국의 의향과 판단이 결정적인 역할을 하는 경우가 적지 않다.

사무국의 수장은 공식적인 권한과 비공식적인 권한을 행사한다. 우선 사무국의 수장이 행사하는 공식적인 권한을 살펴보면, 사무국의 수장은 이러한 권한의 하나로서 직원의 임명권을 행사한다.[3] 때때로 사무국의 수장은 국제기구에 가용한 물적 자원 가운데 일부를 배정하며, 기술원조(technical assistance)를 위한 기술전문가(technical experts)와 같은 인적 자원을 배정하기도 한다. 또한 국제기구 내의 정부대표로 구성된 기관에서 자신의 견해를 알리

---

3) 국제공무원 채용규칙과 정치적인 고려에 의해 영향을 받을 수도 있는 것 또한 사실이다.

는 권한을 보유하고 있으며, 특히 예산과 관련된 결정에 있어 주도권을 행사한다. 어떤 국제기구의 사무국의 수장은 회의를 주재하고, 의제를 제안하기도 한다.

이러한 공식적인 권한 이외에 사무국의 수장은 국제기구 내에서 의사소통 연계망(communication network)의 중앙에 있음으로 인해, 영향력을 획득한다. 특히 국제기구의 예산이나 운영과 관련된 일을 다룰 경우, 사무국의 수장은 정보의 독점을 통해 영향력을 증진시킬 수 있다. 또한 국제기구 내의 정부대표로 구성된 기관에서 정부대표들 사이에 견해의 차이가 매우 클 경우, 정부대표들은 합의점을 찾기 위해 혹은 중재를 부탁하기 위해 큰 방향만을 설정해주고 구체적인 정책을 만들기 위해 사무국의 수장에 의존하는 경우가 많다.[4)]

결론적으로 말해 국제기구에 있어서 회원국 정부의 대표들이 의사결정에 큰 힘(power)과 영향력(influence)을 행사하고 이러한 결정에 필요한 물적 자원과 인적자원을 공급하지만, 사무국의 수장은 설득, 의제설정, 그리고 결정의 이행을 통해 결정에 중요한 영향력을 미친다.

(3) 사무국 직원

사무국의 직원은 특히 국제기구의 운용활동(operational activities)과 관련된 의사결정을 하는 데 있어서 독립적인 영향력을 행사하기 쉽다. 예컨대 특별연구원의 연구비(fellowship)의 배정, 기술 전문가(technical experts)의 배정, 특정 국가에의 대부(loan)의 승인, 그리고 병력의 전술적인 전개와 같은 결정은 사무국의 수장만으로 혹은 사무국의 수장과 정부대표로 구성된 기관과의 협의만으로 결정하기에는 너무나 많은 결정으로 이루어진다.

이럴 경우, 결정의 큰 윤곽이 주어지고 보다 세부적인 결정은 사무국의 직원들에게 맡겨져, 이들의 재량이 작용할 수 있는 여지가 주어진다. 일단 이

---

4) 예컨대 선진국과 개도국간의 이해관계가 크게 상충하는 경우 사무국 수장의 조정능력이 중요해진다. 세계무역기구(WTO)에서 사무총장은 선진국과 개도국 사이에 이해가 첨예하게 맞서는 무역분쟁 해결에 남다른 수완을 발휘할 것으로 기대된다.

루어진 결정을 실제에 적용하는 데 있어서도 필연적으로 자유재량의 여지를 남기지 않을 수 없으며, 이러한 여지에 사무국의 직원의 영향력이 침투될 수 있다.

(4) 비정부기구(NGO)의 대표자

냉전의 종식 후에, 국제기구의 결정사항에 관심을 가지고 있는 비정부기구(NGO)가 국제기구의 의사결정에 어떤 형식으로든 참여하는 예가 증가하고 있다. 국제기구들은 점차적으로 이들 NGO에게 발언의 기회를 부여하고 있고, 이들의 참여 없는 국제기구의 의사결정은 이제 정당성(legitimacy)이 없다고 할 정도에 이르고 있다.

NGO가 국제기구에서 정부대표와 같은 표결권을 위시한 광범위한 권한을 가지는 예는 거의 없다. 현재 일정한 제한된 수의 NGO가 국제기구에서 협의지위(consultative status)를 얻어, 의사결정에 제한된 영향력만을 행사한다. 그 예로 일정한 요건을 충족시킨 NGO가 국제연합의 경제사회이사회(ECOSOC)로부터 협의지위를 획득한 후, 회의에 참가하여 구두진술(oral statement)과 서면진술(written statement)을 하고 경우에 따라서는 의제를 제안하는 등의 역할을 인정받고 있다. NGO는 국제연합 이외에, 전문기구와 더불어 유럽이사회(Council of Europe)나 미주국가기구(OAS)와 같은 지역기구로부터도 협의지위를 획득하고 있다.

그러나 이러한 NGO들이 협의지위를 획득한다고 해도 통상적으로 의사결정에 있어서 중요한 투표권(voting right)을 인정받고 있지 않아 그 한계를 가지고 있다. 따라서 NGO는 자신의 이해관계와 밀접히 연결되어 있는 이슈에 대한 결정이 있을 경우, 표결권을 가지고 있지 않은 국제기구에서의 결정보다는 이러한 결정이 있기 전 개개 국가 내에서의 결정에 영향을 미치도록 더 많은 노력을 경주하는 경향을 보인다.

(5) 지방정부간기구의 대표

세계화와 지방화라는 현상이 동시에 진행되는 가운데, 지방정부(지방자치단체)가 국제사회의 중요한 행위자의 하나로서 부상하고 있다. 국제사회의 대부분의 이슈가 지방 수준에서 발원되고 있으며, 이 때문에 문제해결에 있어서 이러한 지방정부의 역할이 긴요해지고 있기 때문이다.

통상적으로 중앙정부의 대표들로 구성된 정부간기구는 개별적인 지방정부 대표의 의사결정 참여를 인정하고 있지 않다. 단지 지방정부들을 구성요소로 하여 국제적으로 조직된 지방정부간기구(inter-local-governmental organizations) 가운데 일정한 요건을 갖춘 기구에게 협의지위를 부여함으로써 정부간기구에의 참여를 제한적으로 허용하여 왔다. 그러나 이들에게 독자적인 지위를 인정한 것이 아니라 이들은 비정부기구(NGO)의 하나로 분류되어 왔다.

비교적 최근에 이르러 몇몇 소수의 정부간기구가 이들에게 비정부기구라는 지위가 아닌 지방정부간기구라는 독자적인 지위를 인정하기 시작했다. 그러나 이들에게 주어지는 국제기구에서의 권한은 협의지위를 가지고 있는 NGO에게 주어지는 지위를 크게 벗어나고 있지 않다.

(6) 다른 국제기구의 대표

국제기구의 대표는 일반적으로 두 가지 상이한 방식을 통해 다른 국제기구의 의사결정에 참여하게 된다. 우선 이들에게 협의를 할 수 있는 권한이 부여되어 있을 경우 이러한 협의를 통해 다른 국제기구의 의사결정에 참여한다. 국제기구들은 많은 경우 다른 국제기구에게 옵서버 자격을 부여하여, 관련된 이슈를 논하는 데 있어서 발언의 기회를 부여한다.

또 다른 방식은 다른 국제기구와 프로젝트를 통해 협력하는 경우이다. 이러한 관계의 전형적인 하나의 예가 바로 국제연합개발계획(UNDP)과 전문기구의 관계이다. UNDP는 프로젝트에 필요한 자금을 제공하고 일반적인 감독을 하며, 전문기구는 프로젝트의 실행을 위한 기술과 인력을 제공한다.

그러나 이러한 것은 국제기구간의 관계에 있어서 예외적인 경우이며 일반적으로 국제기구는 다른 국제기구에 대해 거의 영향을 미치지 않는다.

(7) 개 인

국제기구의 사법기관이나 중재재판 기관의 구성원은 일반적으로 개인의 자격으로서 선출된다. 개인은 종종 중개(mediation)와 같은 임시적인 임무를 수행하기 위해 임명되기도 한다. 이들은 국제기구 밖에서 특출한 경력을 가진 사람이기에 임명되며, 이런 임무와 관련하여 실질적인 자율권을 행사한다.

개인은 또한 국제기구에서 전문성을 가지고 자문관(consultant)으로서의 역할을 하면서, 국제기구 내에서의 의사결정에 참가한다. 이들은 전문가의 도움이 필요한 많은 분야에서 최종적인 결정권을 행사하기도 한다. 예컨대 세계보건기구(WHO)는 특별한 질병을 앓고 있는 환자들의 보호와 치료에 관한 보고서를 준비하기 위해 전문가위원회를 소집하는데, 이 경우 이러한 위원회를 통제할 국제기구의 능력이란 제한적이기 마련이다.

이처럼 개인은 전문성을 가지고 국제기구의 요청에 의해 국제기구의 의사결정 과정에 참여하기도 하나, 개개 국가정부의 요청에 의해 정부대표단의 일원으로서 국제기구의 의사결정에 참여하기도 한다.

예컨대, 한국정부는 2002년 국제수로기구(IHO)의「해양의 경계」제4차 개정판 발간을 앞두고 독일 베를린에서 열리고 있는 제8차 국제연합지명표준화 회의에서「동해」표기의 정당성과「일본해」표기의 부당성을 적극 홍보하기 위해, 동해연구회 등 민간단체 대표 및 관련 학자들을 포함하는 대표단을 구성하여 파견한 바 있다.

(8) 지식인 공동체

국경을 넘어 존재하는 지식인의 인식공동체(epistemic community)가 국제기구의 의사결정에 영향을 미치기도 한다.[5)] 지식인의 인식공동체는 사회가

5) 지식인의 인식공동체가 지니고 있는 합의된 지식(consensual knowledge)이 국제기구의 정책

중요하다고 생각하는 현상에 대해 공통의 인과모델(common causal model)과 정치적 가치(political values)를 지닌 전문가들로 구성된다. 지식인의 인식공동체는 자신들이 옹호하는 인과모델이 진리라는 신념과 더불어 이러한 진리를 공공정책으로 전환시켜야 한다는 생각으로 연합되어 있다.

세계보건기구(WHO)를 예로 들면, 지식인의 인식공동체는 건강관리(health care)와 관련하여 WHO의 의사결정 과정에 자문위원회, 연구그룹(study group), 비정부기구(NGO), 그리고 WHO가 인정하는 국내기관 등 여러 통로를 통해 접근하고 있다. WHO는 과거에 기술적인 측면의 건강관리에 중점을 두었으나 지식인의 인식공동체에 의해 건강관리의 중점이 기술적인 측면뿐만 아니라 사회·경제적인 측면에도 놓이게 되었다. 이러한 WHO의 인식의 변화는 개개 국가의 차원에서 모든 사람은 적절한 건강관리에 대한 기본적인 권리를 보유하며 정부는 국민들에게 건강관리를 베풀 책임이 있다는 인식의 변화를 유도했다.

국제기구의 의사결정에 간접적으로 영향을 미치고자 하는 예로서, 2002년 8월 노벨상 수상 과학자 30명을 포함한 과학자 100명이 남아프리카공화국의 요하네스버그에서 열린 국제연합 지구정상회의에 참가하는 각국 지도자들에게 지구를 재앙으로부터 보호해 달라고 호소를 한 것을 들 수 있다.

이들 과학자들은 오늘날 인간사회는 향후의 발전과 천연자원을 위협하는 결과에 직면하고 있다고 진단하고, 이 같은 무질서한 발전은 미래에 재앙이 될 수 있다고 경고했다. 과학자들은 전세계 지도자들에게 인간의 존엄과 다양성을 존중하고, 유전적 다양성을 유지하며, 삶의 질을 높이는 과학기술을 개발하는 한편, 오염으로부터 생물의 서식지를 보호하고, 기후변화 문제에 대처할 것과 물과 화석연료 소비를 줄이고 인구증가를 통제할 것 등을 촉구한 바 있다.[6)]

에 중요한 변화를 가져오고, 이러한 국제기구의 정책이 회원국의 관련된 분야에 있어서의 정책에도 영향을 미친다는 논리가 하스(Haas)를 중심으로 전개되고 있다. 이에 관한 보다 자세한 논의는 다음 책을 참고하시오: Ernst B. Haas, *When Knowledge Is Power: Three Models of Change in International Organizations* (Berkeley, Los Angeles, Oxford: University Of California Press, 1990).

6) 연합뉴스(인터넷), 2002년 8월 26일.

(9) 매스미디어 종사자

국제기구가 고려하고 있는 이슈가 일반인들에게 중요할 경우에 한해, 매스미디어 종사자는 국제기구의 의사결정에 일정한 역할을 한다. 이러한 매스미디어 종사자들은 관련된 행위자들에게 정보를 전달하는 역할을 함으로써, 국제기구의 의사결정에 영향을 미칠 수 있다. 이들은 또한 문제의 특정 측면을 강조함으로써 특정 정책결정자의 입장을 강화시키고, 이들과는 다른 의사결정자의 입장을 약화시킬 수 있다.

인도적 구호활동 분야에서의 매스미디어의 역할을 두고 「CNN Factor」라고 부른다. 이는 CNN과 같은 매스미디어가 정부 및 국제연합과 같은 국제기구로 하여금 인도적으로 간섭하도록 하기도 하고, 인도적 활동에 어려운 일이나 복잡한 일이 발생할 경우 인도적 활동에 반대여론을 형성시키기도 하는 등 중요한 역할을 한다는 것을 의미한다.[7)]

(10) 기 업

다국적기업(MNC)과 같은 행위자는 비록 의사결정 과정에 직접적으로 참여는 하지 않아도 간접적인 통로를 통해 국제기구의 의사결정에 중요한 영향을 미친다.

기업의 역할은 특히 환경문제와 관련이 깊다. 환경관련 각종 국제회의에서 환경비용을 증가시키는 정책이 채택되면 다국적기업들이 곧장 타격을 받게 되기 때문에, 이를 저지하기 위한 로비가 다국적기업에 의해 적극적으로 행해진다. 예컨대 지구 온난화를 야기하는 이산화탄소 가스의 주범으로서 화석연료 사용에 대한 규제가 현실화되고 있는 것과 관련하여, 석유 대재벌들의 로비가 국제기구의 의사결정에 중요한 요인으로 작용하고 있다.

오존층 보존을 위한 1987년 몬트리올 의정서(Montreal Protocol on Substan-

---

7) Edward Newman, "Realpolitik and the CNN Factor of Humanitarian Intervention," in Dimitris Bourantonis and Jarrod Wiener, eds., *The United Nations in the New World Order: The World Organization at Fifty* (London: Macmillan Press Ltd., 1995), p. 197.

ces that Deplete the Ozone Layer)의 채택에 있어서도 세계 최대의 프레온 가스 생산회사인 미국의 듀퐁(Du Pont)사의 입장이 매우 중대한 역할을 했다.

듀퐁사는 인공화합물질인 프레온이나 할론 가스가 대기배출 후 10년 정도 지나면 성층권에 도달해 오존층을 파괴한다는 이론이 1974년에 처음 발표되었을 때 과학적 근거가 불분명하다고 반박하고 이러한 프레온 가스 사용규제 움직임에 조직적으로 저항했다. 그러나 대체물질을 개발한 후 듀퐁사는 이의 판촉을 위해 이러한 가스 규제에 선도적인 역할을 한 바 있다.

제 3 장 의사결정의 방식

1. 개 요

의사결정을 하는 방식을 크게 분류하면, 표결에 의한 방식과 표결에 의하지 않는 방식(즉, 합의제 방식)의 두 종류가 존재한다. 표결에 의한 방식은 다시 만장일치제와 다수결제로 구별된다. 다수결제에는 단순다수결제, 특별다수결제, 그리고 특정다수결제의 세 가지가 있으며, 이러한 다수결제는 한 국가가 하나의 표만을 행사하는 일국일표제(one-nation one-vote system)에 기초하고 있을 수도 있고, 때때로 가중표제(weighted voting system)에 기초하고 있을 수도 있다.

의사결정 방식은 국제기구의 구성원인 주권국가와 국제기구의 관계를 잘 보여준다는 점에서 주목을 요한다. 즉, 주권국가가 효율적인 국제문제의 해결을 위해 국제기구에게 어느 정도의 주권을 양도하려 하는지를 잘 드러낸다. 이러한 논의를 통해 주권국가가 어떤 경우에 어떤 의사결정 방식을 원하며, 주권과 관련하여 이러한 것이 의미하는 것이 무엇인지를 파악하는 것이 중요하다.

의사결정 방식을 살펴봄에 있어서 하나의 국제기구가 언제나 하나의 의사결정 방식만을 가지고 있는 것은 아니라는 사실에 유념해야 한다. 즉, 동일한 국제기구에 속하는 여러 기관들이 제각기 다른 의사결정 방식을 지니고 있을 수 있으며, 동일한 기구의 동일한 기관이라도 다루는 이슈의 성격에 따라 다른 의사결정 방식을 사용할 수도 있는 것이다.

또한 의사결정 방식을 살펴봄에 있어서 공식적인 의사규칙(rules of procedures: ROP)에만 의존해서는 안 된다는 것에도 유의하여야 한다. 왜냐하면 의사규칙이 규정하고 있는 것과는 달리 관행에 의해 다른 의사결정 방식을 채택하고 있는 국제기구들이 종종 있기 때문이다.

2. 정족수 조건(quorum requirements)

의사결정의 방식은 의사결정을 유효하게 하기 위한 정족수(quorum)에 대한 논의부터 시작하여야 한다. 의사결정이 유효하게 성립하기 위해서는 우선 의사진행에 필요한 최소한의 출석수를 의미하는 정족수를 채워야 한다. 일반적으로 회원국 수의 1/3 또는 1/2이 정족수인 경우가 많다. 그러나 국제원자력기구(IAEA)의 이사회처럼 이사국 수의 2/3인 경우도 있다.

국제연합 총회의 경우, 총회의 절차규칙에 따르면 회의를 열어 토의를 시작하기 위해서는 총회 구성국의 1/3 이상의 출석이 필요하고, 의사결정을 하기 위해서는 구성국의 1/2 이상의 출석이 필요하다. 이들은 모두 정족수를 의미하는 것으로서 구체적으로 전자를 개회를 선언하고 토론의 진행을 위한 회원국의 출석수로서 「개회 정족수」라고 일컫는다. 후자의 경우 어떤 결정이 채택되기 위한 회원국의 출석수로서 「의결 정족수」라고 부른다.

이러한 개회 정족수나 의결 정족수는 결정 자체가 유효하게 성립하기 위해 몇 표가 필요한가를 의미하는 「가결 필요표수」와는 다른 것이다. 국제연합 총회는 가결 필요표수로서 참석하여 투표한 국가의 1/2 이상을 요구한다. 국제연합 안전보장이사회의 경우 총회와는 달리 정족수에 대한 특별한 규정을 두고 있지 않으나, 표결방식에 관한 규정으로부터 의사결정을 하기 위해서는 당연히 9개 이사국의 출석이 필요하다는 것을 미루어 짐작할 수 있다.

구체적으로 안전보장이사회에 있어서 회의 개최의 시기・장소・방법, 의사규칙의 채택, 의장의 선임방법, 회의의 공개・비공개여부, 보조기관의 설치, 이해관계국의 참가 및 분쟁당사국의 참가의 권유 등에 대한 결정과 같은 절차상의 문제에 대한 결의는 단순히 9개 이사국의 찬성이 필요하나, 그 밖의 문제, 즉 절차문제가 아닌 실질문제에 대한 결의에는 5개 상임이사국을 포함한 9개 이사국의 찬성투표가 필요하다고 규정함으로써 의결 정족수로서 최소한 9개 이사국의 출석이 필요하다는 것을 알 수 있다.

3. 표결에 의한 의사결정 방식

국제기구의 의사결정 방식에는 표결에 의한 방식과 표결에 의하지 않는 의사결정 방식인 합의제가 있다. 이곳에서는 만장일치제와 다수결제로 구분되는 표결에 의한 의사결정 방식을 먼저 살펴보고자 한다.

(1) 만장일치제(unanimity system)

국내사회에서는 오래 전부터 다수결제가 수용되어 왔으나, 국제사회에서는 전통적으로 만장일치제가 국제회의라든가 국제기구의 주요한 의사결정 방식이었다. 의사결정이 이루어지기 위해 모든 국가의 찬성을 필요로 하는 만장일치제는 자신이 반대하는 결정에는 구속되지 않는다는 주권국가의 주권의 지고성이 강하게 반영되는 제도로서, 모든 국가에게 거부권(veto power)을 부여한 것과 동일하며, 국제기구가 주권국가의 단순한 집합체에 불과하다는 것을 잘 보여준다.

이러한 만장일치제는 국가로 하여금 자국에게 불리한 결정에 구속되지 않게 하고 자국에게 불리한 권고나 비난결의가 성립되지 않게 한다는 점에게 국가의 주권보호에 가장 유용한 표결방식이다. 또한 한 국가의 반대만으로도 결의가 성립하지 않기 때문에 특히 약소국에 매력적인 의사결정 방식이다. 그러나 이러한 장점은 이러한 표결방식을 채택한 국제연맹에서 보았듯이, 실제에 있어 국제기구가 목적을 추구하는 데 있어 치명적인 장애로 작용하기도 했으며, 이때문에 이러한 문제를 해결하기 위한 방편의 하나로서 다수결제도가 도입되었던 것이다.

현재 만장일치제는 회원국의 수가 한정되어 있는 아랍국가연맹(League of Arab States), 북구각료이사회(Nordic Council of Ministers), 유럽자유무역연합(EFTA), 북대서양조약기구(NATO) 이사회 등에서 의사결정방식으로 여전히 채택되어 있다. 국제연합 안전보장이사회도 절차문제가 아닌 실질문제의 경우 상임이사국에 한해 거부권제도라는 만장일치제가 적용된다.

만장일치제를 채택하고 있는 국제기구들을 일별해 보면, 만장일치제란 구속력 있는 결의를 채택하는 일이 많은 지역적 국제기구의 의사결정 방식으로 종종 채택되고 있다는 사실을 알 수 있다.

(2) 다수결제(majority system)

다수결제는 19세기 후반에 국제행정연합에 먼저 도입되었으며, 보편적 국제기구에 도입된 것은 국제연합이 최초였다. 국제연맹까지는 만장일치제가 주류를 이루었으나 그 이후 다수결제가 주류를 이루어 왔다. 이처럼 다수결제는 만장일치제와 비교하여 상대적으로 최근에 비정치적 국제기구인 행정적·기술적 국제기구에 우선적으로 도입되었으며, 정치적인 성격의 국제기구에 채택되는 데는 많은 시간이 경과되어야만 했다.

다수결제는 다양한 견해를 통합하는 기술로서 만장일치제와는 달리 반대하는 국가가 있어도 의사결정이 이루어 질 수 있고, 또한 자신이 반대한 결정도 존중할 의무를 져야 하기 때문에 국가 주권의 지고성이 약화된 것이다. 따라서 국가들은 자신의 의사에 반하는 결정이 일어날 수 있는 가능성을 최소화할 필요를 갖게 된다. 특히 중요한 결정의 경우 이러한 필요성은 배가된다.

이러한 위험부담을 줄이기 위해 여러 가지 제도적 안전장치를 두고자 한다. 첫째, 이러한 장치의 하나로서 국제기구는 단순다수결제 외에 특별다수결제와 특정다수결제를 두고 있을 뿐 아니라 이중다수결제를 두기도 한다.

둘째, 이러한 여러 가지 다수결제 중 어떤 것을 택할 것인가를 결정하기에 앞서, 한 국가에 한 표를 인정하는 일국일표제(one-nation one-vote system)가 아닌 특정의 기준에 따라 국가마다 다른 표수를 인정하는 가중표제(weighted voting system)를 도입하기도 한다.

셋째, 경우에 따라서는 냉전시대 소련처럼 평상 시 하나의 국가로 행동하면서 국제연합 총회에서 3개의 표(소련, 우크라이나, 벨로루시)를 행사하는 경우도 있었다.

넷째, 주권국가들은 또한 원하지 않는 결정이 이루어진다고 해도 이를 최소화할 수 있는 장치를 두고자 했으며, 그 결과 다수결제를 통한 의사결정의 효력은 일반적으로 법적 구속력이 없는 권고에 그치도록 하고 있다. 앞서 살펴보았듯이 실제로 구속력이 있는 결정을 채택하는 경우가 많은 지역적 국제기구의 경우 만장일치제를 택하는 예가 적지 않다.

구체적으로 여러 종류의 다수결제를 살펴보기 이전에 다수결제가 기초하고 있는 일국일표제 혹은 가중표제에 대해서 살펴보고자 한다.

1) 일국일표제와 가중표제

경제적 또는 전문적인 특정의 임무를 수행하는 국제기구를 제외하고는 대다수의 국제기구가 일국일표제를 채택하고 있다. 이러한 일국일표제는 경제력, 인구, 면적 또는 그 국가가 가지고 있는 힘(power) 등에 관계없이, 어떤 국가든 균등하게 모두 1표를 갖는 방식으로서 주권평등의 원리에 입각하고 있다. 예컨대 국제연합 총회에서는 인구 2억9천5백만 명에 국제연합에 대한 분담금을 22% 부담하고 있는 미국이나 인구 2만1천명에 분담금 0.001%를 내고 있는 팔라우(Palau) 모두 평등하게 한 표를 행사한다.

이러한 일국일표제를 채택하고 있는 대표적인 국제기구로는 국제연합, 국제연합교육과학문화기구(UNESCO), 식량농업기구(FAO), 세계보건기구(WHO), 세계기상기구(WMO), 국제해사기구(IMO), 국제전기통신연합(ITU), 만국우편연합(UPU), 국제원자력기구(IAEA), 국제민간항공기구(ICAO), 국제연합공업개발기구(UNIDO), 세계지적재산권기구(WIPO) 등이 있다.

일국일표제는 수적으로 우세한 개도국들로 하여금 국제기구의 의제를 통제하고 기존의 규범에 도전할 수 있도록 한다. 이에 대해 수적으로 열세를 보이고 있는 소수파 국가인 선진국은 이러한 일국일표제에 불만을 가지고 있다.

세계무역기구(WTO)의 출범을 가져온 우루과이라운드(UR) 법안에 반대했던 미국의 의원들은 WTO가 무역분쟁에 대한 표결 시 일국일표제를 채택해 미국의 주권을 침해할 소지가 있다면서, 미국은 국제연합의 안전보장이사회에서처럼 WTO에서도 거부권을 가져야 한다고 주장한 바 있다. WTO 운영비의 23%나 부담하는 미국이 거의 한 푼의 운영비도 내지 않는 90여 개 국가와 동일하게 1표씩을 행사하는 것은 모순이라고 지적한 바 있다.[8)]

강대국 입장에서의 일국일표제에 대한 이러한 불만은 클로드(Inis L. Claude, Jr.)의 말에 잘 나타나 있다. 그에 따르면 일국일표제에 따른 다수결은 세계인구의 다수를 대표하지 않는다는 점에서 비민주적이고, 세계의 실질적인 힘(power)의 상당한 부분을 반영하지 않기 때문에 비현실적이며, 진정한 공동체의 지배적인 의지를 반영하지 않기 때문에 별로 도덕적이지 못하다.[9)] 다음으로 다수결제가 때때로 기초하고 있는 가중표제를 살펴보도록 하자.

근대에 들어서는 라인강 항해를 위한 중앙위원회와 국제전기통신연합(ITU) 이래의 국제행정연합 등에서 가중표제가 사용되었다. 소국들의 강력한 반대로 무산되기는 했으나, 국제연합헌장의 최초의 초안은 국제연합의 의사결정방식으로서 가중표제를 채택하고 있었다.[10)] 현재에 있어서는 국제통화기금(IMF)과 세계은행(IBRD) 등 대개의 국제금융기구에서 가중표제가 채택되어 있다.

무엇을 기준으로 표를 가중시킬 것인가는 국제기구마다 다르다. 예컨대 인구, 재정적인 공헌도를 나타내는 출자액, 혹은 그 밖에 국제기구가 관련하고 있는 분야에 있어서의 중요성을 나타내는 기준을 채택하고 있다. 일국일표제가 형식적인 평등에 기초한 방식이라면 가중표제는 실질적인 불평등을 인정한 방식이다. 국제통화기금(IMF)의 경우 모든 회원국은 각기 기본적으

8) 한국일보, 1994년 12월 1일.

9) Inis L. Claude, Jr., *Swords into Plowshares,* 3rd. ed. (New York: Random House, 1964), p. 119.

10) Ruth E. Russel, *A History of the United Nations Charter: the Role of the United States, 1940-1945* (Washington, D. C.: Brookings Institution, 1958), p. 378.

로 250표를 가지며, 출자액에 따라 가중표가 할당된다. 구체적으로 할당액으로서 10만 특별인출권(SDR) 당 한 표를 더 갖는다.[11] 세계은행(IBRD)의 경우 개개의 회원국들은 기본적으로 250표를 가지며, 보유하는 액면가가 10만 달러인 주식 1주 당 1표를 추가로 갖게 된다.

이러한 가중표제를 실시할 경우 대국의 경우 의사결정에 큰 영향력을 행사할 수 있는 반면, 대국이 아닌 국가는 의사결정 과정에서 행사할 수 있는 영향력이 극히 미미해진다.[12] 이 때문에 개도국들은 세계화시대에 있어서 국제사회에서 중요한 문제가 되고 있는 재정과 금융문제가 가중표제를 채택하고 있는 세계은행(IBRD)이나 국제통화기금(IMF)에 의해 다루어지고 있다고 보고, 이러한 문제가 일국일표제를 채택하고 있는 국제연합이 중심이 되

11) SDR(Special Drawing Rights)은 IMF 장부상의 통화단위로서 2007년 9월 현재 1 SDR은 1.48 미국 달러에 해당한다.

12) 한국은 국제통화기금(IMF)과 세계은행(IBRD)을 위시한 국제금융기구에서의 출자지분이 경제규모에 비해 낮은 수준이라며 이들 국제기구들이 한국의 출자지분율을 현실에 맞게 조정해야 한다고 주장해오고 있다. IMF의 출자지분은 IMF로부터 받을 수 있는 자금지원의 기준이 되며 이에 비례하여 투표권이 부여된다. 출자지분을 늘려야 국제경제 정책현안에 대해 발언권을 높일 수 있는 것이다. 그러나 회원국이 원한다고 지분을 마음대로 늘릴 수는 없다. 왜냐 하면 한 국가의 지분율 상승은 다른 국가의 지분율 하락을 동반하기 때문이다. IMF는 매 5년마다 출자지분의 적정성 여부를 검토한다. 한국의 지분율은 1998년 이전에 0.554%이었으나 1998년부터 0.764%로 늘게 되어 출자지분의 3배한도 내에서 지급되는 IMF 구제자금 등의 규모가 늘게 되었고 IMF에서 가중표가 증대되어 발언권이 강화된 바 있다. 그나마 한국의 지분이 이처럼 늘게 되는 데는 무려 10년 가까운 세월이 걸렸다. 그러나 이러한 변화에도 불구하고 실상 한국의 경제규모는 세계에서 12-13위 수준인데 출자지분율 0.764%는 184개 회원국 중에서 28위에 불과했다. 2003년에 출자지분의 적정성 여부 검토가 있었지만 출자지분을 늘리지 못했다. 이들 국제기구에서 주도권을 쥐고 있는 미국과 유럽국가들이 지분율 조정에 따라 자국의 영향력이 약화될 것을 우려해 출자금 증액에 반대했기 때문이다. 그러던 것이 2006년에 싱가포르에서 개최된 연차총회에서 한국을 비롯한 4개국의 특별증액을 결정하여 한국의 지분율이 0.764%에서 1.346%로 상향 조정되어 세계 19위 국가가 되었다. 이에 따라 투표권(voting power)도 1.33%가 되었다. IMF는 이번에는 첫 단계로 한국을 비롯한 4개국의 지분만 늘리고, 앞으로 2년 동안 IMF 지분을 결정하는 방식을 완전히 바꿔 IMF의 모든 지분 구조를 개혁하는 대수술을 2008년까지 단행하기로 했다. 참고로 미국은 IMF에서 17.09%의 지분율을 가지고 있으며, 투표권은 16.77%를 가지고 있다. 한국은 세계은행(IBRD)에서도 경제력에 상응하는 지분율을 확보하고 있지 못하다. 한국의 세계은행 출자 지분율은 1.01%, 투표권은 0.99%에 불과하다. 이는 경제규모가 한국과 비슷하거나 낮은 국가의 절반에도 못 미치는 것이다. 구체적으로 이탈리아와 사우디아라비아는 2.85%의 지분율과 2.78%의 투표권, 네덜란드는 2.26%의 지분율과 2.21%의 투표권, 브라질은 2.12%의 지분율과 2.07%의 투표권을 지니고 있다. 참고로 미국의 경우 16.84%의 지분율을 가지고 있으며, 16.38%의 투표권을 지니고 있다.

어 논의되어야 한다는 주장과 더불어 이러한 역할을 하는 국제연합 기관을 강화하여야 한다는 주장을 줄곧 제기해오고 있다.[13)]

경제력에 따라 발언권에 차이를 두고 있는 세계은행(IBRD)이나 국제통화기금(IMF) 등의 활동에 집착하고 있는 선진국들은 개도국들의 이러한 주장에 귀를 별로 기울이고 있지 않다.

1960년 전후해서 특정 기준에 따른 단순한 가중표의 배분에 일정한 형태의 제한이 가해지게 되었다. 구체적인 방법으로 아시아개발은행(ADB)처럼 전체표 수에 대해 기본표의 수를 국가별로 일정하게 할당하는 방식과 전문기구의 하나인 국제농업개발기금(IFAD)처럼 개별 국가가 아닌 국가그룹 사이에 있어서 표수를 균등하게 분배하는 방식이다. IFAD의 방식을 살펴보면 다음과 같다.

IFAD는 회원국을 경제협력개발기구(OECD) 회원국, 석유수출국기구(OPEC) 회원국, 기타의 개발도상 국가로 분류하고 이들 세 그룹에게 일률적으로 600표씩을 균등하게 부여한다. 그룹 내에 있어서의 600표의 배분방식은 그룹별로 다르다.

우선 OECD 그룹의 경우는 600표의 17.5%를 균등하게 배분하고, 나머지를 분담금의 비율에 따라 배분한다. OPEC 그룹의 경우는 600표의 25%를 동등하게 배분하고, 나머지를 분담금 비율에 따라 배분한다. 개도국 그룹의 경우는 600표 전체를 국가별로 균등하게 배분한다.

이러한 IFAD 방식의 특징은 우선 국가그룹 사이에 국가 수에 있어서의 차이는 있으나 그룹별로 동등한 표를 부여함으로써 개발문제에 관한 교섭시 국가그룹 사이에 평등성을 갖도록 하고 있다는 점이다. 가중표제를 도입해 국가간에 표에 있어서 차이가 발생하기는 하나 이것이 개개 국가에 따른 가중표의 할당이 아닌 그룹 내에 있어서의 할당이기 때문에 전체적으로 선진국과 후진국간의 표 차이가 그리 크지 않다.

---

13) 국제연합의 경제사회이사회가 54개의 이사국을 가지고 있는 등 그 규모가 지나치게 방만하며 산하기관들이 산재해 있다는 인식하에, 경제안전보장이사회라는 새로운 조직으로 축소하여 기능을 강화하거나 현재의 경제사회이사회의 기능을 강화하자는 주장을 전개하고 있다.

2) 다수결제의 종류

다수결제의 종류에는 단순다수결제, 특별다수결제, 특정다수결제 등이 있다. 단순다수결 혹은 특별다수결이라고 할 때 그 계산의 기준은 일반적으로 「출석하여 투표하는(present and voting) 회원국의 수」를 의미한다. 따라서 결석한 국가나 출석해서 기권하는 국가는 이러한 계산에서 제외된다. 대표적인 예를 국제연합헌장 제18조 3항에서 볼 수 있다.[14)]

그러나 결석하든 출석하든 그리고 출석하여 투표를 하든지 하지 않든지 상관하지 않고 모든 회원국의 수를 기준으로 하여 단순다수결 또는 특별다수결을 계산하는 기준으로 삼는 경우도 있다. 국제연합헌장 제108조, 국제민간항공기구(ICAO) 조약 제52조, 미주국가기구(OAS)의 헌장 제56조와 57조 등이 이러한 예에 속한다.

(가) 단순다수결제: 가장 보편적인 다수결제가 단순다수결제(simple majority system)인데, 이는 투표의 과반수(즉, 1/2 이상)의 찬성에 의해 결의가 성립되는 것을 말한다. 오늘날 대개의 국제기구는 중요사항을 결정할 때를 제외하고는 단순다수결제를 채택하고 있다. 국제연합의 총회·경제사회이사회·신탁통치이사회·국제사법재판소 등이 이러한 단순다수결을 채택하고 있는 국제기구의 대표적인 예이다.

(나) 특별다수결제: 과반보다 더 많은 수 이상의 찬성을 요하는 경우를 이와 비교하여 특별다수결제(qualified majority system: QMS)라고 부른다.[15)] 이러한 특별 다수결에는 2/3, 3/5, 3/4, 4/5 등 여러 종류가 있다. 이 중에서 가장 일반적인 경우가 국제연합헌장 제18조 제2항과 제108조 그리고 국제노동기구(ILO)헌장 제19조에서 보는 것과 같은 2/3이다. 일반적으로 계획이나 예산

---

14) 극단적인 예를 들어보자. 국제연합 회원국 192개 국가 중에서 11개 국가가 불참하고 나머지 181개 국가가 총회에 참석하여 결의안 통과를 위한 채택절차를 밟았다고 가정하자. 그 중에서 170개 국가가 기권을 하고 5개 국가가 반대를 하고 6개 국가가 찬성을 한 경우, 출석하여 투표한 국가 11개 국가 중에서 과반인 6개 국가가 찬성했기 때문에 이 결의안은 통과된다.

15) 「특별다수결제」는 「조건부다수결제」라고도 칭한다.

의 승인, 헌장의 개정 등과 같은 중요한 사항에 적용된다.

국제연합헌장 제18조 2항을 좀 더 자세하게 살펴보면, 국제연합 총회는 「중요사항(important questions)」의 경우, 출석하여 투표한 국가의 2/3 다수로서 결정한다. 구체적으로 중요한 문제란 국제평화와 안전의 유지에 관한 권고, 안전보장이사회 비상임이사국의 선출, 경제사회이사회와 신탁통치이사회의 이사국의 선출, 신회원국의 가입의 승인, 회원국으로서의 권리 및 특권의 정지, 회원국의 제명, 신탁통치제도의 운영에 관한 문제 및 예산문제를 포함한다. 중요사항에 대한 추가 지정을 포함하여 여타 문제에 대한 결정은 출석하고 투표하는 국가의 단순과반수의 찬성을 필요로 한다.

국제연합헌장 제108조에 따르면, 헌장의 개정은 총회 구성국의 2/3의 투표에 의하여 채택되고, 안전보장이사회의 모든 상임이사국을 포함한 국제연합 회원국의 2/3에 의하여 각자의 헌법상 절차에 따라 비준되었을 때, 모든 국제연합 회원국에 대하여 발효한다. 중요사항의 경우는 출석하여 투표한 국가의 2/3인데 반해, 헌장의 개정의 경우는 총회 구성국의 2/3의 찬성이 있어야 한다.

국제원자력기구(IAEA)와 같은 국제기구도 총회나 이사회 모두 통상적인 결정은 단순다수결에 의해 이루어지나, 중요사항에 관해서는 출석하여 투표한 이사국의 2/3의 다수결에 의해 결정된다.

좀 더 임격한 요건으로서는 세계지적재산권기구(WIPO)조약 제6조 제3항 e에서처럼 3/4과 국제민간항공기구(ICAO)조약 제93조에서처럼 4/5를 가결필요표수로 하는 경우도 있다.

국제통화기금(IMF)의 의사결정은 출자액을 기준으로 가중된 표의 과반수의 찬성을 요하는 경우 이외에 특별 다수결을 요구하는 경우가 있다. 구체적으로 특별 다수결의 경우, 가중된 표의 70% 이상의 찬성과 85% 이상의 찬성을 요구하는 두 경우가 존재한다. 특히 가중된 표의 85%의 찬성을 요구하는 특별 다수결의 경우 선진국(특히 미국) 위주의 지배구조로 평가된다. 미국의 경우, 2008년 4월 19일 현재 투표권 16.77%를 보유하고 있어 미국의 찬성 없이는 특별 다수결이 적용되는 사안이 통과되지 못한다.[16] 이와 관련하여 주목할 것은 85%의 찬성을 요하는 사안이 처음 2개에서 현재 53개로 늘어났다는 점이다. 이로써 미국은 자신의 반대만으로 부결될 수 있는 사안을 많이 갖는 사실상의 거부권의 소유자로서의 지위가 강해지고 있다.

단순다수결과 비교할 때 특별다수결은 결의의 효과 면에서 보다 큰 권위를 갖게 되어 국가들로부터의 이러한 결의에 대한 준수를 확보하기가 보다 용이하다. 특별다수결은 보통 가맹, 재정, 조약의 채택과 같은 대외적인 사항, 그리고 일정한 선거 등의 사항을 결의할 때 많이 이용된다. 또한 가중표결제를 사용할 경우 특별다수결을 사용하는 경우가 많다.

(다) **특정다수결제**: 다수결의 요건을 「몇 분의 몇 이상」이라는 식으로 설정하지 않고, 「찬성하는 회원국의 수가 몇 이상」 또는 「찬성표가 몇 표 이상」 또는 「특정 국가의 동의가 있거나 특정 국가의 반대가 없을 것」과 같은 식으로 정하는 경우가 있는데, 이를 두고 특정다수결제이라고 부른다.

국제연합 총회는 중요문제(important question)와 그렇지 않은 문제로 구별하여 가결필요표수를 달리하고 있다. 이와는 달리 국제연합 안전보장이사회는 실질문제와 절차문제로 구별하여 가결필요표수를 달리하고 있다. 결의의 성립을 위해 실질문제의 경우 15개 이사국 중에서 5개 상임이사국을 포함한 9개국의 찬성을 필요로 하며, 절차문제의 경우 단순히 9개 이사국의 찬성이 필요하다는 규정을 두고 있는데 이것은 특정 다수결제의 한 예이다.[17] 실질문제에 대한 표결 시 상임이사국 중 어느 한 국가의 반대가 있으면 결의가 성립하지 않기 때문에, 이를 두고 상임이사국의 「거부권(veto power)」이라고 부른다. 국제연합 안전보장이사회에 있어서 어떤 사항이 절차문제인가 아니면 실질문제인가를 결정하는 것은 실질문제로서 거부권의 대상이 된다. 이것을 두고 「이중 거부권(double veto power)」이라고 부른다.[18]

---

16) 미국을 제외한 모든 국가가 찬성을 한다고 해도 83.23%가 되어 85%에 이르지 못하기 때문이다.

17) 안전보장이사회의 실질문제에 대한 의사결정 방식은 두 가지 성격을 지니고 있다. 상임이사국의 입장에서 볼 때 이들 모두의 찬성이 필요하다는 점에서 만장일치제의 성격을 가지고 있으며, 9개 이사국 이상의 찬성을 필요로 한다는 점에서 특정 다수결제의 성격 역시 보유하고 있다.

18) 국제연합 총회의 경우는 중요문제의 경우 2/3 이상의 찬성을 필요로 한다. 그러나 무엇이 중요문제인가를 결정하는 것은 단순 다수결로 결정한다. 총회의 경우는 중요문제와 그렇지

국제연합 안전보장이사회 상임이사국의 거부권과 관련하여 상임이사국의 기권과 결석이 거부권의 행사인가의 여부를 두고 논란이 야기된 바 있다. 국제연합헌장의 문구에 따르면 실질문제에 대한 결정은 5개 상임이사국 모두의 찬성표를 필요로 한다고 하나, 기권은 거부권을 행사한 것으로 인식하지 않는 것이 안전보장이사회의 오랜 관행으로서 확립되었다.

중국의 대표권 문제를 둘러싸고 불만을 표시하기 위해 1950년 1월부터 소련은 안전보장이사회를 떠났으며, 이 사이에 한국전쟁과 관련한 중대한 결의안이 통과되었다. 이러한 결의안의 통과에 소련이 반발함으로써 상임이사국의 결석이 거부권의 행사냐 아니냐의 논란이 발생했으나, 이를 계기로 상임이사국 중 어느 한 국가의 결석 시에도 결의가 성립되는 관행이 시작되었다.

현재 국제연합 개혁의 하나로서 안전보장이사회의 개혁이 논의되고 있는데, 사무총장의 보고서에는 16인의 고위패널(High Panel)이 제안한 두 가지 개혁안 모두가 포함되어 있다. 이 두 안은 여러 면에서 차이를 가짐에도 불구하고, 새로운 상임이사국 혹은 준상임이사국에는 거부권을 주지 않는 것으로 되어있다.[19)]

(라) 이중다수결제: 다수결제 중에서 충족시켜야 할 조건으로서 두 가지를 가지고 있는 경우가 있는데, 이를 「이중다수결제(double majority system)」라고 부를 수 있다. 이러한 의사결정 방식을 채택하고 있는 국제기구로서 유럽연합(EU)의 새로운 헌법안을 들 수 있다.

유럽연합의 이사회(Council)는 신입 회원국의 가입을 위시한 극히 중요한 사안을 만장일치제에 의해 의사결정이 이루어지며, 대부분의 중요사항은 가

않은 문제, 안전보장이사회의 경우는 절차문제와 실질문제로 구별하여 의결 정족수를 달리하나 경제사회이사회는 문제의 구별 없이 출석하여 투표하는 국가의 과반수를 의결 정족수로 한다.

19) 국제연합 총회는 1997년 3월 13일 동예루살렘 지역에 유대인 정착촌을 건설하려는 이스라엘의 불법적인 계획을 비난하는 결의안을 거의 만장일치로 통과시켰다. 결의안은 법적 구속력은 없지만 대다수 국제연합 회원국들은 이스라엘의 정책은 불법이고 평화에 주요한 장애가 된다는 것을 분명히 했다. 이날 결의안은 미국이 3월 7일 국제연합 안전보장이사회에서 유사한 내용의 이스라엘을 비난하는 결의안에 거부권을 행사하여 결의를 성립하지 못하게 하자 국제연합의 아랍단체가 어느 국가도 거부권을 행사할 수 없는 총회에 이 문제를 회부한 데 따른 것이다(중앙일보, 1997년 3월 5일).

중다수결제에 의해 결정된다. 또한 사안에 따라 단순다수결제에 의해서도 의사결정이 이루어진다. 유럽연합의 위원회(Commission)의 경우는 재적 위원 과반수 투표로 결정한다. 그리고 유럽연합의 의회의 경우 의결 정족수는 재적의원의 1/3이며, 달리 규정한 경우를 제외하고는 투표자의 과반수에 의해 결정된다.

2004년에 통과된 유럽연합 헌법안은 이러한 의사결정 방식에 있어서 큰 변화를 담고 있다. 과거 15개 회원국은 경제력에 있어서 그다지 큰 차이를 보이지 않는 등 동질적인 측면이 많아 주요 사안을 만장일치제를 통해 결정하는 데 그다지 큰 문제가 존재하지 않았다.

그러나 경제력 등에 있어서 기존의 회원국과는 큰 격차를 가지고 있어 기존의 회원국들과 이해관계를 달리할 수밖에 없는 10개의 신규 회원국들이 담합하여 의사결정에 관여하게 되면, 기존 회원국들의 피해는 물론 유럽연합의 운영이 사실상 마비될 것이라는 우려를 하지 않을 수 없게 되었다.

유럽연합 헌법안을 만드는 과정에서 이러한 문제를 해결하기 위한 여러 가지 방안이 논의되었는데, 그 중의 하나가 기존에 사용되어 온 가중다수결제를 확대하는 것이었다. 이와는 달리 주요 사안의 결정에서 회원국의 수뿐만 아니라 유럽연합 인구의 다수를 점하는 나라의 찬성도 필수적으로 감안하는 방안도 검토되었다.

논란 끝에 유럽연합 헌법안은 후자를 택했다. 즉, 25개 회원국 중 15개국 이상, 회원국 전체 인구 중 65% 이상의 찬성으로 유럽연합의 의사를 결정하는 방식인 이중다수결제를 택했다. 이처럼 만장일치제가 아닌 이중다수결제를 도입함으로써 중요한 정책의 수립이나 규정을 채택할 때 신속하고 효율적으로 의사결정을 할 수 있도록 했다. 이는 강대국의 독주를 견제하면서 소국의 목소리를 적절하게 보장하기 위해 마련한 절충안으로서 영국, 프랑스, 독일과 같은 강대국의 담합에 의한 의사결정이 어렵게 되었다.[20] 그리고 전체 인구의 35%, 4개국 이상의 동의로 의제의 채택을 반대할 수 있도록 했다.

20) 그러나 이와 더불어 완전한 통합이 불가능한 현 단계에서 융통성을 두기 위한 예외 규정을 두었다. 외교, 국방, 예산부담 등 주요 현안과 관련하여 특별히 이견을 가지고 있는 나라는 이를 거부하거나 예외 인정을 요구할 수 있도록 했다.

그러나 2004년 6월에 채택된 유럽연합 헌법이 2005년 5~6월에 프랑스와 네덜란드의 국민투표에 의해 부결되자 2007년 12월에 유럽연합 헌법을 대체하는 리스본조약이 서명되었다. 리스본조약은 이중다수결제도(double majority system)를 2014년부터 단계적으로 확대 적용하여 2017년에 완전 도입하기로 하고, 역내인구의 65%와 27개 회원국 중 15개국 이상이 찬성하면 주요 정책을 결정할 수 있도록 하였다.

(3) 표결방식

표결은 여러 방식에 의해 이루어지는데, 가장 보편적인 방법이 「거수에 의한 표결(vote by a show of hands)」 방식이다. 어느 국가의 대표단들이 어떤 의사표시를 했는지를 종합적으로 알기가 어렵다. 「기립에 의한 투표(vote by standing)」 방식이 국제연합 총회의 의사규칙에 언급은 되어 있으나 사용되는 경우가 거의 없다. 현재 국제연합 총회를 위시한 대개의 국제기구는 「전자투표」 방식을 실시한다.

국제기구에서 선거를 할 때는 일반적으로 「비밀투표(vote by secret ballot)」 방식을 사용한다. 그러나 선거에만 이용되는 것은 아니며, 세계보건기구(WHO)의 총회에서처럼 다수결의 찬성이 있으면 기타의 사항에 대해서도 비밀투표가 사용될 수 있다.

국제통신연합(ITU)이나 만국우편연합(UPU)과 같이 5년마다 개최되는 등 정기총회가 자주 열리지 않는 국제기구의 경우, 새로운 회원국의 가입 등을 결정하기 위해 「우편투표(postal ballot)」 방식이 이용되기도 한다.

마지막으로 살펴 볼 표결방식으로 「호명에 의한 투표방식(vote by a roll-call)」이 있다. 이는 국제기구에 있어 특이한 투표방식인데 회의를 주재하는 의장이 대표를 호명하면 찬성, 기권, 반대 등의 대답을 함으로써 투표하는 방식이다. 이 제도의 취지는 각 대표단의 입장을 명확하게 파악하기 위한 것으로서 각 대표단의 투표내용이 공식적으로 기록된다.[21]

---

21) 국제기구 연구 가운데 투표성향과 관련된 경험적인 연구 시 호명투표 방식에 의한 기록에 많이 의존하게 된다. 예컨대 국제연합 총회에서 표결 블록(voting bloc)이 어떻게 형성되어

4. 표결에 의하지 않는 의사결정 방식: 합의제

의사결정은 표결에 의해 이루어지기도 하나 종종 합의제 방식에 의해 이루어지기도 한다. 이러한 합의제와 관련하여 합의제의 종류, 합의의 의미, 합의가 사용되는 경우, 합의의 장점과 단점 등을 이해하는 것이 필요하다.

(1) 합의제의 종류

국제기구가 합의제 방식으로 의사결정을 한다고 할 경우, 다음과 같은 세 경우가 존재하기 때문에 구별이 필요하다.

1) 다른 의사결정 방식에 앞서 합의제를 시도하는 경우

국제기구의 의사규칙에 다수결 등의 의사결정 방식이 언급되어 있는데, 이러한 방식에 의한 의사결정에 앞서 우선적으로 합의로 의사결정을 시도하는 경우이다. 따라서 합의가 이루어지지 않을 경우에는 자동적으로 의사규칙에 언급되어 있는 표결로 의사결정을 하게 된다.[22]

국제연합의 총회와 안전보장이사회를 예로 들 수 있다. 이들 기관은 헌장의 공식적인 개정을 통하지 않은 채, 의사결정의 방식으로서 헌장의 규정에 없는 이러한 「합의(consensus)」라는 방식을 사용하고 있다. 국제연합 총회의 경우, 헌장에 언급되어 있는 표결방법보다 오히려 헌장에 언급되어 있지 않은 합의가 의사결정 방식으로 더 많이 이용되고 있다. 안전보장이사회에서도 의사결정 방식으로서 이러한 합의가 종종 이용된다.

이러한 합의제가 국제연합 총회에서 처음 사용된 것은 1964년이었다. 이 당시 소련과 프랑스가 주도적으로 국제연합의 평화유지활동비의 지불을 거

있는가와 같은 연구 및 강대국으로부터 원조를 받은 국가가 강대국의 편에 서서 표를 던지는가와 같은 연구 등에 호명투표 기록이 필요하다.

22) 세계무역기구(WTO)의 의사결정은 과거의 GATT에서와 마찬가지로 보통 합의(consensus)로 이루어지며, 합의에 의해 결정되지 않은 문제는 표결로 처리한다.

절하자, 2년 치에 해당하는 분담금을 체납할 경우 총회에서의 투표권을 정지한다는 국제연합헌장 제19조의 적용을 둘러싸고 논란이 전개되었다. 이러한 사태를 수습하기 위해 사무총장이 주축이 되어 긴밀한 협의가 진행되었는데, 결국 총회는 표결을 거치지 않고 동 조항을 적용하지 않기로 결의했으며, 이로써 합의제가 정착하기 시작했다.

2) 유일한 의사결정 방식으로서 합의제가 실시되는 경우

첫 번째 경우와는 달리 합의를 유일한 의사결정 방식으로 하여, 합의 이외의 의사결정 방식을 사용하지 않는 국제기구들이 있다. 이러한 국제기구로는 국제연합 총회의 결의에 의해 설치된 국제연합의 보조기관의 하나인 외기권의 평화적 이용위원회(Committee on the Peaceful Uses of Outer Space: COPUOS)와 동 법률소위원회(Legal Subcommittee), 국제해저기구(International Seabed Authority: ISA)의 이사회, 평화유지활동특별위원회 등이 있다.

경제협력개발기구(OECD) 역시 이러한 국제기구에 속하는데, 이 기구는 만장일치(unanimity)와 구분하여 모든 회원국의 상호 동의(mutual agreement of all the members)를 합의(consensus)로 정의하고, 이에 따라 의사결정을 내린다. 동남아국가연합(ASEAN)도 이러한 방식을 통해 의사결정을 하고 있다.

의사규칙 상에는 다수결로 의사결정을 하도록 규정하고 있으나, 실제로는 합의로 의사결정을 하도록 하여 합의가 이루어지지 않을 경우에도 다수결을 시도하지 않도록 하는 경우도 존재한다. 이 경우 다수결로 결정될 일을 합의를 구하도록 함으로써 다수결을 부인하게 된다. 1986년 이래 국제연합의 예산편성에 있어 적어도 총회에 이르기 전 단계에서 합의에 의해 채택하는 관행이 유지되어 오고 있는 것이 이러한 경우에 속한다.

이러한 관행은 제3세계에 의해 국제연합이 지배되는 것에 반발한 분담금을 많이 내고 있는 국가의 발언권을 증대시키기 위한 미국의 요구에 의해 시작된 것으로서, 이러한 합의 방식이 유지되는 한 미국을 비롯한 선진국이 강력하게 반대하는 예산안은 위원회 등과 같은 총회 이전의 단계를 통과할 수 없게 된다. 이러한 방식은 나름의 장점이 없는 것은 아니나, 규정상 다수결로 결정될 일이 실제에 있어서는 소수결로 바뀌게 되어 법적인 문제를 발생시킨다. 1986년 이래로 지켜져 오던 이러한 관행이 미국의 반대에도 불구하고 2007년에 깨져, 국제연합의 예산안이 합의가 아닌 다수결로 통과된 바 있다.

이처럼 합의제를 유일한 의사결정 방식으로 할 경우, 일국이라도 강경하게 반대하는 국가가 있으면 의사결정이 이르지 못하여 결과적으로 이러한 국가가 의사결정 전체를 좌지우지하게 된다. 이는 표결을 하지 않는다는 점만이 다를 뿐 의사결정을 위해 전원합의를 필요를 한다는 점에서 만장일치제와 크게 다르지 않다.

따라서 합의제를 순수한 형태로 적용하지 않고 융통성을 두는 경우가 많다. 경제협력개발기구(OECD)의 경우, 특정 회원국이 의사결정 시 기권을 하면 기권을 한 그 국가에게만 적용이 안 되고 의사결정은 이루어지게 된다. 이처럼 회원국의 사정에 따라 유보할 수 있어 개별 회원국 정부의 의사에 반하는 결정은 있을 수 없으나 명분이 없는 입장은 동료압력(peer pressure)으로 인해 분위기상 유지하기가 곤란하다.

OECD의 경우 회원국이 창설 당시의 20개국에서 현재 30개국으로 늘어나면서 이러한 방식의 의사결정이 기구의 운영을 어렵게 만들었다. 따라서 OECD는 2004년에 기구 개혁안의 일환으로서 이제까지 거의 모든 안건을 전원합의(consensus)로 결정함으로써 원활한 기구운영에 차질을 빚어왔던 것으로부터 벗어나기 위해 다수결제를 도입했다. 도입한 다수결제에 따르면 회원국의 60% 이상이 찬성하고, 예산 분담률이 25%를 넘는 3개국 이상의 반대가 없을 경우 의사결정이 일어나도록 했다.[23)]

동남아국가연합(ASEAN)은 명문 규정에 의한 것이 아닌 관행으로서 합의제라는 의사결정 방식을 채택하고 있는데, 다른 종류의 합의제와는 다른 특징을 보이고 있어 살펴볼 필요가 있다. 이 합의제의 특징은 ASEAN 국가들이 전 회원국의 의견의 일치가 이루어지지 않으면, 가부 결정을 하지 않고 의견이 일치될 때까지 결정을 연기하며 대화와 타협을 계속한다는 점이다.

---

23) OECD는 각 위원회의 존폐문제나 예산한도 내 사업계획 및 예산배분 등의 의제에서 이러한 의사결정 방식을 도입하여 운영하기로 결정했다. 2년간의 시험적용 뒤에 도입 분야의 확대문제를 검토하기로 했다(국민일보(인터넷), 2004년 4월 25일).

이러한 특성으로 인해 ASEAN의 합의제 방식은 결정에 이르기까지 많은 시간을 소모하게 되며, 합의된 결정의 내용은 합의에 가장 소극적인 국가까지도 포함할 수 있는 것이어야 하기 때문에 최저 공통분모의 타협물에 불과하고, 토의의 대상이 되는 문제들은 종국적으로는 모든 회원국이 동의할 수 있는 성격의 문제여야 하기 때문에 결속을 해칠 문제들은 아예 논의 자체가 유보된다. 결국 이러한 특징으로 인해 긴급을 요하는 의사결정의 경우 문제가 심각하며 여러 가지 비효율성을 지닌다.

이러한 단점으로 인해 반대하는 국가도 구속되는 다수결로 결정방식을 바꾸어야 한다는 일부 국가의 주장도 있었지만, 그럼에도 불구하고 이러한 성격의 합의제는 각 국가의 주권과 소수의 의견을 존중하여 ASEAN의 결속을 유지하고 확대하는 데 크게 공헌해 왔다. 그러나 한편 이러한 합의제의 단점을 보완하기 위해 다음과 같은 두 가지 보완이 이루어졌다.

그 중 하나는 국가들 사이에 타협이 극도로 곤란할 경우, 종래의 합의방식에서 크게 벗어나는 것이지만 역내 경제협력이라는 이슈에 한해 예외적으로 타협이 곤란한 국가를 빠뜨리고 합의에 이르도록 한 점이다. 이는 특정한 이슈에 있어서의 부분적 탈퇴를 인정함으로써 전원일치적 합의라는 결정방식을 유지하고자함에 그 의의가 있다. 즉, 반대하는 국가를 구속하지 않고 찬성하는 국가만으로 협력을 추진하겠다는 것이다.

또 하나의 보완책은 역외 국가 또는 역외 국가군과의 협력문제에 있어 이러한 협력을 통해 특정 회원국이 이익을 얻게 되고 나머지 회원국들이 불이익을 받지 않을 경우, 나머지 회원국들이 특정 회원국의 입장을 지원하는 결정을 내린다는 점이다. 이는 ASEAN으로서 통일된 행동을 보임으로써 역외의 교섭상대에게 협상력을 크게 증대시키기 위한 것으로서 특정 회원국의 이익을 위해 ASEAN이라는 틀을 활용하고 있다는 것을 보여준다.

2007년 11월 ASEAN 10개 회원국은 싱가포르에서 열린 연례정상회의에서 유럽연합(EU) 방식의 통합을 위한 아세안 헌장과 경제공동체 청사진에 서명했다. 지역 공동체의 헌법 역할을 할 ASEAN 헌장은 의사결정과 관련하여, 5개 결정의 유형을 두고 있다. 헌장의 개정, 신규 회원의 가입, 사무총장의 임명 등 ASEAN에 근본적인 문제를 포함하는 첫 번째 유형의 결정과 회원의 정지나 다른 제재의 부과를 포함하는 두 번째 유형의 결정의 경우 만장일치(unanimity)를 통해 의사결정을 하도록 했다.

경제협정과 초국가적인 문제를 다루는 협정을 포함하는 세 번째 유형의 결정, 행정과 예산문제를 다루는 네 번째 유형의 결정, 절차적인 네 번째 유형의 결정에는 가중표제일 경우 단순다수결 혹은 가중표제가 아닐 경우는 4/5의 다수결로 의사결정을 하도록 하고 있다. 이때 다수결에 의한 의사결정에 앞서 합의(consensus)에 이르기 위해 노력을 하여야 하며, 합의에 도달하지 못할 경우에 한해 다수결로 의사결정을 하도록 하고 있다.

3) 합의제와 다수결제를 동시에 언급되어 있는 경우

무역 및 관세에 관한 일반협정(GATT)은 합의제 의사결정 방식을 채택하여, 어느 국가라도 명시적으로 반대의사를 표명하면 합의에 도달하지 않는 것으로 간주되었다.

세계무역기구(WTO)에 와서는 기본적으로는 합의제를 추구하지만 그것이 불가능할 경우에는 다수결 표결방식을 채택하도록 하고 시한도 설정하여 신속한 의사결정을 내리도록 하였다.

(2) 합의의 두 의미

합의(consensus)라는 말은 통상적으로 「일반적인 의견의 일치(general agreement)가 존재하는 상태」를 지칭한다. 그러나 국제기구의 의사결정과 관련하여 사용될 경우는 제한적으로 「표결(voting)에 의하지 않는 채택절차」를 의미한다.

국제기구 내에서 표결에 의하지 않는 선택이란 관련 행위자들 사이에 의견의 완전한 일치가 있을 경우 가능하기도 하나, 통상 의견의 완전한 일치가 용이하지 않은 현실 속에서 완전한 의견의 일치가 없는 가운데에서 이루어진다. 즉, 의견에 동의하지 않는 국가가 있어도, 이러한 국가가 공식적인 반대의 의사를 표시하지 않을 경우 합의로서 의사결정이 이루어진다.

엄격한 의미의 합의란 관련된 모든 국가의 찬성, 즉 만장일치를 의미하며 이를 「진정한 합의(genuine consensus)」라 부른다. 이 경우 모든 국가가 찬성할 경우에만 합의에 의한 결의안 등이 채택되며, 한 국가라도 이에 반대하면 채택되지 않기 때문에 「부정적 합의(negative consensus)」라고도 불린다.

그러나 실제의 많은 경우에 있어서 본질적인 의견의 불일치를 포함하는 합의가 존재하며, 완전한 동의(full agreement)를 필요로 하지 않는다. 이 경우 합의는 일반적인 일치(general agreement)를 의미하며 이를 「진정한 합의」와 구별하여 「유사 합의」라고 부르기도 한다.[24]

(3) 합의가 사용되는 경우

첫째, 합의는 어떤 문제를 둘러싸고 국가들 사이에 시초부터 심각한 의견의 차이가 없어 표결에 의하지 않고 결의가 채택될 수 있는 경우에 사용된다. 이 경우의 합의는 절차적으로도 실질적으로도 만장일치에 가깝다.

둘째, 합의는 다루어야 할 문제가 상당히 논쟁적이어서 표결로 결정할 경우 회원국 사이에 갈등과 대립이 심화될 것이 우려되는 상황에서, 대립하는 세력간에 수용할 수 있는 타협점을 찾아 사전에 긴밀한 협의와 교섭을 행하여 표 대결이라는 최종 국면을 피할 목적으로 사용된다.

국제연합 총회에 있어서 합의란 오랜 협상의 결과로서 소수파가 반대투표를 하기보다는 기권하겠다는 합의에 기초를 두며, 많은 합의의 경우 투표설명(explanation of vote: EOV)을 통해 반대나 유보(reservation)의 뜻을 기록으로 남긴다. 여하튼 적극적인 반대의사를 가지고 있는 국가가 있을 경우 이러

24) 과거 국제연합 인권위원회가 양심에 따른 병역거부에 관한 결의안을 표결 없이 합의로 통과시켰다. 크로아티아가 결의안을 상정하면서 표결 없이 전원합의로 통과할 것을 제안하자, 아무 국가도 반대의사를 표명하지 않아 결국 표결 없이 합의로 통과됐다. 양심에 따른 병역거부자를 인정하지 않아 비난을 받아온 한국과 싱가포르도 아무런 반대의사를 표명하지 않은 것은 결국 결의안에 찬성한 것으로 간주된다. 지난 1998년과 2000년에는 싱가포르 등 양심에 따른 병역거부권을 반대하는 일부 국가들이 표결 이후에 전체적 합의 분위기를 망치지 않기 위해 반대의사를 표명하지는 않았지만, 양심에 따른 병역거부권을 인정할 수 없다는 발빼하는 내용의 공개서한을 의장에게 보낸 바 있다. 이 서한에 한국은 1998년에는 서명했으나, 2000년에는 서명하지 않았다.

한 합의란 성립되지 않는다.

합의는 1960년대 이래 다수의 신생국가들이 국제기구에 가입하게 됨으로써 어떤 지역그룹 또는 이해그룹도 결정이 성립하는 데 필요한 다수를 확보하기 어렵게 되자, 표결에 따른 대결을 피하기 위한 정치적 편의제도로서 등장하여 국제연합 총회와 안전보장이사회에서 빈번히 사용되었다.

합의의 필요성은 1) 협상과 의사결정에 있어 동등한 크기의 그룹들이 존재할 경우, 2) 안정된 다수와 소수를 대표하는 그룹들이 존재하는 가운데 이러한 그룹의 국가들이 정당한 결정(legitimate decision)을 하는 데 있어서 없어서는 안 될 지지자라고 인식될 경우에 전형적으로 등장한다. 어떤 경우 이러한 그룹이 없어서는 안 될 행위자로 인식되는가는 일률적으로 말하기는 힘드나, 가장 전형적인 경우가 바로 결정을 시행하는 데 있어서 이들로부터의 인적 혹은 물적 자원의 기여가 없어서는 안 될 경우이다.

문제영역(issue areas)과 관련하여 생각해 볼 때 군축문제, 군비통제문제, 전지구적 개발전략의 수립 등의 분야에서 합의에 의해 의사결정이 일어날 가능성이 높다.[25] 비슷한 맥락에서 콕스(Robert W. Cox)는 다수결제라는 표결에 의한 의사결정 방식이 특정 유형의 의사결정에는 적절하지 못하다는 지적을 하고 있다. 구체적으로 그는 다수결제가 특히 강대국에 의한 군사적 혹은 재정적 행동을 필요로 하는 결정을 취하는 데는 전혀 적합하지 않다고 본다.[26]

(4) 합의의 장점과 단점

국제기구가 결의를 합의에 의해 채택한 경우, 적극적인 반대국가가 없다는 점 때문에 다수결에 의한 채택보다 중요한 의미를 갖는다. 이렇게 하여 채택된 결의는 세계여론(world opinion)으로서의 위상을 강화할 수 있어, 이러

25) Klaus Törnudd, "From Unanimity to Voting and Consensus: Trends and Phenomena in Joint Decision-Making by Governments," *Cooperation and Conflict*, Vol. 17, No. 2 (1982), pp. 163-177.

26) Robert W. Cox, "Introduction: Perspectives and Problems," in Robert W. Cox, ed., *International Organization: World Politics* (Edinburgh: Macmillan, 1969), p. 9.

한 결의를 위반하거나 훼손하는 것이 쉽지 않다.

합의는 회원국간의 심각한 대결을 회피하게 한다는 점에서 큰 이점을 가진다. 다수결에 의해 의사결정이 이루어질 경우, 찬성한 국가와 반대한 국가 사이에 지속적인 대립과 갈등이 있을 수 있는데, 합의는 이러한 것을 방지할 수 있다.

이러한 장점과 더불어, 합의는 국가들 사이에 합의할 수 있는 공통분모를 찾아내야 하기 때문에 결의에 이르기까지 비교적 많은 시간을 필요로 하게 된다. 또한 합의에 이르기 위해 타협을 하게 됨으로써, 결의의 내용이 애매모호하게 된다는 단점을 가진다. 그 결과, 후일 합의한 내용의 해석을 둘러싸고 이견을 보이기도 한다.

표결에 의한 의사결정에 앞서 합의를 구하는 것이 아니라 유일한 의사결정 방식으로서 합의제를 실시할 경우, 소수의 국가가 의사결정을 좌지우지하는 결과를 가져올 수 있다. 이처럼 합의는 다수파에 의해서 사용될 경우 반대하는 국가를 위협하는 수단으로서 이용되기도 하고, 소수파에 의해서는 결정 자체가 성립되지 않게 하는 데 이용되기도 하는 두 면을 지니고 있다.

제 4 장 의사결정의 과정

1. 개 요

의사결정 방식과 더불어 최종적인 의사결정에 적지 않은 영향을 미치는 요소로서 의사규칙을 운영하는 실질적인 의사결정 과정 역시 주목을 요한다. 따라서 여기에서는 국제연합의 총회와 안전보장이사회를 예로 들어 의사결정의 과정을 살펴보고자 한다.

국제연합의 안전보장이사회나 총회에서 각국의 대표가 연설을 하고 결의안에 투표를 하는 등의 공식 토의가 행해지나 공식 토의에서 실질적인 토의가 행해지는 일은 거의 없다. 공식토의는 미리 이루어진 교섭의 결과 합의된 사항을 재확인하는 정도에 불과하고 의례화되어 버렸다.

실질적인 논의와 타협은 따라서 회의장 밖에서 비공식 토의를 통해 이루어진다. 국제연합의 경우는 국제연합 빌딩 내의 공식 회의장 곁에 있는 「Conference Room」이라고 불리는 회의장으로부터 의장국이든가 핵심적인 국가의 대사관저에 이르기까지 다양한 곳에서 비공식 토의가 이루어진다. 국제연합 총회의 위원회의 예를 들어보도록 하자.

국가들은 공식회의에서 기조연설(general debate)이나 의제별 발언을 통해 자신들의 입장을 드러내는 것으로부터 회의가 시작된다. 이러한 과정을 통해 국가들 사이에 견해를 달리하는 쟁점사항들이 드러난다. 이러한 쟁점사항들에 대해 협의체(caucusing group) 내의 이견을 조율하기 위해 협의체별로 비공식회의를 가지며 회원국 전체가 합의점을 도출하기 위해 비공식회의를 가진다. 또 다른 공식회의란 결의안의 상정과 상정된 결의안에 대한 찬반토론을 위해 열리며, 이어서 결의안에 대한 행동을 취할 때 열리게 된다.

실제 국제연합 회의는 95%가 비공식회의 방식으로 진행되고 5%만이 공식회의 방식으로 진행된다. 이처럼 비공식 회의가 실질적인 토의의 장이 될 수밖에 없는 이유는 간단하게 말해, 공식 회의장에서 협상을 전개할 수 없으며 다른 국가들과 대화를 할 수 없기 때문이다. 어떤 의제에 대해 합의에 이를 수 있는 조건이 공식회의에서 논의된다면 어느 국가도 중요한 것에 대해 의견을 같이 하기가 어렵기 때문이다. 의사결정이 실제적으로 어떻게 이루어지는가를 국제연합의 총회와 안전보장이사회의 예를 통해 살펴보면 다음과 같다.

2. 국제연합 총회

(1) 협의체의 종류

국제연합 총회의 경우 비공식 토의는 이해관계에 따라 형성되는 각종 그룹마다 개최된다. 이러한 그룹을 일컬어 「협의체(caucusing group)」라고 부른다. 국제연합에는 편의상 아시아(53개 국가), 아프리카(53개 국가), 중남미(33개 국가), 동유럽(23개 국가), 서유럽 및 기타(27개 국가)의 5개의 지역 블록으로 비공식적으로 나누어져, 국제연합 업무의 상당부분이 이러한 지역그룹의 협의를 거친 후에 이루어진다.[27)]

좀 더 구체적으로 국제연합과 관련 있는 직책을 선출할 경우 이러한 지역그룹별로 그 수가 배분되어 선출이 이루어진다. 또한 이들 그룹별로 정책을

27) 미국은 어떤 지역 그룹에도 속하지 않으나, 서구 및 기타 그룹에 옵서버 자격으로 참석하며 선거 시에는 서구 및 기타그룹으로 분류된다. 키리바티(Kiribati)는 지리적으로 아시아에 속하나 2006년 5월 현재, 어떠한 지역그룹에도 속하지 않고 있다. 터키는 아시아 그룹과 서구 및 기타 그룹에 동시에 참여하나 선거 시에는 서구 및 기타 그룹으로 분류된다. 이스라엘은 서구 및 기타그룹에 속하나 제한적인 능력(limited competency)을 가진다.

조정하고 협상과 표결을 두고 공동전선을 형성하기도 한다. 지역그룹에 속하는 국가들은 지역그룹 다수 국가와 같은 방향으로 표결을 하여야 한다는 압력이 가해지는 것에 대한 비판이 있다. 정치적인 차이를 가지고 있는 국가들에게 있어서는 많은 이슈에 있어서 협상입장(negotiating position)을 약화시킬 수 있기 때문이다.

국제연합 회원국들이 이렇게 자생적으로 5개 지역그룹으로 나누어지나 정치문제에 있어서는 경제협력개발기구(OECD) 그룹과 비동맹운동조직체(NAM)로 나누어져 서로간에 입장을 조율한다.[28] 경제문제에 있어서는 일반적으로 OECD 그룹과 77그룹(G-77)으로 나누어져 서로간에 입장을 조율한다.

국제연합 내에는 이 밖에 다른 그룹들이 존재하며 이들 사이에 있어서의 결집력의 정도는 이슈에 따라 다르게 나타난다. 이러한 그룹에는 아프리카·아시아 그룹(Afro-Asian Group), 이슬람 회의(Islamic Conference), 북유럽 그룹(Nordic Group), 유럽그룹(European Group) 등이 존재한다. 이러한 그룹 이외에 국제사회에 기여할 수 있는 능력과 의지를 가지고 있는 한국, 캐나다, 이탈리아 등과 같은 중위국(middle power)이 안전보장이사회의 개편 논의를 계기로 하여, 자신들의 실질적인 기여에 상응하는 국제사회에 있어서의 역할을 위해 느슨한 형태의 협의체로서 의견을 집약하고 표출하기 시작했다.[29]

---

28) 1955년에 창설된 NAM(Non-Align Movement)은 동서간의 냉전기에 어느 진영에도 속하지 않고 독자적인 목소리를 내기 위해 만들어져 군소 국가들의 독립과 민족자결권 존중이라는 기치 아래 제3세계 국가들이 단합하여 국제연합 등 국제정치에서 중요한 행위자로 활동해 왔다. 소련의 붕괴와 더불어 시작된 탈냉전기의 도래가 NAM의 존립근거를 위태롭게 하자 이들의 단결력도 현저히 저하되었으며, 이에 NAM은 1990년대에 들어서 정치적 이념보다는 실리를 추구하는 방향의 전환을 보이고 있다. NAM이 탈냉전기에 예전과 같은 힘을 가지지는 못하나 국제연합 회원국의 약 2/3를 회원국으로 가지고 있는 기구로서 선진국의 일방적인 독주를 견제하고 구조적인 불균형들 바로잡는 데 역할을 할 것으로 본다. 탈냉전기에 개별적인 목소리를 내던 NAM이 국제연합 안전보장이사회 개혁과 관련하여 안전보장이사회 상임이사국에 NAM을 대표하는 국가를 포함한 11개 국가로 늘리고 안전보장이사회 거부권 제도를 폐지하자는 내용의 한 목소리를 모처럼 내는 등 바뀐 환경 속에서 정체성을 확보하기 위한 노력을 하고 있다 (동아일보, 1997년 4월 9일).

29) 국제연합 안전보장이사회 개편을 계기로 이들 중위국들은 「커피클럽(Coffee Club)」이라는 느슨한 협의체를 형성하여 의견을 같이 했다.

(2) 탈냉전기의 협의체 양상

탈냉전의 도래와 더불어 국제연합 총회의 의사결정에 있어서 동서간의 이념적인 분열은 쇠퇴하고 있는 반면, 남북 사이의 빈부격차에 따른 분열은 여전히 지속되며 냉전기의 동서간의 분열만큼 두드러지고 있다. 냉전이 종식되고 투표연합(voting alignments)이 개발노선(developmental lines)에 따른 국가들마다의 선호하는 바에 의해 형성되는 경향을 보이고 있다.30) 그러나 남반구 국가들의 일체성은 1970년 한창 때와 비교하여 훨씬 덜하다는 평가이다. 이들 국가들 사이에 있어 증대되고 있는 사회・경제적 차이, 지역적인 필요에 대한 인식의 차이, 그리고 이들을 결속시킬 카리스마적 지도자가 부재가 공동의 정책입장을 취하는 것을 어렵게 만들고 있다. 이와는 달리 이슈마다의 변이가 없는 것은 아니나, 대체적으로 유럽연합(EU) 회원국들은 단일한 투표블록으로 표결에 임하는 경향을 보이고 있다.31)

이러한 일반적인 그룹화의 경향이 존재하는 것은 사실이나, 특정 이슈의 경우 국가이익에 따라 국가들 사이의 그룹화도 다양하게 전개된다. 예컨대 지구온난화의 문제를 둘러싼 국가들 사이의 그룹이 어떻게 형성되는가를 살펴보자.

에너지 기술의 발달로 이산화탄소의 배출량이 안정화 추세에 들어간 선진국들은 일반적으로 개도국들의 입장과는 달리 지구온난화 방지를 위해서는 화석연료 사용량 축소를 의무화해야 하며, 규제대상에 개도국도 포함되어야 한다는 주장을 제기하고 있다. 그러나 이들 선진국들 사이에 있어서도 이산화탄소 배출량을 둘러싼 의견의 차이가 크다. 예컨대 전세계 이산화탄소의 25%를 배출함으로써 이산화탄소의 배출량이 제일 많은 미국은 이러한 감축안에 소극적이나, 석탄산업 재편과 산업구조 조정이 이루어진 유럽연합(EU)의 회원국들은 상당히 적극적이다.

---

30) Soo Yeon Kim and Bruce Russett, "The new politics of voting alignments in the United Nations General Assembly," *International Organizations*, Vol. 50, No. 4 (Autumn 1996), pp. 629-652.

31) Karen A. Mingst and Margaret P. Karns, *The United Nations in the Post-Cold War Era: Dilemmas in World Politics* (Boulder, Colorado: Westview Press, 1995), p. 55.

개도국들은 공업시설에서의 이산화탄소 가스의 방출이 제한됨으로써 공업 생산이 제약되어 경제적 손실을 볼 것을 우려하고 있다. 석유수출국기구(OPEC)의 회원국들은 또 다른 이유로, 즉 원유 판매고의 하락으로 인한 경제적 손실을 고려하여 이산화탄소 배출량 규제에 부정적이다. 그러나 같은 개도국이라고 해도 온실가스로 해수면이 상승할 경우 국토의 일부나 전부가 바다에 잠기게 되는 소규모 도서국가연합(AOSIS) 국가들은 이산화탄소 배출량 감축에 선진국 못지않게 적극적이다.

한편 한국과 멕시코 등 배출량이 급속히 증가하고 있는 선발 개도국들은 선진국들이 개도국들에 대해서도 배출규제를 의무화하려는 움직임에 대해 지구 온난화의 주범은 선진국인 만큼 경제성장을 위축시키는 규제안은 수용할 수 없다는 자세를 취하고 있다.

3. 국제연합 안전보장이사회

(1) 협의체의 종류

국제연합 총회 내에 「협의체(caucusing group)」가 존재하듯이, 안전보장이사회 내에도 이러한 협의체가 존재한다. 그 중 하나가 상임이사국으로 구성된 「P-5 Caucus」라고 불리는 상임이사국 협의체이고, 다른 것이 비상임이사국 중에서 비동맹 그룹에 속하는 국가로서 구성되는 「NAM Caucus」라고 불리는 비동맹 그룹 협의체이다.

비상임이사국 중에서 비동맹 그룹 협의체에 속하는 국가의 수가 많을 때는 7개 국가에 달해, 이를 모두가 안전보장이사회에서 결집력을 가지고 나머지 국가들과 다른 입장을 가지고 표결에 임하는 경우, 이들은 원하지 않는 결정이 이루어지는 것을 집단적으로 막을 수 있다. 따라서 이를 두고 안전보장이사회 5개 상임이사국들의 거부권에 이은 「제6의 거부권」이라고 부른다.

안전보장이사회 비상임이사국 중에는 1996년-1997년 사이에 비상임이사국이었던 한국처럼 두 협의체 중 어느 것에도 속하지 않은 국가들이 존재할 수 있다. 이들 국가들이 어느 협의체에도 속하지 않을 경우 소외되어 어떤 이슈에 대한 의사결정을 앞두고 무엇이 어떻게 진행되고 있는지를 알기 힘들기 때문에, 정보의 공유(information-sharing)의 필요성이 생기며 이를 위해 기존의 협의체와 어느 형식으로든 연계를 맺어야 할 필요성을 갖게 된다.

한국은 비동맹 외교에 주력한 결과 1997년에 비동맹 그룹의 「옵서버」 자격을 획득한 바 있으나, 비동맹 그룹의 정회원이 아니다. 따라서 1996년부터 1997년까지 2년간 안전보장이사회 비상임이사국으로 선출된 한국은 안전보장이사회의 비동맹 협의체에 정식 회원이 될 수 없었다. 이러한 상황에서 한국은 안전보장이사회에서 비동맹 그룹 협의체에 「빈객(guest)」의 자격으로 참여한 바 있다. 빈객의 지위로서의 한국은 비동맹 그룹 협의체에 전적으로 의견을 같이 하는 것이 아니라 사안에 따라 이들과 의견을 같이한다는 유보적인 입장을 갖고 있었다.[32)]

(2) 의사결정의 과정

안전보장이사회의 경우 중요한 결정은 대부분 「공식회의장(Security Council chamber)」이 아닌 비공식 회의실(consultation room)에서 이루어진다. 매스 미디어에 공개되지 않는 비공식회의는 아무런 공식기록을 남기지 않으나 여기에서 의제의 채택 여부와 의제의 결론이 담판 지어진다.[33)]

이 과정에서 상임이사국들 사이에 힘겨루기가 적나라하게 드러난다. 공식회의는 의제채택 발표에 이어 곧 바로 토의에 들어간다. 사전에 발언신청을 받기 때문에 의사일정은 미리 결정된 순서에 따라 진행된다. 안전보장이사회 공식회의의 공개토의(open debate)에는 이사국뿐만 아니라 비이사국 그리고 관련된 국제기구의 대표들이 참석하여 자신들의 입장과 대안을 제시한다.

32) 한국은 NAM Caucus의 빈객의 지위에 있었으나 이들 회원국과 적극적으로 공동의 보조를 택한 적이 없고 오히려 많은 문제에 있어서 P-5 Caucus와 공동보조를 취했다.

33) 어떤 이슈가 안전보장이사회의 의제로서 다루어지기 위해서는 5개 상임이사국의 찬성이 필요하다. 따라서 어느 한 상임이사국의 반대만으로도 이슈의 의제화가 실패하는 경우가 종종 발생한다. 북한 잠수함이 동해안에 침투한 사건이 발생했을 때 안전보장이사회 의제화를 반대하는 중국을 설득하기 위해 한국은 집요한 노력을 경주했으며, 그 결과 가까스로 의제화시키는 데 성공할 수 있었다.

안전보장이사회에 있어서의 중요 안건은 주로 5개 상임이사국에 의해 결정된다. 그러나 처음부터 5개 상임이사국들이 한 자리에 모여 논의하는 것은 아니다. 일반적으로 미국과 영국이 비공식적인 협의를 거쳐 의견을 조정하고, 그 후 프랑스의 의견을 타진한다. 3개 국가가 협의를 통해 결의안의 골격이 정해진 후, 이 결의안은 러시아에 그리고 나서 중국에 제시되어 이들의 의견이 타진된다.[34] 이 과정에서 어귀의 수정 등이 가해진다.

이렇게 해서 완성된 결의안은 비상임이사국에 제시된다. 5개 상임이사국은 비상임이사국과의 비공식 협의를 통해 그들이 원하는 결의안의 최종 통과를 위해 최소한 4개 비상임이사국의 찬성을 얻고자 노력한다.

이러한 비공식 협의과정을 거친 후 공식회의에서 안전보장이사회의 결의로서 채택된다. 대개의 경우 공식적인 회의는 비공식회의에서 타결된 것을 공식적으로 채택하는 역할만을 수행한다.

안전보장이사회의 토의의 결과는 이러한 결의안을 위시하여 의장성명과 대언론 발표의 채택과 같은 세 가지 형태를 취한다. 이 중에서 대언론 성명이 가장 강도가 낮고, 이러한 언론 구두성명보다 강도가 높은 것이 공식 의장성명과 결의안이다. 공식 의장성명의 경우 15개 안전보장이사회 이사국의 합의(consensus)가 필요하고, 결의안의 경우는 5개 상임이사국을 포함한 9개 이사국 이상의 찬성을 필요로 한다.

(3) 의사결정의 예

안전보장이사회에서 비공식 협의를 거치면서 최종적으로 의사결정이 어떻게 귀결되는가를 예를 통해 살펴보도록 하자. 걸프전이 발생했을 때 채택된

34) 미국과 영국은 추구하는 목표가 같다는 주된 이유하에 동일한 언어사용으로 인해 보다 친밀하게 접근하여 안전보장이사회 의사결정에 있어 동일보조를 취하는 경우가 많으나, 서유럽에서의 패권에 관심을 가지고 있는 프랑스는 안전보장이사회 의사결정에서 미국 및 영국과는 다른 입장을 표명하는 경우가 많다. 고르바초프 이래 친서방 외교노선을 견지하고 있으며 자유민주주의 체제로의 전환을 꾀하고 있는 러시아와는 달리, 중국은 사회주의 정치체제를 고수하고 있으며 주권존중과 내정 불간섭을 강조하며 되도록 안전보장이사회의 개입을 반대하고 있다. 중국은 내전으로 인해 대량으로 난민이 발생한다든가 혹은 내전으로 주변 국가의 평화가 위협을 받지 않는 한, 안전보장이사회의 개입을 극도로 피하고자 한다.

안전보장이사회 결의 665는 외국인을 인질로 한 이라크에 대해 한정적인 「무력행사」를 용인한 결의였지만, 결의의 어느 곳에도 「무력행사」라는 말을 찾을 수가 없었다. 미국의 원안에는 「무력행사」라는 말이 사용되고 있었으나, 중국과 러시아가 난색을 표시하여 영국이 「최소한도의」라는 형용사를 붙일 것을 제안해서 5개 상임이사국의 안은 정리가 되었다. 그러나 안전보장이사회 내의 비동맹 그룹에 속하는 비상임이사국들이 반발하자, 이들을 대신한 중국이 「무력행사」라는 말을 아예 삭제할 것을 요구해, 결국 「특정 상황이 필요로 하는 경우 이것에 견주어 적합한 조치를 취한다」고 하는 애매모호한 표현으로 귀결된 바 있다.

(4) 탈냉전기의 변화

냉전시대에는 안전보장이사회 내에서도 동·서 양진영간의 갈등 그리고 비동맹 그룹의 존재 등으로 말미암아 안전보장이사회 이사국들 사이에 비공식 협의를 통한 의견의 수렴이 어려웠다. 따라서 안전보장이사회의 최종적인 의사결정은 많은 경우 공식회의의 표결을 통해 이루어지지 않을 수 없었다. 냉전의 종식과 더불어 안전보장이사회 상임이사국 사이의 갈등과 대립이 약화되면서, 보다 많은 결정이 공식회의의 표결을 통하지 않고 비공식 협의의 과정을 통해 이루어지게 되었다. 그러나 이러한 비공식 협의과정을 통한 의사결정은 다음과 같은 문제점을 야기하고 있다.

실질적인 의사결정이 공식회의에서 표결에 의해 결정되는 경우가 빈번했던 냉전시대에는, 국제연합헌장 제31조와 제32조에 따라 안전보장이사회의 결정에 의해 영향을 받을 수 있는 안전보장이사회의 이사국이 아닌 국제연합 회원국과 국제연합의 회원국이 아닌 분쟁 당사국이 안전보장이사회의 공식 논의에 참여하여 당사국 발언을 할 수 있었으며, 그 결과 의사결정에 있어서 자국의 의사표명을 할 수 있는 기회를 가질 수 있었다.

그러나 냉전 종식 후 상임이사국들 사이에 협력의 기운이 높아지면서 많은 이슈가 공식회의보다는 비공식 협의를 통해 결정되자, 이러한 이슈에 이해관계를 가지고 있는 안전보장이사회의 이사국이 아닌 타행위자들이 실질적인 의사결정이 이루어지고 있는 곳에서 발언할 수 있는 기회를 상실하게 되었다. 구체적으로 말해 공식회의가 아닌 많은 거래와 타협 등이 오가는 비공식 협의 과정에 안전보장이사회 이사국이 아닌 이해 관계국의 참여란 불가능한 것이었기 때문이다.

안전보장이사회의 의사결정이 이처럼 비공식 협의과정을 통해 실질적으로 이루어짐으로써 의사결정에 있어서 효율성은 제고될 수 있으나, 의사결정의 투명성(transparency)을 확보하기가 힘들어진다는 문제점이 등장한다.

이러한 문제를 극복하기 위해 베네수엘라의 대사인 아리아(Diego Arria)의 이름을 딴 「아리아 공식(Arria Formula)」이 제시되었는데, 이는 국제연합 건물의 지하에 있는 회의장으로 옮겨가 안전보장이사회 이사국과 비이사국이 만날 수 있도록 하는 것이다. 즉, 이는 비이사국에게 의견을 제시할 수 있는 기회를 제공하는 것으로서 현재 많이 활용되고 있다.

제 5 장 의사결정의 효력

1. 일반적인 경우

국제기구의 결정은 많은 경우 법적 구속력을 결하고 있다. 예컨대 국제연합 총회는 미국의 대 쿠바 경제제재조치의 종식을 촉구하는 내용의 결의안을 연례행사처럼 매년 압도적인 표 차이로 통과시킨 바 있으나, 미국은 이를 즉각 거부하였으며 이로 인해 국제사회의 비난을 받는데 그쳤다. 국제사회는 구속력이 없는 이 같은 결의안의 채택을 통해 쿠바에 경제봉쇄정책을 취하고 있는 미국에 심리적인 압박을 가하는 데 그치고 있다.[35)]

이러한 결의는 대개 회원국 정부에게 권고를 하거나 사무국에게 특정의 행동을 하도록 의도된다. 국가의 정부에 대한 권고는 법적 구속력이 없으나 사무국에게 특정 행동을 취할 것을 명령하는 결의는 사무국에 대해 구속력을 갖는다.

일반적으로 국제기구의 결정이 법적 구속력을 결하고 있다고 해서 이를 경시해서는 안 된다. 왜냐하면 원래 법적 구속력이 없는 결정이라도 시간이 흐름에 따라 법적 구속력을 갖게 되는 경우가 있기 때문이다. 또한 결의가 채택되면 이러한 결의가 법적 구속력을 결하여도 국제적 문제 또는 이러한 국제적 문제의 처리방법에 대한 집단적 정당화(collective legitimization)의 역할을 하여 무엇이 옳고 무엇이 그릇된 것인가에 대한 판단의 기준을 제공하기 때문이다.

35) 동아일보, 1997년 10월 7일.

2. 예외적인 경우

이처럼 국제기구의 결정은 많은 경우 국가를 구속하지 않는 권고의 성격을 지니나 법적 구속력을 갖는 경우도 존재한다. 예컨대 회원국에 대해 직접적으로 적용되고 회원국의 국내법에 우월한 유럽연합(EU)의 「규칙(regulation)」은 현저한 예외가 된다.[36)]

또 다른 지역기구로서 북유럽 국가의 정부간 협력을 위해 1971년에 설립된 북유럽각료이사회(Nordic Council of Ministers)의 결정은 만장일치에 의해 이루어지며 이러한 결정은 회원국에게 법적 구속력을 갖는다.[37)]

이 밖에 국제민간항공기구(ICAO)와 세계보건기구(WHO) 등 일부 전문기구의 기술규칙, 국제연합 안전보장이사회의 결정(decision), 사법기구의 판결도 법적 구속력을 가진다. 그리고 국제기구의 인사·기관·예산 등 국제기구의 내부사항에 관한 결정도 법적 구속력을 가진다.[38)]

국제기구의 결정이 법적 구속력을 가지는 경우에 있어서도 경우에 따라 이러한 구속력은 매우 제한적이다. 한국이 가입하고 있는 경제협력개발기구(OECD)는 의사결정에 있어 협의(consultation)라는 특별한 방식을 채택하고 있는데, 이 방식이 이러한 한계를 잘 보여준다. 여기서 협의란 회원국들이

---

36) 유럽연합(EU)은 권고와 의견(recommendation and opinion), 결정(decision), 지침(directive), 규칙(regulation) 등 다양한 형태로 결정을 내린다. 규칙의 경우 별도의 국내법적인 수용절차 없이 모든 회원국에게 적용되며 각국의 국내법에 우선한다. 지침의 경우 규칙과는 달리 구체적인 시행이 개별 회원국에게 맡겨지며, 시행을 위해 별도의 국내법 제정을 필요로 한다. 결정이란 회원국, 개인, 법인 등 특정 사안과 관련 있는 대상 등 불특정 다수가 아닌 특정 대상에 대해서만 적용된다는 점에서 규칙과 다르고, 실현방안이 회원국에게 위임되지 않고 직접 적용된다는 점에서 지침과 다르다. 권고와 의견은 법적 구속력이 없는 것을 특징으로 한다. 권고와 의견만을 제외하고 법적 구속력을 지닌다.

37) 북유럽각료이사회의 결정은 때때로 개개 회원국 의회에 의해 승인되어야만 한다는 조건하에 법적 구속력을 가진다. 북유럽각료이사회와 더불어 북유럽 국가들의 통합을 가져오고 있는 국제기구로 북유럽심의회(Nordic Council)가 있는데, 이 기구의 의사결정은 권고의 성격을 갖는다.

38) 예컨대 국제연합에 있어 제22조와 제68조에 의거한 새로운 국제기구의 설치결정, 제17조에 의거한 예산을 승인하고 경비를 할당하는 결정, 그리고 제101조에 의한 스태프들을 임명할 규칙의 제정은 법적 구속력을 갖는다.

정책조정을 함에 있어서 관계자가 직접 협의하고 상호 검토하는 방식을 일컫는다. OECD는 이러한 방식에 의해 각 분야의 위원회가 문제를 검토하고 건의를 하며 이사회는 이에 기초하여 합의(consensus)로 의사결정을 한다. 이러한 것들을 채택할 때 기권이 인정되며, 이 경우 기권한 회원국에는 적용되지 않는다. 여기서 결정은 원칙적으로 모든 회원국을 구속하나 회원국의 의사에 반해서(특히 회원국의 헌법상의 절차요건을 충족시키지 않는 한) 적용되는 것은 아니다.

법적 구속력이 있는 결의들이 실제로 이행되지 않는 경우들도 존재한다. 예컨대 안전보장이사회 결의의 경우 국제연합 가입 회원국들은 이를 의무적으로 이행하도록 돼 있으나, 이스라엘 및 팔레스타인과 관련한 안전보장이사회 결의 중 이행되지 않고 사장된 사례가 많다. 이러한 결의안 가운데 하나로서 안전보장이사회 결의 452호(1979년 7월 20일)를 예로 들어보자. 당 결의안은 이스라엘이 팔레스타인 점령지역에 정착촌을 건설하는 행위는 법적 타당성이 결여된 것이며 4차 제네바 협정의 전시 민간인 보호 조항에 위배된다고 규정하면서 정착촌 건설을 중단할 것을 요구했다. 이스라엘은 그러나 정착촌 건설 및 확장을 멈추지 않았다.

국제연합 안전보장이사회가 내리는 제재조치는 법적 구속력이 있음에도 불구하고 이러한 제재조치에 대한 위반이 많다. 과거 국제연합은 회원국들에게 구속력이 있는 결의안을 통해 이라크에 대한 경제제재로서 석유금수조치를 취하였다. 그러나 터키가 국제연합이 이라크에 가하고 있는 석유금수 조치에도 불구하고 인접국 이라크로부터 원유를 밀수입한 바 있다.

제11부

국제기구의 재정

단일 분담금 제도를 운용한 바 있다.

둘째, 등급을 설정한 후 회원국에 의해 선택하도록 하는 방식이 있다. 과거 국제연맹이 이러한 제도를 택했었다. 현재에는 만국우편연합(UPU)이 1/2 분담 등급으로부터 50분담 등급에 이르기까지 11개의 분담금 등급을 가지고 있으며, 국제전기통신연합(ITU)은 1/16단위부터 40단위까지 22개의 등급을 설정하고 회원국으로 하여금 선택하도록 하고 있다.2) 세계지적재산권기구(WIPO)는 현재 7등급 9단계를 설정해 놓고 있다.3) 국제수역사무국(OIE)의 경우 6등급을 두고 있다.

여러 개의 분담금 등급을 정한 후 회원국으로 하여금 분담금의 등급을 선택하도록 하는 경우, 회원국들이 되도록 낮은 등급을 택하려는 경향을 보이기 마련이다. 따라서 많은 경비를 필요로 하는 커다란 국제기구의 경우는 채택이 곤란하며, 실제에 있어 이를 채택한 실례가 거의 없다.

셋째, 사정(assessment)에 기초하여 할당하는 방식이 있다. 대다수의 국제기구가 채택하고 있는 방식으로서, 특정의 기준을 가지고 개개 회원국을 사정하여 분담금을 할당하는 방식이다.

분담금의 지불은 강제성을 가지기 마련이기 때문에, 분담금을 할당하는 권한은 일반적으로 모든 회원국을 구성원으로 하는 총회가 보유한다. 일반적으로 사정의 중요한 기준은 국민소득이며 국제기구에 따라 다른 요소가 고려되기도 한다.

2) 분담금 사정기준

분담금 사정의 기준은 다양하나 몇 가지로 구분이 가능하다. 우선 대부분의 국제기구가 사용하고 있는 기준으로서 지불능력(capacity to pay)이 있다.4) 지불능력과 더불어 다른 기준을 복합적으로 사용하는 경우도 있다. 대표적

---

2) 구체적으로 ITU는 단위등급으로서 40, 35, 30, 28, 25, 23, 20, 18, 15, 13, 10, 8, 5, 4, 3, 2, 3/2, 1, 1/2, 1/4, 1/8, 1/16의 22개를 설정하고 있다. UPU는 구체적으로 1/2. 1, 3, 5, 10, 15, 20, 25, 35, 40, 50이라는 11개의 다른 등급을 가지고 있다.

3) 구체적으로 1, 2, 3, 4, 4½, 5, 6, 6½, 7로 나뉜다.

4) 「지불능력」이라는 말 대신에 「분담능력」이라는 말을 사용하기도 한다.

인 경우가 국제민간항공기구(ICAO)의 경우인데, 이 국제기구는 국민소득에 의해 표시된 지불능력과 더불어 민간항공상의 이해관계와 중요성을 주된 요소로 하여 산정한다.

국제기구에 따라서는 지불능력이 아닌 다른 기준을 적용하는 경우도 있다. 국제해사기구(IMO)가 이러한 예에 속하는데, 구체적으로 IMO는 등록되어 있는 선박의 총 톤수를 기준으로 분담금을 할당한다.[5] 국제포경위원회(International Whaling Commission: IWC)는 고정 분담금에 해당 체약국이 소유하고 있는 포경모선의 수, 포획한 고래를 처리하는 장소의 수, 전년도 어획기간 동안 잡은 고래의 종류 및 수, 전년도 회기에 참석한 대표단의 인원수를 기초로 하여 산출된 분담금액을 가산하여 정한다.

3) 지불능력에 따른 분담률 산정

일반적으로 국제기구는 회계연도마다 지출액에 있어서의 변동이 있기 때문에 지불능력에 준거하여 분담액을 정하는 것이 아니라, 전체 예산에서 분담하여야 할 분담률(scale of contributions)을 정하게 된다. 여기에서는 분담률이 어떻게 산정되는가를 살펴보고, 한국이 국제연합의 정규예산 분담률에 대해 언급하고자 한다.

(가) 분담률 산정: 국제연합은 주로 회원국의 지불능력에 기초하여 분담금을 할당하며, 그밖의 많은 국제기구도 같은 방식을 채용하고 있다. 국제연합은 지불능력을 사정하는 데 있어서 회원국의 총국민소득(gross national income: GNI)을 주된 기준으로 하나, 이 밖에 외채(external debt)와 낮은 1인당 소득(low per capita income)을 고려하여 조정을 한다.[6]

---

5) 구체적인 분담금 산정방식은 다음과 같다. 우선 최저 분담금을 산정하는데, 최저 분담금은 분담금 총액의 2.94%에 해당하는 액수를 회원국 수로 나눔으로써 일률적으로 부과한다. 그 다음에 기초 분담금이라는 것을 산정하는데, 분담금 총액에서 최저 분담금의 총액을 빼고 남은 액수 중에서 12.5%를 회원국의 국제연합 분담률을 단위로 하여 부과한다. 마지막으로 추가 분담금을 산정하게 되는데, 이는 분담금 총액에서 최저 분담금 총액을 뺀 후 남은 액수의 87.5%를 각국의 보유 선박 총 톤수로부터 일률적으로 5만 총톤수(GT)를 공제한 선박 총 톤수에 따라 부과한다.

참고로 2007년도에 있어 국제연합 정규예산 분담금 비율이 높은 국가들을 살펴보면, 미국이 22%로 가장 높고, 일본(16.624%), 독일(8.577%), 영국(6.642%), 프랑스(6.301%), 이탈리아(5.079%), 캐나다(2.977%). 스페인(2.968%), 중국(2.667%), 멕시코(2.257%), 한국(2.173%)이 뒤를 잇고 있다.[7] 국제연합의 예산은 2년을 단위로 하여 산정되는데, 2006-2007년(2년간)의 국제연합 정규예산 액수는 41억 7천 4백만 달러였다.[8]

한국은 192개 국제연합 회원국 가운데 11번째로 높은 비율의 정규예산 분담률을 부담하고 있다. 안전보장이사회 상임이사국의 하나인 러시아는 1.2%를 부담하고 있으며, 북한의 경우는 0.007%를 부담하고 있다. 미국, 일본, 독일, 영국 4개국의 분담률을 합치면 50%가 넘는다.[9]

국제연합 평화유지활동 경비의 분담률 산정에 대해 살펴보면, 국제연합에서 정규예산 밖의 특별계정(special account)으로 운영되고 있는 평화유지활동(PKO)을 위한 비용은 1973년 총회의 결정에 따라 회원국들이 공동으로 부담한다. 그러나 별도의 분담률을 정하지 않고 국제연합의 정규예산의 분담률과 연계지어 할당하고 있다. 평화유지활동 경비를 위한 분담률은 회원국을 4개의 그룹으로 구별하여 개개 국가의 분담률을 계산하고 있다.

안전보장이사회 5개 상임이사국으로 구성된 그룹 A는 정규예산 분담률에 추가로 보충 분담률을 더 부담한다. 서방 선진국으로 구성된 그룹 B는 정규예산 분담률과 동일한 분담률을 부담한다. 개도국들이 포함된 그룹 C는 정규예산 분담률의 20%에 상당하는 분담률만을 부담함으로써 80%의 개도국 할인을 받는다. 최저개발국(least developed country: LDC)으로 구성된 그룹 D

---

6) 「낮은 1인당 소득」으로 간주되는 분기점에 대해서 알아볼 필요가 있다. 1948년에 1,000달러였으나, 그 후 1992년에 2,600달러로까지 상승했다. 1995년 이래 전체 회원국의 1인당 소득의 평균치가 「낮은 1인당 소득」으로 간주되는 분기점으로 간주되었다.

7) 참고로 2007년도 국제연합의 예산은 2,274,439,650달러로 책정되었다.

8) 국제연합은 가장 많은 분담금을 내고 있는 미국의 압력에 의해 예산의 증액이 통제되어 왔다. 이 때문에 2001년도까지 2년분의 예산은 많아야 25억 달러 내외였다. 그러던 것이 2002-2003년도 예산이 30억 달러에 이르렀고 계속 상승하여 2006-2007년도 예산이 40억 달러를 넘어 41억 7천 4백만 달러를 기록했다. 2008-2009년도의 예산은 41억7천만 달러로 미국의 반대에도 불구하고 통과되었다.

9) United Nations Secretariat, *Status of contributions as at 31 January 2007* (31 January 2007), ST/ADM/SER.B/709.

는 정규예산 분담률의 10%만을 부담함으로써 90%의 최빈국 할인을 받는다.[10)]

그룹 A는 그룹 C와 그룹 D가 할인을 받음으로써 부족해진 부분을 보충 분담률로서 떠맡는데, 개개 상임이사국이 떠맡게 되는 보충 분담률은 개개 국가의 분담률에 기초하여 할당된다. 참고로 2007년도 평화유지활동 경비는 약 50억 달러였으며 이는 정규예산의 약 2.5배 정도에 이르는 금액이다.

국제연합 이외의 국제기구의 분담률 산정을 살펴보면, 전문기구인 식량농업기구(FAO), 국제연합교육과학문화기구(UNESCO), 국제노동기구(ILO), 국제연합공업개발기구(UNIDO), 세계보건기구(WHO), 그리고 전문기구는 아니나 국제연합과 특별한 관계를 맺고 있는 국제원자력기구(IAEA)도 역시 국제연합처럼 분담능력에 기준을 둔 분담금 할당제를 채택하고 있다. 한국이 1996년에 가입한 경제협력개발기구(OECD)의 경우 국민소득을 기준으로 하여 매년 결정한다.

전문기구들이 분담능력에 기준을 두고 분담률을 결정할 때, 기구 나름의 별도의 기준을 택하기보다는 국제연합의 분담률을 기준으로 하여 산정하는 것이 일반적이다.[11)] 예컨대 국제연합교육과학문화기구(UNESCO)의 경우 국제연합에서 결정된 분담률을 기초로 해서 양 기구의 회원국 수의 차이를 고려하여 적절히 조정하여 계산한다. 국제노동기구(ILO)의 경우 분담률의 결정기준에 대한 특별한 규칙은 없으나, 될 수 있는 한 국제연합의 분담률과 조화시킨다는 원칙이 있다. 세계기상기구(WMO)의 경우 세계기상회의에서 분담률이 결정되나, 점차 국제연합의 분담률에 접근하는 것을 방침으로 하고 있다.

---

10) 2008년 4월 14일 현재 최빈국의 명단(List of Least Developed Countries)은 다음과 같다: Afghanistan, Angola, Bangladesh, Benin, Bhutan, Burkina Faso, Burundi, Cambodia, Cape Verde, Central African Republic, Chad, Comoros, Democratic Republic of the Congo, Djibouti, Equatorial Guinea, Eritrea, Ethiopia, Gambia, Guinea, Guinea-Bissau, Haiti, Kiribati, Lao People's Democratic Republic, Lesotho, Madagascar, Malawi, Maldives, Mali, Mauritania, Mozambique, Myanmar, Nepal, Niger, Rwanda, Samoa, Sao Tome and Principe, Senegal, Sierra Leone, Solomon Islands, Somalia, Sudan, Timor-Leste, Togo, Tuvalu, Uganda, United Republic of Tanzania, Vanuatu, Yemen, Liberia, Zambia.

11) 따라서 국제연합 정규예산의 분담률이 어떻게 결정되는가에 따라 특정 국가가 가입하고 있는 국제기구 전반에 부담하여야 하는 비용에 많은 차이를 가져오게 된다.

(나) 한국의 분담률: 한국은 1991년 국제연합에 가입할 당시 0.69%의 정규예산 분담률을 부담했다. 한국은 그룹 C에 속한 국가로서 평화유지활동비의 분담률은 정규예산 분담률의 2/10인 0.138%였다. 1997년에 정규예산 분담률이 0.82%로 상승하여 국제연합 회원국 중에서 17번째로 높은 분담률을 부담하게 되었고, 이에 따라 평화유지활동비의 분담률 역시 0.164%로 증가했다.

1997년에 접어들어 미국은 한국이 경제력에 훨씬 미치지 않는 정규예산 분담률을 부담하고 있다고 하면서 분담률 인상을 강하게 촉구했다. 이와 더불어 미국은 한국이 1996년에 경제협력개발기구(OECD)에 가입한 것을 계기로 평화유지활동비 분담과 관련하여 그룹 C에서 그룹 B로 이동할 것을 강력하게 요구했다.

이러한 미국의 압력은 자신의 분담률을 감소시키려는 의도로부터 비롯된 것이었다. 미국이 자신의 분담률을 떨어뜨리기 위해서는 어느 국가인가 미국으로 인해 줄어든 분담률을 떠맡아야 하기 때문이었다. 이러한 압력에 대해 한국은 정규예산 분담률을 자발적이고 점진적으로 상향조정하고, 평화유지활동비 분담금과 관련하여서는 C그룹에서 B그룹으로 점진적이고 자발적으로 이동하겠다는 약속을 했다.

국제연합은 3년마다 각 국가의 정규예산 분담률을 재조정한다. 1997년에 국제연합에서 1998년부터 2000년까지 3년간 적용될 새로운 정규예산 분담률이 새롭게 확정되었는데, 위에서 언급한 상승 압력에 따라 한국은 1998년에는 0.95%, 2000년에는 1.006%를 부담하게 되었다.[12)] 평화유지활동비 분담금과 관련하여 한국은 B그룹으로 점진적이고 자발적으로 가겠다는 약속에도 불구하고 1997년의 외환위기로 인해 그 시행을 지연시켰다.

2000년은 또 다른 3년간(2001년-2003년)에 적용될 새로운 분담률을 결정하는 해였다. 1997년에 이어 한국은 기존 분담률에서 약 85% 정도가 인상된 분담률을 부담하라는 요구와 정규예산 분담률의 20%만을 평화유지활동 경비 분담률로 하는 C그룹으로부터 정규예산 분담률의 100%를 평화유지활동경비 분담률로 하는 B그룹으로 옮겨가라는 강한 요구에 직면했다.

---

12) 한국은 그 당시 국제경제에서 차지하는 경제력이 1.5%를 상회하는 수준이었는데, 여러 해 동안 정규예산 분담률을 1%로 억제함으로써 국가경제의 부담을 줄일 수 있었다.

한국은 이에 대해 이의를 제기하고 합의를 거부했다. 한국 측의 갑작스런 이의 제기로 회의가 약 7시간 정도 공전되었다. 이에 코피 아난 국제연합 사무총장, 미국의 국무장관, 미국의 주국제연합 대사, 주한 미국 대사 등이 한국의 고위 인사에게 전화를 걸어 협조를 요청하는 등의 압박을 가해왔다. 한국 측이 막판에 이의 제기를 철회함으로써 최종적인 결정이 가능했다.[13)]

결과적으로 한국은 2001년부터 1.866%의 정규예산 분담률을 부담하라는 압력을 받았으나, 2001년도 예산이 이미 확정되었다는 점 등을 강조함으로써 적용시기를 1년 늦출 수 있게 되어 2002년부터 이를 적용하기로 했다. 그 결과 2001년도에는 0.5% 가량 낮은 1.318%, 2002년에는 1.866%, 그리고 2003년에는 1.851%를 부담하게 되었다. 이로써 한국은 분담률 증가에 따른 충격을 약간 완화시킬 수 있었으나, 브라질과 더불어 가장 대폭적인 분담률 상승을 기록했다.

평화유지활동 경비 분담률에 있어서도 한국은 2001년부터 C그룹에서 B그룹으로 이동하라는 압력을 받았으나 이에 크게 반발함으로써, 5년간 단계적으로, 즉 1년에 16%씩 늘려 2005년에야 정규예산 분담률의 100%를 평화유지활동비 분담률로 부담하기로 하였고, 평화유지활동비 분담률이 정규예산 분담률의 68%가 되는 해인 2003년에 분담률 조정 재검토 대상에 포함시키기로 하였다.[14)]

이에 따라 2000년까지 정규예산 분담률의 20%를 평화유지활동비 분담률로 하던 한국은 2001년에는 여기에 16%가 증가하여 정규예산 분담률의 36%(20%+16%)를 부담하게 되었으며, 2002년에는 정규예산 분담률의 52% (36%+16%), 2003년에는 정규예산 분담률의 68%(52%+16%), 2004년에는 정규예산 분담률의 84%(68%+16%), 2005년에는 정규예산 분담률의 100%(84% +16%)를 부담하게 되었다. 이로써 평화유지활동비 분담률 증가에 따른 부담을 다소 완화시킬 수 있었다.

---

13) 예산 분담률 조정문제는 전회원국의 합의(consensus)로 이루어지도록 되어 있다.

14) 즉, 한국은 3년 뒤의 경제상황이 불확실한 상황에서 5년 뒤 정규예산 분담률의 100%를 평화유지활동 경비 분담률로서 부담할 수 없다는 입장을 강하게 피력했다. 한국정부는 2003년에 개최되는 분담금 조정회의에서 한국의 지위를 재검토 대상에 포함시켜줄 것을 강력하게 요구하였으며, 이러한 요구가 수용되었다.

2000년도의 분담률 산정에 있어서 한국을 위시한 선발 개도국들의 분담률이 상승하게 된 배경에는 미국의 분담률 하향조정의 필요성이 있었다. 즉, 미국의 부담을 덜어주기 위해 몇몇 국가들의 분담률이 상승하지 않을 수 없었다. 미국 상원은 1999년 6월 국제연합 정규예산 분담률을 25%에서 20%로 그리고 평화유지활동 경비 분담률을 31%에서 25%로 떨어뜨리는 법안을 일방적으로 통과시킨 바 있으며, 2000년 10월 말 당시 15억8천6백만 달러를 체납하고 있는 상태였다. 따라서 미국은 체납액의 지불을 조건으로 정규예산 분담률을 25%에서 22%로, 평화유지활동 경비 분담률을 31%에서 27%로 떨어뜨리는 데 합의했다.

미국 다음으로 높은 분담률을 부담하여 온 일본의 경우도 20.573%에서 0.9%가 하락한 분담률을 부담하게 됨으로써 한국을 위시한 개도국들의 분담률 상승에 일조를 했다. 국제연합 안전보장이사회 상임이사국으로의 진출문제가 전혀 진전이 없는 가운데, 과도한 정규예산 분담금이 부채에 시달리고 있는 일본 재정에 부담이 되고 있어, 국제연합 예산의 15%이상을 분담하여서는 안 된다는 일본 내의 주장이 일부 수용된 것이라고 볼 수 있다. 이들과는 달리 유럽연합(EU) 국가들은 기존 수준을 유지했다.

2003년도에는 2004년부터 2006년도까지 적용될 분담률의 새로운 산정이 있었는데, 한국은 2004년부터 2006년까지 매년 동일하게 1.796%를 분담하게 되었다. 이는 2002년 수준보다 낮은 수준이다. 국제연합은 분담률을 산정하는데 있어서 모든 국가의 통계치가 확보된 기준치를 적용하여야 하기 때문에, 부득이 여러 해 전의 통계치를 사용하지 않을 수 없다. 이에 따라 한국은 이미 외환위기를 극복하였음에도 불구하고, 외환위기 당시의 경제상황이 반영되어 분담률이 하강했다. 평화유지 분담률은 당초의 약속대로 점진적으로 상향조정하여 2005년에는 드디어 정규예산 분담률과 동일한 1.796%를 부담하게 되었다.

2006년도 역시 새로운 분담률 산정의 해였다. 이때 한국의 정규예산 분담률이 2.173%로 상향되어 산정되어 2007년부터 2009년까지 일률적으로 적용되게 되었다. 다른 국가들의 분담률 변화를 살펴보자.

그 동안 미국과 일본의 분담률이 너무 높고, 중국과 러시아와 같은 국가는 안전보장이사회 상임이사국으로서 거부권 행사와 같은 큰 권한을 행사하는데 분담률이 지나치게 낮다는 점이 지적되어 왔다. 이러한 지적을 반영하여, 일본의 분담률이 가장 큰 폭으로 하락하여 이전의 19.468%에서 16.624%가 되었다. 이러한 하락을 상쇄하기 위해 영국의 경우 6.127%에서 6.642%로 증가했고, 프랑스 역시 6.030%에서 6.301%로 증가했다. 더불어 중국이 2.05%에서 2.667%로 상승했고, 러시아가 1.1%에서 1.2%로 소폭 상승했다.

4) 사정(assessment)의 변경

모든 국가에게 적용되는 분담률의 산정기준은 예측이 가능하도록 빈번하게 또는 급작스레 바뀌어서도 안 된다. 그리고 산정기준은 회원국 분담능력의 변화를 반영할 수 있도록 경직되어 있어서도 안 된다.

과거 국제연맹은 연맹규약 제6조 제5항에 따라 회원국에 고정된 분담률을 적용했다. 1924년에 이르러 국제연맹 총회가 할당하는 것에 따르기로 개정은 되었지만 국제연맹의 의사결정 방식 자체가 만장일치제였기 때문에, 분담률의 변경 역시 총회의 만장일치를 필요로 하여 유연성을 가질 수가 없었다.

앞서 언급했듯이 만장일치제에 의한 국제연맹의 경직성에 대한 개선책으로 제2차세계대전 이후 많은 국제기구가 다수결제를 의사결정 방식으로 채택했다. 국제연합과 전문기구들도 역시 다수결제를 도입했으며, 이에 따라 총회에서 다수결을 통해 분담금의 사정(assessment)의 기준을 변경할 수 있게 되었다.

국제연합의 경우 회원국의 정규예산 분담률을 정하는 기준으로 처음에는 한 해의 국민소득 또는 2-3년의 평균 국민소득에 의거했으나, 점차 장기간의 평균 국민소득에 기준을 두게 되었다. 구체적으로 여러 단계를 거쳐 기간이 길어져 1983년에는 10년이라는 기간이 사용되었다. 다시 여러 단계를 거쳐 1995년부터는 3년 동안의 평균소득과 6년 동안의 평균소득을 평균한 소득을 기준으로 한다.

예컨대 2007년부터 2009년까지 적용될 분담률을 산정하는데 있어서 기준기간(base period)은 1999년부터 2004년까지의 6년 동안과 2002년부터 2004년까지의 3년 동안이었다. 즉, 2007년부터 2009년까지 적용될 분담률은 통계기간을 6년(1999년-2004년)으로 하여 산출된 연평균 총국민소득과 3년(2002년-2004년)으로 하여 산출된 연평균 총국민소득을 각각 적용하여 산출된 분담률의 평균치이다.

국제연합에서 분담액 결정은 국제연합 총회 산하의 분담금위원회(Committee on Contributions)에서의 검토를 걸쳐, 국제연합 총회에서 최종적으로 결정된다. 분담금위원회는 회원국들의 분담률을 총체적으로 기재한 분담률 표를 작성한다. 분담률표가 일단 작성되면 별다른 이유가 없는 한 3년간 유효하며 매 3년마다 심의하여 결정한다.[15)]

이처럼 국제연합은 사정된 분담률의 급격한 상승과 하락을 막아 국가예산과정의 안정성을 주기 위해 오랜 기간 동안의 국민소득 평균치를 사용하며, 일단 정해진 분담률을 3년간 사용한다. 이러한 긴 기간의 적용은 국민소득이 증가하고 있는 국가에게 유리하나 국민소득이 하락하고 있는 국가에게 불리하다.

국제연합은 과거 이러한 제도와 더불어 매 3년 분담률을 정할 때 분담률의 과도한 상승과 하락을 방지하기 위해 「Scheme of Limit」라는 분담금의 급격한 변화를 방지하는 제도를 1986년에 도입하였다. 이는 분담률이 일정한 정도 이상으로 오르내리지 못하도록 하는 제도인데, 국민소득이 감소하고 있는 국가들의 철폐요구에 의해 이 제도가 가져다주는 효과를 점차적으로 축소하여 적용하다 2001년에 폐지했다.

1973년에 현재의 평화유지활동 분담금 비율 산정 방식이 결정되기 전까지 여러 차례의 변경을 거듭했다. 현재의 평화유지활동의 경비는 앞서 살펴보았듯이 정규예산과는 별도의 예산을 편성하여 주로 안전보장이사회의 상임이사국과 선진국 등에 할당하고 있으며 개도국과 최저개발국(최빈국)에 대해서는 정규예산보다 낮은 분담률을 적용하든가 할당으로부터 제외하고 있다.

15) 참고로 국제연합의 경우 예산권은 총회가 가지고 있으며, 1974년도 예산부터 예산회계 연도를 1년에서 2년으로 바꾸어 2년을 단위로 예산이 편성되며 총회가 이를 승인한다.

5) 분담금의 범위

가) 분담금의 하한: 국제기구가 활동하기 위해서는 회원국들은 분담금을 지불할 의무를 져야만 한다. 소국에게 주권평등의 원칙에 의해 대국과 동등한 투표권이 인정된다면 모든 회원국들은 국제기구에 최소한의 재정적 기여를 해야만 하며, 이를 위해 분담금의 하한(bottom or floor)을 결정할 필요가 있다.

이러한 필요에 따라 국제기구들은 분담금의 최저율(floor rate)을 정해 왔다. 국제연합의 경우 최저율이 1973년까지는 0.04%이었으며 1977년까지는 0.02%이었다. 1978년부터 0.01%를 유지하다가 1998년 이래로 현재까지 0.001%가 적용되고 있다. 이렇게 분담률의 하한이 낮아진 것은 많은 개도국들의 가입에 따른 것이다. 전문기구로서 국제노동기구(ILO), 식량농업기구(FAO), 국제연합교육과학문화기구(UNESCO), 세계보건기구(WHO), 그리고 국제원자력기구(IAEA)는 국제연합의 하한을 따르고 있다. 기타의 전문기구나 지역적 국제기구도 나름의 하한을 정하고 있다.

나) 분담금의 상한: 분담금의 최고율(ceiling rate)을 설정할 경우, 최고율을 정하지 않았다면 이보다 높은 분담률을 부담해야만 하는 국가가 이득을 보는 것은 사실이다. 또한 이러한 국가들이 이익을 보는 만큼 지불능력이 없는 국가가 손해를 본다고도 생각할 수 있다.

그러나 분담금의 상한을 설정하는 것을 이러한 재정적인 관점에서만 보아서는 안 되고, 정치적인 의의를 살펴보아야만 한다. 국제기구가 소수의 대국에게 경비문제에 있어 크게 의존한다면, 대국이 자의적으로 국제기구를 좌지우지하는 것을 막기 힘들어지기 때문에 상한을 설정할 필요성이 있다.[16]

국제연합의 예산이 일부 국가의 분담금에 크게 의존할 경우 국제기구의 독립을 저해할 수도 있다는 논리에 의거하여 분담금 비율의 상한을 규정하게 되었다. 1946년 지불능력만을 기준으로 하여 분담금을 사정한 결과, 미국이 전체의 49.89%를 분담하게 되었다.

16) 현재 국제연합의 경우 22%라는 상한을 두고 있는데도 불구하고, 미국은 분담금의 체납을 통해 국제연합을 원하는 방향으로 이끌려 하고 있다.

그러자 미국은 분담금위원회의 이러한 사정(assessment)에 반대하여 일개 회원국이 분담금의 1/3 이상을 지불해서는 안 된다는 주장을 제기했으며, 그 결과 미국 주장의 일부가 수용되어 1948년에 미국의 분담률이 39.89%가 되었다.

1948년 국제연합 총회는 어떠한 회원국도 경비의 1/3 이상을 지불할 수 없다는 원칙을 확인했고, 1957년 국제연합 총회는 결의안을 통해 상한을 30%로, 1972년에는 25%로 떨어뜨렸다. 그 결과 1974년 이래 25%라는 상한이 적용되어 왔다.[17] 그러던 것이 2000년에 다시 22%로 줄이는 결정이 통과되어 2001년부터 22%가 적용되어 오고 있다. 2006년도를 기준으로 하였을 때, 분담금의 상한을 주지 않았을 경우 미국의 분담률은 30% 정도 되었을 것으로 본다.

미국은 30%가 넘는 평화유지활동 경비 분담률을 부담해 왔다. 그러나 1994년에 미국 의회는 재정회계년도 1996년을 시작으로 분담률을 25%로 제한하는 법을 통과했다. 이러한 갭으로 인해 미국의 평화유지 분담금의 연체가 쌓였다. 2000년에 국제연합은 분담률 산정공식을 바꾸어 미국의 분담률을 27%로 떨어뜨리는 데 합의했다.

상한의 제한을 받는 국가라고 할 때 미국만을 생각할 수 있으나, 최저개발국(최빈국)의 명단에 올라 있는 국가의 경우에도 상한을 가진다. 이들 국가들은 1983년 이래로 0.01%를 상한으로 하고 있다.

6) 분담금의 통화

국제기구는 그들이 위치하고 있는 국가에서 수입의 대부분을 사용하기 때문에, 분담금을 받을 때 일반적으로 소재국의 통화를 요청하게 되며, 소재국 밖에서의 활동을 위해 소재국의 화폐가 아닌 다른 교환이 가능한 통화도 필요하다.

대부분의 국제기구는 미국의 뉴욕, 스위스의 제네바, 그리고 오스트리아의 비인에 있다. 소재지가 뉴욕에 있는 국제기구의 경우는 미국 달러, 제네바의

17) 1985년 이래로 스웨덴 정부가 중심이 되어 좀 더 균등한 분담금의 배분이 국제연합이 모든 국가의 기구라는 것을 더욱 잘 반영할 것이라는 주장하에 10% 상한을 주장한 바 있다.

경우는 스위스 프랑을 요청하게 된다. 비인의 경우는 과거 오스트리아의 실링화를 사용했으나 2002년 1월 1일부터 유로화를 사용하게 되면서 유로화를 요청한다.

국제연합의 경우 분담금은 미국 달러화로 지불하는 것이 원칙으로 되어 있으나, 미국 달러화의 지불이 곤란한 회원국이 국제연합 재무관의 결정을 경과할 경우 다른 통화에 의한 지불이 인정된다.

7) 분담금의 체납과 지불의 강제

(가) 분담금의 체납(arrears of contributions): 국제기구에 있어서 분담금의 체납이 점점 증가하고 있다. 국제기구 중에서도 특히 개도국만으로 구성되어 있는 국제기구나 개도국을 주된 구성원으로 하는 국제기구들에게 연체문제가 보다 심각하다.

이러한 분담금의 체납문제는 국제연합의 경우도 예외가 아니다. 적지 않은 국제연합 회원국들이 여러 이유로 인해 분담금을 제 때에 그리고 전체 액수를 내고 있지 못하기 때문이다. 국제연합은 법에 의해 상업적인 기구(commercial institutions)로부터 차입하는 것이 금지되어 있기 때문에, 과도한 분담금의 체납은 국제기구에 심각한 재정적인 위기를 안겨준다.

분담금 체납은 주로 지불능력의 결여와 같은 재정적인 이유로 발생하나, 이러한 이유만으로 발생하는 것은 아니다. 특정 국제기구의 특정 정책과 정치화(politicization)에 대한 불만, 국제연합 총회의 일국일표제에 대한 불만, 국제연합의 행정과 관리에 대한 불만, 자국의 높은 분담금 비율에 대한 불만과 더불어 정치적 압력을 가하기 위한 전술적인 이유로도 발생한다.[18] 또한 비합법적인 방식으로 정권이 교체되는 경우, 신정부가 구정부의 분담금을 지불하지 않으려는 경우에도 발생한다.

국제연합에 있어서 분담금의 체납 역사는 오래 전으로 거슬러 올라간다. 소련과 다른 사회주의 국가들이 프랑스와 더불어 1956년에 파견된 제1차 국

18) Karen A. Mingst and Margaret P. Karns, *The United Nations in the Post-Cold War Era: Dilemmas in World Politics* (Boulder, Colorado, Westview Press: 1995), p. 35.

제연합긴급군(UNEF I)과 1960년에 파견된 국제연합 콩고평화유지활동군(ONUC)의 경비에 대해서 법적 지불의무를 부정하고 체납을 했다. 국제연합 총회는 국제사법재판소(ICJ)에 이 문제에 대한 권고적 의견(advisory opinion)을 요청했고, ICJ는 평화유지활동비가 국제연합헌장 제17조 제2항의 국제연합 비용에 속하기 때문에 회원국들은 지불할 의무가 있다는 의견을 제시했다. 이들은 이러한 권고적 의견에도 불구하고 한 동안 체납을 지속한 바 있다.

2007년 11월 30일 현재 국제연합에 있어서의 분담금 체납 현황은 다음과 같다. 회원국 전체의 정규예산 분담금 체납액은 총 7억3천5백만 달러이며, 이 중에서 미국의 체납액은 6억8천8백만 달러로서 94%를 차지하고 있다. 평화유지활동비 분담금 체납액 총액은 31억5천4백만 달러인데, 미국의 체납액은 10억8천4백만 달러로서 34%를 차지하고 있다.

국제연합 회원국은 국제사법재판소(ICJ)를 위시한 국제재판소(international tribunals)의 경비도 분담하는데, 회원국의 분담금 체납액 총액은 6천3백만 달러이며, 이 중에서 미국의 체납액은 4천1백만 달러로서 65%를 차지하고 있다. 이외에 회원국들은 노후한 국제연합 본부 건물의 개조를 위해 「Capital Master Plan」에 정규예산 분담률에 따라 납부를 하도록 되어 있는데, 1억4천2백만 달러가 연체되어 있고 미국은 이런 연체액의 55%에 해당하는 7천8백만 달러를 연체하고 있다.

이러한 4부문에 있어서의 회원국 연체의 총액은 40억9천4백만 달러이며, 이 중에서 미국의 연체액은 18억 9천1백만 달러로서 46%를 기록하고 있다.[19] 국제연합은 항상 분담금 지불을 거부하는 회원국들의 문제를 가지고 있어 왔다. 그 중 가장 심각한 문제를 제기해 온 것이 미국인데, 미국 의회는 국제연합을 자신의 뜻을 따르도록 하기 위한 수단으로서 그리고 분담률을 줄이기 위한 수단으로서 분담금을 연체해 왔다.

국제연합은 정규예산 경비를 충당하기 위해 간혹 평화유지활동비로부터 차입을 하지 않을 수 없었으며, 그 결과 평화유지활동을 위해 병력과 장비를 제공한 국가들에게 신속하게 그들이 이미 지불한 비용을 보상해주지 못하고

19) United Nations, *2007 Status of Contributions to the Regular Budget, International Tribunals, Peacekeeping Operations and Capital Master Plan*

있다. 정규예산 분담금이 제대로 지불되지 않는 한 정규예산 비용을 충당하기 위해 평화유지 계정(account)으로부터의 차입은 계속될 것 같다.

한국도 이러한 국제연합의 분담금 체납에 일조를 했다. 한국은 특히 2001년도부터 평화유지활동 경비의 분담금 액수가 연평균 40%씩 대폭적으로 증가하면서 체납이 누적되어 왔다. 체납 분담금은 대부분은 국제연합 평화유지활동 분담금이었다.

이렇게 분담금의 체납액이 발생한 것은 한국정부가 재정적으로 어려워서 그랬던 것은 아니다. 분담금의 총액이 대폭 상승했음에도 불구하고 국제기구 분담금 예산의 증가율은 이에 미치지 못했기 때문이다. 즉, 예산당국이 인상된 분담금을 모두 지불할 경우, 국제기구 예산 분담금을 포함하고 있는 외교통상부 예산의 상승률이 정부 전체의 예산 상승률을 크게 앞지른다는 이유로 분담금 체불액을 예산에 일괄 반영하는 데 주저했기 때문이다.

한국은 부족한 예산 때문에 늘어난 분담금을 다 납부할 수 없어 다양한 편법을 동원했다. 지난 해 체납한 국제기구에는 올해 분담금을 지불하고, 미납되지 않은 국제기구에는 체납하는 방식을 취했다. 또한 국제연합 정규예산 분담금이나 전문기구 및 기타 국제기구에 대한 분담금 등은 제대로 납부하고, 국제연합 총회의 투표권 제약에 문제가 되는 않는 국제연합 평화유지활동(PKO) 비용의 분담금을 집중적으로 체납하는 편법도 써왔다

2006년 말까지 한국은 1억1천만 달러를 달하는 국제연합 분담금 체납이 있었다. 그러던 것이 반기문 전 외교통상부 장관이 국제연합 사무총장으로 진출하면서 국제사회의 비난을 의식한 국회가 예산안을 통과시켜 2007년도에 체납액 전액을 갚을 수 있도록 했다.

(나) 지불의 강제: 국제기구에 따라 다르기는 하나, 많은 국제기구의 설립헌장이나 기본문서는 분담금의 지불의무를 이행하지 않은 회원국에게 지불을 강제하기 위해 투표권의 정지라든가 이사회 입후보의 자격정지 혹은 일반적 권리정지나 제명 등의 제재조치를 규정하고 있다.

국제연합의 경우 헌장 제19조는 「이 기구에 대한 분담금의 지불을 연체하

고 있는 국제연합 회원국은 연체금의 금액이 그 당시까지의 만 2년간에 그 국가가 지불하여야 할 분담금의 금액과 같은 액수이거나 또는 이를 초과할 때 총회에서 투표권을 가지지 못한다. 단 총회는 지불의 불이행이 이러한 회원국에 있어서 불가피한 사정에 의한 것이라고 인정할 때에는 그 회원국을 투표하게 할 수 있다」고 규정하고 있다.[20] 이처럼 국제연합은 체납국에 대한 제재로서 총회에서의 투표권 박탈을 규정하고 있다.[21]

다수 국가에 의해 지불이 거부되어 제19조의 적용이 문제가 되었던 예외적인 사례로는 앞서 언급한 소련과 프랑스를 위시한 국가들이 평화유지활동 경비의 지불을 거부한 경우인데, 정책적인 배려에 의해 타협이 이루어져 제19조의 적용을 하지 않았다. 이러한 예외는 있으나 국제연합헌장 제19조는 회원국의 분담금 지불을 강제하는 수단으로서 역할을 하고 있다. 특별한 사정을 들어 끝내 지불을 포기하는 국가도 종종 발생하지만, 이러한 규정으로 인해 대개의 국제연합 회원국은 그들의 연체액이 2년분에 달하기 이전에 지불하려고 노력하고 있다.

이러한 규정에 따라 2008년 3월 24일 현재 베냉(Benin), 카보베르데(Cape Verde), 중앙아프리카공화국(Central African Republic), 코모로스(Comoros), 기니비사우(Guinea-Bissau), 라이베리아(Liberia), 상투메 프린시페(Sao Tome and Principe), 소말리아(Somalia), 타지키스탄(Tajikistan)이 투표권을 박탈당하고 있다.

국제노동기구(ILO)의 경우도 국제연합과 같이 분담금 지불 체납금액이 2년 분 이상에 이르면 투표권을 상실하나, 국제연합의 경우 총회에서의 투표권 상실이 전부인 것과는 달리 ILO의 경우는 총회, 이사회, 위원회 등에서도

---

20) A Member of the United Nations which is in arrears in the payment of its financial contributions to the Organization shall have no vote in the General Assembly if the amount of its arrears equals or exceeds the amount of the contributions due from it for the preceding two full years. The General Assembly may, nevertheless, permit such a Member to vote if it is satisfied that the failure to pay is due to conditions beyond the control of the Member.

21) 국제연합헌장 제19조를 반대로 해석하면 만 2년 치에 해당하는 분담금의 금액보다 적은 연체금을 가진 국가는 투표권을 가질 수 있다고 주장할 수 있다. 그러나 일단 만 2년 치 이상의 분담금의 연체가 발생하여 투표권이 중지되면 연체금의 일부를 갚는다고 해도 연체액의 전체를 갚지 않는 한 지속적으로 투표권을 중지해야 한다는 주장도 있다.

투표권을 상실한다는 점이 다르다.

국제해사기구(IMO)의 경우 재정상의 의무를 1년간 태만히 한 회원국은 원칙으로서 총회, 이사회, 해상안전위원회, 법률위원회, 해양환경위원회에서 투표권을 상실한다.

분담금의 체납을 막기 위한 방식의 하나로서 체납된 분담금에 이자를 물리는 국제기구도 있다.[22] 만국우편연합(UPU)의 경우 연체한 정부에 연 5%의 이자를 물린다. 또 국제전기통신연합(ITU)은 연체 6개월까지는 연 3%, 7개월 이상은 연 6%의 이자를 부과한다. 이러한 기구들의 분담금 연체율을 살펴보면 국제연합에 비해 큰 차이로 낮은데, 이는 이자를 부과하는 제도가 의도한 바대로 작동하고 있음을 보여주는 것이다.[23]

코피 아난 제7대 국제연합 사무총장은 분담금의 연체에 대해 연체금을 물리는 방안을 검토하고 있음을 시사한 바 있다.[24] 국제연합의 재정난을 해결하기 위해 분담금 체납액에 대해 이자를 부과하는 안 외에 분담금의 조기납부를 유도하기 위한 유인(incentive)을 제공하는 안 등 여러 아이디어가 제시되고 있으나, 국가간의 입장차이로 쉽게 합의에 이르지 못하고 있다.

(2) 자발적 기여금(voluntary contribution)

1) 자발적 기여금 일반

국제기구는 정규예산 분담금만으로 필요한 자금을 확보할 수 없을 경우나 종래 통상적인 예산에 규정되어 있지 않은 새로운 프로그램을 실시할 필요가 있는 경우, 회원국으로부터 별도의 자발적 기여금을 모금한다.[25] 이렇게 하여 모금된 자발적 기여금은 통상적인 예산과는 별도의 기금으로서 처

---

22) 대개의 국제기구의 경우 체납된 분담금에 이자를 부과하지 않는다.

23) Ruben P. Mendez, "Financing the United Nations and the International Public Sector: Problems and Reform," *Global Governance,* Vol. 3, No. 3 (Sept.-Dec. 1997), p. 295.

24) 중앙일보, 1997년 12월 1일.

25) 이를 「자발적 기부금」이라고 부르는 경우도 있다. 또한 한국 정부측에서는 「사업 분담금」이라는 말을 많이 사용한다.

리된다.

특히 국제연합의 경우 냉전의 종식 후 많은 전지구적 이슈를 다루면서 예산의 증액 필요성이 크게 대두되고 있으나, 미국의 압력으로 인해 정규예산의 대폭적인 증가가 용이하지 않다. 이 때문에 연구 프로젝트, 워크숍, 그리고 정부간 회합을 포함한 많은 국제연합의 활동을 위해 자발적 기여금을 추구하지 않을 수 없게 되었으며, 과거 통상적으로 정규예산에 의해 지원되던 활동들이 점차적으로 자발적 기여금에 의해 지원되지 않을 수 없게 되었다.

국제연합의 경우 자발적 기여금은 통상 국제연합의 「프로그램(Program)」과 「펀드(Fund)」라고 불리는 보조기관에서 중요한 재정의 원천이 되고 있다. 많은 전문기구들의 경우, 자체의 정규예산 분담금과 자체의 자발적 기여금을 가지고 각종 프로그램들을 실시하고 있다. 국제연합의 보조기관 중에서는 자체 내에 정규예산 분담금이 없을 뿐 아니라 국제연합 정규예산으로부터의 예산 지원이 없이 전적으로 자발적 기여금에 의해 운영되는 기관이 있다. 대표적으로 국제연합훈련조사연구소(UNITAR), 국제연합여성개발기금(UNIFEM), 세계식량계획(WFP), 국제연합인구기금(UNFPA), 국제연합아동기금(UNICEF), 국제연합개발계획(UNDP), 국제연합민주기금(UNDEF) 등이 이러한 예에 속한다.

이와는 달리 국제연합의 보조기관 중에는 국제연합의 정규예산의 일부와 자체적으로 조달한 자발적 기여금에 의거하여 운영하는 기관들도 있다. 국제연합팔레스타인난민구호사업기관(UNRWA), 국제연합환경계획(UNEP), 국제연합난민고등판무관실(UNHCR), 국제연합무역개발회의(UNCTAD), 국제연합마약범죄기구(UNODC) 등이 이러한 예이다.

국제연합마약범죄기구(UNODC)의 경우를 좀 더 구체적으로 살펴보면, 이 기구는 국제연합으로부터의 소규모의 정규예산 지원과 더불어 큰 규모의 자발적 기여금에 의해 운영된다. 이 경우 자발적 기여금은 정부, 다른 국제연합기구, 정부간기구, 국제재정기관(international financial institution), 사적인 기부자(private donor)로부터 온다. 2007년도 UNODC 예산의 구성을 살펴보면, 총 1억9천5백만 예산액 가운데 국제연합 정규예산으로부터의 지원이 1천6백십만 달러로 전체 예산에서 8.3%를 차지했고, 자발적 기여금은 1억7천

8백9십만 달러로서 전체 예산에서 91.7%를 차지했다.[26)]

국제연합은 콩고평화유지활동(ONUC)의 경비에 대해 소련과 프랑스 등이 분담금 지불을 거부하자 자발적 기여금이나 공채발행을 통해 자금을 조달했고, 1960년대에 실시된 평화유지활동은 분담금 지불거부의 문제를 미연에 방지하기 위해 자발적 기여금과 병력제공국의 부담에 의해서만 운영되었다.[27)] 그러나 국제연합의 가장 중요한 활동인 평화와 안전의 유지가 일부 회원국의 자발적 기여금에만 의존한다는 것은 바람직하지 않다는 문제의식으로 인해 1973년부터 평화유지활동의 경비에 대한 특별예산을 편성해서 앞서 살펴 본 것과 같은 방식으로 할당하고 있다.

2003년도에 국제연합의 프로그램(Program)과 펀드(Fund)에 제공된 자발적 기여금의 총액은 약 87억 달러에 달했고, 2006년도의 경우 약 100억 달러로 추산하고 있다.

2) 자발적 기여금제의 장 · 단점

(가) 장점: 정규예산 분담금의 경우 강제적인 것이기 때문에 회원국은 자신의 분담금이 원하지 않는 프로그램 등에 사용되는 것을 통제하는 것이 어렵다. 이와는 달리 자발적 기여금제의 경우 자신이 원하는 프로그램에만 재정적인 지원을 할 수 있어 자발적인 참여를 확보하기가 용이하다.

또한 자발적 기여금제는 회원국들이 이러한 기금을 제공할 의무가 없기 때문에 이러한 기금으로 운영될 프로그램에 참가하지 않는 국가들도 프로그램의 결정에 찬성하기가 쉽다는 장점을 지닌다.

(나) 단점: 이러한 장점과는 달리 자발적 기여금제는 회원국의 자발적인 의

26) 자발적 기여금 총액 가운데 용도를 지정하지 않고 제공된 기여금의 총액은 1천4백7십만 달러로서 8.2%에 불과하고 나머지 91.8%에 해당하는 1억6천4백2십만 달러는 용도가 지정되어 제공되었다 (United Nations Office on Drugs and Crime, *Fundings and partnerships* (http://www.unodc.org/unodc/en/donors/index.html)

27) 국제연합키프로스평화유지군(UNFICYP), 국제연합예멘감시단(UNYOM), 그리고 국제연합서이리안보안대(UNSF)가 여기에 속한다.

사에 의존하기 때문에 어느 정도의 기금이 확보될 수 있는가에 대한 예측이 어려워 구체적인 프로그램을 짜서 확정짓기 어렵다. 이 때문에 자발적 기여금에 크게 의존하고 있는 국제기구들은 자발적인 기여금의 제공국들에게 다년간에 걸친 기여금 제공의 약속(multi-year funding commitment)을 촉구하고 있다. 특히 국제기구들은 2000년부터 3년을 단위로 하는 「다년도자금조달틀(Multi-Year Funding Framework: MYFF)」을 실시해오고 있어 이러한 필요가 더해지고 있다.

2004년을 기준으로 하여 국제연합개발계획(UNDP)의 경우 상위 10개 기금 제공국이 제공한 자발적 기여금이 정규자원(regular resources) 총액의 85%를 차지한 바 있다.[28] 이러한 사실에서 보듯이 자발적 기여금에 의해 운영되는 국제기구가 소수의 국가에 재정적으로 크게 의존하고 있다. 따라서 자발적 기여금을 제공하는 선진국에 의해 프로그램이 영향을 받지 않을 수 없다. 또한 반대하는 회원국이 배제된 가운데 프로그램이 운영되기 때문에, 국제기구 전체의 활동이 아닌 일부의 회원국에만 의한 소위 기구 내 기구의 활동이 되기 싫다는 문제점을 가진다.

다시 말해 자발적 기여금이 갖는 문제점은 개개 국가가 자발적 기여금을 제공해야 된다는 도덕적인 의무감을 가질 수는 있으나, 자유로이 자발적 기여금의 제공을 중단할 수 있으며 줄일 수 있기 때문에, 국제기구의 사무국은 자발적 기여금을 제공하는 국가(들)의 견해를 무시하는 모험을 감행하기 어렵다. 따라서 국제기구가 자발적 기여금에 크게 의존할 경우, 국제기구의 자율성이 훼손될 수 있다.[29]

이 때문에 국제연합의 개혁에 대해 개도국의 입장을 체제적으로 제시하고 있는 「South Center」는 자발적 기여금제가 점차적으로 없어지고, 개선된 사정체제(reformed assessment system)와 국제적인 과세 및 부과금을 포함하는

28) Department of Public Information of the United Nations, *Contributions promised by 21 Member States at 2005 Pledging Conference for United Nations Development Activities* (General Assembly DEV/2555) (11/November/2005).

29) 이러한 이유로 자발적 기여금은 「다변적 원조의 쌍무화(bilateralization of multilateral assistance)」를 가져오고, 정규예산 분담금은 「쌍무적 원조의 다변화(multilateralization of bilateral assistance)」를 가져온다고 말한다.

새로운 기금제도를 혼합한 새로운 재정체제에 의해 궁극적으로 대체되어야 한다는 안을 내놓고 있다.[30)]

3) 자발적 기여금 제공국의 영향력 행사 노력

자발적 기여금의 경우, 소수의 국가들이 자발적 기여금의 대부분을 제공하기 때문에 이의 용도를 둘러싸고 이들 국가들의 영향력이라는 것을 무시할 수 없다. 그러나 개도국들이 수적 우위를 무기로 하여 자발적 기여금의 용도와 관련하여 영향력을 행사하고자 함으로써, 기여금을 제공하는 선진국들의 영향력이란 제한적일 수밖에 없다. 아울러 선진국들은 개도국에 의해 자발적 기여금의 증액을 부단히 압력 받고 있다.

이러한 상황에서 선진국들은 자발적 기여금을 제공할 인센티브를 잃게 되었다. 그 결과 이러한 선진국에게 자발적 기여금 제공의 인센티브를 주기 위한 자발적 기여금의 제공채널이 다양해지고 있다. 이 중 대표적인 것이 바로 「신탁기금(trust funds)」이다.[31)] 신탁기금 제도란 기금 제공자가 수혜국과 용도를 지정하여 다변적 국제기구에 기금을 맡기면, 국제기구는 기금 제공국을 대신하여 프로그램이나 프로젝트를 집행해 주는 제도를 말한다.

신탁기금은 수혜자와 용도를 지정한다는 의미에서 쌍무적인 원조의 성격을 지니며, 동시에 국제기구에 기금을 제공하여 국제기구에 의해 관리된다는 면에서 다변적 원조의 성격을 지니고 있다. 이러한 신탁기금이라는 기금 제공국이 지배하는 기금제공 창구에 많은 선진국들이 기금을 제공해오고 있다. 2007년도의 국제연합 문건은 자발적 기여금에 의해 운영되는 국제연합기구의 자발적 기여금의 총액이 증가하기는 했으나, 이 중에서 용도를 지정하지 않고 제공하는 자원이 차지하는 비중이 줄고 있는 반면 용도를 지정하여 제공하는 자원의 비중이 늘고 있다는 것을 지적하고 있다.[32)]

---

30) South Center, *For a Strong and Democratic United Nations: a South Perspective on UN Reform* (Geneva: South Center, 1996), p. 99.

31) 국제기구 내에서는 「신탁기금(trust fund)」을 「특별목적 기금(special-purpose fund)」이라고도 부른다. 또한 「용도가 지정된 기금(earmarked fund)」이라고도 불린다.

32) 용도를 지정하지 않고 제공하는 자원을 「핵심정규자산(core regular resources)」이라고 부른

이러한 신탁기금의 증가로 인해 다변적 국제기구가 기금을 받아 스스로의 거시적인 판단에 의해 프로그램이나 프로젝트를 계획하고 집행해오던 전통적인 틀이 깨지고, 프로그램이나 프로젝트의 분절화(fragmentation)가 촉진되고 있다. 신탁기금이라는 자발적 기여금은 전통적인 자발적 기금의 성격을 크게 변화시키고 있으며 나아가 국제기구의 다자주의(multilateralism) 역시 변모시키고 있다. 신탁기금 제도는 공여국이 원하는 국가에게만 기금이 제공되고 이들이 원하지 않는 국가에게는 이러한 기금이 제공되지 않도록 함으로써, 다자주의 원칙과의 불일치의 문제를 지니고 있을 뿐 아니라 관리상의 문제, 책임성(accountability)의 문제, 예측 가능성의 저하의 문제를 야기하고 있다는 비판을 받고 있다.[33]

국제연합헌장 제101조 3항은 국제기구 직원을 채용함에 있어서 객관적 기준으로서의 능률, 능력 및 성실과 더불어 정치적 기준으로서 지리적 배분을 조화시키도록 규정하고 있으나, 이 규정은 자발적 기여금으로 운영되는 기구에는 공식적으로 적용하지 않기로 원래 동의된 바 있었다. 이러한 동의의 의도는 이러한 기준에 구애를 받지 않고 자유로이 가장 적절한 사람을 찾아 직책을 부여한다는 것이었다. 그러나 선진국들이 자신들이 제공하는 통상적인 자발적 기금에 대한 통제력을 갖기 위해 자국의 국적을 가진 사람이 이러한 기금을 제공받는 국제기구에서 중요한 직책을 갖도록 노력함으로써 이러한 동의의 진정한 의도를 왜곡시키고 있다.[34]

이는 앞서 살펴본 신탁기금이라는 제도를 통해 자신이 제공하는 기금에 대한 통제력을 행사하고자 하는 것과 마찬가지로, 자발적 기여금으로 운영되는 기구의 중요한 직책을 점유함으로써 자신이 제공한 자발적인 기여금에 대한 영향력을 확보하려는 노력의 하나로 볼 수 있다.

다. 용도를 지정하고 제공하는 자원은 「비핵심특별예산자산(non-core extrabudgetary resources)」이라고 불린다.

33) Department of Public Information of the United Nations, *Member States Pledge Approximately $80 Million in Support of United Nations development Activities for 2008* (General Assembly DEV/2646) (12/November/2007).

34) South Center, *For a Strong and Democratic United Nations: A South Perspective on UN Reform* (Geneva: Sout Center, 1996), pp. 87-88.

(3) 출자금

국제기구 중 국제통화기금(IMF), 세계은행(IBRD), 국제금융공사(IFC), 국제개발협회(IDA), 다변적투자보증기관(MIGA), 국제농업개발기금(IFAD), 아시아개발은행(ADB), 미주개발은행(IDB), 미주투자공사(IIC), 유럽부흥개발은행(EBRD), 아프리카개발은행(AfDB), 아프리카개발기금(AfDF) 등과 같은 국제금융기구는 회원국의 출자금으로 운영된다. 출자의 주체는 국가로만 한정되지 않는다. 유럽부흥개발은행(EBRD)의 경우, 국가 이외에 유럽경제공동체(EEC)와 유럽투자은행(EIB) 역시 출자를 하고 있다.

출자금은 일반적으로 회원국의 경제력을 기준으로 하여 할당된다.[35] IMF의 경우 회원국의 경제력과 무역규모 등을 기준으로 하여 산정되어 할당되며, 이러한 출자 할당금은 회원국의 투표권과 IMF의 자금 이용액 등의 산정기준이 된다. 이러한 출자 할당액은 원칙적으로 5년마다 재검토를 하도록 되어 있다. 국제전기통신위성기구(INTELSAT)나 국제해사위성기구(INMARSAT)와 같은 국제기구에 있어서 회원국의 출자금은 이러한 국제기구가 제공하는 위성서비스를 사용하는 실적에 비례하여 할당된다.

가중표제(weighted voting system)가 적용되고 있는 국제금융기구에서 의사결정 시 일국이 행사할 수 있는 표가 자국의 출자액이 총 출자액에서 차지하는 비율에 의해 결정되기 때문에, 출자 능력이 있는 국가는 되도록 많은 출자를 하여 자국의 출자지분의 비율을 높이려고 한다. 그러나 일국의 출자 지분율의 증가는 타국의 출자 지분율의 감소를 의미하기 때문에, 출자 지분의 증대는 그리 쉽게 일어나지 않는다.

---

35) IMF 설립 당초에는 출자금의 25%는 금으로, 나머지 75%는 자국의 통화로 출연하도록 하였으나 1978년 이후부터는 금 대신에 특별인출권(Special Drawing Rights: SDR)이나 IMF가 선정한 통화로 납부할 수 있게 되었다. 다시 말해 출자액 중 25%는 SDR이나 IMF가 요구하는 외환으로 IMF에 보내야 하며, 나머지 75%는 자국의 통화로 언제든 출자가 가능하도록 자국의 중앙은행의 계정에 출자 형식으로 잡아두어야 한다. IMF에 보내는 출자금의 25%에 대해서는 IMF로부터 이자를 지급받는다. 한국의 경우, 출자액 중 75%를 우리나라 돈으로 언제든 출자가 가능하도록 한국은행의 원화계정에 출자형식으로 잡아둔다. 즉, 원화계정에 출자형식으로 잡아둬야 하는 75%는 일단 서류상으로만 존재하게 되며, 만약 IMF가 이 돈을 요구하게 되면 한국은행이 발권을 통해 돈을 내주어야 한다. IMF는 지난 60년간 한 번도 원화계정에 잡혀 있는 출자금을 요구한 적이 없다.

국제통화기금(IMF)에 있어서 지분율의 변경을 위해서는 총지분의 85%이상의 찬성을 요구하는데, 미국이 2008년 4월 19일 현재 지분율 17.09%와 투표권 16.77%를 보유하고 있어 미국의 찬성 없이는 지분의 변경이 불가능하다. 이러한 미국의 영향력에 의해 일본과 독일 같은 국가들은 출자 능력이 상당히 큼에도 불구하고 지분율이 상당히 과소평가 되어 있다. 일본의 경우 6.13% 지분율과 6.02%의 투표권을 보유하고 있으며, 독일의 경우 5.99%의 지분율과 5.88%의 투표권을 보유하여 미국의 1/3 정도 수준에 불과하다.[36] 한국은 IMF에서 1.346%의 지분율과 1.33%의 투표권을 가지고 있으며, 세계은행에서 1.01%의 지분율과 0.99%의 투표권을 보유하고 있다.[37]

(4) 기타 수입원

1) 회전자금

국제기구는 분담금에 의한 수입이 부족한 경우, 분담금의 체납에 의해 일시적으로 현금이 부족한 경우, 혹은 예상하지 못한 특별한 경비를 필요로 할 경우에 대비하여 자발적 기여금을 모집하는 외에 미리 내부에 유보한 기금을 회전해 운용한다. 이러한 기금을 회전기금(revolving reserve fund) 이라고 부른다.[38] 회원국들이 분담금의 비율에 따라 기금을 출자해서 기탁함으로써 형성된다.

2) 과 세

유럽공동체(EC)의 경우 과거에는 다른 국제기구처럼 회원국의 분담금에

36) IMF에 있어서의 지분율이 경제능력보다는 정치적인 요인에 의해 결정된다는 것을 보여주는 글로는 다음 논문이 있다: David P. Rapkin, Joseph U. Elston, and Jonathan R. Strand, "Institutional Adjustment to Changed Power Distributions: Japan and the United States in the IMF," *Global Governance,* Vol. 3, No. 2 (1997), pp. 171-195.

37) IMF와 IBRD에 있어서 한국을 비롯한 모든 국가의 지분율과 투표권 사이에 미세한 차이가 존재한다. 투표권이 출자 지분율에 의해 가중되기 전에 모든 회원국들에게 기본표(Basic Vote)로서 250표가 배정되기 때문이다.

38) 「운전기금(working capital fund)」이라고도 부른다.

의해 수입을 획득했다. 그러던 것이 1971년부터 국제기구에 있어서 일반적인 회원국의 분담금에 의존하지 않고「고유한 재원(own resources)」을 갖게 되었다. 고유한 재원은 세 가지로 구성되어 있는데, 구체적으로 수입 농산물에 부과되는 부과금(levy), 역외 국가로부터의 수입품에 부과되는 관세(tariff), 회원국이 부과하는 부가가치세(Value Added Tax: VAT)이다. 이것은 국제기구에 있어서는 예외에 속하는 것으로서 재정적인 자율성과 독립성이 다른 국제기구에 비해서 현저하게 발달된 것을 보여주며 유럽공동체의 초국가성을 보여주는 일례이기도 하다.

1988년부터는 고유한 재원 이외에 회원국들에게 국민총소득(GNI)에 비례하는 회원국 분담금이 부과되어, 총 4개의 재원을 가지고 있다. 1993년 11월 1일에 발효한 마스트리히트조약에 의해 유럽공동체(EC)가 유럽연합(EU)으로 공식 출범한 이후에도 이러한 재원은 지속되고 있다.

2003년도와 2004년도 예산의 구성을 살펴보면, 이러한 재원 가운데「고유한 재원」에 대한 의존도가 크게 줄어들고 있고, 회원국의 분담금의 비중이 급격히 높아지고 있었다. 구체적으로, 2004년도의 경우 전체 예산 중 분담금이 차지하는 비율이 73.4%에 달했다.

3) 영업수입

국제개발협회(IDA)처럼 무이자로 자금을 대여하는 국제기구도 있으나, 통상적으로 국제통화기금(IMF)이나 세계은행(IBRD)과 같은 국제금융기구는 회원국 정부나 민간 기업에 자금을 빌려주고 이자나 수수료 등을 받는다.

국제연합이라든가 각 전문기구 등 많은 국제기구는 관련된 전문분야에 있어서의 출판물을 제작하여 판매함으로써 수입을 얻기도 한다. 국제연합아동기금(UNICEF)은 카드판매에 의해서도 많은 수입을 올리는 것으로 유명하다. 세계지적재산권기구(WIPO)는 상표와 의장 등 국제등록업무에 관한 요금을 징수하고 있다. 국제전기통신위성기구(INTELSAT)나 국제해사위성기구(INMARSAT)와 같은 국제기구는 위성 서비스에 대한 사용료를 징수하여 수입으로 하며, 이를 운영비, 출자금의 상환, 출자액에 대한 이자 등에 사용한다.

4) 차입금과 기채

국제기구는 정규예산 분담금, 자발적 기여금, 그리고 회전자금으로도 여전히 자금이 충분하지 않거나 특별한 목적을 위한 기금을 확보하고자 할 때, 융자를 얻거나 채권을 발행하여 자금을 조달한다.

국제금융공사(IFC)의 경우, 회원국으로부터의 출자금 이외에 세계은행(IBRD)으로부터 자금을 차입하고 국제자본시장에서 채권을 발행하여 자금을 조달하여 대출재원의 일부로서 사용한다. 세계은행(IBRD)은 세계은행채권을 발행하여 자금의 대부분을 조달하며 각국의 중앙은행으로부터 차입을 하기도 한다.

1961년 제16차 국제연합 총회는 국제연합의 재정위기 속에 국제연합의 활동을 존속시키기 위해 사무총장에게 국제연합이 공채를 발행할 수 있는 권한을 부여한 바 있으며, 이에 따라 1962년과 그 후 잠시 동안에 걸쳐 정규예산의 수입으로부터 상환하기로 하고 1억6천9백만 달러의 공채를 발행한 바 있다.

5) 기 부

국제기구는 국가, 기업, 재단, 개인, 비정부기구(NGO), 다른 국제기구 등으로부터 기부를 받는 경우가 있다. 대표적인 경우로 국제연합아동기금(UNICEF)을 들 수 있는데, UNICEF의 경우 각국 정부, 민간단체, 개인으로부터의 자발적인 기여금과 카드 판매수익이 주된 재정원이다. 이들 중 정부가 아닌 민간부분으로부터의 기부와 증여가 2006년도 기준으로 총 재정 수입의 약 30%를 차지하는데, 구체적으로 각국의 교회, 여성단체, 학교와 같은 독지단체와 개인의 기부 및 증여 등을 포함한다.

미국의 뉴스전용 채널인 CNN의 설립자 터너(Ted Turner)는 1998년 1월에 출범한 「터너국제연합재단」을 통해 매년 1억 달러씩 10년 동안에 걸쳐 총 10억 달러를 난민구호, 빈곤퇴치, 지뢰제거, 사회개발 등 국제연합의 활동을 위해 국제연합에 기증해 오고 있다. 한국에 본부를 두고 있는 국제기구인 국제백신연구소(IVI)는 빌게이츠 재단으로부터 1천만 달러를 연구기금으로 지원받은 바 있다.

6) UNDP로부터의 프로그램과 프로젝트의 집행비

자발적 기여금으로 운영되는 국제연합개발계획(UNDP)은 예산을 회원국 정부에 배분하여 개발과 관련된 프로그램 및 프로젝트를 실행하도록 한다.

또한 UNDP는 식량농업기구(FAO), 국제노동기구(ILO), 국제연합공업개발기구(UNIDO), 국제연합교육과학문화기구(UNESCO), 세계은행(IBRD), 세계보건기구(WHO), 국제전기통신연합(ITU), 국제민간항공기구(ICAO), 세계기상기구(WMO), 국제해사기구(IMO)와 같은 전문기구, 아시아개발은행(ADB) 등과 같은 지역개발은행, 국제연합 경제사회이사회(ECOSOC) 산하의 지역경제(사회)위원회, 국제연합무역개발회의(UNCTAD), 국제연합인간거주센터(UNCHS), 국제연합훈련조사연구소(UNITAR) 등과 같은 국제연합의 보조기관, 그리고 국제원자력기구(IAEA)와 같은 국제기구에도 예산을 배분하여 개발과 관련된 프로그램 및 프로젝트를 집행하도록 한다.

제 2 장 국제기구의 지출

1. 개 요

이제까지 국제기구의 수입에 대해 살펴보았는데 여기서는 국제기구의 지출경비에 대해 살펴보고자 한다. 국제기구를 유지하고 운영하기 위해서는 경비가 필요한데, 이러한 국제기구의 경비는 인건비, 회의비, 건물의 건설비와 유지비, 시설비와 자재비, 출판비, 그리고 통신비 등 기구의 유지와 운영을 위해 필요한 행정경비와 개발원조와 평화유지활동 등 회원국에 대해 재화와 서비스를 제공하는 업무활동을 위한 활동경비로 대별할 수 있다. 국제연합의 경우 두 종류의 경비 중 업무활동을 위한 경비가 전체 예산의 약 80-90%를 차지하고 있다.

2. 지출의 종류

(1) 행정경비(administrative expenses)[39]

1) 인건비

국제기구의 행정경비의 상당한 부분이 국제기구의 직원의 인건비로 지출

39) 국제연합 정규예산의 대부분은 자신의 행정경비로 쓰이나, 약간의 부분은 국제연합난민고등판무관실(UNHCR), 국제연합환경계획(UNEP), 국제연합팔레스타인난민구호사업기관(UNRWA)과 같은 국제연합의 보조기관의 행정경비를 위해서도 쓰인다.

된다. 규모가 작은 국제기구 중에는 본부가 소재하고 있는 국가가 인건비를 지불하는 예도 없지는 않으나, 일반적으로 국제기구의 정규예산으로부터 지불된다. 국제연합의 개혁과 더불어 현재 국제연합 사무국은 많은 직원들을 줄이고 있다.

2) 회의비

국제기구의 회의는 많은 경우 국제기구의 본부 소재지에서 개최되나, 때때로 회원국의 영역과 같이 본부 소재지 밖에서도 개최된다. 국제연합의 예산 지출내역을 살펴보면, 회의와 통역을 위해 지출된 비용이 다른 항목의 비용과 견주어 볼 때 압도적으로 가장 많은 부분을 차지하고 있다.

국제기구의 회의가 본부 소재지 밖에서 개최될 경우, 직원의 이동비를 포함하여 별도의 회의 개최비가 상당히 많이 소요된다. 국제연합 예산의 많은 부분을 부담하고 있는 선진국들은 이러한 이유로 대규모의 국제회의가 국제기구 밖에서 빈번하게 개최되는 것에 대해 불만을 토로하고 있다.

3) 건물의 건설비와 유지비

국제기구는 본부 건물을 처음 건립하거나 기존 건물 이외의 건물을 추가로 건립할 때 많은 경비를 필요로 한다. 또한 이러한 건물을 유지하는 데도 적지 않은 경비를 지출한다. 특히 건물을 소유하지 않은 경우 임대료까지 추가되면 유지비는 더욱 커진다.

그러나 많은 경우 본부 소재지의 정부라든가 기업, 재단, 개인 등이 건물의 부지를 무상으로 제공하거나 본부 건설을 위해 일정한 액수를 증여하고 있다. 또한 이들은 건물을 무료 혹은 유리한 조건으로 임대해 주기도 한다. 예컨대 이탈리아는 식량농업기구(FAO)에게 1년에 1달러를 받고 본부를 임대해 주고 있다. 국제백신연구소(IVI)를 유치한 한국정부는 유치협정에 따라 5천여 평의 부지와 건물, 시설, 기자재를 제공했고, 연간 운영비의 30%를 부담하고 있다.

4) 시설비와 기자재비

국제기구는 또한 많은 시설과 기자재를 새로 구입하거나 이미 구입된 시설과 기자재의 유지를 위해 많은 경비를 지출한다. 국제기구들은 제각기 다른 활동으로 인해 제각기 다른 시설과 기자재를 필요로 한다. 예컨대 과학기술 협력을 위한 국제기구는 실험실습을 위한 시설을 필요로 한다. 활동의 차이에도 불구하고 국제기구들이 공통적으로 보유하고 있는 시설이 있는데 도서관 시설 같은 것이 이러한 예에 속한다.

5) 그 밖의 경비

국제기구는 위에서 언급한 비용 이외에 번역을 위한 비용, 국제기구의 활동을 기록하고 출판하기 위한 비용, 인구나 경제지표 등에 관한 공식적인 통계를 수집하고 출판하는 데 필요한 경비, 그리고 교통과 통신을 위한 비용 등을 필요로 한다.

(2) 활동경비

1) 개발원조

개발원조(development assistance)의 제공은 국제연합과 전문기구의 주요한 활동이다. 이러한 개발원조 경비는 국제기구의 정규예산 분담금으로부터 지출되기도 하나 그 액수는 지극히 적다. 예컨대 국제연합은 자발적 기여금에 의해 지원되는 프로그램이 없던 때의 유산으로서 기술원조 정규프로그램(regular program)에 아주 적은 정규예산을 아직도 배정하고 있다.

국제연합은 또한 국제연합의 보조기관으로서 사회개발 원조 분야에서 활동하고 있는 국제연합난민고등판무관실(UNHCR), 국제연합환경계획(UNEP), 국제연합팔레스타인난민구호사업기관(UNRWA)과 같은 기관의 행정경비를 정규예산으로부터 지원하고 있다. 이러한 예외를 제외하고 개발원조를 위한 경비의 대부분은 자발적 기여금(voluntary contribution)에 의해 충당된다.

2) 평화유지활동

평화유지활동(PKO)은 본래 많은 경비를 필요로 하는 국제기구의 활동이기 때문에 경비조달 문제를 둘러싸고 많은 논란이 과거부터 현재까지 지속되어 왔으며, 국제기구의 재정적인 위기의 주요한 요인으로 지목되어 왔다. 평화유지활동이 국제연합 이외에 미주국가기구(OAS), 아프리카연합(AU), 아랍연맹(LAS)과 같은 지역적 국제기구에 의해서도 전개되기도 했으나 주로 국제연합에 의해 전개되어 온 것이 사실이다.

국제연합의 평화유지활동은 1973년 이래 정규예산(regular budget)과는 다른 특별계정(special account)이 설치되어 별도의 예산으로 운영되고 있다. 냉전으로 억제되었던 분쟁들이 탈냉전으로 분출하면서 평화유지활동의 수가 급증하면서 국제연합의 재정적 위기가 가속화되었다.

평화유지활동비 지출이 절정에 이르렀던 해가 1995년이었는데, 이때 33억 6천4백만 달러가 소요되었다. 그 후 계속 줄어 1998년에는 9억9천5백만 달러가 지출되었으나 1999년부터 다시 증가되어 2006년에는 55억6천만 달러를 기록했다.

제 3 장 고유재원 확보 제안[40)]

1. 서 론

국제기구가 주권국가 특히 재정적으로 기여도가 큰 국가들로부터 독립적이기 위해서는 국제기구가 재정적으로 독립적인 능력을 확보하는 것이 무엇보다 중요하다. 국제기구들이 부국의 힘과 영향력으로부터 벗어나기 위해 여러 가지 헌장상의 제도적인 장치를 마련하나 결국 이러한 장치들은 국제기구를 움직이는 재정적인 자원의 필요에 의해 무시되어온 경험을 가지고 있다. 이러한 목적으로 여러 가지 제안들이 꾸준히 제기되어 오고 있다.

냉전이 종식되면서 환경보호 문제, 건강보호 문제, 인권보호 문제, 난민의 보호문제, 개발과 평화촉진 문제와 같은 세계적인 차원에서 많은 재정적 자원을 동원하여 해결해야 할 문제들이 대거 등장했다. 그러나 국내적으로 예산삭감의 압력을 받고 있는 국가들이 정규예산 분담금을 체납하고, 자발적 기여금의 액수를 늘이지 못하거나 오히려 줄이면서 국제기구의 독자적인 기금을 조달하기 위한 대안을 찾을 필요성이 고조되었다. 이러한 필요성은 1995년에 스웨덴의 코펜하겐에서 개최된 사회개발정상회의(World Summit for Social Development)를 전후하여 활발하게 전개되었다.

이러한 대안은 대체적으로 세계적인 차원에서의 세금(taxes)의 부과와 수

40) Alternative Financing for Global Peace and Development (http://www.globalpolicy.org/finance/alternat/analysis.htm) 참조.

수료(fees)의 징수에 기초를 두고 있다. 이러한 대안의 제안자들은 이러한 독립적인 재원을 통해 주권국가의 불안정한 재정적 자원의 조달에 덜 의존적으로 됨으로써 강한 국제기구라는 목표를 달성할 수 있으리라고 본다.

이러한 대안은 이처럼 주권국가로부터 좀 더 독립적인 국제기구를 만들 수 있을 뿐 아니라 다른 중요한 목표도 동시에 달성할 수 있다고 본다. 예컨대 전지구적으로 탄소세를 부과하여 국제기구의 재원으로 씀과 동시에 이를 통해 환경적으로 공해를 유발시키는 화석연료의 소비를 줄일 수도 있다. 외환거래에 대해 전세계적으로 부과금을 징수함으로써 국제기구에 필요한 재원을 조달하고 동시에 통화투기(currency speculation)의 감소를 가져올 수 있다고 본다.

2. 각종 대안들

여러 제안 중에서 가장 잘 알려진 제안은 예일 대학교의 경제학자였던 토빈(James Tobin) 교수에 의해 1972년 처음으로 제안된 통화거래(currency exchange)에 일명 「토빈세(Tobin Tax)」라고 불리는 세금을 부과하자는 제안이다.[41)]

이 밖에 해양과 대기권의 상업적 이용에 대한 요금, 지구궤도에 있는 위성의 정차요금, 공중파(airwaves)의 상업적 이용에 대한 요금, 해저의 상업적 이용에 대한 요금, 무기거래에 대한 세금, 담배제품에 대한 세금, 화석연료와 원자력 에너지에 대한 세금, 임산품(forest products)에 대한 세금, 광물의 채굴에 대한 세금, 환전에 대한 과세, 대양에 쓰레기 및 폐기물의 투기와 그 밖의 다른 환경오염에 대한 벌금, 국제법 위반에 대한 벌금, 국제우편과 통화

---

41) 이 안은 아시아의 금융위기와 더불어 다시금 주목을 받고 있다. 토빈세는 원래 국제환율제도의 불안정성을 완화하기 위한 방안으로서 도입이 주장되었던 것으로서, 통화거래에 세금을 부과함으로써 투기적인 자본이동을 제한하는 효과가 있을 것으로 기대되고 있다. 토빈 교수는 외환거래가 이루어지고 있는 모든 곳에서 동일한 세금이 부과되기 때문에 국제적인 합의가 필요하며 세금부과의 공정성과 확실성을 높이기 위해 IMF가 세금징수 업무를 담당할 수 있을 것이라고 보았다(조선일보, 1998년 1월 13일).

에 대한 과세, 그리고 국제적인 항공과 선박 여행에 대한 과세 등이 흔히 논의되어 온 대안들이다.

이러한 요금의 징수와 벌금 및 세금의 부과 이외에 물건이나 서비스의 제공을 통해 수입을 확보하는 방안도 논의되고 있다. 앞서 언급했듯이 국제연합아동기금(UNICEF)은 이미 카드의 판매를 오래 전부터 해오고 있다. 이러한 종류의 제안으로는 세계적인 복권의 발매, 특별한 우표의 판매, 국제기구의 서비스 제공에 대한 수수료 징수 등의 제안들이 있다.

3. 제안에 대한 국가들의 반응

국가주권의 훼손을 우려하는 전통적인 국가주의자들은 전세계적인 과세에 대한 모든 제안에 반대해 왔다. 이러한 전세계적인 과세 아이디어에 대해 미국이 가장 강한 비판을 해오고 있다. 국제통화기금(IMF)을 위시한 많은 국제금융기구들도 마찬가지의 입장을 보이고 있다.

이와는 달리 스웨덴, 호주, 오스트리아, 말레이시아, 캐나다, 그리고 네덜란드와 같은 국가들은 국제기구의 고유한 독자적인 재정 조달책을 지지하고 있다. 이러한 아이디어는 또한 개혁문제에 관한 권위 있는 연구물들에 의해서도 지지되고 있다. 점차적으로 더 많은 국가들이 이러한 아이디어에 관심을 표명해오고 있다. 개도국들은 국제적인 세금과 부과금이 현재의 분담금 체제를 당분간 보완하다가 궁극적으로 대체할 것을 제안하고 있다.[42)]

이러한 지지는 국제기구에 대한 대안적인 재원을 모색하는 사람들에 의해서 뿐만이 아니라, 공해 방출물을 줄이고 지구온난화를 감소시키는 데 관심을 갖고 있는 환경관련 국제기구와 규제되지 않는 금융시장의 불안정성을 우려하고 있는 사람들로부터 오기도 한다.[43)] 또한 많은 비정부기구(NGO)도

42) South Center, *For a Strong and Democratic United Nations: a South Perspective on UN Reform* (Geneva: South Center, 1996), p. 223.

43) 1997년에 한국을 위시한 아시아 국가에 외환위기가 도래하면서 이러한 문제에 대한 관심이 높아졌다. 이러한 관심은 이러한 외환위기가 외환투기에 의해 발생하기 때문에 자본의 자유로운 이동을 규제하여야 한다는 인식에 기초하고 있다.

이러한 대체적인 재원에 대해 활발한 활동을 해오고 있다. 예컨대 「무기감소를 위한 경제전문가 연합(Economist Allied for Arms Reduction: ECAAR」)은 회의를 개최하여 대체 재정에 대한 제안들을 고려한 바 있다.

4. 국제연합에서의 논의

1995년 말레이시아, 파키스탄, 스웨덴, 그리고 호주를 포함한 몇몇 국가의 원수들이 국제연합에서 연설을 통해 대체적인 기금확보에 관한 제안을 했다. 네덜란드와 오스트리아도 이 문제에 대해 적극적인 관심을 표명했다. 호주는 고위급 위원회(High-Level Commission)의 수립을 제안하기도 했다. 국제연합 사무총장의 보고서와 연설에서도 이러한 대체적인 재정확보 문제가 다루어졌다. 이러한 일련의 과정을 통해 1995년 5월 국제연합 총회는 사무총장으로 하여금 개발을 위한 기금을 확보할 수 있는 새롭고 혁신적인 아이디어에 관해 보고하도록 하는 결의안을 통과시킨 바 있다.

1996년 7월 이 문제가 호주의 제안에 의해 경제사회이사회(ECOSOC)의 특별의제가 되었다. ECOSOC에서 본 의제에 많은 국가가 참여하여 충분한 논의가 이루어졌다. 많은 국가의 대표단들은 여기서 대안적인 재정이 회원국들이 지불의무를 지고 있는 것에 대한 대체물이 되어서는 안 되고, 선진국 총국민소득(GNI)의 0.7%에 해당하는 개발원조를 대체하는 것이어서도 안 된다는 것을 강조했다.

여기서 미국은 개발을 위한 새로운 재원의 필요성을 일축했으며 어떠한 종류의 세계적인 과세도 주권에 대한 위협으로 간주하고 이에 강력하게 반대했다. 그러나 대다수의 나머지 국가들은 이러한 제안들에 호의적이었다. 이러한 일련의 과정 끝에 ECOSOC은 다음 회기인 1997년에 국제연합 사무총장이 실질적인 보고서를 제출하도록 요청하는 결의안을 통과시킨 바 있다.

5. 전 망

지금까지 제시되어 온 대안적 재정에 관한 제안들은 대개의 경우 현실성이 미약하다. 대안적인 재정에 관한 안을 수용한다고 해도, 과연 누가 이를 지불할 것이며 어떻게 이러한 재원이 통제되며 어떤 용도로 쓰일 것인가에 대한 현실적인 대안을 찾기 위한 많은 논의가 필요하다.

국제기구 가운데 개도국에 대한 개발원조의 중심적인 기구라고 할 수 있는 국제연합개발계획(UNDP)이 이러한 대안적인 재원의 확보에 적극적이었다. 구체적으로 UNDP는 개발원조를 위한 대안적인 재원의 확보에 관한 세미나를 개최하고 이와 관련된 전문적인 논문을 의뢰하고 발간하는 등 적극적인 활동을 전개한 바 있다. 그러나 UNDP에 대한 미국의 기금삭감 등의 압력에 의해 1996년 대안적인 기금확보에 대한 노력을 거의 완전히 그만두지 않을 수 없게 되었다. 이 때문에 대안적 재정에 관한 논의는 1990년대 후반 이후로 잠잠해졌다.

대안적 재정에 관한 논의가 이렇게 소강상태에 빠진 것은 국제연합 등 국제기구에 재정적인 기여를 많이 하고 있는 국가들이 재정체제를 개혁하는데 소극적이기 때문이다. 이들은 정치적인 지렛대(political leverage)를 잃을 것을 두려워하고 있다. 앞으로 국제연합에 재정적인 위기가 도래하면 이러한 대안적인 재정에 관한 논의는 언제든 다시 활발하게 전개될 것으로 보이나, 이들 국가들의 태도가 바꾸지 않는 한 대안적 재정이 현실화되기는 쉽지 않을 것이다.

제12부

국제기구간 관계

제1장 국제기구간 관계에 관한 이론

1. 국제기구간 관계의 연구 필요성

국제기구의 수가 증대하면서 다른 국제기구들이 특정 국제기구의 활동에 중대한 영향을 미치는 환경의 일부가 되어 국제기구간의 관계에 영향을 미치고, 이러한 국제기구간 관계가 나아가 국가의 행동과 국제관계에 중대한 영향을 미치고 있다.

구체적으로, 국제기구의 수가 증가하면서 보완적인 영역을 가지고 있는 국제기구간에는 협력이 발생하기도 하고, 활동과 기능이 중복되는 경우 경쟁과 경합관계가 발생하기도 한다. 국제기구들 사이의 이러한 경쟁과 갈등 그리고 조정과 협력을 특징으로 하는 국제기구간 정치(interorganizational politics)를 이해하지 않고 국제기구를 이해한다는 것은 이제 거의 불가능해졌다고 말해도 과언이 아니다.

국제연합과 전문기구간의 관계를 살펴보면, 국제연합이라는 정치적 기구와 독립하여 전문적인 기능을 담당하는 전문기구들이 존재함으로써 기능적 분야에서 국제연합에서와 같은 정치를 어느 정도 배제할 수 있다.[1)] 또한 국제연합이라는 보편주의적 국제기구와 독립하여 지역적인 문제를 지역적인 수준에서 처리할 수 있는 지역기구들이 존재함으로써 지역적인 문제를 보다

1) 실제로 전문기구들이 정치화되어 예컨대 미국이 국제연합교육과학문화기구(UNESCO) 및 국제노동기구(ILO)와 같은 전문기구로부터 탈퇴한 바 있다.

효율적으로 처리할 수 있으며 국제문제의 과도한 집중화를 방지할 수 있다. 이처럼 전문기구와 지역기구들이 국제연합과 독립하여 다양하게 존재함으로써 여러 가지 이점을 가지는 것이 사실이다.

그러나 이와는 반대로 여러 국제기구가 존재함으로써 이들 사이에 활동의 중첩과 관할권을 둘러싼 갈등이 발생하며, 때때로 문제의 처리를 다른 국제기구에 미룸으로써 국제기구의 손길이 전혀 미치지 않는 영역이 발생하기도 한다. 이러한 문제점으로 인해 국제기구간에 있어서의 조정과 협력이 필요하다. 그러나 이러한 조정과 협력이 바람직하기는 하나 독립된 헌장과 별도의 예산을 가지고 있는 국제기구간에 이러한 조정과 협력이 그리 쉽게 이루어지지 않는다.

개도국에게 개발원조(development assistance)를 제공하는 국제기구들 사이의 관계를 살펴보면, 이들 국제기구들은 모두 개도국의 저발전과 빈곤의 해소라는 동일한 목표를 가지고 있다는 점에서 개발원조라는 분야에서 체제(system)를 구성하고 있다고 볼 수 있다. 체제란 복잡해질수록 효율적인 관리를 위해 의사결정을 집중화시키고 예산과 프로그램에 대한 통제를 집중화시킬 필요성이 옹호되는 경향을 갖는다.

그러나 이러한 집중화는 일반적으로 체제의 효율적인 관리라는 초기의 목표를 무색하게 만들고, 주요 행위자의 이해관계를 좌절시킨다.[2)] 갈등과 분권화라는 것은 집단적인 행위에 본질적으로 내재해 있기 마련이고, 조직화된 집합체는 일정한 정도의 집중화와 일정한 정도의 자율성을 동시에 필요로 하기 때문이다.[3)]

이제까지 국제기구를 연구함에 있어서 국제기구간 관계보다는 기구 내의 관계(intraorganizational relations)에 중점을 두어온 것이 사실이다. 그러나 국제기구의 수적 증가와 더불어 국제기구 현상을 동태적이고 포괄적으로 이해하기 위해서는 국제기구들 사이의 협력과 이들 사이의 경합 등이 중요한 연

---

2) John E. Fobes and Lawrence S. Finkelstein, *The Governance of UNESCO: An Issues. Discussion Paper Prepared for the UNESCO Project of UNA/USA* (November, 1988), p. 4.

3) E. Litwak and L. F. Hylton, "Interorganizational Analysis: A Hypothesis on Coordinating Agencies," *Administrative Science Quarterly*, Vol. 6, No. 4 (March 1962), pp. 397, 413.

구의 대상이 되어야 한다. 하나의 국제기구를 잘 이해하기 위해서는 외부환경으로서의 역할을 하는 다른 국제기구들을 잘 이해해야 하고, 나아가 이들 국제기구들 사이의 관계를 잘 살펴보아야 할 필요가 절실해지고 있다. 이러한 필요는 기구간 관계에 대한 조직사회학적 접근에 주의를 기울일 필요성을 증대시키고 있다.[4)]

2. 국내조직 이론의 국제기구에의 적용 타당성

국내조직을 연구하는 학자들은 조직간 관계를 조직론에 있어서 하나의 중요한 하위분야(subfield)로서 설정해 왔다. 그러나 국제기구 연구자들은 일반적으로 조직간 관계에 관한 사회학적 접근은 물론 조직 자체에 관한 사회학적 접근에 대해 많은 주의를 기울여 오지 않았던 것이 사실이다. 이로 인해, 국제기구의 연구와 조직사회학(organizational sociology) 사이에 깊은 괴리가 존재해 왔다.[5)]

조직사회학으로부터의 개념을 차용하여 국제기구를 분석하고자 하는 시도가 전혀 없었던 것은 물론 아니다. 그러나 국제기구가 국내적인 환경과 매우 다른 환경에서 작동하기 때문에, 국내적인 환경 속에서 작동하는 조직에 대한 이론적인 연구의 성과를 국제기구에 적용할 수 없다는 결론에 이르곤 하였다.[6)]

그러나 몇몇 연구자들은 국제적인 상황이 국내적인 상황과 그 정도로 다르지 않다는 주장을 제기하면서, 국내조직과 국제기구의 연구를 위한 이론적 관점이 수렴될 수 있다고 본다. 예컨대, 휜켈스타인과 같은 학자는 국제기구의 정치(politics of international organizations)가 다른 어떤 종류의 국제관계보다도 국내정치와 좀 더 유사하다고 본다.

---

4) 제2부 제2장「국제기구 이론」부분의 조직사회론을 참조하시오.

5) Gary D. Ness and Steven R. Brechin, "Bridging the Gap: International Organizations as Organizations," *International Organization,* Vol. 42, No. 2 (Spring 1988), p. 245

6) Christer Jönsson, "Interorganization Theory and International Organization," *International Studies Quarterly,* Vol. 30, No. 1 (March 1986), pp. 39-57.

앞서 국제기구 이론 편에서 살펴보았듯이, 휜켈스타인은 국내의 결정이나 국제적인 결정이라는 것이 권위(authority)의 정도 면에서 차이는 있으나 모두 가치를 배분한다는 가정하에, 이스턴(David Easton)의 정치에 대한 정의를 적용하여 국제기구의 정치를 가치의 권위적인 배분과 관련이 있는 활동으로 정의하고 국제기구를 분석하고 있다. 조엔슨(Christer Jönsson)과 같은 학자는 다양한 일반 조직이론들 가운데 조직의 환경 중 특히 다른 조직과의 관계에 초점을 두는 이론들이 국제기구의 분석에 적용될 수 있다고 주장한다.[7]

국내조직들의 경우, 이들 상호간의 관계에 대한 체계적인 분석이 많이 있어 왔다. 그러나 대부분의 국제기구 연구자들은 주로 특정 국제기구의 내적 현상(intraorganizational phenomena)에만 관심을 갖고, 조직간 관계 이론이 국내조직을 연구하면서 축적해 온 학문적인 성과에 별 관심을 기울여 오지 않은 것이 사실이다. 대부분의 국제기구 연구자들은 조정(coordination)이라는 문제에 대한 많은 논의를 제외하고는 국제체제에 있어서 국제기구간 관계의 성격과 중요성에 분석의 초점을 두지 않았다. 국제기구에 적용 가능한 조직간 관계에 관한 이론을 살펴보면 다음과 같다.

3. 조직간 관계 이론

(1) 이론의 개요

국가 내에서의 조직간 관계에 대한 지배적인 이론적 관점은 레바인과 화이트(Sol Levine and Paul E. White)에 의해 도입된 상호교환이론(exchange theory)이었다.[8] 원래의 상호교환 이론은 조직들 사이의 형평성(equality)을 가정했으며, 조직간 관계의 자발적인 설정과 그로 인한 후속적인 조직간의 협

7) Christer Jönsson, "Interorganization Theory and International Organization," *International Studies Quarterly*, Vol. 30, No. 1 (March 1986), pp. 39-57.

8) Sol Levine and Paul E. White, "Exchange as a Conceptual Framework for the Study of Interorganizational Relationships," *Administrative Science Quarterly*, Vol. 5. No. 4 (1961), pp. 583-601.

력에 초점을 두었다. 즉, 조직간에 있어서의 갈등이나 협상(bargaining)과 같은 현상에 주목하지 않았다.

이러한 이론은 조직간 관계라는 것이 모든 관련된 조직들이 협력으로부터 이득을 얻을 것이라는 인식으로 유래되는 것으로 파악한다. 따라서 하나의 조직이 다른 조직을 통제하는 비평형적 조직간 관계(asymmetrical IORs)는 강조되지 않았다. 힘의 배분, 목적에 있어서의 차이점, 조직간의 갈등, 그리고 조직간 관계의 와해와 같은 현상은 무시되었다.

다른 일단의 조직 분석가들은 권력의존이론(power-dependence theory) 혹은 자원의존이론(resource-dependence theory)을 채택했다.[9] 이들은 관련된 조직들 사이에 힘이 불평등했을 때 발생하는 조직간 관계에 관심을 가졌다. 이러한 이론들은 조직간 관계라고 하는 것이 하나의 조직이 다른 조직에게 상호작용을 하도록 강요하거나 유인할 수 있을 정도로 강력할 경우 형성되는 것으로 본다. 이 경우 조직간 관계라고 하는 것은 협상과 갈등으로 특징지어지며, 중요한 자원을 통제하고 있는 조직이 강력한 조직으로 간주된다.[10] 왜냐하면 자원을 가지고 의존적인 조직의 활동을 규정지을 수 있기 때문이다.

지금까지 살펴본 상호교환이론과 권력의존이론은 두 종류의 조직간 관계, 즉 평형적인 조직간 관계 혹은 비평형적 조직간 관계가 존재할 수 있음을 보여준다. 그러나 이러한 두 견해는 조직간 관계의 한 유형이 다른 유형과 공존할 수 있고, 또한 시간이 경과하면서 하나의 유형이 다른 유형으로 진화할 수 있다는 가능성에 주목하지 않았다. 즉, 이들은 조직간 관계라는 것이 순수하게 평형적이기만 한 것은 아니며, 또한 순수하게 비평형적이기만 한 것은 아니라는 사실을 묵과했다.[11]

---

9) James G. March and Herbert A. Simon, *Organizations* (New York: Wiley, 1958); Harold Guetzkow, "Relations Among Organizations, in Raymond V. Bowers, eds., *Studies on Behavior in Organizations* (Athens: University of Georgia Press, 1966), pp. 13-44; Stuart M. Schmidt and Thomas A. Kochan, "The Concept of Conflict," *Administrative Science Quarterly*, Vol. 17, No. 2 (1972), pp. 359-370; and Howard E. Aldrich, "An Interorganizational Dependency Perspective on Relations Between the Employ Service and Its Organization Set," in Ralph H. Kilman, Louis R. Pondy, and Dennis P. Slevin, eds., *The Management of Organizational Design* (New York: North Holland, 1976), pp. 231-266.

10) 여기서 중요한 자원이란 재정적인 자원, 전문화된 기술 등 여러 가지가 있을 수 있다.

11) Stuart M. Schmidt and Thomas A. Kochan, "Interorganizational Relationships: Patterns

일단의 학자들이 기존의 상호교환 이론에 비평형적인 교환, 권력, 의존과 같은 개념을 추가하여 원래의 상호교환이론을 확장시키고자 했다. 이와 더불어, 어느 한 시점에서의 조직간 관계라는 정태적인 연구에서 벗어나 오랜 시간에 걸친 조직간 관계의 동태적인 변화에 대한 연구를 하고자 했다.

예를 들자면, 벤슨(Kenneth J. Benson)과 같은 학자는 전통적인 상호교환이론이 조직 사이의 지배(interorganizational dominance)의 문제를 살펴보지 않았다는 것을 지적하고, 상호성이 있는 조직간 관계와 갈등적인 조직간 관계 모두를 포함함으로써 기본적인 상호교환이론을 확장시켰다.[12] 쿡(Karen S. Cook)과 같은 학자는 조직간 관계의 동태적인 특징을 다루는 이론이 구축되어야 하며 조직간 관계의 장기간에 걸친 연구의 필요성을 역설했다.[13] 반 디 반과 워커(Andrew H. Van de Ven and Gordon Walker)는 조직간 관계의 동학적인 측면의 중요성을 강조하고 조직간 관계의 진화, 즉 조직간 관계의 창출, 성장, 그리고 쇠퇴라는 과정을 분석하기 위한 이론적인 틀을 제시했다.[14] 자이츠(Gerald Zeitz)는 조직간 관계의 형성과 와해를 좀 더 잘 이해하기 위해 조직간 관계의 분석에 변증법적인 논리를 적용하기도 했다.[15]

(2) 조직간 관계의 동태적 변화

여기에서는 조직간 관계의 발생과 더불어 변화라는 조직간 관계의 생애주기(life cycle)를 동태적으로 설명하고자 하는, 국내조직을 통해 구축된 이론적인 성과를 소개하고자 한다.

---

and Motivations," *Administrative Science Quarterly*, Vol. 22, No. 2 (1977), p. 221.

12) Kenneth J. Benson, "The Interorganizational Network as a Political Economy," *Administrative Science Quarterly*, Vol. 20, No. 2 (June 1975), pp. 233-234.

13) Karen S. Cook, "Exchange and Power in Networks of IORs," *The Sociological Quarterly*, Vol. 18, No. 1 (1977), pp. 62-82.

14) Andrew H. Van de Ven, "On the Nature, Formation, and Maintenance of Relations among Organizations," *Academy of Management Review*, Vol. 1, No. 1 (1976), pp. 24-36; and Andrew H. Van de Ven and Gordon Walker, "The Dynamics of Interorganizational Coordination," *Administrative Science Quarterly*, Vol. 29, No. 4 (1984), pp. 598-621.

15) Gerald Zeitz, "Interorganizational Dialectics," *Administrative Science Quarterly*, Vol. 25, No. 1 (1980), pp. 72-88.

1) 조직간 관계의 창출

조직들은 그들이 원하는 행동을 취할 수 있는 자유를 의미하는 자율성(autonomy)을 유지하고자 노력한다. 조직간에 관계를 가질 경우 조직들은 정도의 차이가 있지만 일정한 정도의 독자적으로 행동할 수 있는 자유를 상실하게 된다. 그럼에도 불구하고 조직들이 조직간 관계를 맺는 이유는 무엇인가?

상호교환이론과 권력의존이론 모두 부족한 자원에 대한 필요성에서 그 원인을 찾는다. 보다 구체적으로 말해, 조직들은 서로 밀접하게 관련되어 있는 두 요인인 자원의 부족과 그들이 수행하는 전문화된 기능 때문에 조직간 관계를 가지지 않을 수 없다고 본다. 자원의 부족은 조직들로 하여금 그들의 활동을 제한된 전문화된 기능으로 한정시키며, 이러한 기능의 수행은 다른 조직으로부터의 추가적인 자원을 필요로 하게 하여 조직간의 자원의 의존을 가져오게 한다. 이처럼 조직간 관계의 설정을 필요한 자원에 대한 불확실성을 줄이는 것을 목표로 한 가장 중요한 적응전략 가운데 하나라고 본다.

자원의 희소성 및 제한된 전문화된 기능과 관련이 있으면서, 조직간 관계의 형성에 중요한 영향을 미치는 요인으로서 조직 사이의 영역에 대한 합의(domain consensus)가 있다. 조직들은 다음과 같은 특징을 갖는 영역을 유지하고자 한다고 전제하는데, 구체적으로 영역의 특징이란 다른 조직에 의해 도전을 받지 않는 영역이라는 의미의 배타성(exclusiveness), 다른 조직들로부터 독립하여 활동을 수행하는 것을 허용하는 영역이라는 의미의 자율성(autonomy), 같은 영역에서 활동하고 있는 다른 조직들을 권위적으로 지도할 수 있는 영역이라는 의미의 지배성(dominance)을 의미한다.[16)]

조직들 사이에 영역에 대한 최소한의 합의에 도달하지 않고는 조직간 관계를 형성하는 것이 불가능하다. 따라서 조직들 사이에 영역에 대한 합의의 정도가 크면 클수록 조직간 관계가 형성될 가능성이 높아지며, 자원의 영역이 보완적인 경우 조직간의 관계의 형성에 호의적인 요인으로 작용한다. 영

16) Kenneth J. Benson, "The Interorganizational Network as a Political Economy," *Administrative Science Quarterly*, Vol. 20, No. 2 (June 1975), pp. 232-233.

역에 대한 합의가 일단 이루어지면 이들 사이의 기능의 분화는 안정성을 갖게 되고 영역을 둘러싼 갈등과 경쟁의 가능성을 배제할 수 있다.

2) 조직간 관계의 성장

조직간 관계의 성장에 영향을 미치는 가장 중요한 요인은 조직간의 자원의 거래가 과연 평등이라는 규범을 만족시키는가의 여부에 달려 있다. 일반적으로 평등이라는 규범은 다음과 같은 요소들 가운데 하나 혹은 그 이상을 의미한다고 본다. (1) 하나의 조직이 받은 것에 대한 대가로 무엇을 주어야 한다는 도덕적인 의무감을 의미하는 상호성(reciprocity), (2) 거래에 있어 비용에 대한 이득의 높은 비율, 관련 조직들이 자신이 투자에 비례하여 이득을 얻는다는 것을 의미하는 분배의 정의(distributive justice)가 구체적인 평등이라는 규범의 내용을 구성한다.[17]

상호교환이론은 조직들 사이의 평등과 그로 인한 후속적인 협력을 가정하며, 그 결과 조직간 관계의 성장에 낙관적이다. 그러나 이는 하나의 조직이 다른 조직에 부족한 자원을 의존하고 있을 때 자원의 거래가 증가하면서 평등한 조직간 관계가 불평등한 조직간 관계로 발전할 수 있다는 가능성을 고려하고 있지 않는 문제점을 지니고 있다.

3) 자율성의 상실과 권력의 획득

어떤 조직이 부족한 자원의 조달을 위해 다른 조직에 의존할 때, 의존도가 크면 클수록 의존적인 조직의 의사결정이 자원을 조달하는 조직에 의해 영향을 받는다. 즉, 의사결정의 자율성이 감소되는데, 이때 의존적인 조직의 자율성의 정도는 구체적으로 외부세력과의 연계, 자원의 다른 공급원에 대한 접근성, 교환하여 획득하는 자원이 없어서는 안 되는 본질적인 것인가의 정도에 의해 영향을 받는다.

17) Andrew H. Van de Ven and Gordon Walker, "The Dynamics of Interorganizational Coordination," *Administrative Science Quarterly*, Vol. 29, No. 4 (1984), p. 604.

자원 의존적인 조직의 자율성 감소는 거꾸로 자원을 제공하는 조직의 권력의 증가를 의미한다. 국제정치이론의 하나인 상호의존론(theory of interdependence)은 조직간에 있어서의 권력이 아닌 국가간에 있어서의 권력의 개념에 대해 이야기하고 있지만, 조직이론과 비슷한 논리로 상호의존적인 국가간에 있어서 국제관계는 덜 의존적인 국가가 권력(power)을 갖는다고 본다.

특정 조직이 조직간 관계에 있어서 권력을 획득하면 어떻게 행동할 것인가? 많은 학자들은 권력의 사용이라는 것을 불가피한 것으로 본다. 권력을 갖는 조직은 조직간 관계로부터 오는 보상을 증진시키고 조직간 관계를 자신에게 좀 더 유리하도록 만들기 위해 권력의 우위를 필연적으로 이용하려 한다고 본다. 그렇다면 권력의 우위를 어떤 방식으로 행사하려 하는가?

권력의 우위에 있는 조직은 약한 조직의 활동을 사후적으로 승인하든가 심지어 사전적으로 인가하고자 한다. 또는 협력 프로그램을 만들거나 분쟁을 해결하기 위한 교섭에 있어 자신이 제시하는 조건을 수용하도록 강요하고자 한다. 그리고 실패나 부진한 성과를 확실하게 하는 기준을 수립함으로써 자신의 지배력을 보호할 수 있는 방식으로 조직간 관계를 구축하려고 한다. 권력이 강한 조직의 요구를 충족시키지 못한다든가 거부할 경우 약한 조직은 자원을 획득하는 데 있어서 심각한 문제에 봉착하게 된다.[18]

4) 조직의 자율성에 대한 위협에의 저항

만약 자원공급 조직이 부족한 자원의 제공의 대가로서 권력을 행사하고 의존적인 조직의 자율성을 제한하고자 할 때, 의존적인 조직은 그들의 의존성을 줄이고 자율성을 유지 내지 증가시키기 위해 어떠한 전략을 구사할 것인가?

앞서 조직의 자율성의 정도에 영향을 미치는 요인에 대한 논의에서 언급했듯이 조직은 다른 공급원으로부터 자원을 획득함으로써, 의존하고 있는 자원의 필수불가결한 면을 감소시킴으로써, 그리고 상호 조직간 관계 밖의

18) Kenneth J. Benson, "The Interorganizational Network as a Political Economy," *Administrative Science Quarterly*, Vol. 20, No. 2 (June 1975), pp. 234.

다른 세력과 연계함으로써 조직의 자율성에 대한 위협에 저항할 것이다. 권력이 강한 조직 역시 이러한 저항에 대응하기 위해 여러 전략을 구사할 것이다.

벤슨(Kenneth J. Benson)은 현존하는 조직간 관계를 바꾸기 위해 의존적인 조직이나 강한 조직이 채택하는 네 가지 전략을 밝히고 있다.[19] 관련 조직들 사이에 협상과 타협이라는 과정을 통해 변화를 추구하는 협력적 전략(cooperative strategy), 자원을 창출해 내는 조직의 능력을 위협함으로써 변화를 추구하는 붕괴 전략(disruptive strategy),[20] 외부로부터 유입되는 자원의 양을 통제하거나 자원의 대체적인 공급원을 외부에서 찾아냄으로써 변화를 추구하는 조작적 전략(manipulative strategy), 그리고 자원을 통제하고 있는 강력한 조직이 권위적으로 기존의 조직간 관계를 조정하려는 권위적 전략(authoritative strategy)이 이들에 속한다.

벤슨은 두 개 이상의 전략이 동시에 추구될 수 있다는 것과 이러한 전략이 오랜 시간에 걸쳐 바뀌면서 조직간 관계가 발전될 수 있다고 지적하고 있다. 그는 또한 어떤 조건하에서 어떤 전략이 선택될 가능성이 높은가에 대해서도 언급하고 있다. 협력적인 전략은 관련 조직이 상대방 조직에 대해 서로 권력을 가지고 있을 때 선택될 수 있다. 조작적 전략은 이러한 전략을 사용하는 조직이 조직 상호간에 벌어지는 일에 대해 직접적이고 권위적인 통제를 결하고 있다든가 혹은 통제를 행사할 수 있는 권력을 결하고 있을 때 이용되기 쉽다. 붕괴 전략과 권위적인 전략은 조직간에 권력의 본질적인 차이가 존재할 때 선택되기 쉽다. 특히 전략을 구사하는 조직의 현저하게 권력이 강한 경우 권위적인 전략이 효과적이라고 본다.

---

19) Kenneth J. Benson, "The Interorganizational Network as a Political Economy," *Administrative Science Quarterly*, Vol. 20, No. 2 (June 1975), pp. 241-247.

20) 붕괴전략(disruptive strategies)은 구체적으로 다음과 같은 세 가지 전술에 의해 이루어진다. 붕괴의 목표가 되고 있는 조직의 영역에 대한 침범을 의미하는 영역위반(domain violations), 붕괴의 목표가 되고 있는 조직으로 갈 기금을 딴 곳으로 돌리는 것을 의미하는 기금전용(fund diversion), 붕괴의 목표가 되고 있는 조직의 프로그램의 효율성을 방해하여 기금과 권위를 얻기 위한 조직의 경쟁능력을 저하시키는 활동을 의미하는 프로그램 방해(program circumvention)가 이러한 전술에 속한다.

5) 영역의 불명료화, 갈등, 분권화

상호관계가 비평형적일 경우 의존적인 조직은 앞서 언급한 여러 전략을 구사할 수 있다. 그런데 자원의 대체적 공급원이 가능할 경우 다른 공급원으로부터 의존적인 자원을 획득함으로써 조직간의 영역이 보완적이었던 것으로부터 유사해진다. 즉, 기능적인 역할의 분화가 점차적으로 불분명해지고 활동이 중복된다. 이로 인해 영역을 둘러싼 조직간의 갈등이 동태적인 국제체제에서 필연적으로 발생하게 되며, 조직간의 갈등은 이들 조직간의 관계의 분리를 동반한다.

이와 같은 갈등과 조직간의 분리는 조직간에 있어서의 기능의 상호의존과 자원의 부족으로부터의 필연적인 결과물이다.[21] 결론적으로 말해 상호 보완적인 국제기구간의 조직간 관계의 창출과 확장은 조직간의 갈등과 이로 인한 분리의 씨를 잉태하고 있다고 볼 수 있다.

이러한 이론적 논의에 기초하여 다음 장부터 국제연합과 전문기구의 관계, 국제연합과 지역기구의 관계, 국제연합 보조기관과 전문기구의 관계, 전문기구와 지역기구의 관계, 전문기구간 관계, 국제기구와 지방정부간기구의 관계를 살펴보고자 한다.

---

21) H. Assael, "Constructive Role for Interorganizational Conflict," *Administrative Science Quarterly*, Vol. 14, No. 4 (1969), p. 573.

제 2 장 국제연합과 전문기구의 관계

1. 관계설정의 역사

현재 국제연합체제(United Nations System)에는 17개의 전문기구(specialized agencies: SAs)가 포함되어 있다. 이들 전문기구는 조약에 의해 창설되고 독립된 법인격을 가지고 있는데, 이들과 국제연합의 관계는 어떠한가를 살펴보도록 하자.[22)]

제1차세계대전을 매듭지은 베르사유조약 제13항(노동)에 따라 1919년에 청설된 국제노동기구(ILO)는 국제연맹 규약에 의해 국제연맹 기구의 하나로 창설되었고 국제연맹의 재정적인 통제하에 놓여 있어, 국제연맹과 ILO 사이의 관계는 중앙집중적이고 계서적이었다. 이와는 대조적으로, 국제연합체제에 있어서 국제연합과 전문기구의 관계는 분권화를 그 특징으로 한다.

국제연합 창설자들은 국제연합의 성공을 위해 이미 특정의 기능적 분야에서 전문지식을 가지고 활동하고 있던 기존의 전문기구인 국제노동기구(ILO) 및 만국우편연합(UPU)과 더불어 앞으로 생길 전문기구가 필요하다고 인식했다. 이러한 인식하에 이들을 국제연합체제 속으로 끌어들여 보조기관(subsidiary agencies)으로 만들고자 했다. 그러나 이미 독립된 헌장체제와 예산을 가지고 있던 기존의 전문기구들은 기구의 자율성(autonomy)을 유지하기 위해 이러한 국제연합 창설자들의 노력에 강력하게 저항했다. 그러나 그 당시

---

22) 橫田洋三編著, 『國際機構論』(東京: 國際書院, 1994), pp. 140-143 참조.

제한된 수의 회원국을 가지고 있으며 충분한 재원을 확보하는 것이 어려웠던 전문기구는 국제연합이라고 하는 보편적인 국제기구가 가질 수 있는 재정적인 능력으로부터의 도움을 필요로 했기 때문에 이들 사이에 있어서 제한적인 타협이 이루어졌다.

그 결과 비정부기구(NGO)가 국제연합헌장 제71조에 근거하여 국제연합 경제사회이사회와 일정한 관계를 설정하고 있듯이, 전문기구들은 국제연합 헌장 제57조와 제63조에 근거하여 국제연합(구체적으로 국제연합 경제사회이사회)과 제휴관계를 설정하는 협정을 체결할 수 있게 되었다.

동시에 전문기구는 그들의 활동영역과 국제연합의 활동영역이 중첩되지 않도록 하고, 그들의 활동이 자신의 정규예산에 의해 운영되도록 하는 등의 수단을 통해 법률적으로 독립된 행위자로서의 지위를 인정받게 되었다. 구체적으로 국제연합헌장과 전문기구의 기본문서가 이들 사이의 관계를 어떻게 규정하고 있으며, 이들 사이의 제휴협정이 어떤 규정을 두고 있는가를 차례차례 살펴보고자 한다.

2. 관계에 관한 규정

(1) 국제연합헌장의 규정

기본적으로 국제연합헌장은 국제연합과 전문기구의 관계를 매우 느슨하게 정의하고 있다. 국제연합헌장 제57조 제1항은 정부간 협정에 의해 설치되고 경제·사회·문화·교육·보건분야 및 관련분야에서 기본문서에 따라 광범위한 국제적 책임을 지는 각종 전문기구는 국제연합과 제휴관계를 설정한다고 규정하고 있다. 제63조 제1항은 국제연합의 경제사회이사회가 전문기구와 제휴관계를 설정하는 조건을 규정하는 협정을 체결할 수 있다고 하여, 제57조 제1항을 구체화하고 있다. 이러한 규정들은 바로 이들 사이의 관계가 위계적인 것이 아니고 계약적이라는 것을 보여준다.

국제연합헌장은 기본적으로 국제연합을 전문기구의 정책과 활동에 대한 조정자로서의 지위를 부여하고 있다. 즉, 명백한 상하관계를 보였던 국제연맹과 전문기구의 관계와는 달리, 국제연합에게 전문기구보다 한 단계 높은 조정자로서의 지위를 부여하고 있다고 볼 수 있다. 이를 구체적으로 살펴보면 다음과 같다.

헌장 제58조에 따라 국제연합은 전문기구의 정책과 활동을 조정하기 위해 권고를 할 수 있는 권한을 보유한다. 제62조 제1항은 경제사회이사회가 경제·사회·문화·교육·보건분야 및 관련 국제사항에 대해 연구 및 보고를 하거나 발의할 수 있으며, 또한 이러한 사항에 대해 전문기구에 권고할 수 있다고 규정하고 있다. 경제사회이사회는 또한 제63조 제2항에 의해 전문기구와의 협의, 전문기구에 대한 권고, 총회와 국제연합 회원국에 대한 권고를 통하여 전문기구의 활동을 조정할 수 있다.

국제연합헌장 제17조 제3항에 따라 총회는 전문기구의 행정예산(administrative budgets)에 관해 일정한 권한을 보유한다. 구체적으로 전문기구의 재정약정(financial arrangements)과 예산약정(budgetary arrangements)을 심의하고 승인하며, 당해 전문기구에 권고할 목적으로 전문기구의 행정예산을 검사할 수 있다. 이외에 제64조는 경제사회이사회가 전문기구로부터 정기보고를 받기 위해 적절한 조치를 취할 수 있는 권한을 인정하고 있다. 그러나 국제연합헌장이 인정하고 있는 이러한 국제연합의 권한이 제휴협정에 그대로 반영되고 있는 것은 아니라는 것에 주목해야 한다.

(2) 전문기구의 기본문서의 규정

전문기구의 기본문서는 일반적으로 양자의 관계에 대해 상세한 언급을 하지 않고, 기본조약의 범위 내에서 협력한다든가 혹은 국제연합과의 제휴협정이 정하는 바에 따른다는 식으로 규정하고 있다.

(3) 제휴협정의 규정

1946년 12월 14일에 가장 먼저 국제노동기구(ILO), 식량농업기구(FAO), 국제연합교육과학문화기구(UNESCO)가 국제연합과 체결한 제휴협정이 효력을 발했으며, 여타 전문기구의 제휴협정이 그 뒤를 이었다.

국제연합과 전문기구가 개별적으로 체결한 제휴협정들은 크게 두 종류로 분류할 수 있다. 그 중의 하나가 세계은행(IBRD), 국제통화기금(IMF), 국제개발협회(IDA), 국제금융공사(IFC), 국제농업개발기금(IFAD) 등의 국제금융을 다루는 전문기구가 체결한 제휴협정이고, 또 다른 것은 국제노동기구(ILO)를 위시한 그 밖의 전문기구가 체결한 제휴협정이다.

국제금융을 다루는 전문기구가 국제연합과 체결한 제휴협정은 국제연합헌장이 의도하고 있는 전문기구보다 한 단계 위에 있는 조정자로서의 국제연합의 위상을 인정하지 않고, 전문기구와 국제연합과의 관계의 대등성에 중점을 두고 있다. 앞서 언급한 국제연합의 권고할 수 있는 권한도 매우 제한적으로 인정하고 있을 뿐만 아니라, 국제연합의 행정예산에 대한 검사권도 부정되고 있다.

이와는 대조적으로 국제금융을 다루는 전문기구를 제외한 여타 전문기구는 국제연합헌장이 의도하고 있는 국제기구 상호간의 관계를 인정하여 국제연합의 권고 권한과 행정예산에 대한 검사권을 인정하고 있다.

그러나 이러한 차이에도 불구하고 이들 제휴협정들은 일정한 표준적인 규정을 공통으로 지니고 있다. 중요한 것 가운데 하나는 상호성의 원칙(principle of reciprocity)으로서 이들 제휴협정은 일련의 특권과 의무를 상호 인정하고 있다. 이러한 상호성의 원칙은 회의에의 참석, 의제의 제안, 문서와 정보의 상호교환, 통계작업의 조정, 그리고 공동 서비스에 대한 기금(funding)에 관한 규정에 적용되고 있다. 이와 더불어 경쟁적이거나 중첩되는 기관의 설립과 운영을 피하는 것이 바람직하다는 규정을 공통적으로 가지고 있다.

3. 국제연합에 의한 조정활동[23)]

앞서 살펴보았듯이, 국제연합헌장 제58조는 국제연합에게 전문기구의 정

---

23) 橫田洋三編著, 『國際機構論』(東京: 國際書院, 1994), pp. 155-157 참조.

책과 활동을 조정하기 위한 권고권을 부여하고, 제63조 제2항은 보다 구체적으로 경제사회이사회에게 전문기구와 협의할 수 있는 권한과 전문기구에 권고할 수 있는 권한을 통해 전문기구의 정책과 활동을 조정할 수 있는 권능을 부여하고 있다. 그러나 헌장 제60조는 국제연합이 갖는 이러한 권한은 총회와 총회의 권위하에 경제사회이사회에 부과된다고 규정함으로써 총회에게 우월한 지위를 부여하고 있다.

(1) 총회 산하의 조정기관

국제연합 총회(구체적으로 총회 제5위원회)는 산하에 조정기관으로서 행정・예산문제자문위원회(Advisory Committee on Administrative and Budgetary Question: ACABQ)와 합동감사단(Joint Inspection Unit: JIU)을 두고 있다.

ACABQ는 행정문제(administrative question)에 대한 자문을 하는데, 여기에 국제연합과 전문기구의 행정문제가 심의의 대상이 된다. ACABQ는 예산문제(budgetary question)에 대해서도 자문을 하는데, 구체적으로 국제연합 전체의 예산안과 결산보고를 심의한 후 권고를 포함한 보고서를 작성하여 예산을 관장하는 총회 산하의 제5위원회에 보고한다. 또한 국제금융을 다루는 전문기구를 제외한 다른 전문기구의 행정예산도 심의해서, 그 재정문제에 관해 국제연합 총회에 제안을 한다.

JIU는 전문기구를 포함한 국제연합체제(United Nations System)에 속하는 기구들이 떠맡은 활동들이 가장 경제적으로 이루어지고 있는지와 가용한 자원들이 가장 효율적으로 이용되고 있는가를 조사할 수 있는 권한을 가지고 있다.

JIU는 이처럼 효율성(efficiency)과 기금의 적절한 사용과 관련된 모든 일을 조사할 수 있는 권한을 가지며, 적절하다고 판단하는 경우 사전통고 없이 전문기구를 포함한 국제연합체제에 속하는 기구의 행정과 재정에 대해서도 조사와 감사를 할 수 있다. 또한 JIU는 경영을 향상시키고 기구간에 좀 더 나은 조정을 할 수 있도록 개혁을 제안하고 권고를 할 수 있다.

JIU는 ACABQ가 심의하고 권고한 것과 총회의 결정을 받아 국제연합 전체의 예산에 관해 감사하는 기관으로서 전문기구에 대해서는 앞서 언급한 국제연합헌장 제17조 3항에 근거하여 행정예산을 감사한다. 여기서 언급한 JIU의 전문기구에 대한 권한은 모든 전문기구에 적용되는 것은 아니다. 앞서 ACABQ의 경우와 마찬가지로 국제금융을 다루는 전문기구를 제외한 전문기구에만 적용되는 한계를 여전히 가지고 있다.

(2) 경제사회이사회(ECOSOC) 산하의 조정기관

국제연합 경제사회이사회에 의해서 설립된 조정기관으로서 계획조정위원회(Committee for Programme and Co-ordination: CPC)가 있다. 위원회의 이름 자체가 말해주듯이 계획조정위원회는 계획과 조정을 위한 기관이다.

CPC는 구체적으로 중기계획(medium-term plans)으로 정의된 국제연합의 프로그램을 검토하고, 프로그램들 사이에 우선적으로 실행되어야 할 것에 대한 순서를 권고하며, 프로그램의 평가절차를 개발하고, 활동의 중첩(overlapping and duplication)을 피할 필요성을 고려하여 사무국에 의해 제안된 실무 프로그램에 대해 권고를 하며 경제사회이사회(ECOSOC)의 조정기능을 돕는 역할을 한다.

간단히 말해 CPC는 경제적·사회적 개발분야에서 국제연합과 전문기구가 추진하는 각종 사업활동에 대한 검토와 조정 그리고 평가를 수행하며, 이러한 과정에서 ACABQ와 협력을 하고 JIU와도 협의를 한다.

(3) 국제연합 사무국 내의 조정기관

국제연합 사무국의 조정기관으로서 행정조정위원회(Administrative Committee on Co-ordination: ACC)가 있다. 원래 ACC는 국제연합 사무총장을 위원회 의장으로 하고 전문기구와 국제원자력기구(IAEA)의 사무국의 수장(executive heads)으로 구성되어 있었으나, 그 구성원이 확대되어 현재 국제연합무역개발회의(UNCTAD), 국제연합환경계획(UNEP), 국제연합개발계획(UNDP), 국제연합인구기금(UNFPA), 국제연합아동기금(UNICEF), 세계식량계획(WFP), 국제연합국제마약통제계획(UNDCP), 국제연합난민고등판무관실(UNHCR), 국제연합팔레스타인난민구호사업기관(UNRWA)과 같은 국제연합 기관의 수장(head)

역시 적절한 경우 참석하도록 초청된다.

ACC의 주된 기능은 국제기구 사무국 상호간의 조정인데, 구체적으로 위에서 언급한 기구들의 사무국 사이의 협정의 실시를 감독하고 이들의 활동이 충실히 조정되도록 하는 것이다. ACC는 통상 1년에 2회 정기적으로 앞서 언급한 계획조정위원회(CPC)와 합동으로 만나 조정을 촉진한다.

ACC는 산하에 5개의 분과위원회(subcommittee)를 두고 있는데, 이들 분과위원회는 ACC에 직접적으로 보고하도록 되어 있다. 5개 분과위원회에는 조직위원회(Organizational Committee: OC), 행정문제자문위원회(Consultative Committee on Administrative Questions: CCAQ), 계획·운용문제자문위원회(Consultative Committee on Programme and Operational Questions: CCPOQ), 지속개발기구간위원회(Inter-agency Committee on Sustainable Development: IACSD), 여성과성평등기구간위원회(Inter-agency Committee on Women and Gender Equality)가 있다.

4. 국제연합과 IMF/IBRD의 관계[24)]

국제연합헌장 제63조에 따라 국제통화기금(IMF)과 세계은행(IBRD)은 각각 국제연합 경제사회이사회와 협정을 체결했으나, 이러한 협정은 상징적인 성격이 강했다. 한 마디로 IMF와 IBRD 모두는 국제연합이 다른 전문기구와 체결한 협정과 유사한 협정의 체결을 거부했다.[25)]

비록 IBRD는 경제사회이사회와 체결한 협정에서 IBRD가 국제연합체제에 속하는 하나의 전문기구임을 선언했지만, IBRD는 그가 떠맡은 책임의 성격상 독립적인 국제기구로서 기능해야만 한다는 것을 기술함으로써 국제연합과의 협력보다는 국제연합으로부터의 독립을 강조했다. 이러한 것은 IMF에 있어서도 마찬가지였다.

24) South Center, *For a Strong and Democratic United Nations: a South Perspective on UN Reform* (Geneva: South Center, 1996), pp. 151-173.

25) IMF와 IBRD는 국제금융기구로서 일국일표제가 아닌 가중투표제를 채택함으로써 출자 지분율이 높은 선진국들에 의해 지배되고 있는 국제기구라고 할 수 있다.

따라서 이 두 국제기구는 위에서 살펴본 ACABQ, JIU, CPC를 통한 정부간 수준과 ACC를 통한 사무국 수준에 있어서의 국제연합의 실질적인 조정에 예속되지 않았다. 이 두 기구는 국제연합이 필요로 하는 어떠한 정보도 제공하지 않으며, 국제연합에게 이 두 기구의 회의에 접근하는 것을 허용하지 않았다. 또한 이 두 기구는 이들의 예산관련 활동에 국제연합이 관여하는 것을 허용하지 않는 등 국제연합의 어떠한 결정으로부터도 구속되는 것을 원치 않았다. 이처럼 이 두 기구는 처음부터 국제연합과 거리를 유지해 왔다.

국제연합이 정치적인 주도권을 가지고 제안과 정책을 제시하고, 이 두 국제기구와 이들을 장악하고 있는 선진국들이 이러한 제안과 정책에 때때로 반응을 보여, 국제개발협회(IDA)와 같은 개도국의 경제발전을 위해 자금을 제공하는 기구가 IBRD 내에 설치되기도 했다. 그러나 실상 IDA는 국제연합이 주도적으로 국제연합경제개발특별기금(Special United Nations Fund for Economic Development: SUNFED)을 설치하려는 것에 기선을 제압하려는 의도로 설치된 것이었다.

1964년에 국제연합의 결의에 의해 국제연합무역개발회의(UNCTAD)가 설립되었다. 이는 자유무역을 실현하려는 선진국 중심의 국제기구인 관세 및 무역에 관한 일반협정(GATT)에 대항하기 위한 개도국 중심의 국제기구로서 이의 설립을 통해 국제연합에 개도국을 위한 무역과 개발을 전문으로 하는 연구능력이 부여되었다.

또한 UNCTAD는 77그룹(G-77)으로 하여금 집단적인 행동을 취할 수 있는 정치적인 공간을 제공함으로써 국제연합을 무역과 개발뿐 아니라 기타의 다른 문제영역에 있어서도 중심적인 위치에 놓이도록 했다. 이러한 결과로 국제연합은 IMF, IBRD, GATT 등에 효율적인 대항세력이 어느 정도 될 수 있었다.

오랜 기간 동안 IMF와 IBRD는 국제연합과 어느 정도 균형을 유지해 왔으나, 1980년대에 들어서 이러한 균형은 IMF와 IBRD 쪽으로 기울기 시작했다. 냉전과 동서간의 갈등의 종식과 더불어 구소련 진영의 국가들이 이 두 전문기구에 가입하는 등의 주요한 정치적·이념적 변화로 인해, 이 두 전문기구는 경제의 자유화와 규제의 폐지와 같은 그들이 추구하는 정책을 촉진할 수 있는 영역을 확대하게 되었다. 한편 이와는 대조적으로 개도국들은 외채에 시달리게 되었고 이들의 집단적인 영향력도 상당히 약화되었다.

IMF와 IBRD를 장악하고 있는 선진국들은 이 두 기구의 우월성을 강조하면서 이 두 기구로 하여금 개발을 비롯한 개도국의 문제를 다루는 데 큰 역할을 할 수 있도록 했다. 동시에 선진국들은 무역, 화폐, 재정 등과 같은 중요한 경제영역에서 국제연합이 중요한 역할을 하는 것을 약화시키기 위한 여러 조치를 취했다.

그 결과 국제연합은 인적·재정적인 자원을 많이 잃게 되었고 원하는 이슈의 의제화에 실패하는 등 일찍이 가지고 있던 능력을 상실했다. 구체적으로 국제연합은 국제경제와 개발문제에 관해 정치적인 무게와 영향력을 상실해 갔다. 선진국들로부터 풍부한 자원과 정치적 지지를 지원받는 IMF와 IBRD는 이들의 능력을 강화하고 전통적인 역할을 넘어서는 영역으로까지 활동영역을 확대했다. 선진국들은 의도적으로 국제연합과 몇몇 전문기구에게 자원을 제공하기를 거부하고 많은 자원을 IMF와 IBRD에 제공함으로써 국제연합뿐만 아니라 다른 전문기구와의 불균형을 심화시켜 나갔다.

그 결과 개도국들은 IMF, IBRD, 그리고 GATT의 영향력 속으로 빠져들어 갔으며, 선진국들은 경제적인 문제에 있어서의 국제연합의 역할을 약화시키기 위해 전문기구의 하나인 국제연합공업개발기구(UNIDO)와 국제연합의 산하기구인 국제연합무역개발회의(UNCTAD)와 지역경제위원회(regional economic commission)의 폐지까지 강하게 요청하고 있다. 이러한 것들이 실현될 경우 선진국들은 아이디어, 경제분석, 그리고 데이터의 편집 등에 있어서의 독점을 행사하게 된다.

국제연합헌장은 국제연합에게 세계 거시경제 정책과 전략의 형성과 실천에 있어서 중심적인 역할을 부여했다. 그러나 위에서 살펴본 바와 같이 IMF와 IBRD는 여전히 국제연합체제로부터 분리되어 있을 뿐 아니라 국제연합체제에 대항하고 있다.

이러한 것들이 국제연합과 다변적인 금융기구간의 효율적인 조정과 민주적인 대화의 가능성을 약화시키고 있으며, 개발문제 등에 관한 통합적인 접근을 곤란하게 하고 있다. 이를 위해 개도국들은 IMF와 IBRD 그리고 세계무역기구(WTO)가 국제연합헌장 규정이 요구하고 있는 대로 국제연합과 관계를 맺기를 강력하게 주장하고 있다.

제 3 장 국제연합과 지역기구의 관계

1. 서 론

지역기구(regional organizations)에는 아랍국가연맹(LAS), 미주기구(OAS), 유럽연합(EU), 북대서양기구(NATO), 서유럽연합(WEU), 동남아국가연합(ASEAN), 아프리카연합(AU)과 같은 기구들이 있다.

국제연합헌장을 제정하는 과정에서 미국은 세계기구의 우월성을 강조하는 범세계주의(universalism)를 옹호했으나, 중남미 국가들은 지역기구를 통한 국제평화와 안전 그리고 복지의 추구 등 지역의 자율성을 강조하는 지역주의(regionalism)를 주장했다.[26] 국제연합헌장에 규정된 이들 사이의 관계는 이러한 두 주장 사이에 이루어진 타협의 산물이었다. 국제연합헌장은 그러나 지역기구에게 국제평화와 안전이라는 역할만을 부여하고 경제적·사회적 역할은 부여하지 않았다는 특징을 지니고 있다.

2. 국제연합헌장 규정

국제연합과 지역기구간의 관계를 설정하고 있는 국제연합헌장 제8장은 지역기구가 국제연합의 목적과 원칙에 일치하는 것을 조건으로 국제평화와 안

26) 범세계주의는 「국제주의(internationalism)」 혹은 「보편주의(universalism)」라고도 불린다.

전의 유지를 위해 존재하는 것을 인정하고 있다(제52조 제1항). 회원국들은 지역적 분쟁을 안전보장이사회에 회부하기 전에 지역기구를 통해 평화적으로 해결하도록 모든 노력을 다하여야 하며(제52조 제2항), 안전보장이사회는 지역기구에 의한 지역분쟁의 평화적 해결의 발달을 장려하도록 되어 있다(제52조 제3항).

안전보장이사회는 강제조치를 위해 지역기구를 이용할 수 있으며, 안전보장이사회의 허가 없이 지역기구는 어떠한 강제조치도 취할 수 없다(제53조). 지역기구는 이미 착수한 행동이나 계획하고 있는 활동에 대해 안전보장이사회에 항상 충분히 통보하여야 한다(제54조).

헌장 제8장 이외에도 헌장 제33조 제1항 역시 국제평화와 안전의 유지를 위태롭게 할 우려가 있는 분쟁의 경우, 분쟁 당사자는 평화적 해결을 모색해야 하며, 지역기구를 이러한 평화적 해결수단의 하나로서 언급하고 있다. 또한 헌장 제51조는 안전보장이사회가 필요한 조치를 취할 때까지라는 조건과 회원국이 취한 조치가 즉시 안전보장이사회에 보고되어야 한다는 조건하에, 회원국의 개별적 또는 집단적 자위권을 인정하고 있다.

3. 지역기구와 평화유지활동

국제연합헌장에는 평화유지활동(PKO)에 관한 규정이 전혀 없으며, 따라서 평화유지활동 분야에 있어 국제연합과 지역기구의 관계에 대한 직접적인 언급이 없다. 탈냉전 이후 평화유지활동은 북대서양조약기구(NATO)와 같은 지역기구의 역할에 보다 많은 중점을 두기 시작했다. 특히 보스니아에서의 평화유지활동과 관련하여 지역기구의 평화유지활동에의 역할이 활발하게 논의되었고, 실제로 보스니아에 NATO군이 개입했는데, 이는 지역분쟁은 가능하다면 지역기구에 의해 다루어져야 한다는 국제연합헌장의 내용과 일치하는 것이다.

그러나 동아시아처럼 지역에 따라서는 이러한 역할을 담당할 지역기구 자체가 부재하는 경우가 있다. 그리고 지역기구가 존재한다 해도 평화유지활동을 다룰 능력과 전문기술 그리고 자원을 결하고 있는 경우가 있으며, 더욱 문제가 되는 것은 현존하는 지역기구가 지역분쟁에서 공정성을 해치는 편파성을 보일 수 있다는 점이다.

이러한 문제점으로 인한 경계의 시각에도 불구하고, 미주국가기구(OAS), 동남아국가연합(ASEAN), 그리고 아프리카연합(AU) 등과 같은 지역기구가 국제연합의 평화유지활동의 일원으로서 어떠한 역할을 할 것이며 국제연합과 어떠한 관계를 정립해야 하는가를 둘러싼 논의가 진행되고 있다.

이러한 논의 가운데 지역기구의 평화유지활동에 대해 국가간에 많은 이견이 노정되고 있다. 국가에 따라서는 국제연합 안전보장이사회가 가장 중요한 역할과 책임을 한다는 전제하에, 국제연합헌장 제8장에 따라 평화유지활동을 위해 국제연합과 지역기구간의 관계를 강화해야 한다는 입장을 보이고 있다. 또 다른 일단의 국가들은 평화유지활동이 지역기구의 사용보다는 국제연합 자체에 의해, 특히 안전보장이사회의 권능에 의해 이루어져야 한다는 것을 강조한다.

예컨대 중국은 아시아에서 동남아국가연합(ASEAN)이 아세안지역포럼(ARF)을 통해 지역의 안보관련 분쟁을 해결하려는 계획에 반대하고 있다. 간단히 말해, 동남아국가연합의 지역안보 구상에 중국이 반대하고 있다. 중국은 ARF가 강제력을 지닌 작은 국제연합이 되어서는 안 되며, 단지 대화의 장에 머물러야 한다는 입장을 견지하고 있다.

4. 전 망

국제연합과 지역적 기구간의 협력과 조정은 국제연합과 전문기구의 관계와 비교해 볼 때 미미한 초기단계에 머물러 있다. 국제연합과 전문기구 사이에 체결된 제휴협정 같은 것이 체결된 적도 없고, 또한 제휴협정의 체결이 헌장에 예정되어 있지도 않다. 또한 앞서 언급했듯이 국제연합헌장은 평화와 안전의 역할을 하는 지역기구와의 관계를 규정하고 있으나, 경제적·사회적인 협력을 추구하는 지역기구와의 관계는 전혀 규정하고 있지 않다.

이에 따라 국제연합은 통상적으로 결의안을 채택함으로써 경제적·사회적인 문제를 다루는 지역기구와 협력 및 조정관계를 갖는데 그치고 있다. 지역기구의 수가 증가하고 이에 따라 이들의 역할이 증대됨에 따라 지역기구와 국제연합간의 관계가 점차적으로 중요한 문제로 등장할 것으로 보인다.

제 4 장 국제연합 보조기관과 전문기구의 관계

1. 서 론

앞서 언급했듯이 국제연합과 전문기구 사이에 체결된 제휴협정은 경쟁적이거나 중첩되는 기관의 설립과 운영을 피하는 것이 바람직하다는 규정을 공통적으로 지니고 있다. 그러나 실제에 있어 국제연합의 보조기관과 전문기구간에 활동내용이 중첩되는 경우가 많다.

그 결과 이들 국제기구들 사이에 활동영역에 있어서의 경합이 흔히 발생하고 이들 사이의 조정의 필요성이 큰 문제로서 대두되고 있다. 여기에서는 이러한 관계의 예로서 국제연합의 보조기관인 국제연합개발계획(UNDP)과 전문기구들과의 관계를 살펴보고자 한다.

2. UNDP와 전문기구의 관계

개발원조 분야에서 활동하고 있는 국제기구들은 대단히 많다. 국제연합의 보조기관으로는 가장 대표적인 국제연합개발계획(UNDP)을 위시하여 경제사회이사회(ECOSOC) 산하의 지역경제(사회)위원회가 있다. 국제연합공업개발기구(UNIDO)와 같은 전문기구와 더불어 세계은행(IBRD), 국제금융공사(IFC), 국제개발협회(IDA)와 같은 국제금융을 다루는 전문기구들도 개발원조 분야에서 활동을 한다. 아시아개발은행(ADB), 아프리카개발은행(AfDB), 미주개발은행(IDB), 유럽부흥개발은행(EBRD) 등과 같은 지역개발은행(regional development bank) 역시 개발원조 활동을 한다.

전적으로 개발원조를 위한 국제기구는 아니나 식량농업기구(FAO), 국제민간항공기구(ICAO), 국제노동기구(ILO), 국제해사기구(IMO), 국제전기통신연합(ITU), 국제연합교육과학문화기구(UNESCO), 만국우편연합(UPU), 세계보건기구(WHO), 세계기상기구(WMO)와 같은 전문기구 역시 개발원조 활동에 관여한다.

국제연합체제에 속하면서 국제개발원조 활동을 하는 국제기구들 가운데 기금조달기구(funding organization)인 국제연합개발계획(UNDP)과 이 국제기구의 재정적 지원하에 각종 프로그램과 프로젝트를 집행하는 집행기구(executing organization)로서의 국제연합교육과학문화기구(UNESCO)를 위시한 각종 전문기구들 사이의 상호관계가 어떻게 수립・성장・쇠퇴하였는가를 분석함으로써 현재의 국제개발원조체제의 분권화를 살펴보고자 한다.[27)]

기금조달기구와 집행기구는 상호 보완적인 필요에 의해 상호관계를 수립했다. 구체적으로 기금조달기구로서는 집행기구가 가지고 있는 프로그램과 프로젝트를 집행하는 전문적인 지식과 경험이 필요했고, 집행기구로서는 이러한 것들을 집행하기 위한 재정이 필요했기 때문에 서로의 필요에 의해 상호관계가 수립되었다.

출발 당시, 기금조달기구인 UNDP는 재정의 독점적인 공급을 통하거나 아니면 집행기구의 예산을 자신의 예산체계로 통합시켜 집행기구인 전문기구들을 그들의 통제하에 두려고 했다. 그러나 자율성 보존을 기본적 목표로 하는 집행기구의 반발 속에서 평등한 상호조직간의 관계로 출발했다.

이러한 국제기구들이 개발원조 분야에서 함께 활동함으로써 기구간 활동의 조정이라는 것이 중대한 문제로서 부각되자, 우선 국제연합 사무국 내에 행정조정위원회(ACC)를 설치하여 국제연합과 전문기구의 조정을 꾀했다. 그러나 ACC는 종종 전문기구들에 의해 자신들의 이익을 옹호하는 기관으로

27) Jae-Young Park, *Organizational Autonomy, State Sovereignty and Decentralization in International Development Aid* (Dissertation, Northern Illinois University, 1992).

이용되었다. 비록 ACC의 의장이 국제연합 사무총장이었지만, 전문기구의 사무국의 수장은 사무총장과 상하관계가 아닌 동격의 위상을 가지고 있었기 때문이었다. 기금 제공국들은 기금조달기구인 UNDP에 기금을 제공함으로써, 자신들이 제공한 기금이 어떤 목적에 사용될 것인가에 직접적으로 관여하지 않았으며 기금제공으로 인한 특별한 대우를 받지 않았다. 이로써 기금 제공국들은 개발원조 분야에 있어서의 전통적인 다자주의(multilateralism) 원칙에 비교적 충실하였다.

UNDP에 대한 전문기구들의 재정적 의존도가 높아짐에 따라 이들 사이의 상호관계는 본래의 평등한 관계에서 불평등한 관계에로의 큰 변화를 겪었다. 기금조달기구는 집행기구의 재정적 의존을 이용해 집행기구를 그들의 통제하에 두는 것을 목표로 하는 중앙집권화를 시도했다. 즉, UNDP는 자신을 중심으로 하여 분권화되어 있는 국제개발원조체제를 중앙집중화하여 자원의 효율적인 배분을 꾀하고자 했다. 국제연합체제의 개발원조 분야의 중앙집중화는 1969년 「잭슨 보고서(Jackson Report)」의 발표와 더불어 본격적으로 추진되었다. 1970년에는 개발원조 분야에 있어서의 UNDP의 지도적인 역할을 인정하는 「합의 결의안(Consensus Resolution)」이라고 불리는 결의안이 국제연합 총회에서 통과되었다.

전문기구들의 저항에도 불구하고 잭슨 보고서가 제안한 중앙집중화의 조치 가운데 일부가 실행에 옮겨졌으며, UNDP가 기금을 제공하는 개발원조 프로그램 활동의 조정을 위한 「국별 프로그램(Country Program)」이 1970년부터 시행되었다. 국별 프로그램은 특정 국가에 있어서 국제연합이 기금을 제공하는 프로젝트들을 통합적으로 운영하기 위한 것으로서, 이 계획을 통해 개개 국가에 파견되어 있는 UNDP의 상주대표(Resident Representatives)가 개개 국가에서 전개되고 있는 UNDP 프로그램의 총체적인 책임을 지고, 국제연합과 전문기구 활동의 조정자(coordinators)가 되어 일단의 전문기구의 대표들을 이끌어 나가게 되었다. 나아가 UNDP는 자신이 기금을 제공하는 프로젝트를 집행하는 전문기구들과 협정을 체결하여, 개발원조 분야에 있어서의 UNDP의 지도적인 역할을 공식화하고자 했다.

이러한 일련의 조치에 대항하여 집행기구인 전문기구들은 위협받고 있는 자율성을 확보하는 하나의 방책으로서, 재정적 자원을 자체적으로 확보하여 기금조달기구인 UNDP에 대한 의존도를 줄이고자 했다. 이러한 노력의 일환으로 집행기구들은 기금 제공국들에게 기금제공과 관련하여 영향력과 주권적 권리의 행사를 가능하게 하는 기금조달 제도(funding arrangement)를 신설했다. 이러한 새로운 기금조달제도 중에서 「신탁기금(trust funds)」이라는 특별목적 기금(special-purpose funds)이 가장 대표적인 경우이다.[28] 이러한 신탁기금은 다음과 같은 특징을 지닌다.

신탁기금은 다자적인 국제기구가 기금을 위탁 관리하며, 기탁국가를 대신하여 프로그램과 프로젝트를 집행한다는 점에서 다자적 원조(multilateral aid) 성격을 지닌다. 이와 동시에 기탁국가가 수혜국가(recipient country)와 용도를 지정하여 국제기구에 기금을 맡긴다는 점에서 쌍무적인 원조(bilateral aid)의 성격도 동시에 지니고 있다.

이 당시 개발원조 국제기구인 UNDP에서 개도국들에 의해 더 많은 기금제공 압력을 받으면서 그들이 제공한 기금에 대해 제한된 영향력만을 행사할 수 있었던 기금 제공국들에게 이러한 쌍무적인 성격을 가지고 있는 신탁기금을 위시한 특별목적 기금은 커다란 반향을 불러일으켰다. 집행기구로서의 전문기구들은 이러한 쌍무적인 성격의 프로그램과 프로젝트를 기금 제공국가들을 대신해 집행해 주면서 그에 소요되는 간접비용(overhead costs)까지도 기금 제공국들에 부과시키지 않고 그들 스스로의 정규예산에서 충당하는 등 이례적이고 파격적인 방법으로 주권국가들을 유인했다. 이로 인해 기금 제공국들은 이제까지 주로 UNDP와 같은 다목적 기금조달 기구를 통해 제공해 온 기금의 비율을 대폭 줄이고, 대신에 전문기구의 신탁기금과 같은 특별목적기금에의 기금 비율을 대폭 증가시켜 나갔다.

이는 기금 제공국가들이 1970년 「합의 결의안(consensus resolution)」을 통해 그들의 재정적 자원 대부분을 UNDP에 제공하여 UNDP를 중심으로 한 중앙집중적인 국제개발원조체제를 수립할 것에 동의한 약속과는 정면 배치되는 것으로서, 그들의 규범적 선언과 실질적인 국익추구 사이의 괴리를 보

---

28) 신탁기금에 대한 자세한 설명은 제11부 제1장 「국제기구의 수입」의 「자발적 기여금」 부분을 참조하시오.

여 주는 사례이다. 대외원조에 있어서 전통적으로 UNDP라는 다목적 기금조달 기구에 예외적으로 높은 비율의 기금을 제공해 온 스칸디나비아 국가들도 같은 경향을 보여 주었다.

이처럼 UNDP로부터 기금을 받아 UNDP가 의뢰한 프로그램과 프로젝트를 집행해 온 전문기구들이 스스로 기금조달을 모색함으로써 기금조달 기구의 영역(domain)을 침범하자, 기존의 기금조달 기구인 UNDP는 정체성의 위기(identity crisis)에 직면하게 되었다.

이러한 위기를 극복하기 위해 UNDP는 국제개발원조체제를 분권화시킨다는 이유로 신랄하게 비판하고 거부해 온 전문기구들의 신탁기금과 같은 기금제공 창구를 만들어 전문기구와 치열한 기금 유치경쟁을 벌이는 자기모순을 보였다. 기금조달 기구인 UNDP는 또한 전문기구들이 자체의 기금조달 창구를 만들어 자신의 영역을 침범한 것에 대응하여 스스로도 프로그램과 프로젝트를 집행함으로써 전문기구의 전통적인 영역을 침범하였다.

이와 같은 고유영역의 상호침범은 서로의 불신을 증폭시켰으며, 이는 결국 각기 다른 기구를 통한 각기 다른 독자적인 개발원조의 추구로 이어져서 국제개발 원조체제의 분권화를 초래했으며 이러한 경향을 가속화했다.

결론적으로 말해, 국제체제에 있어서 중앙집중화의 시도는 특정 국제기구의 독립성과 주권국가의 자율성을 위협했으며, 이러한 위협에 국제기구(즉, 전문기구)와 주권국가(즉, 선진 개발원조 공여국)가 공동으로 대처함으로써 전통적인 다변주의에 쌍무적인 요소의 침투를 가져오는 등 다변주의의 성격을 변질시켰으며, 나아가 본래의 의도인 중앙집중화와는 정반대인 분권화를 초래했다.

제 5 장 전문기구와 지역기구의 관계

1. 서 론

전문기구와 지역기구들도 상호작용을 한다. 비슷한 영역에서 활동하는 다른 국제기구들과 마찬가지로 이들 사이에도 경합과 보완의 관계가 존재한다. 여기서는 전문기구와 지역기구의 관계의 일례로서 아프리카의 개발을 위해 활동하고 있는 보편적인 국제기구로서의 세계은행(IBRD)과 지역기구로서의 아프리카개발은행(AfDB)과의 상호관계를 밍스트(Karen A. Mingst)의 논의를 중심으로 살펴보고자 한다.[29)]

2. 세계은행(IBRD)과 아프리카개발은행(AfDB)의 관계

세계은행과 아프리카개발은행은 모두 개도국에 대한 개발원조를 담당하는 국제금융기구라는 면에서 공통점을 가지기 있다. 그러나 이들 사이에는 경제발전에 관한 이론적 시각에 있어서의 차이와 물질적 자원에 있어서의 차이가 존재하고, 두 조직이 계서적인 관계에 있다는 위상에 있어서의 차이가 존재하며, 이러한 차이가 갈등의 요인으로 작용한다.

---

29) Karen A. Mingst, "Inter-organizational politics: the World Bank and the African Development Bank," *Review of International Studies*, Vol. 13, No. 4 (October 1987), pp. 281-293.

구체적으로 IBRD는 아프리카의 저개발 문제를 국내적인 요인으로부터 기인하는 것으로 보고, 국내정책의 개혁이 아프리카 개발에 필수적이라는 입장을 견지했다. 이에 반해 AfDB는 서구에서 교육을 받은 구성원들 중 서구의 자유시장적 접근을 옹호하는 일파와 아프리카의 특성에 맞는 접근방법을 옹호하는 일파가 내부적으로 긴장관계를 갖는 등의 이유로 해서 저발전의 문제에 대해 모호한 입장을 가졌다.

이 두 기구는 또한 재정적 자원, 능력 있는 요원, 연구시설 면에서 큰 차이가 있었다. 즉, AfDB는 IBRD와 견주어 이런 면에서 아주 열악했으며, 그 결과 두 기구 사이의 불평등(inequality)이 심화되었고 AfDB의 IBRD에 대한 의존이 가속화되었다. 자원과 경험 면에서 우월한 IBRD가 AfDB의 훈련자(trainer) 역할을 하는 등 실질적으로 AfDB에 대해 지도적인 역할을 함으로써 AfDB의 의존적인 위치가 심화되었다. 이로부터 두 기구간에는 계서(hierarchy)가 존재한다는 인식이 강화되었다. 그 결과 한 예를 들자면, 아프리카 국가들은 IBRD의 대출금을 먼저 상환하고 난 후에야 비로소 AfDB의 대출금을 상환하곤 했다.

이 두 조직은 위와 같은 차이와 불평등으로 인해 갈등을 경험했으나, 갈등만이 이들 두 조직의 관계의 특징은 아니었고 실제에 있어서 협력도 존재했다. 협력이 존재할 수 있었던 것은 상호 보완적인 요소로서 상대방이 가지고 있지 않은 강점을 서로가 보유하고 있어, 이들 사이에 상호성이 있는 교환(reciprocal exchange)이 가능했기 때문이다.

우선 AfDB는 IBRD의 풍부한 경험으로부터 많은 도움을 받을 수 있었다. IBRD 측에서는 AfDB가 지역적 국제기구로서 아프리카 사람들로부터 상당한 정도의 정통성(legitimacy)을 향유하고 있어, 아프리카 국가 정부와의 관계에 있어서 유용한 중개자(go-between)의 역할을 할 수 있었다는 것으로부터 도움을 받을 수 있었다. 구체적으로 IBRD는 아프리카 국가들의 저개발 문제의 극복을 위한 방책으로 정책개혁을 주장했고 아프리카 국가들은 이에 대해 비판을 가했으나, AfDB가 중간에서 이를 무마해 주었다. 또한 IBRD가 아프리카 국가들에 대해 차관 등을 제공하면서 부과하는 이행조건(conditionalities)을 완화하는 역할을 AfDB가 하기도 했다.

이러한 갈등과 협력의 과정에서 AfDB는 역외 회원(non-regional members)

을 불러들여 재정적인 자원을 증가시키기 위한 노력을 하는 등 IBRD의 의존으로부터 독립하려는 시도를 했다. 또한 AfDB의 정체성(identity)을 위해 IBRD와는 구별되는 이념적 경향과 정책적 경향을 반영하는 정책을 채택하기도 하는 등 AfDB는 여러 방면에서 혁신적인 정책들을 기꺼이 실행하고자 노력했다. 또한 AfDB는 IBRD와 비교하여 자신의 정향(orientation)이 대다수의 아프리카 국가들의 정향과 좀 더 일치한다는 점을 통해 최소한 상징적으로나마 IBRD와 자신을 분리시키고자 했다.

AfDB가 IBRD의 의존으로부터 벗어나려는 이러한 노력은 이들 두 조직간의 관계에 긍정적으로 영향을 미쳐, IBRD는 점차적으로 AfDB를 아프리카에 있어서의 다변적인 개발은행을 위한 정통성의 매개체(legitimizing agent)로 간주해 나갔다.

제6장 전문기구간의 관계

1. 서 론

전문기구들 사이에도 경합과 협력의 관계가 존재한다. 국제연합의 보조기관과 전문기구의 관계에서 발생하는 활동의 중첩보다는 정도 면에서 덜하나 이들 사이에도 활동의 중첩이 발생한다. 국제금융을 다루는 전문기구들을 제외한 전문기구들 사이의 관계는 앞서 살펴본 국제연합 총회, 경제사회이사회, 사무국의 조정기관에 의해 어느 정도 조정이 되나, 전문기구들의 독자성 추구는 잘 알려져 있다.

전문기구간의 관계의 예로서 이들 국제연합 조정기관의 손길이 미치지 않고 있는 세계은행(IBRD)과 국제통화기금(IMF)의 관계를 살펴보고자 한다. 국제금융 분야의 전문기구인 이 두 국제기구의 관계를 살펴봄에 있어서, 이 두 기구간에 활동영역이 어떻게 구분되어 있었으며, 이러한 구분이 시간이 지남에 따라 어떻게 모호해져 왔고, 이러한 두 기구간의 관계가 개도국에게 어떠한 영향을 미치는가를 살펴보고자 한다.[30)]

30) Richard E. Feinberg, "The Changing Relationship Between the World Bank and the International Monetary Fund," *International Organization*, Vol. 42, No. 3 (Summer 1988), pp. 545-560 참조.

2. 세계은행(IBRD)과 국제통화기금(IMF)의 관계

브레튼우즈체제(Bretton Woods System)를 이끌어 나갈 국제기구를 설립할 당시, IBRD와 IMF라는 두 기구를 독립하여 별도의 기구로서 설립할 것인지 아니면 하나의 국제기구로 통합하여 설립해야 할 지 많은 논란이 있었다. 그러나 하나의 기구로서 통합될 경우 효율성이 상실되기 쉽고, 권력이 지나치게 집중되기 쉬우며, 잘못된 판단을 내릴 경우 큰 대가를 치를지 모른다는 논리가 우세하여 결국 두 국제기구가 별도로 설립되게 되었다.

초기에 이 두 기구간에는 영역이 구별되어 있었다. 즉, IMF는 거시경제적인 개혁을 지원하기 위한 단기의 안정화 프로그램(short-term stabilization programs)에 중점을 두고, 국제수지의 불균형을 시정하기 위한 단기성 차관을 신속히 제공하는 것을 주된 과업으로 했다. IBRD는 보다 장기적인 관점에서 경제개발을 위해 필요한 자본집약적인 생산적인 사업과 개혁 프로그램을 위한 차관을 제공하는 것을 주된 목표로 했다. 이러한 영역의 분할은 상대적으로 좋은 세계경제 상황하에서 개도국들의 성장이 가능했던 1960년대에는 비교적 잘 지켜졌으며, 1966년에 이들 사이에 교환각서를 통해 독자적인 영역을 명확하게 했다. 그러나 1970년대에 들어서 고정환율제가 붕괴되고 1973년에 제1차 오일쇼크가 발생하면서 개도국에게 불확실하고 어려운 국제상황이 전개되었다. IMF는 국가들이 저성장과 취약한 국제수지 상황에 면해 있고 생산과 교역에 있어서 구조적인 문제점으로 말미암아 심각한 국제수지의 불균형을 겪고 있음에 주목하기 시작했다.

IMF는 개도국의 지속적인 국제수지 적자가 일시적인 현상이 아닌 구조적인 문제라는 인식하에, 개도국의 국제수지의 어려움을 해결하기 위해서는 보다 근원적으로 개도국의 구조조정에 대한 지원을 해야 한다고 생각하기 시작했다. 이에 따라 IMF는 장기적인 국제수지의 개선을 위해 개도국에게 구조조정을 위한 중기 자금을 제공하기 시작했으며, 이러한 IMF의 구조조정에 대한 지원은 단기적으로 국제수지의 불균형을 완화시키는 것을 주목적으로 하던 IMF에 있어서 커다란 변화였다. 구체적으로 IMF는 1974년에 개도국의 구조조정을 위한 중기 안정 프로그램(medium-term stabilization program)을 위해 확대신용금융(Extended Fund Facility: EFF)을 설립했다. 이러한 IMF의 영역의 확장은 IBRD의 영역을 침범하는 것으로서 이들 사이에 지켜져 오던 영역의 구별을 모호하게 만들었다.

이러한 영역간의 충돌은 1979년 IBRD가 제2차 오일쇼크에 대응하여 심각한 국제수지 문제와 채무위기로 개발을 지속하기 힘든 개도국에 대해 국제수지의 적자 폭을 완화하기 위한 구조조정에 필요한 자금인 소위 구조조정 차관(Structural Adjustment Loans: SALs)을 제공하면서 심화되었다. 이는 국제수지 적자의 구조적인 문제를 해결하기 위한 중기의 구조조정 차관으로서 IBRD 정책에 있어서의 커다란 변화를 의미했다. IBRD는 전통적으로 특정의 개발 프로젝트에 대한 지원을 해왔는데, 이러한 구조조정 차관은 구체적인 프로젝트가 아닌 국제수지의 개선을 위한 차관이었기 때문이다. IMF와 IBRD 두 국제기구의 영역의 확장과 이로 인한 영역의 중첩은 IMF가 1986년에 최저개발국(최빈국)을 위한 구조조정기금(Structural Adjustment Facility: SAF)과 1987년에 강화된 구조조정기금(Enhanced Structural Adjustment Facility: ESAF)을 설립하면서 더욱 더 문제가 되었으며, 구체적으로 노력의 중첩, 관료들 사이의 갈등, 전문적인 지식의 낭비와 같은 문제를 야기했다.

한편 이들 사이의 영역의 중첩은 이 두 기구의 스탭들 사이의 협력을 증대시킨 것도 사실이다. 특히 동일한 지역에서 일하는 스탭들은 상대방의 회합에 참여한다든가 자신들의 생각에 대한 코멘트를 구한다든가 하는 일이 빈번하게 발생했다. 이러한 영역의 중첩이 가져온 이들 사이의 협력은 다음과 같은 교차이행조건(cross-conditionality)의 가능성을 증대시켰다.[31]

두 국제기구의 스탭들이 자주 면밀하게 협의를 진행하여 정책적인 입장을 조율하고 공동의 입장을 견지함으로써, 어떤 국가가 이들 중 어떤 한 기구로

31) 교차이행조건(cross-conditionality)이란 이들 두 국제기구가 차관을 제공하면서 충족시켜야 할 조건(conditionality)을 부과하는데 이들이 내거는 조건간의 연계(linkage)를 의미한다. 차관을 제공하는 이들 두 기구가 일종의 카르텔을 형성하게 되면 협상 상황에 있는 개도국에게 부당한 압력을 가하는 것이 될 수 있다.

부터 자금을 필요로 하는 경우 이 두 기구 모두를 만족시켜야만 했다. 또한 IMF가 차관을 제공하거나 IBRD가 차관을 제공할 때 상대방 기구가 차관을 필요로 하는 국가가 지불능력이 있다고 판단하는가에 따라 차관제공 여부를 결정함으로써 결국 차관을 제공받으려는 국가는 이들 모두를 만족시켜야만 했다. 예컨대, IMF로부터의 차관이 가능하려면 IBRD로부터도 동의가 있어야 한다.

두 국제기구는 영역의 중첩을 피하기 위해 여러 차례의 협의를 거쳐 IMF는 주로 차관을 제공받는 국가의 거시경제 정책조정(macroeconomic policy adjustment)을 지원하고, IBRD는 산업부문과 무역부문 그리고 농업부문 등에 있어서의 미시경제 정책조정(microeconomic policy adjustment)을 지원하도록 역할 분담을 했다.

또한 두 기구는 개도국의 경제개혁을 위해 공동 협의단을 파견하고 이사회에 직원을 상호 참여시키는 등 개도국 지원에 있어서의 중복 지원을 피하고 정책자문에 있어서의 일관성을 유지하기 위한 노력을 행하고 있다. 그럼에도 불구하고 개도국의 경제발전을 위한 두 기구의 지원은 중복되고 있다. 이런 저런 이유로 두 기구는 통합되어야 한다는 주장도 제기되고 있는 현실이다.[32]

32) 조윤제, "세계은행 그룹," 윤영관·황병무 외 『국제기구와 한국외교』 (서울: 민음사, 1996), pp. 372-374.

제 7 장 국제기구와 지방정부의 관계

1. 서 론

냉전이 종식되면서 세계화(globalization)와 동시에 지방화(localization)가 가속화되고 있으며, 이러한 현상을 일컬어 세방화(glocalization)라고 부른다. 지방화를 통해 중앙정부와의 관계에서 독립적인 권한을 강화해온 지방정부들은 중앙정부의 대외기관을 거치지 않고 국경을 넘어 타국의 지방정부와 중앙정부뿐 아니라 국제기구와의 관계를 갖는 데 많은 관심을 경주해오고 있다.

「국제기구」라 하면 통상 국제연합과 같이 국가의 중앙정부들로 구성된 「정부간기구(intergovernmental organization)」를 일컫는다.[33] 최근 이러한 정부간기구와는 별도로 개개의 지방정부 혹은 이러한 지방정부들의 연합체를 구성요소로 하여 국제적으로 조직된 기구들이 많이 등장하고 있는데, 이들을 「정부간기구」와 구별하여 「지방정부간기구(inter-local-governmental organization)」 혹은 「국제지방정부기구(international local government organization)」라고 부른다. 본 저서에서는 이 두 용어 가운데 「지방정부간기구」라는 용어를 사용하고자 한다.

여기에서 국제기구라는 개념에 정부간기구와 지방정부간기구 모두를 포함시키고자 하기 때문에, 국제기구와 지방정부의 관계를 살펴봄에 있어서 지방

33) 「정부간기구」는 엄격히 말하면 「중앙정부간기구」라고 부를 수 있다.

정부와 정부간기구의 관계뿐 아니라 지방정부와 지방정부간기구의 관계를 살펴보고자 한다. 이러한 관계를 살펴보는 가운데, 자연스럽게 지방정부간기구와 정부간기구의 관계를 언급하게 될 것이다.[34)]

2. 국제사회의 중요 행위자로 부상하는 지방정부

세계화와 지방화의 동시 진행은 중앙정부의 권한의 상대적인 약화를 가져오는 한편, 정부간기구와 지방정부의 상대적인 권한의 강화를 가져오고 있다. 다시 말해 정부간기구와 지방정부의 국제사회에서의 역할이 점차적으로 강화되고 있으며, 나아가 이들 정부간기구와 지방정부간의 관계 역시 강화되고 있다.

국제사회에서 지방정부의 역할이 강화되는 것은 국제사회가 직면하고 있는 문제들의 대부분이 지방정부 수준에 그 뿌리를 두고 있고, 그 결과 문제해결의 효율적인 주체로서 지방정부의 역할이 긴요해지고 있기 때문이다. 이로 인해 다양한 전지구적 이슈들(global issues)을 다루어 나가는 과정에서 국제사회는 지방정부의 역할에 점차적으로 의존하지 않을 수 없게 되어가고 있기 때문이다. 이러한 추세 속에서 개개 국가의 지방정부들은 지방수준에 머무르지 않고 국제사회 수준에서 지방정부간기구라는 국제기구를 결성하여 상호협력을 도모하는 한편, 중앙정부와 정부간기구를 향해 결집된 목소리를 냄으로써, 「전지구적 관리(global governance)」의 중요한 행위자로 점차적으로 인식되어 가고 있다.

2002년 아프리카의 요하네스버그에서 개최된 「지속가능한 발전을 위한 정상회의(WSSD)」에서 개개의 지방정부, 이들의 국내 연합체인 국내지방정부연합(National Local Government Association), 그리고 이들의 국제조직인 지방정부간기구들은 「지방정부선언(Local Government Declaration to the World Summit on Sustainable Development)」을 발표하여 지방정부의 일치된 목소리

34) 박재영, "지방정부의 국제화: 국제기구와의 협력을 중심으로," 『국제기구저널』, 제2집(1)호 (2007), pp. 33-50.

를 국제사회에 전달하면서 단결된 힘을 과시하기도 했다.

지방정부의 중요성에 대한 인식은 일단의 정부간기구에 의해 공유되고 있는데, 특히 세계은행(IBRD), 국제연합개발계획(UNDP), 국제연합인간정주위원회(UNCHS), 국제연합자본개발기금(UNCDF) 등이 분권화와 지방정부의 강화를 그들의 정책의 우선순위에 두고 있는 것에서도 잘 알 수 있다. 또한 1992년의 국제연합환경개발회의(UNCED), 1995년의 세계사회개발정상회의(WSSD), 1996년의 국제연합인간정주회의(UNCHS)와 같이 국제연합이 개최한 전지구적 회의(global conference)에서 지속가능한 발전 이슈, 사회개발 이슈, 그리고 인간정주 이슈에 지방정부의 참여가 확대되어야 함이 강조된 것에서도 드러난다.[35]

이처럼 지방정부의 중요한 행위자로서의 부상에는 정부간기구의 인식의 변화가 중요한 역할을 하고 있지만, 이러한 정부간기구의 인식의 변화의 저변에는 지방정부가 중앙정부의 중요한 보완적인 존재라고 인식하고 있는 일단의 국가들의 중앙정부들의 인식의 변화가 자리하고 있다. 특히 유럽연합(EU)에 속해 있는 많은 국가들의 중앙정부들이 국제연합인간정주센터(UNCHS)와 같은 국제연합기구의 집행부(governing body)에서 지방정부가 중앙정부와는 별도의 행위자로서 대표되어야 한다는 압력을 가하기까지 하고 있다.[36] 현재 유럽연합의 국가들과 일본의 경우, 지방정부들이 이제까지 중앙정부가 해오던 개발도상국가에 대한 공적개발원조(ODA)의 일부를 떠맡는 주체로까지 변신을 하는 등 국제사회에서 중앙정부가 수행해 온 중요한 업무의 일부를 보완적으로 떠맡고 있다.[37]

이러한 흐름 속에서 지방정부들은 국제연합을 위시한 국제기구를 향해 자신들을 중앙정부와 동일하게 대우하라는 주장을 제기하는 등 국제기구 내에서의 지위향상을 위한 노력을 경주하고 있다. 이러한 노력은 2007년 10월 한

---

35) Hertog E. J., *What Role for Local Authorities in Decentralised Cooperation under the Convention of Lome?* (ECDPM Discussion Paper 8) (Maastrich: ECDPM, 1999).

36) *Local Government: A New Actor in Global Governance addressed by Wrs. Anna Kajumulo Tibajkuka (Executive Director of UN-HABITAT) in Montreal International Forum: Global Governance 2002* (Montreal, Canada 15 October 2002)

37) An Desmet and Partick Develtere, *Sub-national Authorities and Development Co-operation in the OECD-DAC Member Countries* (Belgium: Higher Institute of Labor Studies, 2002).

국의 제주도에서 개최된 세계지방정부연합(UCLG)의 세계총회(World Congress)가 채택한 선언에서도 잘 드러난다.

당 회의는 전지구적 이슈(global issue)로 간주되고 있는 지구온난화 문제의 해결을 지방정부의 최우선 과제로 삼는다고 선언하면서, 지방정부가 기후변화에 관한 새로운 국제연합 프레임워크 회의의 협상과정에 주요 당사자가 되어야 함을 촉구하고 있다. 또한 지방정부들이 도시간의 외교와 분권화된 협력을 통해 국제평화와 국제이해 등 평화구축에 중요한 역할을 하고 있기 때문에, 정부간기구의 지원과 인정이 당연히 뒤따라야 함을 강조하고 있다.[38)]

3. 지방정부의 지방정부간기구와의 관계

지방정부들은 국내적으로 지방정부연합과 같은 조직을 결성하여 일국 내에서 지방정부들 사이의 협력을 꾀하는 한편, 국경을 넘어 지방정부간기구를 설립하여 국제적인 협력을 해오고 있다. 이러한 지방정부간기구들 가운데에는 지방정부의 문제 전반을 다루는 기구가 있는가 하면, 환경문제와 같은 특정 분야의 문제를 집중적으로 다루는 기구가 존재한다.[39)]

지방정부간기구들은 주로 지방정부들 사이에 전문지식, 행정적인 경험, 그리고 최적사례(best practice)를 교환하고 전파하는 공간으로서의 역할을 수행한다. 이러한 기능과 더불어 연구와 시범사업(pilot project)을 수행하며, 기술지원과 자문을 제공하기도 한다. 또한 지방정부간에 네트워크 형성을 돕고 인적·물적 교류를 촉진하며, 인력자원의 훈련의 기회를 제공하기도 한다.

지방정부간기구의 또 다른 중요한 기능은 구성원인 지방정부들의 의견을 결집하여 국제사회, 특히 정부간기구를 향해 영향력을 행사하는 기능이다. 이러한 의미에서 지방정부간기구는 지방정부들의 의견을 정부간기구에 전달하는 매개자로서의 역할을 수행한다고 볼 수 있다. 최근에는 활동의 중첩을

38) 제주일보(인터넷), 2007. 11. 1.

39) 이는 정부간기구들 가운데 국제연합과 같은 다목적적인 기구가 있고, 국제연합교육과학문화기구(UNESCO)와 같이 전문적인 문제영역을 갖는 전문기구가 존재하는 것과 같다.

막고 국제사회에서의 영향력을 제고하기 위한 방편의 하나로서 지방정부간기구들 사이에 통폐합이 이루어지고 있다. 대규모 지방정부간기구였던 지방정부국제연합(IULA)과 국제도시연맹(FMCU-UTO)이 2004년 1월에 통합하여 세계 최대 규모의 지방정부간기구인 세계지방정부연합(UCLG)을 설립한 것을 예로 들 수 있다.

앞서 살펴보았듯이, 정부간기구는 통상적으로 정보 기능, 규범과 규칙창출 기능, 규칙감시 기능, 운용활동 기능, 토의와 교섭의 장소로서의 기능, 사회화 기능을 수행한다. 정부간기구의 경우 개도국들이 회원의 다수를 차지하면서 물적·인적 자원의 제공을 의미하는 운용활동 기능에 치중하려는 경향이 발생하고, 이러한 기능의 수행에 필요한 재정적 자원이 부족할 경우 정부간기구는 상대적으로 많은 비용을 요하지 않는 정보 기능에 집중하게 된다.

지방정부간기구가 수행하는 기능의 특징은 이들 지방정부간기구가 정보 기능에 치중하고 있다는 점인데, 이는 지방정부간기구가 정부간기구와는 달리 분담금이 아닌 회비에 의해 운영되는 등 재정적으로 열악하기 때문이다. 이러한 정보 기능과 더불어 주목하여야 할 지방정부간기구의 기능은 정부간기구를 대상으로 하는 대변기능(advocacy function)인데, 이 기능을 통해 지방정부 수준과 국제적 수준을 잇는 가교 역할을 한다.

4. 지방정부의 정부간기구와의 관계

(1) 정부간기구에 있어서의 지방정부 지위의 변화

지방정부와 정부간기구의 관계에 있어서의 특징을 살펴보기 전에 정부간기구가 지방정부에게 과연 어떠한 지위를 부여해 오고 있는가를 연대기적으로 살펴보고자 한다. 지방정부 이외에, 정부간기구에 의해 비국가적 행위자(non-state actor)로서 한정된 권한만을 인정받아 온 전형적인 예가 바로 비정부기구(NGO)인데, 정부간기구가 이들을 유사하게 취급해 왔기 때문에 더불어 살펴보고자 한다.

1) 비정부기구의 일원으로서의 지위

비정부기구라고 할 때 광의의 비정부기구와 협의의 비정부기구로 분리하여 생각할 필요가 있다. 협의의 비정부기구란 공익을 추구하는 자발적인 시민사회의 조직만을 의미한다. 국제연합이 헌장 제71조와 관련하여 사용하는 비정부기구라는 용어는 좀 더 포괄적으로 사용되어, 협의의 비정부기구는 물론 종교단체, 지방정부간기구, 기업이나 정당의 국제적인 연합체 등이 포함된다.[40] 이처럼 국제연합은 비정부기구라는 용어를 좀 더 포괄적으로 사용하면서 지방정부간기구를 이러한 비정부기구의 부류(category)에 넣고, 이 부류에 속하는 다른 기구와 구별을 하지 않았다.

국제연합이 정의한 비정부기구에 속하는 기구들은 국제연합헌장 제71조와 이를 뒷받침하는 결의에 근거하여 국제연합의 경제사회이사회(ECOSOC)로부터 협의지위(consultative status)를 획득할 수 있는데, 이러한 협의지위에는 포괄적 협의지위, 특정분야 협의지위, 명부상의 등재라는 세 종류가 있다. 비정부기구가 가장 높은 지위인 포괄적 협의지위를 획득할 경우, 경제사회이사회와 그 보조기관에서 의제를 제안하고, 구두나 문서로 진술하는 것이 허용된다. 이를 통해 비정부기구는 의사결정을 위한 표결권(voting rights)을 갖지는 않지만, 의사를 표출할 수 있는 기회를 갖게 된다.[41]

협의의 비정부기구는 탈냉전기에 접어들어 전지구적 문제의 해결에 있어 정부간기구와 더불어 중요한 역할을 수행해 오고 있다. 인권을 다루는 정부간기구의 경우 이러한 비정부기구의 도움이 없으면 문제해결이 힘들 정도로 비정부기구에 대한 의존도가 매우 높다. 이러한 맥락에서 국제연합은 이들과의 파트너십의 중요성을 지속적으로 강조해 오고 있다. 그러나 이러한 인식에도 불구하고, 이러한 비정부기구는 정부간기구에 의해 제한된 권한만을 부여받아 왔다.

지방정부간기구는 국민에 의해 선출된 대표성을 가진 지방정부들로 구성된다고 하는 점에서 협의의 비정부기구와 확연하게 구분된다. 그러나 이러

40) 박재영, 『국제관계와 NGO』 (서울: 법문사, 2003), p. 4

41) 자세한 내용은 제13부 제2장 「국제연합과 NGO의 관계」를 참조하시오.

한 차이에도 불구하고 국제연합에 의해서는 오랜 기간 동안 이러한 협의의 비정부기구와 동일한 취급을 받아왔던 것이 사실이다. 따라서 일정한 요건을 갖춘 지방정부간기구의 경우, 국제연합의 경제사회이사회로부터 비정부기구에게 부여되는 것과 동일한 협의지위를 획득하여 국제연합과 일정한 관계를 맺어 왔다. 인간정주 관리를 위한 지방정부지역망(CITYNET), 세계지방정부연합(UCLG), 지방정부국제환경협의회(ICLEI), 세계대도시연합(Metropolis) 등이 국제연합 경제사회이사회로부터 이러한 협의지위를 획득하여 국제연합과 일정한 관계를 가져오고 있는 대표적인 지방정부간기구이다.[42]

이러한 지방정부간기구는 협의지위를 얻은 비정부기구와 마찬가지로 국제연합과 제한적이지만 일정한 공식적인 관계를 가져오고 있다. 지방정부간기구의 협의지위와 관련하여 주목할 것은 국제연합은 협의의 지위를 일국 내의 개별적인 지방정부나 이들의 국내 연합체에게 부여하지 않고 지방정부간기구에게만 부여해 오고 있다는 점이다.

2) 비정부기구의 타 요소와의 분리와 의사결정의 집행자 지위

국제연합에서의 협의의 비정부기구의 지위는 1992년 브라질의 리우데자네이루에서 국제연합에 의해 개최된 전지구적 회의(global conference)인 국제연합환경개발회의(UNCED)를 계기로 변화했다.[43] 우선 경제사회이사회와 협의지위를 가지고 있지 않은 비정부기구들도 이 회의에 대규모로 참가하는 것이 인정되었으며, 나아가 비정부기구들에게 이 회의가 채택한 행동계획인 「의제 21(Agenda 21)」의 공식적인 중요한 집행자로서의 지위가 부여되었다.

국제연합환경개발회의가 협의의 비정부기구에게 이러한 중요한 의미를 가져다주었던 회의였던 것과 마찬가지로, 지방정부와 지방정부간기구에게도 중요한 의미를 가져다 준 회의였다. 국제연합 경제사회이사회로부터 협의지

42) UCLG는 포괄적 협의지위를 가지고 있으며 CITYNET, ICLEI, Metropolis는 특정분야 협의지위를 가지고 있다.

43) 「국제연합환경개발회의(UNCED)」는 일명 「리우환경회의」 혹은 「지구정상회의(Earth Summit)」로 불린다.

위를 획득하지 않은 지방정부들도 국제연합환경개발회의에서 처음으로 자신들을 대표할 수 있게 되었기 때문이다. 지방정부 및 지방정부간기구와 관련하여 국제연합환경개발회의가 가지는 또 다른 중요한 의의는 과거 국제연합이 지방정부를 포함한 광의의 비정부기구를 하나의 그룹으로서 집단적으로 취급하여 왔으나, 이들 구성요소들을 개별적으로 구별하여 인정하기 시작했다는 점이다. 구체적으로 국제연합환경개발회의가 채택한 행동강령인 「의제 21(Agenda 21)」은 9개의 주요그룹(Major Groups)을 개별적으로 인정했는데, 여기에 노동조합, 기업과 산업체, 비정부기구(NGO), 농부, 학계, 토착민, 청년, 여성과 더불어 지방정부가 별도의 그룹으로서 포함되었다.

국제연합은 이렇게 지방정부를 별도의 그룹으로 인정함과 동시에 동 회의에서 지방정부와 지방정부간기구를 중요한 파트너로 인정하면서, 동 회의가 채택한 「의제 21(Agenda 21)」의 제28장을 통해 이들에게 「의제 21」의 공식적인 집행자로서의 지위를 부여했다. 국제연합이 이러한 지위를 인정한 것은 「의제 21」이 다루고 있는 문제와 해결책의 상당 부분들이 지방의 활동에 뿌리를 두고 있기 때문에 지방정부의 참여와 협력이 이러한 목표를 달성하는 데 있어서 결정적인 요인이 될 것이라는 평가에 기초했다.

국제연합은 구체적으로 지방정부들이 경제·사회·환경 인프라를 구축하여 운영하고 유지할 뿐 아니라, 계획과정을 감시하고, 지방의 환경정책과 규제를 수립하며, 국가와 국가하위 수준(subnational level)의 환경정책의 집행을 돕는다고 보았다. 또한 국제연합은 시민들에 가장 가깝게 접근해 있는 관리(governance)의 수준으로서, 지방정부들이 지속가능한 발전을 촉진하기 위해 일반대중을 교육시키고 동원하고 이들의 요구에 응하는 데 절대적으로 중요한 역할을 수행한다고 평가했다.

3) 의사결정 과정에의 참여[44)]

국제연합환경개발회의를 계기로 지방정부는 포괄적인 비정부기구의 요소

44) Istanbul+5: UN General Assembly Review of the Habitat Agenda (http://www.unsystem.org/ngls/ documents/text/roundup/79habgass.htm);

로서 집단적인 취급을 받아오던 것으로부터 벗어나 개별성이 인정되었다. 그러나 이러한 개별성이 정부간기구의 의사결정의 참여의 주체로서 부여된 것이 아니라 집행자로서 주어진 것이라는 한계를 지니고 있었다. 이러한 기존의 지위에 획기적인 변화를 가져다 준 것이 1996년 국제연합인간정주센터(United Nations Center for Human Settlements: UNCHS)에 의해 터키의 이스탄불에서 개최된 제2차 인간정주회의(United Nations Conference on Human Settlements: UNCHS)였다.[45)]

이 회의에서 지방정부간기구는 마침내 민주적으로 선출된 시민들의 정당한 대표로서 다른 비정부기구의 요소들과 구별되는 별도의 행위자로서 회의에 직접적으로 참가하여, 각국 중앙정부의 대표들과 더불어 총회의 본회의(plenary)에서 발언을 하는 기회까지 가지게 되었다. 즉, 과거에는 국제연합의 광의의 비정부기구 부류(category)에 속하는 기구의 일원으로 회의에 공식적으로 참가했으나, 동 회의에는 지방정부들이 직접 대표성을 가지고 참여하여 발언권을 처음으로 행사했던 것이다.

제2차 인간정주회의는 협의의 비정부기구와 더불어 지방정부를 주거지 파트너(Habitat partner)로 간주하고, 이들로 하여금 정부간 초안작성위원회(intergovernmental drafting committee)에 활발하게 참여하도록 허용하기까지 했다. 이처럼 제2차 인간정주회의는 포괄적인 협상의 틀(inclusive framework of negotiation)을 보유했다는 점, 그리고 협의의 비정부기구와 더불어 지방정부와의 파트너십에 큰 강조점을 두었다는 면에서 하나의 이정표를 세운 국제연합 회의로 널리 간주된다.

제2차 인간정주회의가 개최된 지 5년만인 2001년, 제2차 인간정주회의에서 결정된 사항의 이행을 점검하기 위해 제25차 국제연합 특별총회(The 25th United Nations General Assembly Special Session)가 뉴욕에서 개최되었는데, 이 회의의 과정에서 협의의 비정부기구와 더불어 지방정부의 지위에 변화가 왔다.[46)] 특별총회에 앞서 개최된 제1차 준비위원회(Preparatory Committee:

45) 인간정주회의(UNCHS)는 「도시정상회의(City Summit Conference)」 혹은 「HABITAT II」라고도 불린다.

46) 이 회의를 일명 「Istanbul+5」라고 부른다.

PrepCom)의 결정과는 달리, 제2차 준비위원회가 특별총회에서 발표될 정치 선언을 위한 협상의 대부분을 비공개로 갖기로 결정을 내림으로써 이들의 참여가 협상과정에서 배제되었다. 이러한 결정은 미국을 비롯한 몇몇 대표단의 주장에 의한 것인데, 이들 대표단들은 국제연합 총회에 적용되는 규칙이란 국제연합의 외부에서 개최되는 전지구적 회의(global conference)에 적용되는 규칙보다 좀 더 엄격하여야 한다는 주장을 견지했던 것이다.

이처럼 협의의 비정부기구와 더불어 지방정부가 국제연합 특별총회에서 채택될 결과문건의 협상과정에서는 배제되었으나, 몇 국가의 반대에도 불구하고 이들은 국제연합 총회의 본회의(Plenary of the General Assembly)와 임시전체위원회(Ad Hoc Committee of the Whole)에서 발언할 수 있는 기회는 가질 수 있었다.[47]

4) 중앙정부와 대등한 지위에서의 의사결정의 참여자

1999년에 세계은행(IBRD)과 국제연합인간정주센터(UNCHS)가 주축이 되어 도시문제(urban issue)를 다루기 위한 국제조직으로서 도시연맹(Cities Alliance)을 탄생시키면서, 보편적인 현상이 아닌 특정 국제조직에 한정된 것이기는 하지만 지방정부간기구의 국제적인 지위가 중앙정부와 대등한 위치에 서게 되었다.

이 기구의 자문그룹(Consultative Group)은 세계은행(IBRD), 국제연합인간정주센터(UNCHS), 국제연합환경계획(UNEP), 아시아개발은행(ADB)과 같은 정부간기구와 세계지방정부연합(UCLG), 세계대도시연합(Metropolis), 세계도시및지방정부협회(WACLAC)와 같은 지방정부간기구, 그리고 미국, 영국 등의 원조 공여국으로 구성되어 있는데, 이 조직에서 지방정부간기구는 중앙정부와 대등한 파트너로서 대표되고 있다.

47) 지방정부와 협의의 비정부기구에게 본회의와 임시전체회의에서의 발언권을 줄 것인가의 여부가 제2차 준비위원회의 표결에 부쳐졌다. 이때 미국, 중국, 이란이 반대표를 던졌다.

5) 지방정부와의 협력을 위한 국제연합기구의 설립 및 참여

국제연합인간정주센터(UNCHS)는 2000년에 국제연합인간정주센터의 의제를 실행하는 데 관여하는 전세계의 지방정부와의 대화를 강화하기 위한 목적으로, 국제연합 내에 국제연합지방정부자문위원회(United Nations Advisory Committee on Local Authority: UNACLA)라는 자문기구를 설치했다. 국제연합은 이를 통해 인간정주를 위해 지방정부와의 협력을 강화하고자 했으며, 이는 국제연합에서의 지방정부의 위상과 관련하여 커다란 변화라고 간주될 수 있다.

(2) 정부간기구에 있어서의 지방정부 지위의 특징

위에서 살펴보았듯이, 지방정부는 국제연합과 같은 정부간기구에 있어서 협력의 파트너로서의 위상을 강화해 오고 있다. 이러한 사실은 일단의 정부간기구에 한정된 것이기는 하나, 지방정부를 다른 광의의 비정부기구 요소들과 구별하여 의사결정 과정에의 참여를 허용하고 있는 것에서 잘 드러난다.

이렇게 지방정부와 정부간기구의 관계가 긴밀해진 것은 앞서 언급한 바와 같이 정부간기구들에 의해 다루어지고 있는 많은 문제들이 지방정부에 뿌리를 두고 있고, 이러한 문제들의 해결책 역시 지방정부에 있기 때문에 지방정부의 참여와 협력이 이러한 문제의 해결에 결정적이라는 정부간기구의 인식이 있기 때문이다.

지방정부 역시 이들이 직면하고 있는 많은 문제들의 해결에 중앙정부뿐만 아니라 정부간기구와의 긴밀한 협력이 긴요하다고 인식이 있기 때문이다. 구체적으로 정부간기구와의 관계의 필요성은 일부분 정부간기구가 지니고 있는 재정적인 능력에 기인한다. 지방정부나 지방정부간기구들이 중앙정부로 구성된 정부간기구와 비교하여 크게 다른 점 가운데 하나는 열악한 재정적인 능력이다. 정부간기구의 경우 회원국의 정규예산 분담금과 자발적 기여금에 의해 운영되는 데 비해 지방정부간기구의 경우 통상적으로 지방정부들의 회비(membership fee)에 의해 운영되기 때문이다. 지방정부나 지방정부간기구가 정부간기구와의 협력을 필요로 하는 또 다른 이유는 정부간기구가 지니고 있는 문제해결을 위한 전문성이라고 볼 수 있다. 1992년 국제연합환경개발회의 이래로 국제연합이 지방정부와 가져온 관계를 살펴보면 다음과 같은 특징이 발견된다.

첫째, 일부 정부간기구가 지방정부나 지방정부간기구를 협의의 비정부기구와 구별하여 취급하고 있지만, 대부분의 정부간기구는 이들을 여전히 광의의 비정부기구 부류(category)에 포함시켜 동일하게 취급한다. 대전시가 주축이 되어 한국에 설립한 지방정부간기구인 세계과학도시연합(WTA)이 국제연합교육과학문화기구(UNESCO)에 지방정부의 정체성을 가진 기구가 아닌 비정부기구로 공식 등록이 되어 있는 것에서도 잘 알 수 있다.

둘째, 지방정부나 지방정부간기구를 중요한 파트너로 인정하고 긴밀한 협력관계를 추구하는 정부간기구는 활동분야 면에서 주로 개발 및 환경분야(지속가능한 발전 분야)와 인간정주 분야에 국한되어 있다는 점이다. 구체적으로 국제연합체제(United Nations System)에 속하는 정부간기구 중에서 국제연합개발계획(UNDP), 국제연합환경계획(UNEP), 국제연합인간정주센터(UNCHS) 등에 한정되어 있다.

셋째, 극히 이례적으로 도시연맹 자문그룹과 같은 정부간기구가 지방정부간기구의 대표를 중앙정부의 대표와 동등한 표결권을 갖는 의사결정자로서 인정하고 있으나, 대부분의 경우 정부간기구는 지방정부간기구의 대표의 표결권을 배제는 물론 의사결정 과정 자체에 참여시키는 데 지극히 제한적이다. 의사결정의 집행자로서의 지위를 부여하는 데는 상대적으로 덜 제한적이다.

넷째, 국제연합은 국제연합환경개발회의와 제2차 인간정주회의처럼 국제연합 밖에서 개최되는 전지구적 회의(global conference)의 경우 지방정부의 참여와 활동에 상대적으로 적극적인 편이나, 국제연합 내에서 개최되는 특별총회(Special Session of The General Assembly)의 경우 좀 더 제한적이고, 정기총회의 경우는 극도의 제한을 가하고 있다는 점이다.

다섯째, 정부간기구가 파트너로서 긴밀한 협력관계를 갖고자 하는 대상은 일국 내의 지방정부가 아니라 이들의 연합체이면서 영향력이 있는 지방정부간기구이다. 따라서 2004년에 기존의 지방정부국제연합(IULA)과 국제도시연맹(FMCU-UTO)이 세계지방정부연합(UCLG)으로 통합된 것도 국제연합을 비롯한 정부간기구에게 일치된 큰 목소리를 내기 위한 세력의 확대조치의 일환이라고 볼 수 있다.[48)]

(3) 지방정부의 정부간기구와의 관계에 있어서의 과제

지방정부들이 정부간기구와의 관계에 있어서 직면하게 되는 과제는 지방정부가 정부간기구의 의사결정에 참여하여 직접적으로 영향을 미치는 것이 용이하지 않다는 점이다. 지방정부들이 정부간기구의 국제회의에 참여하고자 하나 지방정부가 개별적으로 정부간기구가 개최하는 정부대표들의 정기회의(regular session)에 참여하는 것이 통상적으로 허용되지 않기 때문이다. 이러한 정부대표들의 회의에 제한적이나마 참여가 허용되는 조직은 국제연합과 협의지위를 가지고 있는 지방정부간기구에 한한다.

따라서 지방정부가 자신들에게 영향을 미칠 수 있는 의사결정을 내리는 정부간기구의 회의에 참여하려면, 협의지위를 얻은 지방정부간기구의 대표단의 일원이 되어야 한다. 지방정부의 구성원이 정부대표들의 회의에 참여할 수 있는 또 다른 방식은 지방정부의 대표가 중앙정부에서 구성한 정부대표단의 일원에 포함되는 것이다. 실제로 선진국의 중앙정부의 경우, 의제와 밀접한 관련을 가지는 협의의 비정부기구나 지방정부의 대표를 정부대표단에 포함시키고 있다.

국제연합 밖에서 개최되는 대규모 전지구적 회의(global conference)의 경우, 협의지위를 가지고 있지 않은 일국 내의 지방정부라도 정부간기구에 의해 회의에의 참석이 공인될 경우 참여가 가능하다. 또한 국제연합의 정기총회가 아닌 특별총회의 경우, 전지구적 회의의 경우보다는 제약적이기는 하나 일국 내의 지방정부가 공인을 받을 경우 협의지위가 없이도 참여가 가능하다.

48) 세계지방정부연합(UCLG)은 지방정부의 협력을 통해 민주적인 지방자치의 단합된 목소리를 대변하고, 지방자치의 가치와 목표 등을 국제사회에 대변하려는 것에 목표를 두고 있다. 구체적으로 도시간 협력, 지방정부 역량 증대, 지방 민주주의 및 지방정부의 주요 정책결정 과정 등과 더불어 지방정부와 국제연합 사이의 중요한 조정을 목표로 하고 있다.

5. 지방정부의 국제기구와의 관계의 모델사례

지방정부의 국제기구(정부간기구와 지방정부간기구)와의 협력에 있어 하나의 모델이 될 수 있는 한국의 사례로서 대전시의 경우를 들 수 있다. 대전시는 자신의 주도적인 역할을 통해 지방정부간기구로서 세계과학도시연합(WTA)을 설립했다. 이 기구는 현재 6대륙 19개국 53개 회원을 확보하고 있으며 정부간기구인 국제연합교육과학문화기구(UNESCO)의 공식 비정부기구(NGO)로 등록되어 있다. 대전시는 여기에서 더 나아가 한국국제협력단(KOICA) 및 UNESCO와 협정을 체결하여, 세계과학도시연합과 UNESCO의 공동의 협력사업으로서 「과학도시연구센터」라는 조직을 설립하고 2006년 11월에 개소식을 가진 바 있다.

「과학도시연구센터」는 UNESCO와 협력하여 세계과학도시연합 회원도시들에서 축적된 과학도시의 개발과 운영에 대한 다양한 실제 사례를 제공하고, 관련 전문가들의 네트워크를 활용하도록 하는 역할을 수행한다. 구체적으로 과학도시 관련 사례와 정보의 제공, 과학도시 개발전략의 연구와 컨설팅, 과학도시 정책결정자들에 대한 교육, 관련 전문가들의 연례 워크숍 등 다양한 프로그램을 제공한다.

UNESCO의 협조하에 세계과학도시연합이 운영하게 되는 「과학도시연구센터」는 과학도시 발전을 위한 국제적인 전문 연구기관으로서 UNESCO의 지역센터로서의 역할을 수행하게 되는데, 과학도시와 관련하여 UNESCO의 지역센터가 지방정부 주도로 설치된 것은 「과학도시연구센터」가 처음이다.[49] 현재 「과학도시연구센터」는 UNESCO로부터 「부류 II(Category II)」 국제기구 지위를 얻기 위해 노력 중이다.

이 사례의 의의는 첫째, 일국의 지방정부가 국제적인 지방정부간기구의 설립주체가 되었다는 점과 동시에 이러한 지방정부간기구가 정부간기구인 UNESCO로부터 협의지위를 획득하였다는 점이다. 둘째, 설립된 지방정부간

49) UNESCO의 지역센터는 일반적으로 국가의 중앙정부가 UNESCO와 협정을 체결하여 운영되는데, 한국에 설립된 아시아·태평양국제이해교육원(APCEIU)이 이러한 예에 속한다.

기구는 정부간기구인 UNESCO와의 통상적인 협력관계를 가지는 것으로부터 한 걸음 더 나아가, 정부간기구와의 협력사업의 일환으로 정부간기구의 성격을 가지는 「과학도시연구센터」를 새롭게 설립하였다는 점이다.

6. 결 어

「Local problem, global solution」이라는 말이 있다. 이는 지방정부 차원의 문제가 전지구적인 해결을 필요로 한다는 의미이다. 이 때문에 지방정부들은 국제적인 수준에서 활동하는 정부간기구와의 협력을 추구한다. 또한 「Global problem, local solution」이라는 말이 있다. 전지구적인 문제의 해결에 일정한 정도의 경제적인 자원, 지식, 능력, 경험을 가지고 있으며 주민의 필요를 충실히 반영할 수 있는 최전선에 위치하고 있는 지방정부 차원의 해결이 필요하다는 의미이며, 이 때문에 정부간기구는 지방정부와의 협력을 추구한다.

이처럼 정부간기구와 지방정부는 서로를 필요로 하고 있으나, 정부간기구는 지방정부를 의사결정 과정의 참여자가 아닌 집행자로서의 지위 정도를 부여하려고 하고, 지방정부는 단순한 의사결정 집행자가 아닌 의사결정 과정에의 참여자로서의 지위를 정부간기구에게 요구하고 있다. 지방정부들은 이러한 의사결정에의 참여를 통해 지방정부 수준의 문제해결에 유리한 국제적인 환경을 구축하고자 한다.

이러한 두 주체의 상충하는 이해관계 속에서 정부간기구는 집행자로서의 지방정부의 역할이 절실한 분야인 개발, 환경, 인간정주 분야에 한해 지방정부의 요구에 일정한 정도 부응하여 광의의 비정부기구의 다른 요소들과 구분된 행위자로서 인정하고, 의사결정 과정에의 참여를 제한적으로 허용하고 있다. 도시연맹(Cities Alliance)이라는 정부간기구의 자문그룹은 지방정부간기구에게 정부간기구 및 중앙정부와 동일한 지위를 부여하고 있기까지 한다.

이러한 것이 일정한 정도 가능한 것은 정부간기구를 구성하고 있는 중앙정부의 대표들의 인식의 변화의 결과라고 볼 수 있는데, 많은 유럽연합(EU) 국가들의 중앙정부들이 글로벌 거버넌스의 일환으로 지방정부가 국제연합인간정주센터(UNCHS)와 같은 국제연합기구의 집행부에서 자신을 대표할 수 있어야 한다고 주장을 강하게 제기하고 있는 것에서도 드러난다.

정부간기구는 일반적으로 이러한 지위를 통상 개별적인 지방정부가 아닌 지방정부간기구에게 부여하고 있으며, 이로써 지방정부간기구가 국제사회에서 전지구적 관리(global governance)의 중요한 일원으로 부상하고 있다. 세계지방정부연합(UCLG), 세계대도시연합(Metropolis), 세계도시및지방정부협회(WACLAC)와 같은 지방정부간기구들이 도시연맹(Cities Alliance)이나 국제연합지방정부자문위원회(UNACLA)와 같은 정부간기구의 구성원으로서 정부행위자와 협력하고 이들을 향해 건설적인 비판을 제기해오고 있는 것에서 잘 드러난다.

제13부

국제기구와 NGO의 관계

제1장 국제기구와 NGO의 관계 일반
제2장 국제연합과 NGO의 관계
제3장 전문기구와 NGO의 관계
제4장 지역기구와 NGO의 관계

제 1 장 국제기구와 NGO의 관계 일반[1)]

1. 서 론

국제연합(UN)과 같은 보편적인 정부간기구, 국제노동기구(ILO)와 같은 전문기구, 미주국가기구(OAS)와 같은 지역기구 등은 비정부기구(NGO)와 관계를 형성해 오고 있다. NGO에게 주어지는 관계란 헌장에 기초한 공식적인 협의지위(consultative status)에서부터 비공식 접촉에 이르기까지 다양한 형태를 띠고 있다. 여기에서는 정부간기구들이 NGO와 어떠한 관계를 맺어 오고 있으며, 이러한 관계가 어떻게 변화하고 있는가를 살펴보고자 한다.

2. 관계의 배경

정부간기구와 NGO는 미래에 대한 비전을 공유하고 있다고 볼 수 있으나, 이들은 명백하게 구별되는 나름의 능력을 보유하고 있다. 여기에서는 이 두 행위자가 맺게 되는 관계의 특징을 이해하기 위한 기초로서 우선 이 두 행위자가 상대방과 비교하여 지니고 있는 장·단점과 기능을 살펴보고자 한다.[2)]

정부간기구는 NGO와 비교하여 재정적 기반이 좀 더 튼튼하고, 좀 더 큰

---

1) 박재영,『국제관계와 NGO』(서울: 법문사, 2003), pp. 185-192.

2) Thomas G. Weiss and Leon Gordenker, eds., *NGOs, the UN, and Global Governance* (Boulder and London: Lynne Rienner Publishers, 1996)

규모의 프로젝트를 집행하기 위해 기술적인 전문성과 경영관리의 전문성을 소지하고 있다. 정부간기구의 관료는 종종 고위 국가정책 결정자들과 긴밀한 실무관계를 유지하고 있기도 한다. 그러나 이 보다 더 중요한 정부간기구의 장점이란 정부간기구는 이들이 지니고 있는 국제적인 지위와 다른 국제적인 행위자들과의 긴밀한 유대로 인해, 국가 정부에 의해 쉽게 배척될 수 없다는 것이다. 결과적으로 정부간기구는 중요한 전지구적 이슈에 국제적인 관심을 집중시키고 해결하는 데에 있어 NGO에 비해 좀 더 준비가 잘 되어 있다고 볼 수 있다. 그러나 정부간기구는 거대한 관료조직으로서 결정을 내리고 자원을 조직화할 때 복잡한 절차, 관료적인 경직성, 정치를 피할 수 없다.

NGO는 융통성, 헌신(dedication), 단일 이슈에 대한 집중, 지역 공동체와의 긴밀한 유대, 행동의 독립성이라는 장점을 지닌다. 이러한 정점을 기반으로 하여, NGO는 정부나 정부간기구의 정책을 지지하거나 반대하는 여론을 동원할 수 있고, 정부나 정부간기구의 책임성을 제고하기 위해 정보를 만들어 낼 수 있으며, 국제규범을 창출하거나 강화시킬 수 있다. 이와 더불어 교육을 통해 세계시민의 힘을 강화시킬 수 있고, 위험하거나 논쟁적인 활동에 참여할 수 있으며, 정부나 정부간기구가 기꺼이 제공하기를 주저하거나 제공할 능력이 없는 서비스를 제공할 수 있다.

그러나 NGO는 대체적으로 작은 규모를 지니며, 종종 다른 NGO의 활동과 중첩된 활동을 하기 쉽고, 종종 외국의 기금 제공자에 의존하지 않을 수 없는 한계를 지닌다. 보다 중요한 한계는 NGO의 경우 일반적으로 정부의 동의가 존재해야 활동할 수 있다는 점이다. 따라서 만약 NGO가 수행하려고 하거나 수행하고 있는 프로젝트가 정권의 정통성과 통제력에 해를 미친다고 인식되면, 정부는 국내 NGO나 국제 NGO 모두를 불신하거나 활동을 마비시킬 수 있다.

정부간기구와 NGO가 지닌 이러한 상호 보완적인 요소들로 인해 일부 정부간기구와 NGO 사이에 실질적인 협력관계가 잘 형성되어 유지되고 있다. 그러나 또 다른 한편, 이들 사이에 있어서의 제한된 자원을 둘러싼 경합, 상이한 지지기반에 대한 책임성, 상이한 문화와 운영 스타일 등으로 인해 이들 사이의 협력이 제한되고 있는 것 역시 사실이다. 이들 사이의 협력적인 관계와 경합적인 관계를 살펴보면 다음과 같다.

3. 관계의 일반적 특성

(1) 협력적인 관계

1) 협력적인 관계의 상호이익

정부간기구와 NGO의 협력은 구체적으로 다음과 같은 상호이익을 가져온다. 우선 정부간기구의 관점에서 NGO의 정책결정에의 참여는 개개 국가 내에 있어서의 합의의 도출을 용이하게 하고, 나아가 정부간기구에 있어서의 합의도출도 용이하게 하며, NGO가 정부간기구를 통한 도출된 합의의 국내적인 이행을 감시함으로써 합의의 준수를 보다 용이하게 확보할 수 있다.

또한 정부간기구가 의사결정에 NGO의 대표를 참여시켜 민간인의 의사를 직접 반영하게 함으로써 이로부터 이루어진 결정이 정당성과 투명성을 갖게 되며, 정부간기구에의 참여를 통해 NGO들은 초국가적인 상호연대를 보다 강화함으로써 국가간의 이해대립으로 인한 국제관계의 불안정성을 완화시킬 수 있다.

NGO의 입장에서 볼 때, 정부간기구의 정책결정에 참여하여 공식적인 발언을 통해 영향력을 제고시킴으로써 추구하는 목표를 보다 수월하게 달성할 수 있고, 정부간기구로부터의 국제적인 공인을 통해 일국의 정부에 의한 탄압을 억제할 수 있다. 이로써 NGO는 보다 공개적이고 책임 있는 활동을 전개할 수 있다.[3)]

2) 협력적인 관계의 유형

정부간기구가 NGO와 가지고 있는 관계의 여러 유형을 살펴보면 다음과 같다. 우선 난민에 대한 지원사업에서 보듯이 정부간기구인 국제연합난민고

3) 박홍순, “환경, 정부간기구 및 국내정치: 새로운 패러다임을 향하여,” 한국정치학회 편, 『지속적 성장과 환경보호 정책 (한국정치학회 환경관련 특별회의 발표논문 모음집)』 (1995년 8월), p. 119

등판무관실(UNHCR)은 300개 남짓의 NGO들과 협력을 통해 난민들의 인도주의적 필요를 충족시키기 위해 노력해오고 있다.

NGO는 종종 다양한 대의(cause)를 공표하거나 새로운 국제규범을 창출하는 데 있어 정부간기구를 수단으로서 활용하기도 한다. 국제사면위원회(Amnesty International: AI)의 경우, 각종 국제연합기구에의 접근을 활용하여 국가 당국에 의한 인권훼손에 주의를 환기시키고, 고문방지협약을 준비하여 궁극적으로 이를 채택하는 데에 공헌한 바 있다.[4] NGO는 국제협약에 대한 국가들의 준수여부에 대해 정기적인 감시를 하기도 한다. 굴벤키언재단(Gulbenkian Foundation)이라는 NGO는 아동권리협약(Convention on the Rights of the Child)의 채택에 이어 당 조약이 규정하고 있는 회원국의 의무 이행여부를 감시하기 위해, 독립적인 아동권리발전과(Children's Rights Development Unit)를 만들기도 했다.[5] NGO는 정부간기구의 재정적인 지원과 더불어 정부간기구를 대신하여 이들의 프로젝트를 집행하는 기구로서의 역할을 수행하기도 한다. 이러한 관계를 전형적으로 볼 수 있는 예가 세계은행(IBRD)과 NGO의 관계이다.

정부간기구는 때로는 프로젝트 집행에 필요한 재정을 NGO와 공동으로 조성하는 방식을 통해 프로젝트를 지원하기도 한다. 경제개발협력기구(OECD)의 경우, 모든 회원국들은 이러한 공동자금조달(co-financing) 협정을 체결하여 NGO들이 운용하는 프로젝트에 일정한 정도의 재정적 지원을 하고 있다. 유럽연합(EU) 역시 일정한 조건하에 NGO들이 현지의 파트너(local partners)와 공동으로 떠맡은 개도국의 개발 프로젝트를 공동자금조달 방식으로 지원하고 있다. 흔한 경우는 물론 아니나 NGO가 정부간기구에 재정적인 기여를 하는 경우도 있다. 이러한 관계의 일례는 세계보건기구(WHO)와 NGO의 관계에서 찾아볼 수 있다. 통상적으로 대부분의 NGO는 그들의 운용활동과 관련하여 정부나 정부간기구로부터 기금을 제공받아 프로젝트를 대리 집행하

4) 고문방지협약의 정식 명칭은 「고문 및 기타 잔혹하고 비인간적이며 모욕적인 대우 또는 처벌 금지협약 (Convention against Torture and Other Cruel, Inhuman or Degrading Treatment or Punishment)」이다.

5) Peter Willetts, ed., *The Conscience of the World: The Influence of Non-Governmental Organisations in the UN System* (Washington, DC.: BrookingsInstitution, 1996).

곤 하는데, 국제로타리클럽(Rotary International)과 같은 NGO는 WHO의 소아마비퇴치프로그램(Program of Eradication of Poliomyelitis)에 기금을 조성하여 제공하기도 했다.[6]

또 다른 관계로서 NGO는 국제연합을 위시한 정부간기구의 홍보관계 기능을 수행하기도 한다. 이러한 관계는 NGO와 국제연합의 공보국(Department of Public Information: DPI)의 관계에서 전형적으로 발견된다. 정부간기구는 자신들이 관심을 두고 있으나 자신들의 가지고 있는 정보의 자원이 부적절하거나 부족할 경우, NGO로부터의 전문적인 지식이나 조언을 제공받는데, 이를 통해 NGO는 정부간기구와 또 다른 형태의 관계를 갖기도 한다.

3) 협력적인 관계의 한계

NGO의 능력에 대한 광범위한 인정에도 불구하고, 정부간기구의 활동에 위에서 언급한 정도 이상으로 NGO를 관여시키고자 하는 정부간기구는 별로 없다. 정부간기구의 국가 중심적인 설립헌장 등은 다음에서 보듯이, 여전히 정부간기구의 활동과 의사결정에의 NGO 참여를 제한하고 있다.

소수의 정부간기구에 국한된 것이기는 하나 이익단체와 기업의 경우 표결권을 비롯한 다양한 공식적인 권한을 갖고 정부간기구 활동에 참여하고 있다. 그 대표적인 예가 바로 국제노동기구(ILO)인데, ILO는 고용주 단체와 노동자 단체로 하여금 정부대표와 함께 참여하여 표결권까지 행사하도록 한다. 국제전기통신연합(ITU)의 경우는 전기통신업체들에게 협의지위(consultative status) 이상의 지위를 부여하여 참여시키고 있다.

극히 제한된 경우이기는 하나, 정부간기구가 NGO에게도 협의지위 이상을 부여하는 경우가 있다. 에이즈 문제를 다루기 위해 설립된 국제연합에이즈계획(UNAIDS)과 「인도주의 일에 관한 기구간 상임위원회(The Inter-Agency Standing Committee on Humanitarian Affairs)」가 이러한 예에 속한다. 구체적

6) Yves Beigbeder, "Another Role for an NGO: Financing a WHO Programme: Rotary International and the Eradication of Poliomyelitis," *Transnational Associations,* Vol. 49, No. 1 (1977), pp. 37-43.

으로 전자는 국제연합의 기구들 중 처음으로 NGO에게 집행기구(governing body)인 「프로그램조정위원회(Programme Coordinating Board: PCB)」의 일원으로서 5개의 자리(seats)를 배정하여 단순한 협의지위가 아닌 실질적인 의사결정에 참여시키고 있으며, 후자 역시 NGO에게 세 자리를 배정하고 있다.

그러나 이러한 경우는 지극히 예외적인 경우이고 정부간기구는 NGO에게 기껏해야 협의지위를 부여하는 것이 고작이다. 즉, NGO가 정부간기구와 관계를 맺고 있다고 하는 경우, NGO는 「협의자(consultants)」로서의 지위만 주어지는 게 일반적이다. 국제연합 경제사회이사회의 경우 세 등급의 협의지위를 두고 있는데, 가장 높은 등급의 협의지위의 경우 의제를 제안할 수 있는 권한과 더불어 구두진술과 서면진술의 권한이 주어진다.

이처럼 가장 높은 수준의 협의지위라는 것 역시 표결권을 가지고 있지 않기 때문에 NGO들이 정부간기구 내에서 영향력을 행사하는 데에 한계를 지니고 있다.[7] 따라서 정부간기구에서 이들 NGO의 이해관계와 밀접한 관련이 있는 이슈에 관한 의사결정이 이루어지는 경우, NGO는 정부간기구에서보다 국가 내에서의 관련된 결정에 영향을 미치는 데 더 많은 노력을 경주하는 성향을 보이기도 한다.[8] 이 밖에 NGO들은 정부대표단에의 참여, 병행포럼의 개최, 미디어 힘의 이용 등을 통해 정부간 의사결정에 간접적으로 영향을 미치고자 노력하고 있다.

(2) 경합적인 관계

다국간투자협정(MAI)의 경우는 정부간기구가 추구하고자 한 협정이 웹과 인터넷을 동원한 NGO의 노력에 의해 무산된 경우이고, 대인지뢰금지협약

7) 국제연합의 특별총회(General Assembly Special Session: GASS)나 전지구적 회의(global conference)에서 정부대표들은 표결 없이 합의(consensus)에 의해 회의의 결과문건을 채택하곤 한다. 또한 국제연합 정기총회의 위원회(committee)의 경우 위원회 마다 편차가 있는 것은 사실이나, 총회 위원회의 전체 의제 가운데 약 80%가 합의에 의해 채택되고 있다. 따라서 NGO들이 표결권이 없다는 것이 반드시 의사결정에 영향을 미칠 수 없다는 것을 의미하는 것은 결코 아니다.

8) Harold K. Jacobson, *Networks of Interdependence: International Organizations and the Global Political System,* 2nd *ed.* (New York: Alfred A. Knopf: 1984), pp. 116-117.

(일명 오타와협약)의 경우는 NGO가 주축이 되어 국가들로 하여금 협정을 체결하도록 유도한 경우로서 상호 구별이 된다.[9] 그러나 이러한 차이에도 불구하고 두 경우는 정부간기구로 하여금 NGO가 전지구적 관리(global governance)에 있어서 협조적이지만은 않으며, 적대적 혹은 경합적인 행위자가 될 수 있다는 인식을 가져다주었다. 즉, 이제까지 많은 국가간 조약이 체결되는 과정에 있어서 정부간기구가 주축이 되고, 조약의 체결에 있어 장애가 되는 국가가 있을 경우 이들 국가에 압력을 행사하여 원만한 조약의 체결을 도와주는 보조적인 행위자가 NGO이었다. 이러한 사실에 익숙해져 온 정부간기구는 다국간투자협정(MAI)의 무산을 통해 NGO에 의해 정부간기구가 체결하고자 하는 조약이 무산될 수도 있다는 인식을 하게 되었다. 또한 대인지뢰금지협약의 체결을 통해 NGO가 조약의 체결에 주도적인 역할을 하고, 국제연합이나 국제연합의 보조기관인 국제연합아동기금(UNICEF)과 같은 정부간기구가 오히려 부차적인 역할을 할 수 있다는 인식을 하게 되었다.

이러한 사실들은 웹과 인터넷의 발전이 NGO의 능력을 향상시킴으로써 개개 국가 정부뿐만 아니라 이들의 대표로 구성된 정부간기구의 국제사회에 있어서의 행위자로서의 중요성을 상대적으로 약화시키는 데 적지 않은 영향을 미치고 있음을 보여준다. 나아가 이러한 사실은 국제사회 전체의 공익보다는 편협한 국가이익의 관점에서 행동하는 국가 정부들로 구성된 정부간기구에서의 「국제적 관리(international governance)」는 국제문제를 국제사회의 관점에서 다루는 데 본질적인 한계를 가지고 있음으로써, 정부간기구와 더불어 NGO의 역할까지도 중요시되는 「전지구적 관리(global governance)」가 필요하다는 것을 보여준다.

9) 다국간투자협정은 일명 「다자간투자협정」이라고도 불리는데, 이는 경제협력개발기구(OECD)에서 직접투자의 장벽을 제거하기 위해 추진되었던 국제협약으로서 외국인 투자자에 대한 내국민 대우, 외국 투자자와의 분쟁이 발생하였을 때 이를 조정할 합리적 기준과 절차의 마련, 투자보장에 관한 국제적 기준 마련, 외국투자 업종의 제한 완화를 주요 내용으로 했다.

제 2 장　국제연합과 NGO의 관계[10)]

여기에서는 국제연합과 NGO가 전통적으로 어떠한 관계를 설정·유지해 왔으며, 이러한 관계가 현재 어떠한 변화를 겪고 있고, 이러한 변화의 흐름이 앞으로 어떤 방식으로 전개되어 갈 것인가를 전망하여 보고자 한다.

1. 전통적인 관계

국제연합헌장의 서문은 「우리 국제연합 사람들은(We the peoples of the United Nations)」이라는 말로 시작됨으로써 국제연합의 궁극적인 권위가 세계의 개개 시민으로부터 유래됨을 간접적으로 나타내고 있다. 그러나 이러한 헌장의 서문과는 달리 시민들과 국제연합과의 관계는 매우 제한적이다. 여기에서는 국제연합과 NGO의 관계를 국제연합의 경제사회이사회(ECOSOC)와 총회가 NGO와 맺어 온 전통적인 관계를 중심으로 살펴보고자 한다.[11)]

---

10) 박재영, 『국제관계와 NGO』 (서울: 법문사, 2003), pp.193-251.

11) 국제연합의 사무국 등도 NGO와 관계를 설정하고 있으나, 이곳에서는 보다 중요한 국제연합의 기관인 경제사회이사회와 총회가 NGO와 가지는 관계에 국한하고자 한다.

(1) 경제사회이사회(ECOSOC)와의 관계

1) 관계의 설정

국제연합 창설 당시 미국의 NGO 활동가들은 샌프란시스코 회의에 미국 대표단의 일원으로 참가하여 국제연합에 있어서 회원국 정부와 대등한 지위를 요구한 바 있다.[12] 그러나 이러한 지위가 인정될 경우 소련의 관제 NGO들 역시 동등한 지위를 향유할 수 있다는 우려와 경계 등으로 인해 원래의 입장으로부터 후퇴하여, 국제연합헌장 제71조에 국제연합이 NGO와 관계를 설정할 수 있는 근거규정을 두는 선에서 타협이 이루어졌다.

구체적으로 국제연합헌장 제71조는 「경제사회이사회는 그 권한 내에 있는 사항과 관련이 있는 NGO와의 협의를 위해 적절한 약정을 체결할 수 있다. 그러한 약정은 국제적인 조직과 체결할 수도 있으며 적절한 경우에는 관련 국제연합 회원국과의 협의 후에 국내 조직과도 체결할 수 있다」고 규정함으로써 NGO의 존재와 기능을 인정하고, ECOSOC으로 하여금 특별협정의 체결을 통해 일정한 자격요건을 갖춘 NGO에게 「협의지위(consultative status)」를 부여할 수 있는 권한을 부여하고 있다.[13]

협의지위라는 말은 부차적인 역할(secondary role)을 하는 지위를 지칭하기 위해 ECOSOC에 의해 의도적으로 사용된 용어로서, 조언(advice)의 제공자로서의 NGO를 의미하며 의사결정 과정의 일부로서의 NGO를 의미하는 것이 아니다.[14] 헌장 제71조와 관련하여 주목할 부분 중의 하나는 ECOSOC이 국제 NGO뿐만 아니라 국내 NGO에게도 특별한 경우 협의지위를 부여할 수

12) 국제사회의 50개 국가가 1945년 미국 샌프란시스코에서 국제연합헌장 초안을 작성하기 위한 회의를 가졌으며 같은 해 6월에 서명이 이루어졌다

13) 국제연합헌장 제71조의 영어 원문은 다음과 같다: The Economic and Social Council may make suitable arrangements for consultation with non-governmental organizations which are concerned with matters within its competence. Such arrangements may be made with international organizations, and where appropriate, with national organizations after consultation with Member of the United Nations concerned.

14) Peter Willetts, "From "Consultative Arrangements" to "Partnership": The Changing Status of NGOs in Diplomacy at the UN," *Global Governance*, Vol. 6, No. 2 (April-June 2000), p. 191.

있도록 한 점이다. 당시 미국의 노조는 「미국노동총동맹(American Federation of Labor: AFL)」과 「산업별회의(Congress of the Industrial Organization: CIO)」로 양분되어 경쟁하에 있었는데, CIO가 곧 발족하게 될 「세계노동조합연맹(World Federation of Trade Union: WFTU)」의 회원으로서 국제 NGO로 인정될 수 있었는데 반해 AFL은 그렇지 못했기 때문에, AFL의 반발과 나아가 또 다른 국내 NGO들의 반발을 피하기 위해 국내 NGO도 국제연합 회원국과의 협의를 통해 협의지위를 얻도록 길을 터놓았던 것이다.

그러나 1996년 ECOSOC의 결의 E/1996/31에 의해 NGO의 정의를 국내 NGO와 지역 NGO로 확장하기 전까지, 이러한 규정에 근거하여 실제로 협의지위를 얻은 국내 NGO는 몇 개의 예외적인 것에 불과했다.[15)]

NGO가 국제연합과 특별한 관계를 가지고자 했던 이유는 ECOSOC과 그 산하기관에게 NGO가 활동하고 있는 전문분야에 있어서의 여론을 전달하여 정책에 반영할 필요를 느꼈기 때문이다. 다른 한편 국제연합은 NGO가 가지고 있는 전문적인 지식과 능력에 기초한 정보와 조언이 긴요했기 때문에 NGO와 관계를 설정할 필요가 있었던 것이다.

ECOSOC은 1946년에 산하기관으로서 「NGO위원회(Committee on Non-governmental Organizations)」를 설립하여 국제연합헌장 제71조에 근거한 NGO와의 협정체결을 위해 필요한 규칙들을 마련하도록 하고, 이러한 규칙에 근거하여 NGO들에게 협의지위를 부여하도록 했다. 1950년에 ECOSOC은 그 때까지의 협의지위의 부여와 관련된 제반 관행들을 공식적으로 규정하는 결의 288B를 통과시켜, 헌장 제71조의 협의약정(consultative arrangements)을 구체화했다. ECOSOC은 1968년에 이를 약간 수정한 결의 1296을 채택한 바 있으며, 1996년에는 28년 만에 1968년에 채택한 결의를 갱신하는 결의를 통과시킨 바 있다.

1946년부터 지금까지 ECOSOC이 NGO에게 부여해 온 협의지위는 일관되게 세 수준의 것으로 분류되어 왔으나 그 이름은 약간 달랐다. 구체적으로

---

15) Peter Willetts, "From "Consultative Arrangements" to "Partnership": The Changing Status of NGOs in Diplomacy at the UN," *Global Governance*, Vol. 6, No. 2 (April-June 2000): pp. 192.

1946년부터 1950년까지는 Category A, Category B, Category C로 구분하였으나, 1950년부터 1968년까지는 Category A, Category B, Register로 분류하였다. 이어서 1968년부터 1996년까지는 Category I, Category II, Roster로 구분하다가, 1996년부터 지금까지는 일반적 협의지위(General Consultative Status), 특별 협의지위(Special Consultative Status), 명부상 협의지위(Roster Consultative Status)로 구분하고 있다. 다음의 설명은 가장 최근의 분류, 즉 1996년부터 적용되고 있는 분류를 기초로 하고 있다.

2) 세 범주의 협의지위 NGO

(가) 일반적 협의지위 NGO: 일반적 협의지위(General Consultative Status) NGO는 ECOSOC의 책임하에 대부분의 문제영역에 걸쳐 다면적인 목표와 활동을 가지고 있어 이러한 영역에 있어서 공헌이 기대되며, 광범위한 범위의 국가들을 대표하는 다수의 회원을 갖고 있는 NGO로서「포괄적 협의지위를 가진 NGO」라고도 불린다.

일반적 협의지위 NGO는 ECOSOC과 그 산하기관에 초청 없이도 대표를 지정하여 파견할 수 있다.[16] 이들은 다른 종류의 협의지위를 가지고 있는 NGO들과는 달리, 의제를 제안할 수 있는 권한을 갖는다. 이러한 의제제안권과 더불어 이들은 회의에 출석하여 구두로 의견을 진술할 수 있으며, 국제연합의 문서로서 서면진술서(written statement)를 제출하는 것이 인정된다.

이러한 부류에 속하는 대표적인 NGO로는 국제로터리클럽(Rotary International), 국제표준화기구(ISO), 국제상업회의소(ICC), 국제연합협회세계연맹(WFUNA) 등이 있다. 우리나라의 NGO로서는「굿네이버스(Good Neighbors)」가 1996년에 처음으로 그리고 1997년에「세계평화여성연합(Women's Federa-

---

16) NGO들은 ECOSOC보다는 ECOSOC에 보고를 하도록 되어 있는 ECOSOC 내의 산하기관에서 보다 적극적으로 활동한다. 왜냐 하면 일반적으로 실질적인 중요한 결정은 위원회와 같은 산하기관에서 이루어지고 ECOSOC은 이를 수정 없이 때로는 약간의 수정을 가하여 통과시키기 때문이다 (Peter Willetts, "The Rules of the Game: The United Nations and Civil Society," in John W. Foster and Anita Anand, eds., *Whose World is it Anyway?: Civil Society, the United Nations and the Multilateral Future* (Ottawa, Canada: The United Nations Association in Canada, 1999), p. 263).

tion for World Peace: WFWP)」이 두 번째로 일반적 협의지위를 획득한 바 있다.

(나) 특별 협의지위 NGO: 특별 협의지위(Special Consultative Status)라는 지위는 인권과 환경 등과 같은 ECOSOC이 다루는 이슈의 일부에 관심을 가지고 있는 NGO로서, 이러한 특정 분야에서 공헌이 기대되는 국제적으로 잘 알려진 NGO에게 주어진다. 보건이나 인권 등과 같은 특정 분야의 활동을 전문으로 하는 NGO에게 주어지는 지위라고 하여 「특정 분야 협의지위」라고도 불린다.

이들 특별 협의지위 NGO들은 ECOSOC과 그 산하기관에 초청 없이도 대표를 지정하여 파견할 수 있으며, ECOSOC과 그 산하기관에서 구두진술과 서면진술을 할 수 있다. 그러나 일반적 협의지위 NGO와는 달리 ECOSOC과 그 산하기관에서 의제를 제출할 권한을 가지지 않는다.

특별 협의지위를 지니고 있는 대표적인 NGO로는 국제사면위원회(Amnesty International: AI)와 기독교청년동맹(YMCA) 등이 있다. 한국의 NGO로는 한국에 본부를 두고 있는 「밝은사회국제본부(Global Cooperation Society International: GCS International)」가 1997년 5월에 최초로 이러한 지위를 획득했다. 그 후에 한국여성단체협의회, 한국여성정치문화연구소, 세계대학총장연합, 환경운동연합, 경실련, 민주화를 위한 변호사 모임(민변), 한국자유총연맹 등이 추가로 특정분야 협의지위를 획득한 바 있다.

(다) 명부상의 협의지위 NGO: 명부상의 협의지위 NGO들은 ECOSOC과의 관계에 있어서 일반적 협의지위나 특별 협의지위를 획득하지 못한 NGO로서, ECOSOC이나 국제연합 사무총장에 의해서 ECOSOC 혹은 ECOSOC의 산하기관에 대해 때때로 유효한 공헌을 할 수 있다고 고려되는 NGO들이다.

NGO들은 ECOSOC의 산하기관인 NGO위원회(Committee on Nongovernmental Organization)의 추천에 의거한 ECOSOC의 조치에 의하거나 국제연합 사무총장의 조치에 의해 명부에 오를 수 있다. 여기에 더하여 전문기구나 다른 국제연합기구(UNO)와 협의지위 혹은 이와 유사한 지위에 있음으로써 명부에 오를 수도 있다.

일반적 협의지위와 특별 협의지위에 있는 NGO가 회의에 참가할 대표를 지정할 권리, 진술서를 제출할 수 있는 권리, 그리고 구두로 의견을 진술할 수 있는 권리 등을 본질적으로 가지고 있어 ECOSOC이나 그 산하기관으로부터의 초청이 없이(without invitation) 이러한 권한을 행사할 수 있다. 이에 반해, 명부상의 협의지위 NGO들은 이러한 권리를 본질적으로 가지고 있지 않기 때문에, ECOSOC이나 그 산하기관으로부터 초청을 받을 경우에 한해 참가하여 그들이 전문적으로 다루는 분야의 문제에 대해 일정한 권한을 행사할 수 있을 뿐이다.

구체적으로 ECOSOC 산하기관의 초청이 있을 경우 명부상의 협의지위 NGO들은 이들 기구에서 구두로 진술할 수 있고 서면진술서를 제출할 수 있다. 산하기관이 아닌 ECOSOC 자체의 초청이 있을 경우 서면진술서를 제출하는 것은 허용되나 구두진술은 어떠한 경우에도 불가능하다.

(2) 총회와의 관계

국제연합 총회는 ECOSOC과는 달리 NGO와 공식적인 관계를 설정한 것이 없다. 그럼에도 불구하고 국제연합 총회는 6개 주요 위원회(main committee)와 몇 개의 산하기관에서 의제의 토의를 돕기 위해 NGO의 비공식적인 참여를 일정한 정도 허용해 온 것이 사실이다.

국제연합은 정기총회 이외에 특별총회, 대규모로 국제연합 밖에서 개최되는 전지구적 회의(global conference)에서도 NGO들의 참여를 제한적이지만 허용해 오고 있다. 이들 국제연합 총회와 관련 있는 회의들과 NGO의 관계를 하나씩 살펴보기로 하자.

1) 정기총회

정기총회는 본회의(plenary)와 위원회(committee)로 구분하여 살펴볼 수 있다. 정기총회 본회의에의 NGO 참여는 비공식적으로도 통제되고 있다. 이와는 달리 위원회의 경우 NGO의 참여를 대단히 제한적이고 부분적이기는 하지만 인정해 오고 있다.

구체적으로 총회의 위원회는 본회의와는 달리 초기부터 갈등에 관련되어 있는 비국가적 행위자(non-state actor)로 하여금 주로 제1위원회와 제4위원회에서 관련된 의제에 관한 토론을 돕기 위해 그들의 견해를 제시하는 것을 허용하여 왔다. 예컨대, NGO들은 평화유지활동(PKO)과 같은 특별정치와 탈식민 문제를 다루는 제4위원회에 청원자(petitioner)로 참여하여 연설 등을 해 왔다.

그러나 이러한 예외를 제외하고 NGO들은 일반적으로 정기총회의 주요 위원회에 비공식적인 참여만이 허용되고 있다. 비공식적인 참여의 방식으로는 공식회의를 정회시키고 NGO들로 하여금 발언을 하도록 한 다음 공식회의를 다시 속개하는 방식을 택하기도 하고, NGO들로 하여금 위원회의 실무작업반(working groups) 회의에 참가하도록 하거나, 주요 위원회의 의장과 협의 또는 간담회를 갖도록 하는 방식을 이용한다.

일반적인 NGO들과는 달리 극히 제한된 일부 NGO들은 국제연합 총회의 옵서버 자격을 가지고 총회에 참여해 오고 있다. 구체적으로 1990년에 처음으로 국제적십자사위원회(International Committee of the Red Cross: ICRC)에게 국제연합 총회의 옵서버의 지위가 부여되었으며, 이후 1994년에 몰타독립기사군(Sovereign Military Order of Malta)과 국제적십자사연맹(International Federation of Red Cross and Red Crescent Societies: IFRC)이 국제연합 총회의 옵서버 자격을 얻었다. 그러나 미국의 주도에 의해 국제연합 총회가 더 이상 NGO에게 옵서버 지위를 부여하지 않겠다는 결정을 내림으로써 이러한 방식을 통한 NGO의 총회 참여가 통제되게 되었다.[17]

17) Peter Willetts, "The Rules of the Game: The United Nations and Civil Society," in John W. Foster and Anita Anand, eds., *Whose World is it Anyway?: Civil Society, the United Nations and the Multilateral Future* (Ottawa, Canada: The United Nations Association in Canada, 1999), pp. 273-274.

2) 특별총회와 전지구적 회의

NGO들은 국제연합의 정기총회뿐만 아니라 특별총회와 전지구적 회의(global conference)에도 참여해 오고 있는데, 이 두 종류의 회의를 정회의(main conference)와 정회의 개최 2-3년 전부터 전개되는 준비회의(preparatory conference)로 구분하여 살펴보고자 한다.

(가) 준비회의 과정에의 참여: 우선 NGO는 특별총회와 전지구적 회의의 준비과정(preparatory processes)에 참여하여 보고서 준비를 책임 맡고 있는 사무국과 정부대표들에게 조언을 하고 자료와 같은 것들을 제공하기도 한다. 특히 다루고 있는 주제가 기술적인 것일 경우 정보나 전문지식을 제공하기도 한다.[18] 문서초안(draft documents)이나 결의안(draft resolutions)의 문안을 조정하여 정부대표단에게 제출하기도 한다. 공인된 NGO들은 국제연합 경제사회이사회(ECOSOC)와의 협의지위 보유 여부에 관계없이, 준비위원회에서 간단하게 구두진술을 요청할 수 있다.[19]

준비과정 중에서도 마지막 단계에 이르러서는 NGO들의 참여가 배제되는 경우가 많은데, 이들 두고 「4차 준비위원회 현상(Fourth PrepCom Phenomenon)」이라고 부른다. 준비위원회가 항상 네 차례의 회의를 갖는 것은 물론 아니지만 통상적으로 네 차례 정도 갖는 경우가 많은데, 절차적인 문제들이 많이 논의되고 공식적인 회의가 주를 이루는 초기단계의 준비위원회 회의와는 달리, 막바지에 이를수록 준비위원회는 실질적인 문제들에 초점을 맞추게 되며 이견을 조정하기 위해 비공식 회의를 많이 개최하게 된다. 정부대표들은 통상적으로 이러한 회의에 NGO들을 배제하는 경향을 보여 오고 있다.

---

18) 많은 경우 국제연합 총회와 경제사회이사회(ECOSOC)가 결의안의 통과를 통해 국제연합 회의의 개최를 결정할 때, 국제연합 사무총장과 정부들에게 다루고자 하는 의제와 관련하여 보고서를 준비할 것을 요청한다. 이때 의제 자체가 정부간기구나 정부들에게 있어 새로운 것일 경우, 사무국 직원과 정부 관리들은 이러한 보고서를 작성하는 데 있어서 관련 NGO에게 도움을 요청하지 않을 수 없게 된다. 이러한 요청에 의해 NGO들이 처음부터 보고서 작성에 참여함으로써 의제가 논의되는 방향에 중대한 영향을 미칠 수 있다.

19) NGO가 특별총회나 전지구적 회의(global conference)에 참가하기 위해서는 국제연합으로부터 공인(accreditation)을 받아야만 한다.

특히 정회의가 열리기 전 마지막 준비위원회에서 정회의에서 채택될 문건들의 초안이 작성되는 것이 통례인데, 이러한 과정에서 NGO들은 배제되는 것이 일반적이다.[20] NGO들에게 있어, 최종 문안 회의로부터의 배제는 NGO들로 하여금 최종 문건에 대해 자신들이 영향을 미칠 수 있는 가능성을 제한하기 때문에 커다란 제약점으로 작용한다. 이 경우, NGO들은 국가 대표들에게 문구 제안서(wording proposal)를 건네줌으로써 간접적으로 영향을 미칠 수 있을 뿐이다.

(나) 정회의 과정에의 참여: 국제연합 정기총회의 경우, NGO들의 위원회(committee)의 회의참여가 상당히 제한되어 있으며, 본회의(plenary)에의 참여는 더욱 더 제한되어 있다. 특별총회의 경우, 정기총회에 비해 NGO의 참여의 허용도가 상대적으로 높은 편이나 전지구적 회의보다는 NGO의 참여 허용도가 낮아진다.

특별총회의 정회의의 경우, NGO들은 어느 정도 참여를 허용 받아 왔지만, 총회에 의해 개최되는 다른 회의와 마찬가지로 특정의 공식적인 원칙하에서 일관되게 이루어진 것은 아니다. 특별총회에 NGO의 참여를 어느 정도 인정할 것인가는 준비회의에서 결정되는 것이 일반적이다. 구체적으로 준비회의에서 NGO의 참여를 불허할 것인가 허용할 것인가, 참가를 허용한다면 어떤 NGO를 어느 수준에서 활동하도록 할 것인가의 문제를 둘러싸고 정부대표들 사이에 격론이 벌어지곤 한다. 그 결과 극단적으로 NGO의 참여가 불허되기도 하고, 때에 따라서는 가장 높은 수준이라고 볼 수 있는 본회의(plenary)에의 참여까지 허용되기도 한다. NGO의 참여가 허용될 경우 일반적으로 NGO들에게는 구두발언과 서면진술의 기회가 주어진다.

전지구적 회의의 정회의의 경우, 국제연합은 다른 어떤 회의에 비해 NGO 참여에 가장 너그러움을 보여 왔다. 특별총회의 정회의의 경우 ECOSOC과

20) Ann Marie Clark, Elisabeth J. Friedman, and Kathryn Hochstetler, "The Sovereign Limits of Global Civil Society: A Comparison of NGO Participation in UN World Conference on the Environment, Human Rights, and Women," *World Politics,* Vol. 51, No. 1 (October 1998), pp. 17-18.

협의지위를 가지고 있는 NGO만이 본회의에서의 구두진술이 허용되나, 전지구적 회의의 경우 NGO들은 ECOSOC과의 협의지위에 관계없이 의장의 요청과 관련 기구의 동의하에 본회의에서의 구두진술이 허용된다. 그러나 모든 전지구적 회의가 다 이런 것은 아니다. 특히 인권과 관련된 회의는 NGO의 비판의 대상되고 있는 인권 유린국 혹은 인권 취약국의 저항에 의해 NGO의 공식회의에의 접근에 대해 소극적이거나 부정적이다.

2. 전통적인 관계의 변화

(1) 배 경

국제연합과 NGO의 관계에 있어서 변화의 계기는 1972년에 개최된 「국제연합인간환경회의(UNCHE)」였다. 이때 국제연합 ECOSOC과 공식적인 관계를 맺고 있지 않던 NGO들의 대거 참여가 유도되면서, 국제연합체제(United Nations System)와 NGO들의 상호작용이 현저하게 강화되기 시작했다.

1970년대에 UNCHE처럼 1990년대에 있어서 NGO와 국제연합간의 관계에 큰 획을 긋는 정부간 회의가 1992년에 개최된 국제연합환경개발회의(UNCED)였다. 이 회의에 사상 최대 규모로 많은 NGO들이 회의의 준비과정뿐만 아니라 정회의(main conference)에 참가하여 새로운 아이디어와 함께 논의할 의제를 제시하고, 개도국과 선진국간의 차이를 극복하기 위한 가교 노릇을 활발하게 전개하였다.

UNCED는 NGO들로 하여금 회의의 진행과정에서 실질적으로 중요한 역할을 하도록 했을 뿐 아니라, 회의의 결과물인 「의제 21(Agenda 21)」의 목표를 실행하는 데에 NGO들의 참여와 역할을 강조했다. 이를 계기로 정부간 회의 등에 있어서 결정사항의 집행과정에 NGO의 역할이 중요시되기 시작했다는 점에서도 주목을 받았다.

UNCED와 관련하여 보다 중요한 것은 UNCED가 계기가 되어 NGO와 국제연합의 기존 관계에 대한 검토가 본격화되었다는 점이다. 우선, NGO들은 자신들의 UNCED에 대한 기여에 고무되어 환경 NGO를 국제연합 활동에 통합화할 수 있는 수단을 마련하기를 원했다. 또한 UNCED 이후에 NGO들 사이에서 ECOSOC의 절차가 관료적이고, 협의지위의 부여라는 것이 NGO들을 제 편으로 만들기 위한 것이며, 기존의 NGO들이 풀뿌리 대중여론을 제대로 대표하지 못한다는 인식이 팽배해졌다.[21]

이러한 맥락에서, NGO가 경제·사회문제를 다루는 ECOSOC하고만 공식적인 협의적 관계를 가지고 있을 뿐 국제연합 총회, 총회의 각종 위원회, 안전보장이사회와 같은 중요한 의사결정 기구에 참여할 공식적인 제도가 설립되어 있지 않다는 것에 대한 불만이 강하게 노정되었다. 특히 NGO의 참여하에 ECOSOC과 그 산하기관에서 논의되는 의제들과 동일한 의제들이 국제연합 총회에서 논의되고 있음에도 불구하고, NGO들의 국제연합 총회에의 참여가 배제된다는 사실에 많은 NGO들은 불만을 가지게 되었다.

이러한 NGO들의 인식 및 불만과 더불어, UNCED를 비롯한 일련의 대규모 정부간 회의 등에서 NGO가 전문지식을 가지고 대단히 중요한 역할을 수행함으로써, 국제연합의 국제공무원과 회원국 사이에 NGO의 참여 없이는 국가간 토의나 정책결정이라는 것이 정당성(legitimacy)을 갖기 힘들다는 인식 역시 팽배해졌다.

(2) 변화의 시도

현실에 대한 이러한 인식의 변화와 불만에 대응하여, ECOSOC은 UNCED를 계기로 NGO와의 관계를 규정하고 있는 기존의 틀(즉, 1968년에 통과되어 NGO와 ECOSOC과의 관계를 규정해 온 결의 1296)을 검토하고 필요할 경우 이를 바꾸기 위해 1993년에 결의 E/1993/80을 통과시켰다. 이로써 NGO 권리의 확대를 목표로 한 정부간 협상의 문이 열렸으며, 이를 위해 ECOSOC 내에 「개방된 실무 작업반(Open-Ended Working Group: OEWG)」이 설치되었다.

이러한 노력은 이제까지 대다수의 NGO가 국제연합에 의해 국제연합의

21) Peter Willetts, "From "Consultative Arrangements" to "Partnership": The Changing Status of NGOs in Diplomacy at the UN," *Global Governance*, Vol. 6, No. 2 (2000): pp. 192, 194.

정책이나 정보를 파급시키는 일방적인 통로로 사용되어 온 것으로부터 전환하여, 국제연합으로의 NGO 투입을 제도화하여 쌍방향적인 상호작용을 강화하기 위한 것이었다. 그러나 이러한 노력은 생각만큼 쉬운 것은 아니었다.

대체적으로 정부대표들은 NGO의 지위향상이 국제문제의 의사결정에 있어서 이제까지 그들이 누려온 독점적인 지위의 훼손으로 이어지는 것을 공통적으로 두려워했다. 구체적으로 개도국들은 특히 자신들의 인권문제를 제기하는 인권 NGO들의 권한이 당시의 인권위원회와 같은 기구로부터 총회와 같은 다른 기구로까지 공식화되는 것을 반기지 않았으며, 선진국들은 국제적인 경제정의, 군축, 전지구적 민주주의를 촉구하는 NGO들에 고운 시선을 보내지 않았다.[22)]

이와 동시에, 개도국들은 선진국의 국제 NGO들만이 아닌 자국의 국내 NGO들도 ECOSOC의 의사결정에 참여하는 것을 원했기 때문에 국내 NGO의 협의지위 문제에 강한 관심을 두었다. 이들은 세계화를 저지하기 위한 방편의 일환으로, NGO의 공식적인 지위가 국제연합 총회뿐 아니라 국제통화기금(IMF)이나 세계은행(IBRD)과 같은 전문기구 그리고 나아가 세계무역기구(WTO)로까지 확대되기를 강력하게 원했다.

이에 반해 대다수의 선진국들은 NGO의 협의지위 확대논의의 대상을 국제연합 총회 정도로 제한하기를 원했다. 그 결과, 이 문제가 선진국과 개도국 사이에 최대의 논란이 되어 협상을 교착상태에 빠뜨렸다.

협의지위 확대를 둘러싼 이견은 선진국과 개도국에 그치지 않고, NGO들 사이에도 견해 차이가 적지 않았다. 국제연합에 오래 전부터 참여해 온 몇몇 주요 국제 NGO들은 새로운 NGO, 특히 한 나라에만 기반을 두고 있는 국내 NGO의 지위가 국제연합에서 공식화될 경우 NGO의 정통성이 훼손되고, 협소한 기반을 가지고 정부에 의해 영향을 받는 NGO들이 대거 국제연합에 등장하는 계기가 되는 것을 우려했다.

또한 ECOSOC의 협의지위를 가지고 있는 NGO들의 모임인 「NGO회의(CONGO)」 회원들 역시 동일한 맥락에서 이들과 견해를 같이했다. 이와는

---

22) James A. Paul, *NGO Access at the UN* (http://www.globalpolicy.org/ngos/analysis/jap-accs.htm)

달리 많은 새로운 국내 NGO들은 기존에 국제연합과 관계를 가져온 NGO들을 특권을 독점하려는 엘리트 집단으로 바라보았다.[23]

이러한 견해 차이로 협상은 지지부진하였으며, 1996년 7월에서야 ECOSOC은 지난 3년 동안의 논의를 종결하고 결의 E/1996/31과 E/1996/297을 채택했다. 개도국들은 인권 NGO들의 활동을 좀 더 제한되지 않도록 한다는 선진국의 주장을 수용하는 대가로, 국내 NGO들에게 좀 더 확대된 권한을 부여하고, NGO의 협의지위를 총회와 전문기구로 확대하고자 하는 문제는 총회가 국제연합체제(United Nations System) 내의 모든 분야에서의 NGO의 대표성의 가능성을 다룬다는 동의를 선진국으로부터 받아내는 선에서 타협을 이루었다.[24] 이들 두 결의안의 내용을 살펴보면 다음과 같다.

1) 결의 E/1996/31

결의 가운데 하나인 E/1996/31은 앞서 언급한 1968년에 ECOSOC에 의해 채택된 결의를 경신하는 것으로서 다음과 같은 두 내용을 포함하고 있다.

(가) NGO 정의의 확장: 이전에는 협의지위를 인정받을 수 있는 NGO는 국제적인 NGO여야만 했으나, NGO의 정의를 확장시켜 국제 NGO라는 것을 넘어 국내 NGO와 지역 NGO를 포함하게 되었다. 구체적으로 말해 국제 NGO(INGO)의 국내 관련단체(affiliates)를 포함한 국가 NGO와 지역 NGO (regional NGO)에게 협의지위를 인정하기로 했다.[25]

---

23) James A. Paul, *NGO Access at the UN* (http://www.globalpolicy.org/ngos/ analysis/jap-accs.htm). 개도국 정부들은 그들 국가의 좀 더 많은 NGO들의 참가하는 것을 원했기 때문에 국내 NGO에게 협의지위를 주는 것에 대해 호의적이었다 (Peter Willetts, "The Rules of the Game: The United Nations and Civil Society," in John W. Foster and Anita Anand, eds., *Whose World is it Anyway?: Civil Society, the United Nations and the Multilateral Future* (Ottawa, Canada: The United Nations Association in Canada, 1999), p. 270).

24) James A. Paul, *NGO Access at the UN* (http://www.globalpolicy.org/ngos/analysis/jap-accs.htm)

25) 우리가 여기서 관심을 가져야 할 것은 「국제 NGO(INGO)의 국내 관련단체(affiliates)를 포함한 국가 NGO」라는 말이다. 즉 국가 NGO에는 통상적으로 우리가 알고 있는 국가 NGO와

이는 많은 국내 NGO와 지역 NGO들이 국제적인 관점(perspective)과 국제적인 프로그램을 가지고 있으며, 이들 자신이 소속되어 있는 국가나 지역에 관해 풍부한 지식을 가지고 있어 관련 문제를 논하는 데 있어 깊이와 현장감을 더할 수 있기 때문이다. 이로써 많은 다양한 NGO들이 ECOSOC 및 그 산하기관과 협의지위를 맺을 수 있게 되었다.

(나) 간소화와 표준화: ECOSOC 결의 E/1996/31은 NGO들이 ECOSOC에 협의지위를 신청할 때 밟아야 하는 절차를 간소화하였다. 또한 결의안은 NGO의 국제연합 회의(conference) 참여를 공인하는 표준적 제도를 수립함으로써, 과거 NGO의 정부간 회의 참여를 공인하는 표준적인 제도가 없어 NGO의 정부간 회의 참여가 개개 회의 별로 개별적으로 결정되던 것으로부터 벗어나게 되었다.

2) 결의안 E/1996/297

또 다른 결의인 E/1996/297은 같은 해(1996년)에 개최된 제51차 국제연합 총회로 하여금 NGO가 ECOSOC과의 협의 제도를 통해 얻은 경험을 고려하여 국제연합이 활동하고 있는 모든 영역에서 NGO가 참여할 수 있는 제도의 수립을 검토하도록 권고했다.

이는 국제연합과 NGO의 포괄적인 동반자 관계를 공식화하기 위한 노력의 일환이라고 볼 수 있는데, 본 결의안과 더불어 국제연합과 NGO의 새로운 관계의 수립을 위한 논의가 ECOSOC으로부터 총회로 확산되었다고 볼 수 있다.

더불어 국제 NGO라는 모 그룹(umbrella group)의 일부를 형성하고 있는 국가수준의 NGO가 있는데, 이 두 종류의 국가 NGO 모두가 협의의 대상이 된다는 말이다. 여기서 두 종류 모두를 포함하게 된 연유가 있다. 국가 NGO들을 산하에 두고 있는 국제 NGO들은 국가 NGO들에게 협의지위를 가능하게 한다고 할 경우 이들 산하에 들어와 있는 NGO들이 협의지위를 개별적으로 받기를 원해 이들 산하로부터 벗어나지 않을까를 우려하게 되었다. 따라서 이들을 포함한 국가 NGO라고 함으로써 이들이 자신의 산하를 굳이 벗어나지 않은 채로 협의지위를 취득할 수 있는 길을 열어놓게 된 것이다 (Peter Willetts, "The Rules of the Game: The United Nations and Civil Society," in John W. Foster and Anita Anand, eds., *Whose World is it Anyway?: Civil Society, the United Nations and the Multilateral Future* (Ottawa, Canada: The United Nations Association in Canada, 1999), p. 270).

3. 최근의 동향과 전망

이제까지 국제연합과 NGO가 맺고 있는 관계의 특성과 변화를 살펴보았다. 국제연합과 NGO의 관계가 앞으로 어떻게 진화할 것인가를 전망할 필요가 있는데, 이러한 진화를 전망하는 데 있어서 가장 중요한 요인은 이 문제를 바라보는 주권국가들의 태도이다. 그런데 한 마디로 말해서, 몇 예외적인 국가를 제외하고 정부대표들은 기본적으로 결의 E/1996/297의 실현을 꺼리고 있다.

국제연합과 NGO의 관계에 있어서 가장 중요한 현안은 국제연합 총회에서 NGO들이 항구적인 공식적인 지위를 인정받으려 하는 것이다. 그런데 이를 둘러싸고 국가들 사이에 의견이 완전히 일치되는 것은 아니나, 기본적으로 NGO에 대해 보여주고 있는 주권국가들의 열정적인 수사(rhetoric) 뒤에는 뿌리 깊은 불안이 숨겨져 있다. 즉, 선진국과 개도국을 가리지 않고 정부대표들은 전지구적 의사결정에 있어서 주권국가들이 지금까지 행사해 온 독점적인 지위가 NGO의 권한확대로 약화될지 모르는 변화를 근본적으로 두려워하고 있다.

총회에서도 NGO의 공식적인 지위가 인정되어야 한다는 주장의 논거는 NGO의 참여가 허용된 가운데 ECOSOC과 전지구적 회의가 다루었던 이슈를 또 다시 다루는 총회에의 참여를 막는 것은 비논리적이라는 것이다. 그러나 기실 자국의 인권상황이나 다른 이슈와 관련하여 NGO로부터 공격을 받는 개도국들은 이러한 NGO들이 총회에 공식적인 행위자로 등장하는 것을 꺼리고 있다. 이런 점에서 볼 때, 개도국들이 진정 원하는 것은 국제통화기금(IMF)이나 세계은행(IBRD)과 같이 세계화를 선도해 나가는 국제금융기구에 NGO들의 참여를 확대하여 NGO와 더불어 이들 기구에 영향력을 행사하기를 원하는 것이라고 할 수 있다.

또한 NGO가 환경·경제·사회 문제에 관계하는 것은 괜찮다고 생각하는 선진국도 NGO들이 군비통제, 군축, 경제정의(economic justice), 전지구적 민주주의(global democracy)를 요구하는 것까지 수용하려 하지 않는다. 특히, 미국과 같은 국가는 NGO들이 총회에서 평화유지나 군비통제와 같은 문제를 다루는 데 참여하게 될 경우, 이러한 문제를 다루게 될 안전보장이사회(Security Council)에의 NGO 참여를 배제하는 것이 모순된다고 보고 있기 때문에 NGO의 총회 참여에 경직된 입장을 보이고 있다.[26)]

또한 선진국과 개도국을 가리지 않고 적지 않은 국가 정부들이 NGO의 대표성의 문제를 제기하면서 NGO의 공식적 지위의 확대를 반대하고 있기도 하다. 한 마디로 NGO들은 외부적으로 정의된 지리적 혹은 공동체적 구성요소를 가진다는 의미의 대표성을 가지고 있지 않고, 잘 해야 회원들의 이해관계나 관심사를 대표하며, 최악의 경우 설립자 혹은 NGO를 이끌고 있는 지도자의 이해관계나 관심사를 대표하는 데 그친다는 지적이다. 즉, NGO들 가운데는 국제사회 전체의 이익보다는 한정된 이익을 국제사회에 반영하고자 노력하는 NGO들의 수가 점차적으로 늘어나고 있다는 지적이다.

이와 더불어 국제연합과 같은 정부간기구에 접근하고 있는 NGO들 가운데 많은 NGO들이 선진국 NGO들로서 개도국 NGO들과 견해를 항상 같이 한다고 단정할 수 없어, NGO의 영향이 편파적이 될 수 있다는 우려가 제기되고 있다. 일부 국가들은 이러한 이유로 인해 NGO들이 정부간기구에 접근하여 영향력을 행사하려는 대신에, 자신들이 속해 있는 국가의 정부에 접근하여 정부에 영향을 미치는데 집중하여야 한다는 주장을 제기하면서 NGO의 정부간기구에의 접근의 확대에 반대하고 있다.

NGO의 공식적 접근의 확대에 대해 국가들 사이에 존재하는 입장차이가 국제연합 내에서 단순 다수결의 표결에 의해 최종적으로 결정될 사항도 아니다. 즉, 국제연합이 보다 확대된 공식적인 역할을 NGO에게 부여하기 위해서는 헌장의 개정을 필요로 하며, 구체적으로 이를 위해 안전보장이사회 상임이사국의 거부권이 적용되고 회원국 2/3이상의 찬성이 있어야 한다. 따라서 국제연합에 있어서의 NGO의 지위향상은 국제연합의 안전보장이사회 개혁 등 다른 개혁문제와 마찬가지로 국가들 사이의 이견으로 인하여 정치적으로 어렵고 예민한 문제가 될 수밖에 없다.[27)]

26) 미국은 NGO가 안전보장이사회에 공식적으로 참여하게 될 경우, 자국이 주된 NGO의 비판대상이 될 것이라고 본다.

결론적으로 말해, 선진국이나 개도국 모두에게 있어 NGO의 국제연합에의 참여의 확대는 얻는 것만큼 혹은 그 이상으로 잃는 것을 가져다주기 때문에, 이러한 딜레마적 상황에서 정부대표들은 NGO들의 공식적인 참여의 확대에 지속적으로 주저하지 않을 수 없다. 그 결과 NGO의 참여 확대가 가까운 시일 내에 이루어지리라고 기대하는 것은 무리다.

27) Karen A. Mingst and Margaret P. Karns, *The United Nations in the Post-Cold War Era* (Boulder, Colorado: Westview Press, 1995), p. 154.

제 3 장 전문기구와 NGO의 관계[28)]

1. 서 론

앞서 살펴보았듯이, 국제연합의 ECOSOC은 일정한 요건을 갖춘 NGO에게 협의지위를 부여하여 이들로 하여금 ECOSOC이나 그 산하기관의 회의에 참석하여 구두진술과 서면진술을 할 수 있도록 하고 있다. 대부분의 전문기구들도 국제연합의 ECOSOC과 유사한 규정을 두고 NGO에게 일정한 지위를 부여하고 있다.[29)]

그러나 전문기구들이 NGO에게 일정한 지위를 부여하는 데 있어서 획일적인 것은 결코 아니다. 전문기구에 따라서는 국제연합교육과학문화기구(UNESCO)처럼 ECOSOC과 같이 한 종류 이상의 지위를 부여하고 있는 기구도 있고, 세계보건기구(WHO)처럼 한 종류의 단일한 지위만을 부여하는 전문기구도 있다. 경우에 따라서는 국제통화기금(IMF)처럼 NGO와 어떠한 공식적인 관계를 갖고 있지 않는 경우도 있다. 여기에서는 전문기구와 NGO의 관계의 대표적인 예로서 UNESCO와 WHO가 NGO와 어떠한 관계를 가지고 있는가를 살펴보고자 한다.

---

28) 박재영, 『국제관계와 NGO』 (서울: 법문사, 2003), pp. 252-267.

29) Karen A. Mingst and Margaret P. Karns, *The United Nations in the Post-Cold War Era* (Boulder, Colorado: Westview Press, 1995), p. 56.

2. UNESCO와 NGO의 관계

(1) 서 론

UNESCO는 창설 초기부터 다른 전문기구들과도 비교가 될 정도로 국제수준에서 다양한 국제 NGO들과 긴밀한 협력관계를 가져왔다. 이들 사이의 관계는 UNESCO헌장에 간단하게 규정되었으며, 1960년에 UNESCO 총회가 「UNESCO의 국제 NGO와의 관계에 관한 지침(Directives Concerning UNESCO's Relations with International NGOs)」이라는 문건을 채택함으로써 구체화되었다. UNESCO는 이 지침에 근거를 두고 UNESCO의 활동에 대한 실질적인 기여의 정도를 고려하여 국제 NGO에게 세 등급의 지위를 차등적으로 부여했다.[30] 이 지침의 특징은 오로지 국제 NGO하고만 관계를 갖도록 했다는 점이다.

UNESCO는 1995년에 「UNESCO의 NGO와의 관계에 관한 지침(Directives Concerning UNESCO's Relations with NGOs)」이라는 문건을 새롭게 채택하면서 기존 NGO와의 관계에 커다란 변화를 꾀했다.[31] 새 지침상의 중요한 변화는, 이전에는 국제 NGO하고만 관계를 설정하던 것으로부터 나아가 국가수준, 지역수준, 국제수준 등 어떠한 수준이든 관계하지 않고 UNESCO의 권능의 분야에서 활발하게 활동하고 있는 모든 NGO와 관계를 가질 수 있게 했다는 점이다. 이러한 NGO들과 융통성 있고 동태적인 동반자 관계를 설정하는 것을 가능하도록 하기 위해 「운용활동 관계(Operational Relations)」라는 것을 새롭게 규정했다.

이러한 관계는 기존에 UNESCO가 관계를 맺어온 NGO들(즉, 국제 NGO들)과의 관계보다는 덜 구조화되고 훨씬 비공식적인 관계로서, 이로 인해 지

---

30) 세 등급의 지위란 구체적으로 Category A(Consultative and Associate Relations), Category B(Information and Consultative Relations), Category C(Mutual Information Relations)의 지위를 말한다.

31) 다음 글을 참조했음: Directives concerning UNESCO's Relations with Non-governmental Organizations (http://erc.unesco.org/ong/en/Direct_ONG.htm).

역 NGO(Regional NGO)와 국내 NGO(National NGO)들까지도 UNESCO에 의해 조직된 회의에 초청을 받을 수 있게 되는 등 UNESCO와 직접적으로 관계를 가질 수 있게 되었다.

이러한 「운용활동 관계」라는 새로운 관계의 설정과 더불어 기존의 관계를 하나로 묶어 「공식적 관계(Formal Relations)」라 하고, 하부에 두개의 다른 관계, 즉 「협의적 관계(Consultative Relations)」와 「제휴적 관계(Associate Relations)」를 두었다. 1995년 이후 달라진 UNESCO와 NGO의 새로운 관계를 상론하면 다음과 같다.[32)]

(2) 관계의 유형

1) 공식적 관계

UNESCO는 국제 NGO(INGO)와 협의적 관계와 제휴적 관계라는 두 종류의 공식적 관계(Formal Relations)를 가진다. 일단 설정된 공식적 관계는 6년 동안 지속되며 갱신이 가능하다.

(가) 협의적 관계: 협의적 관계를 가지는 NGO는 UNESCO의 총회(General Conference)나 그 하부기관에 옵서버를 파견하도록 사무총장으로부터 요청받을 수 있으며, 의장의 동의하에 총회의 하부기관에서 그들의 권능에 속하는 문제에 관해 구두진술을 할 수 있다. NGO는 이러한 구두진술 이외에 그들의 권능하의 UNESCO 프로그램 문제에 대해 서면진술서를 사무총장에게 제출할 수 있다. 사무총장은 이러한 진술서의 내용을 집행이사회(Executive Board)에 전달하거나 혹은 필요할 경우 총회에 전달한다.

이러한 권리와 더불어 협의적 관계의 NGO는 그들의 프로그램 활동과 관련이 있는 UNESCO의 문서를 받아볼 수 있고, UNESCO에 의해 제안한 프로그램에 관해 사무총장과 협의할 수 있다. 또한 총회의 의사규칙에 따라 그

32) 영어의 「Associate Relations」를 어떻게 번역하여야 할지의 문제가 있는데, 여기에서는 만족스럽지는 않으나 「제휴적 관계」로 번역하여 사용하고자 한다.

들의 권능에 속하는 아주 중요한 특정 문제에 관해 총회의 본회의에서 구두 진술을 할 수 있다. NGO는 그들의 권능에 속하는 문제에 관한, UNESCO에 의해 조직된 회의에 옵서버를 파견할 것을 요청받을 수 있다.

협의적 관계를 획득한 NGO는 의무를 지게 되는데, 우선 이들은 UNESCO와 관련 있는 자신들의 활동과 UNESCO의 목적 달성을 위한 지원활동에 대해 정기적으로 UNESCO 사무총장에게 통보하여야 한다. NGO는 모든 가용한 수단을 통해 회원들에게 UNESCO의 프로그램 활동과 회원들이 관심을 가지는 성과를 알려야 한다. NGO는 UNESCO 사무총장의 요청에 의해, UNESCO의 프로그램 준비에 대한 협의와 UNESCO의 연구와 출판 등과 관련하여 조언을 하고 지원을 제공하여야 한다. NGO는 자신들의 활동을 통해 UNESCO 프로그램의 집행에 공헌하고, 가능한 한 최대로 UNESCO 프로그램과 관련 있는 특정 의제를 그들의 회합의 의제에 포함시켜야 하며, UNESCO 사무총장에게 활동 보고서를 정기적으로 제출하여야 한다.

(나) 제휴적 관계: 제휴적 관계를 가지는 NGO는 협의적 관계를 가지는 NGO들이 가지는 모든 권리에 더하여 추가적인 권리를 가지게 된다. 예컨대, 이들은 자신의 활동분야와 관련 있는 UNESCO 활동의 계획과 집행의 다양한 단계에서 최대한 긴밀하고 정기적인 제휴의 대상이 되며, 총회의 의사규칙에 따라 총회의 본회의에서 연설을 할 수 있다. UNESCO 사무국이 UNESCO 프로그램의 집행을 위해 부단하게 접촉할 특별한 필요가 있는 NGO에게 가장 좋은 조건으로 사무실 편의가 제공될 수 있다.

제휴적 관계를 가지는 NGO는 협의적 관계를 가지는 NGO들이 이행하여야 하는 의무 이외에 추가적인 의무를 지게 되는데, 우선 제휴적 관계 NGO는 UNESCO의 권능의 분야에 속하는 자신들의 활동을 확대하는 데 있어 UNESCO와 긴밀하게 협력하여야 한다. NGO는 동일한 분야에서 활동하고 있는 NGO들의 활동에 대한 국제적인 조정(co-ordination)을 촉진하기 위한 UNESCO의 노력과 이러한 NGO들을 상부조직(umbrella organization)의 산하로 가져오기 위한 UNESCO의 노력을 지원해야 한다. 또한 이들 NGO는

UNESCO 사무총장의 참여 요청이 있고 그들의 전문성을 긴요하게 필요로 하는 다양한 유형의 협의회에 대표를 파견하여야 한다.

2) 운용활동 관계

앞서 언급했듯이, 공식적인 관계가 광범위한 대표성과 전문성을 가지고 있는 국제 NGO와 UNESCO 사이에 이루어지는 관계인데 반해, 운용활동 관계란 국가수준, 지역수준, 국제수준 등 어떠한 수준이든 관계하지 않고 현장에서 활발하게 활동하고 있는 NGO와 UNESCO와 사이에 이루어지는 관계이다. 이러한 관계는 UNESCO의 프로그램을 집행하는 데 있어서 융통성 있고 동태적인 동반자 관계를 달성하는 것을 목적으로 한다.

이들 NGO는 권리로서 우선 UNESCO와의 공동 관심사에 대해 정보와 문서를 교환할 수 있다. NGO는 집행이사회에 의해 총회의 특정 본회의와 총회 위원회의 회의에 옵서버로서 참여할 것을 요청받을 수 있다. NGO가 회의에 중요한 공헌을 할 위치에 있다는 견해를 UNESCO 사무총장이 가질 경우, NGO는 특정의 UNESCO 회의에 옵서버를 보내도록 요청받을 수 있다. NGO는 UNESCO가 프로그램의 집행과 관련하여 조직한 다양한 NGO의 집단 협의회에 옵서버로 참가할 것을 요청받을 수 있다.

이러한 NGO는 의무로서 UNESCO가 권능을 가지고 있는 분야와 관련된 그들의 활동을 사무총장에게 통보하여야 하며, UNESCO의 목표 달성을 위한 자신들의 지원활동에 대해 6년 만에 한번 씩 하게 되는 보고에 기여하여야 한다. 또한 NGO는 가용한 모든 수단을 통해 그들의 회원에게 UNESCO의 프로그램 활동과 더불어 회원들이 관심을 가지는 성과에 대해 알려야 하는 의무를 지게 된다.

3. 세계보건기구(WHO)와 NGO의 관계[33)]

세계보건기구(WHO) 헌장 제71조는 국제연합헌장 제71조와 유사하게, WHO가 건강과 관련된 과업을 수행하는 데 있어서 NGO와 협의와 협력을 위해 적절한 약정을 체결할 수 있다고 규정하고 있다.

이러한 원론적인 규정은 그 후 1948년에 개최된 제1차 세계보건총회(World Health Assembly)에서 채택된 「WHO와 공식적 관계로의 NGO의 수용을 규정하는 실무원칙들(Working Principles Governing the Admission of Non-Governmental Organizations into Official Relations with WHO)」이라는 제하의 결의를 통해 구체화되었으며, 1987년에 이에 대한 개정이 이루어졌다. WHO는 국제연합의 ECOSOC과는 달리 「공식적 관계(Official Relations)」라고 알려진 단 한 종류의 관계만을 NGO와 맺고 있다.

(1) NGO의 권리

WHO와 공식적 관계를 가지고 있는 NGO의 권리를 살펴보면, 이들은 우선 다음의 조건을 충족시킬 경우 세계보건총회(World Health Assembly)나 WHO의 권한에 의해 소집된 위원회(committees)나 회의(conferences)에 대표를 임명하여 참여시킬 수 있는 권한을 가진다.[34)] 이때 대표는 투표권을 가지지 않는다.

충족시켜야 할 조건이라 구체적으로 세계보건총회나 WHO의 권한하에 소집된 위원회 혹은 회의가 해당 NGO가 특별히 관심을 두고 있는 의제를 다루며, 이들의 의장(chairman)으로부터 참석하여 진술을 하도록 요청을 받거나, 이러한 회합 전에 의제를 논하는 과정에서 진술을 하도록 의장으로부터

33) Principles Governing Relations between the World Health Organization and Nongovernmental Organizations (http://www.who.org/programmes/ina/ngo/prince. htm).

34) 세계보건총회(World Health Assembly)는 회원국 전체로 구성된 여타 정부간기구의 총회(General Assembly)에 해당하는 WHO의 기관 이름이다.

요청을 받아야 한다.

NGO는 비밀로 분류되지 않은 문건에 접근할 수 있으며, WHO가 설립한 특별 배포시설과 같은 곳을 통해 배포하는 것이 적합하다고 WHO의 총재(Director-General)가 간주하는 문건에 접근할 수 있다. 또한 NGO는 WHO 총재에게 메모(memorandum)를 제출할 권리를 가진다. 총재는 이러한 메모를 회람시키는 데 있어서 그 성격과 영역을 결정한다. 제출된 메모에 대해 총재가 세계보건총회의 의제에 올려놓을 수 있다고 판단하면, 이 메모는 세계보건총회의 의제에 포함시킬지의 여부를 최종적으로 결정하기 위해 집행이사회에게 넘겨진다.

(2) NGO의 의무

우선, WHO와 공식적 관계를 가지는 NGO는 WHO와 상호 합의한 공동 프로그램을 집행하는 것에 책임을 져야 한다. 어떠한 이유로 이전에 합의를 통해 NGO가 하기로 한 것을 수행할 수 없을 경우, 즉시 WHO에게 통고해야 한다. 둘째, NGO는 일상적인 업무를 하는 가운데 WHO의 정책과 프로그램에 관한 정보를 유포시키기 위해 가용한 기회를 잘 활용해야 한다. 셋째, NGO는 「모든 사람을 위한 건강(health-for-all)」이라는 목표를 촉진하기 위해 개별적이거나 집단적으로 WHO의 프로그램에 협력해야 한다. 넷째, NGO는 회원국의 활동이 국가적 수준, 지역적 수준, 그리고 국제적 수준에서 「모든 사람을 위한 건강」이라는 전략의 실행에 기초를 두고 있을 경우, 이러한 회원국과 개별적이거나 집단적으로 협력한다.

제 4 장 지역기구와 NGO의 관계[35)]

지역기구들도 NGO와 일정한 관계를 가지고 있다. 여기에서는 우선 지역기구 중에서 가장 초국적 성격이 강한 유럽연합(EU)이 NGO와 어떠한 관계를 설정하고 있는가를 살펴보고자 한다. 이어서 유럽의 인권기구인 「유럽심의회(Council of Europe)」와 NGO의 관계를 추가적으로 살펴보고자 한다.

1. 유럽연합(EU)과 NGO의 관계

유럽연합은 시민사회 조직에 대해 이중적인 태도를 보이고 있다. 즉, 공공연하게는 NGO를 포함한 시민사회조직과의 협력관계를 환영하면서, 기실 시민사회조직이 유럽연합의 영역이라고 생각되는 것을 침해하지 않도록 하고 있다. 이러한 기본 입장으로 인해, 유럽연합은 NGO들과 여러 가지 형태의 관계를 맺고 있는 것은 사실이나 이러한 관계가 법적인 기초에 근거를 두고 있지 않는 특징을 가진다.

따라서 유럽의 시민사회조직들은 국제연합의 경제사회이사회(ECOSOC)나 다음에 살펴볼 유럽심의회(Council of Europe: CoE)와 마찬가지로, 유럽연합도 자격을 갖춘 NGO에게 공식적인 협의의 지위를 부여하는 법적 토대를 만들 것을 요청하고 있다. 좀 더 구체적으로 이들은 유럽연합과의 공식적인 관계

35) 박재영, 『국제관계와 NGO』 (서울: 법문사, 2003), pp. 268-271.

가 조약의 일부 조항으로서 포함되기를 바라고 있다.

유럽연합의 주요기관 중에서 의회와 (각료)이사회는 기관의 성격상 NGO에 대해 덜 개방적이다.[36] 특히 (각료)이사회의 NGO와의 관계가 가장 소원하다. 이들과 비교하여 볼 때, 유럽연합을 대외적으로 대표하는 집행위원회가 NGO에 대해 가장 개방적이라고 할 수 있다.

따라서 집행위원회는 유럽연합과의 관계의 법제화를 요구하는 NGO들의 요구를 어느 정도 수용하여 기존의 관계를 검토하고 개선점을 찾고자 노력했으나, 의회와 (각료)이사회의 반대와 무관심 그리고 집행위원회 내부에서조차의 강력한 반대 의견으로 인해 뜻을 이룰 수 없었다. 집행위원회는 반대의 변으로서, 집행위원회가 공인제도의 실시 없이 가능한 한 개방적인 대화를 원하며, 유럽연합에 있어서의 의사결정 과정이란 다른 정부간기구에서와는 달리 유럽인들에 의해 선출된 대표(즉, 의회의 구성원)에 의해 무엇보다도 우선적으로 정당화된다는 점을 강조한다.

집행위원회가 NGO와 유지하고 있는 관계의 형태를 살펴보면 다음과 같다. 우선 집행위원회는 그 때 그 때 마다의 임시방편적인 회합(ad hoc meeting)을 NGO와 가져오고 있다. 특정한 조건을 부과하고 있지 않기 때문에 자신의 견해를 개진하고자 하는 다양한 NGO들에게 집행위원회는 개방되어 있다고 볼 수 있다.

집행위원회는 운영규칙을 가지고 있는 위원회와 같은 공식적인 구조 등을 가지고 있지 않은 가운데, 정책이슈에 대해 체계적이고 정기적인 회합을 NGO와 갖기도 한다. 또한 집행위원회는 규정된 절차를 가지고 있는 자문그룹(advisory group) 혹은 협의위원회(consultative committee)의 구성원 혹은 옵서버로서의 NGO들과 회합을 갖는다.

36) 유럽의회의 경우는 회원국의 국민들로부터 선출된 사람들로 구성되기 때문에 이미 시민사회의 대표성을 일정한 부분 지니고 있다고 볼 수 있다. (각료)이사회는 유럽연합 전체의 이익을 위한 입장에서 의사결정을 하는 등 초국가적인 성격이 강한 집행위원회와는 대조적으로 여전히 회원국 개개 국가의 국익의 관점이 많이 투영되는 국가적 성격이 강한 기구이다.

2. 유럽심의회(CoE)와 NGO의 관계[37)]

유럽심의회는 주된 목적으로서 인권, 다원주의적인 민주주의, 그리고 법의 지배를 추구하는 유럽의 지역기구이다. 이러한 목적과 더불어 유럽심의회는 유럽의 문화 정체성과 다양성의 발전을 고무하며, 소수 인종에 대한 차별, 외국인에 대한 혐오, 불관용(intolerance), 환경보호, 유전자조작, 에이즈, 마약, 조직범죄와 같은 유럽사회가 직면하고 있는 다양한 문제들에 대한 해결을 추구한다.

유럽심의회는 설립 당시부터 NGO와 실무관계를 설정해 왔으며, 1952년에 NGO로 하여금 협의지위(consultative status)를 얻을 수 있는 가능성을 열어 놓았다. NGO에게 협의지위를 부여하는 것을 포함한 NGO와 유럽심의회의 관계를 규정하는 규칙들은 그 후 여러 해에 걸쳐 개선되어 왔는데, NGO의 협의지위에 관한 현재의 규정은 1993년에 각료위원회(Committee of Ministers)에 의해 채택된 결의에 근거하고 있다.

이에 따르면, 유럽심의회는 국제연합 경제사회이사회(ECOSOC)와는 달리 단일한 종류의 협의지위만을 부여하고 있는데 협의지위를 얻으려면 다음과 같은 조건을 충족시켜야 한다. 우선 NGO는 유럽수준에서 그들의 활동분야에서 대표성을 가지고 있는 국제 NGO(INGO)이어야만 한다. 또한 NGO는 그의 활동을 통해, 유럽심의회의 활동에 기여하고 유럽의 시민들에게 유럽심의회의 활동을 선전함으로써, 유럽심의회의 헌장 제1조에 언급되어 있는 바, 좀 더 긴밀한 통합을 달성하는 것을 도울 수 있어야 한다.

협의지위를 얻은 NGO는 유럽심의회의의 주요 기관인 사무총장(Secretary-General), 정부전문가 위원회들(committees of governmental experts), 각료위원회(Committee of Ministers), 의회(Parliamentary Assembly), 유럽 지방 및 지역

37) 「Council of Europe」을 우리말로 어떻게 번역하는가의 문제가 있는데, 말 그대로 번역할 경우 「유럽이사회」라는 말이 적절하다. 그러나 유럽연합(EU)의 주요 기관 중 하나인 「Council of the European Union」을 통상 우리말로 「유럽연합 이사회」로 번역하는 데에 따른 이 두 조직의 혼동 가능성 때문에, 편의상 「Council of Europe」을 「유럽심의회」로 부르고자 한다.

당국 회의(Congress of Local and Regional Authority of Europe)와 상호 관심사에 대해 서면진술 혹은 구두진술을 통해 협의를 할 수 있다.

협의지위를 가지고 있는 NGO들은 1976년에 그들의 책임하에 「연락위원회(Liaison Committee)」를 설립하여 유럽심의회와의 협력의 방법을 향상시키기 위해 유럽심의회의 관련 부서와 협력을 하고 있다.[38] 연락위원회는 25개 회원으로 구성되어 있으며 통상 1년에 4회 만난다. 이와 더불어 협의지위를 가지고 있는 모든 NGO들이 초청되는 「전체회의(Plenary Conference)」가 1977년에 설립되었으며, 연락위원회의 목적에 견주어 협의지위의 기능을 향상시키기 위한 지침을 정하는 것을 주요 기능으로 하고 있다. 「전체회의」는 「연락위원회」의 회원을 선출하고 행정적인 일을 다루는 것 이외에, 중점적으로 토론할 특별한 주제를 선정하기도 한다.

협의지위를 보유한 NGO들은 자신들의 관심사와 유럽심의회의 활동 프로그램을 고려하여, 인권·보건·성 평등·교육과 문화 등 10개의 특정 관심영역으로 구분되어 그룹을 형성한다. 유럽심의회의 활동 프로그램에 따른 이러한 그룹화는 NGO들로 하여금 유럽심의회의 해당 조직들을 효율적으로 다룰 수 있게 함으로써, 유럽심의회와 NGO 사이의 협의와 협력을 좀 더 효율적으로 가질 수 있도록 하는 중요한 전향적인 조치로서 평가되고 있다.

---

38) 「연락위원회(Liaison Committee)」는 국제연합의 경제사회이사회(ECOSOC)와 협의지위를 가지고 있는 NGO들이 국제연합과의 관계를 향상시키는 것을 목적으로 설립된 「NGO회의(Conference on Non-Governmental Organization: CONGO)」와 같은 성격의 조직이다.

제14부

다자주의와 국익의 증진

제 1 장 다자주의 전반에 대한 이해[1)]

1. 다자주의의 정의

「다자주의(multilateralism)」라는 용어가 다양한 학자들에 의해 여러 가지로 정의된다. 러기(John Ruggie)의 정의에 따르자면 다자주의는 「3개 이상의 국가들이 일반화된 행위원칙(generalized principles of conduct)에 따라 정책을 조정해 나가는 방식」을 의미한다. 여기서 일반화된 행위원칙이란 특정 국가의 특정 이익과 특정 상황에 따른 임기응변적인 대응이 배제된 행위원칙으로서 불편부당성(impartiality), 일관성(consistency), 국제법에 대한 존중(respect for international law)이라는 요소들을 내포한다.

러기는 이러한 일반화된 행위원칙과 더불어 다자주의의 중요한 특성으로서 다자간 협력체제 내의 일국에 대한 외부 행위자의 공격을 참여국 모두에 대한 공격으로 간주하는 것과 같은 불가분성(indivisibility)과 관련 국가들이 항상 그리고 모든 이슈에 있어 단기적이고 개별적인 이득을 기대하기보다는 장기적이고 공동의 이득을 추구한다는 확산된 상호성(diffuse reciprocity)을 강조하고 있다.[2)]

이러한 러기의 정의에 따르자면, 다자주의는 외교에 있어서 자신의 이익뿐 아니라 타국의 이익도 최대한 고려하는 공동체 의식을 중요한 밑바탕으

1) 박재영, 『국제연합과 사무총장』(서울: 도서출판 예응, 2006), pp. 186-197.
2) John Gerard Ruggie, "Multilateralism: The Anatomy of an Institution," *International Organization,* Vol. 46, No. 3 (Summer 1992)), pp. 561-598.

로 하여 국익(national interest)과 국제협력의 균형을 추구하는 것을 전제로 하고 있다. 따라서 다자주의 속에서 어떠한 국가든 자의적으로 행동을 할 수 있는 여지가 적어지며, 국제관계의 결과가 쌍무관계에서와 같이 적나라한 협상력(naked bargaining power)에 의거하지 않고 합의된 원칙(agreed principles)에 의해 결정될 수 있는 가능성이 높아진다.

그러나 위에서 언급한 특징을 엄격하게 갖춘 다자주의가 흔하게 존재하지 않는 현실 속에서, 학자들이나 실무가들은 일반화된 행위원칙에 근거를 두지 않고 3개 이상의 국가들이 단순히 정책을 조정해 나가는 방식을 다자주의로 인식하는 경향을 보이고 있다. 이는 엄밀히 말해 러기가 의미하는 다자주의가 아닌 「다국주의(multinationalism)」라는 말로 정의될 수 있는 것으로서 다자주의라는 말과 구별을 요하는 개념이나, 이 두 경우를 구별하지 않고 동일시하는 경우가 많다.[3)]

여기에서는 이러한 현실을 감안하여 다자주의라는 용어를 러기가 말하는 엄격한 의미에 국한하지 않고 다국주의의 의미도 포함하는 용어로 사용하고자 한다. 단 이 경우에 있어서도 러기가 의미하는 진정한 다자주의(genuine multilateralism)를 구별해 내기 위한 노력을 한다는 전제가 필요하다. 흔히들 다자주의라는 용어를 구성원의 지리적 분포 등을 기준으로 하여 「지역주의(regionalism)」라는 용어와 구별하여 사용하는데, 여기에서는 지역주의를 다자주의의 한 형태로 간주하고자 한다.

2. 탈냉전기의 다자주의의 현주소

냉전의 종식과 더불어 전반적인 흐름으로서 다자주의가 강화되고 확산되는 한편, 이에 대한 패권국으로서의 미국의 저항에 의한 일방주의 경향 역시 강화되고 있다. 이러한 두 경향과 더불어 탈냉전기의 다자주의의 특징을 살펴보고자 한다.

3) 실제에 있어서는 「다국주의」이나 「다자주의」의 측면을 부분적으로 보유했기 때문에 다자주의로 혼동할 수 있는 경우들이 존재하는 것 역시 사실이다.

(1) 다자주의의 강화와 확산

냉전의 종식이라는 국제체제의 구조적인 변화와 통신 및 교통수단의 발전이 다자주의를 국제문제의 해결을 위한 지배적인 방식이 되도록 했다. 그 결과 국제연합을 위시한 다자기구들의 역할이 확대되었고, 국제연합을 비롯한 다자주의 기구들이 복잡한 초국가적 문제들을 다루기 위한 핵심적인 외교적 틀이 되고 있다. 이러한 다자주의의 강화와 확산은 전지구적 규모의 국제회의가 국제연합을 중심으로 1990년대 이래로 대거 개최되어온 사실에서 단적으로 잘 알 수 있다. 냉전의 종식이라는 국제체제의 변화가 구체적으로 어떻게 다자주의를 강화시켰는가를 살펴보면 다음과 같다.

우선 과거 냉전시대에 안보지상주의 논리 때문에 중요성에도 불구하고 제대로 국제적인 관심의 대상이 되지 못했던 인권, 환경, 개발 등 일국의 노력만으로 해결할 수 없는 비안보적 이슈들(non-security issues)이 냉전의 종식과 더불어 주목을 받기 시작하면서 이의 해결을 위한 다자주의의 필요성이 증대되었다.

둘째, 냉전의 종식은 또한 강대국들이 냉전시대 개도국에게 경쟁적으로 제공하던 경제원조와 군사원조를 감소시켰으며, 강대국들의 이해관계에 중요하지 않은 국가나 지역에서 발생하는 갈등이나 분쟁으로부터 등을 돌리게 함으로써. 강대국들이 과거에 하던 이러한 역할의 일부를 국제연합과 같은 다자기구들이 떠맡지 않을 수 없도록 만들었다.

셋째, 냉전의 종식은 미국을 중심으로 한 선진국들로 하여금 냉전시대 치열하게 전개되었던 이념적인 대결로부터 벗어나 새로운 부국강병책으로서 세계화(globalization)를 본격적으로 추진하도록 하였다. 이러한 세계화가 급진전되면서 국가간 상호의존이 심화되고, 심화된 상호의존은 국가간 갈등 역시 증대시켜 이의 조정을 위한 국제협력의 방식으로서 다자주의의 필요성이 증대하고 있다. 세계화는 또한 일국 내에서 뿐만 아니라 국가간에 부익부 빈익빈을 심화시켜 개도국을 세계화의 흐름 속으로부터 이탈시킴으로써 선진국의 입장에서 이들을 탑승시킬 필요성을 갖도록 했다. 이러한 필요가 다자적인 해결의 중요성을 강조하게 되었다.

냉전의 종식이라는 구조적 변화 이외에 교통과 통신 등의 발전은 노동자의 이주문제, 마약문제, 에이즈(HIV/AIDS)문제, 국제테러문제 등 일국만으로 해결되기 힘든 초국가적인 문제들을 발생시키고 있으며, 국가간 상호협력하에 이러한 문제들을 해결하기 위해 다자주의를 필요로 하고 있다.

이러한 필요에 근거하여 다자주의가 강화되고 확산되고 있는 것은 사실이나 이러한 강화와 확산은 비안보적인 쟁역(non-security issue areas)에 현저하게 드러나는 반면에, 안보쟁역(security issue areas)에서는 강화나 확산의 정도가 미미하다. 비안보적 쟁역에서의 다자주의의 진전은 통상과 금융문제의 경우 국제연합을 중심으로 이루어지고 있는 것이 아니라 국제연합 밖의 국제기구(즉, WTO와 IMF)를 중심으로 전개되고 있는 특징을 보이고 있다.[4)]

(2) 다자주의에 대한 저항

냉전의 종식이 가져온 패권체제에서의 다자주의의 강화와 확산은 또 다른 한편 미국과 같은 패권국가의 행동의 자유를 훼손시킴으로써 힘을 바탕으로 한 일방주의(unilateralism)로의 이탈을 촉진하고 있다. 구체적으로 미국은 일부 국제제도(국제레짐과 국제기구)가 미국의 주권과 국익을 침해하고, 미국에 적대적인 국가들이 이들 국제제도를 활용하여 미국의 행동을 제약하려 하고 있다고 보고, 국제협력을 강조하는 다자주의를 이탈하여 강력한 군사력을 바탕으로 국제협력보다는 자국의 이익을 최우선적으로 고려하는 일방주의 유혹에 빠지고 있다.

이러한 경향을 전형적으로 보여주는 대표적인 예로서 미국의 대이라크 전쟁 돌입을 들 수 있다. 또 다른 예로서 미사일방위(MD) 계획의 일방적 추진, 기후변화협약 교토의정서 탈퇴, 포괄적핵실험금지조약(CTBT)의 사문화, 생물무기협약(BWC)의 검증의정서 거부, 탄도탄요격미사일(ABM) 협정의 일방적 폐기, 소형무기 규제를 위한 국제연합 행동계획의 반대, 국제형사재판소(ICC) 창설조약에 대한 상원 비준모색의 거부, 수입 철강에 대한 관세의 일

4) 이와 관련하여 선진국들이 오래 전에 왜 세계무역기구(WTO), 세계은행(IBRD), 국제통화기금(IMF) 등을 국제연합 밖의 기구화하였는가를 생각해보아야 한다.

방적 부과, 농업보조금 지급, 일방적인 이스라엘 편들기 등을 들 수 있다.[5)]

그렇다고 미국이 다자주의를 전면 폐기하고 일방주의를 택하고 있는 것은 결코 아니다. 예컨대, 미국은 국제통화기금(IMF)이나 세계무역기구(WTO)처럼 자국의 국익을 보존하거나 확대하는 데 중요한 역할을 하고 있다고 판단되는 국제제도의 역할을 선별적으로 중요시하고 있다. 또한 오래 전에 탈퇴했던 국제연합교육과학문화기구(UNESCO)에 미국이 복귀한 예에서 볼 수 있듯이, 미국은 국익이 침해될 우려가 있는 경우 다자주의에 복귀하는 경향도 보이고 있다. 이러한 경향을 두고 미국 스스로는 일방주의가 아닌 다자주의 하나하나를 개별적으로 검토해 미국의 국익에 부합하는 지를 판단하는 「현실주의(realism)」 혹은 「맞춤식 다자주의(a la carte multilateralism)」라고 평가하고 있다. 미국은 또한 일방주의를 취하기 전에 최대한 다자주의를 통해 집단적 정당성(collective legitimacy)을 획득하고자 하는 노력을 경주하는 특징을 보이고 있다.

2001년에 발생한 9.11테러의 예에서 보듯이, 미국 혼자서 문제를 해결할 수 없는 상황의 전개는 미국으로 하여금 국제협력과 다자주의의 중요성을 무시할 수 없도록 만들고 있다.[6)] 이와 더불어 미국의 일방주의에 대해 활발하게 전개되고 있는 국제사회의 반발과 견제 역시 미국으로 하여금 힘을 바탕으로 한 일방주의의 추구의 위험을 느끼도록 하고 있다.

미국에 우호적이지 않은 다자주의에 대한 미국의 저항이란 탈냉전기의 새로운 현상은 결코 아니다. 이 때문에 미국의 다자주의에 대한 저항이 마치 새로운 현상인 것처럼 지나치게 강조하여 부각시키는 것은 사실에 크게 부합하지 않는다. 탈냉전기 이전에 있어서 미국의 다자주의에 대한 저항은 국제노동기구(ILO)와 국제연합교육과학문화기구(UNESCO)로부터의 탈퇴, 그리고 국제연합의 정규예산 분담금의 고의적인 연체 등의 예에서 전형적으로 볼 수 있다.

---

5) 대체적으로 미국의 행정부의 경우 보다 다자주의적인데 반해, 의회는 보다 일방주의적인 경향을 보이고 있다.

6) 9.11 테러는 좀 더 구체적으로 말해 미국으로 하여금 국가간 협력을 기초로 하는 다자주의의 필요성을 절감하게 하는 동시에 국제사회에 있어서의 리더십과 주도권의 필요성이라는 서로 상반된 필요를 절감하게 하는 것이 사실이나, 궁극적으로 다자주의를 포기할 수는 없을 것으로 본다.

이러한 미국의 다자주의에 대한 저항이 조명을 받는 것은 탈냉전 초기에 국제연합을 지배하고 있었던 국가들 사이의 협력, 특히 안전보장이사회 상임이사국들 사이의 협력의 근간이 미국의 대이라크 전쟁으로 무너지면서 국제연합이 무기력한 상태에 빠지게 된 것으로부터 유래되었다고 보인다.

미국의 다자주의에 대한 저항과 관련하여 탈냉전기에 크게 달라진 것이 있다면, 과거 다자주의로부터의 이탈이라는 위협을 통해 많은 경우 미국은 국제적인 결과에 국익을 관철시킬 수 있었는데 반해, 탈냉전기 특히 21세기에 들어서서 미국을 제외한 대다수의 국가들이 미국의 일방주의로의 위협에 조직적으로 대항함으로써 국익의 관철이 용이하지 않게 되었다는 점이다. 이러한 것은 미국을 제외한 여타 국가들의 반대로 인해 미국이 2001년에 역사상 처음으로 국제연합의 인권위원회과 마약통제위원회의 위원국으로 선출되지 못한 것에서 그 예를 찾아볼 수 있다.[7)]

(3) 탈냉전기 다자주의의 특징

다자주의의 강화와 저항이 공존하고 있는 큰 흐름 속에서 탈냉전기의 다자주의가 보이고 있는 특징을 여러 측면에서 살펴보면 다음가 같다. 우선 다자주의에 참가하는 구성요소에 있어서의 변화를 하나의 특징으로 언급할 수 있는데, 구체적으로 전통적인 행위자인 정부와 정부간기구(IGO) 이외에 비정부기구(NGO)와 다국적기업(MNC)과 같은 비국가적 행위자(non-state actors)의 다자주의에의 활발한 참여가 이루어지고 있다.

냉전의 종식으로 인한 민주주의의 확산, 통신수단의 발전, 문제해결 주체로서의 정부간기구의 제한적인 역할 등은 NGO의 활성화를 가져왔고, 나아가 NGO로 하여금 다자주의의 행위자의 하나로서 부상하도록 했다. NGO 이외에 세계화의 심화와 더불어 영향력이 증가하고 있는 다국적기업 역시 다자외교에 있어서 중요한 비국가적 행위자의 하나로서 부상하고 있다.

이러한 다양한 행위자의 다자주의 참여로 「전지구적 관리(global gover-

7) 2006년에 「인권위원회(Commission on Human Rights)」를 대체하여 「인권이사회(Human Rights Council)」가 출발하였다.

nance)」의 논의가 활발하게 진행되고 있으며, 특히 NGO의 활발한 참여는 인류 전체의 공익이 아닌 국익의 관점에서 문제해결에 접근하는 개개 국가 정부나 정부간기구에 압력으로 작용하여 현재의 다자주의가 결하고 있는 민주성, 투명성, 책임성, 효율성과 같은 선정(good governance)의 요소를 갖춘 진정한 다자주의를 강화시키는 데에 공헌하고 있다. 이러한 맥락에서 국제연합과 같은 정부간기구의 개혁이 중요한 과제로서 부각되고 있다.

탈냉전기의 다자주의는 정부 행위자에 있어서의 변화도 포함하고 있는데, 구체적으로 전통적인 실무자 중심의 다자외교로부터 벗어나 개개 국가들의 국가수반들이 대거 참여하는 다자주의로의 변화를 경험하고 있다. 국가수반의 다자주의에의 참여는 실무자 중심의 회의의 경직성을 해소하여 의사결정을 보다 용이하게 하고, 이들의 참여하에 이루어진 결정에 대한 지속적인 관심을 유도함으로써 다자주의를 강화하는 측면을 지니고 있다.

둘째, 다자주의가 전개되고 있는 지리적인 수준을 다자주의의 한 측면(dimension)으로 볼 때, 탈냉전 이후 다자주의는 다수준적으로 변화하고 있다. 세계화의 진전은 다자주의로 하여금 전지구적 수준에서 활발하게 전개하도록 함과 동시에 지역(region)을 단위로 역내 국가간 협력을 통해 공동의 이익을 추구하기 위한 지역주의(regionalism)의 활성화를 가져와 지역수준에 있어서의 다자주의 역시 활성화시키고 있다. 이러한 경향은 아시아·태평양지역에서의 아시아·태평양경제협력체(APEC), 아세안지역포럼(ARF), ASEAN+3 등 다자외교 협의체의 활발한 움직임에서도 나타난다. 또한 아시아유럽정상회의(ASEM)에서 보듯이 지역주의와 지역주의 사이의 협력 또한 활성화되고 있어 일개 지역의 범주를 넘는 다자주의의 확대가 이루어지고 있다.

셋째, 다자주의가 다루는 중요 이슈와 이를 둘러싼 구성원들 사이의 관계를 다자주의의 또 다른 측면으로 간주할 수 있다. 구체적으로 냉전시대 국제의제를 지배했던 안보문제가 우선순위 면에서 경제, 환경, 사회, 세계화와 관련한 이슈 등으로 이전되면서 남북갈등(South-North conflict)이 고조되고 있다. 즉, 탈냉전기의 다자주의는 앞서 언급한 바대로 패권국으로서의 미국과 다른 국가들 사이의 긴장과 대립이 존재하는 외에 선진국과 개도국 사이의 갈등이 중요한 특성을 이루고 있다.

넷째, 다자주의의 내부적인 효율성 제고 노력을 살펴보면, 2002년 남아프리카공화국에서 개최된 「지속가능한 발전을 위한 세계정상회의(WSSD)」에서 보듯이 최근의 다자회의는 매번 새로운 논의를 전개하는 것이 아니라, 일정한 주기로 후속조치검토회의(review conference)를 개최하여 이전의 약속사항의 이행상황을 검토하는 데 관심을 둠으로써 다자주의의 실효성을 위한 노력을 경주하고 있다.

다섯째, 다자주의를 둘러싼 행위자들 사이의 합종연횡이 발견된다. 앞서 간단히 언급한 바대로 세계화로 인해 국제통화기금(IMF) 및 세계무역기구(WTO)와 같은 국제연합 밖의 국제경제기구와 다국적기업으로 힘이 옮겨가고 있으며, 이로 인해 국제연합이 상대적으로 힘이 약화되고 있다. 국제연합은 이러한 상대적인 힘의 약화를 막기 위한 노력의 일환으로 NGO와의 동반자관계(partnership)를 강화하고 있으며, NGO는 이들 다국적기업과 국제경제기구에 대한 비판을 강화하고 있다.

여섯째, 미국의 일방주의적 성향과 다른 국가들의 다자주의적 성향이라는 두 경향이 일정한 정도의 타협점을 찾고 있는 경향도 일부 발견된다. 미국은 일방주의적 태도를 취할 유인을 지니고 있으며, 동시에 기본적으로 미국에 대항한 세력균형의 형성을 막고 패권의 유지를 위해 선의의 패권국(benign hegemon)의 모습을 견지할 필요성도 지니고 있다. 또한 일방주의를 위해 치러야 하는 비용과 인명의 손실을 줄이기 위해 다자주의를 최대한 이용할 필요가 있다.

미국이 아닌 다른 국가들은 자신들이 힘을 합해도 미국의 힘을 견제하는 것이 용이하지 않은 현실 속에서, 미국이 일방주의를 택해 제도적인 견제가 전혀 불가능한 것보다 다소 양보를 통해서라도 다자주의 틀에 미국을 최소한이라도 묶는 것이 현실적일 수 있다는 계산 아래, 일정한 수준에서 미국의 입장을 수용하면서 타협을 모색하고자 하는 경향을 보이고 있다.

이러한 것이 가능한 것은 특히 미국을 제외한 국제연합 안전보장이사회 상임이사국들이 국제연합 밖에서 중요한 국제문제의 결정이 일어나는 것에 대한 공동의 위협을 느끼고 있으며, 그들에게 거부권을 보장하고 있는 안전보장이사회가 명실 공히 가장 중요한 의사결정 기관이 되어야 한다는 공통의 인식을 하고 있기 때문이라고 볼 수 있다. 이러한 경향을 전형적으로 보여주고 있는 예가 2003년 10월 16일에 안전보장이사회에서 만장일치로 통과된 이라크 지원 결의이다.

3. 다자주의의 역할과 한계

(1) 다자주의의 역할[8)]

첫째, 다자주의는 국가들이 회합하여 국제문제에 대한 공통적인 의견을 도출할 수 있는 기회를 제공한다. 특히 쌍무외교를 통해 해결하기 어려운 갈등이나 분쟁을 다자공동체의 공동이익이라는 명분과 더불어, 소수 의견을 가지고 있는 국가(군)에게 합의(consensus)의 달성을 위해 동의를 하도록 하거나 공식적인 반대의사를 표명하지 못하도록 간접적인 압박을 가함으로써 문제 해결의 기회를 제공한다.

둘째, 다자주의는 다루어져야 할 문제가 무엇인가를 밝혀내는 비용(cost of identifying issues), 협상비용(cost of negotiating bargains), 합의한 바를 명문화하는 비용(cost of codifying agreements), 합의한 바의 준수여부를 감시하고 강제하는 비용(cost of monitoring and enforcing compliance)을 총체적으로 의미하는 거래비용(transaction cost)을 절감하는 역할을 한다. 다자기구로서의 유럽연합(EU)의 예를 들자면, 유럽연합은 공동의 협상의 장소(forum), 공동의 의사결정 절차, 합의의 준수에 대한 감시와 같은 바람직한 약정체결 환경(favorable contractual environment)을 제공하여 거래비용을 줄임으로써 거래의 효율성을 높여 국가간의 합의를 촉진하는 역할을 수행한다.

셋째, 다자주의는 강대국 등 특정 국가의 일방주의를 견제하는 역할을 한다. 강대국은 일반적으로 자국의 국익추구 과정이 어떠한 외부요인에 의해서 영향 받는 것을 피하는 일방주의 성향이 있으며, 자국의 이익에 반하여 국제기구나 국제회의 결정에 의하거나 다자협약의 의무조항에 의해 구속되

8) 제9부 제3장의 「국제기구의 기능」과 같은 맥락에서 이해하면 된다.

는 것을 회피하고자 한다. 이러한 강대국의 일방주의는 다자주의 체제의 강화를 통해 견제될 수 있으며, 현재 미국의 일방주의에 대항하여 다자주의를 옹호하고 있는 유럽연합 국가들에서 이러한 예를 찾아볼 수 있다.

넷째, 다자주의는 시민사회의 참여를 통해 선정(good governance)을 제고할 수 있다. 국내·외적으로 주요 정책이슈에 대한 비정부기구(NGO)의 관심과 참여가 증대하고 있으나 쌍무적인 협의에서 NGO의 참여는 제한적으로만 인정된다. 탈냉전기 다자외교는 의사결정 과정과 집행과정에 시민사회의 참여를 폭넓게 인정함으로써, 국제사회의 정책형성에 있어서 민주화와 투명화를 촉진하고 의사결정의 집행에 있어서의 효율성을 가져온다.

다섯째, 다자주의는 초국적 문제에 대한 공동대처를 가능하게 한다. 국가간의 상호의존의 심화 속에서 에이즈(HIV/AIDS), 조직범죄, 마약, 불법무기거래 등 초국가적인 문제가 대거 대두되고 있으며 지구온난화나 오존층 파괴와 같은 전지구적인 환경문제가 지구를 위협하고 있다. 이러한 문제들의 공통점은 특정 개별국가의 노력만으로는 해결이 불가능하다는 것이다. 다자주의는 이러한 문제에 대한 국제적인 협력을 통한 국제사회의 공동대처를 가능하게 한다. 이들과 더불어 자연재해, 기아, 난민 등이 발생할 경우에 있어서도 다자외교를 통해 인도적인 국제지원을 가능하게 함으로써 문제해결에 접근할 수 있다.

여섯째, 다자주의는 국제레짐(international regimes)의 창출을 가능하게 한다. 다자주의는 국제교역, 전자상거래, 항공운송 등과 같은 기술적 분야에서 공통규범의 창출을 가능하게 한다. 다자주의는 또한 해양, 우주, 환경, 수자원, 문화유산 등 국제 공공재(public goods) 관리를 위한 국제 공동관리 규범의 창출을 돕고 군축과 다자무역 등 국가들 사이에 이해관계가 상충하는 분야에서 공동이익 실현을 위한 다자협약의 작성을 가능하게 한다. 나아가 인권과 민주주의 등과 같은 보편적 가치를 창설하고, 참여국의 사회화(socialization)를 통해 이의 확산을 가능하게 한다.

일곱째, 다자주의는 국제적으로 최적사례(best practice)와 같은 정보의 공유를 가능하게 한다. 다자주의는 경제개발계획의 작성, 자연재해 방지대책, 보건·사회분야 정책입안 등에 있어 가장 효과적인 정책입안과 집행사례에 대한 정보를 제공하여 국제사회로 하여금 공유하도록 한다. 아시아·태평양 경제사회위원회(ESCAP)가 한국에 있어서 개발의 원동력이 되었던 「새마을 운동」의 경험을 아시아·태평양 국가들에게 전수하고 있는 것을 그 한 예로 들 수 있다.

여덟째, 다자주의는 쌍무적인 문제를 공론화시키는 역할을 한다. 문제의 일방 당사자가 문제해결을 기피할 경우, 국제연합 등의 다자기구를 통해 쌍무적인 문제를 국제화시켜 정식으로 공론화하고 나아가 국제적인 지원을 이끌어내는 데 성공할 경우 문제해결에 압박을 가하여 해결의 기회를 가질 수 있다. 또한 국제연합에서 한국과 북한의 외교관들이 접촉의 기회를 가지듯이 다자외교는 현안을 가지고 있는 국가들의 문제해결을 위한 접촉무대를 제공하기도 한다.

아홉째, 다자주의는 집단적 정당성(collective legitimacy)을 부여하기도 하고 박탈하기도 한다. 다자외교의 무대인 다자기구는 구성원의 이익표명과 이익의 집약을 위한 토론장으로서의 기능을 하면서 표출된 행위자들의 가치나 정책이 토론을 거쳐 다른 구성원들로부터 지지를 받을 경우, 이러한 가치나 정책에 집단적 정당성(collective legitimacy)을 부여하기도 하고 경우에 따라서는 기존의 가치나 정책으로부터 정당성을 박탈하기도 한다.

열째, 다자주의는 국가간 협력과 친선강화의 기회를 제공한다. 탈냉전 후에 빈번하게 개최되고 있는 정상회의와 각료회의를 비롯하여 각종 정부간회의 등을 통하여 국가간에 친선과 협력을 증대시킬 수 있다.

(2) 다자주의의 한계[9)]

첫째, 다자주의는 의사결정 과정상의 비효율성을 특징으로 하는 경우가 많다. 예외가 없는 것은 아니나 많은 다자회의가 의사결정 방식으로서 공식적인 반대의사가 없는 가운데 표결 없이 의사결정을 하는 합의제(consensus)를 채택하고 있다. 어떤 문제를 둘러싸고 국가들 사이에 심각한 의견의 차이

---

9) 제9부 제4장의 「국제기구의 한계」를 참조하시오.

가 없어 합의의 의한 의사결정이 이루어지기도 한다. 그러나 다루어야 할 문제가 상당히 논쟁적이어서 표결로 결정할 경우 회원국간에 갈등과 대립이 심화될 것을 우려하여, 대립하는 세력간에 수용할 수 있는 타협점을 찾아서 사전에 긴밀한 협의와 교섭을 행하여 표 대결이라는 최종 국면을 피할 목적으로 빈번하게 사용된다.

이러한 합의제는 회원국간의 심각한 대결을 회피한다는 점에서 큰 이점을 가지나, 합의에 이르기까지 시간이 상당히 소요된다든가 합의 내용이 타협의 산물로서 애매모호하게 된다는 결점을 지니고 있다.[10)]

둘째, 다자주의는 통상적으로 실효적인 이행장치를 제대로 갖추고 있지 못하다. 장기간의 회의와 협상과정을 거쳐 결과문서를 다자회의에서 채택하더라도, 많은 경우 동 결과문서는 법적 강제력이 없는 결의(resolution)나 선언(declaration)의 형태를 취하고 있다. 또한 법적 강제력이 있는 결과문건을 채택하였다고 해도 각국 정부에게 이의 이행을 강제할 수 있는 제도적인 장치를 결하고 있어 회의결과가 사문화될 가능성이 존재한다. 국제연합 안전보장이사회와 같은 기구를 제외한 많은 다자기구들은 결의를 이행치 않을 경우, 제재(sanction)를 가할 수 있는 강제적 장치를 결하고 있거나 가지고 있다고 해도 실효성이 미미하다.

셋째, 다자주의는 사활적 이익이 걸린 문제를 다룰 경우 문제해결 능력이 부족하다. 다자외교는 강대국이 중요하다고 간주하는 문제에 대해 강대국의 의사에 반하는 결정을 내리거나 이러한 결정을 강제로 집행할 능력을 결하고 있다. 강대국이 아니더라도 주요 국가간의 사활적 이익이 걸린 분쟁이 발생할 경우, 국제연합 등 국제기구나 다자회의를 통한 분쟁해결이 성공한 경우가 극히 적다. 따라서 이와 같은 문제의 경우, 이해 당사국간 양자협상 등을 통해 해결방안을 모색하는 사례가 일반적이다.

---

10) 합리적인 행위자로서 개개 국가들은 이기적인 자국의 이익을 꾀하며, 그 결과 죄수의 딜레마 상황이 발생한다. 이러한 상황을 극복하기 위한 시도의 일환으로서 규칙이나 규범들을 만들어 지키고자 한다. 이러한 규칙이나 규범은 결의나 협정 등의 여러 형태를 띤다. 그러나 이러한 규칙이나 규범은 가장 바람직한 것이 아니라 단순히 당사자들 사이의 차이점의 균등한 절충에 불과할 수 있고, 가장 최소한의 공통분모 선에서의 합의에 지나지 않을 수 있으며, 협력에 의해서만 달성될 수 있는 목표라는 것만을 확인하는 것인 경우가 많다.

제 2 장 다자주의를 통한 한국의 국익증진 방안[11)]

1. 다자주의를 통해 얻을 수 있는 국익

첫째, 앞서 언급한 바처럼 탈냉전기에 있어 다자주의가 강화되고 확산되는 가운데 점차적으로 많은 분야에 있어서 국제레짐(international regimes)이 다자주의의 틀 속에서 형성되고 있다. 따라서 이러한 다자주의 틀에의 적극적인 참여를 통해 국제레짐의 형성에 우리의 국익을 최대한 반영하는 것이 필요하다. 이러한 의미에서 다자주의에 우리의 국익이 존재한다고 볼 수 있다. 또한 국제레짐의 형성으로까지 금방 이어지지는 않으나 새롭게 부상하는 국제문제들에 대한 공동 대처방안들이 다자적 국제기구들에 의해 입안되고 있는 것을 감안할 때 이러한 과정에의 참여를 통한 국익의 반영 역시 중요하다.

둘째, 다자외교를 통해 국제문제의 해결에 기여함으로써 국가의 위상과 이미지를 높이고, 이를 통해 경제의 국제경쟁력 향상과 같은 좀 더 장기적인 관점에서 국익을 증진할 수 있다. 이와 관련하여 국제사회에서 한국이 어떠한 역할을 함으로써 국가의 위상을 높일 수 있을 것인가의 문제가 제기된다.

이러한 역할이란 한국이 지니고 있는 국력으로 뒷받침될 수 있는 것이어야 하며, 한국이 지닌 특수성으로 인해 한국이 타행위자에 비해 비교우위를 가지고 있는 것이어야 한다. 예컨대 개발분야에서 선진국과 개도국을 연결하는 연결고리의 역할을 할 수 있고 한국의 개발경험을 이전할 수 있으며,

11) 박재영, 『국제연합과 사무총장』(서울: 도서출판 예응, 2006), pp. 197-201.

개도국에게 정보통신기술(Information and communication technology: ICT)과 인력의 지원 등을 통해 국가위상을 제고시킬 수 있다.

셋째, 다자적인 국제기구를 통해 한반도의 평화정착을 진작시킴으로써 다자주의가 한국의 국익에 공헌할 수 있다. 구체적으로 국제연합을 위시한 다자적 국제기구의 안보와 군축 논의를 통해 한반도의 평화를 위한 기틀을 마련할 수 있으며, 다자적 국제기구를 통해 북한이 정상국가(normal state)로서 국제사회의 일원이 되도록 유도할 수 있고, 북한주민과 탈북자에 대한 인도적 지원 등을 이끌어내 북한의 급속한 붕괴로 인한 우리의 부담을 줄일 수 있다.

2. 다자외교를 통한 국익증진을 위한 방안

다자외교를 통한 국익증진에 성공적인 국가들은 대체적으로 캐나다, 호주, 북유럽국과 같은 중위국(middle power)들이다. 따라서 구체적인 국익증진을 위한 한국의 방안수립은 이들 국가의 다자외교에 대한 벤치마킹에 기초를 둘 필요가 있다. 그러나 이러한 벤치마킹에 있어서 중요한 것은 우리의 특수한 안보상황으로 인해 양자외교의 중요성을 무시할 수 없다는 것과 같은 한국적 특수성에 대한 고려일 것이다. 이러한 점들을 감안할 때 다음과 같은 방안이 논의될 수 있다.

첫째, 국제기구의 정책결정과 국제기구를 통한 국제레짐 형성에 국익을 반영하기 위해서는 국제연합을 위시한 각종 국제기구의 집행기관(governing body)의 이사국 혹은 위원국으로 선출되어야 한다. 예컨대 국제연합의 경우 안전보장이사회와 경제사회이사회의 이사국으로의 선출되는 것이 중요하다.[12)]

둘째, 재정적인 기여를 높여야 한다. 현재 국제사회는 한국에게 자발적 기여금(voluntary contribution)을 대폭적으로 증가시킬 것을 주문하고 있다. 2007년

12) 경제사회이사회(ECOSOC)의 이사국은 특히 산하기관들의 위원국을 선출하는 지위에 있기 때문에 그 중요성을 더하고 있다.

기준으로 한국정부는 국민총소득(GNI)의 0.07%를 공적개발원조(ODA)로 제공하고 있다. 경제협력개발기구(OECD)의 개발원조위원회(DAC) 소속 22개 회원국이 평균하여 GNI의 0.28%를 ODA로 제공한 것을 고려하면 국제적인 기대치에 크게 못 미치고 있다는 것을 잘 알 수 있다.

셋째, 재정적인 기여와 더불어 평화유지활동(PKO)에의 활발한 참여를 통한 인적자원의 기여가 중요하다. 동티모르에의 보병파병 이후 아프리카 지역으로의 보병파병이 외교통상부에서 거론되었으나 국방부에 의해 거절된 사례에서 보듯이 부서간의 정책조율과 협력이 긴요하다. 이러한 부서간의 정책조율에 앞서 국민들의 지지를 확보하는 것이 긴요하다.

넷째, 다자적 국제기구에서 영향력을 행사할 수 있는 방식에는 앞서 언급했듯이 제안자가 되는 경우, 거부권자가 되는 경우, 중재자가 되는 경우, 통제자가 되는 경우가 있다. 이 중에서 한국의 경우 중요한 제안의 제안자로서의 영향력과 중재자로서의 영향력을 행사하기 위한 노력이 필요하다.

제안자로서의 역할과 관련하여 중요한 것은 우리나라가 비교우위를 가지고 있는 중심 분야의 선정이 선결되어야 한다. 캐나다와 같은 중위국의 경우 다소 포괄적이기는 하나 「인간안보(human security)」라는 분야에 전념하여 이를 기반으로 한 대인지뢰문제와 인도적 개입문제 등에 있어 주도적인 역할을 성공적으로 수행하고 있다. 한국의 경우 현재 정보화 격차(digital divide) 문제에 치중하고 있는 경향을 보이고 있다.

중재자로서의 역할을 훌륭하게 수행하고 있는 국가들 역시 대체적으로 북유럽 국가를 중심으로 한 중위국(middle power)들이다. 한국의 경우 개발에 성공한 국가로서 선진국과 개도국을 연결할 수 있는 특수성을 가지고 있어 이 분야에 있어서의 중재자로서의 역할이 가능하다.

다섯째, 다자외교의 장에서 대미관계를 무시할 수 없기 때문에 대다수의 국가와는 달리 미국의 입장을 지지하거나 기권을 하는 경우가 발생하는 것이 현실이다. 이러한 상황을 최소화하기 위해 다자외교에 있어서의 우리의 원칙과 기본입장에 대해 일관성을 가지고 반복하여 천명하는 노력이 필요하다.

3. 다자외교를 위한 인프라의 구축

첫째, 다자외교를 위한 전문 인력의 체계적인 양성과 관리가 시급하다. 이와 못지않게 중요한 것은 전문 인력의 지속적인 활용이 긴요하다. 이와 더불어 다자외교와 관련을 가지고 있는 부서들 사이의 협력과 유대 역시 중요하다.

둘째, 국가의 다자외교를 뒷받침할 국내 일반인들의 지지기반의 강화가 절실하다. 이러한 지지기반의 강화 필요성은 동티모르에 평화유지활동(PKO)의 일환으로 보병을 파병하고자 했을 때의 거센 반대여론의 존재를 들 수 있다. 최근에 일부 NGO를 중심으로 공적개발원조(ODA)를 대폭적으로 증가시켜야 한다는 움직임이 활발하게 전개되고 있고 이를 통해 정부의 인식도 서서히 변화하고 있는 것이 사실이나, 국민들의 인식은 아직 이에 미치지 않고 있다.

셋째, 다자외교를 위한 우군으로서 NGO의 양성과 이들과의 협력이 필요하다. 이러한 필요성은 대규모 정부간회의가 국제사회에서 자주 개최되면서 국가들이 자신들이 추구하는 목표를 달성하는 데 있어서 자신들과 목표를 같이 하는 NGO들의 참여를 촉진하고 있는 것에서도 발견된다. 예컨대 인권관련 정부간회의의 경우 보편적인 인권 향상을 주장하는 선진국들은 이들의 입장을 민간인 차원에서 적극적으로 옹호해 줄 수 있는 우군으로서의 NGO의 참여에 적극적이다.

이처럼 선진국 정부는 국제적인 협상의 장에서 자신들의 NGO와 긴밀한 관계를 유지해오고 있는데, 이는 구체적으로 선진국 정부가 NGO들이 가지고 있는 자산, 즉 정부가 갖고 있지 않는 유용한 정보, 정부 관리들이 가지고 있지 않은 국내외적인 접촉망(networks of contact), 그리고 미디어의 주목을 끌 수 있는 능력 등을 높이 평가하고 있기 때문이다.

일본의 경우 정부외교에서 NGO의 활동과 역할이 늘어가고 있다. 특히 헌법상의 제약으로 인해 경제협력을 가장 큰 외교적인 수단으로 삼아오고 있는 일본 정부는 공적개발원조(ODA)에 있어서 NGO와의 파트너십을 확대해

나가고 있다. 이처럼 파트너십의 강화 속에서 NGO의 국제협력에의 직접적인 참여가 확대되고 있는데, 특히 아프가니스탄 사태로 그 자리 매김을 더욱 확실하게 하고 있다.[13)]

넷째, 다자외교를 제대로 전개하기 위해서는 해당 분야에 있어서 국제적인 모범이 되어야 하며, 이러한 모범을 통해 정당성(legitimacy)을 보유할 수 있다. 즉, 우리가 문제를 야기하는 국가가 되어서는 다자외교의 이니셔티브를 정당하게 취할 수 없다. 이러한 관점에서 부패의 척결, 민주주의의 공고화, 인권의 향상 등이 선결되어야 한다.

다섯째, 다자적 국제기구에의 한국인의 고위직 진출을 늘려야 한다. 이러한 고위직은 국제기구의 의사결정에 중요한 영향을 미치는 것을 가능하게 함으로써 국익의 반영에 중요한 역할을 한다. 다자적 국제기구에의 예산 분담률이 상승하면서 우리 국적의 민간인의 국제공무원으로의 진출이 눈에 띄게 증가하고 있다. 그러나 이러한 증가의 상당 부분은 하위직에서 일어나고 있는 것이 사실이다. 최근에 국제연합 사무총장으로 한국인이 선출이 성공적으로 이루어지면서 국제연합 이외의 국제기구에 있어서 고위직 진출의 필요성이 더욱 더 강조되고 있다.

13) 국민일보(인터넷), 2002년 2월 1일.

국제연합헌장

전 문

우리 연합국 사람들은 우리 일생 중에 두 번이나 말할 수 없는 슬픔을 인류에 안겨 준 전쟁의 참화에서 다음 세대를 구하고, 기본적 인권, 인간의 존엄 및 가치, 남녀 및 대소 각국의 평등권에 대한 신념을 재확인하며, 정의와 조약 및 기타 국제법의 연원으로부터 발생하는 의무에 대한 존중이 계속 유지될 수 있는 조건을 확립하며, 보다 많은 자유 속에서 사회적 진보와 생활수준의 향상을 촉진할 것을 결의하였다. 그리고 이러한 목적을 위하여 관용을 실천하고 선량한 이웃으로서 상호간 평화롭게 공존하며, 국제평화와 안전을 유지하기 위하여 우리들의 힘을 합하며, 공동이익을 위한 경우 이외에는 무력을 사용하지 아니한다는 것을, 원칙의 수락과 방법의 설정에 의하여, 확실히 하고, 모든 국민의 경제적 및 사회적 발전을 촉진하기 위하여 국제적 기구를 이용한다는 것을 결의하고, 이러한 목적을 달성하기 위하여 우리의 노력을 결집할 것을 결정하였다. 따라서 우리들 각자의 정부는, 샌프란시스코에 모인, 유효하고 타당한 전권위임장을 제시한 대표를 통하여, 이 국제연합헌장에 동의하고, 이에 국제연합이라는 국제기구를 설립한다.

제1장 목적과 원칙

제1조

국제연합의 목적은 다음과 같다.

1. 국제평화와 안전을 유지하고, 이를 위하여 평화에 대한 위협의 방지 및 제거 그리고 침략행위 또는 기타 평화의 파괴를 진압하기 위한 유효한 집단적 조치를 취하고 평화의 파괴에 이를 우려가 있는 국제적 분쟁이나 사태의 조정·해결을 평화적 수단 및 정의와 국제법의 원칙에 따라 실현한다.

2. 사람들의 평등권 및 자결 원칙의 존중에 기초하여 국가간의 우호관계를 발전시키며, 세계평화를 강화하기 위한 기타 적절한 조치를 취한다.

3. 경제적·사회적·문화적 또는 인도적 성격의 국제문제를 해결하고, 인종·성별·언어 또는 종교에 따른 차별 없

이 모든 사람의 인권 및 기본적 자유에 대한 존중을 촉진하고 장려함에 있어 국제적 협력을 달성한다.

4. 이러한 공동의 목적을 달성함에 있어서 각국의 활동을 조화시키는 중심이 된다.

제2조

국제연합 및 그 회원국은 제1조에 명시한 목적을 추구함에 있어서 다음의 원칙에 따라 행동한다.

1. 국제연합은 모든 회원국의 주권평등 원칙에 기초한다.

2. 모든 회원국은 회원국의 지위에서 발생하는 권리와 이익을 보장하기 위하여, 이 헌장에 따라 부과되는 의무를 성실히 이행한다.

3. 모든 회원국은 국제분쟁을 국제평화와 안전 그리고 정의를 위태롭게 하지 아니하는 방식으로 평화적 수단에 의하여 해결한다.

4. 모든 회원국은 국제관계에 있어서 다른 국가의 영토보전이나 정치적 독립 및 국제연합의 목적과 양립하지 아니하는 어떠한 방식으로도 무력의 위협이나 무력행사를 삼간다.

5. 모든 회원국은 국제연합이 이 헌장에 따라 취하는 조치에 있어서 모든 원조를 다하며, 국제연합이 방지조치 또는 강제조치를 취하는 대상이 되는 어떠한 국가에 대하여도 원조를 삼간다.

6. 국제연합은 국제평화와 안전을 유지하는데 필요한 한, 회원국이 아닌 국가도 이러한 원칙에 따라 행동하도록 해야 한다.

7. 이 헌장의 어떠한 규정도 본질상 어떤 국가의 국내 관할권 안에 있는 사항에 간섭할 권한을 국제연합에 부여하지 아니하며, 또는 그러한 사항을 이 헌장에 의한 해결에 맡기도록 회원국에 요구하지 아니한다. 다만, 이 원칙은 제7장에 의한 강제조치의 적용을 해하지 아니한다.

제2장 회원국의 지위

제3조

국제연합의 원회원국은, 샌프란시스코에서 국제기구에 관한 연합국 회의에 참가한 국가 또는 1942년 1월 1일의 연합국 선언에 서명한 국가로서, 이 헌장에 서명하고 제110조에 따라 이를 비준한 국가이다.

제4조

1. 국제연합의 회원국 지위는 이 헌장에 규정된 의무를 수락하고, 이러한 의무를 이행할 능력과 의사가 있다고 국제연합이 판단하는 모든 평화 애호국에 개방된다.

2. 그러한 국가의 국제연합 회원국으로의 승인은 안전보장이사회의 권고에 따라 총회의 결정에 의하여 이루어진다.

第5조

안전보장이사회에 의하여 취하여지는 방지조치 또는 강제조치의 대상이 되는 국제연합 회원국에 대하여는 총회가 안전보장이사회의 권고에 따라 회원국으로서의 권리와 특권의 행사를 정지시킬 수 있다. 이러한 권리와 특권의 행사는 안전보장이사회에 의하여 회복될 수 있다.

第6조

이 헌장에 규정된 원칙을 계속적으로 위반하는 회원국은 총회가 안전보장이사회의 권고에 따라 제명할 수 있다.

第3장 기 관

第7조

1. 국제연합의 주요기관으로서 총회·안전보장이사회·경제사회이사회·신탁통치이사회·국제사법재판소 및 사무국을 설치한다.
2. 필요하다고 인정되는 보조기관은 이 헌장에 따라 설치될 수 있다.

第8조

국제연합은 그 주요기관 및 보조기관에 남녀가 어떠한 지위에라도 평등한 조건으로 참가할 자격이 있다는 것에 대하여 어떠한 제한도 두지 않는다.

第4장 총 회

[구성]

第9조

1. 총회는 모든 국제연합 회원국으로 구성된다.
2. 각 회원국은 총회에 5인 이하의 대표를 가진다.

[임무 및 권한]

第10조

총회는 이 헌장의 범위 안에 있거나 또는 이 헌장에 규정된 기관의 권한 및 임무에 관한 어떠한 문제 또는 사항도 토의할 수 있으며, 제12조에 규정된 경우를 제외하고는, 그러한 문제 또는 사항에 관하여 국제연합 회원국 또는 안전보장이사회 또는 이 양자에 대하여 권고할 수 있다.

第11조

1. 총회는 군비축소 및 군비규제를 규율하는 원칙을 포함하여 국제평화와 안전의 유지를 위한 협력의 일반원칙을 심의하고, 그러한 원칙과 관련하여 회원국이나 안전보장이사회 또는 이 양자에 대하여 권고할 수 있다.
2. 총회는 국제연합 회원국이나 안전보장이사회 또는 제35조 제2항에 따라 국제연합 회원국이 아닌 국가에 의하여

총회에 회부된 국제평화와 안전의 유지에 관한 어떠한 문제도 토의할 수 있으며, 제12조에 규정된 경우를 제외하고는 그러한 문제와 관련하여 하나 혹은 그 이상의 관계국이나 안전보장이사회 또는 이 양자에 대하여 권고할 수 있다. 그러한 문제로서 조치를 필요로 하는 것은 토의의 전 또는 후에 총회에 의하여 안전보장이사회에 회부된다.

3. 총회는 국제평화와 안전을 위태롭게 할 우려가 있는 사태에 대하여 안전보장이사회의 주의를 환기할 수 있다.

4. 이 조에 규정된 총회의 권한은 제10조의 일반적 범위를 제한하지 아니한다.

제12조

1. 안전보장이사회가 어떠한 분쟁 또는 사태와 관련하여 이 헌장에서 부여된 임무를 수행하고 있는 동안에는 총회는 이 분쟁 또는 사태에 관하여 안전보장이사회가 요청하지 아니하는 한 어떠한 권고도 하지 아니한다.

2. 사무총장은 안전보장이사회가 다루고 있는 국제평화와 안전의 유지에 관한 사항은 안전보장이사회의 동의를 얻어 매 회기마다 총회에 통고한다. 또한 사무총장은, 안전보장이사회가 그 사항의 취급을 중지한 경우, 즉시 총회 또는 총회가 회기 중이 아닐 경우에는 국제연합 회원국에 마찬가지로 통고한다.

제13조

1. 총회는 다음의 목적을 위하여 연구를 발의하고 권고한다.

가. 정치적 분야에 있어서 국제협력을 촉진하고, 국제법의 점진적 발달 및 그 법전화를 장려하는 것

나. 경제·사회·문화·교육 및 보건분야에 있어서 국제협력을 촉진하며 그리고 인종·성별·언어 또는 종교에 의한 차별 없이 모든 인간의 인권 및 기본적 자유를 실현하는데 있어 원조하는 것

2. 전기 제1항 나호에 규정된 사항에 관한 총회의 추가적 책임, 임무 및 권한은 제9장과 제10장에 규정된다.

제14조

제12조 규정에 따를 것을 조건으로 총회는 그 원인에 관계없이 일반적 복지 또는 국가간의 우호관계를 해할 우려가 있다고 인정되는 어떠한 사태도 이의 평화적 조정을 위한 조치를 권고할 수 있다. 이 사태는 국제연합의 목적 및 원칙을 정한 이 헌장규정의 위반으로부터 발생하는 사태를 포함한다.

제15조

1. 총회는 안전보장이사회로부터 연례보고와 특별보고를 받아 심의한다. 이 보고는 안전보장이사회가 국제평화와 안전을 유지하기 위하여 결정하거나 또는 취한 조치의 설명을 포함한다.

2. 총회는 국제연합의 다른 기관으로부터 보고를 받아 심의한다.

제16조

총회는 제12장과 제13장에 의하여 부과된 국제신탁통치제도에 관한 임무를 수행한다. 이 임무는 전략지역으로 지정되지 아니한 지역에 관한 신탁통치 협정의 승인을 포함한다.

제17조

1. 총회는 기구의 예산을 심의하고 승인한다.

2. 기구의 경비는 총회에서 배정한 바에 따라 회원국이 부담한다.

3. 총회는 제57조에 규정된 전문기구와의 어떠한 재정약정 및 예산약정도 심의하고 승인하며, 당해 전문기구에 권고할 목적으로 그러한 전문기구의 행정예산을 검사한다.

[표결]

제18조

1. 총회의 각 구성국은 1개의 투표권을 가진다. 중요문제에 관한 총회의 결정은 출석하여 투표하는 구성국의 3분의 2의 다수로 한다. 이러한 문제는 국제평화와 안전의 유지에 관한 권고, 안전보장이사회 비상임이사국 선출, 경제사회이사회 이사국 선출, 제86조 제1항에 의한 신탁통치이사회 이사국 선출, 신회원국 국제연합가입 승인, 회원국으로서의 권리 및 특권의 정치, 회원국의 제명, 신탁통치제도의 운영에 관한 문제 및 예산문제를 포함한다.

2. 기타 문제에 관한 결정은 3분의 2의 다수로 결정될 문제의 추가적 부문의 결정을 포함하여 출석하여 투표하는 구성국의 과반수로 한다.

제19조

국제연합에 대한 분담금의 지불을 연체한 국제연합 회원국은 그 연체금액이 그때까지의 만 2년간 그 나라가 지불하였어야 할 분담금의 금액과 같거나 또는 초과하는 경우 총회에서 투표권을 가지지 못한다. 그럼에도 총회는 지불의 불이행이 그 회원국이 제어할 수 없는 사정에 의한 것임이 인정되는 경우 그 회원국의 투표를 허용할 수 있다.

[절차]

제20조

총회는 연례 정기회의 및 필요한 경우에는 특별회의를 개최한다. 특별회의는 안전보장이사회의 요청 또는 국제연합 회원국의 과반수의 요청에 따라 사무총장이 소집한다.

제21조

총회는 그 자체의 의사규칙을 채택한다. 총회는 매 회기마다 의장을 선출한다.

제22조

총회는 그 임무의 수행에 필요하다고 인정되는 보조기관을 설치할 수 있다.

제5장 안전보장이사회

[구성]

제23조

1. 안전보장이사회는 15개 국제연합 회원국으로 구성된다. 중국, 프랑스, 소비에트 사회주의 공화국연방, 영국 및 미합중국은 안전보장이사회의 상임이사국이다. 총회는 먼저 국제평화와 안전의 유지 및 기구의 기타목적에 대한 국제연합 회원국의 공헌과 또한 공평한 지리적 배분을 특별히 고려하여 그 외 10개의 국제연합 회원국을 안전보장이사회의 비상임이사국으로 선출한다.

2. 안전보장이사회의 비상임이사국은 2년의 임기로 선출된다. 안전보장이사회의 이사국이 11개국에서 15개국으로 증가된 후 최초의 비상임이사국 선출에서는, 추가된 4개 이사국 중 2개 이사국은 1년의 임기로 선출된다. 퇴임이사국은 연이어 재선될 자격을 가지지 아니한다.

3. 안전보장이사회의 각 이사국은 1인의 대표를 가진다.

[임무와 권한]

제24조

1. 국제연합의 신속하고 효과적인 조치를 확보하기 위하여, 국제연합 회원국은 국제평화와 안전의 유지를 위한 일차적 책임을 안전보장이사회에 부여하며, 또한 안전보장이사회가 그 책임하에 의무를 이행함에 있어 회원국을 대신하여 활동하는 것에 동의한다.

2. 이러한 의무를 이행함에 있어 안전보장이사회는 국제연합의 목적과 원칙에 따라 활동한다. 이러한 의무를 이행하기 위하여 안전보장이사회에 부여된 특정한 권한은 제6장, 제7장, 제8장 및 제12장에 규정된다.

3. 안전보장이사회는 연례보고 및 필요한 경우 특별보고를 총회에 심의하도록 제출한다.

제25조

국제연합 회원국은 안전보장이사회의 결정을 이 헌장에 따라 수락하고 이행할 것을 동의한다.

제26조

세계의 인적 및 경제적 자원을 군비를 위하여 전용하는 것을 최소화하고 국제평화와 안전의 확립 및 유지를 촉진하기 위하여, 안전보장이사회는 군비규제 체제의 확립을 위하여 국제연합 회원국에 제출될 계획을 제47조에 규정된 군사참모위원회의 원조를 받아 작성할 책임을 진다.

[표결]

제27조

1. 안전보장이사회의 각 이사국은 1개의 투표권을 가진다.

2. 절차사항에 관한 안전보장이사회의 결정은 9개 이사국의 찬성투표로써 한다.

3. 그 외 모든 사항에 관한 안전보장이사회의 결정은 상임이사국의 동의투표를 포함한 9개 이사국의 찬성투표로써 한다. 다만, 제6장 및 제52조 제3항에 의한 결정에 있어서는 분쟁당사국은 투표를 기권한다.

[절차]

제28조

1. 안전보장이사회는 계속적으로 임무를 수행할 수 있도록 조직된다. 이를 위하여 안전보장이사회의 각 이사국은 기구의 소재지에 항상 대표를 둔다.

2. 안전보장이사회는 정기회의를 개최한다. 이 회의에 각 이사국은 희망하는 경우, 각료 또는 특별히 지명된 다른 대표에 의하여 대표될 수 있다.

3. 안전보장이사회는 그 사업을 가장 쉽게 할 수 있다고 판단되는 기구의 소재지 외의 장소에서 회의를 개최할 수 있다.

제29조

안전보장이사회는 그 임무의 수행에 필요하다고 인정되는 보조기관을 설치할 수 있다.

제30조

안전보장이사회는 의장선출 방식을 포함한 그 자체의 의사규칙을 채택한다.

제31조

안전보장이사회의 이사국이 아닌 어떠한 국제연합 회원국도 안전보장이사회가 그 회원국의 이해에 특히 영향이 있다고 인정하는 때에는 언제든지 안전보장이사회에 회부된 어떠한 문제의 토의에도 투표권 없이 참가할 수 있다.

제32조

안전보장이사회의 이사국이 아닌 국제연합 회원국 또는 국제연합 회원국이 아닌 어떠한 국가도 안전보장이사회에서 심의중인 분쟁의 당사자인 경우에는 이 분쟁에 관한 토의에 투표권 없이 참가하도록 초청된다. 안전보장이사회는 국제연합 회원국이 아닌 국가의 참가에 공정하다고 인정되는 조건을 정한다.

제6장 분쟁의 평화적 해결

제33조

1. 어떠한 분쟁도 그의 계속이 국제평화와 안전의 유지를 위태롭게 할 우려가 있는 것일 경우, 그 분쟁의 당사자는 우선 교섭·심사·중개·조정·중재재판·사법적 해결·지역적 기관 또는 지역적 약정의 이용 또는 당사자가 선택하는 다른 평화적 수단에 의한 해결을 구한다.

2. 안전보장이사회는 필요하다고 인정하는 경우 당사자에 대하여 그 분쟁을 그러한 수단에 의하여 해결하도록 요청

한다.

제34조

안전보장이사회는 어떠한 분쟁이나 국제적 마찰이 되거나 분쟁을 발생하게 할 우려가 있는 어떠한 사태에 관하여도, 그 분쟁 또는 사태의 계속이 국제평화와 안전의 유지를 위태롭게 할 우려가 있는지 여부를 결정하기 위하여 조사할 수 있다.

제35조

1. 국제연합 회원국은 어떠한 분쟁, 또는 제34조에 규정된 성격의 어떠한 사태에 관하여도, 안전보장이사회 또는 총회의 주의를 환기할 수 있다.

2. 국제연합 회원국이 아닌 국가는 자국이 당사자인 어떠한 분쟁에 관하여도, 이 헌장에 규정된 평화적 해결의 의무를 그 분쟁에 관하여 미리 수락하는 경우에는 안전보장이사회 또는 총회의 주의를 환기할 수 있다.

3. 이 조에 의하여 주의가 환기된 사항에 관한 총회의 절차는 제11조 및 제12조의 규정에 따른다.

제36조

1. 안전보장이사회는 제33조에 규정된 성격의 분쟁 또는 유사한 성격의 사태의 어떠한 단계에 있어서도 적절한 조정절차 또는 조정방법을 권고할 수 있다.

2. 안전보장이사회는 당사자가 이미 채택한 분쟁해결 절차를 고려하여야 한다.

3. 안전보장이사회는, 이 조에 의하여 권고를 함에 있어서, 일반적으로 법률적 분쟁이 국제사법재판소 규정의 규정에 따라 당사자에 의하여 동 재판소에 회부되어야 한다는 점도 또한 고려하여야 한다.

제37조

1. 제33조에 규정된 성격의 분쟁당사자는, 동조에 규정된 수단에 의하여 분쟁을 해결하지 못하는 경우, 이를 안전보장이사회에 회부한다.

2. 안전보장이사회는 분쟁의 계속이 국제평화와 안전의 유지를 위태롭게 할 우려가 실제로 있다고 인정되는 해결조건을 권고할 것인지를 결정한다.

제38조

제33조 내지 제37조의 규정을 해하지 아니하고, 안전보장이사회는 어떠한 분쟁에 관하여도 분쟁의 모든 당사자가 요청하는 경우 그 분쟁의 평화적 해결을 위하여 그 당사자에게 권고할 수 있다.

제7장 평화에 대한 위협, 평화의 파괴 및 침략행위에 관한 조치

제39조

안전보장이사회는 평화에 대한 위협,

평화의 파괴 또는 침략행위의 존재를 결정하고, 국제평화와 안전을 유지하고 회복하기 위하여 권고하며, 제41조 및 제42조에 따라 어떠한 조치를 취할 것인지를 결정한다.

제40조

사태의 악화를 방지하기 위하여 안전보장이사회는 제39조에 규정된 권고를 하거나 조치를 결정하기 전에 필요하거나 바람직하다고 인정되는 잠정조치에 따르도록 관계 당사자에게 요청할 수 있다. 이 잠정조치는 관계당사자의 권리, 청구권 또는 지위를 해하지 아니한다. 안전보장이사회는 그러한 잠정조치의 불이행에 대해 적절히 고려한다.

제41조

안전보장이사회는 그 결정을 집행하기 위하여 병력의 사용을 수반하지 아니하는 어떠한 조치를 취하여야 할 것인지를 결정할 수 있으며, 또한 국제연합 회원국에 대하여 그러한 조치를 적용하도록 요청할 수 있다. 이 조치는 경제관계 및 철도·항해·항공·우편·전신·무선통신 및 다른 교통통신 수단의 전부 또는 일부의 중단과 외교관계의 단절을 포함할 수 있다.

제42조

안전보장이사회는 제41조에 규정된 조치가 불충분할 것으로 인정하거나 또는 불충분한 것으로 판명되었다고 인정하는 경우에는, 국제평화와 안전의 유지 또는 회복에 필요한 공군, 해군 또는 육군에 의한 조치를 취할 수 있다. 그러한 조치는 국제연합 회원국의 공군, 해군 또는 육군에 의한 시위, 봉쇄 및 다른 작전을 포함할 수 있다.

제43조

1. 국제평화와 안전의 유지에 공헌하기 위하여 모든 국제연합 회원국은 안전보장이사회의 요청에 의하여 그리고 하나 혹은 그 이상의 특별협정에 따라, 국제평화와 안전의 유지 목적상 필요한 병력, 원조 및 통과권을 포함한 편의를 안전보장이사회에 이용하게 할 것을 약속한다.

2. 그러한 협정은 병력의 수 및 종류, 그 준비정도 및 일반적 배치와 제공될 편의 및 원조의 성격을 규율한다.

3. 그 협정은 안전보장이사회의 발의에 의하여 가능한 한 신속히 교섭되어야 한다. 이 협정은 안전보장이사회와 회원국간에 또는 안전보장이사회와 회원국 집단간에 체결되며, 서명국 각자의 헌법상의 절차에 따라 동 서명국에 의하여 비준되어야 한다.

제44조

안전보장이사회는 무력을 사용하기로 결정한 경우 이사회에 대표가 없는 회원국에게 제43조에 따라 부과된 의무의 이행을 위한 병력의 제공을 요청하기 전에 그 회원국이 희망한다면 그 회원국 병력 중 파견부대의 사용에 관한 안전보장이사회의 결정에 참여하도록 그 회원국을 초청한다.

제45조

국제연합이 긴급한 군사조치를 취할 수 있도록 하기 위하여, 회원국은 합동의 국제적 강제조치를 위하여 자국의 공군 파견 부대를 즉시 이용할 수 있도록 유지한다. 이러한 파견부대의 전력과 준비정도 및 합동조치를 위한 계획은 제43조에 규정된 하나 또는 둘 이상의 특별협정에 규정된 범위 안에서 군사참모위원회의 도움을 얻어 안전보장이사회가 결정한다.

제46조

병력사용 계획은 군사참모위원회의 도움을 얻어 안전보장이사회가 작성한다.

제47조

1. 국제평화와 안전의 유지를 위한 안전보장이사회의 군사적 요구, 안전보장이사회의 재량에 맡기어진 병력의 사용 및 지휘, 군비규제 그리고 가능한 군비축소에 관한 모든 문제에 관하여 안전보장이사회에 조언하고 도움을 주기 위하여 군사참모위원회를 설치한다.

2. 군사참모위원회는 안전보장이사회 상임이사국 참모총장 또는 그의 대표로 구성된다. 이 위원회에 상임위원으로서 대표되지 아니하는 국제연합 회원국은 위원회의 책임의 효과적인 수행을 위하여 위원회의 사업에 동 회원국의 참여가 필요한 경우에는 위원회에 의하여 그와 제휴하도록 초청된다.

3. 군사참모위원회는 안전보장이사회 아래 안전보장이사회의 재량에 맡기어진 병력의 전략적 지도에 대하여 책임을 진다. 그러한 병력의 지휘에 관한 문제는 추후에 해결한다.

4. 군사참모위원회는 안전보장이사회의 허가를 얻어 적절한 지역기구와 협의한 후 지역소위원회를 설치할 수 있다.

제48조

1. 국제평화와 안전의 유지를 위한 안전보장이사회의 결정을 이행하는 데 필요한 조치는 안전보장이사회가 정하는 바에 따라 국제연합 회원국의 전부 또는 일부에 의하여 취하여진다.

2. 그러한 결정은 국제연합 회원국에 의하여 직접적으로 또한 국제연합 회원국이 그 구성국인 적절한 국제기관에 있어서의 이들 회원국의 조치를 통하여 이행된다.

제49조

국제연합 회원국은 안전보장이사회가 결정한 조치를 이행함에 있어 상호원조를 제공하는 데 동참하여야 한다.

제50조

안전보장이사회가 어느 국가에 대하여

방지조치 또는 강제조치를 취하는 경우, 국제연합 회원국인지 아닌지를 불문하고 어떠한 다른 국가도 자국의 이 조치의 이행으로부터 발생하는 특별한 경제문제에 직면한 것으로 인정하는 경우, 동 문제의 해결에 관하여 안전보장이사회와 협의할 권리를 가진다.

第51조

이 헌장의 어떠한 규정도 국제연합 회원국에 대하여 무력공격이 발생한 경우, 안전보장이사회가 국제평화와 안전을 유지하기 위하여 필요한 조치를 취할 때까지 개별적 또는 집단적 자위의 고유한 권리를 침해하지 아니한다. 자위권을 행사함에 있어 회원국이 취한 조치는 즉시 안전보장이사회에 보고된다. 또한 이 조치는, 안전보장이사회가 국제평화와 안전의 유지 또는 회복을 위하여 필요하다고 인정하는 조치를 언제든지 취할 수 있는 이 헌장에 따른 안전보장이사회의 권한과 책임에 어떠한 영향도 미치지 아니한다.

제8장 지역적 약정

第52조

1. 이 헌장의 어떠한 규정도, 국제평화와 안전의 유지에 관한 사항으로서 지역적 조치에 적합한 사항을 처리하기 위하여 지역적 약정 또는 지역적 기관이 존재하는 것을 배제하지 아니한다. 다만, 이 약정 또는 기관 및 그 활동이 국제연합의 목적과 원칙에 일치하는 것을 조건으로 한다.

2. 그러한 약정을 체결하거나 그러한 기관을 구성하는 국제연합 회원국은 지역적 분쟁을 안전보장이사회에 회부하기 전에 이 지역적 약정 또는 지역적 기관에 의하여 그 분쟁의 평화적 해결을 성취하기 위하여 모든 노력을 다한다.

3. 안전보장이사회는 관계국의 발의에 의하거나 안전보장이사회의 회부에 의하여 그러한 지역적 약정 또는 지역적 기관에 의한 지역적 분쟁의 평화적 해결의 발달을 장려한다.

4. 이 조는 제34조 및 제35조의 적용을 결코 해하지 아니한다.

第53조

1. 안전보장이사회는 그 권위하에 취하여지는 강제조치를 위하여 적절한 경우에는 그러한 지역적 약정 또는 지역적 기관을 이용한다. 다만, 안전보장이사회의 허가 없이는 어떠한 강제조치도 지역적 약정 또는 지역적 기관에 의하여 취하여져서는 아니 된다. 그러나 이 조 제2항에 규정된 어떠한 적국에 대한 조치이든지 제107조에 따라 규정된 것 또는 적국에 의한 침략정책의 재현에 대비한 지역적 약정에 규정된 것은, 관계정부의 요청에 따라 기구가 그 적국에 의한 새로운 침략을 방지할 책임을 질 때까지는 예외로 한다.

2. 이 조 제1항에서 사용된 적국이라는 용어는 제2차세계대전 중에 이 헌장 서명국의 적국이었던 어떠한 국가에도 적용된다.

제54조

안전보장이사회는 국제평화와 안전의 유지를 위하여 지역적 약정 또는 지역적 기관에 의하여 착수되었거나 또는 계획되고 있는 활동에 대하여 항상 충분히 통보 받는다.

제9장 경제적 및 사회적 국제협력

제55조

사람의 평등권 및 자결원칙의 존중에 기초한 국가간의 평화롭고 우호적인 관계에 필요한 안정과 복지의 조건을 창조하기 위하여, 국제연합은 다음을 촉진한다.

가. 보다 높은 생활수준, 완전고용 그리고 경제적 및 사회적 진보와 발전의 조건
나. 경제·사회·보건 및 관련 국제문제의 해결 그리고 문화 및 교육상의 국제협력
다. 인종·성별·언어 또는 종교에 관한 차별이 없는 모든 사람을 위한 인권 및 기본적 자유의 보편적 존중과 준수

제56조

모든 회원국은 제55조에 규정된 목적의 달성을 위하여 국제연합과 협력하여 공동의 조치 및 개별적 조치를 취할 것을 약속한다.

제57조

1. 정부간 협정에 의하여 설치되고 경제·사회·문화·교육·보건분야 및 관련분야에 있어서 기본적 문서에 정한대로 광범위한 국제적 책임을 지는 각종 전문기구는 제63조의 규정에 따라 국제연합과 제휴관계를 설정한다.
2. 이와 같이 국제연합과 제휴관계를 설정한 기구는 이하 전문기구라 한다.

제58조

국제연합은 전문기구의 정책과 활동을 조정하기 위하여 권고한다.

제59조

국제연합은 적절한 경우 제55조에 규정된 목적의 달성에 필요한 새로운 전문기구를 창설하기 위하여 관계국간의 교섭을 발의한다.

제60조

이 장에서 규정된 국제연합의 임무를 수행할 책임은 총회와 총회의 권위하에 경제사회이사회에 부여된다. 경제사회이사회는 이 목적을 위하여 제10장에

규정된 권한을 가진다.

제10장 경제사회이사회

[구성]

제61조

1. 경제사회이사회는 총회에 의하여 선출된 54개 국제연합 회원국으로 구성된다.

2. 제3항의 규정에 따를 것을 조건으로, 경제사회이사회의 18개 이사국은 3년의 임기로 매년 선출된다. 퇴임이사국은 연이어 재선될 자격이 있다.

3. 경제사회이사회의 이사국이 27개국에서 54개국으로 증가된 후 최초의 선거에서는, 그 해 말에 임기가 종료되는 9개 이사국을 대신하여 선출되는 이사국에 더하여, 27개 이사국이 추가로 선출된다. 총회가 정한 약정에 따라, 이러한 추가 27개 이사국 중 그렇게 선출된 9개 이사국의 임기는 1년의 말에 종료되고, 다른 9개 이사국의 임기는 2년의 말에 종료된다.

4. 경제사회이사회의 각 이사국은 1인의 대표를 가진다.

[임무와 권한]

제62조

1. 경제사회이사회는 경제·사회·문화·교육·보건 및 관련 국제사항에 관한 연구 및 보고를 하거나 발의할 수 있으며, 그러한 사항에 관하여 총회, 국제연합 회원국 및 관계 전문기구에 권고할 수 있다.

2. 이사회는 모든 사람을 위한 인권 및 기본적 자유의 존중과 준수를 촉진하기 위하여 권고할 수 있다.

3. 이사회는 그 권한에 속하는 사항에 관하여 총회에 제출하기 위한 협약안을 작성할 수 있다.

4. 이사회는 국제연합이 정한 규칙에 따라 그 권한에 속하는 사항에 관하여 국제회의를 소집할 수 있다.

제63조

1. 경제사회이사회는 제57조에 규정된 어떠한 기구와도, 동 기구가 국제연합과 제휴관계를 설정하는 조건을 규정하는 협정을 체결할 수 있다. 그러한 협정은 총회의 승인을 받아야 한다.

2. 이사회는 전문기구와의 협의, 전문기구에 대한 권고 및 총회와 국제연합 회원국에 대한 권고를 통하여 전문기구의 활동을 조정할 수 있다.

제64조

1. 경제사회이사회는 전문기구로부터 정기보고를 받기 위한 적절한 조치를 취할 수 있다. 이사회는, 이사회의 권고와 이사회의 권한에 속하는 사항에 관한 총회의 권고를 실시하기 위하여 취하여진 조치에 관하여 보고를 받기 위하여, 국제연합 회원국 및 전문기구와 약정을

체결할 수 있다.

2. 이사회는 이러한 보고에 관한 의견을 총회에 통보할 수 있다.

제65조

경제사회이사회는 안전보장이사회에 정보를 제공할 수 있으며, 안전보장이사회의 요청이 있을 때에는 이를 원조한다.

제66조

1. 경제사회이사회는 총회의 권고의 이행과 관련하여 그 권한에 속하는 임무를 수행한다.

2. 이사회는 국제연합 회원국의 요청이 있을 때와 전문기구의 요청이 있을 때에는 총회의 승인을 얻어 용역을 제공할 수 있다.

3. 이사회는 이 헌장의 다른 곳에 규정되거나 총회에 의하여 이사회에 부과된 다른 임무를 수행한다.

[표결]

제67조

1. 경제사회이사회의 각 이사국은 1개의 투표권을 가진다.

2. 경제사회이사회의 결정은 출석하여 투표하는 이사국의 과반수에 의한다.

[절차]

제68조

경제사회이사회는 경제적 및 사회적 분야의 위원회, 인권의 신장을 위한 위원회 및 이사회의 임무수행에 필요한 다른 위원회를 설치한다.

제69조

경제사회이사회는 어떠한 국제연합 회원국에 대하여도, 그 회원국과 특히 관계가 있는 사항에 관한 심의에 투표권 없이 참가하도록 초청한다.

제70조

경제사회이사회는 전문기구의 대표가 이사회의 심의 및 이사회가 설치한 위원회의 심의에 투표권 없이 참가하기 위한 약정과 이사회의 대표가 전문기구의 심의에 참가하기 위한 약정을 체결할 수 있다.

제71조

경제사회이사회는 그 권한 내에 있는 사항과 관련이 있는 비정부간기구와의 협의를 위하여 적절한 약정을 체결할 수 있다. 그러한 약정은 국제기구와 체결할 수 있으며 적절한 경우에는 관련 국제연합 회원국과의 협의 후에 국내기구와도 체결할 수 있다.

제72조

1. 경제사회이사회는 의장의 선정방법을 포함한 그 자체의 의사규칙을 채택한다.

2. 경제사회이사회는 그 규칙에 따라 필요한 때에 회합하며, 동 규칙은 이사국 과반수의 요청에 의한 회의소집의 규정

을 포함한다.

제11장 비자치지역에 관한 선언

第73조

주민이 아직 완전한 자치를 행할 수 있는 상태에 이르지 못한 지역의 시정의 책임을 지거나 또는 그 책임을 맡는 국제연합 회원국은, 그 지역주민의 이익이 가장 중요하다는 원칙을 승인하고, 그 지역주민의 복지를 이 헌장에 의하여 확립된 국제평화와 안전의 체제 안에서 최고도로 증진시킬 의무와 이를 위하여 다음을 행할 의무를 신성한 신탁으로서 수락한다.

가. 관계주민의 문화를 적절히 존중함과 아울러 그들의 정치적·경제적·사회적 및 교육적 발전, 공정한 대우, 그리고 학대로부터의 보호를 확보한다.

나. 각 지역 및 그 주민의 특수 사정과 그들의 서로 다른 발전단계에 따라 자치를 발달시키고, 주민의 정치적 소망을 적절히 고려하며, 또한 주민의 자유로운 정치제도의 점진적 발달을 위하여 지원한다.

다. 국제평화와 안전을 증진한다.

라. 이 조에 규정된 사회적·경제적 및 과학적 목적을 실제적으로 달성하기 위하여 건설적인 발전조치를 촉진하고 연구를 장려하며 상호간 및 적절한 경우에는 전문적 국제단체와 협력한다.

마. 제12장과 제13장이 적용되는 지역 외에 위의 회원국이 각각 책임을 지는 지역에서의 경제적·사회적 및 교육적 조건에 관한 기술적 성격의 통계 및 다른 정보를, 안전보장과 헌법상의 고려에 따른 필요한 제한을 조건으로 하여, 정보용으로 사무총장에게 정기적으로 송부한다.

第74조

국제연합 회원국은 이 장이 적용되는 지역에 관한 정책이, 그 본국 지역에 관한 정책과 마찬가지로 세계의 다른 지역의 이익과 복지가 적절히 고려되는 가운데에, 사회적·경제적 및 상업적 사항에 관하여 선린주의의 일반원칙에 기초하여야 한다는 점에 또한 동의한다.

제12장 국제신탁통치제도

第75조

국제연합은 금후의 개별적 협정에 의하여 이 제도하에 두게 될 수 있는 지역의 시정 및 감독을 위하여 그 권위하에 국제신탁통치제도를 확립한다. 이 지역은 이하 신탁통치지역이라 한다.

第76조

신탁통치제도의 기본적 목적은 이 헌장 제1조에 규정된 국제연합의 목적에 따라 다음과 같다.

가. 국제평화와 안전을 증진하는 것

나. 신탁통치지역 주민의 정치적·경제적·사회적 및 교육적 발전을 촉진하고, 각 지역 및 그 주민의 특수사정과 관계 주민이 자유롭게 표명한 소망에 적합하도록, 그리고 각 신탁통치협정의 조항이 규정하는 바에 따라 자치 또는 독립을 향한 주민의 점진적 발달을 촉진하는 것

다. 인종·성별·언어 또는 종교에 관한 차별 없이 모든 사람을 위한 인권과 기본적 자유에 대한 존중을 장려하고, 전세계 사람들의 상호의존의 인식을 장려하는 것

라. 위의 목적 달성에 영향을 미치지 아니하고 제80조의 규정에 따를 것을 조건으로, 모든 국제연합 회원국 및 그 국민을 위하여 사회적·경제적 및 상업적 사항에 대한 평등한 대우 그리고 또한 그 국민을 위한 사법상의 평등한 대우를 확보하는 것

제77조

1. 신탁통치제도는 신탁통치협정에 의하여 이 제도하에 두게 될 수 있는 다음과 같은 범주의 지역에 적용된다.

가. 현재 위임통치하에 있는 지역

나. 제2차세계대전의 결과로서 적국으로부터 분리될 수 있는 지역

다. 시정에 책임을 지는 국가가 자발적으로 그 제도하에 두는 지역

2. 위의 범주 안의 어떠한 지역을 어떠한 조건으로 신탁통치제도하에 두게 될 것인가에 관하여는 금후의 협정에서 정한다.

제78조

국제연합 회원국간의 관계는 주권평등 원칙의 존중에 기초하므로 신탁통치제도는 국제연합 회원국이 된 지역에 대하여는 적용하지 아니한다.

제79조

신탁통치제도하에 두게 되는 각 지역에 관한 신탁통치의 조항은, 어떠한 변경 또는 개정을 포함하여 직접 관계국에 의하여 합의되며, 제83조 및 제85조에 규정된 바에 따라 승인된다. 이 직접 관계국은 국제연합 회원국의 위임통치하에 있는 지역의 경우, 수임국을 포함한다.

제80조

1. 제77조, 제79조 및 제81조에 의하여 체결되고, 각 지역을 신탁통치제도하에 두는 개별적인 신탁통치협정에서 합의되는 경우를 제외하고 그리고 그러한 협정이 체결될 때까지, 이 헌장의 어떠한 규정도 어느 국가 또는 국민의 어떠한 권리, 또는 국제연합 회원국이 각기 당사국으로 되는 기존의 국제문서의 조항도 어떠한 방법으로 변경하는 것으로도 직접 또는 간접으로 해석되지 아니한다.

2. 이 조 제1항은 제77조에 규정한 바에

따라 위임통치지역 및 기타지역을 신탁통치제도하에 두기 위한 협정의 교섭 및 체결의 지체 또는 연기를 위한 근거를 부여하는 것으로 해석되지 아니한다.

제81조

신탁통치협정은 각 경우에 있어 신탁통치지역을 시정하는 조건을 포함하며, 신탁통치지역의 시정을 행할 당국을 지정한다. 그러한 당국은 이하 시정권리자라 하며 하나 또는 그 이상의 국가, 또는 기구 자체일 수 있다.

제82조

어떠한 신탁통치협정에 있어서도 제43조에 의하여 체결되는 특별협정을 해하지 아니하고 협정이 적용되는 신탁통치지역의 일부 또는 전부를 포함하는 하나 또는 그 이상의 전략지역을 지정할 수 있다.

제83조

1. 전략지역에 관한 국제연합의 모든 임무는 신탁통치협정의 조항과 그 변경 또는 개정의 승인을 포함하여 안전보장이사회가 행한다.

2. 제76조에 규정된 기본목적은 각 전략지역의 주민에 적용된다.

3. 안전보장이사회는, 신탁통치협정의 규정에 따를 것을 조건으로 또한 안전보장에 대한 고려에 영향을 미치지 아니하고, 전략지역에서의 정치적·경제적·사회적 및 교육적 사항에 관한 신탁통치제도하의 국제연합의 임무를 수행하기 위하여 신탁통치이사회의 원조를 이용한다.

제84조

신탁통치지역의 국제평화와 안전유지에 있어 그 역할을 하는 것을 보장하는 것이 시정권자의 의무이다. 이 목적을 위하여, 시정권자는 이 점에 관하여 시정권자가 안전보장이사회에 대하여 부담하는 의무를 이행함에 있어서 또한 지역적 방위 및 신탁통치지역 안에서의 법과 질서의 유지를 위하여 신탁통치지역의 의용군·편의 및 원조를 이용할 수 있다.

제85조

1. 전략지역으로 지정되지 아니한 모든 지역에 대한 신탁통치협정과 관련하여 국제연합의 의무는, 신탁통치협정의 조항과 그 변경 또는 개정의 승인을 포함하여, 총회가 수행한다.

2. 총회의 권위하에 운영되는 신탁통치이사회는 이러한 임무의 수행에 있어 총회를 원조한다.

제13장 신탁통치이사회

[구성]

제86조

1. 신탁통치이사회는 다음의 국제연합

회원국으로 구성한다.

가. 신탁통치지역을 시정하는 회원국

나. 신탁통치지역을 시정하지 아니하나 제23조에 국명이 언급된 회원국

다. 총회에 의하여 3년의 임기로 선출된 다른 회원국, 그 수는 신탁통치이사회의 이사국의 총수를 신탁통치지역을 시정하는 국제연합 회원국과 시정하지 아니하는 회원국간에 균분하도록 확보하는 데 필요한 수로 한다.

2. 신탁통치이사회의 각 이사국은 이사회에서 자국을 대표하도록 특별한 자격을 가지는 1인을 지명한다.

[임무와 권한]

제87조

총회와 그 권위하의 신탁통치이사회는 그 임무를 수행함에 있어 다음을 할 수 있다.

가. 시정권자가 제출하는 보고서를 심의하는 것

나. 청원의 수리 및 시정권자와 협의하여 이를 심사하는 것

다. 시정권자와 합의한 때에 각 신탁통치지역을 정기적으로 방문하는 것

라. 신탁통치협정의 조항에 따라 이러한 조치 및 다른 조치를 취하는 것

제88조

신탁통치이사회는 각 신탁통치지역 주민의 정치적·경제적·사회적 및 교육적 발전에 관한 질문서를 작성하며, 또한 총회의 권능 안에 있는 각 신탁통치지역의 시정권자는 그러한 질문서에 기초하여 총회에 연례보고를 행한다.

[표결]

제89조

1. 신탁통치이사회의 각 이사국은 1개의 투표권을 가진다.

2. 신탁통치이사회의 결정은 출석하여 투표하는 이사국의 과반수로 한다.

[절차]

제90조

1. 신탁통치이사회는 의장 선출방식을 포함한 그 자체의 의사규칙을 채택한다.

2. 신탁통치이사회는 그 규칙에 따라 필요한 경우 회합하며, 그 규칙은 이사국 과반수의 요청에 의한 회의의 소집에 관한 규정을 포함한다.

제91조

신탁통치이사회는 적절한 경우 경제사회이사회 그리고 전문기구와 각각 관련된 사항에 관하여 전문기구의 원조를 이용한다.

제14장 국제사법재판소

제92조

국제사법재판소는 국제연합의 주요한

사법기관이다. 재판소는 부속된 규정에 따라 임무를 수행한다. 이 규정은 상설 국제사법재판소 규정에 기초하며, 이 헌장의 불가분의 일부를 이룬다.

제93조

1. 모든 국제연합 회원국은 국제사법재판소 규정의 당연 당사국이다.

2. 국제연합 회원국이 아닌 국가는 안전보장이사회의 권고에 의하여 총회가 각 경우에 결정하는 조건으로 국제사법재판소 규정의 당사국이 될 수 있다.

제94조

1. 국제연합의 각 회원국은 자국이 당사자가 되는 어떤 사건에 있어서도 국제사법재판소의 결정에 따를 것을 약속한다.

2. 사건의 당사자가 재판소가 내린 판결에 따라 자국이 부담하는 의무를 이행하지 아니하는 경우에는 타방의 당사자는 안전보장이사회에 제소할 수 있다. 안전보장이사회는 필요하다고 인정하는 경우 판결을 집행하기 위하여 권고하거나 취하여야 할 조치를 결정할 수 있다.

제95조

이 헌장의 어떠한 규정도 국제연합 회원국이 그들 사이의 분쟁의 해결을 이미 존재하거나 장래에 체결될 협정에 의하여 다른 법원에 의뢰하는 것을 방해하지 아니한다.

제96조

1. 총회 또는 안전보장이사회는 어떠한 법적 문제에 관하여도 권고적 의견을 줄 것을 국제사법재판소에 요청할 수 있다.

2. 총회에 의하여 그러한 권한이 부여될 수 있는 국제연합의 다른 기관 및 전문기구도 언제든지 그 활동범위 안에서 발생하는 법적 문제에 관하여 재판소의 권고적 의견을 또한 요청할 수 있다.

제15장　사무국

제97조

사무국은 1인의 사무총장과 기구가 필요로 하는 직원으로 구성한다. 사무총장은 안전보장이사회의 권고로 총회가 임명한다. 사무총장은 기구의 수석행정직원이다.

제98조

사무총장은 총회·안전보장이사회·경제사회이사회 및 신탁통치이사회의 모든 회의에 사무총장의 자격으로 활동하며, 이러한 기관에 의하여 그에게 위임된 다른 임무를 수행한다. 사무총장은 기구의 사업에 관하여 총회에 연례보고를 한다.

제99조

사무총장은 국제평화와 안전의 유지를

위협한다고 그 자신이 인정하는 어떠한 사항에도 안전보장이사회의 주의를 환기할 수 있다.

제100조

1. 사무총장과 직원은 그들의 임무수행에 있어서 어떠한 정부 또는 기구 외의 어떠한 다른 당국으로부터도 지시를 구하거나 받지 아니한다. 사무총장과 직원은 기구에 대하여만 책임을 지는 국제공무원으로서의 지위를 손상할 우려가 있는 어떠한 행동도 삼간다.
2. 각 국제연합 회원국은 사무총장 및 직원의 책임에 대해 전적으로 국제적인 성격을 존중할 것과 그들의 책임수행에 있어서 그들에게 영향력을 행사하려 하지 아니할 것을 약속한다.

제101조

1. 직원은 총회가 정한 규칙에 따라 사무총장에 의하여 임명된다.

2. 경제사회이사회, 신탁통치이사회 그리고 필요한 경우에는 국제연합의 다른 기관에 적절한 직원이 상임으로 배속된다. 이 직원은 사무국의 일부를 구성한다.

3. 직원의 고용과 근무조건의 결정에 있어서 가장 중요한 고려사항은 최고수준의 능률, 능력 및 성실성을 확보할 필요성이다. 가능한 한 광범위한 지리적 기초에 근거하여 직원을 채용하는 것의 중요성에 관하여 적절히 고려한다.

제16장 잡 칙

제102조

1. 이 헌장이 발효한 후 국제연합 회원국이 체결하는 모든 조약과 모든 국제협정은 가능한 한 신속히 사무국에 등록되고 사무국에 의하여 공표 된다.

2. 이 조 제1항의 규정에 따라 등록되지 아니한 조약 또는 국제협정의 당사자국은 국제연합의 어떠한 기관에 대하여도 그 조약 또는 협정을 원용할 수 없다.

제103조

국제연합 회원국의 헌장상의 의무와 다른 국제협정상의 의무가 상충되는 경우에는 이 헌장상의 의무가 우선한다.

제104조

기구는 그 임무의 수행과 그 목적의 달성을 위하여 필요한 법적 능력을 각 회원국의 영역 안에서 향유한다.

제105조

1. 기구는 그 목적의 달성에 필요한 특권 및 면제를 각 회원국의 영역 안에서 향유한다.
2. 국제연합 회원국의 대표 및 기구의 직원은 기구와 관련된 그들의 임무를 독립적으로 수행하기 위하여 필요한 특권과 면제를 마찬가지로 향유한다.
3. 총회는 이 조 제1항 및 제2항의 적용 세칙을 결정하기 위하여 권고하거나 이

목적을 위하여 국제연합 회원국에게 협약을 제안할 수 있다.

제17장 과도적 안전보장조치

제106조

안전보장이사회가 제42조상의 책임의 수행을 개시할 수 있다고 인정하는 제43조에 규정된 특별협정이 발효할 때까지, 1943년 10월 30일에 모스크바에서 서명된 4개국 선언의 당사국 및 불란서는 그 선언 제5항의 규정에 따라 국제평화와 안전의 유지를 위하여 필요한 공동조치를 기구를 대신하여 취하기 위하여 상호간 및 필요한 경우 다른 국제연합 회원국과 협의한다.

제107조

이 헌장의 어떠한 규정도 제2차세계대전 중 이 헌장 서명국의 적이었던 국가에 관한 조치로서, 그러한 조치에 대하여 책임을 지는 정부가 그 전쟁의 결과로서 취하였거나 허가한 것을 무효로 하거나 배제하지 아니한다.

제18장 개 정

제108조

이 헌장의 개정은 총회 구성국의 3분의 2의 투표에 의하여 채택되고, 안전보장이사회의 모든 상임이사국을 포함한 국제연합 회원국의 3분의 2에 의하여 각자의 헌법상 절차에 따라 비준되었을 때, 모든 국제연합 회원국에 대하여 발효한다.

제109조

1. 이 헌장을 재심의 하기 위한 국제연합 회원국 전체회의는 총회 구성국의 3분의 2의 투표와 안전보장이사회의 9개 이사국의 투표에 의하여 결정되는 일자 및 장소에서 개최될 수 있다. 각 국제연합 회원국은 이 회의에서 1개의 투표권을 가진다.

2. 이 회의의 3분의 2의 투표에 의하여 권고된 이 헌장의 어떠한 변경도 안전보장이사회의 모든 상임이사국을 포함한 국제연합 회원국의 3분의 2에 의하여 그들 각자의 헌법상 절차에 따라 비준되었을 때 발효한다.

3. 그러한 회의가 이 헌장의 발효 후 총회의 제10차 연례회기까지 개최되지 아니하는 경우에 그러한 회의를 소집하는 제안이 총회의 동 회기의 의제에 포함되어야 하며, 회의는 총회 구성국의 과반수의 투표와 안전보장이사회의 7개 이사국의 투표에 의하여 결정되는 경우에 개최된다.

제19장 비준 및 서명

제110조

1. 이 헌장은 서명국에 의하여 그들 각자의 헌법상 절차에 따라 비준된다.

2. 비준서는 미합중국 정부에 기탁되며, 동 정부는 모든 서명국과 기구의 사무총장이 임명된 경우에는 사무총장에게 각 기탁을 통고한다.

3. 이 헌장은 중국, 프랑스, 소비에트 사회주의공화국 연방, 영국과 미합중국 및 다른 서명국의 과반수가 비준서를 기탁한 때에 발효한다. 비준서 기탁 의정서는 발효 시 미합중국 정부가 작성하여 그 등본을 모든 서명국에 송부한다.

4. 이 헌장이 발효한 후에 이를 비준하는 이 헌장의 서명국은 각자의 비준서 기탁일에 국제연합의 원회원국이 된다.

제111조

중국어, 불어, 러시아어, 영어 및 스페인어 본이 동등하게 정본인 이 헌장은 미합중국 정부의 문서보관소에 기탁된다. 이 헌장의 인증등본은 동 정부가 다른 서명국 정부에 송부한다.

이상의 증거로서, 연합국 정부의 대표들은 이 헌장에 서명하였다.

1945년 6월 26일 샌프란시스코에서 작성하였다.

찾아보기

ㄷ

ㄹ

ㅁ

ㅇ

ㅊ

[저자 학력]
한국외국어대학교 정치외교학과(학사)
Northern Illinois University(석사, 박사): 국제기구 전공

[국제기구 유관 경력]
국립 경상대학교 정치행정학부 정치외교전공 교수
유엔학생협회한국연맹(KFUNSA) 지도교수
전국대학생모의유엔회의 총괄 지도교수
제3회 아시아 · 태평양모의유엔회의 총괄 지도교수
외교통상부 국제기구 자문교수
국가정보원 국제기구 자문교수
한국유엔협회(UNA-KOREA) 자문교수
유네스코한국위원회 국제기구 자문위원
인천광역시 국제기구 유치 자문위원
통영시 유엔지속가능발전교육지역센터(RCE) 전문가교육분과 위원
국제기구포럼(학회) 회장
한국정치학회 부회장
중앙인사위원회 공무원 국제기구 파견 심사위원
외교통상부 국제기구 파견 JPO 선발 면접위원
한국국제협력단(KOICA) 봉사단원 선발 면접위원
한국국제협력단(KOICA) 협력요원 선발 출제 및 채점위원
한국국제협력단(KOICA) 개발협력논문경영대회 심사위원

[국제기구 유관 저서]
국제정치패러다임(법문사)
국제관계와 NGO(법문사)
국제기구정치론(법문사)
유엔회의의 이해(법문사)
국제기구 진출 어떻게 하나요(법문사)
모의유엔회의 지침서(유엔한국협회)
유엔과 사무총장(도서출판 예응)

유엔과 국제기구

2007년 12월 25일 초판인쇄
2012년 3월 30일 초판 2쇄발행

저 자 박 재 영
발행인 배 효 선
발행처 도서출판 法 文 社

413-756 경기도 파주시 교하읍 문발리 526-3
등 록 1957년 12월 12일/ 제2-76호(윤)
전 화 (031) 955-6500~6 FAX (031) 955-6525
E-mail (영업) bms@bobmunsa.co.kr
(편집) edit66@bobmunsa.co.kr
홈페이지 http://www.bobmunsa.co.kr

조 판 광 암 문 화 사

정가 32,000원 ISBN 978-89-18-03244-3